FANGDICHAN KAIFA QIYE

NASHUI SHIWU YU FENGXIAN FANGFAN

房地产开发企业纳税实务与风险防范

TAX

樊剑英　编著

内容简介

本书以房地产开发经营环节为主线，以中央税收法规和部分地方税收法规为政策依据，以房地产开发企业在实践工作中遇到的问题为案例，从企业设立、取得土地、施工建设、销售、清算等环节入手，对每个环节所涉及的主要税种及其纳税方式的变化逐一进行剖析，对房地产开发企业纳税实务问题进行系统的分析和整理，对相关政策进行全面透彻的解读，为房地产开发企业纳税实务和风险防范提供了切实可行的建议和措施，对房地产开发企业纳税实务与风险管理具有很强的指导意义。

图书在版编目（CIP）数据

房地产开发企业纳税实务与风险防范/樊剑英编著．—2 版．—大连：大连出版社，2012.6（2014.4 重印）

ISBN 978-7-5505-0310-6

Ⅰ.①房…　Ⅱ.①樊…　Ⅲ.①房地产企业—税收管理　Ⅳ.①F810.423

中国版本图书馆 CIP 数据核字（2012）第 105301 号

出 版 人：刘明辉
策划编辑：毕华书
责任编辑：姚　兰　张丽娜　侯娟娟　毕华书
责任校对：刘丽君　李玉芝
封面设计：林　洋
版式设计：阎　骋
责任印制：徐丽红

出版发行者：大连出版社
地址：大连市西岗区长白街 10 号
邮编：116011
电话：（0411）83621349/83621075
传真：（0411）83610391
网址：http://www.dlmpm.com
电子信箱：bhs@dlmpm.com
印 刷 者：大连永盛印业有限公司
经 销 者：各地新华书店

幅面尺寸：170mm×240mm
印　　张：33
字　　数：667 千字

出版时间：2011 年 5 月第 1 版
　　　　　2012 年 6 月第 2 版
印刷时间：2014 年 4 月第 5 次印刷
书　　号：ISBN 978-7-5505-0310-6
定　　价：52.00 元

如有印装质量问题，请与我社营销部联系
购书热线电话：（0411）83621349/83621075

序

不经意间，在我们的小圈子里渐渐形成了一个习惯——每个人的新作出版时一定要请某位“圈内”的朋友撰写序言。虽然我们每一个人都难称名人，也算不上权贵，但彼此之间那种真诚而恬淡的友谊和相知却使我们更加贴近作者的心灵和思路，无论这个作者的文风是豪放的、飞扬的，还是细致的、舒缓的，莫不如此。当剑英的《房地产开发企业纳税实务与风险防范》一书宣告完稿时，剑英遂向我郑重提出撰写序言的邀请。

剑英是中国税网特约研究员，是我在“河北纳税人网”的“群”中认识的朋友。我是一名执业的中国注册税务师，我的客户中不乏地产精英级别的企业。与我同其他热衷于税收历史，税收文化以及税收文物收藏、鉴赏的“票友”们之间的关系不同，我和剑英之间的交往、沟通和讨论更多集中在具体的税收实务领域，更进一步说，是集中在房地产开发企业的纳税实务及操作程序上。剑英不是税收专业科班出身，他的专业是与税收风马牛不相及的机械制造。经过近十年的钻研和努力，他已经跻身房地产税收实务专家的行列，这在同行中虽然并不少见，但以其学科横跨的幅度及已经取得的成就而论，剑英已经足可自豪了。眼下，纳税实务已成为剑英主要的工作内容和研究方向，这本《房地产开发企业纳税实务与风险防范》是他工作、实务的经验总结和研究成果。

说老实话，税收实务操作虽然在近年来越来越受到实务界的重视，也成为理论界的热门研究领域，但其过程本身却实在是枯燥无味，完全不像人文学科那样锐利、灵动，让人充满激情。在这个领域内要想有所建树，要能够忍受一定程度的如面壁或坐禅般的孤独和寂寞，或者在无限枯燥之中勉力寻求和感受成功的惬意与喜悦。在与剑英的私下交往中，我曾尝试用一种朋友间的漫无边际、海阔天空的谈话来使谈话过程趣味化，但大多数情况我均以失败告终，重新回到一如既往、一成不变的税收实务中。我知道，“业务问题”已成为剑英最有价值的研究目标和趣味所在，这是他在该领域内有所建树的根本原因，也是他沉稳的做事风格和艰涩求索的价值所在。

目前税收实务类书籍多到令人眼花缭乱，剑英的新著也许并不十分引人注目，但依本人所见，本书实有其独特之处，足可成为房地产开发企业财务人员、税收人员以及税务中介人员的税收实务操作指南。他本人也十分自信，认为此书适合税务稽查人员、房地产开发企业财税人员、税务师事务所和会计师事务所从业人员使用，也可作为大中专院校财税专业师生的参考教材。编写此书的目的是力求通过最新房地产政策解读、典型案例分析、纳税风险提示等丰富的实战知识为读者朋友提供实务操作参考。我在读过书稿后，隐隐地感觉到一种无形的力量——只要能读得进去，你是专家亦能强化手段，你是老虎也能添上翅膀，更不用说普通的刚入税收门槛的群体了，该书必然会成为你得心应手的工具。

当然，“只要能读得进去”可以是褒义，也可以是贬义，它反映的可能是读者的耐心，也可能是书本身不可避免的或是流行的通病。《房地产开发企业纳税实务与风险防范》或许与其他税收实务书籍一样，有时罗列政策过多，有时叙述重点不明，有时语句重复拖沓，有时亦有虚凑篇幅之嫌。若果真如此，那就需要读者在阅读时具有较强的针对性，或者说具有一种拂去明珠之上浮尘的能力。我衷心希望大家能读一读这本书，因为实实在在的收获在等待着你。

啰唆了这么多，是因为不知道序言的规范写法，权以此抛砖引玉吧。

高献洲

前　言

连续几年来，房地产市场宏观调控政策未见松动。国家行业政策层面有较大影响的包括限贷、限购、限价、保障房等调控政策；税收调控层面有较大影响的包括土地增值税预征率和核定征收率的加码、房产税的“敲山震虎”以及社会保障房税收优惠的扶持政策等。政策叠加下，房地产开发经营中扑朔迷离的涉税事件日益增多，合作开发形式呈现多样化，土地征收及补偿的政策更迭，项目、土地、股权转让等并购重组加速，房地产行业求资若渴，拼促销、争融资等有别于其他行业的经营方式使房地产开发企业财税处理呈现复杂态势。因此，新形势下，正确、规范地处理房地产开发中的纳税问题，既是企业降低纳税风险的需要，也是企业财务人员业务水平提升的需要。

笔者长期从事房地产财税实务工作，先后担任房地产企业总会计师、税务顾问、培训讲师、网站答疑专家等，所供职企业及服务对象涉及住宅开发、工业地产开发、旅游地产开发、商业运营、物业管理等多个领域，切身实践为笔者提供了房地产纳税实务方面丰富的经验。笔者先后发表了大量关于房地产纳税筹划、案例分析、风险防范的文章。2011 年在读者的促使下，笔者开始对房地产纳税实务问题进行系统整理，旨在编写出房地产财税实用工具书，为广大房地产企业会计提供具有借鉴意义和参考价值的操作指南。

和 2012 年 6 月版相比，2014 年 4 月版中有哪些变化呢？

“营改增”暂未波及房地产行业，但是房地产企业开发经营过程中应索取的发票已经发生变化；2012 年至 2014 年和房地产相关的财税政策在本版中有所更新；对拆迁补偿税务争议和土地增值税可否二次清算分别作了案例更新。（注：一般企业不大涉及土地储备政策，本版中未收录相关内容。）

本书力求从实务出发，让实际操作人员有章可循，并照顾初涉猎房地产开发企业的财税人员的阅读习惯，突出了以下特点：

1. 实战性。摒弃以税种为线索的传统模式，本书以房地产开发企业设立、获取土地、开发建设、转让及销售等具体的业务流程为主线，对流程中的每个环节所涉及的主要税种及其纳税方式的变化逐一剖析，对实务中的敏感问题、重点问题力求全面、透彻分析。

2. 工具性。作为案头工具书，本书有助于对房地产企业会计实战中纳税问题的解决拓展出正确的处理思路。

3. 案例丰富。本书选取的124个经典案例分析多来源于房地产开发企业具体业务实践和笔者的纳税答疑，贯穿本书始终，且政策解读与风险提示并举，使读者可以感同身受地轻松掌握税收政策的要义。

4. 时效性强。考虑到政策执行的效力和时效性，本书优先选择现行有效的中央税收法规和具有鲜明特点的重点省市部分地方税收法规作为政策依据，以期对读者的实务工作起到指导作用。

5. 紧跟最新政策变化。本版所引用的税收政策更新至2014年3月。

本书适合房地产开发企业高级管理人员、税务经理、财务人员、税务师事务所和会计师事务所从业人员使用，也可作为财税专业师生的参考教材。

本书在编写过程中，得到了河北省地税局科研所、上海交通大学税务研究所研究员李胜良先生和《中国发票史》的作者高献洲先生两位税务老友的指导，也离不开天山发展（控股）有限公司、方欣科技有限公司财税工作人员的鼎力支持，在此笔者一并致谢。

最后特别鸣谢对本书出版和发行给予支持的中国税网、得法网、中国会计视野、房地产会计网、财务经理人网、东奥会计在线及新正税务师事务所、北京智汇金桥财务咨询有限公司、中税信成税务师事务所的朋友们，笔者期望获得大家一如既往的支持！

限于时间紧迫和笔者水平，本书难免仍存在疏漏之处，敬请业内同仁批评指正。

笔者电子邮箱：18232690037@163.com、517646608@qq.com

笔者QQ：517646608

财税业务交流QQ群：

樊剑英税友汇QQ财税1群：181681591

樊剑英税友汇QQ财税2群：252768493

樊剑英税友汇QQ财税3群：271191823

樊剑英税友汇QQ财税4群：271086493

樊剑英税友汇QQ财税5群：252426800

樊剑英
2014年3月15日

目 录

第一章　房地产开发基本常识及纳税概述

第一节　房地产开发基本业务知识介绍

房地产是房产与地产的总称。房地产开发企业是以营利为目的,从事房地产开发和经营的企业。房地产开发和经营指房地产开发企业进行基础设施建设、房屋建设,并转让房地产开发产品或者销售、出租商品房的活动。

一、房地产开发主要业务活动

(一)土地的开发与经营

房地产开发企业有偿获得土地后,通过“三通一平”将生地变为熟地,然后既可将其有偿转让给其他单位使用,也可自行组织建造房屋和其他设施,然后作为开发产品作价出售或开展土地出租业务。

(二)房屋的开发与经营

房屋的开发指房屋的建造。房屋的经营指房屋的销售与出租。企业可以在开发完成的土地上继续开发房屋,房屋开发完成后,可作为开发产品作价出售或出租。企业开发的房屋,按用途可分为商品房、公租房、廉租房、安置房和代建房等。

(三)城市基础设施和公共配套设施的开发

城市基础设施包括工程性基础设施和社会性基础设施。工程性基础设施一般指能源系统、给排水系统、交通系统、通信系统、环境系统、防灾系统等工程设施。社会性基础设施则指行政管理、文化教育、医疗卫生、商业服务、金融保险、社会福利等设施。

公共配套设施主要指住宅区内的市政公用设施和绿地,包括道路、公交站场、环卫设施、各类公用管线(自来水、电力、电信、燃气、热力、有线电视、雨水、污水等的管线)及相应的建筑物、构筑物和绿地(包括公园,小游园,组团绿地及其他块状、带状绿地)等设施。

利用土地资源从事社会性基础设施投资建设是房地产投资多元化的需要,工程性基础设施及公共配套设施建设则是房地产开发企业取得建设用地及项目规划中约定事项之一。对于需要计入商品房和商品性建设场地成本的配套设施,不作为独立产品核算；对于可以有偿转让的或者经营性配套设施，则作为独立开发产品或固定资产单独核算。

(四)代建工程的开发

代建工程是企业接受政府和其他单位委托，代为开发的工程。

二、房地产开发常用术语介绍

(一)产权证书

产权证书是指“房屋所有权证”和“土地使用权证”。房屋产权证书记载产权类别、产权比例、产权来源、房产坐落地址、房屋结构、间数、建筑面积、使用面积、共有数纪要、他项权利纪要和附记等内容，并配有房地产测量部门的分户房屋平面图。

(二)房屋产权

房屋产权是指房产的所有者按照国家法律规定所享有的权利，也就是房屋各项权益的总和，即房屋所有者对该房屋财产的占有、使用、收益和处分的权利。

业主办理“房屋所有权证”首先需要开发商确权。开发商在商品房竣工验收合格后，必须在 30 天内办理确权登记手续。购房者在房地产开发企业已经办理初始登记并领取房地产权属证明书(俗称大产权)的基础上，才能申请办理所购房屋的转移登记，领取“房屋所有权证”。只要是新建的商品房，无论其是否已出让以及产权最后如何分配，在初始登记时，登记机关均是直接将全部产权登记在房地产开发经营企业名下的。

(三)房屋权属登记

房屋权属登记是指房地产行政主管部门代表政府对房屋所有权以及由上述权利产生的抵押权、典权等房屋他项权利进行登记，并依法确认房屋产权归属关系的行为。房屋权属登记的具体类型包括总登记、初始登记、转移登记、变更登记、他项权利登记和注销登记。

(四)房屋权属证书

房屋权属证书是权利人依法拥有房屋所有权并对房屋行使占有、使用、收益和处分权利的唯一合法凭证，房屋权属证书受到国家法律保护。房屋权属证书包括“房屋所有权证”、“房屋共有权证”、“房屋他项权证”或者“房地产权证”、“房地产共有权证”、“房地产他项权证”。

(五)有限产权房

所谓“有限产权”，是指房屋所有人在购买公房中按照相关政策以标准价或成本价购买的住房或建房过程中得到了政府或企业补贴，房屋所有人享有完全的占有权、使用权和有限的处分权、收益权。有限产权房还包括上市交易受限制的经济适用房、限价房等政策性住房。

(六)大产权和小产权

房屋产权本来不分大小,只有一种定义,但由于我国的特殊国情,社会上形成了“大产权”和“小产权”的说法 。“大产权”和“小产权”在不同情况下有不同的解释。

第一种解释:开发商的产权叫“大产权”,购房人的产权叫“小产权”。这种说法是源于购房人的产权是由开发商的产权分割来的,相对来讲,开发商的大,购房人的小。这种解释对购房人分清买的什么房没有太大关系。

第二种解释:国家发产权证的叫“大产权”,国家不发产权证,由乡镇政府发证书的叫“小产权”。购房人要注意的是乡镇政府发证书的房产实际上没有真正的产权,这种房屋没有国家发的土地使用证和预售许可证,国土资源和房屋管理局也不会对购房合同给予备案。

第三种解释:买的房屋再转让时不用再缴土地出让金的叫“大产权”,再转让时要补缴土地出让金的叫“小产权”。按这种解释,普通商品房就是“大产权”房,经济适用房就是“小产权”房。对这个区别,购房人可根据合同中土地使用权的取得形式加以确认。房地产商提供的土地证明,如果是通过划拨得来的,就是这里说的“小产权”;如果是通过出让或转让得来的,就是这里所说的“大产权”。

(七)“五证”、“两书”和“一表”

“五证”是指“建设用地规划许可证”、“建设工程规划许可证”、“建筑工程施工许可证”、“国有土地使用证”和“商品房销售(预售)许可证”,“两书”是指“商品房质量保证书”和“商品房使用说明书”,“一表”是指“竣工验收备案表”。

房地产商在预售商品房时应具备“建设用地规划许可证”、“建设工程规划许可证”、“建筑工程施工许可证”、“国有土地使用证”和“商品房销售(预售)许可证”,简称“五证”。

“建设用地规划许可证”,是指建设单位向土地管理部门申请征用、划拨土地前,经城市规划行政主管部门确认项目位置范围符合城市规划的法定凭证,是建设单位用地的法律凭证。没有此证的用地单位属非法用地,其售房行为也是非法的,不能领取房地产权属证件。

“建设工程规划许可证”,是指有关建设工程符合城市规划需求的法律凭证,是建设单位建设工程的法律凭证,是建设活动中接受监督检查时的法定依据。没有此证的建设单位,其工程建筑是违章建筑,不能领取房地产权属证件。

“建筑工程施工许可证”,是指建设单位进行工程施工的法律凭证,也是房屋权属登记的主要依据之一。没有建设工程施工许可的建筑属违章建筑,不受法律保护。

“国有土地使用证”,是指经土地使用者申请,由城市各级人民政府颁布的国有土地使用权的法律凭证。该证主要载明土地使用者名称、土地坐落地址、用途、土地使用面积、使用年限和四至范围。

“商品房销售(预售)许可证”,是指市、县人民政府房地产管理部门允许房地产开发企业销售商品房的批准文件。

“商品房质量保证书”、“商品房使用说明书”可以作为商品房买卖合同的补充约定，是房地产开发企业在商品房交付使用时，向购房人提供的承诺对商品住宅承担质量责任的法律文件和保证文件。

“竣工验收备案表”是由建设单位自工程竣工验收合格之日起15日内，向工程所在地的县级以上地方人民政府建设主管部门备案所提交的资料。“竣工验收备案表”通常包括以下内容：

1. 工程的基本情况，包括项目名称、地址、规划许可证号、施工许可证号、工程面积、开工时间、竣工时间、各单位（建设、勘察、设计、施工、监理、质量监督等单位）名称。

2. 勘察、设计、施工、监理单位意见。

3. 竣工验收备案文件清单，主要包括：工程竣工验收报告，其主要内容为室内环境检测报告和勘察、设计、施工、工程验收等单位分别签署的质量合格文件及验收人员签署的竣工验收原始文件；规划许可证和规划验收认可文件；工程质量监督注册登记表；工程施工许可证或开工报告；消防部门出具的建筑工程消防验收意见书；建设工程档案预验收意见；工程质量保修书；住宅质量保证书；住宅使用说明书；法规、规章规定必须提供的其他文件。

4. 备注。

（八）现售和预售

商品房现售是指房地产开发企业将竣工验收合格的商品房出售给买受人，并由买受人支付房价款的行为。商品房预售是指房地产开发企业将正在建设中的商品房预先出售给买受人，并由买受人支付定金或者房价款的行为。

（九）期房

期房是开发商取得商品房预售许可证后到完成商品房初始登记为止的商品房。购房者在这一期间购买商品房时应签订预售合同。购买期房就是购房者购买尚处于建造之中的房地产项目。

（十）现房

现房是指已经完工的房地产项目，在经过有关部门验收后，可取得房地产权证（大产证），办理初始登记。购房者在这一阶段购买商品房时应签订出售合同。

（十一）准现房

准现房是指房屋主体已基本封顶完工，小区内的楼宇及设施的大致轮廓已初现，户型、楼间距等重要因素已经一目了然，工程正处在内外墙装修和配套施工阶段的房屋。准现房，因其并没达到交房标准是没有“大产证”的。

（十二）尾房

尾房又称扫尾房、尾楼，但不同于烂尾房和一般空置房，它是房地产业进入散户零售时代的产物，是空置房的一种。一般情况下，当商品住宅的销售量达到80%以后，一般就进入房地产项目的清盘销售阶段，此时所销售的房产，一般称为尾房。

（十三）配套设施

配套设施是指小区内与住宅开发规模、人口规模相对应配套建设的公共服务设施、道路和公共绿地的总称，包括邮局、幼儿园、小学、社区医院、健身场所、休闲场所、老年活动室、社区警备室、商业网点、停车场等。

（十四）预售面积与竣工面积

预售面积是指全部按建筑设计图上的尺寸计算的房地产建筑面积，它只供房地产预售时使用。竣工面积是指房地产竣工后实测的面积或用与竣工房地产尺寸相符的建筑设计图计算的建筑面积，它为房地产交易、租赁、抵押、竣工验收、产权登记等提供依据。

（十五）房屋建筑面积

按照《房产测量规范》，房屋建筑面积是指房屋外墙（柱）勒脚以上各层的外围水平投影面积，包括阳台、挑廊、地下室、室外楼梯等。多、高层住宅的建筑面积，则是各层建筑面积之和。商品房的建筑面积通常包括两个部分：一个是套内建筑面积，一个是分摊的公用建筑面积。

（十六）公用建筑面积

公用建筑面积是指由整栋楼的产权人共同所有的整栋楼公用部分的建筑面积。分摊的公用建筑面积是指每套（单元）商品房依法应当分摊的公用建筑面积。公用建筑面积和分摊的公用建筑面积的产权归整栋楼购房人共有，购房人按照法律、法规的规定对其享有权利，承担责任。

根据建设部《商品房销售面积计算及公用建筑面积分摊规则（试行）》的规定，各套（单元）分摊的公用建筑面积 = 公用建筑面积分摊系数 × 套内建筑面积，而公用建筑面积分摊系数 = 整栋建筑物的公用建筑面积/整栋建筑物的各套内建筑面积之和。其中，整栋建筑物的公用建筑面积等于整栋建筑物的建筑面积扣除整栋建筑物的各套套内建筑面积之和，并扣除整栋建筑物不应分摊的建筑面积。

公用建筑面积由以下两部分组成：①电梯井、楼梯间、垃圾道、变电室、设备间、公共门厅和过道、地下室、值班警卫室以及其他功能上为整栋建筑服务的公共用房和管理用房建筑面积；②套（单元）与公用建筑空间之间的分隔墙以及外墙（包括山墙）墙体水平投影面积的一半。

《北京市商品房销售面积计算及公用建筑面积分摊暂行规定》（京国土房管权字〔2000〕第 369 号）规定：可分摊的公用建筑面积有：①大堂、公共门厅、走廊、过道、公用厕所、电（楼）梯前厅、楼梯间、电梯井、电梯机房、垃圾道、管道井、消防控制室、水泵房、水箱间、冷冻机房、消防通道、变（配）电室、煤气调压室、卫星接收机房、空调机房、热水锅炉房、电梯工休息室、值班警卫室、物业管理用房等以及其他功能上为该建筑服务的专用设备用房建筑面积；②套（单元）与公用建筑空间之间的分隔墙及外墙(包括山墙)墙体水平投影面积的一半。

不应计入公用建筑面积的有:①仓库、机动车库、非机动车库、车道、供暖锅炉房、作为人防工程的地下室、单独具备使用功能的独立使用空间;②售房单位自营、自用的房屋;③为多幢房屋服务的警卫室、管理(包括物业管理)用房。

(十七)居住面积

房屋的居住面积是指住宅中分户门内直接供住户日常生活起居用的卧室、起居室等的净面积的总和,包括卧室、起居室(厅)、厨房、卫生间、壁橱、阳台和室内走道、室内楼梯等的净面积。当分户门内的厅和过道的面积超过6平方米时,可按其面积的二分之一计算在居住面积内。

(十八)套内建筑面积

按照建设部《商品房销售面积计算及公用建筑面积分摊规则(试行)》第六条的规定,商品房的套内建筑面积是指成套商品房(单元房)的套内使用面积、套内墙体面积和阳台建筑面积之和。套内使用面积是套内房屋使用空间的面积,以水平投影面积计算。套内使用面积计算应符合下列规定:①套内使用面积包括卧室、起居室(厅)、厨房、卫生间、餐厅、过厅、过道、前室、贮藏室、壁柜等的使用面积的总和。②跃层住宅中的套内楼梯按自然层数的使用面积总和计入使用面积。③烟囱、通风道、管井等均不计入使用面积。④室内使用面积按结构墙体表面尺寸计算;有复合保温层的,按复合保温层表面尺寸计算。⑤利用坡屋顶内空间时,顶板下表面与楼面的净高低于1.20米的空间不计算使用面积;净高在1.20~2.10米的空间按1/2计算使用面积;净高超过2.10米的空间全部计入使用面积。⑥坡屋顶内的使用面积应单独计算,不得列入标准层使用面积和标准层建筑面积中;需计算建筑总面积时,利用标准层使用面积系数反求。

套内墙体面积是指商品房各套内使用空间周围的维护或承重墙体的面积。套内墙体分为共用墙及非共用墙两种。共用墙是指商品房各套之间的分隔墙、套与公用建筑空间之间的分隔墙以及外墙(包括山墙)。共用墙墙体水平投影面积的一半计入套内墙体面积。非共用墙墙体水平投影面积全部计入套内墙体面积。

阳台建筑面积按国家现行《建筑工程建筑面积计算规范》进行计算:不论是凹阳台、挑阳台、封闭阳台、不封闭阳台,均按其水平投影面积的一半计算。

(十九)销售面积

商品房按"套"或"单元"出售的,其销售面积为购房者所购买的套内或单元内建筑面积与应分摊的公用建筑面积之和。

商品房整栋销售,商品房的销售面积即为整栋商品房的建筑面积(地下室作为人防工程的,应从整栋商品房的建筑面积中扣除)。

(二十)房屋产权面积

房屋产权面积是指按照《房产测量规范》的规定,由直辖市、市(县)房地产主管部门登记确权认定的产权主依法拥有房屋所有权的房屋建筑面积，一般是指房屋产权证上记载的房屋面积。

一般情况下，因种种原因，客户难以及时拿到房产证，但在房屋交付时一般可以获得房产测绘机构测定的面积即确权面积，这时就可以计算出房屋面积和合同面积与确权面积差异。

（二十一）楼面地价楼面地价，即单位建筑面积平均分摊的土地价格。楼面地价是房价的主要组成部分之一，与建造成本、开发利润、相关税费等共同构成了商品房的市场价值。楼面地价的计算公式为：楼面地价 = 土地总价 ÷ 规划建筑面积 = 土地单价 ÷ 规划容积率。

（二十二）三通一平

“三通一平”是指基本建设项目开工的前提条件，具体是指水通、电通、路通和场地平整。水通（专指给水）、电通（指施工用电接到施工现场，具备施工条件）、路通（指场外道路已铺到施工现场周围入口处，满足车辆出入条件）、场地平整（指拟建建筑物开工现场基本平整，无须机械平整，人工简单平整即可进入施工的状态），简称“三通一平”。一般合同条件下，“三通一平”工作多为业主建设单位负责解决的范围。

（二十三）五通一平与七通一平

“五通一平”是指水通、电通、路通、气通、通讯通、场地平整。“七通一平”包括了“三通一平”和“五通一平”，“七通”是指水通、电通、路通、通讯通（IDD 电话和 DDD 电话、传真、电子邮件、宽带网络、光缆等通）、排污通、热力管线通、燃气管线通；“一平”指的是场地平整。

（二十四）低层、多层、中高层、高层、超高层

民用建筑高度与层数的划分如下：

1. 住宅建筑按层数划分为低层、多层、中高层和高层：1 ~ 3 层为低层；4 ~ 6 层为多层；7 ~ 9 层为中高层；10 层以上为高层。

2. 公共建筑及综合性建筑总高度超过 24 米的为高层（不包括高度超过 24 米的单层主体建筑）。

3. 建筑物高度超过 100 米时，不论住宅或公共建筑，均为超高层。

（二十五）生地、毛地和净地

生地主要是指已完成土地使用批准手续而未进行基础设施配套开发和土地平整的土地。毛地是指地上存在需要拆除的建筑物、构筑物等设施的土地。净地是指国家在土地出让时已经完成拆除平整，不存在需要拆除的建筑物、构筑物等设施的土地。净地出让是国家在完成征地拆迁、土地平整后将土地出让给使用人的一种出让方式。

第二节 房地产开发主要阶段划分

房地产开发按照开发经营的不同时期进行划分,主要有以下八个阶段:

一、企业设立阶段

为满足开发项目的需要,房地产开发企业既可以以现有公司为主体直接立项开发,也可以设立二级非法人分支机构或者直接设立子公司进行开发,甚至可以通过参股、控股、股权收购等重组形式取得项目开发权。项目开发主体的确立方式直接影响之后开发项目各个阶段的纳税实施方案。

二、开发项目可行性研究阶段

房地产开发企业依据不同地域的房地产市场变化趋势,结合企业的发展战略和土地储备的现实状况,确定不同地域不同地段的开发设想和可行性研究方案。方案一旦确立,房地产开发就进入了实施阶段。

在这一阶段,房地产开发企业会拟定开发的组织形式以及开发实施方案。这一阶段的工作决定着未来整个房地产项目方案的成败。例如,2010 年前后,尽管国土资源部等部门为抑制房价上涨出台了一系列措施,但是“地王”还是层出不穷。曾以 50.50 亿元拿地的大龙地产因无力缴纳土地款被取消在北京的拿地资格,缴纳的 2 亿元保证金也被没收。至于其他拼价拿地的企业,在 2010 年下半年受政策调控影响也面临资金链紧绷的不利局面。因此,不经过充分的科学论证,靠一时冲动和盲动,难免导致潜在的经营风险。

三、取得项目用地阶段

土地是所有建筑的基础,没有土地储备,房地产开发就无从谈起。目前直接拿地方式仍然以招拍挂形式为主。除此之外,拆迁改造、联合开发、公司合并、股权收购等也是常见的拿地方式。拿地渠道和方式不同,适用的房地产业纳税政策必然存在差异,既影响拿地成本,也影响将来的税负。例如,项目用地涉及房屋拆迁,采用货币补偿或实物补偿对拆迁方或被拆迁方的税收利益都会有影响。因此,更多的房地产开发企业开始把拿地方式作为纳税筹划的主要方向。

四、前期准备工作阶段

前期准备工作包括项目的规划设计、征地拆迁、报建登记、各种许可证的办理等。其中规划设计最能体现房地产企业的开发理念。规划设计一般包括方案设计、初步设计和施工图设计三个步骤。方案设计反映了建筑平面布局、功能分区、立面造型、空间尺度、建筑结构等方面的设计要求。初步设计应在方案设计的基础上，提出设计标准、基础形式、结构方案及各专业工程的设计方案。初步设计文件应包括设计总说明书、设计图纸、主要设备与材料表、工程概算书四个部分。施工图设计是在初步设计基础上的更详细的设计，内容包括工程设备各构成部分的尺寸、布置和主要施工方法，并要绘制完整、详细的建筑和安装详图及进行必要的文字说明。房地产开发企业在进行规划及建筑设计前，需要向城市规划行政管理部门申报规划设计条件，以获得"规划设计条件通知书"（主要规定规划建设用地面积、总建筑面积、容积率、建筑密度、绿化率、建筑后退红线距离、建筑控制高度、停车位数等）。房地产开发企业根据"规划设计条件通知书"，委托有规划设计资格的单位完成方案设计，然后持方案设计报审表、方案设计及其说明书等有关资料，报经城市规划行政管理部门审查，确认符合规划要求后，核发建设用地规划许可证。方案设计得到批准后，即可进行初步设计。城市规划行政管理部门对建设工程的初步设计方案进行审查，确认其符合规划设计要点后，建设单位就可以进行工程施工图设计。城市规划行政管理部门在对工程施工图及有关材料进行审查合格后，核发建设工程规划许可证。

因此，规划设计属于房地产开发中需要浓墨重彩的重要环节。实务中，很多房地产开发企业聘请了境外知名设计公司负责项目的方案设计和初步设计，但是又不同程度地存在着因合同约定不明确以及不熟悉境外付汇政策而增加设计税务成本的问题。

五、资金筹措阶段

房地产开发企业在取得土地使用权证、建设用地规划许可证和建设工程规划许可证之后，要进行实质开发建设，尚需筹措大量流动资金。现在的房地产开发企业都建立专门的融资队伍，除正常的商业银行贷款融资外，信托融资、民间融资在房地产领域里也相当普遍。融资渠道及融资成本对企业税收的影响也是不容忽视的。

六、建设施工阶段

对于房地产开发企业本身而言，建设施工阶段虽然涉及的税金较少，但是这一阶段所发生的建筑施工成本及各项费用将直接影响开发项目未来企业所得税计税成本的扣除以及土地增值税扣除项目金额的确定。项目建设施工前，房地产开发企业应上报主管税务机关项目登记信息（表样参见表 1－1）。

表 1－1　　房地产开发项目情况登记表

<table>
<tr><td colspan="2">计算机代码</td><td colspan="2"></td><td colspan="2">开发单位名称</td><td colspan="2"></td></tr>
<tr><td colspan="2">房地产开发项目名称</td><td colspan="2"></td><td colspan="2">房地产开发项目地址</td><td colspan="2"></td></tr>
<tr><td colspan="2">建设期工程项目名称</td><td colspan="2"></td><td colspan="2">建设期工程项目编号</td><td colspan="2"></td></tr>
<tr><td>项目性质</td><td colspan="7">□经济适用住房　□非经济适用住房　□商业用房　□其他（请画√选择）</td></tr>
<tr><td>土地使用
证发放单位</td><td></td><td>土地使
用证编号</td><td></td><td>规划许可
证发证机关</td><td></td><td>规划许可
证号码</td><td></td></tr>
<tr><td colspan="8">预（销）售许可证情况</td></tr>
<tr><td colspan="2">预（销）售许可证发证机关</td><td colspan="6"></td></tr>
<tr><td colspan="2">预（销）售许可证号</td><td colspan="2"></td><td colspan="3">取得预（销）售许可证时间</td><td></td></tr>
<tr><td>建筑面积
（㎡）</td><td></td><td>可售建筑面积
合计（㎡）</td><td></td><td colspan="2">工程总造价（元）</td><td colspan="2"></td></tr>
<tr><td>开工时间</td><td></td><td>预计竣工时间</td><td></td><td colspan="2">项目总投资（元）</td><td colspan="2"></td></tr>
<tr><td>销售方式</td><td></td><td>预计售房时间</td><td></td><td colspan="2">预计销售均价（元）</td><td colspan="2"></td></tr>
<tr><td colspan="8">如以房地产对外捐赠，请填写以下栏次</td></tr>
<tr><td>捐赠意
向书编号</td><td></td><td>受赠单位名称</td><td></td><td colspan="2">受赠单位纳
税人识别号</td><td colspan="2"></td></tr>
<tr><td colspan="8">如以房地产抵偿债务，请填写以下栏次</td></tr>
<tr><td>抵债合
同书编号</td><td></td><td>债权人单位名称</td><td></td><td colspan="2">债权人纳税
人识别号</td><td colspan="2"></td></tr>
<tr><td colspan="2">报送证件及附送资料</td><td colspan="6"></td></tr>
<tr><td colspan="2">经办人：
____年____月____日</td><td colspan="3">法定代表人（负责人）：
____年____月____日</td><td colspan="3">纳税人名称（章）
____年____月____日</td></tr>
<tr><td colspan="8">以下由税务机关填写</td></tr>
<tr><td colspan="2">项目登记税务机关</td><td colspan="2"></td><td colspan="3">项目管理分局（科、所）</td><td></td></tr>
<tr><td colspan="2">项目管理人员</td><td colspan="2"></td><td colspan="3">房地产开发项目编号</td><td></td></tr>
<tr><td colspan="8">登记人员：
税务机关名称（章）
登记日期：____年____月____日</td></tr>
</table>

使用说明

1. 本表依据《国家税务总局关于印发〈不动产、建筑业营业税项目管理及发票使用管理暂行办法〉的通知》（国税发〔2006〕128号）设置。

2. 适用范围：纳税人向房地产所在地主管税务机关进行房地产开发项目登记时使用。

3. 纳税人进行房地产开发，应在房地产开发项目审批立项之日起30日内，到房地产所在地主管税务机关领取《房地产开发项目情况登记表》，并如实填写，办理房地产开发项目登记；纳税人应在取得房地产预（销）售许可证之日起30日内向房地产所在地主管税务机关报送预（销）售许可证复印件。

4. 填表说明：

（1）“房地产开发项目名称”：“建设工程规划许可证”核准的“房地产开发项目名称”。

（2）“房地产开发项目地址”：“建设工程规划许可证”核准的“房地产开发项目地址”。

（3）“建设期工程项日名称”：“建设工程规划许可证”核准的“建设项目名称”。

（4）“建设期工程项目编号”：“建设工程规划许可证”字轨号码。

（5）“项目性质”：经济适用住房、非经济适用住房、商业用房、其他。

（6）“土地使用证编号”：“土地使用证”字轨号码。

（7）“规划许可证号码”：“规划许可证”字轨号码。

（8）“可售建筑面积合计（㎡）”：开发项目中用于销售的建筑面积，即建筑面积减去房地产开发企业开发建造的与本清算项目配套的居委会和派出所用房、会所、停车场（库）、物业管理场所、变电站、热力站、水厂、文体场馆、学校、幼儿园、托儿所、医院、邮电通讯等公共设施（这些设施必须是产权属于全体业主所有或建成后移交政府、公用事业单位用于非营利性社会公共事业的设施，不包括建成后有偿转让的设施）的面积。

（9）“预（销）售许可证发证机关”：预（销）售许可证发证机关全称；“取得预（销）售许可证时间”：预（销）售许可证发证日期；“预（销）售许可证号”：“预（销）售许可证”字轨号码。如果纳税人填报本表时没有取得预（销）售许可证，以上三栏可以不填报，自取得房地产预（销）售许可证之日起30日内向房地产所在地主管税务机关报送预（销）售许可证复印件，进行项目登记变更。

（10）“建筑面积（㎡）”：有关部门批准的开发项目总建筑面积。

（11）“项目总投资（元）”：房地产开发项目全部投资额。

（12）“工程总造价（元）”：房地产开发项目全部工程投资额。

(13)"销售方式":商品房现售、商品房预售和销售代理。

(14)"房地产开发项目编号":为系统自动生成项,不必填报。

5.本表为A4型竖式,一式三份。主管税务机关留存两份,退回纳税人一份。

七、销售阶段

房地产开发项目的投资回报主要来源于开发产品的市场销售。通常情况下,房地产开发项目完工之前即已开始预售,在获得经济利益流入的同时,销售收入应当缴纳的营业税、城市维护建设税、教育费附加、企业所得税、土地增值税、印花税等也开始形成经济利益的流出。有些房地产开发企业为减少纳税成本,采取各种手段隐瞒或转移预收款收入,以达到拖延纳税或不纳税的目的,形成重大纳税风险。

房地产开发项目完工后,房地产开发企业取得建筑工程竣工验收备案证,进行面积确权、权属登记、物业交割后,项目开发即进入尾声。但是,完工后开发产品应当核算计税成本和项目的实际毛利率,并集中汇算企业所得税,土地增值税也进入清算阶段。所以,此阶段是税务问题暴露比较集中的时期。

八、物业服务阶段

开发产品交付后,虽然有专门的物业服务公司负责业主物业的日常维护,但是房地产开发企业的责任并没有完全解除,售后维护和责任赔偿支出也会带来一定的税收问题。至此阶段,开发项目没有税务问题的话,即可办理注销登记。《房地产开发项目注销登记申请审批表》(河北省)表样见表1-2。

表1-2　　房地产开发项目注销登记申请审批表(河北省)

<table>
<tr><td>房地产开发项目编号</td><td></td><td>房地产开发项目名称</td><td></td></tr>
<tr><td>开发单位计算机代码</td><td></td><td>开发单位名称</td><td></td></tr>
<tr><td>可销售总面积(㎡)</td><td></td><td>已销售总面积(㎡)</td><td></td></tr>
<tr><td>销售总收入(元)</td><td></td><td>销售进度(%)</td><td></td></tr>
<tr><td>项目注销登记原因</td><td colspan="3"></td></tr>
<tr><td>附送资料</td><td colspan="3"></td></tr>
<tr><td colspan="4">经办人:　　　　　　法定代表人(负责人):　　　　　　纳税人名称(公章)
____年____月____日　　　　____年____月____日　　　　____年____月____日</td></tr>
</table>

续表

<table>
<tr><td colspan="3">以下由税务机关填写</td></tr>
<tr><td>受理时间</td><td colspan="2">登记人员：
____年____月____日</td></tr>
<tr><td rowspan="3">管理
人员
审查
情况</td><td>税款入库情况</td><td></td></tr>
<tr><td>发票开具情况</td><td></td></tr>
<tr><td colspan="2">管理人员意见：
管理人员：
____年____月____日</td></tr>
<tr><td>管理部门意见</td><td colspan="2">部门负责人：
税务机关（公章）
____年____月____日</td></tr>
</table>

使用说明

1. 本表依据河北省地方税务局《河北省销售不动产和建筑业营业税征收管理暂行办法》第十九条的规定设置。

2. 适用范围：已经办理房地产开发项目情况登记的纳税人办理房地产开发项目注销时使用。

3. 填表说明：

（1）“房地产开发项目编号”：《房地产开发项目情况登记表》核准的“房地产开发项目编号”。

（2）“房地产开发项目名称”：《房地产开发项目情况登记表》核准的“房地产开发项目名称”。

（3）“开发单位名称”：开发单位全称。

（4）“开发单位计算机代码”：房地产开发项目所在地主管税务机关分配的计算机代码。

（5）“可销售总面积（㎡）”：房地产开发项目可用于销售的总面积。

（6）“已销售总面积（㎡）”：已经销售的房地产开发项目总面积。

（7）“销售总收入（元）”：房地产开发项目销售的总收入金额。

（8）“销售进度（%）”：“已销售总面积（㎡）”占“可销售总面积（㎡）”的比例。

（9）“附送资料”：纳税人报送的注销登记事项的证件、资料名称。

4. 本表为A4型竖式，一式三份。主管税务机关留存两份，退回纳税人一份。

第三节 房地产开发涉及税种概述

房地产开发涉及契税、城镇土地使用税、耕地占用税、印花税、营业税、城市维护建设税、教育费附加、地方教育附加、防洪费、房产税、土地增值税、企业所得税、增值税、个人所得税等诸多税。下面,我们先对这些税费概述如下:

一、契税

纳税人:在中华人民共和国境内转移土地、房屋权属,承受的单位和个人。

计税依据:市场价格或差额。

税率:3% ~5%。

征收机构:土地所在地的财政机关或地方税务机关。

房地产开发企业纳税义务:除农村集体土地承包经营权的转移外,不论是国有土地使用权出让还是土地使用权转让,房地产开发企业作为土地受让者时,都要缴纳契税。

涉税阶段:主要是土地取得环节。

二、城镇土地使用税

纳税人:在城市、县城、建制镇、工矿区范围内拥有土地使用权的单位和个人。

计税依据:实际占用土地面积。

适用定额:每平方米年税额如下:1. 大城市 1.5 ~30 元; 2. 中等城市 1.2 ~24 元; 3. 小城市 0.9 ~18 元; 4. 县城、建制镇、工矿区 0.6 ~12 元。

各市、县人民政府要结合本地经济发展水平、土地利用状况和地价水平等,合理划分本地区的土地等级,在省、自治区、直辖市人民政府确定的税额幅度内制定每一等级土地的具体适用税额标准,报省、自治区、直辖市人民政府批准执行。经济发达地区和城市中心区,原则上应按税额幅度的上限确定适用税额标准。经济发达地区如需突破税额幅度上限进一步提高适用税额标准,须报经财政部、国家税务总局批准。房地产开发企业取得土地后缴纳土地使用税,要首先了解当地政府制定的土地等级适用税额标准。

征收机构:土地所在地的地方税务机关。

房地产开发企业纳税义务:房地产开发企业使用土地,都要缴纳城镇土地使用税。

涉税阶段:建设环节、销售环节。

三、耕地占用税

纳税人：占用耕地建房或者从事非农业建设的单位或者个人，应主要依据农用地转用审批文件认定。

计税依据：占用的耕地面积。

适用定额：

1. 人均耕地不超过 1 亩的地区（以县级行政区域为单位，下同），每平方米为 10～50 元；

2. 人均耕地超过 1 亩但不超过 2 亩的地区，每平方米为 8～40 元；

3. 人均耕地超过 2 亩但不超过 3 亩的地区，每平方米为 6～30 元；

4. 人均耕地超过 3 亩的地区，每平方米为 5～25 元。

各省、自治区、直辖市耕地占用税每平方米平均税额见表 1－3。

表 1－3　各省、自治区、直辖市耕地占用税平均税额表

地区	每平方米平均税额（元）
上海	45
北京	40
天津	35
江苏、浙江、福建、广东	30
辽宁、湖北、湖南	25
河北、安徽、江西、山东、河南、重庆、四川	22.5
广西、海南、贵州、云南、陕西	20
山西、吉林、黑龙江	17.5
内蒙古、西藏、甘肃、青海、宁夏、新疆	12.5

征收机构：土地所在地的地方税务机关。

房地产开发企业纳税义务：当房地产开发企业开发建设占用耕地、林地、牧草地、农田水利用地、养殖水面以及渔业水域滩涂等其他农用地建房或从事非农业建设时，均要按照实际占用面积和规定的税额缴纳耕地占用税。

涉税阶段：主要是土地取得环节。

四、印花税

纳税人：经济活动和经济交往中书立、领受应税凭证的单位和个人。

课税对象：现行印花税只对《印花税暂行条例》列举的凭证征税，具体包括经济合同，产权转移书据，营业账簿，权利、许可证照和经财政部确定征税的其他凭证五类。

计税依据：印花税根据应税凭证的种类，分别规定以下几种：

1. 合同或具有合同性质的凭证，以凭证所载金额作为计税依据；

2. 营业账簿中记载资金的账簿，以实收资本和资本公积的合计金额作为计税依据；

3. 不记载金额的营业执照、专利证、专利许可证照，以及企业的日记账簿和各种明细分类账簿等辅助性账簿，按凭证或账簿的件数纳税。

印花税根据不同征税项目，分别实行从价计征和从量计征两种征收方式。

印花税税目税率表见表1－4。

表1－4　印花税税目税率表

序号	税目	范围	税率	纳税人	说明
1	购销合同	包括供应、预购、采购、购销结合及协作、调剂、补偿、易货等合同	按购销金额万分之三贴花	立合同人	
2	加工承揽合同	包括加工、定做、修缮、修理、印刷、广告、测绘、测试等合同	按加工或承揽收入万分之五贴花	立合同人	
3	建设工程勘察设计合同	包括勘察、设计合同	按收取费用万分之五贴花	立合同人	
4	建筑安装工程承包合同	包括建筑、安装工程承包合同	按承包金额万分之三贴花	立合同人	
5	财产租赁合同	包括租赁房屋、船舶、飞机、机动车辆、机械、器具、设备等合同	按租赁金额千分之一贴花。税额不足一元的，按一元贴花	立合同人	
6	货物运输合同	包括民用航空、铁路运输、海上运输、内河运输、公路运输和联运合同	按运输费用万分之五贴花	立合同人	单据作为合同使用的，按合同贴花
7	仓储保管合同	包括仓储、保管合同	按仓储保管费用千分之一贴花	立合同人	仓单或栈单作为合同使用的，按合同贴花

续表

序号	税目	范围	税率	纳税人	说明
8	借款合同	银行及其他金融组织和借款人(不包括银行同业拆借)所签订的借款合同	按借款金额万分之零点五贴花	立合同人	单据作为合同使用的,按合同贴花
9	财产保险合同	包括财产、责任、保证、信用等保险合同	按保险费收入千分之一贴花	立合同人	单据作为合同使用的,按合同贴花
10	技术合同	包括技术开发、转让、咨询、服务等合同	按所载金额万分之三贴花	立合同人	
11	产权转移书据	包括财产所有权和版权、商标专用权、专利权、专有技术使用权等转移书据	按所载金额万分之五贴花	立据人	
12	营业账簿	生产经营用账册	记载资金的账簿,按实收资本和资本公积的合计金额万分之五贴花。其他账簿按件贴花五元	立账簿人	
13	权利、许可证照	包括政府部门发给的房屋产权证、工商营业执照、商标注册证、专利证、土地使用证	按件贴花五元	领受人	

征收机构:地方税务机关。

房地产开发企业纳税义务:房地产开发业务流程中很多方面涉及印花税。取得土地和销售阶段签订的房屋销售合同、土地使用权转让合同涉及“产权转移书据”税目;开发阶段涉及建设工程勘察设计合同、购销合同、建筑安装工程承包合同、货物运输合同、加工承揽合同、财产保险合同、借款合同、财产租赁合同、仓储保管合同等;财务核算和经营管理所需要的营业账簿和权利、许可证照也属于印花税征税范围。

1. 当房地产开发商与金融机构签订借款合同时，要根据“借款合同”税目，按照合同所载借款金额的0.05‰缴纳印花税。

2. 在设计阶段，与设计单位签订设计合同，要根据“建设工程勘察设计合同”税目的规定，按照收取费用的0.5‰缴纳印花税。

3. 在建筑安装阶段，与建筑安装单位签订建筑安装工程承包合同，要根据“建筑安装工程承包合同”税目，按照承包金额的0.3‰缴纳印花税。

4. 在房产销售阶段，房地产开发商与购买方签订合同，要根据“产权转移书据”税目，按照合同所载金额的0.5‰缴纳印花税。

5. 当房地产开发商将未销售商品房出租时，要根据“财产租赁合同”税目，按照合同所载租赁金额的1‰缴纳印花税。

此外，还有“权利、许可证照”和“营业账簿”税目中的其他账簿，单位税额均为每件5元。

涉税阶段：土地取得环节、建设环节、销售环节。

五、营业税

纳税人：有偿提供应税劳务、转让无形资产和销售不动产的单位和个人。

计税依据：提供应税劳务、转让无形资产和销售不动产所取得的营业收入额。房地产开发企业转让土地使用权或者销售不动产，其应纳税额计算公式为：

应纳税额 = 营业额 × 税率

营业税税目税率见表1-5。

表1-5　　　　营业税税目税率表

税目	税率
一、交通运输业	3%
二、建筑业	3%
三、金融保险业	5%
四、邮电通信业	3%
五、文化体育业	3%
六、娱乐业	5%~20%
七、服务业	5%
八、转让无形资产	5%
九、销售不动产	5%

自2012年1月1日起，交通运输业和部分现代服务业在上海开始“营改增”试

点工作,2013 年 8 月 1 日起在全国范围内推广,届时营业税税目将逐步减少。

征收机构:地方税务机关。

房地产开发企业纳税义务:房地产开发商项目建设阶段即开始预售房屋,即需要缴纳营业税。

转让土地使用权或者销售不动产,采取预收款方式的,其纳税义务发生时间为收到预收款的当天。

转让、出租土地使用权,应当向土地所在地的主管税务机关申报纳税。纳税人销售、出租不动产,应当向不动产所在地的主管税务机关申报纳税。

涉税阶段:销售环节。

六、城市维护建设税

纳税人:缴纳增值税、消费税、营业税的单位和个人,包括外商投资企业、外国企业及外籍个人。

计税依据:纳税人实际缴纳的增值税、消费税、营业税税额。

计税税率:按照纳税人所在地不同,实行不同档次的税率:

1. 纳税人所在地在市区的,税率为 7%;

2. 纳税人所在地在县城、镇的,税率为 5%;

3. 纳税人所在地不在市区、县城或镇的,税率为 1%。

征收机构:地方税务机关。

房地产开发企业纳税义务:房地产开发企业销售开发产品,城市维护建设税与营业税同时缴纳。

涉税阶段:销售环节。

七、教育费附加

纳税人:凡缴纳增值税、消费税、营业税的单位和个人,除按照《国务院关于筹措农村学校办学经费的通知》的规定缴纳农村教育事业费附加的单位外,都是教育费附加的缴纳人。

计税依据:实际缴纳的增值税、消费税、营业税税额。

征收率:3%。

征收机构:地方税务机关。

教育费附加是政府性基金,由税务机关负责征收,作为教育专项资金,纳入预算管理。除铁道系统、中央银行、各专业银行总行、保险总公司的教育费附加随同营业税上缴中央财政外,其余单位和个人的教育费附加均就地上缴地方财政。

房地产开发企业纳税义务:在缴纳营业税的同时,要按照营业税的3%来缴纳教育费附加。

涉税阶段:销售环节。

八、地方教育附加

纳税人:缴纳增值税、消费税、营业税的单位和个人。

计税依据:实际缴纳的增值税、消费税、营业税税额。

税率:2%。已经财政部审批且征收标准低于2%的省份,也调整为2%。

征收机构:地方税务机关。

涉税阶段:销售环节。

九、防洪费

防洪费是"堤围防护建设费"的简称(刚开始时叫防洪费,后改为堤围防护建设费,习惯上称防洪费),也叫堤围费或围堤费,是按照企业销售收入的一定比例由地税部门收取的专门用于防洪(堤围)建设的费用。但防洪费也有地域差别,例如,天津市防洪费按照增值税或者营业税的1%提取并每月申报缴纳,河北省则是按照年营业收入一定比例征收河道工程修建维护管理费(简称河道费)。

征收机构:地方税务机关。也有国税机关征收河道费的情况,如河北省。

涉税阶段:销售环节。

十、房产税

纳税人:房屋产权所有人。

计税依据:房屋的计税余值或租金收入。

征收机构:房产所在地地方税务机关。房产不在同一地方的纳税人,应按房产的坐落地点分别向房产所在地的税务机关缴纳。

房地产开发企业纳税义务:无论内、外资企业,均需要根据不同情况缴纳房产税。自用房屋,房产税依照房产原值一次减除10%至30%后的余值计算缴纳,具体减除幅度由省、自治区、直辖市人民政府规定,适用税率为1.2%。房产出租的,以房产租金收入和税率12%计算缴纳。对个人按市场价格出租的居民住房,房产税暂减按4%的税率征收。

为有效调控房价,《重庆市个人住房房产税征收管理实施细则》(重庆市人民政府令第247号)规定:“应税住房的计税价值为房产交易价。条件成熟时,以房产评估值作为计税依据。属于本办法规定的应税住房用于出租的,按本办法的规定征收房产税,不再按租金收入征收房产税。”其中,税率规定为:“独栋商品住宅和高档住房建筑面积交易单价在上两年主城九区新建商品住房成交建筑面积均价3倍以下的住房,税率为0.5%;3倍(含3倍)至4倍的,税率为1%;4倍以上(含4倍)的,税率为1.2%。在重庆市同时无户籍、无企业、无工作的个人新购第二套以上(含第二套)的普通住房,税率为0.5%。”

《上海市人民政府关于印发〈上海市开展对部分个人住房征收房产税试点的暂行办法〉的通知》(沪府发〔2011〕3号)规定:个人住房“房产税计税依据为参照应税住房的房地产市场价格确定的评估值,评估值按规定周期进行重估。试点初期,暂以应税住房的市场交易价格作为计税依据。房产税暂按应税住房市场交易价格的70%计算缴纳。适用税率暂定为0.6%。应税住房每平方米市场交易价格低于本市上年度新建商品住房平均销售价格2倍(含2倍)的,税率暂减为0.4%”。

“房产税不是万能的,但回避房产税万万不能!”近年来围绕房产税的争议不断,作为住房保有环节可带来的税收增长和市场调控手段,房产税改革势必加快。

涉税阶段:房屋保有环节。

十一、土地增值税

纳税人:有偿转让国有土地使用权及地上建筑物和其他附着物产权,取得增值性收入的单位和个人。

征收机构:房地产所在地地方税务机关。

房地产开发企业纳税义务:房地产开发企业转让土地时,要按照其转让房地产时取得的收入减掉允许扣除的项目金额后的余额,依照规定的税率缴纳土地增值税。

土地增值税计税要素如下:

1. 计税收入为房地产企业转让房地产时取得的收入,包括货币收入、实物收入和其他收入。

2. 允许扣除项目包括取得土地使用权所支付的金额、开发土地和新建房及配套设施的成本、开发土地和新建房及配套设施的费用以及前述两项20%加计扣除,还有与转让房地产有关的税金,包括营业税、城市建设维护税和教育费附加等。

土地增值税税率见表1-6。

表 1 – 6　　　　　　　　　　土地增值税税率表

档次	级距	税率	速算扣除系数	税额计算公式	说明
1	增值额未超过扣除项目金额50%的部分	30%	0	增值额×30%	扣除项目包括：取得土地使用权所支付的金额；开发土地的成本、费用；新建房及配套设施的成本、费用或旧房及建筑物的评估价格；与转让房地产有关的税金；财政部规定的其他扣除项目。
2	增值额超过扣除项目金额50%，未超过100%的部分	40%	5%	增值额×40% – 扣除项目金额×5%	
3	增值额超过扣除项目金额100%，未超过200%的部分	50%	15%	增值额×50% – 扣除项目金额×15%	
4	增值额超过扣除项目金额200%的部分	60%	35%	增值额×60% – 扣除项目金额×35%	

应纳税额 = 土地增值额×税率 – 扣除项目金额×速算扣除系数

房地产开发商建造普通标准住宅出售，增值额未超过扣除项目金额20%的，免征土地增值税。

征收方式：房地产开发工期较长，土地增值税的计算又比较烦琐，为了简化计算，地方税务局采取按期预征、项目完工清算的办法。也就是按当期取得的售房收入，依照预征率计算征收，项目完工后清算，多退少补。根据2010年税收调控政策，除保障性住房外，东部地区省份预征率不得低于2%，中部和东北地区省份预征率不得低于1.5%，西部地区省份预征率不得低于1%。

对于无法查账征收土地增值税的企业，土地增值税可以核定征收。根据2010年税收调控政策，核定征收率大于5%。

涉税阶段：销售环节、土地增值税清算环节。

十二、企业所得税

除《中华人民共和国企业所得税法》（以下简称《企业所得税法》）、《中华人民共和国企业所得税法实施条例》（以下简称《企业所得税法实施条例》）及配套法规外，房地产开发企业所得税主要依据《国家税务总局关于印发〈房地产开发经营业务企业所得税处理办法〉的通知》（国税发〔2009〕31号）计算缴纳企业所得税。企业所得税的适用税率为25%。

房地产开发企业销售收入的范围为销售开发产品过程中取得的全部价款，包括现金、现金等价物及其他经济利益。企业代有关部门、单位和企业收取的各种基金、费用和附加等，凡纳入开发产品价内或由企业开具发票的，均应按规定全部确认为销售收入；未纳入开发产品价内并由企业之外的其他部门、单位收取、开具发票的，可作为代收代缴款项进行管理。

房地产开发企业所得税主要有核实征收和核定征收两种征收方式，核定征收一般选择核定应税所得率计算征收。

征收机构：地方税务机关或国家税务机关，具体纳税管理参见第二章第四节"注册地合理规划可降低税务成本"。

涉税阶段：销售环节。

十三、增值税

纳税人：在中华人民共和国境内销售货物或者提供加工、修理修配劳务和增值税应税服务以及进口货物的单位和个人。

房地产开发企业纳税义务：增值税并非房地产开发企业涉及的主要税种，但是在房地产项目开发及销售过程中出现的货物销售兼营行为、视同销售行为、设备车辆抵债行为等一样存在增值税纳税义务。

单纯以开发为主业的房地产企业，属于增值税一般纳税人的很少，小规模纳税人比较普遍。小规模纳税人销售自己使用过的固定资产，应开具普通发票，不得由税务机关代开增值税专用发票。小规模纳税人销售自己使用过的固定资产和旧货，按下列公式确定销售额和应纳税额：

销售额 = 含税销售额/(1 +3%)

应纳税额 = 销售额 ×2%

征收机构：国家税务机关。

涉税阶段：资产处置环节、促销销售环节。

十四、个人所得税

征税对象：工资、薪金所得；个体工商户的生产、经营所得；对企事业单位的承包经营、承租经营所得；劳务报酬所得；稿酬所得；特许权使用费所得；利息、股息、红利所得；财产租赁所得；财产转让所得；偶然所得；经国务院财政部门确定征税的其他所得。

其中，工资、薪金所得计税依据为：

根据《全国人民代表大会常务委员会关于修改〈中华人民共和国个人所得税法〉的决定》(主席令〔2011〕48 号)的规定，自 2011 年 9 月 1 日起，工资、薪金所得，适用超额累进税率，税率为 3% ~45%，税率表见表 1 -7。工资、薪金所得，以每月收入额减除费用3 500元后的余额,为应纳税所得额。扣缴义务人每月所扣的税款,自行申报纳税人每月应纳的税款,都应当在次月十五日内缴入国库,并向税务机关报送纳税申报表。

表1－7　个人所得税税率表(工资、薪金所得适用)

级数	含税级距(元)	税率	速算扣除数(元)
1	0～1 500	3%	—
2	1 500～4 500	10%	105
3	4 500～9 000	20%	555
4	9 000～35 000	25%	1 005
5	35 000～55 000	30%	2 755
6	55 000～80 000	35%	5 505
7	80 000以上	45%	13 505

注:1.本表所列含税级距与不含税级距,均为按照税法规定减除有关费用后的所得额;

2.含税级距适用于由纳税人负担税款的工资、薪金所得;不含税级距适用于由他人(单位)代付税款的工资、薪金所得。

房地产开发企业纳税义务:个人所得税,以所得人为纳税义务人,以支付所得的单位或者个人为扣缴义务人。个人所得超过国务院规定数额的,在两处以上取得工资、薪金所得或者没有扣缴义务人的,以及具有国务院规定的其他情形的,纳税义务人应当按照国家规定办理纳税申报。扣缴义务人应当按照国家规定办理全员全额扣缴申报。

征收机构:地方税务机关。

涉税阶段:任一环节均可能发生。

在房地产开发涉及的上述14个基本税种中,以营业税、企业所得税、土地增值税为主,这三个税种应纳税额会占到整体税务成本的90%以上。在前期销售中,以营业税为主,在最终项目清算阶段,又以企业所得税、土地增值税为主。做好这三个税种的纳税筹划与控制,可以有效降低税务成本;其他税种税务成本虽低,但纳税风险反而更高。因此,全方位全程洞悉房地产开发纳税实务问题,做好纳税筹划,防范税务风险,尤为必要。

第二章　企业设立环节纳税实务与风险防范

第一节　房地产开发企业设立及相关税务问题概述

一、设立房地产开发企业应当具备的条件

《中华人民共和国城市房地产管理法》第三十条规定：房地产开发企业是以营利为日的，从事房地产开发和经营的企业。设立房地产廾发企业，应当具备下列条件：有自己的名称和组织机构；有固定的经营场所；有符合国务院规定的注册资本；有足够的专业技术人员；法律、行政法规规定的其他条件。

根据《城市房地产开发经营管理条例》（中华人民共和国国务院令第248号）的规定，设立房地产开发企业，除应当符合有关法律、行政法规规定的企业设立条件外，应当具备以下条件：注册资本金在100万元以上；有4名以上持有资格证书的房地产专业、建筑工程专业的专职技术人员，2名以上持有资格证书的专职会计人员。

省、自治区、直辖市人民政府可以根据本地区的实际情况，对设立房地产开发企业的注册资本和专业技术人员的条件作出更高的规定。所以，新设立企业应关注当地相应行业准入规定。例如，北京市申请成立房地产开发公司注册资金的规定为：在城近郊区从事房地产开发经营的，注册资金为1 000万元以上（含1 000万元），在远郊区、县从事房地产开发经营的，注册资金为500万元以上（含500万元）。

设立房地产开发有限责任公司或股份有限公司，应执行公司法的有关规定。例如，设立有限责任公司必须具备下列条件：①股东符合法定人数，即有限责任公司由50个以下股东组成；②股东出资达到法定资本最低限额；③股东共同制定公司章程；④有公司名称，建立符合有限责任公司要求的组织机构；⑤有公司住所。如果设立股份有限公司，则应具备下列条件：①发起人符合法定人数，即应当有

2 人以上 200 人以下的发起人，其中须有半数以上的发起人在中国境内有住所；②发起人认购和募集的股本达到法定资本最低限额，股份有限公司注册资本的最低限额为人民币 500 万元，除法律、行政法规另有规定外，以募集设立方式设立股份有限公司的，发起人认购的股份不得少于公司股份总数的 35%；③股份发行、筹办事项符合法律规定；④发起人制定公司章程，采用募集方式设立的经创立大会通过；⑤有公司名称，建立符合股份有限公司要求的组织机构；⑥有公司住所。

《国务院关于调整固定资产投资项目资本金比例的通知》（国发〔2009〕27 号）规定：固定资产投资项目资本金制度既是宏观调控手段，也是风险约束机制。该制度自 1996 年建立以来，对改善宏观调控、促进结构调整、控制企业投资风险、保障金融机构稳健经营、防范金融风险发挥了积极作用。为应对国际金融危机，扩大国内需求，有保有压，促进结构调整，有效防范金融风险，保持国民经济平稳较快增长，国务院决定对固定资产投资项目资本金比例进行适当调整。规定各行业固定资产投资项目的最低资本金比例按以下规定执行：

钢铁、电解铝项目，最低资本金比例为 40%。

水泥项目，最低资本金比例为 35%。

煤炭、电石、铁合金、烧碱、焦炭、黄磷、玉米深加工、机场、港口、沿海及内河航运项目，最低资本金比例为 30%。

铁路、公路、城市轨道交通、化肥（钾肥除外）项目，最低资本金比例为 25%。

保障性住房和普通商品住房项目的最低资本金比例为 20%，其他房地产开发项目的最低资本金比例为 30%。

其他项目的最低资本金比例为 20%。

二、新设立房地产开发企业的备案程序

新设立房地产开发企业应当自领取营业执照之日起 30 日内，持下列文件到房地产开发主管部门备案：

1. 营业执照复印件；
2. 企业章程；
3. 验资证明；
4. 企业法定代表人的身份证明；
5. 专业技术人员的资格证书和劳动合同；
6. 房地产开发主管部门认为需要出示的其他文件。

房地产开发主管部门应当在收到备案申请后 30 日内向符合条件的企业核发暂定资质证书。暂定资质证书有效期 1 年。房地产开发主管部门可以视企业经营

情况延长暂定资质证书有效期，但延长期限不得超过2年。

自领取暂定资质证书之日起1年内无开发项目的，暂定资质证书有效期不得延长。

房地产开发企业应当在暂定资质证书有效期满前1个月内向房地产开发主管部门申请核定资质等级。房地产开发主管部门应当根据其开发经营业绩核定相应的资质等级。

三、房地产开发企业设立中的纳税问题

房地产开发企业决定开发某项目，规划的第一项便是以何种组织形式参与该项目，所以，企业设计就是房地产企业纳税风险控制的起点。房地产企业应根据市场现状、宏观经济环境、企业财务现状等综合因素选择最有利的运作模式。房地产企业投资主体、权益比例、投资资产类别以及注册所在地对未来的开发项目都会带来一定的纳税问题。并且就开发项目而言，是设置为独立核算的法人子公司还是非法人的二级分公司或项目经理部，也是在实务中需要结合未来纳税问题作出的选择。房地产企业设立阶段纳税问题分类如图2－1所示。

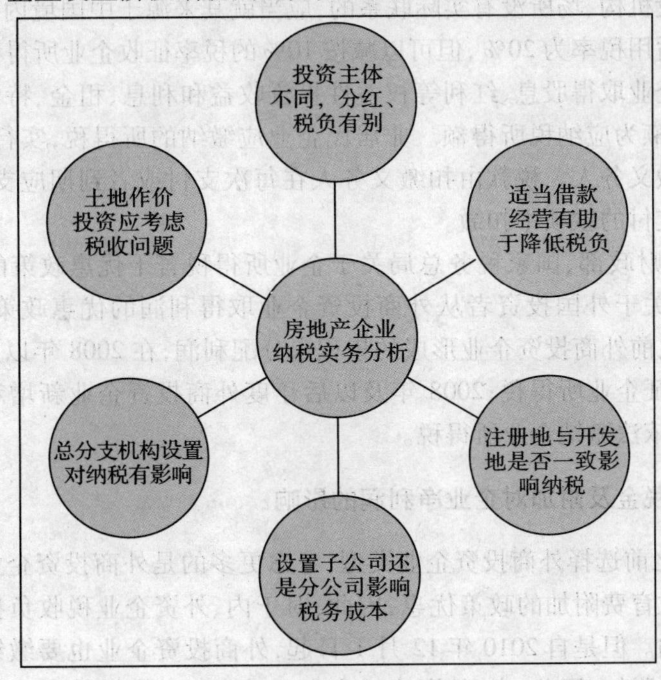

图2－1　房地产企业设立阶段纳税问题分类图

第二节　投资主体不同影响税后净收益

投资主体的性质直接决定企业的经济类型。房地产开发企业一般都是公司制结构，经济类型具有多样性，有国有企业、集体所有制企业、私营企业、股份制企业、联营企业、外商投资企业、港澳台投资企业、股份合作企业等多种经济形式。选择了经济形式，也就等于选择了税后利润分配的税务成本。

一、企业所得税后利润分配纳税依据

1.《企业所得税法》及其实施条例规定，居民企业应当就其来源于中国境内、境外的所得缴纳企业所得税。企业所得税税率为25%。居民企业直接投资于其他居民企业取得的股息、红利等权益性投资收益为免税收入，但不包括连续持有居民企业公开发行并上市流通的股票不足12个月取得的投资收益。

非居民企业在中国境内未设立机构、场所的，或者虽设立机构、场所但取得的所得与其所设机构、场所没有实际联系的，应当就其来源于中国境内的所得缴纳企业所得税。适用税率为20%，但可以减按10%的税率征收企业所得税。

非居民企业取得股息、红利等权益性投资收益和利息、租金、特许权使用费所得，以收入全额为应纳税所得额。非居民企业应缴纳的所得税，实行源泉扣缴，以支付人为扣缴义务人。税款由扣缴义务人在每次支付或者到期应支付时，从支付或者到期应支付的款项中扣缴。

2. 根据《财政部、国家税务总局关于企业所得税若干优惠政策的通知》(财税〔2008〕1号)关于外国投资者从外商投资企业取得利润的优惠政策的规定，2008年1月1日之前外商投资企业形成的累积未分配利润，在2008年以后分配给外国投资者的，免征企业所得税；2008年及以后年度外商投资企业新增利润分配给外国投资者的，依法缴纳企业所得税。

二、营业税金及附加对企业净利润的影响

2010年之前选择外商投资企业类型，考虑更多的是外商投资企业免缴城市维护建设税和教育费附加的政策优惠，因此，对于内、外资企业税收负担水平和净利润有一定影响。但是自2010年12月1日起，外商投资企业也要缴纳城市维护建设税和教育费附加，因此，内、外资房地产企业销售不动产计算缴纳的营业税金及附加此后不会再有差异，由此企业所得税和净利润2011年后也不再有内、外资差别。

三、内、外资企业利润分配的税收差异

房地产开发企业对于境内企业股东和境外企业股东分配相同利润，实际收益会有差别。根据《企业所得税法》的规定，非居民企业取得股息、红利等权益性投资收益以收入全额为应纳税所得额缴纳企业所得税，适用税率为 20%，可减按 10% 计算。另外，根据《国家税务总局关于下发协定股息税率情况一览表的通知》（国税函〔2008〕112 号）和《国家税务总局国际税务司关于补充及更正协定股息税率情况一览表的通知》（际便函〔2008〕35 号）的规定，2008 年 1 月 1 日起，非居民企业从我国居民企业获得的股息将按照 10% 的税率征收预提所得税，但是，我国政府同外国政府订立的关于对所得避免双重征税和防止偷漏税的协定以及内地与香港、澳门间的税收安排（以下统称协定），与国内税法有不同规定的，依照协定的规定办理。而居民企业直接投资于其他居民企业取得的股息、红利等权益性投资收益为免税收入。具体协定股息税率情况见表 2－1。

表 2－1　　协定股息税率情况一览表

税率	与下列国家（地区）协定
0%	格鲁吉亚（直接拥有支付股息公司至少 50% 股份并在该公司投资达到 200 万欧元情况下）
5%	科威特、蒙古、毛里求斯、斯洛文尼亚、牙买加、南斯拉夫、苏丹、老挝、南非、克罗地亚、马其顿、塞舌尔、巴巴多斯、阿曼、巴林、沙特、墨西哥、文莱
5%（直接拥有支付股息公司至少 10% 股份情况下）	委内瑞拉、格鲁吉亚（在该公司投资达到 10 万欧元）（与上述国家的协定规定直接拥有支付股息公司股份低于 10% 情况下税率为 10%）
5%（直接拥有支付股息公司至少 25% 股份情况下）	卢森堡、韩国、乌克兰、亚美尼亚、冰岛、立陶宛、拉脱维亚、爱沙尼亚、爱尔兰、摩尔多瓦、古巴、特多、中国香港、新加坡、希腊、阿尔及利亚［与上述国家（地区）协定规定直接拥有支付股息公司股份低于 25% 情况下税率为 10%］
7%	阿联酋
7%（直接拥有支付股息公司至少 25% 股份情况下）	奥地利（直接拥有支付股息公司股份低于 25% 情况下税率为 10%）
8%	埃及、突尼斯

续表

税率	与下列国家(地区)协定
10%	日本、美国、法国、英国、比利时、德国、马来西亚、丹麦、芬兰、瑞典、意大利、荷兰、捷克、波兰、保加利亚、巴基斯坦、瑞士、塞浦路斯、西班牙、罗马尼亚、奥地利、匈牙利、马耳他、俄罗斯、印度、白俄罗斯、以色列、越南、土耳其、乌兹别克斯坦、葡萄牙、孟加拉、哈萨克斯坦、印度尼西亚、伊朗、吉尔吉斯、斯里兰卡、阿尔巴尼亚、阿塞拜疆、摩洛哥、中国澳门
10%(直接拥有支付股息公司至少10%股份情况下)	加拿大、菲律宾(与上述国家协定规定直接拥有支付股息公司股份低于10%情况下税率为15%)
15%	挪威、新西兰、巴西、巴布亚新几内亚、澳大利亚
15%(直接拥有支付股息公司至少25%股份情况下)	泰国(直接拥有支付股息公司股份低于25%情况下税率为20%)

【案例2-1】深圳市有两家规模相当的房地产开发企业甲公司和乙公司,甲公司注册资金5 000万元,由境外股东B投资设立;乙公司注册资金5 000万元,由境内企业股东C投资设立。2011年甲、乙两公司收入总额均为10 000万元,收入成本费用率均为80%,假定营业税金及附加税率为5.60%。2012年3月,甲、乙两公司对2011年净利润进行了分配。试分析甲、乙两公司及其投资股东的税负差异和净收益差异。

【案例分析】

(1)营业税金及附加:甲、乙两公司营业税金及附加均为10 000×5.60% =560(万元),无纳税差异。

(2)企业所得税:甲、乙两公司企业所得税均为[10 000×(1-80%)-560]×25% =360(万元)。

(3)净利润:甲、乙两公司净利润均为10 000×(1-80%)-560-360 =1 080(万元)。

不考虑其他因素,甲、乙两公司全额利润分配,由于甲公司属于外商投资企业,境外股东来源于境内的分红应纳企业所得税为108万元(1 080×10%);乙公司股东属于境内居民企业,应纳企业所得税为0。甲、乙两公司股东纳税差异为108万元。甲公司股东净收益为972万元(1 080-108),乙公司股东净收益为1 080万元,乙公司股东净收益要远高于甲公司股东净收益。

【风险提示】

并非所有境外企业取得的来源于境内的股息、红利收入都要缴纳企业所得税。比如，境内企业集团为实现在香港上市融资的需要，在香港注册公司并拥有境内企业股权，但其实际管理机构仍然在境内，这样，根据《国家税务总局关于境外注册中资控股企业依据实际管理机构标准认定为居民企业有关问题的通知》（国税发〔2009〕82号）的规定，可以判定其为非境内注册居民企业，那么，其来源于境内的股息、红利所得一样为免税收入。

根据国税发〔2009〕82号的规定，境外中资企业同时符合以下条件的，根据《企业所得税法》第二条第二款和实施条例第四条的规定，应判定其为实际管理机构在中国境内的居民企业（以下称非境内注册居民企业），并实施相应的税收管理，就其来源于中国境内、境外的所得征收企业所得税：

1. 企业负责实施日常生产经营管理运作的高层管理人员及其高层管理部门履行职责的场所主要位于中国境内；

2. 企业的财务决策（如借款、放款、融资、财务风险管理等）和人事决策（如任命、解聘和薪酬等）由位于中国境内的机构或人员决定，或需要得到位于中国境内的机构或人员批准；

3. 企业的主要财产、会计账簿、公司印章、董事会和股东会议纪要档案等位于或存放于中国境内；

4. 企业1/2以上（含1/2）有投票权的董事或高层管理人员经常居住于中国境内。

境外中资企业可向其实际管理机构所在地或中国主要投资者所在地主管税务机关提出居民企业申请，主管税务机关对其居民企业身份进行初步审核后，层报国家税务总局确认；境外中资企业未提出居民企业申请的，其中国主要投资者的主管税务机关可以根据所掌握的情况对其是否属于中国居民企业作出初步判定，层报国家税务总局确认。

提示：根据《国家税务总局关于贯彻落实〈国务院关于取消和下放一批行政审批项目的决定〉的通知》（税总发〔2014〕6号）的规定，境外注册的中资控股企业依据实际管理机构标准判定为中国居民企业审批下放至省级及以下税务机关。

因此，甲公司股东若符合以上条件申请权益性投资收益免税，程序处理上今后无须再层报国家税务总局确认，操作上会更便利些。

四、内、外方股东股权转让的纳税差异

【案例2－2】承【案例2－1】，甲、乙两公司股东2011年12月股权全额转让，转让所得均为8 000万元。试分析甲、乙两公司及其股东的税负差异。

【案例分析】

不考虑其他因素,甲、乙两公司股权全额转让,甲公司股东应纳企业所得税为300万元[(8 000 -5 000)×10%];乙公司股东应纳企业所得税为750万元[(8 000 -5 000)×25%],甲、乙两公司股东纳税差异为-450万元(300-750)。可见,在甲、乙两公司股东股权退出方面,转让价值相同,税负未必一样,股东所能获得的最终回报也明显不同。

五、设立外商投资房地产企业的限制规定

通过以上内、外资房地产企业营业税金及附加、企业所得税和净利润、利润分配、股权转让的对比分析可知,房地产开发企业设立之后,企业经济形式是固定的,但设立之前对投资主体是可以权衡选择的。如果选择非居民企业股东,根据《商务部办公厅关于贯彻落实〈关于规范房地产市场外资准入和管理的意见〉有关问题的通知》(商资字〔2006〕192号)的规定,关于投资总额与注册资本的比例,外商投资房地产企业应当满足以下关系:

1. 投资总额在1 000万美元以上(含1 000万美元)的,其注册资本应不低于投资总额的50%;

2. 投资总额在300万美元至1 000万美元的,其注册资本应不低于投资总额的50%;

3. 投资总额在300万美元以下(含300万美元)的,其注册资本应不低于投资总额的70%。

此外,设立外商投资房地产企业还应遵循以下规定:

1. 境外投资者通过股权转让及其他方式并购境内房地产企业的,须妥善安置职工,处理银行债务,并自外商投资企业营业执照颁发之日起三个月内以自有资金一次性支付全部转让金。

2. 境外投资者收购外商投资房地产企业中方股权的,须妥善安置职工,处理银行债务,并自股权转让协议生效之日起三个月内以自有资金一次性支付全部转让对价。

3. 境外投资者在境内从事房地产开发或经营业务,应当遵守商业存在原则,依法申请设立外商投资房地产企业,按核准的经营范围从事相关业务。外商投资房地产企业的中外投资各方,不得以任何形式在合同、章程、股权转让协议以及其他文件中订立保证任何一方固定回报或变相固定回报的条款。

4. 外商投资从事房地产开发、经营,应遵循项目公司原则。①申请设立房地产公司,应先取得土地使用权、房地产建筑物所有权,或已与土地管理部门、土地开发商或房地产建筑物所有人签订土地使用权或房产权的预约出让/购买协议。②已设立外商投资企业新增房地产开发或经营业务,以及外商投资房地产企业从事新

的房地产项目开发经营,应按照外商投资有关法律法规向审批部门申请办理增加经营范围或扩大经营规模的相关手续。

5. 境外投资者不得以变更境内房地产企业实际控制人的方式,规避外商投资房地产审批。

6. 各地商务主管部门要切实加强涉及外汇流入类房地产项目的审查。省级商务主管部门在核对备案材料时,重点应就土地文件的完整性进行复核,包括项目单位提交的开发商与土地管理部门签署的国有土地使用权出让合同、土地使用权证等土地成交证明材料。法律规定无须采用招标、拍卖、挂牌出让方式的,要提供由土地管理部门出具的符合国家土地管理规定的证明材料。

7. 各地商务主管部门要会同当地有关部门加强对跨境投融资活动的监控以及对房地产市场风险的防范,抑制投机性投资。以境外资本在境内设立房地产企业的,不得通过购买、出售境内已建/在建房地产物业进行套利。

8. 各地商务主管部门要严格按照外商投资设立投资性公司的各项规定开展审批工作,不得审批涉及房地产开发经营业务的投资性公司。

9. 各地商务主管部门要会同外汇管理局等有关部门认真甄别、严格审核返程投资类房地产企业,严格控制以返程投资方式设立境内房地产企业。

10. 进一步加强对并购、股权出资等方式新设或增资的房地产项目的审批监管和数据审核。

六、主要法律依据

《中华人民共和国中外合资经营企业法》及其实施条例、《中华人民共和国中外合作经营企业法》及其实施细则、《中华人民共和国外资企业法》及其实施细则、《关于规范房地产市场外资准入和管理的意见》(建住房〔2006〕171 号)、《商务部办公厅关于贯彻落实〈关于规范房地产市场外资准入和管理的意见〉有关问题的通知》(商资字〔2006〕192 号)、《商务部、国家外汇管理局关于进一步加强、规范外商直接投资房地产业审批和监管的通知》(商资函〔2007〕50 号)。

第三节　适当借款有助于降低税收支出

注册资本属于企业的权益性资本,权益性资本与债权性筹资构成房地产企业的两大资金来源。在企业生产经营所用的资金中,债务资本与权益资本比率的大小,反映了企业资本结构的优劣状况。这种比率如果合理,债务资本适当,可以取得财务上的良性效应,即资本结构的优化,降低税收支出。

一、单纯权益性投资对所得税的影响

【案例2-3】甲、乙各出资(股权投资)300万元,共同组建一家房地产公司,注册资本为600万元,甲、乙各拥有50%的股权。假设当年实现息税前利润100万元,企业所得税税率为25%。

【案例分析】

房地产公司应纳所得税税额为25万元(100×25%),甲、乙税后各分得股息37.50万元[(100-25)×50%],扣除个人所得税后,净收益30万元[37.50×(1-20%)]。

二、同时进行债权性投资与权益性投资对所得税的影响

【案例2-4】甲、乙各出资(股权投资)150万元,各借给企业(债权投资)150万元,共同组建一家房地产公司。该公司拥有资金600万元(150×2+150×2),甲、乙各拥有50%的股权。假设当年实现息税前利润100万元,企业所得税税率为25%,假定营业税金及附加率为5.60%,借款利率10%与银行同期贷款利率一致。

【案例分析】

应付投资者利息=150×10%×2=30(万元)

应纳所得税税额=(100-30)×25%=17.50(万元)

甲、乙税后各分得股息=(100-30-17.50)×50%×(1-20%)=21(万元)

甲、乙各分得利息净收益=30×[1-(5.60%+20%)]×50%=11.16(万元)

在这种情况下,甲、乙税后各分得利息股息和净收益之和=11.16+21=32.16(万元)。

点评:【案例2-4】较【案例2-3】,股东甲、乙增加了营业税金及附加30×5.60%=1.68(万元),但被投资企业最终减少所得税支出7.50万元,甲、乙股东净收益反而增加2.16万元。

三、债权性投资与权益性投资对土地增值税的影响

债权性投资与权益性投资对土地增值税的影响最为显著的地方表现在当前房地产资金信托融资中。房地产资金信托融资目前主要有两种模式:一种是信托债务融资,即房地产开发企业向信托公司举债进行项目开发,约定按期支付本息;另一种是信托股权融资,即房地产开发企业直接吸收信托公司投资用于开发项目。这两种模式也就是我们要讨论的债权性投资形式与权益性投资形式。

1.房地产企业为何青睐信托融资?

由于当前国家对房地产行业持续保持高压调控态势,以银行信贷为主的房地

产企业融资异常艰难。央行数据显示，2011 年第一季度人民币房地产贷款新增 5 095 亿元，同比少增 3 338 亿元；房地产开发贷款新增 1 678 亿元，比上年年末回落 6. 50 个百分点，其中还包括保障性住房开发贷款的 651 亿元。在销售慢、融资难、自有资金不足，不能归还先期贷款的情况下，房地产企业"求资若渴"，不得不转而寻求信托融资渠道。据中国信托协会统计，2011 年 1 ~4 月，信托公司共发行集合类房地产信托项目 222 个，同比增加 66. 92%，募集资金 722. 11 亿元，同比增长 115. 26%。

2. 信托融资与银行借款有哪些区别?

信托融资与银行借款不同的是，房地产信托融资成本一般较高，且远高于银行贷款基准利率；即便不高于商业银行同期同类贷款利率，也可能要额外支付大笔融资顾问费或者财务顾问费。另外，高昂的融资成本支付方式也影响着企业的开发净收益。

信托融资可以走股权融资方式，这一方式下房地产企业需要税后支付融资成本。

3. 房地产信托融资对土地增值税清算的影响。

房地产信托融资的涉税风险主要体现在土地增值税方面，且在信托债务融资和信托股权融资下又各有不同。

在信托债务融资方面，《国家税务总局关于土地增值税清算有关问题的通知》(国税函〔2010〕220 号)第三条关于房地产开发费用的扣除问题规定：(1)财务费用中的利息支出，凡能够按转让房地产项目计算分摊并提供金融机构证明的，允许据实扣除，但最高不能超过按商业银行同类同期贷款利率计算的金额。其他房地产开发费用，在"取得土地使用权所支付的金额"与"房地产开发成本"金额之和的 5% 以内计算扣除。(2)凡不能按转让房地产项目计算分摊利息支出或不能提供金融机构证明的，房地产开发费用在"取得土地使用权所支付的金额"与"房地产开发成本"金额之和的 10% 以内计算扣除。房地产开发企业信托债务融资所支付的利息应该能够提供金融机构证明，比如融资合同及利息单据，且融资合同一般明确了具体开发项目专款专用，也可以做到按转让房地产项目计算分摊利息。但是应该注意，信托公司虽然属于金融机构但不属于商业银行，其所收取的利息及融资顾问费不会低于按商业银行同类同期贷款利率计算的利息金额。如果据实扣除，房地产企业信托利息支出超过按商业银行同类同期贷款利率计算的利息部分就不能计入开发费用予以扣除。另外，融资顾问费形式上取得的是服务业发票，作为利息资本化处理也较为牵强。因此，由于高额信托利息的扣除问题，房地产企业难免损失土地增值税部分税收利益，这在客观上等于增加了融资成本。

在信托股权融资方面，与信托债务融资不同，房地产企业到期后需要股权溢价赎回信托公司所持股份，股权转让溢价所得即信托公司实质上的利息收入，实质上也就是房地产企业的融资成本。信托股权融资由于不能够在税前列支融资成本，因此，企业需额外承担多缴的土地增值税和企业所得税。

【案例2－5】房地产企业A公司的X项目预计总投资9亿元，项目前期已投入1亿元并取得了相应的“国有土地使用权证”、“建设用地规划许可证”和“建设工程规划许可证”以及“建筑工程施工许可证”。尽管开工证件齐全，但其2亿元的注册资本不能满足30%最低投资的贷款政策要求，银行不提供信贷支持，工程面临资金断流。A公司为缓解资金紧张状况，吸收B信托投资公司2亿元股权融资，并办理X项目公司工商增资变更手续，正常施工后，剩余开发资金通过预售收入和银行信贷解决，从而满足了项目开发资金需要。双方合同约定，两年后，B信托投资公司持有的X项目公司2亿元股权由A公司以2.60亿元溢价赎回。

【案例分析】

在这笔信托股权融资中，X项目公司吸收B信托投资公司资金，会计处理为借记“银行存款”，贷记“实收资本”，按自有资金处理。B信托投资公司将来转让股权，X项目公司在会计处理上仅改变股东结构即可。若A公司无力购买股权，则X项目公司可以按减资处理。但这样处理有一个问题，即A公司支付的股权融资费用难以作为土地增值税扣除项目。由于X项目公司取得的是股权融资，按照现行土地增值税政策规定，其融资成本也不能作为开发费用扣除，即便X项目公司直接按照10%计算可扣除开发费用，仍然会小于其实际融资成本，难免要额外承担一笔土地增值税支出。

4. 房地产信托融资“假股权真债权”，退出定价有税务风险。

以上述案例为例，B信托投资公司在房地产企业最缺钱的时间段开始持有X项目公司股权，在X项目取得预售款或取得开发贷款后，随股权撤出并收回资金，这种运作模式实际上是将利息转化为股息和股权转让所得。B信托投资公司在期满后转让股权所得实际上就是利息，这种模式一般称为“假股权真债权”运作模式。房地产企业之所以舍弃部分税收利益采用这种模式，主要原因有两点：第一，房地产企业项目自有资金比例要求，该比例超过30%方可向银行借款；第二，房地产企业借款缺乏抵押物，而股权融资实际是自己给自己担保。

这种模式在税收上的风险就在于信托公司退出时的定价问题，税务机关可能要求股权转让方B信托投资公司提供被投资企业X项目公司的评估报告，要求按照不低于X项目公司净资产公允价值份额作价，从而产生纳税调整风险。

第四节 注册地合理规划可降低税务成本

一、新办企业所得税管理

根据《关于调整新增企业所得税征管范围问题的通知》(国税发〔2008〕120号)的规定,新办企业以2008年为基年,2008年年底之前国家税务局、地方税务局各自管理的企业所得税纳税人不作调整。2009年起新增企业所得税纳税人中,应缴纳增值税的企业,其企业所得税由国家税务局管理;应缴纳营业税的企业,其企业所得税由地方税务局管理。所以,可以明确内资房地产新办企业所得税应当由地方税务局管理,但是外商投资企业和外国企业常驻代表机构的企业所得税仍由国家税务局管理。也就是说,不管外商投资房地产企业是否为新办企业,其企业所得税都归国家税务局管理。但如果是内资企业,以缴纳营业税、土地增值税等地方税种为主的房地产廾发企业,选择地方税务局管理尢疑可以减少税务方面的管理成本。即便2008年之前企业所得税由国家税务局管理的房地产企业,通过注销改头换面变更为地方税务局税务管理的也并不少见。

二、公司注册地与项目所在地是否一致要权衡

《财政部、海关总署、国家税务总局关于深入实施西部大开发战略有关税收政策问题的通知》(财税〔2011〕58号)规定:自2011年1月1日至2020年12月31日,对设在西部地区的鼓励类产业企业减按15%的税率征收企业所得税。鼓励类产业企业是指以《西部地区鼓励类产业目录》中规定的产业项目为主营业务,且其主营业务收入占企业收入总额70%以上的企业。除此之外,《企业所得税法》在新办企业注册地方面基本没有税率差异。根据《产业结构调整指导目录(2011年本)》(国家发展和改革委员会令2011年第9号)列举的内容分析,房地产开发基本无缘此税收优惠。因此,新办房地产企业谋求地域的税收优惠已无利可图,公司注册地的纳税筹划重点还应该放在降低税务成本方面。

设立房地产开发企业,无论是设立单一的开发企业抑或是设立独立核算的项目子公司,注册地、项目所在地经常是税务筹划的重要方面。因为房地产企业是从事房地产开发的特殊企业,房地产开发属于不动产开发,不动产的管辖在税收征管上具有特殊性。《中华人民共和国营业税暂行条例》(以下简称《营业税暂行条例》)规定,纳税人转让、出租土地使用权,应当向土地所在地的主管税务机关申报

纳税；纳税人销售、出租不动产应当向不动产所在地的主管税务机关申报纳税。《中华人民共和国土地增值税暂行条例》（以下简称《土地增值税暂行条例》）规定，纳税人应当自转让房地产合同签订之日起七日内向房地产所在地主管税务机关办理纳税申报，并在税务机关核定的期限内缴纳土地增值税。《中华人民共和国城镇土地使用税暂行条例》（以下简称《城镇土地使用税暂行条例》）规定，土地使用税由土地所在地的税务机关征收。《中华人民共和国房产税暂行条例》（以下简称《房产税暂行条例》）规定，房产税由房产所在地的税务机关征收。

正是由于房地产企业经营过程中发生的不同税种纳税管理上存在属人和属地的差别，其经营过程又过度依赖于土地，且经常随着开发地块的变化不断变换经营地点，而每一开发项目所在地的税务机关对其均有营业税、土地增值税等主要税种的绝对管辖权，所以，房地产企业选址一般会选择项目所在地，以保证企业注册地与项目所在地一致。如果企业所得税、营业税、土地增值税三大税种归属同一税务局管辖，税务成本无疑会降低。因此，已经设立的房地产企业外出经营，不想接受项目所在地税务机关的企业所得税管理，通常会增设项目部或二级分支机构来进行开发。想转移企业所得税管辖权，可以设立项目子公司进行开发，这既有企业纳税筹划方面的考虑，也受机构所在地和项目所在地不同的税务环境的影响。

三、离开注册地开发可不办理临时税务登记

根据《国家税务总局关于进一步完善税务登记管理有关问题的公告》（国家税务总局公告 2011 年第 21 号）的规定，纳税人应当于外出经营地开始前，持“外出经营活动税收管理证明”（表样见表 2 – 2）向外出经营地税务机关报验登记（报验登记表样见表 2 – 3）；自“外出经营活动税收管理证明”签发之日起 30 日内未办理报验登记的，所持证明作废，纳税人需要向税务机关重新申请开具。《国家税务总局关于换发税务登记证件有关问题的补充通知》（国税发〔2006〕104 号）规定：“对外来经营的纳税人（包括超过 180 天的），只办理报验登记，不再办理临时税务登记。”因此，如果房地产开发企业外出开发经营，在同一地累计超过 180 天，也只办理报验登记，不再办理临时税务登记。但房地产开发企业需要在项目所在地主管地税机关购领发票；项目按规定应缴纳的营业税、城市维护建设税、教育费附加，向项目所在地主管地税机关缴纳；企业所得税由总公司汇总缴纳。项目完结后，向项目所在地主管税务机关申请办理注销登记前，主管税务机关就项目应纳的营业税、城市维护建设税、教育费附加、印花税、土地增值税等各种税金的缴纳情况和发票使用情况进行全面检查，查清税款后为企业办理注销登记手续。所以，如果房地产企业只有一个项目，最好在项目所在地注册成立独立法人公司。项目所在地与企业注册地是同一地，房地产企业对接一家税务机关，可以减少税务处理中一些不必

要的环节，降低税务风险，达到降低税务成本的目的。

表2－2　外出经营活动税收管理证明

税外证〔　　〕　号

<table>
<tr><td>纳税人名称</td><td colspan="2"></td><td>纳税人识别号</td><td colspan="2"></td></tr>
<tr><td>法定代表人
（负责人）</td><td></td><td>身份证件名称</td><td></td><td>身份证件号码</td><td></td></tr>
<tr><td>税务登记地</td><td colspan="2"></td><td>外出经营地</td><td colspan="2"></td></tr>
<tr><td>登记注册类型</td><td colspan="2"></td><td>经营方式</td><td colspan="2"></td></tr>
<tr><td colspan="6">外出经营活动情况</td></tr>
<tr><td>应税劳务</td><td colspan="2">劳务地点</td><td colspan="2">有效期限</td><td>合同金额</td></tr>
<tr><td></td><td colspan="2"></td><td colspan="2">年　月　日至　年　月　日</td><td></td></tr>
<tr><td></td><td colspan="2"></td><td colspan="2">年　月　日至　年　月　日</td><td></td></tr>
<tr><td>货物名称</td><td>数量</td><td>销售地点</td><td colspan="2">有效期限</td><td>货物总值</td></tr>
<tr><td></td><td></td><td></td><td colspan="2">年　月　日至　年　月　日</td><td></td></tr>
<tr><td></td><td></td><td></td><td colspan="2">年　月　日至　年　月　日</td><td></td></tr>
<tr><td colspan="5">合同总金额</td><td></td></tr>
<tr><td colspan="6">税务登记地税务机关意见：

经办人：　　　　　　　　负责人：　　　　　　　　税务机关(签章)：
年　月　日　　　　　　　年　月　日　　　　　　　年　月　日</td></tr>
<tr><td>有效日期</td><td colspan="5">自　年　月　日起至　年　月　日</td></tr>
<tr><td colspan="6">以下由外出经营地税务机关填写</td></tr>
<tr><td>应税劳务</td><td>营业额</td><td>缴纳税款</td><td>使用发票名称</td><td>发票份数</td><td>发票号码</td></tr>
<tr><td></td><td></td><td></td><td></td><td></td><td></td></tr>
<tr><td></td><td></td><td></td><td></td><td></td><td></td></tr>
<tr><td></td><td></td><td></td><td></td><td></td><td></td></tr>
<tr><td>合计金额</td><td></td><td></td><td>……</td><td></td><td>……</td></tr>
</table>

续表

货物名称	销售数量	销售额	缴纳税款	使用发票名称	发票份数	发票号码
合计金额	……			……		……
外出经营地税务机关意见： 经办人：　　　　　　负责人：　　　　　　税务机关（签章）： 年　月　日　　　　年　月　日　　　　年　月　日						

本表由纳税人在外出经营前向税务登记地税务机关领取并填写有关内容；到达外出经营地在开始经营前向外出经营地税务机关报验登记；外出经营活动结束后，经外出经营地税务机关签章，由纳税人持本表返税务登记地税务机关办理有关事项。

表2-3　　　　**税务登录（报验登记）表**

纳税人名称			登记注册类型		
法定代表人（负责人或业主）		身份证件名称		证件号码	
国标行业	□□□□		联系电话		
□税务登录　□报验登记					
登录种类			邮政编码		
地址					
“外出经营活动税收管理证明”字号					
生产经营范围（业务范围）					
代扣代缴、代收代缴税款的业务情况	代扣代缴、代收代缴税款的业务内容			代扣代缴、代收代缴税种	
经办人：		纳税人（签章）： 填表日期：　年　月　日			

续表

以下由税务机关填写			
计算机代码		税务管理部门	
登记人员： 税务机关 （税务登记专用章）： 年　月　日			

第五节　设立分公司还是子公司的纳税权衡

一、设立子分公司的纳税权衡

《公司法》第十四条规定，子公司具有法人资格，依法独立承担民事责任；分公司不具有法人资格，其民事责任由公司承担。企业设立分支机构，因分支机构不具有法人资格，且不实行独立核算，可由总公司汇总缴纳企业所得税，可以调节盈亏，合理减轻企业所得税的负担。当然，在设置分支机构时有三个因素应当综合考虑：

首先是分支机构的盈亏情况。当总机构盈利而新设置的分支机构可能出现亏损时，应当选择总分公司模式。根据税法规定，分公司是非独立纳税人，其亏损可以由总公司的利润弥补。如果设立子公司，子公司是独立纳税人，其亏损只能由以后年度实现的利润弥补，且总公司不能弥补子公司的亏损，也不得冲减对子公司投资的投资成本。当总机构亏损而新设置的分支机构可能盈利时，应当选择母子公司模式。子公司不需要承担母公司的亏损，可以自我积累资金求得发展，总公司可以把其效益好的资产转移给子公司，把不良资产处理掉。

其次是享受税收优惠的情况。按照税法规定，当总机构享受税收优惠而分支机构不享受税收优惠时，可以选择总分公司模式，使分支机构也享受税收优惠。如果分公司所在地有税收优惠政策，则当分公司开始盈利后，可以变更注册分公司为子公司，通过统筹安排以享受更好的税收利益。不过，对于房地产行业来说，目前基本无缘于税收优惠。

再次是分支机构的利润分配形式及风险责任问题。分支机构由于不具有独立法人资格，所以不利于进行独立的利润分配。并且，公司运作多个项目，若有一个项目出现闪失，其他项目就会受到牵连：一张假发票就能让企业背负偷税的罪名，一旦公司长时间纠缠于税务案件中，将严重影响公司的社会信誉和经营业绩。所以，现在的房地产企业通常由多个股东交叉持股，一个项目一个子公司，出现纳税风险、经营风险时，“舍车保帅”策略比较常用。

分公司与子公司的选择并没有固定的、一成不变的模式，企业应当根据自身的发展状况灵活变化。当企业设立分支机构时，由于设立初期分支机构面临高昂的成本支出，所以亏损的概率较高，通常采用分公司的形式较为合适，可以享受和总部收益盈亏互抵的好处。经过两三年的经营，分公司开始转亏为盈时，再把分公司变更注册为子公司，则可以降低分支机构对总机构的法律影响。

二、土地如何在母子公司之间内部流转

土地使用权转让一般要缴纳契税。准备以子公司名义开发的土地若不是以子公司名义取得，而是母公司转移到子公司，一般有两种途径：一是母公司以土地使用权作价投资设立子公司，此种情况下要按规定缴纳契税；二是先以货币资金成立子公司，而后以土地使用权增资扩股的方式转移至子公司，鉴于《国家税务总局关于全资子公司承受母公司资产有关契税政策的通知》（国税函〔2008〕514 号）已经失效，因此，设立分公司还是子公司应当考虑土地内部流转所应当缴纳的契税。

第六节　总分支机构跨地区经营所得纳税有别

一、跨地区经营总分支机构的两种情形及政策区别

由于企业所得税法实行法人所得税制，房地产企业在项目所在地设立的从事经营活动的非法人二级分支机构不能作为独立的企业所得税纳税人。但考虑到跨地区经营涉及财政利益分配的特殊情况，税法制定了在经营地预缴税款、总机构汇算清缴的特殊规定，具体可分两种情形来处理。

（一）跨省经营

属于跨省经营的，根据《国家税务总局关于印发〈跨地区经营汇总纳税企业所得税征收管理办法〉的公告》（国家税务总局公告 2012 年第 57 号）的规定，按照“统一计算、分级管理、就地预缴、汇总清算、财政调库”的办法计算缴纳企业所得税，分支机构应在项目所在地按月或按季预缴企业所得税。

国家税务总局 2012 年第 57 号公告规定例外的情形包括：不具有主体生产经营职能，且在当地不缴纳增值税、营业税的产品售后服务、内部研发、仓储等汇总纳税企业内部辅助性的二级分支机构，不就地分摊缴纳企业所得税；上年度认定为小型微利企业的，其二级分支机构不就地分摊缴纳企业所得税；新设立的二级分支机

构，设立当年不就地分摊缴纳企业所得税；当年撤销的二级分支机构，自办理注销税务登记之日所属企业所得税预缴期间起，不就地分摊缴纳企业所得税；汇总纳税企业在中国境外设立的不具有法人资格的二级分支机构，不就地分摊缴纳企业所得税。

(二)同一省跨市经营

属于在同一省内经营的，《跨地区经营汇总纳税企业所得税征收管理暂行办法》第三十九条规定："居民企业在同一省、自治区、直辖市和计划单列市内跨地、市(区、县)设立不具有法人资格营业机构、场所的，其企业所得税征收管理办法，由各省、自治区、直辖市和计划单列市国家税务局、地方税务局参照本办法联合制定。"例如，《河北省地方税务局关于印发〈河北省房地产开发企业所得税征收管理办法〉(修订稿)的通知》(冀地税发〔2010〕28 号)规定："纳税人在中国境内跨地区设立不具有法人资格的营业机构、场所(下称分支机构)的，其企业所得税可实行汇总缴纳。"根据该规定，既跨省又省内跨市经营的总分支机构，按国税发〔2008〕28 号文件的规定执行，不执行省内跨市经营企业所得税征收管理的相关规定；既省内跨市又市内跨县(市、区)经营的总分支机构，按省局跨地区经营企业所得税征收管理的规定执行，不执行市内跨县(市、区)经营企业所得税征收管理的相关规定。在河北省从事房地产开发经营的外省分支机构，未按规定及时提供其外省总机构出具《中华人民共和国企业所得税汇总纳税分支机构分配表》的，主管地方税务机关可暂按当地县级地方税务机关规定的应税所得率对其实行分月或分季核定预征税额。其中，对账目健全能够及时准确核算出经营成果的分支机构，也可暂按其实际实现的利润额计算预缴分摊的税额，待分支机构将《中华人民共和国企业所得税汇总纳税分支机构分配表》送达后，再重新计算预缴分摊的税额，多退少补。

二、兼营建筑安装业务的房地产企业跨地区经营政策应用

对于兼营建筑安装业务的房地产企业，建筑施工与地产开发紧密联结在一起，密不可分，所以跨地区施工也是显著特点。对于跨地区经营，也应当根据国税发〔2008〕28 号文件的规定，按照"统一计算、分级管理、就地预缴、汇总清算、财政调库"的办法计算缴纳企业所得税。《关于跨地区经营建筑企业所得税征收管理问题的通知》(国税函〔2010〕156 号)更进一步作出了明确规定，具体如下：

(一)建筑企业总机构直接管理的跨地区设立的项目部，应按项目实际经营收入的 0.20% 按月或按季由总机构向项目所在地预分企业所得税，并由项目部向所在地主管税务机关预缴。

首先，需要强调的是该条规定中的"跨地区设立的项目部"，仅指建筑企业跨省、自治区、直辖市和计划单列市设立的不具有二级分支机构条件的项目部，且也

不属于二级或二级以下分支机构直接管理的项目经理部（包括与项目经理部性质相同的工程指挥部、合同段等）。

其次，建筑企业跨地区施工不构成分支机构的，尽管由总机构统一汇算清缴，不适用国税发〔2008〕28 号文件的计算办法，但同样要在项目所在地预缴企业所得税，缴纳方式可以按照项目实际经营收入的 0.20% 按月或按季由总机构向项目所在地预分企业所得税，并由项目部向所在地主管税务机关预缴。这一条很重要，项目所在地税务机关为便于征管，一般会要求按照项目实际经营收入的一定比率预缴企业所得税，这一部分税款必然减少总机构所在地实际预缴的税款。

【案例 2－6】A 省得法建筑公司 2013 年 1～5 月累计收入总额为 1 000 万元，其中，B 省项目部收入累计为 700 万元，1～5 月累计利润总额为 100 万元。该公司应如何预缴所得税？

【案例分析】

该公司在 B 省项目部所在地主管税务机关需要预缴企业所得税 1.40 万元（700 ×0.20%），在 A 省总机构所在地需要预缴企业所得税 23.60 万元（100 × 25% －1.40）。

（二）建筑企业总机构在年度内汇总计算预缴企业应纳所得税的计算方式。

1. 总机构只设跨地区项目部的，扣除已由项目部预缴的企业所得税后，按照其余额就地缴纳，此种情况如【案例 2－6】所示。按照 0.20% 在项目所在地预缴税款对于建筑施工企业来说影响甚微。项目所在地税务机关仍然有要求企业在当地设立分支机构或者设置全资子公司以扩大税源的可能。

2. 总机构只设二级分支机构的，要注意二级分支机构包括二级或二级以下分支机构直接管理的项目经理部（包括与项目经理部性质相同的工程指挥部、合同段等）。例如，A 省得法房地产建筑施工企业在 C 省设立分公司 D，分公司 D 在该省 E 市设立项目部 F，则项目部 F 的经营业务收入应当先汇总至二级分支机构分公司 D 的收入中，再按照国家税务总局 2012 年第 57 号公告的规定计算缴纳税款。

3. 总机构既有直接管理的跨地区项目部，又有跨地区二级分支机构的，先扣除已由项目部预缴的企业所得税后，再按照国家税务总局 2012 年第 57 号公告规定的办法计算总、分支机构应缴纳的税款。

【案例 2－7】A 省得法建筑公司在 C 省设立分公司 D，在 B 省设立项目部 E。2013 年 1～11 月累计收入总额为 1 000 万元，其中，B 省项目部收入累计为 700 万元；1～11 月累计利润总额为 100 万元。该公司应如何预缴企业所得税？

【案例分析】

该公司在 B 省项目部所在地主管税务机关需要预缴企业所得税 1.40 万元（700 ×0.20%），累计尚需预缴企业所得税 23.60 万元（100 ×25% －1.40），这

23.60 万元就需要按照"统一计算、分级管理、就地预缴、汇总清算、财政调库"的原则进行预缴分配计算了。

（三）建筑企业总机构应按照有关规定办理企业所得税年度汇算清缴，各分支机构和项目部不进行汇算清缴。总机构年终汇算清缴后应纳所得税额小于已预缴的税款时，由总机构主管税务机关办理退税或抵扣以后年度的应缴企业所得税。

【案例 2－8】A 省得法建筑公司 2013 年度汇算清缴在总机构进行，当年年度亏损 100 万元，在总机构所在地预缴税款 20 万元，在分公司所在地预缴税款 10 万元，B 省项目部预缴税款 5 万元。该公司是否可以退税？如果可以退税，在哪里退税？

【案例分析】

该公司可以申请退税，应当退税 35 万元。根据国家税务总局 2012 年第 57 号公告的规定，汇总纳税企业应当自年度终了之日起 5 个月内，由总机构汇总计算企业年度应纳所得税额，扣除总机构和各分支机构已预缴的税款，计算出应缴应退税款，按照规定的税款分摊方法计算总机构和分支机构的企业所得税应缴应退税款，分别由总机构和分支机构就地办理税款缴库或退库。

（四）跨地区经营的项目部（包括二级以下分支机构管理的项目部）应向项目所在地主管税务机关出具总机构所在地主管税务机关开具的"外出经营活动税收管理证明"，未提供上述证明的，项目部所在地主管税务机关应督促其限期补办；不能提供上述证明的，应作为独立纳税人就地缴纳企业所得税。同时，项目部应向所在地主管税务机关提供总机构出具的证明该项目部属于总机构或二级分支机构管理的证明文件。

三、房地产企业跨地区经营企业所得税的汇总与分配

房地产企业总分支机构汇总纳税，有利因素包括：一是能够将各分支机构之间盈利企业的利润与亏损企业的损失相抵；二是扣除项目的确认不是各分支机构自行计算，而是由法人企业统一核算，如职工福利费、职工教育经费、工会经费、业务招待费、广告费、业务宣传费、利息支出等。这样在特定阶段可以减少企业的纳税负担，实现递延纳税及节约资金成本的目的。另外，总分支机构汇总纳税，还可以避免母子公司收取管理费需要多缴纳的流转税。不利因素是，汇总纳税相比母子公司单独申报纳税，实务处理无疑会更加复杂。

跨地区经营汇总纳税企业是指居民企业在中国境内跨地区（指跨省、自治区、直辖市和计划单列市，下同）设立不具有法人资格分支机构的企业。总机构和具有主体生产经营职能的二级分支机构，就地分摊缴纳企业所得税。

统一计算，是指总机构统一计算包括汇总纳税企业所属各个不具有法人资格

分支机构在内的全部应纳税所得额、应纳税额。

分级管理，是指总机构、分支机构所在地的主管税务机关都有对当地机构进行企业所得税管理的责任，总机构和分支机构应分别接受机构所在地主管税务机关的管理。

就地预缴，是指总机构、分支机构应按规定，分月或分季分别向所在地主管税务机关申报预缴企业所得税。

汇总清算，是指在年度终了后，总机构统一计算汇总纳税企业的年度应纳税所得额、应纳所得税额，抵减总机构、分支机构当年已就地分期预缴的企业所得税款后，多退少补。

财政调库，是指财政部定期将缴入中央国库的汇总纳税企业所得税待分配收入，按照核定的系数调整至地方国库。

总机构应按照上年度分支机构的营业收入、职工薪酬和资产总额三个因素计算各分支机构分摊所得税款的比例。三级及以下分支机构，其营业收入、职工薪酬和资产总额统一计入二级分支机构。三因素的权重依次为0.35、0.35、0.30。

计算公式如下：

某分支机构分摊比例 =（该分支机构营业收入/各分支机构营业收入之和）× 0.35 +（该分支机构职工薪酬/各分支机构职工薪酬之和）×0.35 +（该分支机构资产总额/各分支机构资产总额之和）×0.30

总机构设立具有主体生产经营职能的部门，且该部门的营业收入、职工薪酬和资产总额与管理职能部门分开核算的，可将该部门视同一个二级分支机构，按规定计算分摊并就地缴纳企业所得税；该部门与管理职能部门的营业收入、职工薪酬和资产总额不能分开核算的，该部门不得视同一个二级分支机构，不得计算分摊并就地缴纳企业所得税。

【案例2-9】总机构在北京市的得法房地产公司2013年第一季度应纳税所得额为1 000万元，下属三个跨省市设立的二级非法人分支机构适用税率以及适用的相关指标如表2-4所示。

表2-4　**得法房地产公司相关指标表**　金额单位：万元

序号	组织机构	税率	资产总额	营业收入	工资总额
1	总机构	25%	1 000	1 000	1 100
2	北京分支机构		500	200	600
3	天津分支机构		300	300	300
4	山东分支机构		200	500	200

【案例分析】

计算过程如下：

1. 总机构应纳税所得额 = 1 000 × 50% = 500（万元）

2. 各分支机构分摊比例

分支机构分摊比例 =（该分支机构营业收入/各分支机构营业收入总额）× 0.35 +（该分支机构工资总额/各分支机构工资总额之和）× 0.35 +（该分支机构资产总额/各分支机构资产总额之和）× 0.30

北京分支机构分摊比例 =（200/1 000）× 0.35 +（600/1 100）× 0.35 +（500/1 000）× 0.30 = 41%

天津分支机构分摊比例 =（300/1 000）× 0.35 +（300/1 100）× 0.35 +（300/1 000）× 0.30 = 29%

山东分支机构分摊比例 =（500/1 000）× 0.35 +（200/1 100）× 0.35 +（200/1 000）× 0.30 = 30%

3. 各分支机构应纳税所得额

北京分支机构应纳税所得额 = 1 000 × 50% × 41% = 205（万元）

天津分支机构应纳税所得额 = 1 000 × 50% × 29% = 145（万元）

山东分支机构应纳税所得额 = 1 000 × 50% × 30% = 150（万元）

4. 各分支机构应纳税额

企业应纳税额 = 1 000 × 25% = 250（万元）

总机构就地预缴应纳税额 = 250 × 25% = 62.50（万元）

总机构缴入中央国库应纳税额 = 250 × 25% = 62.50（万元）

北京分支机构应纳税额 = 205 × 25% = 51.25（万元）

天津分支机构应纳税额 = 145 × 25% = 36.25（万元）

山东分支机构应纳税额 = 150 × 25% = 37.50（万元）

5. 计算完毕汇总如表 2 – 5 所示。

表 2 – 5　　**总分支机构应纳税额分配表金额**　　单位：万元

序号	组织机构	税率	资产总额	营业收入	工资总额	分配比例	分配税额
1	总机构	25%	1 000	1 000	1 100	—	125
2	北京分支机构		500	200	600	41%	51.25
3	天津分支机构		300	300	300	29%	36.25
4	山东分支机构		200	500	200	30%	37.50

根据以上计算，总机构填列《中华人民共和国企业所得税月（季）度预缴纳税申报表（A 类）》，如表 2 – 6 所示。

表 2-6　　总机构纳税申报表的填列金额　　单位:万元

行次	项目		本期金额	累计金额
25	总分机构纳税人			
26	总机构	总机构应分摊所得税额(15 行或 22 行或 24 行 × 总机构应分摊预缴比例)	62.50	62.50
27		财政集中分配所得税额	62.50	62.50
28		分支机构应分摊所得税额(15 行或 22 行或 24 行 × 分支机构应分摊比例)	125	125
29		其中:总机构独立生产经营部门应分摊所得税额		
30		总机构已撤销分支机构应分摊所得税额		

根据以上计算,各分支机构填列《中华人民共和国企业所得税月(季)度预缴纳税申报表(A 类)》,如表 2-7、表 2-8、表 2-9 所示。

表 2-7　　北京分支机构纳税申报表的填列金额　　单位:万元

行次	项目		本期金额	累计金额
25	总分机构纳税人			
28	总机构	分支机构应分摊所得税额(15 行或 22 行或 24 行 × 分支机构应分摊比例)	125	125
31	分支机构	分配比例	41%	41%
32		分配所得税额	51.25	51.25

表 2-8　　天津分支机构纳税申报表的填列金额　　单位:万元

行次	项目		本期金额	累计金额
25	总分机构纳税人			
28	总机构	分支机构应分摊所得税额(15 行或 22 行或 24 行 × 分支机构应分摊比例)	125	125
31	分支机构	分配比例	29%	29%
32		分配所得税额	36.25	36.25

表 2－9　　　　山东分支机构纳税申报表的填列金额　　　　单位:万元

行次		项目	本期金额	累计金额
25	总分机构纳税人			
28	总机构	分支机构应分摊所得税额(15 行或 22 行或 24 行×分支机构应分摊比例)	125	125
31	分支机构	分配比例	30%	30%
32		分配所得税额	37.50	37.50

四、汇总纳税申报中分支机构预缴税款不等于总机构分配比例的情形

汇总纳税企业应预缴的所得税,由总、分支机构按分配比例于预缴时分别入库。

【案例 2－10】得法房地产公司 2013 年第一季度申报预缴所得税 250 万元。其中,分配山东分支机构的所得税额为 37.50 万元,山东分支机构在当地实际预缴 40 万元;分配北京分支机构的所得税额为 20 万元,北京分支机构在当地实际预缴 17.50 万元。

【案例分析】

汇总纳税企业未按照规定准确计算分摊税款,造成总机构与分支机构之间同时存在一方(或几方)多缴而另一方(或几方)少缴税款的,其总机构或分支机构分摊缴纳的企业所得税低于按规定计算分摊的数额的,应在下一税款缴纳期内,由总机构将按规定计算分摊的税款差额分摊到总机构或分支机构补缴;其总机构或分支机构就地缴纳的企业所得税高于按规定计算分摊的数额的,应在下一税款缴纳期内,由总机构将按规定计算分摊的税款差额从总机构或分支机构的分摊税款中扣减。

第七节　以土地作价投资应考虑税收问题

以货币出资设立房地产开发企业相对简单。但是出于经营目的的考虑,当前的房地产行业组织架构呈现多样化。以母子公司为例,母公司购买的土地计划开发,不一定要以自己的名义,也可能直接以土地使用权作为投资设立子公司。房地产开发企业特别是大型集团化企业普遍使用这种方式,加上跨地区经营的房地产企业,经营地主管税务机关出于保留税源的考虑,也会鼓励企业在当地办理独立经营的子公司。这种方式减少了因某一项目稍有不慎就可能“殃及池鱼”的纳税风险

和经营风险,但也有一定的纳税问题。

【案例 2－11】得法房地产公司在天津市通过招拍挂取得宗地 10 万平方米,土地成本 5 亿元(含相关配套资金)。得法房地产公司以货币资金 1 000 万元在天津市设立子公司 A,然后以土地使用权增资。子公司 A 直接利用该项目用地开发建设并销售。

【案例分析】

与货币资金直接投资不同,以土地、房产作价投资方案涉及的税收政策如下:

1. 营业税:房地产企业以土地使用权投资转让不征收营业税。《财政部、国家税务总局关于股权转让有关营业税问题的通知》(财税〔2002〕191 号)规定,以无形资产、不动产投资入股,参与接受投资方利润分配,共同承担投资风险的行为,不征收营业税。

2. 土地增值税:《财政部、国家税务总局关于土地增值税一些具体问题规定的通知》(财税字〔1995〕48 号)第一条关于以房地产进行投资、联营的征免税问题规定:对于以房地产进行投资、联营的,投资、联营的一方以土地(房地产)作价入股进行投资或作为联营条件,将房地产转让到所投资、联营的企业中时,暂免征收土地增值税。根据该规定,得法房地产公司以其合法持有的不动产投资入股,换取被投资单位子公司 A 的股权,参与子公司利润分配,并承担投资风险的投资交易行为,可暂免征收土地增值税。但是,根据《财政部、国家税务总局关于土地增值税若干问题的通知》(财税〔2006〕21 号)第五条的规定,对于以土地(房地产)作价入股进行投资或联营的,凡所投资、联营的企业从事房地产开发的,或者房地产开发企业以其建造的商品房进行投资和联营的,均不适用《财政部、国家税务总局关于土地增值税一些具体问题规定的通知》(财税字〔1995〕48 号)第一条暂免征收土地增值税的规定。因此,自财税〔2006〕21 号文件出台后,类似交易行为应计算缴纳土地增值税。不过,在时间跨度较短的情况下,土地价值没有变化,转让价值与账面价值一致,没有增值额,自然不存在缴纳土地增值税的问题。

如果房地产开发企业取得土地并不想开发或无力开发,以土地设立子公司后直接转让子公司股权是很多企业以期获得增值收益的主要纳税筹划方式。不过,在这种方式下,即便交易双方均非房地产开发企业,土地增值税能否规避也存在一定的不确定性。例如,《国家税务总局关于以转让股权名义转让房地产行为征收土地增值税问题的批复》(国税函〔2000〕687 号)对广西壮族自治区地方税务局《关于以转让股权名义转让房地产行为征收土地增值税问题的请示》(桂地税报〔2000〕32 号)的回复如下:

鉴于深圳市能源集团有限公司和深圳能源投资股份有限公司一次性共同转让深圳能源(钦州)实业有限公司 100% 的股权,且这些以股权形式表现的资产主要是土地使用权、地上建筑物及附着物,经研究对此应按土地增值税的规定征税。

还有《上海市地方税务局关于土地增值税若干具体征收问题的规定》(沪地税地〔1997〕25 号)关于股权转让、变更征免税问题规定:原投资于房地产开发企业的股东,由于种种原因,将所持的部分或全部股权转让给新的股东,无论是在境内还是境外办理转让手续,都应按规定办理纳税申报,缴纳土地增值税。

《湖南省地方税务局关于加强土地增值税征收管理工作的通知》(湘地税发〔2010〕25 号)规定:房地产开发企业以房地产投资、联营的或以转让股权名义转让房地产的,不适用核定方式征收,应进行查账清算。

因此,尽管国税函〔2000〕687 号文件在《国家税务总局关于公布全文失效废止、部分条款失效废止的税收规范性文件目录的公告》(国家税务总局公告 2011 年第 2 号)以及《国家税务总局关于公布现行有效的税收规范性文件目录的公告》(国家税务总局公告 2010 年第 26 号)所公布的有效及失效目录中都不存在,但是由于土地增值税政策执行存在地域差异,房地产开发企业以股权转让的方式转让土地,仍然要有设计完备的操作方案,必要时可取得主管税务机关的先期政策支持。

3. 契税:《财政部、国家税务总局关于企业事业单位改制重组契税政策的通知》(财税〔2012〕4 号)第八条规定,自 2012 年 1 月 1 日至 2014 年 12 月 31 日,同一投资主体内部所属企业之间土地、房屋权属的划转,包括母公司与其全资子公司之间,同一公司所属全资子公司之间,同一自然人与其设立的个人独资企业、一人有限公司之间土地、房屋权属的划转,免征契税。财税〔2012〕4 号文件较之前的《财政部、国家税务总局关于企业改制重组若干契税政策的通知》(财税〔2008〕175 号)从字面理解上来说较宽泛,但众多筹划案例所依据的《国家税务总局关于全资子公司承受母公司资产有关契税政策的通知》(国税函〔2008〕514 号)已经全文失效,房地产公司若先成立一个全资子公司,再由母公司把土地作为增资投资到子公司的部分税务机关不予免税,所以在免征契税纳税实务中应当谨慎操作。

4. 印花税:得法房地产公司、子公司 A 应当以双方约定的转让价款为计税依据,按照 0.5‰的税率计算缴纳印花税。子公司 A 应当按其资本金账簿新增资本金按规定贴花。

5. 企业所得税:投资转让没有增值,自然也无须缴纳企业所得税。如果增值转让,根据《财政部、国家税务总局关于企业重组业务企业所得税处理若干问题的通知》(财税〔2009〕59 号)的规定,资产收购重组交易应按以下规定处理:①被收购方应确认资产转让所得或损失。②收购方取得资产的计税基础应以公允价值为基础确定。③被收购企业的相关所得税事项原则上保持不变。

得法房地产公司以土地使用权作为投资,应当确认资产转让所得,计算缴纳企业所得税。即投资交易发生时分解为按公允价值销售土地使用权和投资两项经济业务进行所得税处理,计算确认资产转让所得或损失。

如果该投资环节满足财税〔2009〕59 号文件关于资产收购特殊性税务处理的规定,即"资产收购,受让企业收购的资产不低于转让企业全部资产的 75%,且受让企业在该资产收购发生时的股权支付金额不低于其交易支付总额的 85%",可以选择特殊性税务处理:①转让企业取得受让企业股权的计税基础,以被转让资产的原有计税基础确定。②受让企业取得转让企业资产的计税基础,以被转让资产的原有计税基础确定。

在这种情形下,得法房地产公司不用计算投资环节的资产转让所得或损失,但是子公司 A 在计算企业所得税时只能以得法房地产公司的土地使用权账面价值确定。

【风险提示】

根据《中华人民共和国城市房地产管理法》(以下简称《城市房地产管理法》)的规定,以出让方式取得土地使用权进行房地产开发的,必须按照土地使用权出让合同约定的土地用途、动工开发期限开发土地。超过出让合同约定的动工开发日期满一年未动工开发的,可以征收相当于土地使用权出让金 20% 以下的土地闲置费;满两年未动工开发的,可以无偿收回土地使用权。例如,W 房地产公司取得土地后,因资金短缺无力开发,为了避免收回土地,W 房地产公司想把土地出售赚取差额利润,但是根据现行政策规定,土地不允许直接转让,必须达到投资规模的 25% 或者进行土地成片开发的要使土地达到熟地条件方可转让,否则只能由政府收回。

另外,根据《公司注册资本登记管理暂行规定》,股东可以用货币出资,也可以用实物、工业产权、非专利技术、土地使用权作价出资,但并不是所有的土地使用权均能用来出资。对土地使用权出资应注意以下几点:①集体土地的使用权不得直接作为出资,即必须先将集体土地通过国家征收的途径变为国有土地,再通过审批手续取得土地使用权后方可作为出资;②通过无偿划拨取得的土地使用权不得作为出资,只能由原使用人使用;③已经抵押的土地使用权属于"设定担保的财产",不得作为出资;④以土地使用权作为出资,出资人应及时将土地使用权证变更至公司名下并将土地移交公司占有使用。因此在落实土地使用权产权证明时,对划拨土地和集体用地应特别关注,未按规定办理相应手续的,即便是拥有土地使用权证也不能用来出资。

第三章　取得土地环节纳税实务与风险防范

第一节　土地取得方式概述

土地取得方式及来源渠道是多种多样的，房地产开发企业出于经营的需要，常采取不同的拿地方式。这不仅会影响土地购置成本，而且会影响契税、营业税、企业所得税、土地增值税等的缴纳。因此，项目开发的纳税筹划首先要从土地取得环节入手。

房地产开发企业取得土地方式可以归纳为招拍挂（包括净地出让和非净地出让）、划拨、购买在建工程、合作开发、收购项目公司、特殊开发项目等方式。取得方式不同，所取得土地的使用年限也会有所差异。一般情况下，除政府直接出让土地外，通过其他方式所取得的二手地使用年限往往会低于法定年限。土地取得方式及涉及的主要财税问题见图 3－1。

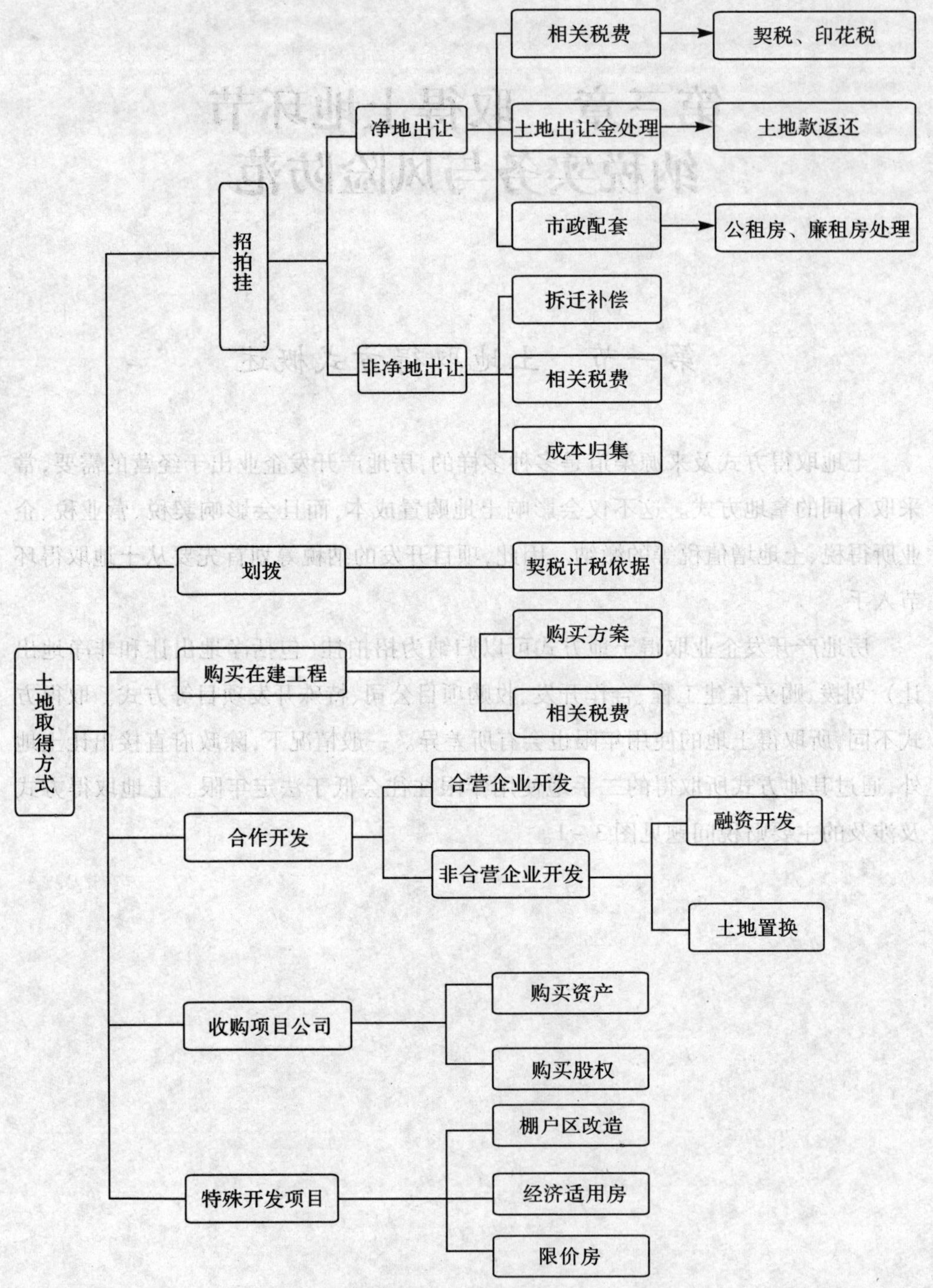

图3－1　土地取得方式及涉及的主要财税问题

一、土地使用权出让及年限规定

《中华人民共和国城镇国有土地使用权出让和转让暂行条例》（以下简称《城镇国有土地使用权出让和转让暂行条例》）规定，土地使用权出让是指国家以土地所有者的身份将土地使用权在一定年限内让与土地使用者，并由土地使用者向国家支付土地使用权出让金的行为。土地使用权出让应当签订出让合同。

土地使用权出让由市、县人民政府负责，有计划、有步骤地进行。

土地使用权出让的地块、用途、年限和其他条件，由市、县人民政府土地管理部门会同城市规划和建设管理部门、房产管理部门共同拟订方案，按照国务院规定的批准权限报经批准后，由土地管理部门实施。土地使用权出让合同应当按照平等、自愿、有偿的原则，由市、县人民政府土地管理部门（以下简称出让方）与土地使用者签订。

土地使用权出让最高年限按下列用途确定：①居住用地 70 年；②工业用地 50 年；③教育、科技、文化、卫生、体育用地 50 年；④商业、旅游、娱乐用地 40 年；⑤综合或者其他用地 50 年。

居住用地，又名住宅用地，是指用于建造居民居住用房所占用的土地，主要包括经济适用房用地、普通住宅用地和高档住宅用地等。

工业用地，是指工业生产或与工业生产相配套的各种活动所占用的场地，包括车间用地、仓库用地、辅助用房用地及附属设施用房用地等。

商业用地，是指用于开展商业、旅游、娱乐活动所占用的场所，如用于建造商店、粮店、饮食店、公园、游乐场、影剧院和俱乐部等用地。

其他用地，是指用于建造教育用房、医疗用房、科学实验研究用房等所占用的土地，如办公室、教室、医院、科研所等占用的土地。

房地产开发企业出于经营目的的需要，开发商品住宅会争取取得住宅用地，开发工业厂房会争取取得工业用地，开发商业设施会争取取得商业用地，当然也不排除利用工业用地、商业用地开发住宅出售的情形，但是这种住宅年限不可能按照 70 年办理房屋产权证。

土地性质和房地产开发企业取得土地的方式，既影响土地的购置成本，也影响购置环节、开发转让环节、清算环节可能涉及的契税、营业税、企业所得税、土地增值税等各个方面。所以，房地产开发企业整体纳税筹划首先应从土地取得环节入手，在不同条件下有针对性地选择取得土地方式有助于降低其土地成本。

二、招拍挂

1. 招标出让国有土地使用权，是指市、县国土资源管理部门发布招标公告或者发出投标邀请书，邀请特定或者不特定的法人、自然人和其他组织参加国有土地使用权投标，根据投标结果确定土地使用者的行为。

2. 拍卖出让国有土地使用权，是指市、县国土资源管理部门发布拍卖公告，由竞买人在指定时间、地点进行公开竞价，根据出价结果确定土地使用者的行为。

3. 挂牌出让国有土地使用权，是指市、县国土资源管理部门发布挂牌公告，按公告规定的期限将拟出让宗地的交易条件在指定的土地交易场所挂牌公布，接受竞买人的报价申请并更新挂牌价格，根据挂牌期限截止时的出价结果或现场竞价结果确定土地使用者的行为。

招拍挂具有公开性、竞争性的特点，一般不存在低价出让国有土地使用权的问题。

4. 以下六类情形必须纳入招标、拍卖、挂牌出让国有土地范围：①供应商业、旅游、娱乐和商品住宅等各类经营性用地以及有竞争要求的工业用地；②其他土地供地计划公布后，同一宗地有两个或者两个以上意向用地者的；③划拨土地使用权改变用途，国有土地划拨决定书或法律、法规、行政规定等明确应当收回土地使用权，实行招标、拍卖、挂牌出让的；④划拨土地使用权转让，国有土地划拨决定书或法律、法规、行政规定等明确应当收回土地使用权，实行招标、拍卖、挂牌出让的；⑤出让土地使用权改变用途，国有土地使用权出让合同约定或法律、法规、行政规定等明确应当收回土地使用权，实行招标、拍卖、挂牌出让的；⑥依法应当招标、拍卖、挂牌出让的其他情形。

招拍挂是房地产开发企业获取土地的主要方式，它可以进一步划分为净地出让和非净地出让。

“净地”的概念是相对于“毛地”来说的，“毛地”和“净地”都是俗称。从形态上看，毛地指地上存在需要拆除的建筑物、构筑物等设施的土地；净地指国家在出让土地时，已经完成拆除平整，不存在需要拆除的建筑物、构筑物等设施的土地。净地出让是指国家在完成征地拆迁、土地平整后将土地出让给使用者的一种出让方式。

今后土地出让将以净地出让为主。根据《国土资源部、住房和城乡建设部关于进一步加强房地产用地和建设管理调控的通知》（国土资发〔2010〕151 号）的规定，土地出让必须以宗地为单位提供规划条件、建设条件和土地使用标准，严格执行商品住房用地单宗出让面积规定，不得将两宗以上地块捆绑出让，不得“毛地”出让。拟出让地块要依法进行土地调查和确权登记，确保地类清楚、面积准确、权属合法、没有纠纷。土地出让后，任何单位和个人无权擅自更改规划和建设条件。因非企业原因确需调整的，必须依据《中华人民共和国城乡规划法》规定的公开程序进行。由开发建设单位提出申请调整规划和建设条件而不按期开工的，必须收回土地使用权,重新按招标、拍卖、挂牌方式出让土地。

无论是净地出让还是非净地出让,取得土地使用权都要按规定缴纳相关税费,容易出现问题的方面表现在:

1. 契税计税依据的确定。

2. 招拍挂土地所支付价款超过政府招商引资所确定的协议价款涉及的土地款返还会计核算和税务处理。

3. 非净地出让情况下增加的拆迁补偿方面的货币支出及非货币支出的会计核算和税务处理问题。

4. 政府配套建设的公租房、廉租房的会计核算和税务处理。

三、以划拨方式取得的土地使用权转让

土地使用权划拨是指经县级以上人民政府依法批准,在土地使用者缴纳补偿、安置等费用后将土地交付其使用,或者将土地无偿交付给土地使用者使用的行为。《城镇国有土地使用权出让和转让暂行条例》第四十四条规定:“划拨土地使用权,除本条例第四十五条规定的情况外,不得转让、出租、抵押。”第四十五条规定:“符合下列条件的,经市、县人民政府土地管理部门和房产管理部门批准,其划拨土地使用权和地上建筑物,其他附着物所有权可以转让、出租、抵押:(一)土地使用者为公司、企业、其他经济组织和个人;(二)领有国有土地使用证;(三)具有地上建筑物、其他附着物合法的产权证明。”《城市房地产管理法》第四十条规定:“以划拨方式取得土地使用权的,转让房地产时,应当按照国务院规定,报有批准权的人民政府审批。有批准权的人民政府准予转让的,应当由受让方办理土地使用权出让手续,并依照国家有关规定缴纳土地使用权出让金。以划拨方式取得土地使用权的,转让房地产报批时,有批准权的人民政府按照国务院规定决定可以不办理土地使用权出让手续的,转让方应当按照国务院规定将转让房地产所获收益中的土地收益上缴国家或者作其他处理。”

《最高人民法院关于审理涉及国有土地使用权合同纠纷案件适用法律问题的解释》规定:

第十一条　土地使用权人未经有批准权的人民政府批准,与受让方订立合同转让划拨土地使用权的,应当认定合同无效。但起诉前经有批准权的人民政府批准办理土地使用权出让手续的,应当认定合同有效。

第十二条　土地使用权人与受让方订立合同转让划拨土地使用权,起诉前经有批准权的人民政府同意转让,并由受让方办理土地使用权出让手续的,土地使用权人与受让方订立的合同可以按照补偿性质的合同处理。

第十三条　土地使用权人与受让方订立合同转让划拨土地使用权,起诉前经

有批准权的人民政府决定不办理土地使用权出让手续，并将该划拨土地使用权直接划拨给受让方使用的，土地使用权人与受让方订立的合同可以按照补偿性质的合同处理。

根据上述规定，原划拨土地使用权人在起诉前经过政府主管部门的批准，在与政府办理土地使用权出让手续后，已经转化为出让土地的使用权人，而根据出让土地使用权转让的相关规定，应当认定转让合同有效。对于转让方所取得的经济利益在纳税处理中应认定为土地补偿还是土地使用者将土地使用权归还土地所有者的行为呢？此种情况可参见《陕西省地方税务局关于西安吉祥食品厂转让国有划拨土地使用权征收营业税问题的批复》(陕地税函〔2002〕239 号)的规定：

西安市地方税务局：

你局《关于转让国有行政划拨土地使用权有关税收问题的请示》(市地税字〔2002〕142 号)收悉。经研究，现批复如下：

长期以来，我国在土地使用上，一直采用用地单位无偿占用的办法。20 世纪 80 年代末，国家改用地单位无偿占用为有偿占用，政府(或土地管理机关)可以将国有土地使用权转让给用地单位，用地单位取得土地使用权后，也可以将其取得的土地使用权再转让给其他单位。为了区别政府的第一次转让与用地单位的再转让，在有关的土地管理法规中，将土地所有者第一次转让土地使用权称为“出让”，将用地单位再转让土地使用权称为“转让”。

转让土地使用权，按照《营业税暂行条例》第一条的规定，应当缴纳营业税；而出让土地使用权，根据《营业税税目注释(试行稿)》(国税发〔1993〕149 号)第八条第一款的规定，则不缴纳营业税。

西安吉祥食品厂经西安市政府批准，将原国有划拨土地使用权转让给陕西西华房地产开发有限公司，按照上述规定，应依照“转让无形资产——转让土地使用权”征收营业税。

《营业税税目注释(试行稿)》(国税发〔1993〕149 号)第八条第一款规定，转让土地使用权，是指土地使用者转让土地使用权的行为。土地所有者出让土地使用权和土地使用者将土地使用权归还给土地所有者的行为，不征收营业税。

因此，划拨用地使用者经批准可以转让土地，若认定为其已取得出让用地，则转让者应缴纳营业税。若认定为土地使用权归还政府，政府再出让土地，则不应征收营业税。

此外，对以划拨方式取得土地使用权的，转让房地产时，属于《城市房地产管理法》第二十四条规定情形之一的，经有批准权的人民政府批准，可以不办理土地使用权出让手续：第一，国家机关用地和军事用地；第二，城市基础设施用地和公益事业用地；第三，国家重点扶持的能源、交通、水利等项目用地；第四，法律、行政法规规定的其他用地。

四、购买在建工程

以购买在建工程方式间接取得土地可以回避直接受让土地的种种限制。根据《城市房地产管理法》的规定，房地产转让，是指房地产权利人通过买卖、赠与或者其他合法方式将其房地产转移给他人的行为。

以出让方式取得土地使用权的，转让房地产时，应当符合下列条件：①按照出让合同约定已经支付全部土地使用权出让金，并取得土地使用权证书。②按照出让合同约定进行投资开发，属于房屋建设工程的，完成开发投资总额的百分之二十五以上；属于成片开发土地的，形成工业用地或者其他建设用地条件。转让房地产时房屋已经建成的，还应当持有房屋所有权证书。

房地产转让时，土地使用权出让合同载明的权利、义务随之转移。以出让方式取得土地使用权的，转让房地产后，其土地使用权的使用年限为原土地使用权出让合同约定的使用年限减去原土地使用者已经使用年限后的剩余年限。

以出让方式取得土地使用权的，转让房地产后，受让人改变原土地使用权出让合同约定的土地用途的，必须取得原出让方和市、县人民政府城市规划行政主管部门的同意，签订土地使用权出让合同变更协议或者重新签订土地使用权出让合同，相应调整土地使用权出让金。

房地产开发企业为了获取土地储备，通过购买的形式受让陈旧建筑物、烂尾楼及其他构筑物方式取得与地块相应的土地使用权为实务中常见方式之一。

购买在建工程，对于卖方来说，会涉及销售不动产或转让土地使用权营业税、土地增值税、企业所得税、印花税等；对于买方来说，会涉及契税、印花税以及将来再次转让时营业税、土地增值税和企业所得税的计算基数问题。

五、收购项目公司

持有土地使用权而无力经营的企业转让土地会形成一定的税收负担，变转让土地为转让股权，则有利于转让双方降低税负。如果企业不想丧失控制权，也可以将土地先投入某一全资子公司，再转让子公司股权，这也是实务中颇为常见的土地转让的纳税筹划方案。

根据《城市房地产管理法》的规定，以出让方式取得土地使用权进行房地产开发的，必须按照土地使用权出让合同约定的土地用途、动工开发期限开发土地。超过出让合同约定的动工开发日期满一年未动工开发的，可以征收相当于土地使用权出让金百分之二十以下的土地闲置费；满两年未动工开发的，可以无偿收回土地使用权。

例如,甲房地产公司取得土地后,因资金短缺无力开发,为了避免土地被收回,甲房地产公司欲将土地出售赚取差额利润,但是根据现行政策规定,土地不允许直接转让,必须达到土地投资规模的25%或者进行土地成片开发的,土地达到熟地条件方可转让,否则只能由政府收回。

若甲公司可以转让土地,则涉及营业税、城市维护建设税、教育费附加等税费。若持有土地一方以土地作价投资设立子公司,土地过户到子公司名下而后转让子公司股权,则土地购买方取得该子公司100%的股权,相当于持有该土地,这样从税收上而言,相对于直接转让土地减少了转让环节的流转税,从而获取了一定税收利益。

涉及的两个特殊政策规定:

1.《国家税务总局关于印发〈营业税税目注释(试行稿)〉的通知》(国税发〔1993〕149号)规定:以无形资产投资入股,参与接受投资方的利润分配、共同承担投资风险的行为,不征收营业税。

2.《财政部、国家税务总局关于股权转让有关营业税问题的通知》(财税〔2002〕191号)规定:股权转让不征收营业税。

六、合作开发

房地产市场是一个巨大的资本市场,但在房地产开发中,往往是有土地的没有资金,有资金的没有土地,这两类企业如能够相互合作,便可以从资金和资源两方面保证项目的延续开发。如果当事人不愿意承担房地产开发风险,只是想通过卖地或者出借资金来安全获利,则不符合合作开发的法律规定。根据相关司法解释,合作开发必须具备的特征为:共同投资、共享利润、共担风险。不承担经营风险的合作开发合同按照合同实际内容、真实目的确定合同属性。

持有资金的企业和持有土地的企业合资成立新的房地产公司进行项目开发,双方约定风险共担、利润共享,税后分取红利,既可以解决一方没有开发用地的问题,又不影响原房地产公司的业务扩张。但是也要考虑到土地的转移需要缴纳契税,契税一般为土地价值的4%。同时,对于营业税,要想不缴纳营业税,双方必须约定利润共享、风险共担;任何一方通过投资获取固定收益,则此方案不适用不征营业税的政策。另外,房地产公司取得土地至投资入股时间不要间隔太长,尽量使土地投资时的评估价格与取得土地价值一致或者缩小两者差距,以降低土地增值税及企业所得税税负。在实际操作中,如果土地持有时间较短,没有评估增值,则可以免征土地增值税。合作双方成立房地产公司,需要注意的是,根据公司法的规定,注册资本中货币资金应不低于30%。

合作开发可以简单划分为合营企业开发与非合营企业开发两种形式。合营企业开发容易理解。在非合营企业开发形式下,土地置换为常见模式。土地置换模式下,不成立合营企业,以房换地和以地换房,属于纯粹的"以物易物",即双方以各自拥有的土地使用权和房屋所有权相互交换。具体的交换方式有以下两种:

1. 土地使用权和房屋所有权相互交换,双方都取得了部分房屋的所有权。在这一合作方式下,甲方以转让部分土地使用权为代价,换取部分房屋的所有权,发生了转让土地使用权的行为;乙方则以转让部分房屋的所有权为代价,换取部分土地使用权,发生了销售不动产的行为。因而,合作双方都发生了营业税的应税行为。对甲方应按"转让无形资产"税目中的"转让土地使用权"项目征税,对乙方应按"销售不动产"税目征税。

2. 以出租土地使用权为代价换取房屋所有权。例如,甲方将土地使用权出租给乙方若干年,乙方在该土地上投资建造建筑物并使用,租赁期满后,乙方将土地使用权连同所建的建筑物归还甲方。在这一合作方式下,乙方是以建筑物为代价换得若干年的土地使用权,甲方是以出租土地使用权为代价换取建筑物。甲方发生了出租土地使用权的行为,对其按"服务业——租赁业"税目征营业税;乙方发生了销售不动产的行为,对其按"销售不动产"税目征营业税。

此外,与土地置换不同的还有融资共同开发等多种形式,开发收益的分配往往是纳税难点所在。

七、社会保障性住房建设用地

社会保障性住房建设用地是为了满足低收入阶层的基本住房需要,属于政府必须提供的公共产品,能够弥补"七通一平"的成本即可。社会保障性住房建设用地不能以招拍挂方式取得,而是由政府按规定有计划供应。

社会保障性住房,是指政府提供的限定建设标准、供应对象和销售价格或租金标准,具有保障性质的住房,具体包括社会保障性商品房(如经济适用住房)、社会保障性租赁房、廉租房和安置房(含拆迁安置房、解危安置房以及落实侨房政策安置房)等。

经济适用住房是指以城镇中低收入家庭为供应对象,建设用地实行行政划拨,享受政府扶持政策,按国家住宅建设标准建设,具有社会保障性质的普通住房。经济适用住房建设用地以划拨方式供应。经济适用住房建设用地应纳入当地年度土地供应计划,在申报年度用地指标时单独列出,确保优先供应。政府对于棚户区改造中的经济适用住房和廉租住房用地实行划拨供应,免收土地出让金和城市基础设施配套费等各种行政事业性收费和政府性基金。

根据《关于城市和国有工矿棚户区改造项目有关税收优惠政策的通知》(财税〔2010〕42 号)的规定,棚户区是指国有土地上集中连片建设的,简易结构房屋较多、建筑密度较大、房屋使用年限较长、使用功能不全、基础设施简陋的区域;棚户区改造项目是指列入省级人民政府批准的城市和国有工矿棚户区改造规划的建设项目;改造安置住房是指相关部门和单位与棚户区被拆迁人签订的拆迁安置协议中明确用于安置被拆迁人的住房。

《国土资源部、住房和城乡建设部关于进一步加强房地产用地和建设管理调控的通知》(国土资发〔2010〕151 号)规定,地方各级住房城乡建设(房地产、规划、住房保障)、国土资源主管部门要按照住房建设规划和编制计划的要求,共同商定城市住房供地和建设的年度计划,并根据年度计划实行宗地供应预安排,共同商定将确定的保障性住房、棚户区改造住房、公共租赁住房和中小套型普通商品住房年度建设任务落实到地块。要在确保保障性住房、棚户区改造住房和中小套型普通商品住房用地不低于住房用地供应总量 70% 的基础上,结合各地实际,选择地块,探索以划拨和出让方式加大公共租赁住房供地建房、逐步与廉租住房并轨、简化并实施租赁住房分类保障的途径。

社会保障性住房有一定政策优惠,因此,房地产开发企业配套建设的保障性住房应单独核算其收入和成本。

八、取得土地涉及税费

1. 耕地占用税。依据《中华人民共和国耕地占用税暂行条例》(以下简称《耕地占用税暂行条例》),以纳税人实际占用的耕地面积为计税依据,按照规定的税额一次性征收。实际占用的耕地面积,包括经批准占用的耕地面积和未经批准占用的耕地面积。

2. 契税。房地产开发企业受让土地应按规定缴纳契税。

3. 印花税。房地产开发企业无论受让土地还是购买土地,均应缴纳印花税,税率为万分之五。

除以上税金外,取得土地还涉及土地登记费以及房地产开发过程中要缴纳的行政事业性收费和政府性基金(参见表 5 -2),但具体办理仍以土地使用权证办理过程中的地方政策为准。

【风险提示】

房地产开发企业销售"楼花"和纳税人以房屋、土地作价投资入股,房屋、土地权属不办理权属变更的行为也应注意纳税风险。

根据《国家税务总局关于未办理土地使用权证转让土地有关税收问题的批复》(国税函〔2007〕645 号)的规定,土地使用者转让、抵押或置换土地,无论其是否取得了该土地的使用权属证书,无论其在转让、抵押或置换土地过程中是否与对方当事人办理了土地使用权属证书变更登记手续,只要土地使用者享有占有、使用、收益或处分该土地的权利,且有合同等证据表明其实质转让、抵押或置换了土地并取得了相应的经济利益，土地使用者及其对方当事人应当依照税法规定缴纳营业税、土地增值税和契税等相关税收。

另外，按照《辽宁省地方税务局关于企业所得税若干税收政策问题的通知》（辽地税发〔2007〕11 号）的规定，企业购买房屋、土地，无论采取何种付款方式，只要没有办理产权变更手续，房屋或土地的折旧或摊销费用不允许在税前扣除。

第二节　出让、转让土地计征契税风险防范

一、出让土地契税政策解读

（一）根据《中华人民共和国契税暂行条例》（以下简称《契税暂行条例》）的规定，国有土地使用权出让属于转移土地、房屋权属，应当缴纳契税。

（二）《财政部、国家税务总局关于国有土地使用权出让等有关契税问题的通知》（财税〔2004〕134 号）规定：

1. 出让国有土地使用权的，其契税计税价格为承受人为取得该土地使用权而支付的全部经济利益。

（1）以协议方式出让的，其契税计税价格为成交价格。成交价格包括土地出让金、土地补偿费、安置补助费、地上附着物和青苗补偿费、拆迁补偿费、市政建设配套费等承受人应支付的货币、实物、无形资产及其他经济利益。没有成交价格或者成交价格明显偏低的，征收机关可依次按下列两种方式确定契税计税价格：①评估价格，由政府批准设立的房地产评估机构根据相同地段、同类房地产进行综合评定，并经当地税务机关确认的价格。②土地基准地价，由县以上人民政府公示的土地基准地价。

（2）以竞价方式出让的，其契税计税价格一般应确定为竞价的成交价格，土地出让金、市政建设配套费以及各种补偿费用应包括在内。

2. 先以划拨方式取得土地使用权，后经批准改为出让方式取得该土地使用权的，应依法缴纳契税，其计税依据为应补缴的土地出让金和其他出让费用。

3. 已购公有住房经补缴土地出让金和其他出让费用成为完全产权住房的，免征土地权属转移的契税。

《国家税务总局关于明确国有土地使用权出让契税计税依据的批复》（国税函〔2009〕603 号）中再次明确，出让国有土地使用权，契税计税价格为承受人为取得该土地使用权而支付的全部经济利益。对通过招拍挂程序承受国有土地使用权的，应按照土地成交总价款计征契税，其中的土地前期开发成本不得扣除。

（三）《财政部、国家税务总局关于企业以售后回租方式进行融资等有关契税政策的通知》（财税〔2012〕82号）规定：

1. 以招拍挂方式出让国有土地使用权的，纳税人为最终与土地管理部门签订出让合同的土地使用权承受人。

2. 企业承受土地使用权用于房地产开发，并在该土地上代政府建设保障性住房的，计税价格为取得全部土地使用权的成交价格。

【风险提示】

方欣公司参与广州市土地开发，招拍挂取得土地后，以货币资金1亿元成立子公司得法公司，由得法公司与当地政府签订土地出让合同，问契税的纳税主体是谁？

根据上文规定，只能是得法公司。

二、出让土地如何确定契税计税依据

企业开发用地原来多通过协议出让方式取得，随着国家土地储备制度的建立，土地出让目前主要采用招拍挂程序，与财税〔2004〕134号文件规定的竞价方式相同，契税成交价格均应包括土地出让金、市政建设配套费以及各种补偿费用。土地出让之前为达到出让条件，前期必要的开发（包括道路、供水、供电、供气、排水、通信、照明、绿化、土地平整等基础设施建设）费用一般由土地储备机构负担。土地储备机构不会向开发企业单独收取这部分前期开发费用。所以，企业通过招拍挂程序取得的开发用地一般应为净地，成交价格中包含政府所有应收取的费用。如果开发企业承受土地权属签订合同时注明按现状（可能土地未平整）取得土地，另行支付前期开发费用，则此部分费用应当计入契税成交价格，不允许从支付总价中扣除。至于前期开发费用的内容，应当包括土地出让金之外的土地补偿费，安置补助费，地上附着物和青苗补偿费，拆迁补偿费，市政建设配套费及迁坟、鱼塘、养殖场的拆迁赔偿费，旧城区开发含动迁户临时安置的安置费、自行安置的补助费、私房征购费，其他经营服务性费用，如拍卖佣金、土地评估费、土地测绘技术服务费、公告费、服务费等土地承受者应支付的货币、实物、无形资产及其他经济利益。

国税函〔2009〕603号文件是基于财税〔2004〕134号文件所作出的补充解释，两者在政策上没有冲突。开发企业通过招拍挂程序取得土地，不管以什么方式支付价款以及不管取得什么票据凭证，只要构成取得土地所支付的经济利益，就应当计入成交价款作为契税的计税依据。

【案例3-1】得法房地产公司以竞价方式获得出让的土地一宗，经批准减免土地出让金1 000万元，已支付土地出让金5 000万元，已支付市政建设配套费800万元，已支付各种补偿费用700万元。得法房地产公司承受该宗土地使用权，应按4%的税率缴纳契税（　）。

A. 260 万元　　B. 300 万元　　C. 200 万元
D. 150 万元　　E. 100 万元　　F. 130 万元

【案例分析】

根据《国家税务总局关于免征土地出让金出让国有土地使用权征收契税的批复》(国税函〔2005〕436 号)对《北京市地方税务局关于对政府以零地价方式出让国有土地使用权征收契税问题的请示》(京地税地〔2005〕166 号)的批复:根据《中华人民共和国契税暂行条例》及其细则的有关规定,对承受国有土地使用权所应支付的土地出让金,要计征契税。不得因减免土地出让金,而减免契税。

因此,得法房地产公司应缴纳契税 300 万元[(1 000 + 5 000 + 800 + 700) × 4%],不得因减免土地出让金,而减免契税。

【案例 3 - 2】甲、乙两公司共同竞拍取得一块土地,土地使用证上的土地使用权人为甲、乙两公司,共有比例为 35∶65。问:

1. 如果甲、乙两公司按上述比例进行土地使用权分割,是否征收契税?

2. 如果甲、乙两公司土地使用权分割的比例发生变化,如甲公司分得土地使用权的 70%,乙公司分得土地使用权的 30%,是否征收契税?

【案例分析】

1.《契税暂行条例》第一条规定:“在中华人民共和国境内转移土地、房屋权属,承受的单位和个人为契税纳税人,应当依照本条例的规定缴纳契税。”本案例中已明确了双方的土地使用权比例,只是按照比例进行分割,并没有发生土地权属的实质转移,因此,不应当征收契税。

2. 土地使用权比例发生变动,如果没有补偿价款,相当于乙方赠与甲方 35% 的土地使用权。《契税暂行条例》第四条规定,土地使用权赠与,由征收机关参照土地使用权出售的市场价格核定。本案例中,应由受赠方——甲方——按税务机关核定的价款申报缴纳契税。

三、划拨用地转让是否补征契税

【案例 3 - 3】甲企业用地为无偿划拨工业用地,2010 年经政府审批同意转让给天山房地产公司,双方合同约定,天山房地产公司承担应补缴的土地出让金 2 000 万元,另外支付甲企业土地补偿款 1 000 万元。双方按规定缴纳契税。

【案例分析】

本案例中划拨用地转让双方甲企业与天山房地产公司均应缴纳契税。

1. 划拨土地转让双方均计征契税。《城市房地产管理办法》第三十九条规定:以划拨方式取得土地使用权的,转让房地产时,应当按照国务院规定,报有批准权的人民政府审批。有批准权的人民政府准予转让的,应当由受让方办理土地使用权出让手续,并依照国家有关规定缴纳土地使用权出让金。以划拨方式取得土地使用权的,转让房地产报批时,有批准权的人民政府按照国务院规定决定可以不办理土地使用权出让手续的,转让方应当按照国务院规定将转让房地产所获收益中的土地收益上缴国家或者作其他处理。

《中华人民共和国契税暂行条例实施细则》(以下简称《契税暂行条例实施细则》)第十一条规定:"以划拨方式取得土地使用权的,经批准转让房地产时,应由房地产转让者补缴契税。其计税依据为补缴的土地使用权出让费用或者土地收益。"

《财政部、国家税务总局关于对河南省财政厅〈关于契税有关政策问题的请示〉的批复》(财税〔2000〕14 号)规定,以划拨方式取得的土地使用权,经批准再转让的,需由取得划拨土地使用权者补缴土地出让费用或土地收益,并补缴契税,其计税依据为土地出让费用或土地收益,而取得土地使用权的承受方,应依据《契税暂行条例》第四条规定的成交价格缴纳契税。因此,转让划拨土地使用权的,转让者要补缴契税,同时承受方应依照有关规定缴纳契税。

2. 受让方契税计税依据。《财政部、国家税务总局关于土地使用权转让契税计税依据的批复》(财税〔2007〕162 号)规定,根据国家土地管理相关法律法规和《契税暂行条例》及其实施细则的规定,土地使用者将土地使用权及所附建筑物、构筑物等(包括在建的房屋、其他建筑物、构筑物和其他附着物)转让给他人的,应按照转让的总价款计征契税。

参照《关于委托代征土地使用权出让、转让契税几个具体问题的复函》(成地税函发〔1998〕85 号)的规定,纳税人即土地受让人应纳契税 =(土地出让金总额 + 土地交易价款总额)×4%。若土地交易价低于基准地价,则按基准地价计税。

因此,甲企业转让土地给天山房地产公司,契税计税依据应按照转让总价款 3 000 万元(2 000 + 1 000)计算,天山房地产公司应纳契税为 120 万元(3 000 ×4%)。

3. 转让方契税计税依据。根据财税〔2004〕134 号文件的规定,先以划拨方式取得土地使用权,后经批准改为以出让方式取得该土地使用权的,应依法缴纳契税,其计税依据为应补缴的土地出让金和其他出让费用。因此,甲企业在转让土地时,应当按照支付的土地出让金计算补缴契税。土地出让金由承受方缴纳,但契税纳税人仍然是甲企业,应当将购买方实际支付的土地出让金 2 000 万元作为契税的征收依据,甲企业应纳契税为 80 万元(2 000 ×4%)。

4. 如果约定受让方缴纳契税。是否双方合同可以约定由受让方缴纳契税呢?参照成地税函发〔1998〕85 号文件的规定,以划拨方式取得土地使用权的,经批准转让房地产时,应由房地产转让方补缴契税,其计税依据为补缴的土地使用权出让费或者土地收益。若是由受让方办理土地使用权出让手续,并依照国家规定缴纳出让金,契税的纳税义务人仍然是出让方。受让方是否代出让方履行纳税义务、补缴土地使用权出让契税，由双方协商自定。

【风险提示】

如果合同约定受让方代转让方缴纳土地出让金和契税，则受让方支付的土地价款相当于不含税支出，其应纳契税的计税依据需要先行换算，否则存在少纳契税的风险。仍以【案例3－3】为例，假设转让方契税由天山房地产公司承担，则天山房地产公司应缴纳契税123.20万元[(3 000＋80)×4%]。

四、改变土地用途是否应征收契税

土地使用者需要改变土地使用权出让合同规定的土地用途的，在征得出让方同意并经土地管理部门和城市规划部门批准，依照有关规定重新签订土地使用权出让合同，调整土地使用权出让金，并办理登记后就可改变。《土地登记办法》(中华人民共和国国土资源部令第40号)规定，土地的用途发生变更的，当事人应当持有关批准文件和原土地权利证书，申请土地用途变更登记。土地用途变更依法需要补缴土地出让价款的，当事人还应当提交已补缴土地出让价款的缴纳凭证。

《国家税务总局关于改变国有土地使用权出让方式征收契税的批复》(国税函〔2008〕662号)规定："根据现行契税政策规定，对纳税人因改变土地用途而签订土地使用权出让合同变更协议或者重新签订土地使用权出让合同的，应征收契税。计税依据为因改变土地用途应补缴的土地收益金及应补缴政府的其他费用。"也就是说，国有土地使用权改变用途缴纳的土地收益金等费用应征收契税。

【风险提示】

国税函〔2008〕662号文件规定了适用于土地的具体使用权人不变，所有权性质未发生变化，只是土地用途发生变化的情况。因此，房地产企业购买其他企业股权间接获得土地，土地变更用途若涉及缴纳土地收益金，也就要据此缴纳契税。房地产企业纳税人需要关注三点：①两类土地用途的变更，即非经营性用地转为经营性用地及经营性用地中不同用途之间的变更，都要在补缴出让金后及时补缴契税。②纳税义务发生时间的确定。《契税暂行条例》第八条规定，契税的纳税义务发生时间为纳税人签订土地、房屋权属转移合同的当天，或者纳税人取得其他具有土地、房屋权属转移合同性质凭证的当天。土地用途变更不能以土地使用权出让合同变更协议签订时或者土地使用权出让合同重新签订时为纳税义务发生时间。《契税暂行条例实施细则》规定，纳税人因改变土地、房屋用途应当补缴已经减征、免征的契税的，其纳税义务发生时间为改变有关土地、房屋用途的当天。纳税人应当自纳税义务发生之日起10日内，向土地、房屋所在地的契税征收机关办理纳税申报，并在契税征收机关核定的期限内缴纳税款。③计税依据包括向政府缴纳的所有费用项目，不能认为只是补缴的土地收益金，土地出让金、土地补偿费、安置补助费、地上附着物和青苗补偿费、拆迁补偿费、市政建设配套费等承受方向政府支付的货币、实物、无形资产及其他经济利益都是契税的计税依据。

【案例3－4】甲企业用地为无偿划拨工业用地，2010年拟申请变更为住宅用地，政府实际操作时先收回该宗地，确定应付给企业补偿款3 000万元，进行重新规划后另行挂牌出让给该公司，该公司应支付土地出让金5 000万元，在实际补缴了土地出让金和补偿款的差价2 000万元后重新取得该宗地的土地使用权。

【案例分析】

甲企业通过“土地收归国有并摘牌重新取得土地”方式运作，实现了土地用途的转变。从法律形式上看，该企业重新承受土地，要按照应支付的土地出让金5 000万元确定契税计税依据。但从实质重于法律形式看，根据国税函〔2008〕662号文件的批复，计税依据为改变土地用途应“补缴”的土地收益金及应“补缴”政府的其他费用，而不是应“缴纳”的土地收益金及应“缴纳”政府的其他费用，所以该企业改变土地用途的契税计税依据为2 000万元。

五、无效产权转移能否退还契税

《国家税务总局关于无效产权转移征收契税的批复》（国税函〔2008〕438号）明确，按照现行契税政策规定，对经法院判决的无效产权转移行为不征收契税。法院判决撤销房屋所有权证后，已纳契税款应予退还。所以，如果纳税人在房屋交易后，按规定缴纳了契税，后来法院判决又撤销了房屋所有权证，则其在房产交易中所缴纳的契税可以退还。

《财政部、国家税务总局关于购房人办理退房有关契税问题的通知》（财税〔2011〕32号）再次明确，对已缴纳契税的购房单位和个人，在未办理房屋权属变更登记前退房的，退还已纳契税；在办理房屋权属变更登记后退房的，不予退还已纳契税。

六、因政府征用重新承受土地是否缴纳契税

《财政部、国家税务总局关于企业以售后回租方式进行融资等有关契税政策的通知》（财税〔2012〕82号）规定：市、县级人民政府根据《国有土地上房屋征收与补偿条例》有关规定征收居民房屋，居民因个人房屋被征收而选择货币补偿用以重新购置房屋，并且购房成交价格不超过货币补偿的，对新购房屋免征契税；购房成交价格超过货币补偿的，对差价部分按规定征收契税。居民因个人房屋被征收而选择房屋产权调换，并且不缴纳房屋产权调换差价的，对新换房屋免征契税；缴纳房屋产权调换差价的，对差价部分按规定征收契税。

【风险提示】

房地产企业直接动迁的动迁户取得房屋是否征收契税？

《辽宁省地方税务局关于单位拆迁取得补偿房屋缴纳契税问题的批复》(辽地税函〔2011〕100 号)规定：

丹东市地方税务局：

你局关于《单位拆迁取得补偿房屋缴纳契税问题的请示》(丹地税发〔2010〕72号)收悉。经请示国家税务总局,现批复如下：

你市成达房地产开发公司动迁丹东果品有限公司果品总店房屋,以相当于动迁补偿价款的商品住宅楼,异地补偿丹东果品有限公司果品总店被动迁房屋。这种房地产转移实质上是一种以动迁补偿款购买房产的行为。同时,由于成达房地产开发公司动迁丹东果品有限公司果品总店房屋不属于政府征用、占用行为,被拆迁的房屋是商业用房而非居民住房,不符合《辽宁省契税暂行实施办法》(辽政办发〔1999〕61号)第四条第五款和《财政部、国家税务总局关于城镇房屋拆迁有关税收政策的通知》(财税〔2005〕45 号)第二条有关减免契税的规定。因此,应依法征收契税。

七、以土地、房屋权属抵债是否缴纳契税

以土地、房屋权属抵债,视同土地使用权转让、房屋买卖或者房屋赠与,应征收契税。例如,《吉林省地方税务局关于明确契税政策执行中若干问题的通知》(吉地税发〔2008〕38 号)规定,以房屋、土地抵债是一种特殊形式的买卖关系,根据不同情形,其契税计税依据为债权人与债务人签订的有效合同上约定的以房屋、土地抵顶的债务额或法院判决书上明确的抵债额或拍卖的实际成交价格。

八、企业办学校用地是否缴纳契税

【案例 3－5】天山房地产公司是一所民办学校的投资人,经县人民政府教育行政主管部门批准并核发了“社会力量办学许可证”。该所民办学校通过土地使用权拍卖购得 300 亩土地,用于学校建设。在办理土地使用证时,土地管理部门要其提供缴纳契税凭证,否则不予办理。

【案例分析】

根据《中华人民共和国教育法》、《社会力量办学条例》以及《财政部、国家税务总局关于社会力量办学契税政策问题的通知》(财税〔2001〕156 号)的规定,社会力量举办的教育机构依法享有与国家举办的教育机构平等的法律地位,对县级以上人民政府教育行政主管部门或劳动行政主管部门批准并核发“社会力量办学许可证”,由企业事业组织、社会团体及其他社会组织和公民个人利用非国家财政性教育经费面向社会举办的教育机构,其承受的土地、房屋权属用于教学的,比照《契税暂行条例》第六条第(一)款的规定,免征契税。要注意的是,购置用于教学的土地虽然不需要缴纳契税,但要到契税征收机关办理契税免税证明。

第三节　改制重组中转让土地契税征免及风险防范

一、改制重组免征契税的政策规定

根据《财政部、国家税务总局关于企业事业单位改制重组契税政策的通知》(财税〔2012〕4 号)的规定,企业自 2012 年 1 月 1 日至 2014 年 12 月 31 日期间有关经济行为适用的政策规定如下:

(一)企业公司制改造免征契税的政策

非公司制企业,按照《中华人民共和国公司法》的规定,整体改建为有限责任公司(含国有独资公司)或股份有限公司,有限责任公司整体改建为股份有限公司,股份有限公司整体改建为有限责任公司的,对改建后的公司承受原企业土地、房屋权属,免征契税。上述所称整体改建是指不改变原企业的投资主体,并承继原企业权利、义务的行为。

非公司制国有独资企业或国有独资有限责任公司,以其部分资产与他人组建新公司,且该国有独资企业(公司)在新设公司中所占股份超过 50% 的,对新设公司承受该国有独资企业(公司)的土地、房屋权属,免征契税。

国有控股公司以部分资产投资组建新公司,且该国有控股公司占新公司股份超过 85% 的,对新公司承受该国有控股公司土地、房屋权属,免征契税。上述所称国有控股公司,是指国家出资额占有限责任公司资本总额超过 50%,或国有股份占股份有限公司股本总额超过 50% 的公司。

(二)公司股权(股份)转让免征契税的政策

在股权(股份)转让中,单位、个人承受公司股权(股份),公司土地、房屋权属不发生转移,不征收契税。

(三)公司合并、分立免征契税的政策

两个或两个以上的公司,依据法律规定、合同约定,合并为一个公司,且原投资主体存续的,对其合并后的公司承受原合并各方的土地、房屋权属,免征契税。

公司依照法律规定、合同约定分设为两个或两个以上与原公司投资主体相同的公司,对派生方、新设方承受原企业土地、房屋权属,免征契税。

(四)企业出售、破产免征契税的政策

国有、集体企业整体出售,被出售企业法人予以注销,并且买受人按照《中华人民共和国劳动法》等国家有关法律法规政策妥善安置原企业全部职工,与原企业全部职工签订服务年限不少于三年的劳动用工合同的，对其承受所购企业的土地、房屋权属，免征契税；与原企业超过30%的职工签订服务年限不少于三年的劳动用工合同的，减半征收契税。

企业依照有关法律、法规规定实施破产，债权人（包括破产企业职工）承受破产企业抵偿债务的土地、房屋权属，免征契税；对非债权人承受破产企业土地、房屋权属，凡按照《中华人民共和国劳动法》等国家有关法律法规政策妥善安置原企业全部职工，与原企业全部职工签订服务年限不少于三年的劳动用工合同的，对其承受所购企业的土地、房屋权属，免征契税；与原企业超过30%的职工签订服务年限不少于三年的劳动用工合同的，减半征收契税。

（五）其他免征契税的政策

经国务院批准实施债权转股权的企业，对债权转股权后新设立的公司承受原企业的土地、房屋权属，免征契税。

对承受县级以上人民政府或国有资产管理部门按规定进行行政性调整和划转国有土地、房屋权属的单位，免征契税。

同一投资主体内部所属企业之间土地、房屋权属的划转，包括母公司与其全资子公司之间，同一公司所属全资子公司之间，同一自然人与其设立的个人独资企业、一人有限公司之间土地、房屋权属的划转，免征契税。

【风险提示】

财税〔2012〕4号文件对于企业改制、资产重组契税的税收优惠主要是为了支持企事业单位改革，促进国民经济持续、健康发展。房屋、土地权属价值通常在企业的资产结构中占有较大比例，契税的减免可以助推、鼓励企业通过资产重组等多种形式优化资产结构、做大做强，通过实际的生产经营创造更多的税收收入。

这里要注意时限问题。财税〔2012〕4号文件延续了财税〔2008〕175号文件的政策规定，财税〔2008〕175号文件延续了《财政部、国家税务总局关于企业改制重组若干契税政策的通知》（财税〔2003〕184号）的政策规定，由于财税〔2003〕184号文件执行时间于2005年年底到期，《财政部、国家税务总局关于延长企业改制重组若干契税政策执行期限的通知》（财税〔2006〕41号）将财税〔2003〕184号文件执行期限延至2008年12月31日，执行期限为2006年1月1日至2008年12月31日。财税〔2008〕175号文件执行期限为2009年1月1日至2011年12月31日，财税〔2012〕4号文件执行期限延长至2014年12月31日，这样就在时间上保证了企业改制重组契税政策的连续性，除个别条款细节上有所差别外，政策基本相似。

对于想与其他企业重组的房地产企业来说，寻求适合的改制重组方式可以减少契税支出，纳税筹划具有一定的空间。

二、改制重组免征契税政策的应用及风险防范

(一)土地转让免征契税的纳税筹划

【案例3-6】天山房地产公司欲购买甲公司(国有独资)一宗土地,约定支付价款1 000万元。则根据税法规定,天山房地产公司应缴纳契税40万元(1 000×4%),是否有免征契税的纳税筹划方案呢?

【案例分析】

根据财税〔2012〕4号文件的规定,非公司制国有独资企业或国有独资有限责任公司,以其部分资产与他人组建新公司,且该国有独资企业(公司)在新设公司中所占股份超过50%的,对新设公司承受该国有独资企业(公司)的土地、房屋权属,免征契税。

可进行如下纳税筹划:天山房地产公司以资金500万元,甲公司以土地作价1 000万元共同组建乙公司,在乙公司股权结构中,甲公司所占股份超过50%,在甲公司投资环节,根据以上规定,免征契税;然后天山房地产公司吸收合并乙公司,甲公司将所持股权以1 000万元的价格转让给天山房地产公司。这样,天山房地产公司最终可少负担契税40万元。

甲公司所获得的税收利益包括:将转让土地改为先入股再转让股权,不考虑土地增值税的话,至少免征销售不动产所涉及的营业税50万元(1 000×5%)。

需要说明的是,此方案虽然实际操作较为复杂,但买卖双方对比测算筹划成本和收益,还是适当的纳税筹划方案。

(二)股权转让不涉及征收契税

【案例3-7】2013年12月,甲工业企业将其全部股权以1 000万元的价格转让给天山房地产公司,其中土地和房屋价值为800万元。股权转让协议生效后,天山房地产公司申请将甲工业企业工商变更登记为乙企业,乙企业申请将甲工业企业的土地和房屋权属变更到自己名下。在股权转让及一系列变更登记过程中,天山房地产公司是否需要缴纳契税?

【案例分析】

财税〔2012〕4号文件规定,在股权(股份)转让中,单位、个人承受公司股权(股份),公司土地、房屋权属不发生转移,不征收契税。参考《国家税务总局关于企业改制重组契税政策若干执行问题的通知》(国税发〔2009〕89号)的解释,财税〔2008〕175号文件中规定的“股权转让”,仅包括股权转让后企业法人存续的情况,不包括企业法人注销的情况。在执行中,应根据工商管理部门对企业进行的登记认定,即企业不需办理变更和新设登记,或仅办理变更登记的,适用该条;企业办

理新设登记的,不适用该条,对新设企业承受原企业的土地、房屋权属应征收契税。

另外,《四川省地方税务局关于股权转让有关契税问题的批复》(川地税函〔2005〕273 号)规定:

1. 关于股权全部转让的契税问题。按照《财政部、国家税务总局关于企业改制重组若干契税政策的通知》(财税〔2003〕184 号)和《国家税务总局关于股权变动导致企业法人房地产权属更名登记不征契税的批复》(国税函〔2002〕771 号)的规定,在股权转让中,单位、个人承受企业股权,企业土地、房屋权属不发生转移,不征收契税。因此,企业股权无论是部分转让还是全部转让,引起的企业投资主体及名称发生变化,并因此进行土地、房屋权属人名称变更登记的,均不征收契税。

2. 关于增资扩股的契税问题。企业因增加注册资本,吸收新股东,从而引起企业名称发生变化,并因此进行土地、房屋权属人名称变更登记,其契税分以下两种情况:如果吸收的新股东是以土地、房屋权属作价入股或作为出资投入企业,应照章征收契税;如果吸收的新股东是以现金投入企业,则不征收契税。

因此,本案例中天山房地产公司承受甲工业企业股权以及乙企业将土地权属名义的变更登记,企业土地和房屋权属没有发生实质转移,不需要缴纳契税。

(三)利用破产企业债权人和非债权人的不同待遇承受土地的契税问题

【案例 3-8】甲公司依照有关法律、法规的规定关闭,天山房地产公司以 200 万元的价格购买了甲公司的土地,甲公司将 200 万元用于偿还所欠的乙公司债务。天山房地产公司购买土地应缴纳契税 8 万元(200 × 4%),那么是否有免征契税的纳税筹划方案呢?

【案例分析】

纳税筹划方案以减免契税为目的,但不接受甲公司整体资产或股权。

可进行如下纳税筹划:天山房地产公司可以先用 200 万元购买乙公司债权,成为甲公司的债权人,然后接受甲公司以土地使用权抵偿债务。财税〔2012〕4 号文件规定,企业依照有关法律、法规规定实施破产,债权人(包括破产企业职工)承受破产企业抵偿债务的土地、房屋权属,免征契税。因此,按此方案实施,天山房地产公司获取土地可少负担契税 8 万元。

【风险提示】

需要注意的是,《中华人民共和国合同法》(以下简称《合同法》)规定,法律、法规规定或当事人约定不得转让的债权,以及根据合同性质不得转让的债权不能进行债权转让。债权人转让债权应当通知债务人,未经通知,该转让对债务人不发生效力。天山房地产公司在实施上述方案时,应当注意以上限制性规定。

(四)安置破产企业全部职工的契税优惠

【案例3-9】甲公司依照有关法律、法规的规定关闭,天山房地产公司以200万元的价格购买甲公司的房产,甲公司将200万元用于偿还所欠的乙公司债务。天山房地产公司应缴纳契税8万元(200×4%)。

【案例分析】

不成为转让企业的债权人而要减免契税,是否有其他途径?

财税〔2012〕4号文件规定,企业依照有关法律、法规规定实施破产,债权人(包括破产企业职工)承受破产企业抵偿债务的土地、房屋权属,免征契税;对非债权人承受破产企业土地、房屋权属,凡按照《中华人民共和国劳动法》等国家有关法律、法规、政策妥善安置原企业全部职工,与原企业全部职工签订服务年限不少于三年的劳动用工合同的,对其承受所购企业的土地、房屋权属,免征契税;与原企业超过30%的职工签订服务年限不少于三年的劳动用工合同的,减半征收契税。这说明,企业破产,债权人和非债权人承受破产企业土地、房屋权属享受的政策待遇不同。

本案例中,天山房地产公司即使不是甲公司的债权人,但在承受房产时如果满足"按照《中华人民共和国劳动法》等国家有关法律、法规、政策妥善安置原企业全部职工,与原企业超过30%的职工签订服务年限不少于三年的劳动用工合同"的条件,则减半征收契税,即天山房地产公司缴纳契税为4万元(200×4%÷2);如果满足"与原企业全部职工签订服务年限不少于三年的劳动用工合同"的条件,则全额免征契税。

【风险提示】

实施以上方案,若要不缴纳契税,必须全部安置原企业职工,不得仅在合同中约定全部安置原企业职工,而实际上却解雇职工。

第四节　受让土地注意土地使用税纳税风险

一、土地无约定交付日期的纳税风险

房地产开发企业除利用农村土地开发"村证房"、"小产权房"外,主要还是在城市、县城、建制镇、工矿区范围内以开发住宅地产、工业地产、商业地产、旅游地产等项目为主。在此范围内使用国有土地,要以实际占用的土地面积为计税依据,按规定税额计算缴纳城镇土地使用税。

签订土地出让合同后,房地产开发企业不一定马上就开始缴纳城镇土地使用

税,但是出让合同若无约定土地交付日期或约定日期较实际交付日期提前,都会给财务人员纳税处理带来难题。

【案例3-10】某市税务机关2010年8月对某房地产开发企业进行纳税检查,检查时从该企业的会计账簿、会计凭证及纳税申报记录中没有发现异常,但在复核各税种纳税的计税依据时,发现该企业签订的“国有土地使用权转让合同”涉及的日期存在问题。

该企业情况为:2008年通过出让方式取得一宗国有土地,与国土资源局签订“国有土地使用权出让合同”的日期为2008年5月31日,合同未约定土地的具体交付时间。据介绍,2008年6月30日,该宗土地才实际办理交付手续,该企业缴纳城镇土地使用税的开始日期为2008年7月1日。

该企业认为,尽管2008年5月31日与国土资源局签订了土地使用权出让合同,合同的有效执行应当自2008年6月1日起开始,土地的实际交付日期以交付证明书为准,即2008年7月1日。也就是说,该企业实际使用土地的有效期限开始时间为2008年7月1日。《城镇土地使用税暂行条例》规定,在城市、县城、建制镇、工矿区范围内使用土地的单位和个人,为城镇土地使用税的纳税人,应当缴纳城镇土地使用税。因此,企业自2008年7月1日起按实际使用土地的日期缴纳城镇土地使用税是正确的。

企业这样理解对吗?

【案例分析】

根据《财政部、国家税务总局关于房产税、城镇土地使用税有关政策的通知》(财税〔2006〕186号)的规定,从2007年1月1日起,以出让或转让方式有偿取得土地使用权的,应由受让方从合同约定交付土地时间的次月起缴纳城镇土地使用税;合同未约定交付土地时间的,由受让方从合同签订的次月起缴纳城镇土地使用税。该企业2008年5月31日签订合同且合同中未约定土地的具体交付时间,应当自2008年6月1日起计算缴纳城镇土地使用税。

该企业的问题并不复杂,企业的理解尽管合情却不合法,财税〔2006〕186号文件强调首先按照合同约定交付土地时间的次月起缴纳城镇土地使用税,在没有做此约定的情况下,才按照合同签订日期确定纳税义务发生时间。

【风险提示】

该案例说明房地产开发企业对于财税〔2006〕186号文件所强调的“合同签订时间”和“合同约定时间”没有充分理解,土地前期运作人员大多不清楚税法的具体精神,尽快拿到合同也就完成了任务,但等财务人员拿到合同往往木已成舟,这说明企业内部缺乏应有的沟通与协作。如果该企业晚一天签订合同,签订日期为2008年6月1日,就可以自实际交付日期2008年7月1日起缴纳城镇土地使用税；如果该企业在合同中约定土地交付日期为2008年7月1日，就可以自2008年8月1日起缴纳城镇土地使用税。

进一步理解，房地产开发企业取得土地后长期不开发没有获得收益，是否不必缴纳城镇土地使用税呢？答案也是否定的。至于有些税务专家提出的先签订搬迁、整理土地合同，开发时再签订土地转让合同的纳税筹划方案实际上是不可取的。

例如，《河南省地方税务局房地产开发企业城镇土地使用税征收管理办法》（豫地税发〔2006〕84号）规定，房地产开发企业纳税人，以取得土地使用权的次月起为城镇土地使用税纳税义务发生时间，土地使用权的取得以土地使用证书核准的时间为依据。对房地产开发企业虽未取得土地使用证书，但已通过一定的方式取得或拥有了土地的实际使用权，且已开始实施开发利用的土地，以房地产开发企业已实施开发利用土地之次月起为纳税义务发生时间。已实施开发利用的土地，是指房地产开发企业对所取得或拥有土地使用权的，已经开始实施改变了原有土地的地上形态的土地，如在土地上进行搬迁、对土地进行平整、在土地上开始工程施工等。

二、未缴纳土地出让金是否免缴城镇土地使用税

《国家税务总局关于对已缴纳土地使用金的土地使用者应征收城镇土地使用税的批复》（国税函发〔1998〕669号）规定："为了合理利用城镇土地，用经济手段加强对土地的控制和管理，调节不同地区、不同地段之间的级差收入，促使土地使用者节约用地，《城镇土地使用税暂行条例》规定：凡在城市、县城、建制镇、工矿区范围内使用土地的单位和个人是城镇土地使用税的纳税义务人，应依照条例的规定缴纳城镇土地使用税。"因此，土地使用者不论以何种方式取得土地使用权，不论是否缴纳土地出让金，只要在城镇土地使用税的开征范围内，都应依照法规缴纳城镇土地使用税。

根据财税〔2006〕186号文件的规定，以出让或转让方式有偿取得土地使用权的，应由受让方从合同约定交付土地时间的次月起缴纳城镇土地使用税；合同未约定交付土地时间的，由受让方从合同签订的次月起缴纳城镇土地使用税。

三、未办理土地使用证开发也应缴纳土地使用税

（一）房地产开发企业变相租赁农村集体土地进行开发的行为

房地产开发企业变相租赁农村集体土地进行开发，由于无法变更土地使用权流转手续而不缴纳城镇土地使用税的行为并不鲜见。根据《财政部、国家税务总局关于集体土地城镇土地使用税有关政策的通知》（财税〔2006〕56号），在城镇土地使用税征税范围内实际使用应税集体所有建设用地但未办理土地使用权流转手续

的，由实际使用集体土地的单位和个人按规定缴纳城镇土地使用税。

（二）按照施工许可证开始缴纳城镇土地使用税仅是一种特殊处理方式

按照施工许可证开始缴纳城镇土地使用税对于房地产开发企业来说无疑是一种最好的处理方式，但其适用范围有限，仅天津市有具体规定。例如，《天津市地方税务局关于房地产开发企业用于建造商品房用地征免土地使用税问题的通知》（津地税地〔2003〕8 号）规定，凡 2003 年 1 月 1 日以后取得土地使用权投资开发的商品房用地，计税起止时间按以下规定执行：①开始计税时间。对拥有土地使用证的房地产开发企业，按《天津市实施〈中华人民共和国城镇土地使用税暂行条例〉的办法》（津政令第 119 号）第八条的规定办理，即征用的耕地，从纳税人取得土地使用权之日起满一年时，开始缴纳土地使用税；征用的非耕地，从纳税人取得土地使用权的次月起缴纳土地使用税。对未取得土地使用证但已动工建造商品房的房地产开发企业，自取得市建委核发的天津市建设工程施工许可证的次月起缴纳土地使用税。②计税截止时间。自取得市建委核发的天津市新建住宅商品房准许使用证的次月起免纳土地使用税。

第五节　囤地缴纳土地闲置费影响清算税务成本

一、开发商囤地要缴纳土地闲置费

《闲置土地处置办法》（中华人民共和国国土资源部令第 5 号）第二条规定，闲置土地是指土地使用者依法取得土地使用权后，未经原批准用地的人民政府同意，超过规定的期限未动工开发建设的建设用地。

具有下列情形之一的，可以认定为闲置土地：①国有土地有偿使用合同或者建设用地批准书未规定动工开发建设日期，自国有土地有偿使用合同生效或者土地行政主管部门建设用地批准书颁发之日起满 1 年未动工开发建设的；②已动工开发建设，但开发建设的面积占应动工开发建设总面积不足 1/3 或者已投资额占总投资额不足 25% 且未经批准中止开发建设连续满 1 年的；③法律、行政法规规定的其他情形。

对于在城市规划区范围内，以出让等有偿使用方式取得土地使用权进行房地产开发的闲置土地，超过出让合同约定的动工开发日期满 1 年未动工开发的，可以征收相当于土地使用权出让金 20% 以下的土地闲置费；满 2 年未动工开发的，可以无偿收回土地使用权。目前各地方政府均规定了具体的实施办法。收取土地闲置费旨在打消开发商通过囤地获得额外收益的意图，从而遏制房价上涨。

土地闲置费根据土地性质按照不同类别比例收取。例如,某市规定,逾期不开发的住宅用地按合同地价或者基准地价的8%征收土地闲置费,逾期不开发的港口、码头、陆路交通运输站场、工业、仓储等工业用地按原合同地价的20%征收土地闲置费。在地价不断上涨的今天,每亩地价款动辄上百万元、上千万元,若征收土地闲置费,势必直接影响开发商的税收利益。

二、土地闲置费在土地增值税清算中不能扣除

《国家税务总局关于土地增值税清算有关问题的通知》(国税函〔2010〕220号)明确规定,房地产企业逾期开发缴纳的土地闲置费不得扣除。

《房地产开发经营业务企业所得税处理办法》第二十二条规定:"企业因国家无偿收回土地使用权而形成的损失,可作为财产损失按有关规定在税前扣除。"第二十七条规定:"土地征用及拆迁补偿费指为取得土地开发使用权(或开发权)而发生的各项费用,主要包括土地买价或出让金、大市政配套费、契税、耕地占用税、土地使用费、土地闲置费、土地变更用途和超面积补交的地价及相关税费、拆迁补偿支出、安置及动迁支出、回迁房建造支出、农作物补偿费、危房补偿费等。"

【风险提示】

按照企业所得税的处理规定,土地闲置费可以计入开发产品计税成本,显然是能够在税前扣除的,因国家无偿收回土地使用权而形成的损失也可作为财产损失在税前扣除。但是,国税函〔2010〕220号文件明确规定,房地产企业逾期开发缴纳的土地闲置费不得扣除。这又成为房地产企业所得税与土地增值税的一大区别。因此,房地产企业土地增值税清算切记不能按照企业所得税口径计算土地扣除成本。

第六节 取得政府土地返还款潜在的纳税风险

各地政府在招商引资中以土地换项目,通过返还土地出让金以及旧城改造费、配套费等形式给予房地产开发企业的补偿奖励款,也是房地产开发企业在取得土地环节进行会计核算和税务处理经常会遇到的问题,处理不当将直接影响完工项目企业所得税、土地增值税两大税种的汇算与清算。

一、土地返还款是计入收入还是冲减土地成本

当前关于房地产开发企业取得政府土地返还款的会计处理存在两种观点:一种观点认为取得土地使用权以实际支付的土地价款作为土地成本,主张实际收到的土地出让金等土地返还款直接冲减土地成本;另一种观点认为这部分返还款具有政府补助的性质,应根据《企业会计准则第16号——政府补助》的规定来处理。

笔者认为,企业通过招拍挂取得土地已全额缴纳了土地出让金并取得全额票据计入土地成本,另外政府给予的返还款按票据来说并不是原票据的折让冲回,而多是其他名目的财政返还,所以,房地产开发企业取得的各种名义的土地返还款不应当直接冲减土地成本。

根据《企业会计准则第16号——政府补助》的规定,政府补助,是指企业从政府无偿取得货币性资产或非货币性资产,但不包括政府作为企业所有者投入的资本。因此,尽管经济业务的实质内容具有土地款返还性质,但在形式上,企业从政府取得的这种返还款更符合政府补助的性质,作为政府补助为宜。

政府补助分为与资产相关的政府补助和与收益相关的政府补助。

与资产相关的政府补助,是指企业取得的、用于购建或以其他方式形成长期资产的政府补助。根据《企业会计准则第16号——政府补助》第七条的规定,与资产相关的政府补助,应当确认为递延收益,并在相关资产使用寿命内平均分配,计入当期损益。但是,按照名义金额计量的政府补助,直接计入当期损益。

与收益相关的政府补助,是指除与资产相关的政府补助之外的政府补助。根据《企业会计准则第16号——政府补助》第八条的规定,与收益相关的政府补助,应当根据下列情况分别处理:①用于补偿企业以后期间的相关费用或损失的,确认为递延收益,并在确认相关费用的期间,计入当期损益;②用于补偿企业已发生的相关费用或损失的,直接计入当期损益。

房地产企业取得土地主要是用于开发,其土地成本构成存货的一部分,取得的土地返还款属于已经发生的相关费用。所以,会计处理上直接计入当期损益比较妥当,并且可以与企业所得税处理保持一致。

根据《企业会计准则应用指南——会计科目和主要账务处理》的规定,确认的政府补助利得,借记"银行存款"、"递延收益"等科目,贷记"营业外收入"科目。

因此,房地产企业收到政府返还的土地出让金或政府给予的奖励款,应区别是与资产相关还是与收益相关的政府补助,按上述规定核算,最终计入当期损益(营业外收入),而不是冲减开发成本。

二、土地返还利益不属于免税收入

根据《财政部、国家税务总局关于财政性资金、行政事业性收费、政府性基金有关企业所得税政策问题的通知》(财税〔2008〕151号)的规定,财政性资金,是指企业取得的来源于政府及其有关部门的财政补助、补贴、贷款贴息,以及其他各类财政专项资金。房地产企业由政府返还的土地出让金等按照财政收支规定当然属于财政性资金。

虽然《企业所得税法》第七条规定了收入总额中的财政拨款、依法收取并纳入财政管理的行政事业性收费、政府性基金等为不征税收入,但并不是所有的财政拨款、政府性基金都是不征税收入,还要根据财税〔2008〕151号文件和《财政部、国家税务总局关于专项用途财政性资金有关企业所得税处理问题的通知》(财税〔2009〕87号)区分征税收入与不征税收入。

根据财税〔2008〕151号文件的规定,对企业取得的由国务院财政、税务主管部门规定专项用途并经国务院批准的财政性资金,准予作为不征税收入,在计算应纳税所得额时从收入总额中减除;除此之外的其他财政性资金都属于征税收入。财税〔2009〕87号文件对此又作了较为具体的规定,2008年1月1日至2010年12月31日期间,企业取得的来源于县级以上各级人民政府财政部门及其他部门具有专项用途的财政性资金,同时符合以下条件的,可以作为不征税收入:一是企业能够提供资金拨付文件,且文件中规定该资金的专项用途;二是财政部门或其他拨付资金的政府部门对该资金有专门的资金管理办法或具体管理要求;三是企业对该资金以及以该资金发生的支出单独进行核算。《国家税务总局关于企业所得税应纳税所得额若干税务处理问题的公告》(国家税务总局2012年第15号公告)第七条"关于企业不征税收入管理问题"规定:企业取得的不征税收入,应按照《财政部、国家税务总局关于专项用途财政性资金企业所得税处理问题的通知》(财税〔2011〕70号,以下简称《通知》)的规定进行处理。凡未按照《通知》的规定进行处理的,应作为企业应税收入计入应纳税所得额,依法缴纳企业所得税。

从实际情况来看,房地产企业所取得的政府返还款是难以满足上述要求的,它只是政府为招商引资采取的一种变相协议出让的策略而已,所以,土地返还款应当计算缴纳企业所得税。

三、对土地返还利益土地增值税处理应慎重

既然房地产企业所取得的政府土地返还款不能冲减开发成本,那么计算土地增值税扣除项目时原支付的土地价款是否允许全额列支呢?

按土地增值税法规的规定,土地增值税按照转让房地产所取得的收入减除《土地增值税暂行条例》第六条规定的扣除项目金额后的增值额和规定的税率计算征收。《土地增值税暂行条例实施细则》把扣除项目中"取得土地使用权所支付的金额"规定为取得土地使用权所支付的地价款和按国家统一规定交纳的有关费用。房地产开发企业收到政府返还的土地出让金或政府给予的奖励款,是政府对房地产开发企业的一种补助,是企业的一项营业外收入,而不是地价款的折让,因此不扣减土地成本。

以上是一种观点，但是计算土地增值税的扣除项目与计算企业所得税的成本扣除在实务中还是有区别的，特别是土地增值税属于地方财政收入，地方税务局会有明确的税收政策规定。

例如，《大连市地方税务局关于进一步加强土地增值税清算工作的通知》（大地税函〔2008〕188号）关于土地使用权价款的扣除问题规定，纳税人应当凭政府或政府有关部门下发的土地批件、土地出让金缴费证明以及财政、土地管理等部门出具的土地出让金缴纳收据、土地使用权购置发票、政府或政府部门出具的相关证明等合法有效凭据计算“取得土地使用权所支付的金额”。凡取得票据或者其他资料，但未实际支付土地出让金或购置土地使用权价款或者支付土地出让金、购置土地使用权价款后又返还的，不允许计入扣除项目。

又如，《青岛市地方税务局房地产开发项目土地增值税税款清算管理暂行办法》（青地税发〔2008〕100号）规定，开发企业因从事拆迁安置、公共配套设施建设等原因，从政府部门取得的补偿以及财政补贴款项，抵减房地产开发成本中的土地征用及拆迁补偿费的金额。

另，在近期网传的《国家税务总局关于土地增值税若干具体问题的公告（征求意见稿）》中，对于财政返还资金的处理问题，有如下说法：“地方政府、财政部门以各种名义向房地产开发项目返还土地出让金、城市建设配套费、税金等，在计算土地增值税扣除项目金额时应抵减相应项目的扣除项目金额。对不能区分科目的返还资金，抵减土地出让金。”

所以，有些税务专家建议企业将财政返还资金计入“营业外收入”增加土地增值税扣除项目的纳税筹划方案并不恰当。在当前以土地增值税清算为主要税收调控手段的情况下，房地产企业应随时掌握国家和地方的具体政策规定，才能合理规避纳税风险。

第七节　以拆迁补偿方式取得开发土地的纳税风险防范

拆迁是因房地产开发项目需要对在开发区属他人所有或使用的房产权益，依照有关法律、法规和规章的规定而实施的依法转移房地产权益的行为过程，主要是指国家按有关法定程序收回土地使用权或改变使用性质时，对土地上附着物和房屋原用户、住户进行的拆迁、安置和补偿。

一、原拆迁的基本程序

1. 申请规划用地许可证，确定拆迁的地域范围。

2. 编制拆迁计划与方案。

3. 申请房屋拆迁许可证。

4. 核发房屋拆迁许可证。

5. 委托代办单位。

6. 发布公告。

7. 签订拆迁、安置和补偿协议。

拆迁人必须对被拆迁人进行安置、补偿,被拆迁人必须执行批准的拆迁决定。拆迁人与被拆迁人必须在拆迁管理部门规定的拆迁期限内就有关问题签订书面协议,以协议方式确定当事人双方的权利和义务。协议的主要条款有补偿形式、补偿金额、安置地点、安置面积、搬迁过渡方式、过渡期限、违约责任及当事人认为需要订立的其他条款。

8. 动迁。

9. 实施房屋拆迁。

二、国有土地上房屋征收与补偿要点

房屋拆迁补偿形式包括货币补偿、安置房屋补偿及货币补偿和安置房屋补偿相结合三种方式。

货币补偿,即拆迁人将被拆除房屋的价值以货币结算方式补偿给被拆除房屋的所有人。安置房屋补偿,即拆迁人以易地建设或原地建设的房屋补偿给被拆除房屋的所有人,使原所有人继续保持其对房屋的所有权,也就是我们常说的“拆一还一”的实物补偿形式。

2011 年 1 月 19 日,《国有土地上房屋征收与补偿条例》公布实施,该条例以“被征收人”取代“被拆迁人”这一概念,为减少公众对目前暴力拆迁的争议,采用先补偿后拆迁的方式。政府为公共利益进行的拆迁,必须通过正常的程序,即在取得被拆迁人的同意、给予充分补偿的基础上,方能进行房屋的拆迁。而商业性开发,也必须由开发商与房主先进行谈判,在达成协议后才能进行拆迁。如果双方无法达成一致意见,屋主完全可以拒绝让出房屋。该条例对征收补偿作如下规定:

1. 作出房屋征收决定的市、县级人民政府对被征收人给予的补偿包括:①被征收房屋价值的补偿;②因征收房屋造成的搬迁、临时安置的补偿;③因征收房屋造成的停产停业损失的补偿。

2. 征收个人住宅,被征收人符合住房保障条件的,作出房屋征收决定的市、县级人民政府应当优先给予住房保障。具体办法由市、县级人民政府规定。

3. 对被征收房屋价值的补偿金额,不得低于房屋征收决定公告之日被征收房屋类似房地产的市场价格。被征收房屋的价值,由具有相应资质的房地产价格评估机构按照房屋征收评估办法评估确定。对评估确定的价值有异议的，可以向房地产价格评估机构申请复核评估。对复核结果有异议的，可以向房地产价格评估专家委员会申请鉴定。

4. 房地产价格评估机构由被征收人选定。被征收人选定房地产价格评估机构的具体办法由市、县级人民政府规定。房地产价格评估机构应当独立、客观、公正地开展房屋征收评估工作，任何单位或者个人不得干预。

5. 被征收人选择房屋产权调换的，应当分别计算被征收房屋的价值和用于产权调换的房屋的价款，结清差额。因旧城区改建征收个人住宅，被征收人选择在改建地段进行房屋产权调换的，作出房屋征收决定的市、县级人民政府应当提供改建地段或者就近地段的房屋。

6. 对因征收房屋造成的搬迁，房屋征收部门应当向被征收人支付搬迁费；选择房屋产权调换的，产权调换房屋交付前，房屋征收部门应当向被征收人支付临时安置费或者提供周转用房。

7. 对因征收房屋造成的停产停业损失的补偿，根据房屋被征收前的效益、停产停业期限等因素确定。具体办法由市、县级人民政府规定。

8. 对征收范围内的违法建筑和超过批准期限的临时建筑，不予补偿；对未超过批准期限的临时建筑，应当给予补偿。市、县级人民政府在作出房屋征收决定前，应当组织有关部门依照法律、法规对征收范围内未经依法登记的建筑予以认定、处理。

9. 房屋征收部门与被征收人依照本条例的规定，就补偿方式、补偿金额和支付期限、用于产权调换房屋的地点和面积、搬迁费、临时安置费或者周转用房、停产停业损失、搬迁期限、过渡方式和过渡期限等事项，订立补偿协议。补偿协议订立后，一方当事人不履行补偿协议规定的义务的，另一方当事人可以依法向人民法院提起诉讼。

10. 房屋征收部门与被征收人在征收补偿方案确定的签约期限内达不成补偿协议，或者被征收房屋所有权人不明确的，由房屋征收部门报请作出房屋征收决定的市、县级人民政府依照本条例的规定，按照征收补偿方案作出补偿决定，并及时予以公告。

2011 年 6 月 3 日，住房和城乡建设部发布《国有土地上房屋征收评估办法》，对国有土地上房屋征收评估作出了具体规范，适用于评估国有土地上被征收房屋和用于产权调换房屋的价值、测算被征收房屋类似房地产的市场价格，以及对相关评估结果进行复核评估和鉴定。其中第八条明确：被征收房屋价值评估目的应当表述为“为房屋征收部门与被征收人确定被征收房屋价值的补偿提供依据，评估被征收房屋的价值”。用于产权调换的房屋价值评估目的应当表述为“为房屋征收部门与被征收人计算被征收房屋价值与用于产权调换房屋价值的差价提供依据，评估用于产权调换房屋的价值”。

房地产开发企业财税人员对《国有土地上房屋征收与补偿条例》背景下的拆迁补偿程序应有所了解。新条例背景下出台的《吉林市城市国有土地上房屋征收与补偿暂行办法》规定：

1. 市城乡建设行政主管部门是本市城市规划区内国有土地上房屋征收与补偿工作的主管部门。主要职责是：

①拟订征收补偿方案；

②组织由被征收房屋所有权人（以下简称被征收人）和公众代表参加的征收补偿方案听证会；

③对拟征收项目进行社会稳定风险评估；

④征收补偿费用的专户存储、监管与拨付；

⑤会同有关部门对拟征收范围内的房屋及其他建筑等进行调查、认定与处理；

⑥协调有关部门对拟征收范围内房屋及其他建筑等暂停办理相关手续；

⑦拟订房屋征收决定和补偿决定；

⑧对征收范围内房屋的权属、区位、用途、建筑面积等情况进行调查登记；

⑨根据法律规定委托有关机构实施征收与补偿；

⑩负责房屋征收补偿档案的管理。

2. 房屋征收实行市人民政府决定制度。市人民政府作出房屋征收决定，必须具备下列条件：

①征收主管部门书面确认的拟征收范围的用途符合国务院《国有土地上房屋征收与补偿条例》第八条规定的证明和拟征收项目的社会稳定风险评估报告；

②市城乡规划部门书面确认的拟征收范围用地符合城市总体规划要求的证明；

③市国土资源部门书面确认的拟征收范围内土地用途符合土地利用总体规划要求的证明；

④拟征收范围内的补偿资金足额到位的证明；

⑤符合法定程序的征收补偿方案。

3. 市人民政府确定征收补偿方案前，应当履行下列程序：

①组织有关部门对征收补偿方案进行论证并予以公布，征求公众意见。征求意见期限不得少于30日。

②及时公布征求意见情况和根据公众意见修改情况，期限不得少于3日。

③旧城区改建需要征收房屋，被征收区域内超过50%（不含本数）的被征收人认为征收补偿方案不符合本办法规定的，应当组织被征收人和公众代表召开听证

会，并根据听证会情况修改方案。

④房屋征收涉及被征收人1 000户以上的，必须经市政府常务会议讨论决定。

4. 作出房屋征收决定前，补偿资金拨付到征收主管部门专门账户。拨付的资金包括：

①选择货币补偿的被征收房屋面积乘以被征收房屋征收决定公告之日被征收房屋类似房地产市场价格；

②选择产权调换的被征收房屋面积乘以被征收房屋征收决定公告之日被征收房屋类似房地产市场价格的一半。

5. 房屋征收决定公告应当载明征收目的、征收范围、征收部门、征收实施单位、征收补偿标准、征收实施期限和行政复议、行政诉讼权利等事项。

6. 评估。被征收房屋的价值，由具有相应资质的房地产价格评估机构按照房屋征收评估办法评估确定。被征收房屋的评估价格，不得低于房屋征收决定公告之日被征收房屋类似房地产的市场价格。

7. 补偿。被征收人可以选择货币补偿，也可以选择房屋产权调换。对被征收人的补偿包括：

①被征收房屋价值的补偿；

②因征收房屋造成的搬迁、临时安置的补偿；

③因征收房屋（产权调换）造成的停产停业损失的补偿。

严禁采取暴力，威胁或者违反规定中断供水、供热、供气、供电和道路通行等非法方式迫使被征收人搬迁，造成损失的，依法承担赔偿责任；违反治安管理规定或者其他行政管理规定的，由公安机关或者有关部门依法予以处罚。对直接负责的主管人员和其他行政机关直接责任人员，依法给予处分；构成犯罪的，依法追究刑事责任。

8. 补偿协议。征收主管部门和被征收人应当就补偿方式、补偿金额和支付期限，用于产权调换房屋的地点和面积、搬迁费、临时安置费、停产停业经济补偿费、搬迁期限和过渡期限等事项，订立补偿协议。

无论是原拆迁政策还是新的征收补偿条例，由于房地产开发企业在招拍挂之前即已参与拆迁补偿和土地平整业务，或为一级开发或为一二级联动开发，所以实务中拆迁与补偿所涉及的税务处理较为复杂，目前我们只能依据现行法规进行分析。

三、城市房屋拆迁补偿费营业税处理解析

城市房屋拆迁补偿营业税问题涉及两个方面：一是实施拆迁的房地产开发企业如何缴纳营业税；二是被拆迁户取得拆迁补偿款及安置房补偿是否应当缴纳营

业税。依据现有的税收政策，我们解析如下：

（一）《国家税务总局关于外商投资企业从事城市住宅小区建设征收营业税问题的批复》（国税函发〔1995〕549 号）的规定

对外商投资企业从事城市住宅小区建设，应当按照《营业税暂行条例》的有关规定，就其取得的营业额计征营业税；对偿还面积与拆迁建筑面积相等的部分，由当地税务机关按同类住宅房屋的成本价核定计征营业税；对最终转让时未作价结算的住宅区配套公共设施（如居委会用房、车棚、托儿所等），凡转让收入已包含在住宅房屋转让价格中并已征收营业税的，不再征收营业税。

（二）《江苏省地方税务局关于拆迁安置有关营业税问题的批复》（苏地税函〔2000〕309 号）的规定

根据《营业税暂行条例》以及国税函发〔1995〕549 号文件的精神，纳税人在房地产开发过程中给予拆迁户补偿或安置的房屋，不论以何种方式结算价款，以及拆迁人取得的房屋作何用途，均应属于营业税的征税范围，应按"销售不动产"税目缴纳营业税。

由于国税函发〔1995〕549 号文件是国家税务总局 1995 年对江苏省国家税务局的答复，且文件涉及的主体是外商投资企业，江苏省地税局的文件实际说明了两个问题：第一，是对国税函发〔1995〕549 号文件对于拆迁安置税务处理规定的进一步确认；第二，是明确纳税人在房地产开发过程中给予拆迁户补偿或安置的房屋均属于营业税"销售不动产"税目的征税范围。

（三）房地产开发企业在拆迁过程中安置用房营业税征税问题

1.《广东省地方税务局关于旧城拆迁改造有关营业税问题的批复》（粤地税函〔1999〕295 号）关于开发商以土地或房产补偿给被拆迁户的征税问题规定：

对开发商根据当地政府的城市规划和建设部门的要求，进行旧城拆迁改造，以土地补偿给被拆迁户的，按《中华人民共和国营业税暂行条例实施细则》（以下简称《营业税暂行条例实施细则》）第十五条的规定，核定营业额计征"转让土地使用权"的营业税。以房产补偿给被拆迁户的，对补偿面积与拆迁面积相等的部分，按同类住宅房屋的成本价核定计征"销售不动产"的营业税；对补偿面积超过拆迁面积的部分，按《营业税暂行条例实施细则》第十五条的规定，核定营业额计征"销售不动产"的营业税。

《广州市地方税务局转发省地税局关于旧城拆迁改造营业税问题的通知》（穗地税发〔2000〕79 号）规定：《广东省地方税务局关于旧城拆迁改造有关营业税问题的批复》（粤地税函〔1999〕295 号）文中所称"同类住宅房屋成本价"是指该房产开发商建造用于安置被拆迁户的房屋的工程成本价。

2.《贵州省地方税务局关于营业税征收若干政策问题的公告》（贵州省地方税

务局公告2011年第3号)规定:

根据《财政部、国家税务总局关于营业税若干政策问题的通知》(财税〔2003〕16号)第三条第二十款"单位和个人销售或转让其购置的不动产或受让的土地使用权,以全部收入减去不动产或土地使用权的购置或受让原价后的余额为营业额"的规定,房地产开发企业用购置的商品房安置被拆迁人的,以购置安置用房的价款减去被拆迁房屋原面积的价款后的余额征收营业税,被拆迁房屋原面积的价款以双方签订的房屋拆迁合同中约定(或同类房屋)的价款为准。对房地产开发企业用本企业修建的房屋安置被拆迁人的,安置的面积与原面积相等的,按同类房屋的成本价计收营业税;安置的面积超过原拆迁面积的,按房地产开发企业实际销售价格或同类房屋的市场价格征收营业税。

据此可知,对于等面积补偿部分,无论是国税函发〔1995〕549号文件还是上述地方文件,都是按房屋的成本价核定计征营业税。但这个成本价的"成本"究竟包含哪些成本,是建造成本还是完全成本,也是实务中争议的一个焦点。对于这一问题,关键是看地价是否包含在成本范围内。而根据上述地方政策规定,这个成本应是房地产开发商建造用于安置被拆迁户的房屋的工程成本价,即建造成本,不含地价。

(四)《国家税务总局关于土地使用者将土地使用权归还给土地所有者行为营业税问题的通知》(国税函〔2008〕277号)的规定

纳税人将土地使用权归还给土地所有者时,只要出具县级以上(含)地方人民政府收回土地使用权的正式文件,无论支付征地补偿费的资金来源是否为政府财政资金,该行为均属于土地使用者将土地使用权归还给土地所有者的行为,按照《营业税税目注释(试行稿)》的规定,不征收营业税。

根据《国家税务总局关于征用土地过程中征地单位支付给土地承包人员的补偿费如何征税问题的批复》(国税函发〔1997〕87号)的规定,对土地承包人取得的土地上的建筑物、构筑物、青苗等土地附着物的补偿费收入,应按照《营业税暂行条例》的"销售不动产——其他土地附着物"税目征收营业税。

依照新法优于旧法的原则,《国家税务总局公布全文失效废止、部分失效废止的税收规范性文件目录的公告》(国家税务总局公告2011年第2号)将国税函发〔1997〕87号文件列为全文失效文件。因此,只要出具县级以上(含)地方人民政府收回土地使用权的正式文件,青苗补偿费属于按照国税函〔2008〕277号文件的规定不征收营业税的情形,因此,对土地承包人取得的青苗补偿费收入不征收营业税。

(五)《国家税务总局关于个人销售拆迁补偿住房征收营业税问题的批复》(国税函〔2007〕768号)关于拆迁补偿住房取得方式问题的规定

房地产开发企业对被拆迁户实行房屋产权调换时,其实质是以不动产所有权为表现形式的经济利益的交换。房地产开发企业将所拥有的不动产所有权转移给了被拆迁户,并获得了相应的经济利益,根据现行营业税有关规定,应按"销售不动产"税目缴纳营业税;被拆迁户以其原拥有的不动产所有权从房地产开发企业处获得了另一处不动产所有权,该行为不属于通过受赠、继承、离婚财产分割等非购买形式取得住房。

该文件规定,房地产开发企业转让不动产所有权并取得了经济利益,应按"销售不动产"税目缴纳营业税。但没有明确房地产开发企业营业税计税依据如何确定,目前按照国税函发〔1995〕549 号文件的规定处理也是可以的。

(六)拆迁户取得拆迁补偿款是否缴纳营业税视地方政府的具体规定确定

下面列举了一些地方的相关规定:

1.《广东省地方税务局关于旧城拆迁改造有关营业税问题的批复》(粤地税函〔1999〕295 号)关于被拆迁户取得拆迁补偿收入不征税问题明确:

为支持城市改造建设,经请示国家税务总局同意,凡经县级以上政府批准,国土资源局及有关房地产管理部门发出公告,限期拆(搬)迁的地(路)段,被拆迁户取得的拆迁补偿收入(包括货币、货物或其他经济利益)暂不征收营业税。

2.《重庆市地方税务局关于房屋拆迁过程中有关营业税政策的通知》(渝地税发〔2002〕156 号)规定:

(1)房屋拆迁过程中对被拆迁人(单位或个人,下同)的税收政策

①被拆迁人与拆迁人(单位或个人,下同)实行房屋产权调换形式补偿的,被拆迁人因房屋结构和面积原因所取得的结算价款,暂不征收营业税及附加税费。

②在拆迁原房过程中,被拆迁人选择货币补偿(安置)方式,所取得的货币补偿(安置)价款,暂不征收营业税及附加税费。

(2)房屋拆迁过程中对拆迁人的税收政策

①在现房安置方式中,对拆迁人向被拆迁人收取的结构价差,经各区县(自治县、市)地方税务局审查后,暂不征收营业税及附加税费;对因各种原因增加还房面积而收取的房屋价款,应征收营业税及附加税费。

②拆迁人与被拆迁人实行房屋产权调换形式补偿的,拆迁人向被拆迁人收取的结构价差,经各区县(自治县、市)地方税务局审查后,暂不征收营业税及附加税费;对因偿还房面积超过原房面积而收取的结算价款,应征收营业税及附加税费。

该文件强调了两点:一是对于被拆迁人取得的拆迁补偿,无论是货币形式的还是非货币形式的,都不征收营业税;二是对于拆迁人向被拆迁人收取的结构价差暂不征税。例如,原被拆迁户拥有一套 60 平方米的平房,拆迁后房地产开发企业给予其一套等面积的楼房套房。即使面积相同,但由于新旧两种房屋属于不同的结构,价值本身是不一样的。因此,被拆迁户虽然取得的是等面积的 60 平方米的房

屋,但由于新房是套房而不是平房,其支付拆迁单位的结算价差就是结构价差。但是对于结构价差不征税仅是重庆的做法,实务中尚需关注各地方具体政策的规定,若仅根据国税函〔2007〕768 号文件的精神,对结构价差应当征收营业税。

3.《广西壮族自治区地方税务局关于营业税若干问题的通知》(桂地税发〔2009〕185 号)规定:

根据《营业税税目注释(试行稿)》第八条第(一)款的规定,土地使用者将土地使用权归还给土地所有者的行为,不征收营业税。因此,对土地使用者因国家收回土地使用权而获得的土地及其地上建筑物补偿款,不征收营业税。

(七)城中村改造以及拆迁农民住房,被拆迁户是否应缴纳营业税

根据《财政部、国家税务总局关于调整房地产市场税收政策问题的通知》(财税字〔1999〕210 号)的规定,个人自建自用住房,销售时免征营业税。

四、城市房屋拆迁补偿费企业所得税实务处理

对于拆迁费的企业所得税处理,目前并没有明确的单行文规定。《房地产开发经营业务企业所得税处理办法》(国税发〔2009〕31 号)所称“土地征用及拆迁补偿费”,是指为取得土地开发使用权(或开发权)而发生的各项费用,主要包括土地买价或出让金、大市政配套费、契税、耕地占用税、土地使用费、土地闲置费、土地变更用途和超面积补交的地价及相关税费、拆迁补偿支出、安置及动迁支出、回迁房建造支出、农作物补偿费、危房补偿费等。

对于房地产开发企业来说,如果被拆迁户选择货币补偿方式,该项支出作为“拆迁补偿费”计入开发成本中的土地成本;如果被拆迁户选择就地安置房屋补偿方式,相当于被拆迁户用房地产开发企业支付的货币补偿资金向房地产开发企业购入房屋,要确认土地成本中的“拆迁补偿费支出”,即按公允价值或同期同类房屋市场价格计算的金额,以“拆迁补偿费”的形式计入开发成本的土地成本。另外,对补偿的房屋应视同对外销售,视同销售收入应按其公允价值或参照同期同类房屋市场价格确定,同时应按照同期同类房屋成本确认视同销售成本。

从拆迁补偿的形式看,以实际支付的货币补偿款确认计税成本比较方便。难点在于产权调换形式下的计税成本确认方面,并且还要注意到,房地产开发企业会计核算选择《企业会计制度》还是《企业会计准则》,对成本核算结果有一定的影响。

(一)按照《企业会计准则》核算的房地产开发企业

【案例 3 - 11】天山房地产公司 2009 年 5 月开发某城中村改造项目,该项目用地面积为 20 000 平方米,住宅建筑面积为 60 000 平方米。其中,用于安置回迁户村民的住宅面积为 10 000 平方米,其余 50 000 平方米的住宅由开发商自行销售或

使用。该项目于2010年9月完工。2010年12月开发项目全部销售完毕,房屋已交付业主入住;自行销售收入25 000万元,平均销售价格为5 000元/平方米。

该项目工程竣工决算成本包括开发成本16 000万元,其中:土地征用费(不包括拆迁补偿费)6 000万元,前期工程费700万元,建筑安装工程费7 200万元,基础设施建设费1 600万元,公共配套设施费200万元,开发间接费300万元;向某公司借款的利息400万元(假定利率不超过金融企业同类同期贷款利率)。

【案例分析】

1. 计算确定项目销售成本

(1)拆迁补偿费支出 = 10 000 × 0.50 = 5 000(万元)

整个项目土地成本 = 6 000 + 5 000 = 11 000(万元)

销售收入 = 25 000 + 5 000 = 30 000(万元)

(2)单位可售面积计税成本 = (160 000 000 + 50 000 000) ÷ 60 000 = 3 500(元/平方米)

(3)补偿安置房销售成本 = 10 000 × 0.35 = 3 500(万元)

(4)整个项目销售成本 = 3 500 + 50 000 × 0.35 = 21 000(万元)

2. 会计处理

以非货币形式支付的拆迁补偿支出、安置及动迁支出、回迁房建造支出,适用《企业会计准则第7号——非货币资产交换》的规定。回迁房的非货币性资产交换,预计未来能带来更多现金流入,一般情况下具有商业实质,且公允价值能够可靠计量。

(1)在开发产品完工时,根据安置时的同期同类房屋价格,会计处理如下(单位:万元):

借:开发成本——拆迁补偿费　　5 000

　贷:应付账款——拆迁补偿费　　5 000

借:应付账款——拆迁补偿费　　5 000

　贷:主营业务收入　　5 000

(2)房地产开发企业结转安置房成本的会计处理如下(单位:万元):

借:主营业务成本——安置房土地征用及拆迁补偿费　　3 500

　贷:开发产品　　3 500

3. 企业所得税的处理

《企业所得税法实施条例》第六十六条第(三)款规定:"通过捐赠、投资、非货币性资产交换、债务重组等方式取得的无形资产,以该资产的公允价值和支付的相关税费为计税基础。"国税发〔2009〕31号文件第七条规定:"企业将开发产品用于捐赠、赞助、职工福利、奖励、对外投资、分配给股东或投资人、抵偿债务、换取其他企事业单位和个人的非货币性资产等行为，应视同销售，于开发产品所有权或使用权转移，或于实际取得利益权利时确认收入（或利润）的实现。确认收入（或利润）的方法和顺序为：(一)按本企业近期或本年度最近月份同类开发产品市场销售价格确定。(二)由主管税务机关参照当地同类开发产品市场公允价值确定。(三)按开发产品的成本利润率确定。开发产品的成本利润率不得低于15%，具体比例由主管税务机关确定。"

因此，天山房地产公司的开发项目在2010年12月交付入住时，同时也要确认销售收入和土地拆迁补偿成本支出。

(二)按照《企业会计制度》核算的房地产开发企业

【案例3－12】天山房地产公司开发项目占地面积10 000平方米，土地成本已发生货币性支出5 000万元，其中，支付土地价款3 500万元，拆迁补偿费1 500万元。另外，本项目需要按照1:1的比例对拆迁户兑现回迁房60套（平均每套面积150平方米）。

开发项目分两期进行开发建设，第一期占地面积6 000平方米、第二期占地面积4 000平方米。2009年9月完成第一期12座500套75 000平方米楼房建设，建安成本实际支出7 000万元（基础设施费、公共配套设施费等暂不计），第一期兑现回迁房40套，剩余的20套回迁房第二期待建。假设第一期对外售价为3 000元/平方米，试确定第一期完工开发产品的会计成本和计税成本。

该公司认为，第一期竣工12座500套楼房，其中的40套回迁房的建安成本应当分摊到剩余的460套可售楼房销售成本中，也就是460套可售楼房要承担500套楼房的成本，并且由于第一、二期回迁房套数和面积不等，第一期成本高、第二期成本低，可以有效地减少前期的企业所得税支出，实现递延纳税的好处。该公司的观点是否正确？

【案例分析】

根据会计核算的基本原则以及国税发〔2009〕31号文件的规定分析如下：

土地征用及拆迁补偿费构成房地产项目开发成本的重要组成部分，国税发〔2009〕31号文件第二十七条规定："土地征用及拆迁补偿费支出是指为取得土地开发使用权（或开发权）而发生的各项费用，主要包括土地买价或出让金、大市政配套费、契税、耕地占用税、土地使用费、土地闲置费、土地变更用途和超面积补交的地价及相关税费、拆迁补偿支出、安置及动迁支出、回迁房建造支出、农作物补偿费、危房补偿费等。"其中，直接以货币形式支付的成本支出的会计处理和税务处理基本一致。而以非货币性形式支付的拆迁补偿支出、安置及动迁支出、回迁房建造支出由于其行为的特殊性,会计处理和税务处理有所不同,这种不同直接影响开发产品计税成本的确认。

1.第一期商品房的会计成本及处理(单位:万元)

(1)土地成本货币性支出=3 500+1 500=5 000(万元)

借:开发成本——土地征用及拆迁补偿费　5 000

　贷:银行存款　5 000

(2)第一期40套回迁房建造支出=(7 000/75 000)×40×150=560(万元)

借:开发成本——土地征用及拆迁补偿费　560

　贷:开发成本——建筑安装工程费　560

(3)第二期20套回迁房因未实际发生,为反映成本的完整性,按照预算成本或第一期成本预提入账,即:

第二期20套回迁房建造支出=(7 000/75 000)×20×150=280(万元)

借:开发成本——土地征用及拆迁补偿费　280

　贷:预计成本——建筑安装工程费　280

(4)土地成本合计=5 000+560+280=5 840(万元)

第一期分配土地成本=5 840/(6 000+4 000)×6 000=3 504(万元)

单位可售建筑面积土地成本=35 040 000/(75 000-40×150)=507.83(元/平方米)

单位可售建筑面积建筑成本=(70 000 000-5 600 000)/(75 000-40×150)=933.33(元/平方米)

2.第一期商品房的计税成本

产权调换,属于房地产开发企业以自己的开发产品换取被拆迁人的土地使用权,企业所得税税务处理上一般情况下作为非货币性交易,即"以物易物"处理。国税发〔2009〕31号文件第七条规定,企业将开发产品用于捐赠、赞助、职工福利、奖励、对外投资、分配给股东或投资人、抵偿债务、换取其他企事业单位和个人的非货币性资产等行为,应视同销售,于开发产品所有权或使用权转移或实际取得利益权利时确认收入(或利润)的实现。确认收入(或利润)的方法和顺序为:①按本企业近期或本年度最近月份同类开发产品市场销售价格确定;②由主管税务机关参照当地同类开发产品市场公允价值确定;③按开发产品的成本利润率确定。开发产品的成本利润率不得低于15%,具体比例由主管税务机关确定。

本案例中,第一期回迁房视同销售处理,销售收入为1 800万元(40×150×3 000)。另外,非货币性交易性质的产权调换方式同时涉及换入资产(土地)的计税成本确认问题,国税发〔2009〕31号文件第三十一条对企业以非货币性交易方式取得土地使用权有具体规定:换取的开发产品如为该项土地开发、建造的,接受投资的企业在接受土地使用权时暂不确认其成本，待首次分出开发产品时，再按应分出开发产品（包括首次分出的和以后应分出的）的市场公允价值和土地使用权转移过程中应支付的相关税费计算确认该项土地使用权的成本。如涉及补价，土地使用权的取得成本还应加上应支付的补价款或减除应收到的补价款。

所以，本案例中房地产开发企业在接受土地使用权时暂不确认计税成本，第一期40套回迁房交付后，按照其公允价值即视同销售收入1 800万元计入土地计税成本。

3. 第二期回迁房的计税成本

第二期20套回迁房因未建造且没有公允价值，不属于国税发〔2009〕31号文件第三十二条规定的可以预提的计税成本，暂按零计算。另外，根据国税发〔2009〕31号文件第三十四条的规定，企业在结算计税成本时，其实际发生的支出应当取得但未取得合法凭据的，不得计入计税成本，待实际取得合法凭据时，再按规定计入计税成本。这20套回迁房计税成本可以在第二期直接列支，以后结算第二期计税成本时不需要再调整第一期计税成本。

4. 最终确认计税成本

该项目在第一期开发产品完工后，其计税成本为6 800万元（3 500 + 1 500 + 1 800）。

因为该项目分两期开发，所以土地成本需要按照各期占地面积进行分配。第一期分配土地成本为4 080万元[6 800/（6 000 + 4 000）×6 000]，单位可售建筑面积土地成本为544元/平方米（40 800 000/75 000），单位可售建筑面积建筑成本为933.33元/平方米（70 000 000/75 000）。

以上计税成本高于会计入账成本，形成差异的原因可以归纳为以下两点：

（1）回迁房视同销售的处理。

（2）以回迁房换取的土地使用权价值是否可以预提入账的问题。假如在分配第一期回迁房时第二期回迁房公允价值也能够确定，则根据国税发〔2009〕31号文件第三十一条的规定，可以将全部回迁房公允价值计入换取的土地计税成本并再行分配。

五、城市房屋拆迁补偿费是否缴纳个人所得税

1.《国家税务总局关于个人取得被征用房屋补偿费收入免征个人所得税的批复》（国税函〔1998〕428号）规定：

按照城市发展规划，在旧城改造过程中，个人因住房被征用而取得的赔偿费，属补偿性质的收入，无论是现金还是实物（房屋），均免予征收个人所得税。

2.《财政部、国家税务总局关于城镇房屋拆迁有关税收政策的通知》（财税〔2005〕45号）规定：

对被拆迁人按照国家有关城镇房屋拆迁管理办法规定的标准取得的拆迁补偿款,免征个人所得税。

因此,按照城市发展规划,在旧城改造过程中,被拆迁人因住房被征用取得的偿还面积住房,免征个人所得税。但是,对超过国家有关城镇房屋拆迁管理办法规定的标准取得的拆迁补偿款,应缴纳个人所得税。

【风险提示】

由于各地对城镇房屋征收与补偿标准不同,所以实务中应以当地规定的标准为依据。例如,《吉林市城市国有土地上房屋征收与补偿暂行办法》规定:

1. 被征收人选择房屋产权调换的,按照以下规定执行:

①平房选择多层楼房的,每户无偿增加9平方米建筑面积;被征收人需再增加9平方米的,增加部分按照建造成本价每平方米2 000元的标准交纳。

②平房选择高层楼房的,每户无偿增加18平方米建筑面积。

③多层楼房选择多层楼房或者多层楼房选择高层楼房的,每户无偿增加9平方米建筑面积;被征收人需再增加9平方米的,增加部分按照建造成本价每平方米2 000元的标准交纳。

④高层楼房选择高层楼房的,每户无偿增加9平方米建筑面积。

2. 用于产权调换的房屋标准面积为:45平方米、54平方米、63平方米、72平方米、81平方米、90平方米、99平方米、108平方米、117平方米、126平方米、135平方米、144平方米。

3. 用于产权调换的房屋安置地点在征收范围以外,安置地点土地级别每低于被征收区域土地级别一级的,无偿增加10平方米的建筑面积。征收主管部门与被征收人达成协议,从其约定。

4. 产权调换后房屋建筑面积超过144平方米,按照最大房屋标准面积安置后,剩余建筑面积就近上靠房屋标准面积安置,增加部分按照建造成本价每平方米2 000元的标准交纳。

5. 非住宅房屋所有权人选择产权调换的,按照被征收房屋性质征一还一予以产权调换。被征收房屋与产权调换房屋为相同建筑结构的,原面积部分不交结构差价;不同建筑结构的,原面积结构差价款按照每平方米1 000元的标准交纳。产权调换房屋面积大于被征收房屋面积的,增加部分的价格协商解决。

6. 被征收人自评估结果公布之日起10日内(含本数)搬迁的,每户奖励8 000元;20日内(含本数)搬迁的,每户奖励5 000元;采暖期内搬迁的,每户另增加5 000元的采暖补助。

7. 用于经营活动的住宅房屋征收时正在营业,被征收人在征收决定作出前已依法取得工商营业执照,依法纳税的,按照住宅房屋进行补偿,并享受奖励。奖励可以采取货币形式发放，也可以采取补偿房屋面积形式发放。

8. 按照规定进行房屋产权调换后，被征收人需要就近上靠产权调换标准面积的，增加部分按照建造成本价每平方米2 000元的标准交纳；在房源允许的情况下，被征收人仍需增加面积的，增加面积部分按照市场价格交纳。

9. 征收住宅房屋，征收主管部门按照下列规定向被征收人发放相关费用：

①搬迁费按照房屋所有权证或者租赁使用证计户，一次性发放每户1 000元。

②实行产权调换的，临时安置费(含越冬采暖补助费)按照被征收房屋建筑面积计算，不足40平方米按照40平方米计算。

③过渡期限在18个月以内的，按照每平方米每月10元标准发放；过渡期限超过18个月不超过24个月的，从第19个月开始至第24个月，按照每平方米每月14元标准发放；过渡期限超过24个月的，从第25个月开始，按照每平方米每月18元标准发放。

10. 征收非住宅房屋，征收主管部门应当根据设备拆装、运输所发生的费用支付被征收人搬迁补助费；征收主管部门负责搬迁的，不予支付被征收人搬迁补助费。无法恢复使用的设备、设施，征收主管部门应当按照重置价格结合成新评估确定的金额给予被征收人补偿。

因产权调换造成非住宅房屋停产停业的，征收主管部门应当对被征收人每月支付被征收房屋补偿金额0.8%的停产停业经济补偿费；过渡期限延长的，自逾期之月起对被征收人每月支付被征收房屋补偿金额1.2%的停产停业经济补偿费。征收主管部门与被征收人达成协议的，从其约定。

11. 临时安置补助费或者停产停业经济补偿费不足半个月的，按半个月计算；超过半个月的，按一个月计算。

六、城市房屋拆迁补偿费如何计入土地增值税扣除项目

根据《土地增值税暂行条例》及其实施细则的规定，拆迁补偿费作为房地产开发成本属于进行土地增值税清算时的扣除项目。

对于房地产开发企业进行产权调换拆迁补偿，根据《国家税务总局关于个人销售拆迁补偿住房征收营业税问题的批复》(国税函〔2007〕768号)的精神，房地产开发企业将所拥有的不动产所有权转移给了被拆迁户，认定其获得了相应的经济利益的，应当缴纳土地增值税。在征收方式上，一般在产权转移时先进行预征，最后进行整个项目的土地增值税清算。

关于拆迁安置土地增值税计算问题，《国家税务总局关于土地增值税清算有关问题的通知》(国税函〔2010〕220号)有专门规定：

1. 房地产开发企业用建造的本项目房地产安置回迁户的，安置用房视同销售

处理，按《国家税务总局关于房地产开发企业土地增值税清算管理有关问题的通知》（国税发〔2006〕187 号）第三条第（一）款的规定确认收入，同时将此确认为房地产开发项目的拆迁补偿费。房地产开发企业支付给回迁户的补差价款，计入拆迁补偿费；回迁户支付给房地产开发企业的补差价款，应抵减本项目拆迁补偿费。

2. 房地产开发企业采取异地安置的，异地安置的房屋属于自行开发建造的，房屋价值按国税发〔2006〕187 号文件第三条第（一）款的规定计算，计入本项目的拆迁补偿费；异地安置的房屋属于购入的，以实际支付的购房支出计入拆迁补偿费。

3. 房地产开发企业采取货币安置的，凭合法有效凭据计入拆迁补偿费。

房地产开发企业应取得被拆迁户发票吗？

被拆迁户所取得的拆迁补偿款按照现行政策规定，不需要缴纳营业税，因此也无须向房地产开发企业开具发票，而是由房地产开发企业依据付款收据入账，同时将政府拆迁文件、被拆迁人姓名、联系方式、身份证号码、被拆迁建筑所在路段及门牌号码、拆迁面积、补偿标准、补偿金额、被拆迁人签章等档案资料留置于本公司备查。

七、城市房屋拆迁补偿双方如何缴纳契税

《财政部、国家税务总局关于旧城改造中改造商办理土地使用权证征免契税的批复》（财税〔2004〕50 号）规定：按照土地管理政策规定，在旧城改造中，改造商承受拆迁范围内的土地使用权进行商用或住宅用房地产开发的，其土地权属转移性质为国有土地使用权出让。根据契税有关政策规定，房地产开发商承受旧城改造拆迁范围内的土地使用权应照章缴纳契税。

《吉林省地方税务局关于明确契税政策执行中若干问题的通知》（吉地税发〔2008〕38 号）第五条关于房地产开发单位对被拆迁人进行拆迁补偿安置契税征收问题规定：房地产开发公司在实施房屋拆迁过程中，以货币形式支付被拆迁人拆迁补偿款和安置补偿费的，其契税计税依据为实际支付的拆迁补偿款和安置补偿费；以房屋形态安置的，根据被拆迁房屋面积和被拆迁房屋地段每平方米应支付的拆迁补偿标准及安置费用核定其契税计税依据。

【案例 3－13】天山房地产公司竞价取得某市旧城改造项目，除向政府缴纳土地出让金、各项配套费 10 000 万元外，还涉及拆迁还建 50 套商品房和货币拆迁补偿 1 000 万元。那么，该公司前期办证时要缴纳的契税计税依据是多少？

【案例分析】

假设 50 套商品房未来实际交付时的公允价值为 2 500 万元，则该公司取得旧城改造项目的企业所得税土地计税成本＝10 000 万元＋1 000 万元＋契税＋2 500 万元。

对于契税的计税依据，《财政部、国家税务总局关于国有土地使用权出让等有

关契税问题的通知》(财税〔2004〕134 号)规定,以竞价方式出让的,其契税计税价格一般应确定为竞价的成交价格,土地出让金、市政建设配套费以及各种补偿费用应包括在内。

依上述规定,该公司以竞价方式取得的旧城改造项目,契税的计税依据为 13 500 万元(10 000 + 1 000 + 2 500)。这与企业所得税土地计税成本是有差别的。

不过,由于拆迁还建的影响,50 套商品房是在实际交付后依据未来市场价值计算的公允价值,在开发商办理土地使用权证时仅能确定拆迁补偿费用 1 000 万元,50 套拆迁还建房实际建造成本和未来公允价值暂时是无法确定的,所以,以 13 500 万元作为契税计税依据不符合现实情况。

鉴于以上情况,为减少征纳双方纠纷,建议分两种情况处理。

一是拆迁还建房屋在实际交付时另行补缴契税,即先按照 11 000 万元(10 000 + 1 000)计算缴纳契税,房屋实际交付时,再按照其当时公允价值计算补缴契税。

二是参照财税〔2004〕134 号文件的规定,以协议方式出让国有土地使用权,没有成交价格或者成交价格明显偏低的,征收机关可依次按下列两种方式确定契税计税依据:

1. 评估价格,由政府批准设立的房地产评估机构根据相同地段、同类房地产进行综合评定,并经当地税务机关确认的价格。

2. 土地基准地价,以县以上人民政府公示的土地基准地价为准。

由于竞价一般以土地基准地价为依据,建议直接选择县以上人民政府公示的土地基准地价为契税计税依据。

城市居民原有房屋拆迁后,重新购房也可以享受一定的契税减免优惠。《财政部、国家税务总局关于城镇房屋拆迁有关税收政策的通知》(财税〔2005〕45 号)规定,对被拆迁居民因拆迁重新购置住房的,对购房成交价格中相当于拆迁补偿款的部分免征契税;成交价格超过拆迁补偿款的,对超过部分征收契税。

《财政部、国家税务总局、住房和城乡建设部关于调整房地产交易环节契税个人所得税优惠政策的通知》(财税〔2010〕94 号)规定:对个人购买普通住房,且该住房属于家庭(成员范围包括购房人、配偶以及未成年子女,下同)唯一住房的,减半征收契税。对个人购买 90 平方米及以下普通住房,且该住房属于家庭唯一住房的,减按 1% 的税率征收契税。

【案例 3 – 14】居民王某在天山房地产公司旧城改造项目中因房屋被拆迁获得补偿款 30 万元,另行在其他小区购置家庭唯一普通住房,价款 50 万元,契税税率 3%,则王某应缴纳多少契税?

【案例分析】

依据财税〔2010〕94 号文件的规定,按契税税率 3% 减半征收,所以王某应缴纳契税 0.30 万元[(50－30)×1.50%]。

八、拆迁补偿款返还是冲减成本还是计入收入

笔者接到不少读者咨询:城中村改造中,房地产开发企业先期支付的拆迁补偿款应当如何进行财务处理?招拍挂拿到土地后,政府给予的拆迁补偿款返还是冲减成本还是计入收入?我们结合当前土地征收及出让方式举例分析如下:

【案例 3－15】新正房地产公司 2012 年拟参与 A 市 B 城中村改造项目,前期先期垫付拆迁补偿资金 20 000 万元。2013 年招拍挂取得土地,一次性支付土地出让金 50 000 万元。拆迁补偿经政府评审后,一次性返回该公司 23 000 万元,其中包含拆迁评审费 2 000 万元。请问,在上述过程中该如何进行会计和税务处理?

错误观点一:新正房地产公司支付的拆迁补偿款计入企业开发成本。

《国家税务总局关于印发〈房地产开发经营业务企业所得税处理办法〉的通知》(国税发〔2009〕31 号)第二十七条规定:土地征用费及拆迁补偿费,指为取得土地开发使用权(或开发权)而发生的各项费用,主要包括土地买价或出让金、大市政配套费、契税、耕地占用税、土地使用费、土地闲置费、土地变更用途和超面积补交的地价及相关税费、拆迁补偿支出、安置及动迁支出、回迁房建造支出、农作物补偿费、危房补偿费等。因此,新正房地产公司认为所支付拆迁补偿资金 20 000 万元属于拆迁补偿支出,根据动迁户领取的证明文件,记入"开发成本——土地征用及拆迁补偿费"科目。会计处理如下(单位:万元):

借:开发成本——土地征用及拆迁补偿费　20 000

　贷:银行存款　20 000

土地拆迁完毕,竞拍成功后,支付土地出让金,会计处理如下(单位:万元):

借:开发成本——土地征用及拆迁补偿费　50 000

　贷:银行存款　50 000

错误观点二:新正房地产公司实质上取得政府土地共支付成本 47 000 万元(20 000＋50 000－23 000),应计入土地成本,土地成本计税基础为 47 000 万元。会计处理如下(单位:万元):

借:银行存款　23 000

　贷:开发成本——土地征用及拆迁补偿费　23 000

错误观点三:形式上,新正房地产公司取得政府土地共支付成本 70 000 万元(20 000＋50 000),收到的拆迁补偿返还款计入营业外收入,收到返还款当期缴纳企业所得税 5 750 万元(23 000×25%),取得土地计税基础为 70 000 万元,将来可以确认较高的土地增值税扣除项目,少缴土地增值税,会计处理如下(单位:万元):

借:银行存款　23 000

贷:营业外收入　　　　　　　　　　23 000

笔者观点:上述处理中,新正房地产公司支付政府土地出让金 50 000 万元计入土地成本没有问题。所支付的拆迁补偿费以及收到的拆迁补偿费返还适用政策错误。

当前土地出让要求以“熟地”出让,拆迁主要由政府主导,《国有土地上房屋征收与补偿条例》(中华人民共和国国务院令第 590 号)第四条规定,市、县级人民政府负责本行政区域的房屋征收与补偿工作,市、县级人民政府确定的房屋征收部门组织实施本行政区域的房屋征收与补偿工作。因此,房地产开发企业虽然参与拆迁,但并非拆迁主体,也非征收人。但由于政府无充裕资金作支持,可能要求开发商先期介入拆迁,在开发商交纳土地出让金后,政府部门对开发商先期垫付资金进行部分返还。

如果开发商竞拍土地成功,企业财务人员习惯于将所支付的实际支出及取得的所有票据计入土地成本,所以会产生上述错误观点。换一个角度来讲,假设开发商竞拍土地没有成功,那么企业应当如何进行会计和税务处理呢?显然应当是与竞拍成功一样处理。

营业税:《国家税务总局关于政府收回土地使用权及纳税人代垫拆迁补偿费有关营业税问题的通知》(国税函〔2009〕520 号)第二条规定:“纳税人受托进行建筑物拆除、平整土地并代委托方向原土地使用权人支付拆迁补偿费的过程中,其提供建筑物拆除、平整土地劳务取得的收入应按照‘建筑业’税目缴纳营业税;其代委托方向原土地使用权人支付拆迁补偿费的行为属于‘服务业—代理业’行为,应以提供代理劳务取得的全部收入减去其代委托方支付的拆迁补偿费后的余额为营业额计算缴纳营业税。”因此,新正房地产公司若负责实质拆迁,取得的提供建筑物拆除、平整土地劳务的收入可按建筑业缴纳营业税,应计算缴纳营业税 60 万元(2 000×3%)。另外,新正房地产公司先期代理支付动迁补偿款,其收支差额,应按“服务业—代理业”征收营业税 50 万元[(23 000－20 000－2 000)×5%]。新正房地产公司拆迁环节应计算缴纳营业税 110 万元(60＋50)。

企业所得税:建筑业收入加上代理支付动迁补偿款差额合计 3 000 万元[2 000＋(23 000－2 000－20 000)]应计入当年的应纳税所得额。企业实际发生的与上述业务相关的成本费用以及缴纳的营业税等税费可以在发生当年扣除。

土地增值税:《中华人民共和国土地增值税暂行条例》第二条规定,转让国有土地使用权、地上的建筑物及其附着物并取得收入的单位和个人,为土地增值税的纳税义务人。《中华人民共和国土地增值税暂行条例实施细则》第二条规定,条例第二条所称的转让国有土地使用权、地上的建筑物及其附着物并取得收入,是指以出售或者其他方式有偿转让房地产的行为。新正房地产公司取得返还款 23 000 万元,属于提供建筑物拆除、平整土地劳务取得的收入和代理服务取得的收入以及先期垫付资金,不属于转让不动产收入,此收入不计算土地增值税清算收入,不征收土地增值税。

契税:企业缴纳的土地出让金 50 000 万元可以全额计入开发成本中的土地征用及拆迁补偿费。契税计税依据为所缴纳的土地出让金 50 000 万元。

正确会计处理如下(单位:万元):

先期支付拆迁补偿款和进行拆迁时:

借:其他应收款　　20 000

　贷:现金或银行存款　　20 000

企业收到拆迁补偿款返还时应冲减往来款项和作其他业务收入处理。

收到返还款时:

借:银行存款　　23 000

　贷:其他应收款　　20 000

　　其他业务收入——建筑业收入　　2 000

　　其他业务收入——代理服务收入　　1 000

支付土地出让金时,会计处理如下:

借:开发成本——土地征用及拆迁补偿费　　50 000

　贷:银行存款　　50 000

也就是说,新正房地产公司计入"开发成本——土地征用及拆迁补偿费"的金额为 50 000 万元,将来项目确认企业所得税计税成本以及确定土地增值税清算扣除项目金额时,能够扣除的土地成本应当为其实际取得的土地的计税基础 50 000 万元。

九、如何理解回迁安置房按照成本价核定计征营业税

2014 年 1 月 8 日,国家税务总局发布 2014 年第 2 号公告《国家税务总局关于纳税人开发回迁安置用房有关营业税问题的公告》,就纳税人开发回迁安置房有关营业税问题进行了明确,公告自 2014 年 3 月 1 日起施行,公告生效前未作处理的事项,按照公告的规定执行。

公告规定,纳税人以自己名义立项,在该纳税人不承担土地出让价款的土地上开发回迁安置房,并向原居民无偿转让回迁安置房所有权的行为,按照《中华人民共和国营业税暂行条例实施细则》(财政部、国家税务总局令第 52 号)第五条之规定,视同销售不动产征收营业税,其计税营业额按财政部、国家税务总局令第 52 号第二十条第一款第(三)项的规定予以核定,但不包括回迁安置房所处地块的土地使用权价款。

对于该公告的理解，笔者认为应特别注意土地使用权在谁的名下、以谁的名义立项的问题，其次是从实质上分析土地使用权是否承担了土地出让价款。

一般来讲，土地使用权在谁的名下，谁才可以立项，即便是合作建房，一方出地、一方出资金，也要求土地使用权办理变更手续，方可以双方名义办理合建审批手续。公告明确提到"纳税人以自己名义立项"，可以判断出纳税人无论从实质角度还是从名义上或形式上看均拥有该回迁安置房土地的使用权。纳税人是否拥有土地使用权，决定了立项条件和税收认定。

第一种情形：对方立项下的代建模式

例如，某旧城改造项目，有部分棚户区需要拆迁安置，光明房地产公司（以下简称光明公司）承接该项目投资建设。政府出让 A 地块给光明公司，土地出让价款 3 000 万元，另外约定在 A 地块之外的属于政府所有的 B 地块上为政府建造回迁安置房 100 套，建造成本预计 2 000 万元，开发建设以及筹融资均由光明公司负责，竣工后政府回购，回购价款假设为 2 500 万元。

该模式属于光明公司接受政府委托，代建回迁安置房。一般来讲，委托代建应具备四个条件：①以委托方的名义办理立项手续和工程结算；②与委托方不发生土地权属转移；③双方签订委托代建合同；④受托方不代垫资金。例如，《辽宁省地方税务局关于对房地产开发企业"代建房"收入征收营业税问题的批复》（辽地税流〔2000〕291 号）规定，根据国家基本建设管理和现行营业税有关政策的规定，房地产开发企业受托承办国家机关、企事业等单位（以下简称委托建房单位）的房屋建设，应由委托建房单位提供自有土地使用权证书或由其以自己名义办理的土地征用手续，并取得有关部门的建设项目批准手续和基建计划；房地产开发企业不垫付资金，建筑施工企业将建筑业发票开具给委托建房单位（由房地产开发企业将该发票转交给委托建房单位）；房地产开发企业与委托建房单位实行全额结算，并另外向委托建房单位收取代建手续费。房地产开发企业的"代建房"行为，凡同时具备上述条件的，对其取得的代建手续费收入按"服务业——代理业"税目计征营业税；否则，不论委托建房单位与房地产开发企业如何签订协议，也不论房地产开发企业的财务和会计账务如何处理，应对房地产开发企业与委托建房单位的全额结算收入按"销售不动产"税目计征营业税。按照上述原则，光明公司尽管不拥有 B 地块土地使用权，不是其立项，也要按照"销售不动产"计征营业税。

代建还有另外一种模式"建设—移交"。实行"建设—移交"模式的基础设施建设项目，一般由项目业主通过招标方式选择投融资人，由投融资人负责建设资金的筹集和项目的建设，并在项目完工经验收合格后移交给项目业主，由项目业主按照合同的约定支付回购价款。例如《湖南省地方税务局关于 BT 方式建设项目有关营业税问题的公告》（湖南省地方税务局公告 2011 年第 6 号）第二条规定：以项目业主的名义立项建设，对投融资人无论其是否具备建筑工程总承包资质，均应作为建筑工程的总承包人，按“建筑业”税目的现行规定征收营业税。营业额按以下方式确定：

（一）项目的建设方（或投资方）与施工企业为同一单位的，建设方（或投资方）在取得业主支付回购款项时以实际取得的回购款项作为计税营业额全额征收营业税，施工环节不再征收营业税。（回购价款包括工程建设费用、融资费用、管理费用和合理回报等收入。）

（二）建设方（或投资方）将建筑安装工程承包或分包给其他施工企业的，建设方（或投资方）在取得业主支付回购款项时按扣除支付给施工企业工程承包额或分包价款后的余额作为计税营业额，施工企业计税营业额为工程承包额或取得的分包价款。

按照“建设—移交”模式处理，光明公司不拥有B地块土地使用权，不是其立项，则按照“建筑业”计征营业税。

如果不垫付资金，建筑施工企业将建筑业发票开具给政府（由开发商光明公司将该发票转交给政府）；开发商光明公司与政府实行全额结算，并另外收取代建手续费，则按照“服务业——代理业”计征营业税。

也就是说，在本案例中，光明公司存在着按照“服务业——代理业”、“建筑业”、“销售不动产”税目征收营业税的可能性。由于光明公司不具有回迁安置房土地使用权，以政府名义立项，光明公司承建，笔者主张使用“建设—移交”模式来处理，按照“建筑业”计算缴纳营业税，若收回价款2 500万元，应交营业税2 500 × 3% = 75（万元）。光明公司会计处理为（单位：万元）：

取得A地块土地使用权：

借：开发成本——土地征用及拆迁补偿费　　3 000

　　贷：银行存款　　3 000

发生回迁安置建造支出：

借：开发成本——代建回迁安置房　　2 000

　　贷：银行存款　　2 000

移交回迁安置房：

借：其他业务成本　　2 000

　　贷：开发成本——代建回迁安置房　　2 000

借：银行存款　　2 500

　　贷：其他业务收入——代建回迁安置房　　2 500

第二种情形：自己立项下有对价的代建模式

例如，政府出让C地块给光明公司，出让协议约定土地出让价款3 000万元，另外将回迁安置房土地D地块也出让给光明公司，协议约定出让价款为2 000万元，该地块主要用于C、D地块的原居民回迁安置，由光明公司负责投资开发建设，政府补偿价款为4 200万元，属于补偿超标的面积由原居民向开发商补交房款。光明公司回迁安置房建造成本预计为2 000万元。

该种情形实质上仍属于代建模式，但是开发商形式上拥有D地块土地使用权，根据《国家税务总局关于"代建"房屋行为应如何征收营业税问题的批复》（国税函〔1998〕554号）的规定，房地产开发企业（以下称甲方）取得土地使用权并办理施工手续后根据其他单位（以下称乙方）的要求进行施工，并按施工进度向乙方预收房款，工程完工后，甲方替乙方办理产权转移等手续，甲方的上述行为属于销售不动产，应按"销售不动产"税目征收营业税；如果甲方自备施工力量修建该房屋，还应对甲方的自建行为按"建筑业"税目征收营业税。还可以参照《湖南省地方税务局关于BT方式建设项目有关营业税问题的公告》（湖南省地方税务局公告2011年第6号）第一条的规定：以投融资人的名义立项建设，工程完工交付业主的，对投融资人所取得收入应按照"销售不动产"税目征收营业税，其计税营业额为取得的全部回购价款（包括工程建设费用、融资费用、管理费用和合理回报等收入）。这里都强调了立项方代建工程均要按照"销售不动产"征收营业税。辽地税流〔2000〕291号文件对不符合"应由委托建房单位提供自有土地使用权证书或由其以自己名义办理的土地征用手续，并取得有关部门的建设项目批准手续和基建计划"的代建项目的处理也是如此。这种操作模式便于办理立项手续和为回迁户将来办理房屋产权过户手续，较第一种模式更易被政府所接受。这种模式下营业税的计税依据如何确定呢？

适用上述政策规定按照"销售不动产"计征营业税，开发商有明确的对价，它从事代建开发所收取的货币、实物或其他经济利益，即营业税的计税依据。例如湖南省地方税务局公告2011年第6号确定计税营业额为取得的全部回购价款（包括工程建设费用、融资费用、管理费用和合理回报等收入）。

第三种情形：自己立项下无对价收入的自建模式

例如，政府出让E地块给光明公司，出让协议约定土地出让价款3 000万元，光明公司取得拆迁许可证，取得该土地从事开发建设还要进行拆迁及安置补偿，货币拆迁费用2 000万元，产权调换补偿方式下建造成本支出4 000万元。

《国家税务总局关于外商投资企业从事城市住宅小区建设征收营业税问题的批复》（国税函发〔1995〕549号）：你局（江苏省国家税务总局）《关于外商投资企业从事城市住宅小区建设有关征免营业税问题的请示》（苏国税发〔1995〕38号）收悉，文中反映外商投资企业（以下称拆迁人）根据当地政府城市规划和建设部门的要求，通过各种方式对规划区内原住户的房屋进行拆迁并最终安置（或偿还）住户。

在具体办理“安置”或“偿还”时，当地政府规定，根据被拆房屋的所有权性质不同，分别实行产权调换。按质作价互找差价，或作价补偿，或产权调换、作价补偿相结合等方法，拆迁人与被拆迁人通过《房屋拆迁补偿安置协议》明确拆迁安置事宜，并要求对外商投资企业从事这类城市住宅小区建设涉及的营业税问题予以明确。经研究，现批复如下：对外商投资企业从事城市住宅小区建设，应当按照《中华人民共和国营业税暂行条例》的有关规定，就其取得的营业额计征营业税；对偿还面积与拆迁建筑面积相等的部分，由当地税务机关按同类住宅房屋的成本价核定计征营业税，对最终转让时未作价结算的住宅区配套公共设施（如居委会用房、车棚、托儿所等），凡转让收入已包含在住宅房屋转让价格中并已征收营业税的，不再征收营业税。

按照该文件精神，光明公司在这种模式下取得的土地成本实际为3 000 + 2 000 + 4 000 = 9 000（万元）。它适用产权调换的“对偿还面积与拆迁建筑面积相等的部分，由当地税务机关按同类住宅房屋的成本价核定计征营业税”，另外，对于货币补偿或产权调换收取的价差收入，直接确定为营业额。

对于视同发生应税行为而无营业额的代建行为，《中华人民共和国营业税暂行条例实施细则》（财政部、国家税务总局令第52号）第二十条规定了三种营业额的确定方式：

（一）按纳税人最近时期发生同类应税行为的平均价格核定；

（二）按其他纳税人最近时期发生同类应税行为的平均价格核定；

（三）按下列公式核定：营业额 = 营业成本或者工程成本 ×（1 + 成本利润率）÷（1 - 营业税税率）。

公式中的成本利润率，由省、自治区、直辖市税务局确定。

这里有先后顺序的规定，而对于回迁安置房的处理，不受上述先后顺序的限制。国家税务总局2014年第2号公告明确：按照《中华人民共和国营业税暂行条例实施细则》（财政部、国家税务总局令第52号）第五条之规定，视同销售不动产征收营业税，其计税营业额按财政部、国家税务总局令第52号第二十条第一款第（三）项的规定予以核定，但不包括回迁安置房所处地块的土地使用权价款。本公告在一定程度上承继了国税函发〔1995〕549号文件的规定，特别是明确了成本价不包括回迁安置房所处地块的土地使用权价款，解决了实务中对于销售不动产征收营业税不能不包含土地成本的争议。

第四种情形：自己立项下“净地”回迁安置

《国有土地上房屋征收与补偿条例》（国务院令第590号）发布后，“房屋拆迁”已经改为“征收与补偿”，“拆迁及补偿”工作已经由开发商负责转为政府“征收与补偿”。国务院令第590号第四条规定，市、县级人民政府负责本行政区域的房屋征收与补偿工作。市、县级人民政府确定的房屋征收部门（以下称房屋征收部门）

组织实施本行政区域的房屋征收与补偿工作。第五条规定，房屋征收部门可以委托房屋征收实施单位，承担房屋征收与补偿的具体工作。房屋征收实施单位不得以营利为目的。房屋征收部门对房屋征收实施单位在委托范围内实施的房屋征收与补偿行为负责监督，并对其行为后果承担法律责任。

严格执行国务院令第590号，土地征收、补偿、拆迁、平整等一级开发完成之后方可进行出让，开发商得到的应该属于“净地”，在这种模式下，不应该存在回迁安置房如何计征营业税的问题。

例如，政府将拆迁、征收补偿完毕的土地F出让给光明公司，出让协议约定土地出让价款7 000万元，光明公司支付3 000万元土地出让金，另外4 000万元作为为政府配建的回迁安置房补偿款，房屋竣工后，政府收回回迁安置房分配给土地被征收人。

光明公司在这种现有征收模式下取得土地的成本实际为7 000万元。未支付的土地成本4 000万元抵顶了回迁安置房的政府回购收入。回迁安置房有明确的对价，按照“销售不动产”征收营业税，计税营业额为4 000万元。

再如，政府委托光明公司负责G地块的拆迁安置，光明公司拆迁平整支出为2 000万元、安置房建设支出为3 000万元，政府评审后确定为5 500万元，光明公司竞价8 000万元取得G地块土地使用权，政府收取土地出让价款后对光明公司进行返还，返还收入5 500万元，其中拆迁费用2 200万元，安置房建设支出3 300万元。

根据《国家税务总局关于政府收回土地使用权及纳税人代垫拆迁补偿费有关营业税问题的通知》（国税函〔2009〕520号）第二条的规定，纳税人受托进行建筑物拆除、平整土地并代委托方向原土地使用权人支付拆迁补偿费的过程中，其提供建筑物拆除、平整土地劳务取得的收入应按照“建筑业”税目缴纳营业税；其代委托方向原土地使用权人支付拆迁补偿费的行为属于“服务业——代理业”行为，应以提供代理劳务取得的全部收入减去其代委托方支付的拆迁补偿费后的余额为营业额计算缴纳营业税。光明公司从事的拆迁平整按照“建筑业”计征营业税2 200×3% =66（万元）；出售给政府的回迁安置房按照“销售不动产”计征营业税3 300×5% =165（万元）。

第五种情形：自己立项仅为操作便利

回迁安置工作完全由政府来实施，但是政府也受资金与开发建设的限制，在新的政策条件下按照旧有模式进行运作，难免出现形式和实质上不一致的问题。

例如，政府出让H和J地块给光明公司，协议约定，光明公司缴纳H地块出让金1 000万元，取得H地块土地使用权；光明公司取得J地块土地使用权、地上建筑物及附属物的所有权与开发权，但要负责解决J地块上原有住户的拆迁、安置、补偿、置换事宜，无出让金。

表面上光明公司取得“净地”出让，实质上代政府承担了回迁安置房征收及补偿工作，并且形式上所签订的土地出让合同还可能非零价款出让，比如 H 地块少计出让金或先收后返的方式。

在这种模式下，笔者认为应按照国家税务总局 2014 年第 2 号公告规定，纳税人以自己名义立项，在该纳税人不承担土地出让价款的土地上开发回迁安置房，并向原居民无偿转让回迁安置房所有权的行为，按照《中华人民共和国营业税暂行条例实施细则》（财政部、国家税务总局令第 52 号）第五条之规定，视同销售不动产征收营业税，其计税营业额按财政部、国家税务总局令第 52 号第二十条第一款第（三）项的规定予以核定，但不包括回迁安置房所处地块的土地使用权价款。

假如光明公司取得 H 和 J 地块后，拆迁 J 地块原居民在 H 地块上建房安置，是否 H 地块上的回迁安置房计税成本营业额也不包括土地使用权价款呢？

笔者认为 H 地块尽管有对应的土地使用权价款，也不能分配给回迁安置房。而在 J 地块上建造的房屋（商品房），要分摊 H 地块对应的土地使用权价款。

但是在企业所得税处理和土地增值税处理中，回迁安置房的建造成本要视同销售计入 H 地块的土地成本中，因为单纯取得 J 地块土地使用权看似零地价出让，却还要支出建造成本而没有任何回报的话，没有哪个开发商是愿意做的。

第六种情形：强制配建的结果

《国土资源部关于严格落实房地产用地调控政策促进土地市场健康发展有关问题的通知》（国土资发〔2010〕204 号）规定：各地要按照公开公平公正、诚实信用、高效便民的原则，在坚持国有土地使用权招标拍卖挂牌出让制度的前提下，积极探索“限房价、竞地价”、“限地价、竞政策性住房面积”、“在商品住宅用地中配建保障性住房”、网上挂牌、用地预申请、一次竞价、综合评标等多种交易形式，总结推广成功经验和做法，改进和完善招拍挂制度内容，进一步发挥招拍挂制度在深化土地要素市场改革、加强土地出让领域反腐倡廉建设和调控房地产市场中的积极作用。

《关于推进城市和国有工矿棚户区改造工作的指导意见》（建保〔2009〕295 号）第三条第（八）项规定：落实土地供应政策。城市和国有工矿棚户区改造安置住房用地纳入当地土地供应计划优先安排，并简化行政审批流程，提高审批效率。安置住房中涉及的经济适用住房和廉租住房建设项目可以划拨方式供地，应在《国有建设用地划拨决定书》中明确约定住房套型建筑面积、项目开竣工时间等土地使用条件。对于配套建设的商业、服务业等经营性设施用地，必须以招标拍卖挂牌出让方式供地。严禁将已供应的经济适用住房、廉租住房用地改变用途用于商品住房等开发建设。安置住房实行原地和异地建设相结合，以就近安置为主；对异地建设的，应选择交通便利、基础设施齐全的区域。

《财政部关于切实落实相关财政政策积极推进城市和国有工矿棚户区改造工

作的通知》(财综〔2010〕8 号)规定:建保〔2009〕295 号文件已明确规定了支持棚户区改造的税费优惠政策,各级财政部门要认真贯彻执行,确保各项税费优惠政策落实到位。

(一)切实免收各项收费基金优惠政策。按照《国务院关于解决城市低收入家庭住房困难的若干意见》(国发〔2007〕24 号)和建保〔2009〕295 号文件的规定,棚户区改造免收各项行政事业性收费和政府性基金。其中,免收的全国性行政事业性收费包括防空地下室易地建设费、白蚁防治费等项目;免收的全国性政府性基金包括城市基础设施配套费、散装水泥专项资金、新型墙体材料专项基金、城市教育附加费、地方教育附加、城镇公用事业附加等项目。在此基础上,省级财政部门要公布免收本地区出台的涉及棚户区改造的行政事业性收费项目,严格执行政府性基金审批程序,未经国务院或财政部批准,严禁越权设立政府性基金项目。

(二)严格按照规定免收土地出让收入。按照建保〔2009〕295 号文件的规定,棚户区改造安置住房中涉及的经济适用住房和廉租住房建设项目,可以划拨方式供地。各地在贯彻落实过程中,要制定具体操作办法。对于按照规定采取划拨方式供地的,除依法支付土地补偿费、拆迁补偿费外,一律免收土地出让收入。

在商品住宅用地中配建保障性住房,或者棚户区改造中涉及的经济适用住房和廉租住房建设项目,可以划拨方式供地,开发商利用此划拨土地所建造的回迁安置房与正常商品房性质、收益均有区别,如果开发商全面负责安置,笔者认为也应适用国家税务总局 2014 年第 2 号公告计税营业额的规定。

第八节　转让土地使用权是否可以按差额纳税

【案例 3 - 16】甲公司拟转让一宗土地给天山房地产公司,该土地为出让用地,土地出让金已缴纳 4 000 万元,转让价款为 8 000 万元,主管税务机关不允许甲公司将向政府机关缴纳的土地出让金作为营业税扣除项目,甲公司是否可以按差额纳税呢?

【案例分析】

结合该案例,对土地转让过程中如何计算营业税分析如下:

1.《财政部、国家税务总局关于营业税若干政策问题的通知》(财税〔2003〕16 号)规定:

单位和个人销售或转让其购置的不动产或受让的土地使用权,以全部收入减去不动产或土地使用权的购置或受让原价后的余额为营业额;单位和个人销售或转让抵债所得的不动产、土地使用权的,以全部收入减去抵债时该项不动产或土地使用权作价后的余额为营业额。

财税〔2003〕16 号文件执行后，确实有很多地区明确土地取得时交纳的土地出让金不能作为购置或受让原价扣除。比如《青岛市地方税务局关于下发营业税、财产行为税若干税收政策问题解答的通知》(青地税发〔2003〕166 号)第二条、《海南省地方税务局关于明确营业税若干政策问题的通知》(琼地税发〔2003〕472 号)第八条、《重庆市地方税务局关于销售不动产或转让土地使用权营业税税收政策问题的补充通知》(渝地税发〔2004〕26 号)第二条均表达了同样的意思，即土地使用权的“受让原价”中不包括向政府交纳的土地出让金。

又如，《大连市地方税务局关于纳税人销售其购置不动产或转让其受让土地使用权征收营业税问题的通知》(大地税函〔2006〕145 号)中“单位和个人销售或转让其购置的不动产或受让的土地使用权，以全部收入减去不动产或土地使用权的购置或受让原价后的余额为营业额；单位和个人销售或转让抵债所得的不动产、土地使用权的，以全部收入减去抵债时该项不动产或土地使用权作价后的余额为营业额”的规定是指：

(1)纳税人销售其购置或抵债所得的不动产，以全部收入减去不动产购置原价或抵债作价后的余额为营业额。这里所称“销售不动产”，是指销售其购置不动产的剩余价值和剩余年限内的使用价值，除此之外，不按本条款征收营业税，而应按其销售价的全额征收营业税。

(2)纳税人转让其受让或抵债所得的土地使用权，以全部收入减去该土地使用权的受让原价或抵债价格后的余额为营业额。这里所称“受让”，是指纳税人通过转让方式取得的土地使用权，且该纳税人在转让该土地使用权时，是转让该土地使用权的剩余年限内的使用价值。对受让后再重新申请开发立项、重新计算使用年限再转让的，不按本条款征收营业税，而应按其转让价的全额征收营业税；纳税人转让通过政府出让方式取得的土地使用权的，再转让时，不按本条款征收营业税，而应按其转让价的全额征收营业税。

(3)纳税人销售不动产时，不得减除该不动产所包含的土地使用权价值。

(4)纳税人减除不动产购置原价(或抵债作价)、土地使用权受让原价(或抵债作价)时，应出具有效发票。对 2006 年 12 月 31 日前发生的抵债行为，再销售或转让时，不能提供有效发票的，应提供相关部门评估或裁定的价格证明，经主管税务机关确认抵债双方核销的债务价值额后，可减除该确认的抵偿额。纳税人不能出具有效发票的或未经主管税务机关确认抵偿额的，在计征营业税时，不得减除。

2.《国家税务总局关于营业税若干政策问题的批复》(国税函〔2005〕83 号)规定：

单位和个人销售或转让其购置的不动产或受让的土地使用权，无论该不动产或土地使用权上一环节是否已缴纳营业税，均应按照财税〔2003〕16 号文件第三条第(二十)项的有关规定,以全部收入减去该不动产或土地使用权的购置或受让原价后的余额为计税营业额;同时,在营业额减除项目凭证的管理上,应严格按照财税〔2003〕16 号文件第四条的有关规定执行。

因此,如果根据国税函〔2005〕83 号文件的规定按照差额计算纳税,则该宗土地转让甲公司营业税营业额为 4 000 万元(8 000 - 4 000),应纳营业税 200 万元(4 000 ×5%)。遗憾的是,《国家税务总局关于公布全文失效废止、部分条款失效废止的税收规范性文件目录的公告》(国家税务总局公告 2011 年第 2 号)已将国税函〔2005〕83 号文件列入失效文件目录中。按照地方政策的规定,企业按差额纳税存在计税依据计算错误导致的税务风险,除非地方主管税务机关有明确的可以按差额纳税的政策规定。例如,《吉林省地方税务局关于纳税人销售或转让其购置不动产或受让土地使用权征收营业税问题的通知》(吉地税发〔2011〕37 号)规定:纳税人转让其受让的土地使用权,以全部收入减去土地使用权受让原价后的余额为营业额征收营业税。转让其受让的土地使用权,是指纳税人取得土地使用权后,尚未建造建筑物、构筑物即进行转让的行为。对纳税人转让已进入建筑物、构筑物建造或施工阶段的在建项目,无论转让时建筑物、构筑物是否完工,均应按"销售不动产"税目,以收取的全部价款和价外费用为营业额征收营业税。

以上案例情形对于土地受让方无纳税影响。

第九节　购买在建工程获取土地的纳税实务与风险防范

一、转让在建工程营业税政策解析

【案例 3 - 17】天山房地产公司以 10 000 万元购买乙公司一在建项目工程,继续建设完工后对外销售,销售额 20 000 万元,营业额是否应等于销售额减去天山房地产公司购买的在建工程原价后的金额?

【案例分析】

1.《营业税暂行条例》第五条规定,纳税人的营业额为纳税人提供应税劳务、转让无形资产或者销售不动产收取的全部价款和价外费用。但是,下列情形除外:

(1)纳税人将承揽的运输业务分给其他单位或者个人的,以其取得的全部价款和价外费用扣除其支付给其他单位或者个人的运输费用后的余额为营业额;

(2)纳税人从事旅游业务的,以其取得的全部价款和价外费用扣除替旅游者支付给其他单位或者个人的住宿费、餐费、交通费、旅游景点门票和支付给其他接团旅游企业的旅游费后的余额为营业额;

(3)纳税人将建筑工程分包给其他单位的,以其取得的全部价款和价外费用扣除其支付给其他单位的分包款后的余额为营业额;

(4)外汇、有价证券、期货等金融商品买卖业务,以卖出价减去买入价后的余额为营业额;

(5)国务院财政、税务主管部门规定的其他情形。

2.《财政部、国家税务总局关于营业税若干政策问题的通知》(财税〔2003〕16号)关于适用税目问题规定,单位和个人转让在建项目时,不管是否办理立项人和土地使用人的更名手续,其实质是发生了转让不动产所有权或土地使用权的行为。对于转让在建项目行为,应按以下办法征收营业税:

(1)转让已完成土地前期开发或正在进行土地前期开发,但尚未进入施工阶段的在建项目,按"转让无形资产"税目中"转让土地使用权"项目征收营业税;

(2)转让已进入建筑物施工阶段的在建项目,按"销售不动产"税目征收营业税。

在建项目是指立项建设但尚未完工的房地产项目或其他建设项目。

3. 财税〔2003〕16号文件关于营业额问题的规定:单位和个人销售或转让其购置的不动产或受让的土地使用权,以全部收入减去不动产或土地使用权的购置或受让原价后的余额为营业额;单位和个人销售或转让抵债所得的不动产、土地使用权,以全部收入减去抵债时该项不动产或土地使用权作价后的余额为营业额。

根据上述规定,本案例中天山房地产公司购置的在建工程建成后销售不动产,可以全部收入减去在建工程的购置原价后的余额为营业额计算缴纳营业税。应纳营业税 = (20 000 - 10 000) × 5% = 500(万元)。

二、在建工程转让与股权转让

对于房地产开发企业来说,转让在建工程,卖方纳税筹划点在于是出售公司股权还是仅转让在建工程项目。对于购买方来说也并非不需要纳税筹划,作价较低时购买方可以支付较少的契税,作价较高时购买方能够获得将来转让时更多的纳税扣除,所以纳税筹划不追求一时的利益得失。同样,买卖双方利益的博弈也包含各自的税收支出。只有在一定阶段双方的现金净流量能够达到平衡才有助于谈判的成功。

【案例3-18】A房地产公司为两个法人股东投资组建的有限责任公司,注册资本3 000万元。该公司因资金困难,拟将在建的一幢写字楼转让给B房地产公司继续开发,已知A房地产公司已投入成本3 000万元,评估转让价值5 000万元,营业税金及附加按5.60%计算。假设该公司除此之外无其他事项。

【案例分析】

(一)站在卖方角度可以进行的纳税筹划:

1. 直接转让该项目的现金流量分析:

营业税金及附加 = 5 000 × 5.60% = 280(万元)

土地增值税 = (5 000 - 3 000 - 280 - 3 000 × 20% - 3 000 × 10%) × 30% = 246(万元)

企业所得税 = (5 000 - 3 000 - 280 - 246) × 25% = 368.50(万元)

应纳各项税金合计 = 280 + 246 + 368.50 = 894.50(万元)

A 房地产公司直接转让该项目的现金流入 = 5 000 - 3 000 - 894.50 = 1 105.50(万元)

2. 转让该公司全部股权的现金流量分析:

A 房地产公司法人股东应纳企业所得税 = (5 000 - 3 000) × 25% = 500(万元)

A 房地产公司法人股东转让股权的现金流入 = 5 000 - 3 000 - 500 = 1 500(万元)

由上述分析可见,转让股权较直接转让项目可以多获得现金净流入 = 1 500 - 1 105.50 = 394.50(万元)。

(二)同样的两种方案站在买方的角度是否可行呢?假设 B 房地产公司完成开发需追加投资 1 000 万元,项目可售金额 8 000 万元(不考虑印花税、契税等)。

1. B 房地产公司直接购买该项目的现金流量分析:

营业税金及附加 = (8 000 - 5 000) × 5.60% = 168(万元)

土地增值税 = (8 000 - 6 000 - 168 - 6 000 × 20% - 6 000 × 10%) × 30% = 9.60(万元)

企业所得税 = (8 000 - 6 000 - 168 - 9.60) × 25% = 455.60(万元)

应纳各项税金合计 = 168 + 9.60 + 455.60 = 633.20(万元)

B 房地产公司受让项目开发完成销售后的现金净流入 = 8 000 - 6 000 - 633.20 = 1 366.80(万元)

2. B 房地产公司收购 A 房地产公司全部股权的现金流量分析:

营业税金及附加 = 8 000 × 5.60% = 448(万元)

土地增值税 = (8 000 - 4 000 - 448 - 4 000 × 20% - 4 000 × 10%) × 30% = 705.60(万元)

企业所得税 = (8 000 - 4 000 - 448 - 705.60) × 25% = 711.60(万元)

应纳各项税金合计 = 448 + 705.60 + 711.60 = 1 865.20(万元)

B 房地产公司受让股权开发完成销售后的现金净流入 = 8 000 - 6 000 - 1 865.20 = 134.80(万元)

同样的两种方案对于 B 房地产公司来说,效果与 A 房地产公司截然相反,直接购买项目较受让股权现金净流入增加 1 232 万元(1 366.80 - 134.80),此种结果无疑会成为双方讨价还价的关键所在。所以纳税筹划应该兼顾交易双方利益,只有符合双方公平交易的操作方案才具有可行性。

从以上分析看,虽然两种方案对于交易双方产生的效果不同,但是从整体利益来考虑,直接转让方案下现金总净流入为 2 472.30 万元(1 105.50 + 1 366.80),股权转让方案下现金总净流入为 1 634.80 万元(1 500 + 134.80),两者相差 837.50 万元(2 472.30 - 1 634.80)。假如把交易双方看作一个整体,无疑直接转让方案要优于股权转让方案,虽然要放弃股权转让可以免征营业税的政策优惠。

而在直接转让方案下,是否有一个临界点能够使交易双方实现收益平衡呢?

经测算,双方交易价格确定在 5 100 万元时,卖方 A 房地产公司可以获得 1 155.06 万元现金流量,买方 B 房地产公司可以获得 1 303.20 万元现金流量。从绝对收益上看,双方获取报酬接近,也是谈判的条件之一。

【风险提示】

本案例中,卖方投资总额约为 3 000 万元,收益 1 155.06 万元,投资收益率为 38.50%;买方投资总额为 6 100 万元,收益 1 303.20 万元,投资收益率为 21.36%。相比之下,B 房地产公司获取报酬偏低。而若从时间价值上分析,对于该项目,A 房地产公司投入 3 000 万元用时要远长于 B 房地产公司追加投资的 1 000 万元用时,这是双方收益可以均衡的因素。所以,方案选择要提前进行规划,最好双方进行沙盘模拟推演,必要时可以咨询专业的税务顾问。

第十节　股权收购取得开发用地以回避直接转让风险

房地产开发企业为取得土地,受让拥有土地使用权公司股权可以直接取得对方公司的控制权,从而间接地取得开发土地使用权。在严格的房地产调控政策下,房地产行业的资产重组将会愈演愈烈,重组双方也都会把税收问题视为重组中极为重要的问题来加以权衡。

【案例 3 - 19】A 房地产公司取得土地后,以土地投资入股成立项目公司 B 公司,C 房地产公司通过收购 A 房地产公司持有的 B 公司股权实现对土地的实质占有,这样操作的意义何在?

【案例分析】

现有房地产公司以土地投资入股成立新的独立法人项目公司,然后通过股权转让退出新项目开发,是当前颇为常见的实质土地转让的纳税筹划方案,详细内容阐述如下:

一、土地直接转让的经营风险

《最高人民法院关于土地转让方未按规定完成土地的开发投资即签订土地使用权转让合同的效力问题的答复》(法函〔2003〕24 号)对广西壮族自治区高级人民法院《关于土地转让方未按规定完成对土地的开发投资即签订土地使用权转让合同是否有效问题的请示》(桂高法〔2001〕342 号)的答复:根据《中华人民共和国城市房地产管理法》第三十八条的规定,以出让方式取得土地使用权的,转让房地产时,应当符合两个条件:①按照出让合同约定已经支付全部土地使用权出让金,并取得土地使用权证书;②按照出让合同约定进行投资开发,属于房屋建设工程的,完成开发投资总额的 25% 以上。因此,未同时具备上述两个条件而进行转让的,其转让合同无效。

以出让方式取得土地使用权后转让房地产的,转让方已经支付全部土地使用权出让金,并且转让方和受让方前后投资达到完成开发投资总额的 25% 以上,已经办理了登记手续,或者虽然没有办理登记手续,但当地有关主管部门同意补办土地使用权转让手续的,转让合同可以认定有效。

对于当事人违反《城市房地产管理法》第三十八条第一款规定的,人民法院可以建议政府有关部门依法给予处罚。

《城市房地产管理法》规定,以出让方式取得土地使用权进行房地产开发的,必须按照土地使用权出让合同约定的土地用途、动工开发期限开发土地。超过出让合同约定的动工开发日期满一年未动工开发的,可以征收相当于土地使用权出让金 20% 以下的土地闲置费;满两年未动工开发的,可以无偿收回土地使用权。

所以,本案例中 A 房地产公司取得土地后,因资金短缺无力开发,为了避免收回土地,A 房地产公司欲将土地出售以赚取差额利润,但是根据现行政策规定,土地不允许直接转让,必须达到土地投资规模的 25%,或者进行土地成片开发的要使土地达到熟地条件方可转让,否则只能由政府收回。因此,A 房地产公司为达到土地转让目的就会另辟蹊径,与受让方 C 房地产公司共同筹划股权转让的运作方案。

二、股权转让下的税务处理及政策应用

(一)营业税

《财政部、国家税务总局关于股权转让有关营业税问题的通知》(财税〔2002〕191 号)规定,股权转让不征收营业税。

因此,对股权转让国家政策没有限制,通过股权转让可以成功实现土地使用权的转移。《营业税税目注释(试行稿)》中“以无形资产投资入股,参与接受投资方

的利润分配、共同承担投资风险的行为,不征营业税”的规定,意味着可以首先减免土地转让环节的营业税、城市维护建设税、教育费附加。土地购买方取得了新公司100%的股权,土地过户到新公司名下,从税收上比较,相对于直接转让土地使用权,A房地产公司减少了转让环节的流转税。

(二)印花税

股权转让按照《印花税暂行条例》规定按“产权转移书据”缴纳印花税,印花税税率为0.5‰。

(三)个人所得税

在本案例中,B公司股东为A房地产公司,因此,不涉及个人所得税。

若出让方公司股东为自然人,根据《中华人民共和国个人所得税法实施条例》(以下简称《个人所得税法实施条例》)第八条第九款的规定:“财产转让所得,是指个人转让有价证券、股权、建筑物、土地使用权、机器设备、车船以及其他财产取得的所得。”因此,个人转让股权所得应缴纳个人所得税,税率为20%,其应纳税所得额根据《中华人民共和国个人所得税法》(以下简称《个人所得税法》)第六条第五款“财产转让所得,以转让财产的收入额减除财产原值和合理费用后的余额,为应纳税所得额”的规定计算。因此,股权转让所得应缴纳的个人所得税=(股权转让收入-取得股权所支付的金额-转让过程中所支付的相关合理费用)×20%。

另外,自然人股东股权转让应注意《国家税务总局关于加强股权转让所得征收个人所得税管理的通知》(国税函〔2009〕285号)以及《国家税务总局关于股权转让所得个人所得税计税依据核定问题的公告》(国家税务总局公告2010年第27号)中的相关规定:

1.股权交易各方在签订股权转让协议并完成股权转让交易以后至企业变更股权登记之前,负有纳税义务或代扣代缴义务的转让方或受让方,应到主管税务机关办理纳税(扣缴)申报,并持税务机关开具的股权转让所得缴纳个人所得税完税凭证或免税、不征税证明,到工商行政管理部门办理股权变更登记手续。

2.税务机关应加强对股权转让所得计税依据的评估和审核。对扣缴义务人或纳税人申报的股权转让所得相关资料应认真审核,判断股权转让行为是否符合独立交易原则,是否符合合理性经济行为及实际情况。

对申报的计税依据明显偏低(如平价和低价转让等)且无正当理由的,自2011年1月14日起,主管税务机关可采取以下方法核定:

(1)参照每股净资产或纳税人享有的股权比例所对应的净资产份额核定股权转让收入。对知识产权、土地使用权、房屋、探矿权、采矿权、股权等合计占资产总额比例达50%以上的企业,净资产额须经中介机构评估核实。

(2)参照相同或类似条件下同一企业同一股东或其他股东股权转让价格核定

股权转让收入。

(3)参照相同或类似条件下同类行业的企业股权转让价格核定股权转让收入。

(4)纳税人对主管税务机关采取的上述核定方法有异议的,应当提供相关证据,主管税务机关认定属实后,可采取其他合理的核定方法。

(四)土地增值税

1. A 房地产公司以土地投资设立 B 公司的环节,土地增值税涉及政策如下:《财政部、国家税务总局关于土地增值税若干问题的通知》(财税〔2006〕21 号)第五条明确了关于以房地产进行投资或联营的征免税问题:"对于以土地(房地产)作价入股进行投资或联营的,凡所投资、联营的企业从事房地产开发的,或者房地产开发企业以其建造的商品房进行投资和联营的,均不适用《财政部、国家税务总局关于土地增值税一些具体问题规定的通知》(财税字〔1995〕48 号)第一条暂免征收土地增值税的规定。"

财税字〔1995〕48 号文件第一条规定了关于以房地产进行投资、联营的征免税问题:"对于以房地产进行投资、联营的,投资、联营的一方以土地(房地产)作价入股进行投资或作为联营条件,将房地产转让到所投资、联营的企业中时,暂免征收土地增值税。对投资、联营企业将上述房地产再转让的,应征收土地增值税。"

该政策对于房地产开发企业投资、联营或被投资土地用于房地产开发规定,只要有一方为房地产开发企业,就不允许享受暂免征收土地增值税的优惠政策。要想享受此政策,就要避开上述两点,即一是不以房地产开发企业拿地进行投资,二是此地块不用于房地产开发。

2. 本案例中,A 房地产公司转让 B 公司股权给 C 房地产公司,从目前的有效文件来看,单纯的股权转让原则上不征收土地增值税;对于特殊的以转让房地产为营利目的的股权转让,国税函〔2000〕687 号文件倾向于征收土地增值税,但该文件未被列入《国家税务总局关于公布现行有效的税收规范性文件目录的公告》(国家税务总局公告 2010 年第 26 号)有效文件目录中,因此,实务中应关注当地税务机关的具体执行政策。

3. 对于以土地作价投资未缴纳土地增值税的行为,房地产开发企业应注意投资评估成本不一定能作为土地增值税扣除项目,这在财税〔2006〕21 号文件发布之前的地方政策规定中比较明确。例如,《山东省地方税务局关于明确投资入股土地征收土地增值税土地扣除项目金额问题的通知》(鲁地税函〔2004〕30 号)规定:纳税人利用外单位投资入股的土地从事房地产开发的,由于其取得该宗土地使用权时并未支付任何款项,故在转让该宗土地开发建设的房地产计算土地增值税时,不得按照投资入股企业取得土地使用权时支付的金额或投资入股时土地的评估价值作为土地的扣除项目金额予以扣除。

（五）企业所得税

《财政部、国家税务总局关于企业重组业务企业所得税处理若干问题的通知》（财税〔2009〕59号）规定：企业重组的税务处理区分不同条件分别适用一般性税务处理规定和特殊性税务处理规定。

1. 按照一般性税务处理规定，企业股权收购、资产收购重组交易，相关交易应按以下规定处理：被收购方应确认股权、资产转让所得或损失；收购方取得股权或资产的计税基础应以公允价值为基础确定；被收购企业的相关所得税事项原则上保持不变。

2. 在特殊性税务处理方式下，收购企业购买的股权不低于被收购企业全部股权的75%，且收购企业在该股权收购发生时的股权支付金额不低于其交易支付总额的85%，相关交易可以按以下规定处理：被收购企业的股东取得收购企业股权的计税基础，以被收购股权的原有计税基础确定；收购企业取得被收购企业股权的计税基础，以被收购股权的原有计税基础确定；收购企业、被收购企业的原有各项资产和负债的计税基础和其他相关所得税事项保持不变。

【风险提示】

本案例中，C房地产公司购买的B公司如果是房地产开发企业，那么利用B公司开发资质可直接进行房地产开发。如果B公司为非房地产开发企业，那么C房地产公司就有三种选择：一是以B公司名义利用该土地自建房屋，比如商业城；二是改变B公司性质，将B公司改造为房地产开发企业，取得资质后再从事房地产开发业务；三是以B公司名义整理土地后，出售该土地使用权，取得土地转让收益。无论采用何种方式，C房地产公司应特别注意，尽管其获取土地的代价是其购买股权的成本，但是在税务处理时该土地使用权的计税基础仍应按在B公司的原计税基础确定，这样难免出现计税成本远远小于实质支付成本的情况，而要多缴纳企业所得税和土地增值税。

第十一节　整体产权转让收购项目公司的纳税实务

企业转让全部产权实质上是将一个企业作为商品转让的行为，因为企业拥有一定的资产资源和人力资源，购买企业产权，可以直接有效获得该企业所拥有的资源，以实现对其资产所有权和经营权的直接控制。整体产权转让原多发生于长期亏损的国有企业，通过兼并重组实现资源的有效利用。对于想获得土地或不动产资源的房地产开发企业，通过这一方式，可以更直接、有效地获取土地。

在收购企业全部产权方式下，若被收购企业也是房地产开发企业，则被收购企业不一定丧失法人主体资格，其可以作为收购企业一个全资子公司存在并从事该地块上的项目开发业务。若被收购企业为非房地产开发企业，最好的办法就是取消其法人资格，资产、债权、债务、劳动力均由房地产收购企业按吸收合并处理。

整体产权转让与股权转让的区别在于资产、债权、债务、劳动力四个要素缺一不可，现行税收政策对于企业整体产权转让有很多税收优惠，充分理解这些政策，对于房地产开发企业通过资产重组获取土地资源有很重要的现实意义。

一、整体产权转让不征收营业税

《国家税务总局关于转让企业产权不征营业税问题的批复》（国税函〔2002〕165 号）中，国家税务总局在答复《海南省地方税务局关于海南省金城国有资产经营管理公司转让富岛化工有限公司全部产权是否征收营业税问题的请示》（琼地税发〔2002〕9 号）时指出："根据《中华人民共和国营业税暂行条例》及其实施细则的规定，营业税的征收范围为有偿提供应税劳务、转让无形资产或者销售不动产的行为。转让企业产权是整体转让企业资产、债权、债务及劳动力的行为，其转让价格不仅仅是由资产价值决定的，与企业销售不动产、转让无形资产的行为完全不同。因此，转让企业产权的行为不属于营业税征收范围，不应征收营业税。"

《国家税务总局关于青海省黄河尼那水电站整体资产出售行为征收流转税问题的批复》（国税函〔2005〕504 号）中指出："青海省三江股份有限公司将其所属的黄河尼那水电站整体资产出售给联合能源集团有限公司，并非整体转让企业资产、债权、债务及劳动力，不属于企业的整体产权交易行为。因此，在青海省黄河尼那水电站整体资产出售过程中，其发生的销售货物行为应照章征收增值税，转让土地使用权和销售不动产的行为应照章征收营业税。"

国税函〔2005〕504 号文件所反映的是单纯整体资产转让行为，如果符合《国家税务总局关于纳税人资产重组有关增值税问题的公告》（国家税务总局公告 2011 年第 13 号）所规定的纳税人在资产重组过程中，通过合并、分立、出售、置换等方式，将全部或者部分实物资产以及与其相关联的债权、债务和劳动力一并转让给其他单位和个人，则不属于增值税的征税范围，其中涉及的货物转让，不征收增值税。

对于资产组合中所包含的土地使用权和不动产转移，根据《国家税务总局关于纳税人资产重组有关营业税问题的公告》（国家税务总局公告 2011 年第 51 号）也不征收营业税。

注意整体产权转让与整体资产转让的性质区别和税务处理差异。企业整体产权转让，是整体转让企业资产、债权、债务及劳动力的行为。企业整体资产转让，是指一家企业（简称转让企业）不需要解散而将其经营活动的全部（包括所有资产和负债）或其独立核算的分支机构转让给另一家企业（简称接受企业），以换取代表接受企业资本的股权(包括股份或股票等),包括股份公司的法人股东以其经营活动的全部或其独立核算的分支机构向股份公司配购股票。

【风险提示】

对于收购企业特别是以开发为目的的房地产开发企业来说,收购企业整体资产与收购企业整体产权虽然目的相似,但因两者在性质上有根本差别,所以适用的纳税政策也大不相同。

企业整体产权转让的转让对象是企业,从性质上来说属于企业股权转让;而企业整体资产转让转让的对象是企业的整体资产,可以看作企业的一项资产投资活动,是企业将自己的全部净资产投资换取股权或部分非股权的行为。

企业整体产权转让的内容是企业资产、债权、债务、劳动力,四者缺一不可;而企业整体资产转让的内容是企业的资产、负债和所有者权益。

企业整体产权转让中,买卖双方以收购企业和被收购企业的投资者或上级主管部门为主;企业整体资产转让中,则以转让企业和接受企业的管理层为主。

企业整体产权转让后,被转让企业可能存在,也可能不存在,由收购企业和被收购企业协商确定;而企业整体资产转让后,转让企业继续存在,只是改变了经营类型,由原来的从事生产经营活动转化为从事投资经营活动,其投资者、股东结构可以不变,特别是作为独立纳税人的法律地位没有改变。

整体资产转让中,接受企业支付的对价除股权外若还有其他经济利益,则其中包含的土地使用权、不动产转让行为,转让企业可能要缴纳营业税,而转让企业产权则不需要缴纳营业税。

纳税人在资产重组过程中,通过合并、分立、出售、置换等方式,将全部或者部分实物资产以及与其相关联的债权、债务和劳动力一并转让给其他单位和个人,可以免征增值税和营业税。国家税务总局公告2011年第51号文件的该规定突破了产权转让与资产转让的明显界限,具体实务操作中仍需注意相关条件是否满足。

二、整体产权转让免征土地增值税

根据《土地增值税暂行条例》的规定,在企业兼并中,对被兼并企业将房地产转让到兼并企业中的,暂免征收土地增值税。

整体资产转让属于企业兼并吗?整体资产能否免征土地增值税?企业兼并是指一个企业采取各种形式有偿接收其他企业的产权,使被兼并方丧失法人资格或改变法人实体的经济行为。企业兼并的形式有:①承担债务式兼并,即在资产与债务等价的情况下,兼并方以承担被兼并方债务为条件接收其资产的兼并方式;②购买式兼并,即兼并方出资购买被兼并方企业资产的兼并方式;③吸收股份式兼并,即被兼并企业的所有者将被兼并企业的净资产作为股金投入兼并方,从而成为兼并方企业的股东的兼并方式；④控股式兼并，即一个企业通过购买其他企业的股权，达到控股，实现兼并的方式。

显然，企业仍然保留实体资格的整体资产转让不属于企业兼并的类型。那么整体资产转让实务中应该如何确定土地增值税呢？

《财政部、国家税务总局关于土地增值税若干问题的通知》（财税〔2006〕21号）中指出：自2006年3月2日起，对于以土地（房地产）作价入股进行投资或联营的，凡所投资、联营的企业从事房地产开发的，或者房地产开发企业以其建造的商品房进行投资和联营的，均不适用《财政部、国家税务总局关于土地增值税一些具体问题规定的通知》（财税字〔1995〕48号）第一条暂免征收土地增值税的规定。

财税字〔1995〕48号文件第一条暂免征收土地增值税的规定如下：

对于以房地产进行投资、联营的，投资、联营的一方以土地（房地产）作价入股进行投资或作为联营条件，将房地产转让到所投资、联营的企业中时，暂免征收土地增值税。对投资、联营企业将上述房地产再转让的，应征收土地增值税。整体资产转让中，转让资产中包含的土地使用权、房屋建筑物转让，企业要一并按照净资产作长期股权投资处理。房地产企业转让或接受转让资产都不能免征土地增值税。

三、印花税

《财政部、国家税务总局关于企业改制过程中有关印花税政策的通知》（财税〔2003〕183号）对于经县级以上人民政府及企业主管部门批准改制的企业，在改制过程中涉及的印花税政策规定：

（一）关于资金账簿的印花税

1. 实行公司制改造的企业在改制过程中成立的新企业（重新办理法人登记的），其新启用的资金账簿记载的资金或因企业建立资本纽带关系而增加的资金，凡原已贴花的部分可不再贴花，未贴花的部分和以后新增加的资金按规定贴花。

公司制改造包括：国有企业依《公司法》整体改造成国有独资有限责任公司；企业通过增资扩股或者转让部分产权，实现他人对企业的参股，将企业改造成有限责任公司或股份有限公司；企业以其部分财产和相应债务与他人组建新公司；企业将债务留在原企业，而以其优质财产与他人组建新公司。

2. 以合并或分立方式成立的新企业，其新启用的资金账簿记载的资金，凡原已贴花的部分可不再贴花，未贴花的部分和以后新增加的资金按规定贴花。

合并包括吸收合并和新设合并。分立包括存续分立和新设分立。

3. 企业债权转股权新增加的资金按规定贴花。

4. 企业改制中经评估增加的资金按规定贴花。

5. 企业其他会计科目记载的资金转为实收资本或资本公积的资金按规定贴花。

(二)关于各类应税合同的印花税

企业改制前签订但尚未履行完的各类应税合同,改制后需要变更执行主体的,对仅改变执行主体、其余条款未作变动且改制前已贴花的,不再贴花。

(三)关于产权转移书据的印花税

企业因改制签订的产权转移书据免予贴花。

四、企业所得税

企业转让全部产权后,被转让企业可能存在,也可能不存在。被转让企业是否存续由被转让企业和接受企业协商确定。根据《财政部、国家税务总局关于企业重组业务企业所得税处理若干问题的通知》(财税〔2009〕59 号)的规定,企业转让全部产权后有两种纳税处理方式。

(一)被转让企业继续存在

被转让企业继续存在,实质是两家企业股东之间的企业买卖关系。财税〔2009〕59 号文件规定,股权收购是指一家企业(以下称为收购企业)购买另一家企业(以下称为被收购企业)的股权,以实现对被收购企业控制的交易。收购企业支付对价的形式包括股权支付、非股权支付或两者的组合。

根据财税〔2009〕59 号文件的规定,股权收购按以下规定处理:

①被收购方应确认股权转让所得或损失。

②收购方取得股权或资产的计税基础应以公允价值为基础确定。

③被收购企业的相关所得税事项原则上保持不变。

1. 股权收购一般性税务处理

【案例 3-20】2013 年 12 月,天山房地产公司以 5 500 万元货币资金购买 A 企业全资子公司 B 公司 100% 股权 5 000 万元。B 公司资产总额为 8 000 万元,计税基础为 7 000 万元,公允价值为 7 500 万元;负债为 2 000 万元,计税基础为 2 000 万元,公允价值为 2 000 万元。

【案例分析】

本案例中,B 公司转让后继续存在,但改变了投资主体,因此需要调整股权结构。

(1)天山房地产公司(受让方/收购方)的税务和会计处理:

天山房地产公司购买 B 公司股权后,应以该公司净资产的公允价值 5 500 万元(7 500 - 2 000)确定计税基础。

会计处理为(单位:万元):

借:长期股权投资　　5 500

　贷:银行存款　　5 500

(2)A 企业(转让方/被收购方)的税务和会计处理:

A 企业应确认股权转让所得:5 500 - 5 000 = 500(万元)

会计处理为(单位:万元):

借:银行存款　　5 500

　贷:长期股权投资　　5 000

　　投资收益　　500

2. 股权收购特殊性税务处理

本案例中,如果股权收购享受特殊性税务处理的比例同时满足下述条件的,将不再确认各方股权支付转让所得:①收购企业购买的股权不低于被收购企业全部股权的 75%;②收购企业在该股权收购发生时的股权支付金额不低于其交易支付总额的 85%。

根据财税〔2009〕59 号文件第六条第(六)款的规定,非股权支付额仍应在交易当期确认相应的资产转让所得或损失,并调整相应资产的计税基础。

非股权支付对应的资产转让所得或损失 =(被转让资产的公允价值 - 被转让资产的计税基础)×(非股权支付金额 ÷ 被转让资产的公允价值)

【案例 3-21】2013 年 12 月,天山房地产公司以 500 万元货币资金和 5 000 万元本公司股权购买 A 企业全资子公司 B 公司 100% 股权 5 000 万元。B 公司资产总额为 8 000 万元,计税基础为 7 000 万元,公允价值为 7 500 万元;负债总额为 2 000 万元,计税基础为 2 000 万元,公允价值为 2 000 万元。天山房地产公司按照股权收购如何进行税务处理?

【案例分析】

(1)判断该交易是否适用特殊性税务处理。

①天山房地产公司收购的股权比例为 100%,不低于 B 公司全部股权的 75%;

②天山房地产公司支付的股权支付额占交易总额的比例为 90.91%(5 000 ÷ 5 500 × 100%),不低于交易总额的 85%。

假定无其他不符合政策规定的情况,则该股权收购适用特殊性税务处理,即免税重组。收购企业取得被收购企业股权的计税基础,以被收购股权的原有计税基础确定。会计处理同【案例 3-20】,但计税基础仍以 5 000 万元计算。

(2)计算非股权支付额应纳税所得额。

(5 500 - 5 000) × (500 ÷ 5 500) = 45.45(万元)

非股权支付额应纳所得税 =45.45 ×25% =11.36(万元)

被收购企业B公司的股东A企业取得收购企业天山房地产公司股权的计税基础,以被收购股权的原有计税基础确定,即仍为5 000万元。会计处理同【案例3 -20】,但500万元投资收益中的45.45万元仍要计算缴纳企业所得税。

(3)收购企业天山房地产公司、被收购企业B公司原有各项资产和负债的计税基础和其他相关所得税事项保持不变。

(二)被转让企业不再存在

被转让企业不再存在,可以理解为接受企业吸收合并被转让企业。财税〔2009〕59号文件规定:合并是指一家或多家企业(以下称为被合并企业)将其全部资产和负债转让给另一家现存或新设企业(以下称为合并企业),被合并企业股东换取合并企业的股权或非股权支付,实现两个或两个以上企业的依法合并。

1.吸收合并一般性税务处理

企业合并,当事方应按下列规定处理:

①合并企业应按公允价值确定接受被合并企业各项资产和负债的计税基础。

②被合并企业及其股东都应按清算进行所得税处理。

③被合并企业的亏损不得在合并企业结转弥补。

【案例3 -22】2013年12月,天山房地产公司以7 000万元货币资金购买A企业全资子公司B公司100%股权5 000万元。B公司资产总额为8 000万元,计税基础为7 500万元,公允价值为9 000万元;负债为2 000万元,计税基础为2 000万元,公允价值为2 000万元;未分配利润为1 000万元。购买完成后,B公司注销。B公司的现有职工随着资产的转让一并由天山房地产公司接收并负责安置。按照吸收合并及注销清算的规定,当事方应如何进行税务处理?

【案例分析】

(1)天山房地产公司(受让方/收购方)的会计和税务处理:

天山房地产公司接受被出售的B公司,应做好验收资产、核实债权债务工作,并及时入账处理。天山房地产公司吸收合并B公司,应以B公司全部资产的公允价值确定入账。会计处理为(单位:万元):

借:各项资产	9 000	
贷:银行存款		7 000
各项负债		2 000

按照企业会计准则,如果天山房地产公司支付的价款大于接受的被转让企业净资产的公允价值,其差额作为商誉入账;如果支付的价款小于接受的被转让企业净资产的公允价值,按照《企业会计准则——基本准则》,应作为企业非日常活动产生的经济利益的流入,记入“营业外收入”科目。

(2)B 公司清算下的税务处理:

按照《财政部、国家税务总局关于企业清算业务企业所得税处理若干问题的通知》(财税〔2009〕60 号)的规定,企业全部资产的可变现价值或交易价格减除清算费用,职工的工资、社会保险费用和法定补偿金,然后结清清算所得税、以前年度欠税等税款,清偿企业债务,最后按规定计算可以向所有者分配的剩余资产。因此,本案例中,B 公司转让后不再存在,要进行企业所得税清算处理。

清算所得 = (9 000 - 7 500) + (2 000 - 2 000) = 1 500(万元)

清算所得税 = 1 500 × 25% = 375(万元)

可向股东分配的剩余财产 = 9 000 - 2 000 - 375 = 6 625(万元)

清算损益 = (9 000 - 8 000) + (2 000 - 2 000) - 375 = 625(万元)

所以,可分配剩余财产中包含累计未分配利润 = 1 000 + 625 = 1 625(万元)。

(3)A 企业(转让方/被收购方)的税务处理:

根据财税〔2009〕60 号文件的规定,被清算企业的股东分得的剩余资产的金额中,相当于被清算企业累计未分配利润和累计盈余公积中按该股东所占股份比例计算的部分,应确认为股息所得。剩余资产减除股息所得后的余额,超过或低于股东投资成本的部分,应确认为股东的投资转让所得或损失。本案例中,A 企业作为原股东实际仅获得 6 625 万元(7 000 - 375)股权转让收入。其中,1 625 万元累计未分配利润为权益性投资所得,不用补缴企业所得税。投资转让所得 0 万元(6 625 - 5 000 - 1 625)。会计处理为(单位:万元):

借:银行存款　　6 625

　贷:长期股权投资　　5 000

　　　投资收益——股息所得　　1 625

2. 吸收合并特殊性税务处理

吸收合并环节如果满足财税〔2009〕59 号文件中关于合并特殊性税务处理的规定,即“企业合并,企业股东在该企业合并发生时取得的股权支付金额不低于其交易支付总额的 85%,以及同一控制下且不需要支付对价的企业合并”可以选择按以下规定处理:

①合并企业接受被合并企业资产和负债的计税基础,以被合并企业的原有计税基础确定。

②被合并企业合并前的相关所得税事项由合并企业承继。

③可由合并企业弥补的被合并企业亏损的限额 = 被合并企业净资产公允价值 × 截至合并业务发生当年年末国家发行的最长期限的国债利率。

④被合并企业股东取得合并企业股权的计税基础,以其原持有的被合并企业股权的计税基础确定。

适用特殊性税务处理,原企业不用计算合并环节的清算所得或损失,但是接受企业土地使用权计税成本只能按原企业的土地使用权账面价值确定。

五、契税

《财政部、国家税务总局关于企业事业单位改制重组契税政策的通知》(财税〔2012〕4 号)规定:两个或两个以上的公司,依据法律规定、合同约定,合并为一个公司,且原投资主体存续的,对其合并后的公司承受原合并各方的土地、房屋权属,免征契税。

因此,对于整体产权转让,无论被转让企业是否存续,都可以享受免征契税的税收优惠。房地产开发企业变收购土地、房屋建筑物为购买整体企业产权,显然能够享有较大的税收优惠。

第十二节　整体资产转让获取土地较产权转让税收优惠减少

整体产权转让方式间接取得拟开发项目用地并非任何方式下均能适用,在被收购企业不愿丧失主体法人资格或者整体产权转让方式纳税筹划失败的情况下,转让方难免被迫按照整体资产转让方式进行税务处理。整体资产转让方式如何纳税呢?

【案例 3 -23】2013 年 12 月,天山房地产公司以 5 000 万元子公司股权和 500 万元货币资金购买 B 公司整体资产。已知 B 公司资产总额为 6 000 万元,公允价值为 7 500 万元;负债总额为 2 000 万元,公允价值为 2 000 万元。B 公司资产主要为土地使用权和房屋建筑物。

【案例分析】

通过整体资产转让方式转让企业不丧失主体法人资格,而是由从事生产经营转而从事投资业务,实质上与一般的个别资产转让没有本质差别。B 公司的会计处理为(单位:万元):

借:长期股权投资——天山房地产子公司　　5 000
　　银行存款　　500
　　负债　　2 000
　　贷:固定资产清理　　7 500

借:固定资产清理　　6 000
　　贷:固定资产　　6 000

借:固定资产清理　　　　　　　　　　　　　　1 500

　　贷:营业外收入——处置固定资产损益　　　　　　1 500

该案例中,整体资产转让方式下获取土地涉及的政策依据及税务处理分析如下:

一、营业税政策依据及税务处理

《营业税税目注释(试行稿)》第八条规定:"以无形资产投资入股,参与接受投资方的利润分配,共同承担投资风险的行为,不征收营业税。但转让该项股权,应按本税目征税。"第九条规定:"以不动产投资入股,参与接受投资方的利润分配,共同承担投资风险的行为,不征收营业税。但转让该项股权,应按本税目征税。"

资产投资转让中,如果转让方除了获得股权外,还获得了其他非股权支付额,这部分金额则视同销售部分资产,需要按规定缴纳营业税。本案例中,B公司应缴纳营业税25万元(500×5%)。另外资产总额中如果还包含非不动产货物,则依据《国家税务总局关于青海省黄河尼那水电站整体资产出售行为征收流转税问题的批复》(国税函〔2005〕504号)的规定要征收增值税,即需要分解为销售和投资两项业务进行处理。

【风险提示】

企业在实务中要注意政策执行的有效性。《财政部、国家税务总局关于股权转让有关营业税问题的通知》(财税〔2002〕191号)规定:①以无形资产、不动产投资入股,与接受投资方利润分配,共同承担投资风险的行为,不征收营业税。②对股权转让不征收营业税。③《营业税税目注释(试行稿)》第八、第九条中与本通知内容不符的规定废止。④本通知自2003年1月1日起执行。

股权转让不征收营业税,以无形资产、不动产投资的行为无论何时都是不征税的,因此"先投资后转让"不失为一种行之有效的筹划思路。

【案例3-24】2013年6月,A公司以土地使用权投资全资子公司B公司,土地账面价值为5 000万元,评估投资价值为6 000万元。2013年12月,A公司将持有的B公司股权作价8 000万元转让给天山房地产公司。

【案例分析】

根据上述政策规定,2013年6月,A公司以土地使用权对外投资,不征收营业税。2013年12月,A公司转让股权8 000万元,也不征收营业税。

但应注意,如果投资者以不动产、土地使用权投资入股,收取固定利润,属于将场地、房屋等转让他人使用的业务,应按"服务业"税目中"租赁业"项目征收营业税。

二、土地增值税政策依据及税务处理

《财政部、国家税务总局关于土地增值税若干问题的通知》(财税〔2006〕21号)规定:自2006年3月2日起,对于以土地(房地产)作价入股进行投资或联营的,凡所投资、联营的企业从事房地产开发的,或者房地产开发企业以其建造的商品房进行投资和联营的,均不适用《财政部、国家税务总局关于土地增值税一些具体问题规定的通知》(财税字〔1995〕48号)第一条暂免征收土地增值税的规定。

财税字〔1995〕48号文件第一条暂免征收土地增值税规定:对于以房地产进行投资、联营的,投资、联营的一方以土地(房地产)作价入股进行投资或作为联营条件,将房地产转让到所投资、联营的企业中时,暂免征收土地增值税。对投资、联营企业将上述房地产再转让的,应征收土地增值税。

在【案例3-24】中,若A、B两公司有一方是房地产开发企业,则不适用财税字〔1995〕48号文件第一条暂免征收土地增值税的规定。A公司要按照转让价值6 000万元计算缴纳土地增值税。

在【案例3-23】中,B公司也应当以转让价值7 500万元计算缴纳土地增值税。

三、企业所得税政策依据及税务处理

《财政部、国家税务总局关于企业重组业务企业所得税处理若干问题的通知》(财税〔2009〕59号)规定:资产收购,是指一家企业(以下称为受让企业)购买另一家企业(以下称为转让企业)实质经营性资产的交易。受让企业支付对价的形式包括股权支付、非股权支付或两者的组合。

根据财税〔2009〕59号文件的规定,资产收购按以下规定处理:

①被收购方应确认资产转让所得或损失。

②收购方取得资产的计税基础应以公允价值为基础确定。

③被收购企业的相关所得税事项原则上保持不变。

受让企业收购的资产不低于转让企业全部资产的75%,且受让企业在该资产收购发生时的股权支付金额不低于其交易支付总额的85%,双方可以选择按特殊性税务处理:①交易中股权支付暂不确认有关资产的转让所得或损失。②转让企业取得受让企业股权的计税基础,以被转让资产的原有计税基础确定。③受让企业取得转让企业资产的计税基础,以被转让资产的原有计税基础确定。

根据财税〔2009〕59号文件第六条第(六)款的规定,非股权支付额仍应在交易当期确认相应的资产转让所得或损失,并调整相应资产的计税基础。

非股权支付对应的资产转让所得或损失 =(被转让资产的公允价值 - 被转让

资产的计税基础)×(非股权支付金额÷被转让资产的公允价值)

【案例3－25】天山房地产公司拟以市价1 500万元的股权和货币资金150万元整体收购东方公司,东方公司资产公允价值为1 650万元,无负债。双方资产结构和对价支付如表3－1、表3－2所示。

表3－1　东方公司资产结构明细表　单位:万元

项目	账面价值	计税基础	公允价值	备注
库存商品	100	100	150	
土地	300	300	500	
房屋建筑物	800	800	1 000	
资产合计	1 200	1 200	1 650	

表3－2　天山房地产公司对价支付明细表　单位:万元

项目	账面价值	计税基础	公允价值	备注
股权支付	1 000	1 500	1 500	股权支付比例为90.91%
银行存款支付	150	150	150	
合计	1 150	1 650	1 650	

【案例分析】

1.判断是否适用特殊性税务处理

①天山房地产公司整体资产收购比例为100%,不低于东方公司全部资产的75%;

②天山房地产公司支付的股权支付额占交易总额的比例为90.91%(1 500÷1 650×100%),不低于交易总额的85%。

假定无其他不符合政策规定的情况,则该资产整体收购适用特殊性税务处理,即免税重组。收购企业取得被收购企业资产的计税基础,以被收购股权的原有计税基础确定。天山房地产公司会计处理为(单位:万元):

借:库存商品　100

　无形资产——土地使用权　300

　固定资产——房屋建筑物　800

　贷:股本　1 000

　　银行存款　150

　　资本公积　50

2. 计算非股权支付额应纳税所得额

非股权支付额应纳税所得额 =(1 650 - 1 200)×(150 ÷ 1 650)= 40.91(万元)

东方公司非股权支付额应纳所得税 = 40.91 × 25% = 10.23(万元)

3. 东方公司会计处理(单位:万元)

借:银行存款　　150

　长期股权投资　　1 000

　投资收益　　50

　贷:库存商品　　100

　　无形资产——土地使用权　　300

　　固定资产——房屋建筑物　　800

四、印花税税务处理

《印花税暂行条例》第二条规定:"以土地使用权、房屋、机器设备作价投资,按应税凭证'产权转移书据'缴纳印花税。"

五、契税税务处理

《契税暂行条例实施细则》第八条规定,以土地、房屋权属作价投资、入股方式转移的,视同土地使用权转让、房屋买卖或者房屋赠与征税。因此,以土地投资,契税纳税义务人是境内转移土地、房屋权属,承受的单位和个人,即由接受土地和房屋建筑物投资的被投资方天山房地产公司缴纳契税,双方还应办理相关产权过户手续。

六、增值税税务处理

整体资产转让中换出资产为存货的,应当视同销售。根据《企业会计准则第14号——收入》按其公允价值确认商品销售收入,同时结转商品销售成本。【案例3 - 25】中,库存商品计税基础为100万元,公允价值为150万元,东方公司应当计算缴纳增值税。但如果符合《国家税务总局关于纳税人资产重组有关增值税问题的公告》(国家税务总局公告2011年第13号)规定的"纳税人在资产重组过程中,通过合并、分立、出售、置换等方式,将全部或者部分实物资产以及与其相关联的债权、负债和劳动力一并转让给其他单位和个人",则不属于增值税的征税范围,其中涉及的货物转让,不征收增值税。

第四章 房地产合作开发纳税实务与风险防范

第一节 房地产合作开发的基本问题

一、什么是房地产合作开发

在以土地、信贷、限购为主要内容的政策调控下，越来越多的房地产开发企业陷入资金困境。因此，新的形势下，房地产开发企业完全靠自身积累实现扩张开发显得力不从心，为继续获取项目开发利润，减少前期直接购地资金支出，合作开发的经营模式不失为一种应对策略。

房地产合作开发是指具有房地产开发资质的一方与提供建设用地使用权或提供资金、技术、劳务等的一方或多方在共担风险、共享收益的条件下合作开发房地产项目。《最高人民法院关于审理涉及国有土地使用权合同纠纷案件适用法律问题的解释》(以下简称《解释》)(法释〔2005〕5号)规定："合作开发房地产合同，是指当事人订立的以提供出让土地使用权、资金等作为共同投资，共享利润、共担风险合作开发房地产为基本内容的协议。"据此可知，合作开发要符合以下几个条件：

①必须以合作双方的名义办理合建审批手续；

②办理土地使用权变更登记；

③其中一方应该具有房地产开发经营资质。

实践中，房地产合作开发主要有三种模式：一是签署联合经营协议的联建模式，二是组建具有独立法人资格的项目公司联营开发模式，三是房屋参建模式。这三种模式在法律性质、运作方式及税务处理方面均存在一定区别。混淆这些区别，选择不适用的纳税政策会带来不必要的税务风险。

二、房地产合作开发的基本模式

(一)联建模式

联建是指拥有土地使用权的当事人提供土地使用权，具有房地产开发资质的房地产开发企业提供资金和技术，以双方名义共同开发，然后按照双方约定比例进行房屋分配并对自己名下的房屋进行使用或销售的行为。双方按照合同约定的投资比例共同经营、共担风险、共享利润，对外共同互负连带责任。实务中存在大量的此类合作开发，但是由于没有履行必要的法律手续，税务机关往往不予认同。根据当前法律的规定，房地产联建行为要合法有效，合作双方就必须向政府有关部门办理土地使用、规划许可、项目施工许可等的所有行政审批手续，而且各方应当办理土地使用权变更手续，以自己的名义在合同约定比例范围内进行新建房屋的初始登记。

（二）项目公司联营开发模式

项目公司联营开发是指提供资金、技术、劳务的一方与提供土地的另一方通过签订联合开发合同，组成房地产开发经营的实体，共享利润、共担风险的经济联合行为。在此种情况下，联营主体是两个或两个以上的企业之间、企业与事业单位之间的一种横向经济合作的法律实体。房地产合作开发的合作人即成为项目公司的股东，合作人之间的权利和义务不再由合作协议书来规范，而是由项目公司的章程来明确；合作人不再以合伙的连带责任承担民事责任，而是以项目公司的注册资本为限承担有限责任。项目公司联营开发的目的是通过房地产开发营利，这是与借联营名义实为借贷关系的合作开发的本质区别。联营合同的有效条件是：联营主体应当按照法定程序和要求共同办理房地产开发项目的立项报批手续；以土地使用权为联营出资条件的，参与联营的主体应当按法律要求将土地使用权过户到联营实体名下。项目公司联营开发在税务处理上遵循以项目公司法人为纳税主体的原则，合作双方从项目公司获取的利益视同分红进行利润分配处理。

（三）房屋参建模式

房屋参建是指参建人对已经成立的房地产项目参与投资或预购房屋的行为。该类参建行为往往因为没有被政府主管部门行政批准而被认定为无法律效力。实践中，房屋参建常常表现为被参建人间接融资，即被参建人由于项目建设资金短缺，又无法通过其他合法途径获得周转资金，在未取得商品房预售许可证的情况下，打着“优惠价”、“内部价”的旗号，以商品房预售方式，吸引参建人投入资金，以获得资金。

三、房地产合作开发形式的法律问题

（一）联营与联建的区别

1. 联营与联建的相似之处

联营与联建容易混淆，两者的相似之处有：

(1)合作主体均为两个或两个以上的企业、事业单位的联合；

(2)都是从事房地产开发的行为；

(3)均要求必须有一方主体具有房地产开发经营资格。

2. 联营与联建的区别之处

(1)合作开发所形成的联营体稳定性不同。联营是以房地产开发经营作为经营目标而组建的经济实体，其表现形态为独立的企业或项目公司，一般存在期间较长；联建并非经济法意义上的联营体，其组合是为了特定的联建事项，随着建房目的的实现，联建关系消失，各方转而成为该房屋的共有人，一般存在期间较短。

(2)合作开发土地权属是否转移有区别。联营各方出资不以土地使用权作为必要的出资方式；联建的一方(供地方)出资必须以土地使用权作为必要的出资方式。

(3)合作开发最终收益形式不同。联营由其营利性目标所决定，一项房地产开发项目完成后，通常将该房产销售以取得货币资本作为企业利润；联建各方往往是将开发的房产按照先前达成的分配协议予以分配，各自成为相应部分房屋的产权人。

(二)联建合同下的法律问题

1. 尚未取得国有土地使用权证书的土地

《解释》第九条规定："转让方未取得出让土地使用权证书与受让方订立合同转让土地使用权，起诉前转让方已经取得出让土地使用权证书或者有批准权的人民政府同意转让的，应当认定合同有效。"反之，供地方未取得国有土地使用权，违反了《土地管理法》和《城市房地产管理法》的相关强制性规定，将直接导致联建合同无效。拥有资金的一方与没有取得土地使用权的另一方合作开发房地产，存在合同无效的法律风险。

《解释》第十六条规定："土地使用权人未经有批准权的人民政府批准，以划拨土地使用权作为投资与他人订立合同合作开发房地产的，应当认定合同无效。但起诉前已经办理批准手续的，应当认定合同有效。"

国家土地管理局《划拨土地使用权管理暂行办法》第四十条规定："以土地使用权作为条件，与他人进行联建房屋，举办联营企业的，视为土地使用权转让行为，按照本办法办理。"依据该办法，应将以划拨土地使用权为条件与他人进行联建房屋视为土地使用权转让行为，即按照《城镇国有土地使用权出让和转让暂行条例》第四十五条的规定，将划拨土地使用权转为出让土地使用权。

划拨土地使用权是土地使用者经县级以上人民政府依法批准，在缴纳补偿、安置等费用后取得的或者无偿取得的没有使用期限限制的国有土地使用权。其特点是取得的法定性、取得的无偿性或低偿性、使用的无期限性和处分的局限性。正是基于上述特征，划拨的土地未经批准不得作为投资参与房地产合作开发。只有经过县级以上人民政府批准，由土地使用权受让人办理使用权出让手续，并依照国家的有关规定缴纳土地出让金后方可投入合作开发。

一般情况下，签订联建合同时，供地方持有的划拨土地尚未挂牌公示。如果供地方未履行公示义务或挂牌公示失败，不能最终取得土地使用权，则另一方将无法依据联建合同的约定追究供地方的违约责任。因此，为降低合作开发合同的交易风险，合作各方在签订联建合同时可以将供地方按时有效取得开发用地作为合同成立的条件，另一方就可以依照条件部分追究供地方的违约责任，而不受联建合同无效的影响。这样就可以使合作各方的权利义务基本平衡，有利于促进合作各方认真履行合同义务。

2."伪合作开发房地产合同"的认定

《解释》中对一些名为合作开发但合同约定的内容又名不副实的情况作了规定，具体是：

(1)名为合作开发房地产，实为转让土地使用权。拥有土地使用权的当事人提供土地使用权，具有房地产开发资质的房地产开发商投入资金和技术并以其名义进行开发建设，项目完成后，开发商依合同约定的分配比例将房屋所有权及土地使用权转移给出地一方。这是一种双方合作单方负责开发经营的合同，名为合作开发房地产，实为转让土地使用权。《解释》第二十四条规定："合作开发房地产合同约定提供土地使用权的当事人不承担经营风险，只收取固定利益的，应当认定为土地使用权转让合同。"

(2)名为合作开发房地产，实为买卖房屋。《解释》第二十五条规定："合作开发房地产合同约定提供资金的当事人不承担经营风险，只分配固定数量房屋的，应当认定为房屋买卖合同。"

(3)名为合作开发房地产，实为借贷。拥有土地使用权的当事人提供土地使用权，另一方当事人投入资金或技术，以土地使用权人的名义进行开发，待房屋建成后，依约定将房屋及土地使用权以转让方式转让给投资方。这是一种以合作开发为名，吸收开发资金分享利益的合同。拥有土地使用权的开发方负责开发经营的运作并承担经营风险，合作方只投入资金或技术，但不挂名，也不参与经营，不承担风险，只享受固定的利润分成或获取固定的房屋作为投资回报，这是名为合作建房、实为借贷的合同。《解释》第二十六条规定："合作开发房地产合同约定提供资金的当事人不承担经营风险，只收取固定数额货币的，应当认定为借款合同。"

(4)名为合作开发房地产，实为租赁房屋。《解释》第二十七条规定："合作开发房地产合同约定提供资金的当事人不承担经营风险，只以租赁或者其他形式使用房屋的，应当认定为房屋租赁合同。"

(5)以合作开发名义出租资质。拥有土地使用权的当事人以挂靠形式与具有房地产开发资质的开发商签订合作开发合同，挂靠方一般为非房地产开发公司，负责提供开发经营所需资金，被挂靠方为房地产开发公司，负责合作项目的立项、批地、报建、签订销售合同、办理房地产权证，同时收取一定比例的管理费或分取固定的利润。这种合作方式逃避了房地产开发的行政管理，降低了成本，其实质是房地产开发企业以合作开发为名出租房地产资质以获取利益。

第二节 合作建房中的营业税政策及实务应用

一、合作建房不成立合营企业的税务处理

合作建房的第一种形式是纯粹的“以物易物”，即双方以各自拥有的土地使用权和房屋所有权相互交换，概括为项目合作双方不成立合营企业契约式合作建房（简称联建）。根据《国家税务总局关于印发〈营业税问题解答（之一）〉的通知》（国税函发〔1995〕156 号）第七条的规定，具体分为以下两种交换方式：

1. 把土地使用权和房屋所有权相互交换，双方都取得了部分房屋的所有权。在这一合作方式下，甲方以转让部分土地的使用权为代价，换取部分房屋的所有权，发生了转让土地使用权的行为；乙方则以转让部分房屋的所有权为代价，换取部分土地的使用权，发生了销售不动产的行为。因而，合作建房的双方都发生了营业税的应税行为。对甲方应按“转让无形资产”税目中的“转让土地使用权”子目征税；对乙方应按“销售不动产”税目征税。由于双方没有进行货币结算，因此，应当按照《营业税暂行条例实施细则》第十五条的规定（笔者注：2009 年 1 月 1 日后应当是《营业税暂行条例实施细则》第二十条的规定）分别核定双方各自的营业额。如果合作建房的双方或任何一方将分得的房屋销售出去，则发生了销售不动产行为，应对其销售收入再按“销售不动产”税目征收营业税。

【案例 4－1】甲商贸企业拥有待开发的国有土地一宗，因缺乏资金，与乙房地产开发企业签订合作建房协议。双方约定：甲方出地，乙方出资，房屋建成后四六分成。甲乙双方按规定办理了合作建房备案手续，乙方享有该宗土地 60% 的土地使用权。乙方投入资金 5 000 万元，房屋建成后，双方按协议约定的比例分割房屋并办理产权登记手续。

【案例分析】

此案例属于“一方出地，一方出资金，共同立项，按比例分房”的情况，甲乙双方合作建房属于不成立合营企业情况下的第一种方式。对甲方应按“转让无形资产”税目中的“转让土地使用权”子目征税；对乙方应按“销售不动产”税目征税。由于

双方没有进行货币结算，因此，应当分别核定双方各自的营业额。《营业税暂行条例实施细则》第二十条规定：纳税人有条例第七条所称价格明显偏低并无正当理由或者本细则第五条所列视同发生应税行为而无营业额的，按下列顺序确定其营业额：①按纳税人最近时期发生同类应税行为的平均价格核定。②按其他纳税人最近时期发生同类应税行为的平均价格核定。③按下列公式核定：营业额＝营业成本或者工程成本×(1＋成本利润率)÷(1－营业税税率)。公式中的“成本利润率”，由省、自治区、直辖市税务局确定。

《财政部、国家税务总局关于合作开发的房地产权属转移征免契税的批复》(财税〔2004〕91号)如下：

广东省财政厅：

你厅《关于合作开发的房地产权属转移是否征收契税的请示》(粤财法〔2004〕32号)收悉。经研究，现批复如下：

(1)珠海市房产公司拥有土地，珠海南嘉房产开发有限公司提供资金，共建住房。珠海南嘉房产开发有限公司获得了珠海市房产公司的部分土地使用权，属于土地使用权权属转移。根据《中华人民共和国契税暂行条例》的规定，珠海南嘉房产开发有限公司承受土地使用权，应缴纳契税。因此，对珠海南嘉房产开发有限公司应按其取得的85%土地使用权的成交价格计征契税。

(2)在上述合作开发建房过程中，珠海南嘉房产开发有限公司将其拥有并登记在珠海市房产公司名下的房产权属登记在自己名下，没有发生权属转移，不应征收契税。

【案例4－2】天山房地产公司2013年10月份与A企业签订了一份合作开发协议，协议规定天山房地产公司出资金，A企业出地，天山房地产公司在A企业拥有的土地上建造居民住宅楼9栋，建成后4栋住宅楼归A企业所有，建筑面积为20 000平方米，建筑成本为4 000万元，其余5栋住宅楼归天山房地产公司所有。

【案例分析】

天山房地产公司与A企业发生了“以房换地”行为，天山房地产公司换出房屋营业额的确定分析如下：

(1)若天山房地产公司10月份销售的同类房屋的平均价格为每平方米4 000元(不含土地价值)，那么换出的20 000平方米房屋的营业额为8 000万元(20 000×0.4)。

(2)若天山房地产公司10月份没有销售同类房屋，最近时期销售的同类房屋的平均价格为每平方米3 800元(不含土地价值)，那么换出的20 000平方米房屋的营业额为7 600万元(20 000×0.38)。

(3)若天山房地产公司10月份没有销售同类房屋，最近时期也没有销售同类房屋，则应核定换出房屋的计税价格。假定成本利润率为20%，则计税价格为

5 052.63 万元[4 000×(1+20%)÷(1-5%)]。

【风险提示】

如果按照销售同类房屋的平均价格每平方米5 000元计算，那么换出的20 000平方米房屋的营业额为10 000万元(20 000×0.5)，这显然加重了纳税人的负担。实际征管中存在这种可能。例如，《福建省地方税务局关于合作建房中营业税计税依据确定问题的批复》(闽地税函〔2001〕161号)规定：三明市立丰房地产开发公司以房换地，对其取得的收入(按全部房屋的销售收入)依“销售不动产”税目征收营业税。永安市燕南办事处南郊村以地换房后销售，对其取得的收入先按“转让无形资产”税目征收营业税，再按“销售不动产”税目征收营业税。营业额按《营业税暂行条例实施细则》第十五条的规定核定。

北京市海淀区地方税务局对“合作建房怎样缴纳营业税”问题的答复如下：“采用一方出地皮，房地产开发商进行开发的方式建房，建好后，房地产开发商将部分房屋作为报酬送给出地皮的一方，房地产开发商需对此部分房屋以市场价格按照‘转让不动产’税目缴纳营业税，同时出地皮的一方以此部分房屋的市场价格按照‘转让无形资产’税目缴纳营业税。”因此，从简化征管的角度出发，税务机关并没有考虑此房屋的市场价格是否包含土地价值。

【案例4-3】甲公司2013年10月与乙企业签订一份合作开发协议，协议规定甲公司出资金，乙企业出地。土地使用权已经办到双方名下，但是由于双方分歧较大，乙企业拟收回土地使用权，那么，收回土地使用权的行为征收营业税吗？

【案例分析】

本案例的情况参照《广西壮族自治区地方税务局关于营业税若干问题的通知》(桂地税发〔2009〕185号)第九条的规定：甲方提供土地、乙方提供资金合作建房，土地使用权已办到双方名下，由于乙方未按合同约定提供资金，甲方将已办到双方名下的土地使用权办回自己名下的行为，不属于营业税应税行为，不征收营业税。

2. 以出租土地使用权为代价换取房屋所有权。例如，甲方将土地使用权出租给乙方若干年，乙方投资在该土地上建造建筑物并使用，租赁期满后，乙方将土地使用权连同所建的建筑物归还甲方。在这一经营方式下，乙方以建筑物为代价换得若干年的土地使用权，甲方以出租土地使用权为代价换取建筑物。甲方发生了出租土地使用权的行为，对其按“服务业——租赁业”税目征营业税；乙方发生了销售不动产的行为，对其按“销售不动产”税目征营业税。对双方分别征税时，其营业额应按《营业税暂行条例实施细则》第十五条的规定(笔者注：2009年1月1日后应当是《营业税暂行条例实施细则》第二十条的规定)核定。

【案例4-4】某市地税稽查局在对某事业单位进行纳税检查时发现，该事业单位出地、A 房地产公司出资 600 万元合作建房，楼房建成后归该事业单位所有，但 A 房地产公司可以优先使用 5 年并每年支付租金 5 万元。经检查发现，该事业单位仅将每年收取的 5 万元租金列入经营收入申报纳税，而未将 A 房地产公司出资的 600 万元列入经营收入，也未申报缴纳营业税。

【案例分析】

本案例反映的是以出租土地使用权为代价换取房屋所有权如何确定计税营业额的问题。国税函发〔1995〕156 号文件对合作建房征收营业税问题作了明确的规定：合作建房中以出租土地使用权为代价换取房屋所有权，是指一方（以下称甲方）提供土地使用权，另一方（以下称乙方）提供资金，甲方将土地使用权出租给乙方若干年，乙方投资在该土地上建造建筑物并使用，租赁期满后，乙方将土地使用权连同所建的建筑物归还甲方。在这一经营方式下，甲方是以出租土地使用权为代价换取建筑物，发生了出租土地使用权的行为，对其按“服务业——租赁业”税目征营业税。

该事业单位是以出租土地使用权为代价换取房屋所有权，应按“服务业——租赁业”税目缴纳营业税，除将每年收取的 5 万元租金列入营业收入外，还应将 A 房地产公司出资的 600 万元按租赁期分摊列入每年，作为经营收入。另外，由于楼房建成后，产权实际归属于该事业单位，投资额应视同该事业单位房产价值计征房产税。

【风险提示】

首先，按照国税函发〔1995〕156 号文件的规定，租赁期满后，A 房地产公司将土地使用权连同所建的建筑物归还某事业单位应认定为以建筑物为代价换得若干年的土地使用权，对其按“销售不动产”税目征营业税。但实际上 A 房地产公司并未取得土地使用权，因此，为减少纳税风险，建造支出以不在该公司核算为宜，在支付给事业单位后，由事业单位按建造固定资产核算。其次，按照国税函发〔1995〕156 号文件的规定，事业单位按照出租土地使用权核算，与最终实质形成的房屋出租行为也不相符。此种情形可参考《国家税务总局关于中国××化学工程公司征收营业税问题的批复》（国税函〔1996〕174 号）对《成都市地方税务局关于对中国××化学工程公司征收营业税问题请示》（成地税发〔1996〕40 号）的批复：在中国××化学工程公司与四川国际经济开发招商股份有限公司合作建房的过程中，中国××化学工程公司负责出地和申请建设项目，建成后的房屋所有权也归其所有；四川国际经济开发招商股份有限公司负责出资金，取得底楼商业用房 15 年的使用权。在此项合作中，中国××化学工程公司发生了在约定的时间内将房屋转让给他人使用的行为。根据《营业税税目注释（试行稿）》的有关规定，对中国××化学工程公司从四川国际经济开发招商股份有限公司取得的收入应按“服务业”税目中的“租赁业”子目征收营业税,纳税义务发生时间为收讫价款或取得索取营业收入款项凭据的当天。因此,此类业务,按照出租房屋计征营业税更符合实务常规,但是与国税函发〔1995〕156 号文件的规定不同的是还要按规定计算出租房屋房产税。

二、合作建房成立合营企业的税务处理

合作建房的另外一种形式是甲方以土地使用权、乙方以货币资金合股,成立合营企业,合作建房。对此种形式的合作建房,根据国税函发〔1995〕156 号文件第七条的规定,视具体情况确定如何征税:

1. 房屋建成后,如果双方采取风险共担、利润共享的分配方式,按照“以无形资产投资入股,参与接受投资方的利润分配、共同承担投资风险的行为,不征营业税”的规定,将甲方向合营企业提供土地使用权视为投资入股,不征营业税;对合营企业销售房屋取得的收入按销售不动产征税;对双方分得的利润不征营业税。

2. 房屋建成后,甲方如果采取按销售收入的一定比例提成的方式参与分配,或提取固定利润,则不属于《财政部、国家税务总局关于股权转让有关营业税问题的通知》(财税〔2002〕191 号)所称的不征营业税的投资入股行为,而属于甲方将土地使用权转让给合营企业的行为。那么,对甲方取得的固定利润或从销售收入中按比例提取的收入依“转让无形资产”税目征税;对合营企业按全部房屋的销售收入依“销售不动产”税目征收营业税。

3. 房屋建成后,如果双方按一定比例分配房屋,则此种经营行为也不属于财税〔2002〕191 号文件所称的“以无形资产、不动产投资入股,参与接受投资方利润分配,共同承担投资风险的行为”,应征收营业税。因此,首先对甲方向合营企业转让的土地按“转让无形资产”税目征税,其营业额按《营业税暂行条例实施细则》的规定核定。合营企业的房屋,在分配给甲、乙两方后,如果各自销售,则再按“销售不动产”税目征税。

【案例 4 -5】甲房地产公司 2013 年 10 月份与乙企业签订一份合作开发协议,协议规定甲房地产公司出资金,乙企业出地,房屋建成后双方按约定比例分配房屋。请问:该如何确定双方营业税纳税义务发生时间?

【案例分析】

甲房地产公司按照“销售不动产”税目缴纳营业税,乙企业按照“转让土地使用权”税目缴纳营业税。具体到营业税纳税义务发生时间的确定,可参照上海市地方税务局《关于对纳税人“以房屋换地”营业税纳税义务发生时间问题的批复》(沪地税流〔2002〕342 号)的规定:①纳税人以房换取土地,办理土地使用权证过户手续的,其纳税义务发生时间为办理土地使用权证过户手续的当天。②纳税人以房

换取土地，由于种种原因，房屋置换方未办理土地使用权证过户手续，直接由原土地方将土地使用权连同已建成的房产一并转让给第三方的行为，其纳税义务发生时间应为按协议置换出的房产具备办理入户许可或房产证手续条件的当天。

对于一方出地另一方出资金并负责开发的合作建房，在土地使用权投入时无法获取未来开发产品公允价值以确定土地转让所得，因此，参照房地产企业所得税处理的相关规定，在开发产品完工后实质交付时确定营业税纳税义务发生时间比较便利。

依据《房地产开发经营业务企业所得税处理办法》（国税发〔2009〕31 号）的规定，企业应在首次取得开发产品时，将其分解为转让土地使用权和购入开发产品两项经济业务进行所得税处理，并按应从该项目取得的（包括首次取得的和以后应取得的）开发产品的市场公允价值计算确认土地使用权转让所得或损失。在这一转让过程中，土地使用权转让所得等于开发产品购置成本，此时可以一并进行营业税、土地增值税及企业所得税的纳税处理，但不排除纳税义务发生时间滞后风险以及计税金额虚增风险。

【案例 4－6】甲房地产公司 2013 年 10 月份与乙企业签订一份合作开发协议，协议规定甲房地产公司出资金，乙企业出地，且以乙企业名义立项，房屋建成后甲房地产公司负责销售并按照销售额的 10% 结算合作收益。请问：该如何认定双方合作的性质？

【案例分析】

该案例的关键在于区分合作建房和委托代建。

委托代建，是指建设单位通过招标等适当方式，将建设工程项目委托给专业的房地产开发企业由其建设实施，控制项目投资、质量和工期，并在建成后移交给建设单位或投资主体指定的使用者或经营者。委托代建必须具备四个条件：第一，以委托方的名义办理立项手续和工程结算；第二，与委托方不发生土地权属转移；第三，双方签订委托代建合同；第四，受托方不代垫资金。

合作建房和委托代建的主要区别有：

（1）主体关系不同。合作建房中两个主体之间是平等合作关系，委托代建中两个主体是委托与受托的关系。

（2）对外主体不同。合作建房办理立项、工程结算及其他相关手续均以双方成立的合营主体的名义开展或双方共同立项开发，委托代建只能以建设单位的名义开展。

（3）权属是否转移不同。合作建房不论是否成立合营主体，土地权属都会发生转移，委托代建土地归属于建设单位，不会发生转移。

不仅如此，委托代建签订的是代建房屋合同，房地产开发企业以收取“代建费”

为目的,原则上按照“代理业”计算缴纳营业税。本案例中,甲房地产公司并非建设主体,且土地不属于甲房地产公司所有,因此,实质上属于委托代建形式,不能适用合作建房的营业税政策规定。而由于该案例委托代建形式不规范,在纳税方面往往要承担比合作建房更多的风险。

三、将正在开发的土地与别人合作开发房地产征收营业税的问题

将正在开发的土地与别人合作开发房地产收取固定比例收益是否征收营业税,可参照《国家税务总局关于中外合作开发房地产征收营业税问题的批复》(国税函〔1994〕644 号)的规定:近接广州市税务局《关于合作开发房地产征收营业税问题的请示》(广州市税务局税一〔1994〕327 号),反映该市部分国内企业将土地“三通一平”后以土地与外商合作建商品房,双方成立合作公司,领取营业执照,中方将土地使用权转移给合作公司,外方承担兴建商品房的一切资金并负责商品房在境外销售,双方采取分建筑面积、分销售收入、提取固定利润等分配形式,并对上述经营活动中涉及的转让土地使用权的行为如何计征营业税问题要求予以明确。经研究,现批复如下:

1. 关于中外双方合作建房的征税问题:中方将获得的土地与外方合作,办理土地使用权转移后,不论是按建成的商品房分配面积,还是按商品房销售后的收入进行分配,均不符合现行政策关于“以无形资产投资入股,参与接受投资方的利润分配、共同承担投资风险的行为,不征营业税”的规定,因此,应按“转让无形资产”税目征收营业税。其营业额为实际取得的全部收入,包括价外收费;其纳税义务发生时间为取得收入的当天。

同时,对销售商品房也应征税。采取分房(包括分面积)各自销房方式的,对中外双方各自销售商品房收入按“销售不动产”税目征营业税;采取统一销房再分配销售收入方式的,就统一的销售商品房收入按“销售不动产”税目征营业税;采取对中方支付固定利润方式的,则对外方销售商品房的全部收入按“销售不动产”税目征营业税。

2. 关于中方取得的前期工程开发费的征税问题:外方提前支付给中方的前期工程开发费用,视为中方以预收款方式取得的营业收入,按转让土地使用权计算征收营业税。对该项已税的开发费用,在中外双方分配收入时如数从中方应得收入中扣除的,可直接冲减中方当期的营业收入。

3. 把中方定期获取的固定利润视为转让土地使用权取得的收入,计算征收营业税。

【风险提示】

国税函〔1994〕644 号文件实际上是对名为合作开发房地产实为土地使用权转

让行为的定性规定，符合《解释》第二十四条的规定："合作开发房地产合同约定提供土地使用权的当事人不承担经营风险，只收取固定利益的，应当认定为土地使用权转让合同。"如果双方共享利润、共担风险成立合营公司合作开发房地产，则可以不缴纳营业税。

四、合作建房营业税关于"一方提供土地使用权"的具体含义的规定

《国家税务总局关于合作建房营业税问题的批复》(国税函〔2004〕241 号)明确：国税函发〔1995〕156 号文件第十七条"合作建房是指由一方提供土地使用权，另一方提供资金"规定中的"一方提供土地使用权"，包括一方提供有关土地使用权益的行为，如取得规划局批准的"建设用地规划许可证"，国土局核发的"建设用地批准书"、"建设用地通知书"、"土地使用证"，以及通过土地行政主管部门核发的其他建设用地文件中当事人享有的土地使用权益。

五、房地产开发企业吸收他人资金合作建房的营业税问题

《国家税务总局关于合作建房营业税问题的批复》(国税函〔2005〕1003 号)对《海南省地方税务局关于我省海口紫荆花园合作开发税收问题的请示》(琼地税发〔2005〕57 号)的批复如下：鉴于该项目开发建设过程中，土地使用权人和房屋所有权人均为甲方，未发生《中华人民共和国营业税暂行条例》规定的转让无形资产的行为，因此，甲方提供土地使用权，乙方提供所需资金，以甲方名义合作开发房地产项目的行为，不属于合作建房，不适用《国家税务总局关于印发〈营业税问题解答(之一)〉的通知》(国税函发〔1995〕156 号)第十七条有关合作建房征收营业税的规定。

【案例 4－7】甲房地产企业取得某宗地的国有土地使用权，因资金匮乏无力开发，与乙企业达成合作开发协议，协议约定：以甲房地产企业的名义立项开发，乙企业提供资金 8 000 万元，房屋建成后，乙企业可为职工分得 10 栋住宅楼。

【案例分析】

甲、乙两企业之间并未发生土地使用权转移，双方也未办理土地过户登记，根据国税函〔2005〕1003 号文件的规定不能视为合作建房，其实质应当属于销售房屋收取预收款，根据营业税政策的规定，应以收到预收款的当天作为营业税纳税义务发生时间。这样处理也符合《解释》第二十五条的规定："合作开发房地产合同约定提供资金的当事人不承担经营风险，只分配固定数量房屋的，应当认定为房屋买卖合同。"

六、合作建房双方的会计与税务处理

【案例 4－8】天和置业公司受资金影响，无力自主开发天和商务大厦项目，遂

于2009年1月与方欣房地产公司签订合作开发协议，协议约定由天和置业公司提供土地使用权，方欣房地产公司提供开发资金，双方不主张另成立合营项目公司，开发项目由天和置业公司与方欣房地产公司共同立项报建，项目建成后双方五五分成。双方已经办理土地使用权变更登记。2011年2月天和商务大厦竣工验收，天和置业公司分得的房产自营出租，方欣房地产公司分得的房产对外出售（暂不考虑地方教育费附加）。

已知天和置业公司该项目土地受让成本为30 000万元，2009年1月公允价值为50 000万元，2011年2月账面价值为28 400万元；方欣房地产公司投入资金40 000万元，其中建房支出31 000万元。2011年2月，天和商务大厦不含土地使用权的市场公允价值为68 000万元，方欣房地产公司分得的房产销售收入为70 000万元。

【案例分析】

（一）供地方天和置业公司的会计与税务处理

1. 投入土地营业税税务处理

合作建房以双方共同立项为前提，双方建成房屋按合同约定分割后，供地方和出资方都是自己应得份额房屋的初始登记申请人，拥有应得份额房屋的所有权。因此，在共同立项的条件下，土地使用权要变更登记，方欣房地产公司也享有50%的土地使用权。根据国税函发〔1995〕156号文件的规定，合作建房，是指由一方（以下称甲方）提供土地使用权，另一方（以下称乙方）提供资金，合作建房。上述合作建房属于纯粹的“以物易物”，即双方以各自拥有的土地使用权和房屋所有权相互交换，双方都取得了部分房屋的所有权。在这一合作过程中，甲方以转让部分土地的使用权为代价，换取部分房屋的所有权，发生了转让土地使用权的行为，对甲方应按“转让无形资产”税目中的“转让土地使用权”子目征税。

鉴于《国家税务总局关于营业税若干政策问题的批复》（国税函〔2005〕83号）所明确的“单位和个人销售或转让其购置的不动产或受让的土地使用权，无论该不动产或土地使用权上一环节是否已缴纳营业税，均应按照财税〔2003〕16号文件第三条第（二十）项的有关规定，以全部收入减去该不动产或土地使用权的购置或受让原价后的余额为计税营业额”规定随着该文件的失效已不能作为政策依据，且各地对受让土地是否可以按差额纳税处理不一，因此本案例假定根据当地主管税务机关政策规定，天和置业公司受让土地转让不能按差额计算缴纳营业税。

合作建房双方由于没有进行货币结算，依照《营业税暂行条例实施细则》的规定，应分别核定双方各自的营业额。供地方天和置业公司转让土地使用权营业额若以2009年1月立项时土地使用权变更登记算起，则应按照公允价值50 000万元核定计税营业额。

应交营业税 = 50 000 ÷ 2 × 5% = 1 250(万元)

应交城市维护建设税 = 1 250 × 7% = 87.50(万元)

应交教育费附加 = 1 250 × 3% = 37.50(万元)

以投入时点核定转让土地使用权营业额,会对置换双方核定营业额产生对价差异。若参照企业所得税相关政策的规定,以开发产品完工后实质交付时为营业税纳税义务发生时间,则相对比较便利,根据房屋公允价值确定转让土地使用权营业额依据会更加充分。此时:

应交营业税 = 68 000 ÷ 2 × 5% = 1 700(万元)

应交城市维护建设税 = 1 700 × 7% = 119(万元)

应交教育费附加 = 1 700 × 3% = 51(万元)

以完工时点核定转让土地使用权营业额,缺点是政策依据不明确,实务中主要取决于主管税务机关的具体裁量权。

2. 分得 50% 房产所有权的税务处理

(1)土地增值税:根据《财政部、国家税务总局关于土地增值税一些具体问题规定的通知》(财税字〔1995〕48 号),对于一方出地,一方出资金,双方合作建房,建成后按比例分房自用的,暂免征收土地增值税;建成后转让的,应征收土地增值税。因天和商务大厦建成后,合作方天和置业公司分房自用,所以免征土地增值税。

(2)印花税:天和置业公司以天和商务大厦 50% 的土地使用权换取房屋所有权,按照印花税政策的有关规定,转让土地使用权以及换取不动产需要依照"产权转移书据"税目按 0.05% 缴纳印花税。

因此,天和置业公司应交印花税 = (68 000 ÷ 2) × 0.05% + (68 000 ÷ 2) × 0.05% = 34(万元)。

(3)契税:《契税暂行条例实施细则》第十条规定,土地使用权交换、房屋权属交换,交换价格相等的,免缴契税。

(4)企业所得税:《房地产开发经营业务企业所得税处理办法》(国税发〔2009〕31 号)第三十七条规定:"企业以换取开发产品为目的,将土地使用权投资其他企业房地产开发项目的,按以下规定进行处理:企业应在首次取得开发产品时,将其分解为转让土地使用权和购入开发产品两项经济业务进行所得税处理,并按应从该项目取得的(包括首次取得的和以后应取得的)开发产品的市场公允价值计算确认土地使用权转让的所得或损失。"

假定以完工时点交换房屋公允价值核定土地转让营业税计税依据,则此时应交企业所得税 = (68 000 ÷ 2 − 28 400 ÷ 2 − 1 700 − 119 − 51 − 34) × 25% = 4 474 (万元)。

项目完成取得 50% 的房产,说明该项交易行为具有商业实质,会计处理上应按照《企业会计准则第 7 号——非货币性资产交换》第三条的规定,以换出资产的公允价值作为确定换入资产成本的基础，换出资产公允价值与账面价值之间的差额计入当期损益。

天和置业公司的账务处理(单位：万元)：

借：固定资产——房屋　　34 000(68 000 ÷ 2)

　贷：无形资产——土地使用权　　14 200(28 400 ÷ 2)

　　——应交营业税　　1 700

　　——应交城市维护建设税　　119

　　——应交教育费附加　　51

　　营业外收入　　17 930

借：管理费用——印花税　　34

　贷：银行存款　　34

(二)出资方方欣房地产公司的会计与税务处理

1. 签订合作建房协议后，投入的资金应区分性质分别计入开发成本和期间费用。

2. 天和商务大厦项目完工后，按照协议约定，方欣房地产公司向天和置业公司分配开发产品时，根据《企业会计准则第 7 号——非货币性资产交换》第三条的规定，以换出资产公允价值确定换入资产入账价值，换出资产公允价值与账面价值之间的差额计入当期损益。对于换出资产为存货的情形，视同销售处理，根据《企业会计准则第 14 号——收入》的规定，按其公允价值确认销售收入，同时结转销售成本。

此过程涉及的税务处理如下：

(1)营业税金及附加：根据国税函发〔1995〕156 号文件有关合作建房的规定，方欣房地产公司以转让部分房屋的所有权为代价，换取部分土地的使用权，发生了销售不动产的行为，应按“销售不动产”税目征税，由税务机关依照同类不动产的平均销售价格即开发产品的公允价值核定营业额。

应交营业税 = 68 000 ÷ 2 × 5% = 1 700(万元)

应交城市维护建设税 = 1 700 × 7% = 119(万元)

应交教育费附加 = 1 700 × 3% = 51(万元)

(2)印花税：方欣房地产公司以开发产品天和商务大厦 50% 的产权换取天和置业公司 50% 的土地使用权，发生了不动产转让和土地使用权转让，按照印花税的有关规定，需要依照“产权转移书据”税目按 0.05% 缴纳印花税。

应交印花税 = (68 000 ÷ 2) × 0.05% + (68 000 ÷ 2) × 0.05% = 34(万元)

(3)契税：根据《契税暂行条例实施细则》第十条的规定，土地使用权交换、房屋权属交换，交换价格相等的，免征契税。

(4)土地增值税:根据财税字〔1995〕48 号文件的规定,合作建房分房自用暂免征收土地增值税,但是方欣房地产公司直接用于销售的房屋应当计算缴纳土地增值税。

(5)企业所得税:国税发〔2009〕31 号文件第三十六条规定:企业以本企业为主体联合其他企业、单位、个人合作或合资开发房地产项目,且该项目未成立独立法人公司的,凡开发合同或协议中约定向投资各方分配开发产品的,企业在首次分配开发产品时,如该项目已结算计税成本,其应分配给投资方开发产品的计税成本与其投资额之间的差额计入当期应纳税所得额;如未结算计税成本,则将投资方的投资额视同销售收入进行相关的税务处理。方欣房地产公司分配给天和置业公司的开发产品计税成本是 15 500 万元(31 000 ÷ 2),开发费用为 4 500 万元[(40 000 - 31 000) ÷ 2],而天和置业公司转让给方欣房地产公司的 50% 土地使用权即可视为投资额,按照国税发〔2009〕31 号文件第三十一条的规定,首次分出开发产品时,按应分出开发产品的市场公允价值和土地使用权转移过程中应支付的相关税费计算确认该项土地使用权的成本,应为 34 000 万元(68 000 ÷ 2)。

应交企业所得税 = (34 000 - 15 500 - 4 500 - 1 700 - 119 - 51 - 34) × 25% = 3 024(万元)

方欣房地产公司以房换地涉及的账务处理(单位:万元):

借:开发成本——土地使用权　　34 000
　　贷:主营业务收入　　34 000(68 000 ÷ 2)
借:主营业务成本　　15 500
　　贷:开发产品　　15 500(31 000 ÷ 2)
借:主营业务税金及附加　　1 870
　　贷:应交税费——应交营业税　　1 700
　　　　——应交城市维护建设税　　119
　　　　——应交教育费附加　　51
借:管理费用——印花税　　34
　　贷:银行存款　　34

3. 方欣房地产公司将分得的房产对外出售的会计与税务处理。

(1)对外出售应纳营业税金及附加:

应交营业税 = 70 000 × 5% = 3 500(万元)

应交城市维护建设税 = 3 500 × 7% = 245(万元)

应交教育费附加 = 3 500 × 3% = 105(万元)

(2)土地增值税:

方欣房地产公司将分得的房产对外出售,属于有偿转让国有土地使用权及地上建筑物和其他附着物产权的行为，应当缴纳土地增值税。

假设房地产开发费用按取得土地使用权支付的金额和房地产开发成本之和的10%计算扣除，则允许扣除的项目金额 =（34 000 + 15 500）×（1 + 20% + 10%）+ 3 500 + 245 + 105 = 68 200（万元）。

增值额 = 70 000 - 68 200 = 1 800（万元）

增值率 = 1 800/68 200 × 100% = 2.64%

应交土地增值税 = 1 800 × 30% = 540（万元）

合作建房分配后再转让如何计算土地增值税，还需要关注当地政策规定，例如，《重庆市地方税务局关于土地增值税若干问题的通知》（渝地税发〔2011〕221号）关于合作建房的征免税问题规定，对一方出部分土地，一方出资金，双方合作建房的，适用以下征免规定：

①对出土地方按合作建房的约定转移土地权属的，暂免征收土地增值税。

②对房屋建成后，按约定比例房屋初始确权仍为出土地方和出资金方的，不属于土地增值税征管范围，不征收土地增值税。

③对出土地方房屋初始确权后再转让的，应按规定征收土地增值税，同时将合作建房时转让出的土地历史成本调整为房屋建造成本，按规定予以计算扣除。

④对出资金方房屋初始确权后再转让的，应按规定征收土地增值税，同时将合作建房时发生的还建房支出调整为取得土地使用权支付的地价款，按规定予以计算扣除。

⑤对按照合作建房约定进行了价款结算支付的，出土地方和出资金方应按结算支付或收到的价款，相应调整其房屋建造成本和取得土地使用权支付的地价款。

以前规定与本通知不一致的，一律以本通知为准。

进一步理解参见第九章第二节的【案例 9 - 6】。

（3）印花税：

方欣房地产公司将分得的房产对外出售，要按照“产权转移书据”税目缴纳印花税。

应交印花税 = 70 000 × 0.05% = 35（万元）

（4）企业所得税：

方欣房地产公司将分得的房产对外出售，应缴纳企业所得税。

应交企业所得税 =（70 000 - 34 000 - 15 500 - 4 500 - 3 500 - 245 - 105 - 540 - 35）× 25% = 2 893.75（万元）

方欣房地产公司将分得的房产对外出售涉及的账务处理（单位：万元）：

借：银行存款　　　　70 000

　贷：主营业务收入　　　　70 000

借:主营业务税金及附加　　4 390
　　贷:应交税费——应交营业税　　3 500
　　　　　　　——应交城市维护建设税　　245
　　　　　　　——应交教育费附加　　105
　　　　　　　——应交土地增值税　　540
借:管理费用——印花税　　35
　　贷:银行存款　　35
借:主营业务成本　　49 500(34 000 + 15 500)
　　贷:开发产品　　49 500

第三节　合作建房是否免征土地增值税看具体情况

合作建房是开发商在土地实施招拍挂之前拿地的重要途径之一,利用这种方式开发的房地产项目现在基本达到《国家税务总局关于房地产开发企业土地增值税清算管理有关问题的通知》(国税发〔2006〕187 号)所规定的清算条件,但是在清算实务中由于《土地增值税暂行条例》及其实施细则和相关配套文件不够细化,如何清算尚需具体分析。

《财政部、国家税务总局关于土地增值税一些具体问题规定的通知》(财税字〔1995〕48 号)第一条规定:"对于以房地产进行投资、联营的,投资、联营的一方以土地(房地产)作价入股进行投资或作为联营条件,将房地产转让到所投资、联营的企业中时,暂免征收土地增值税。对投资、联营企业将上述房地产再转让的,应征收土地增值税。"

《财政部、国家税务总局关于土地增值税若干问题的通知》(财税〔2006〕21 号)规定,自 2006 年 3 月 2 日起,对于以土地(房地产)作价入股进行投资或联营的,凡所投资、联营的企业从事房地产开发的,或者房地产开发企业以其建造的商品房进行投资和联营的,均不适用《财政部、国家税务总局关于土地增值税一些具体问题规定的通知》(财税字〔1995〕48 号)第一条暂免征收土地增值税的规定。

国税发〔2006〕187 号文件规定,房地产开发企业将开发产品用于职工福利、奖励、对外投资、分配给股东或投资人、抵偿债务、换取其他单位和个人的非货币性资产等,发生所有权转移时应视同销售房地产,其收入按下列方法和顺序确定:①按本企业在同一地区、同一年度销售的同类房地产的平均价格确定;②由主管税务机关参照当地、当年同类房地产的市场价格或评估价值确定。

以土地使用权出资参与房地产开发企业合作建房,按照上述政策不能免征土地增值税。但土地增值税的纳税义务发生时间可以在获取开发产品所有权时确认，土地转让所得可以按照开发产品公允价值确定。

【案例4-9】天山房地产公司与东方公司签订合作建房协议，共同开发A房地产项目，天山房地产公司负责投入资金及开展全部开发活动，东方公司负责投入土地，建成后东方公司分得30%的房产（包括住宅及商铺），天山房地产公司分得其余房产。经协商，东方公司将分得房产的住宅部分以2 000元/平方米的价格出售给天山房地产公司，共得到价款1 200万元，其余4 000平方米商铺自用，并开具转让土地使用权的发票给天山房地产公司。A房地产项目完成销售后进行清算。

天山房地产公司的处理为：将分给东方公司的1 200万元作为"土地征用及拆迁补偿费"计入开发成本予以扣除，而未将分给东方公司的商铺计入销售收入，也未扣除相应的成本。

税务机关认为，该项目由双方合作建设，允许扣除的只是双方对外的成本，1 200万元支付款应是合作建房取得的利润分配，应视同内部往来，不允许扣除。

【案例分析】

其实，以上两种处理方式都不正确，根据东方公司所获得对价的差异分不同情况分析如下：

1. 若东方公司取得房屋只是自用，根据财税字〔1995〕48号文件"对于一方出地，一方出资金，双方合作建房，建成后按比例分房自用的，暂免征收土地增值税，建成后转让的，应征收土地增值税"的规定，对东方公司暂免征收土地增值税。以后，东方公司将分得的房产转让，应首先按转让土地使用权计算合作建房应缴纳的土地增值税，以分得房产时的公允价值作为转让土地使用权的收入，再对转让的房产按转让旧房及建筑物征收土地增值税。其公允价值可按国税发〔2006〕187号文件第三条第一款的要求确认：①按本企业在同一地区、同一年度销售的同类房地产的平均价格确定；②由主管税务机关参照当地、当年同类房地产的市场价格或评估价值确定。下文所指公允价值均同此处。对于天山房地产公司来说，相当于用其建好的房产换取土地使用权，应将分给东方公司房产的公允价值计入开发成本，并将该部分公允价值计入销售收入。

2. 若东方公司将土地使用权作价投入天山房地产公司，换取天山房地产公司的一定股份，再由天山房地产公司开发该项目，根据财税〔2006〕21号文件的规定，自2006年3月2日起，对于以土地（房地产）作价投资入股进行投资或联营的，凡所投资、联营的企业从事房地产开发的，或者房地产开发企业以其建造的商品房进行投资和联营的，均不适用财税字〔1995〕48号文件第一条暂免征收土地增值税的规定，应按规定缴纳土地增值税，所以，东方公司应将其所获取的天山房地产公司股份的协议价或评估价作为转让收入，按转让土地使用权计算其应交土地增值税；

对天山房地产公司来说,应将东方公司投入土地的协议价或评估价作为取得土地使用权的成本在清算土地增值税时予以扣除。

3. 若东方公司获取的是部分货币资金和部分房产,如本案例所述,东方公司得到1 200万元现金及4 000平方米的商铺,根据财税字〔1995〕48号文件的规定,其分得的商铺暂免征收土地增值税,但其分得的现金应征收土地增值税。问题是东方公司的同一行为涉及不同的税务处理,该公司转让同一地块因获取的对价不同而处理不一,这也是上述不同意见产生的原因。笔者认为,首先,将东方公司获取的现金作为合作建房的利润分配是不合理的,因为东方公司并未入股进行房地产开发,也不承担风险,只是按固定面积分得房产,应视为非货币性资产交换的行为,其实质应认定为以土地使用权换取部分房产和现金。其次,天山房地产公司的处理是错误的,因为财税字〔1995〕48号文件所称暂免征收土地增值税是针对东方公司的行为,天山房地产公司将房产分给东方公司应视为以房产换取土地使用权的视同销售行为。在现行政策下,东方公司应进行如下处理:

(1)对于取得现金部分,应按照配比的原则,把与其对应部分的土地使用权的成本进行配比计算其土地增值税。如东方公司获取的房产公允价值为2 000万元,而该地块土地使用权成本为1 600万元(不考虑其他税费),则:

允许扣除的土地使用权成本 = [1 600/(2 000 + 1 200)] × 1 200 = 600(万元)

增值额 = 1 200 − 600 = 600(万元)

应纳土地增值税税额 = 600 × 40% − 600 × 5% = 210(万元)

(2)分得房产的处理方式为自用,暂不征收土地增值税,待其对外销售后再分别按转让土地使用权和销售旧房缴纳土地增值税。

而天山房地产公司应将分给东方公司的现金加上房产的公允价值作为取得土地使用权的成本计入扣除项目,同时将房产的公允价值作为销售收入计算应缴纳的土地增值税。

【风险提示】

界定合作建房的行为是非货币性资产交换还是投资行为是进行土地增值税处理的前提。若为非货币性资产交换,供地方应按转让土地使用权给出资方进行处理。若为投资行为,则应将出资方支付的股权价值和货币资金之和在该项目的开发成本中扣除。其中,出资方支付给供地方的现金视为以现金方式购买土地使用权,确定土地使用权公允价值大于双方确定的股权价值的对价差额;分给供地方的房产则视为分配的投资收益。其界定的基础主要是合作建房协议,供地方承担项目开发的风险并分享开发利润的,应视为投资行为;供地方只获得固定面积的房产,不承担风险并分享收益的,则应界定为非货币性资产交换。

第四节　合作开发两种分配模式能否择优

双方合作开发，不成立独立企业，一方出资，另一方负责开发，因分配模式不同，根据《房地产开发经营业务企业所得税处理办法》（国税发〔2009〕31号）第五章《特定事项的税务处理》，适用的企业所得税政策也有差异。在不同的模式下，双方纳税及各自的投资收益究竟有何差别呢？我们设定了如下案例：

【案例4－10】东方公司准备以2 000万元人民币投资于天山房地产公司的某住宅开发项目，双方约定不成立独立法人项目公司，由天山房地产公司独立开发，投资方案拟定如下：

方案一：项目实现的利润按各自投资比例分红，项目利润为1 500万元，东方公司享有1 000万元。

方案二：东方公司按照投资比例分配开发产品，假定该投资项目每套住宅计税成本为45万元，销售价格为75万元，东方公司享有40套住宅。

【案例分析】

1. 对于方案一按照项目利润分红模式进行分析

（1）政策依据

国税发〔2009〕31号文件第三十六条规定：企业以本企业为主体联合其他企业、单位、个人合作或合资开发房地产项目，且该项目未成立独立法人公司的，凡开发合同或协议中约定分配项目利润的，应按以下规定进行处理：①企业应将该项目形成的营业利润额并入当期应纳税所得额统一申报缴纳企业所得税，不得在税前分配该项目的利润，同时不能因接受投资方投资而在成本中摊销或在税前扣除相关的利息支出。②投资方取得该项目的营业利润应视同股息、红利进行相关的税务处理。

《企业所得税法》及《企业所得税法实施条例》规定，居民企业直接投资于其他居民企业取得的股息、红利等权益性投资收益为免税收入。由于股息、红利是从被投资企业税后利润中分配的，所以，投资方取得该项目的营业利润应视同股息、红利，一般也是免税收入。

（2）项目利润分成

东方公司所享有的1 000万元利润分成只能是天山房地产公司开发该项目的税后利润。假如天山房地产公司和东方公司企业所得税税率不存在差异，东方公司则不需要按照“利息、股息、红利所得”计算缴纳企业所得税，东方公司分得净利润为1 000万元。

天山房地产公司不允许税前列支此1 000万元的利润分成，相当于天山房地产公司在企业所得税税前需支付东方公司1 333.33万元[1 000÷(1－25%)]。天山房地产公司可实现净利润为125万元[1 500×(1－25%)－1 000]。

天山房地产公司、东方公司共实现净利润1 125万元(1 000＋125)。

(3)东方公司的账务处理(单位:万元)

《企业会计准则应用指南》附录中的会计科目和主要账务处理规定,“1531长期应收款”科目核算企业的长期应收款项,包括融资租赁产生的应收款项、采用递延方式具有融资性质的销售商品和提供劳务等产生的应收款项等,以及实质上构成对被投资单位净投资的长期权益。

投资时:

借:长期应收款　　2 000

　贷:银行存款　　2 000

分配项目利润时:

借:其他应收款　　1 000

　贷:投资收益　　1 000

收到项目利润时:

借:银行存款　　1 000

　贷:其他应收款　　1 000

收回投资资金时:

借:银行存款　　2 000

　贷:长期应收款　　2 000

(4)天山房地产公司的账务处理(单位:万元)

东方公司投资时:

借:银行存款　　2 000

　贷:长期应付款　　2 000

分配项目利润时:

借:利润分配　　1 000

　贷:其他应付款　　1 000

支付项目利润时:

借:其他应付款　　1 000

　贷:银行存款　　1 000

支付投资资金时:

借:长期应付款　　2 000

　贷:银行存款　　2 000

2. 对于方案二按照开发产品分配模式进行分析

(1)政策依据

国税发〔2009〕31 号文件第三十六条规定："开发企业以本企业为主体联合其他企业、单位、个人合作或合资开发房地产项目，且该项目未成立独立法人公司的，凡开发合同或协议中约定向投资各方(即合作、合资方)分配开发产品的，企业在首次分配开发产品时，如该项目已经结算计税成本，其应分配给投资方开发产品的计税成本与其投资额之间的差额计入当期应纳税所得额；如未结算计税成本，则将投资方的投资额视同销售收入进行相关的税务处理。"

(2)双方收益

东方公司享有的40 套住宅的计税成本为1 800 万元(45 ×40)，正常销售价格为3 000 万元(75 ×40)。根据以上规定，东方公司相当于以2 000 万元购入了40 套成本价为1 800 万元、销售价格为3 000 万元的住宅。

假设东方公司已将40 套住宅全部销售，不考虑其他因素，其净利润为750 万元[(3 000 -2 000) ×(1 -25%)]。

对于天山房地产公司来说，正常项目利润为1 500 万元，扣除东方公司分成部分，可保留利润300 万元[1 500 -(3 000 -1 800)]，但是需要将东方公司开发产品分成部分调整增加应纳税所得额。分配给东方公司的开发产品的计税成本与其投资额之间的差额为200 万元(2 000 -1 800)，调整增加应纳税所得额200 万元，当期应纳税所得额为500 万元(300 +200)，天山房地产公司净利润为375 万元[(300 +2 000 -1 800) ×(1 -25%)]。

天山房地产公司与东方公司共实现净利润为1 125 万元(750 +375)。

3. 两种方案的对比分析

(1)方案一，无论是对于天山房地产公司还是对于东方公司来说操作都相对简单，只是天山房地产公司要独立承担企业所得税，但它可以和东方公司协商降低东方公司项目利润分成比例，以求得项目利润分配的公平。

(2)方案二，东方公司分得开发毛利润为1 200 万元的开发产品，但是完成销售后只能实现净利润750 万元，而天山房地产公司尽管减少了毛利润为1 200 万元的开发产品，但是净利润却有所增加。

(3)方案一与方案二相比，天山房地产公司和东方公司所实现的净利润之和没有变化，但开发产品的分配比例不同，引起合作双方各自净利润的变化，这也是天山房地产公司和东方公司双方在确定各自的收益方面需要注意的问题。

【风险提示】

方案一在以分配项目利润为目的的合作建房企业的所得税处理方面，强调了实质重于形式的原则。虽然合作双方没有另外单独成立法人公司,部分合作方没有成为法律形式上的股东,但是由于双方实质上形成了共同投资、共同承担投资风险、共享利润的投资行为,因此,在企业所得税上可以按照实质性投资进行税务处理。

房地产开发企业应将该项目形成的营业利润并入当期应纳税所得额统一申报缴纳企业所得税,不得在税前分配该项目的利润,也不能因接受合作投资方投资而在成本中摊销或在税前扣除相关的利息支出。投资方取得该项目的营业利润应视同取得股息、红利,凭房地产开发企业主管税务机关出具的证明按规定补缴企业所得税。根据以上规定,先以房地产开发企业为企业所得税纳税人,按照规定缴纳企业所得税,剩余税后利润才可以进行分配,即先税后分,而且房地产开发企业不能因接受合作投资方投资而在成本中摊销或在税前扣除相关的利息支出。合作投资方也不必将利润分配视为利息收入,如果与被投资方企业不存在税率差,也不必补缴企业所得税。

方案二在以分配开发产品为目的的合作建房企业的所得税处理方面,强调了形式重于实质的原则。按照税法规定,依据法律法规成立的房地产开发企业,从事房地产开发业务发生的应纳税额,应以房地产开发企业为法定的纳税人。因此,无论房地产开发企业与其他投资者如何合作,如果形式上没有成立其他法人单位,或者投资者不通过法定程序增资扩股成为企业法律形式上的真正股东,其投资额就不能在税收上认定为投资股本,纳税人就仍是房地产开发企业。

第五节　房地产“代建”合作开发纳税风险多

在房地产开发市场行为中,拥有土地使用权而没有房地产开发资质的企业寻找有资质的企业联合开发的现象比较常见,但是不排除其中名为“联合开发”实为“代建”的合作形式潜在的纳税风险。

【案例4-11】东方公司2008年通过出让方式取得一宗土地使用权,经建设规划部门批准,建设商住楼项目。由于东方公司没有房地产开发资质,决定与天山房地产公司合作开发,双方签订了委托开发、销售协议。协议约定,该开发项目的所有成本、费用均由东方公司支付,开发产品委托天山房地产公司销售,销售合同由天山房地产公司与买方签订,但是销售不动产发票由东方公司开具,东方公司以该楼盘销售收入的3%支付天山房地产公司开发、销售手续费。

【案例分析】

本案例中,东方公司自身不具备房地产开发资质,它以自身名义取得了建设工程规划许可证和施工许可证但是无法取得预售许可证。即便与天山房地产公司合作开发,由于此种联建开发的特殊性,也无法直接取得房屋的销售许可,只能在办理完产权登记后进行房屋的二次转让。这是本案例中销售阶段要考虑的问题。所以,该商住楼的销售主体实质上是东方公司,天山房地产公司只是受托代建和代理销售而已。

在这种情形下,该商住楼开发过程中合作双方应当如何进行税务处理呢？首先我们关注一下现行各税务机关对代建行为的确认标准和营业税征收规定。

一、国家税务总局及各地方税务机关对代建行为的确认标准

(一)国家税务总局对代建行为营业税的政策规定

《国家税务总局关于“代建”房屋行为应如何征收营业税问题的批复》(国税函〔1998〕554 号)规定,房地产开发企业(以下称甲方)取得土地使用权并办理施工手续后根据其他单位(以下称乙方)的要求进行施工,并按施工进度向乙方预收房款,工程完工后,甲方替乙方办理产权转移等手续,甲方的上述行为属于销售不动产,应按“销售不动产”税目征收营业税,如果甲方自备施工力量修建该房屋,还应对甲方的自建行为按“建筑业”税目征收营业税。

(二)上海市对代建行为营业税的确认标准

《上海市地方税务局关于“销售不动产”及其他有关营业税征收问题的具体规定》(沪地税一〔1996〕43 号)第六条关于房产企业(或住宅办、住宅开发公司)接受委托代建房产行为的征税问题规定,房产企业(或住宅办、住宅开发公司,下同)以接受企业单位或其他部门委托代建房产,房产建成后,房产企业以房产成本与委托方结算,另外按一定的百分比收取管理费或分得房产。对这种形式的委托代建房产,按以下情况分别计征营业税:

(1)受托方代建的房产如果由受托的房产企业列入其开发计划,则不论受托方与委托方如何结算,均应按结转的房产造价成本及收取的管理费(取得房产的,则按规定折换计算)一并依“销售不动产”税目计征营业税。

(2)如果受托代建的房产计入委托方的房产开发计划,按以下办法计征营业税:

①受托方将房产建成后同时向委托方结转房产成本并收取管理费的,对受托方结转的房产成本及收取的管理费一并依“服务业”税目计征营业税。

②如果受托方不垫付资金,不负担房产造价成本的结转,仅是收取管理费,所有的房产建造成本由委托方自行负责,则对受托方仅就其收取的管理费收入计征营业税。如果受托方以取得房产的形式来代替管理费收入,则对其取得的房产按规定折换计算后计征营业税。

(3)对房产企业接受各级政府部门委托代建职工住宅房、动迁用房的,可凭有关政府部门的代建造房文件,报主管税务机关审核批准后,暂按收取的代建管理费收入计征营业税。如果房产企业代建的房产自行对外销售,则应就销售收入按规定计征营业税。

(三)河北省对代建行为营业税的确认标准

《河北省地方税务局关于房地产业营业税有关政策问题的通知》(冀地税发〔2000〕93号)对委托建房征税问题有如下规定:对房地产开发企业接受建房单位委托,为其代建房屋的行为,应按"服务业——代理业"征收营业税,其营业额为其向委托方收取的代建手续费。这里所指的"代建房屋行为"必须同时符合下列条件:

(1)以委托方的名义办理房屋立项及相关手续;

(2)与委托方不发生土地使用权、产权的转移;

(3)与委托方事前签订委托代建合同;

(4)不以受托方的名义办理工程结算。

凡不同时符合上述条件的,受托方不论以何种形式与对方结算,均属房屋销售行为,按"销售不动产"税目征收营业税。

《河北省地方税务局关于"建设—移交"模式有关营业税问题的公告》(河北省地方税务局公告2011年第2号)规定,自2011年8月1日起,纳税人采用"建设—移交"模式从事基础设施建设项目取得的全部收入,应按"建筑业"税目缴纳营业税。若该纳税人将建筑工程承包(分包)给其他施工企业,则以取得的全部收入扣除支付给其他施工企业的承包(分包)款后的余额为营业额缴纳营业税。

所谓"建设—移交"模式是一种投融资建设方式。实行"建设—移交"模式的基础设施建设项目,一般由项目业主通过招标方式选择投融资人,由投融资人负责建设资金的筹集和项目的建设,并在项目完工经验收合格后移交给项目业主,由项目业主按照合同的约定支付回购价款。

"建设—移交"专属于政府的基础设施项目建设领域,各地政策基本相同。《湖南省地方税务局关于BT方式建设项目有关营业税问题的公告》(湖南省地方税务局公告2011年第6号)如下:

近年来,各级政府广泛采取BT(Build Transfer,即"建设—移交",专属于政府的基础设施项目建设领域中采用的一种投资建设模式)项目投融资方式建设基础设施工程,解决工程建设过程中资金不足的问题。为规范"建设—移交"投融资建设模式营业税征管,根据《中华人民共和国营业税暂行条例》及其实施细则的有关规定,现就有关营业税问题公告如下:

1. 以投融资人的名义立项建设,工程完工交付业主的,对投融资人所取得的收入应按照"销售不动产"税目征收营业税,其计税营业额为取得的全部回购价款

(包括工程建设费用、融资费用、管理费用和合理回报等收入)。

2. 以项目业主的名义立项建设,对投融资人无论其是否具备建筑工程总承包资质,均应作为建筑工程的总承包人,按“建筑业”税目的现行规定征收营业税。营业额按以下方式确定:

(1)项目的建设方(或投资方)与施工企业为同一单位的,建设方(或投资方)在取得业主支付回购款项时以实际取得的回购款项作为计税营业额全额征收营业税,施工环节不再征收营业税。

(2)建设方(或投资方)将建筑安装工程承包或分包给其他施工企业的,建设方(或投资方)在取得业主支付回购款项时按扣除支付给施工企业工程承包额或分包价款后的余额作为计税营业额,施工企业计税营业额为工程承包额或取得的分包价款。

3. 按 BT 方式建设的项目,建设方(或投资方)纳税义务发生时间为按 BT 合同约定的分次付款时间。合同未明确付款日期的,其纳税义务发生时间为建设方(或投资方)收讫营业收入款项或者取得索取营业收入款项凭据的当天。建筑工程实行承包或分包的,承包或分包方纳税义务发生时间为其收讫营业收入款项或者取得索取营业收入款项凭据的当天。

4. 本公告自发布之日起执行。以前开工建设,但尚未完工移交的建设项目,按本公告执行。

【案例 4-12】湖南得法建筑工程公司 2011 年 3 月与区政府签订 BT 项目合同,约定以该公司名义立项修建一市民广场,建成后由区建设局以 10 000 万元(工程建设费 7 000 万元、融资费用 1 500 万元、管理费用 500 万元和合理回报 1 000 万元)回购,验收合格之日支付全部款项。2012 年 12 月 10 日该项目验收合格并投入使用。

湖南得法建筑工程公司 2012 年 6 月与区政府签订 BT 项目合同,约定以区民政局名义立项,由该公司出资修建两栋各 5 层楼的社区福利院,区民政局以 1 000 万元(工程建设费 600 万元、融资费用 120 万元、管理费用 80 万元和合理回报 200 万元)回购。2012 年 8 月建筑工程施工完毕,12 月收到回购款 800 万元。

请计算湖南得法建筑工程公司 2013 年 1 月应申报缴纳的营业税。

【案例分析】

2012 年 12 月,湖南得法建筑工程公司市民广场项目验收合格,收到全部款项且其无分包业务,按照“销售不动产”税目计算缴纳营业税 500 万元(10 000 × 5%)。

2012 年 12 月,湖南得法建筑工程公司社区福利院项目收到回购款,按照“建筑业”税目计算缴纳营业税 24 万元(800 ×3%)。

2013 年 1 月申报缴纳营业税共计 524 万元(500 + 24)。

(四)宁夏回族自治区对代建行为营业税的确认标准

宁夏回族自治区地方税务局《关于对房地产开发企业代建工程征收营业税的批复》[宁地税(流)发〔1998〕073 号]规定,目前房地产开发企业从事代建工程业务的方式有两种:第一种是土地使用权归房地产开发企业;第二种是土地使用权归建设单位。以上两种方式,工程所需全部建设资金均由建设单位提供,并与房地产开发企业签订工程代建合同或房屋代建协议书。房地产开发企业只负责工程的组织协调工作,并按代建工程总投资的一定比例收取管理费(代建费)或按代建工程的建筑面积定额收取管理费(代建费)。

(1)凡土地使用权归房地产开发企业的,无论房地产开发企业与建设单位如何结算,其计税营业额均应包括工程价款及管理费(代建费)和价外费用,按"销售不动产"税目征收营业税。

(2)凡土地使用权归建设单位的,对房地产开发企业提供的代建业务,其计税营业额均应包括管理费(代建费)和价外费用,按"服务业"税目征收营业税。

(五)辽宁省对代建行为营业税的确认标准

《辽宁省地方税务局关于对房地产开发企业"代建房"收入征收营业税问题的批复》(辽地税流〔2000〕291 号)规定,根据国家基本建设管理和现行营业税有关政策的规定,房地产开发企业受托承办国家机关、企事业等单位(以下简称委托建房单位)的房屋建设,应由委托建房单位提供自有土地使用权证书或由其以自己名义办理的土地征用手续,并取得有关部门的建设项目批准手续和基建计划;房地产开发企业不垫付资金,建筑施工企业将建筑业发票开具给委托建房单位(由房地产开发企业将该发票转交给委托建房单位);房地产开发企业与委托建房单位实行全额结算,并另外向委托建房单位收取代建手续费。

房地产开发企业的"代建房"行为,凡同时具备上述条件的,对其取得的代建手续费收入按"服务业——代理业"税目计征营业税;否则,不论委托建房单位与房地产开发企业如何签订协议,也不论房地产开发企业的财务和会计账务如何处理,应对房地产开发企业与委托建房单位的全额结算收入按"销售不动产"税目计征营业税。

(六)纳税人投资政府土地改造项目有关营业税问题

《国家税务总局关于纳税人投资政府土地改造项目有关营业税问题的公告》(国家税务总局公告 2013 年第 15 号)规定:

一些纳税人(以下称投资方)与地方政府合作,投资政府土地改造项目(包括企业搬迁、危房拆除、土地平整等土地整理工作)。其中,土地拆迁、安置及补偿工作由地方政府指定其他纳税人进行,投资方负责按计划支付土地整理所需资金;同时,投资方作为建设方与规划设计单位、施工单位签订合同,协助地方政府完成土地规划设计、场地平整、地块周边绿化等工作，并直接向规划设计单位和施工单位支付设计费和工程款。当该地块符合国家土地出让条件时，地方政府将该地块进行挂牌出让，若成交价低于投资方投入的所有资金，亏损由投资方自行承担；若成交价超过投资方投入的所有资金，则所获收益归投资方。在上述过程中，投资方的行为属于投资行为，不属于营业税征税范围，其取得的投资收益不征收营业税；规划设计单位、施工单位提供规划设计劳务和建筑业劳务取得的收入，应照章征收营业税。

本公告自2013年5月1日起施行。本公告生效前，纳税人未缴纳税款的，按照本公告规定执行；纳税人已缴纳税款的，税务机关应按照本公告规定予以退税。

土地拆迁、安置及补偿工作由地方政府指定其他纳税人进行，投资方负责按计划支付土地整理所需资金，其他纳税人仍应按规定计算缴纳税款。

二、委托方如何纳税

在【案例4－11】中，商住楼是以委托方东方公司的名义自行建造的，没有发生土地权属变更以及转移。东方公司在项目竣工前与天山房地产公司形式上签署的是委托代建合同。施工阶段除成本费用所签订合同的印花税外，基本没有其他税金，这一点是符合上述各地方政策规定的。

尽管东方公司没有销售资格，如果在项目竣工前已经提前预售，则根据营业税政策的规定也应该按照“销售不动产”税目计算缴纳营业税，还应该按照土地增值税的规定预征土地增值税，按照《房地产开发经营业务企业所得税处理办法》（国税发〔2009〕31号）的规定计算缴纳企业所得税。

项目竣工，东方公司办理完产权登记后销售房产，同样涉及按“销售不动产”税目计算缴纳营业税、土地增值税、企业所得税和印花税。只不过与预售阶段不同，这时要进行土地增值税的清算和企业所得税实际毛利额的调整。

三、开发商如何纳税

（一）天山房地产公司开发过程中涉及的税种

天山房地产公司不具有最终开发产品的所有权，不属于“共同投资、共同研究、共担风险、共享成果”的合作经营，其行为实质上等同于代建房屋。而代建房屋根据各地方税务机关政策（除基础设施“建设—移交”项目外）的规定一般要同时符合以下四个条件：

（1）必须事先与委托方订有委托代建合同，并在合同上载明收费依据及标准；

（2）所建房屋的基建计划与立项审批必须是下达给建设单位的，不发生土地使用权转移；

(3)以委托方名义与施工队结算;

(4)不垫付建设资金。

假如天山房地产公司符合上述条件,仅仅是利用技术力量帮助东方公司管理工程和受托销售,其取得的代建管理费和销售代理费只计算缴纳营业税;如果产生利润,则另行征收企业所得税。

(二)企业所得税如何确认

代建工程企业所得税收入的确认可以直接参照《国家税务总局关于确认企业所得税收入若干问题的通知》(国税函〔2008〕875号)第二条的规定:企业在各个纳税期末,提供劳务交易的结果能够可靠估计的,应采用完工进度(完工百分比)法确认提供劳务收入。

(1)提供劳务交易的结果能够可靠估计,是指同时满足下列条件:

①收入的金额能够可靠地计量;

②交易的完工进度能够可靠地确定;

③交易中已发生和将发生的成本能够可靠地核算。

(2)企业提供劳务完工进度(完工百分比)的确定,可选用下列方法:

①已完工作的测量;

②已提供劳务占劳务总量的比例;

③发生成本占总成本的比例。

(3)企业应按照从接受劳务方已收或应收的合同或协议价款确定劳务收入总额,根据纳税期末提供劳务收入总额乘以完工进度扣除以前纳税年度累计已确认劳务收入后的金额确认当期劳务收入,同时,按照提供劳务估计总成本乘以完工进度扣除以前纳税期间累计已确认劳务成本后的金额结转当期劳务成本。

【风险提示】

这种代建方式实际上存在很大的纳税风险。

对于天山房地产公司来说,假如未同时具备上述四个条件,主管税务机关可能对其按“销售不动产”税目征收营业税。毕竟关联企业之间的这种运作比较常见,房地产开发企业以代建的名义进行开发销售,实际情况一般不可能不垫付建设资金,特别是销售合同是由天山房地产公司与买方签订的,销售主体与实质不符,其中的税务风险需要综合评估。

对于东方公司来说,由于其不是房地产开发企业,项目完工土地增值税清算计算扣除项目时,难以享受房地产开发企业加计扣除20%的政策优惠。

另外,经营风险也不容忽视。由于该项目不能以有资质的天山房地产公司的名义取得销售许可证,法律要件不完备,难以同正常的商品房竞价,经营收益会有所下降,在办理产权手续时也极易与买方发生纠纷。

第六节　如何规避房地产"代建"合作开发的纳税风险

对于第五节中【案例4－11】的情形，是否有更好的合作途径来减少纳税风险呢？我们演绎如下：

方案一：联建运作。

双方约定：东方公司出地、天山房地产公司出资金，双方合作开发。

这是一种普遍运用的联建合作模式。该方案需要注意的细节是项目开发需要以合作双方的名义向发改委及有关部门办理审批手续。另外，天山房地产公司投入资金参与房地产开发并享有一定的最终成果。同时，东方公司与天山房地产公司还要到国土部门办理土地权属的变更手续，依法将该宗地土地使用权按照合作开发协议约定的分成比例变更登记到天山房地产公司的名下。项目开发完成后，东方公司按照所获得房屋的公允价值计算转让土地使用权应缴纳的营业税、土地增值税、印花税和企业所得税，天山房地产公司按照分出房屋的公允价值计算销售不动产应缴纳的营业税、土地增值税、印花税和企业所得税，并确定土地入账价值。

该方案下合作双方都要视同销售，看似没有享受税收优惠，但以东方公司为开发主体转变为双方合作名义上的开发主体，符合开发资质要求。项目经营核算以天山房地产公司为主，项目涉及的税金也以天山房地产公司为主体计算缴纳，避免了以东方公司名义开发带来的一系列问题。

方案二：直接转让土地使用权。

假如在项目开发过程中，东方公司不需要自用开发产品，那么除联建方式外，东方公司可以考虑直接转让土地使用权给天山房地产公司，完全以天山房地产公司的名义立项开发销售，项目开发销售过程中的营业税、土地增值税、印花税、企业所得税以天山房地产公司为主体计算缴纳，整个开发过程就会名正言顺。

这种方式下，东方公司转让土地使用权应当缴纳营业税、土地增值税、印花税、企业所得税，天山房地产公司承受土地使用权应当缴纳契税。

方案三：以土地使用权投资。

东方公司以土地使用权作为对天山房地产公司的投资，项目开发以天山房地产公司的名义立项，项目开发销售过程中的营业税、土地增值税、印花税、企业所得税仍然以天山房地产公司为主体计算缴纳。

该方案对东方公司的影响有：

1. 营业税：《财政部、国家税务总局关于股权转让有关营业税问题的通知》（财税〔2002〕191号）规定，以无形资产、不动产投资入股，参与接受投资方利润分配、共同承担投资风险的行为,不征收营业税。东方公司以土地使用权作为对天山房地产公司的投资,不用缴纳营业税。

2. 土地增值税:《财政部、国家税务总局关于土地增值税一些具体问题规定的通知》(财税字〔1995〕48 号)第一条规定:"对于以房地产进行投资、联营的,投资、联营的一方以土地(房地产)作价入股进行投资或作为联营条件,将房地产转让到所投资、联营的企业中时,暂免征收土地增值税。对投资、联营企业将上述房地产再转让的,应征收土地增值税。"

《财政部、国家税务总局关于土地增值税若干问题的通知》(财税〔2006〕21号)规定,自 2006 年 3 月 2 日起,对于以土地(房地产)作价入股进行投资或联营的,凡所投资、联营的企业从事房地产开发的,或者房地产开发企业以其建造的商品房进行投资和联营的,均不适用财税字〔1995〕48 号文件第一条暂免征收土地增值税的规定。

所以,此方案下东方公司以土地使用权作为对天山房地产公司的投资,应当计算缴纳土地增值税。

3. 印花税:东方公司以土地使用权作为对天山房地产公司的投资,应当按照"产权转移书据"税目计算缴纳印花税。

4. 企业所得税:企业所得税适用《财政部、国家税务总局关于企业重组业务企业所得税处理若干问题的通知》(财税〔2009〕59 号)中资产收购的纳税政策。

在投资环节,天山房地产公司还需要缴纳契税。

方案四:以土地使用权投资入股,借壳开发。

东方公司以土地与天山房地产公司合资成立新的房地产开发企业进行项目开发,双方约定风险共担、利润共享,税后分取红利。我们把这种方式称为"投资入股、借壳开发"。

此种方式既可以解决一方没有资金另一方没有开发用地的问题,也不影响原房地产公司的业务扩张,但是要缴纳土地转移契税,土地转移契税一般为土地价值的 4%。同时,双方必须约定利润共享、风险共担,如果任何一方通过投资获取固定收益,则此方案不能享受不交营业税的政策优惠。

营业税、土地增值税的纳税处理与方案三是一样的。

对于以土地出资与其他企业合资成立新公司,还要注意土地的评估价值一般较高,财务运作主要是遵循《公司法》的规定,增资后注册资本中货币资金不低于注册资本的 30%,需要根据土地评估价值的金额确定公司注册资金中货币资金的比例。一般来讲,土地出资要等办理土地过户手续后中介机构才会出具验资报告,土地通过政府职能部门办理过户需要经过一段时间。为了节省资金,应当等土地办理完过户手续后再把货币资金从母公司打到子公司账户中,并请中介机构出具验资报告,这样可以缩短货币资金的留滞时间,提高资金使用效率。

方案五:整体产权转移。

东方公司的股东将公司整体产权转让给天山房地产公司,采取吸收合并的方式解散东方公司,税务处理可以参考第三章第十一节“整体产权转让收购项目公司的纳税实务”。

在以上五种方案中,联建运作与转让土地使用权可保留东方公司的主体资格,并能够顺利立项、开发、销售,但不能获得税收收益。以土地使用权投资入股能保留东方公司的主体资格,也可以免征营业税,符合条件的还可以免征本环节的企业所得税和契税。以土地使用权投资入股、借壳开发等同于单纯投资入股,免征营业税,但不能免征企业所得税和契税。整体产权转让方式下的吸收合并与土地使用权投资方式相比,进一步免征了本环节的土地增值税、契税,实现了整体税收利益的最大化,但是没有保留东方公司的主体存续资格。

第五章　开发环节纳税实务与风险防范

建设施工阶段是房地产开发的重要阶段，在此阶段，房地产开发企业要在土地上完成项目开发，形成最终开发产品。在这一阶段，房地产开发企业虽然涉及的税金较少，但是所发生的建筑施工成本及各项费用将直接影响开发项目未来企业所得税计税成本的扣除以及土地增值税扣除项目金额的确定，将对项目竣工后清算税收成本构成直接影响。

第一节　开发成本核算的主要内容

一、房地产开发成本对象及确定原则

房地产企业开发成本核算是指企业将开发一定数量的商品房所支出的全部费用按成本项目进行归集和分配，最终计算出开发项目总成本和单位建筑面积成本的过程。

(一)成本归集对象

由于开发的规模不同，房地产开发的成本归集对象也是不同的。对于小规模的开发，如单幢或几幢房屋的开发，可以将全部开发量作为成本归集对象，设立一个成本核算单位。但是对于大规模的开发，如旧城改造或小区规模性开发，就必须科学地确定成本归集对象。在这种情况下，成本核算不能过细，因为许多直接开发费用很难分摊到每幢房屋，如果成本核算过细势必增加工作量，使得核算工作烦琐。相反，成本核算也不能简单地以小区为核算单位，因为一个小区从开始建设到完全竣工往往需要很长的时间，而开发的商品房却是陆续完工出售的，如果成本核算过于简单势必使成本核算资料滞后，失去其在成本结算和管理上的作用。

《房地产开发经营业务企业所得税处理办法》(国税发〔2009〕31 号)规定，成本对象是为归集和分配开发产品开发、建造过程中的各项耗费而确定的费用承担者。因此，对于不同业态开发项目并存的综合性房地产开发项目，合理划分成本对象是十分必要的，它是准确反映不同结构类型、不同用途开发产品获利水平的基础，也是准确计算房地产企业所得税和土地增值税的基础。

开发企业要正确划分成本对象。对房地产开发项目以独立编制设计预算和施工预算(即独立编制"建筑工程预算书")的单位工程为成本对象。对同一开发地点、结构类型相同的群体开发项目,如果开工、竣工时间相近,由同一单位施工,可以合并为一个成本对象。

企业单独建筑的停车场所,应作为成本对象单独核算。利用地下基础设施形成的停车场所,作为公共配套设施进行处理。

(二)成本对象的确定原则

根据国税发〔2009〕31 号文件的规定,成本对象按照以下六个原则进行确定:

1. 可否销售原则。开发产品能够对外经营销售的,应作为独立的成本对象进行核算;不能对外经营销售的,应作为配套设施费用摊入其他成本对象。

2. 分类归集原则。同一开发地点、开竣工时间相近、结构类型相似的群体开发项目,可以作为一个成本对象进行核算。

3. 功能区分原则。开发项目某组成部分相对独立,且具有不同使用功能时,可以作为一个成本对象进行核算。

4. 定价差异原则。开发产品预期售价存在较大差异的,应分别作为成本对象进行核算。

5. 产品差异原则。开发产品建筑上存在明显差异,可能导致其建造成本出现较大差异的,应分别作为成本对象进行核算。

6. 权益区分原则。开发项目属于受托代建的或多方合作开发的,应结合上述原则分别划分成本对象进行核算。

成本对象由企业在开工之前合理确定,并报主管税务机关备案。成本对象一经确定,不能随意更改或相互混淆,如需更改,应征得主管税务机关同意。《北京市国家税务局、北京市地方税务局转发〈国家税务总局关于印发房地产开发经营业务企业所得税处理办法的通知〉的通知》(京国税发〔2009〕92 号)附开发项目(成本对象)情况备案表,表格及填报说明如表 5 - 1 所示。

表 5 - 1　　开发项目(成本对象)情况备案表

纳税人名称			联系电话	
开发项目地点			开发项目名称	
		对应开发项目内容		
确定成本对象的原则	可否销售原则			
	分类归集原则			
	功能区分原则			
	定价差异原则			

续表

<table>
<tr><td></td><td>产品差异原则</td><td colspan="2"></td></tr>
<tr><td></td><td>权益区分原则</td><td colspan="2"></td></tr>
<tr><td colspan="4">开发项目(成本对象)的具体内容</td></tr>
<tr><td colspan="4"></td></tr>
<tr><td colspan="3">企业法定代表人签章:
企业公章
20　年　月　日</td><td>受理人:
主管税务机关章
20　年　月　日</td></tr>
</table>

开发项目(成本对象)情况备案表填报说明:

1. 填报的范围和总体要求

房地产开发企业必须在开发项目(成本对象)开工前及已备案的开发项目(成本对象)发生改变时向主管税务机关报送本表,办理开发项目备案手续。

开发项目属于经济适用房、限价房和危改房项目的,还须同时附报由政府相关部门批准其项目立项的文件和其他相关证明材料。

2. 确定成本对象的原则

成本对象是指为归集和分配开发产品开发、建造过程中的各项耗费而确定的费用承担者。开发企业可根据实际情况选用计税成本对象的确定原则,并将开发项目(成本对象)的内容填入"对应开发项目内容"列。

3. 开发项目(成本对象)的具体内容

主要填写:

(1)开发项目(成本对象)的总体描述;

(2)预算总造价;

(3)预计开、完工时间;

(4)分期开发情况;

(5)主要销售方式;

(6)预计取得预售收入的时间;

(7)其他需要说明的情况。

4. 本表填写两份,经主管税务机关受理后,一份企业留存,一份主管税务机关存档。

北京市开发项目(成本对象)情况备案表具有普遍性,但是实践中填报问题不少,以致流于形式的多。在这方面,上海市房地产开发产品计税成本对象的确定原则(试行)更为合理,便于操作,且更能反映开发项目的成本对象设置情况。

事项名称:房地产开发产品计税成本对象的确定原则(试行)。

政策依据:《中华人民共和国企业所得税法》、《中华人民共和国企业所得税法实施条例》、《国家税务局关于印发〈房地产开发经营业务企业所得税处理办法〉的通知》(国税发〔2009〕31 号)(沪国税所〔2009〕31 号文转发)。

纳税人提交的材料:

(1)房地产开发产品计税成本对象的确定原则备案申请表;

(2)房地产开发产品计税成本对象的确定原则相关说明[按开发产品计税成本对象确定原则的顺序,说明每一顺序确定原则下的开发产品计税成本对象的划分依据,每一成本对象相对应的内容(如项目名称、可否销售、开发地点、竣工日期、使用功能等)];

(3)国家、上海市或区县发展改革委员会对可行性研究报告的批复(复印件);

(4)上海市房地产权证(复印件);

(5)中华人民共和国建设工程规划许可证(复印件);

(6)中华人民共和国建设用地规划许可证(复印件);

(7)中华人民共和国建筑工程施工许可证(复印件)。

表 5-2　　房地产开发产品计税成本对象的确定原则备案申请表

企业名称(盖章)

开发产品项目名称		开发产品项目所处地理位置	
开发项目占地面积		开发项目规划总建筑面积	
开发项目总投资估算		公共配套设备预算额	
土地支付价款		开工日期	
计税成本对象确定原则		具体内容	
第一顺序		第一顺序确定原则下的计税成本对象具体划分内容	
第二顺序		第二顺序确定原则下的计税成本对象具体划分内容	

填表人:　　　　　　　　企业负责人:　　　　　　填表日期:

填表说明：

1. 计税成本对象确定原则[企业应按实际核算顺序选择填写(递进)]：可否销售原则、分类归集原则、功能区分原则、定价差异原则、成本差异原则、权益区分原则。

2. 第×顺序确定原则下的计税成本对象具体划分内容：填写计税成本对象具体划分类型，每一类型的开发建筑面积等内容，如功能区分原则下，填写商务楼(开发建筑面积××m^2)、住宅楼(开发建筑面积××m^2)等。

【案例5-1】天山房地产公司开发项目包括多层1~5号楼、多层6~10号楼、高层11~18号楼。天山房地产公司先开发多层，再开发高层。在开发多层的过程中，由于地基的问题导致多层6~10号楼的开发受阻，一直未完工。而多层1~5号楼已销售完毕且部分交付业主入住，高层11~18号楼刚开始建设。天山房地产公司这种情况是否属于国税发〔2009〕31号文件中规定的完工条件？能否将多层1~5号楼、多层6~10号楼、高层11~18号楼设定为三个成本对象，分别结转其对应的开发成本？多层1~5号楼的成本能计入之后楼栋的成本吗？

【案例分析】

根据国税发〔2009〕31号文件成本对象确定的六条原则，天山房地产公司多层1~5号楼、多层6~10号楼、高层11~18号楼开发阶段不同、产品结构类型不同，可以按照三个成本对象归集成本，分别核算其计税成本。会计处理中可把以上三个成本对象设置为项目辅助核算，如"开发成本——多层1~5号楼"、"开发成本——多层6~10号楼"、"开发成本——高层11~18号楼"，这样便于对各自发生的成本费用进行归集，也便于企业所得税和未来土地增值税的清算，更主要的是避免了当前将整个项目视为一个成本对象而判定为完工所带来的核算上的混乱。国税发〔2009〕31号文件第三条规定，企业房地产开发经营业务包括土地的开发，建造、销售住宅、商业用房以及其他建筑物、附着物、配套设施等开发产品。除土地开发之外，其他开发产品符合下列条件之一的，应视为已经完工：(1)开发产品竣工证明材料已报房地产管理部门备案；(2)开发产品已开始投入使用；(3)开发产品已取得了初始产权证明。由于天山房地产公司多层1~5号楼开始交付入住，无论其是否办理竣工备案和取得初始产权证明，均应视为完工并应结算其计税成本。会计处理上不管是否结转收入和成本，均应按照国税发〔2009〕31号文件第九条的规定进行所得税处理。因此，天山房地产公司多层1~5号楼应按完工计算缴纳所得税，多层6~10号楼和高层11~18号楼继续按照预售收入计算缴纳所得税。

至于天山房地产公司担心多层1~5号楼结算计税成本难以做到和收入相配比，没有结算的成本计入多层6~10号楼以及高层11~18号楼中可能使以后结算不配比的问题，可以通过预提成本加以解决。多层1~5号楼结算需要预提的成本全额先计入开发成本,借记“开发成本”科目,贷记“应付账款(预提账款)”科目,取得发票后再借记“应付账款(预提账款)”科目,贷记“应付账款(供应商)”科目即可。但此部分预提成本的税务处理仍然要遵照国税发〔2009〕31 号文件第三十二条和第三十四条的规定进行。

国税发〔2009〕31 号文件第三十二条规定,除以下几项预提(应付)费用外,计税成本均应为实际发生的成本:(1)出包工程未最终办理结算而未取得全额发票的,在证明资料充分的前提下,其发票不足金额可以预提,但最高不得超过合同总金额的 10%。(2)公共配套设施尚未建造或尚未完工的,可按预算造价合理预提建造费用。此类公共配套设施必须符合已在售房合同、协议或广告、模型中明确承诺建造且不可撤销,或按照法律法规规定必须配套建造的条件。(3)应向政府上交但尚未上交的报批报建费用、物业完善费用可以按规定预提。物业完善费用是指按规定应由企业承担的物业管理基金、公建维修基金或其他专项基金。

国税发〔2009〕31 号文件第三十四条规定,企业在结算计税成本时其实际发生的支出应当取得但未取得合法凭据的,不得计入计税成本,待实际取得合法凭据时,再按规定计入计税成本。

二、房地产开发成本分类及核算的具体范围

(一)开发成本分类

开发成本按用途可分为如下四类:

1. 土地开发成本。土地开发成本指房地产开发企业开发土地(即建设场地)所发生的各项费用支出。

2. 房屋开发成本。房屋开发成本指房地产开发企业开发各种房屋(包括商品房、出租房、周转房、代建房等)所发生的各项费用支出。

3. 配套设施开发成本。配套设施开发成本指房地产开发企业开发能有偿转让的大配套设施及不能有偿转让、不能直接计入开发产品成本的公共配套设施所发生的各项费用支出。

4. 代建工程开发成本。代建工程开发成本指房地产开发企业接受委托单位的委托,代为开发除土地、房屋以外的其他工程(如市政工程等)所发生的各项费用支出。

以上四类开发成本,核算上可参照国税发〔2009〕31 号文件分为如下六个成本项目:

1. 土地征用及拆迁补偿费。土地征用及拆迁补偿费指为取得土地开发使用权(或开发权)而发生的各项费用,主要包括土地买价或出让金、大市政配套费、契税、耕地占用税、土地使用费、土地闲置费、土地变更用途和超面积补交的地价及相关

税费、拆迁补偿支出、安置及动迁支出、回迁房建造支出、农作物补偿费、危房补偿费等。

其中,“大市政配套费”的规范名称为“城市基础设施配套费”,按建设项目的建筑面积计征,具体标准参见各地方政府的相关规定。一般情况下,在大市政配套费没有足额缴纳的情况下,规划部门不会为房地产开发企业办理工程建设规划许可证。

“土地使用费”的规范名称为“新增建设用地土地有偿使用费”,依据《财政部、国土资源部关于调整部分地区新增建设用地土地有偿使用费征收等别的通知》(财综〔2009〕24 号)的规定征收。

“危房补偿费”可理解为在城市规划区内实施危房、旧房房屋拆迁,向被拆迁人支付的危房、旧房补偿费。

2. 前期工程费。前期工程费指项目开发前期发生的水文地质勘察、测绘、规划、设计、可行性研究、筹建、场地通平等的前期费用。

3. 基础设施建设费。基础设施建设费指开发项目在开发过程中发生的各项基础设施支出,主要包括开发项目内道路、供水、供电、供气、排污、排洪、通讯、照明等社区管网工程费和环境卫生、园林绿化等园林环境工程费。

4. 建筑安装工程费。建设安装工程费指开发项目开发过程中发生的各项建筑安装费用,主要包括开发项目建筑工程费和开发项目安装工程费等。

5. 公共配套设施费。公共配套设施费指开发项目内发生的、独立的、非营利性的,且产权属于全体业主的,或无偿赠与地方政府、政府公用事业单位的公共配套设施支出。

6. 开发间接费。开发间接费指企业为直接组织和管理开发项目所发生的,不能将其归属于特定成本对象的成本费用性支出,主要包括管理人员工资、职工福利费、折旧费、修理费、办公费、水电费、劳动保护费、工程管理费、周转房摊销以及项目营销设施建造费等。

(二)开发成本核算的具体范围

为进一步明确六个成本项目的主要内容,便于在实务中有针对性地归集合同及各种协议,对以上六个成本项目核算范围的进一步分析如下:

1. 土地征用及拆迁补偿费

土地征用及拆迁补偿费主要包括以下内容:

(1)土地征用费,主要包括支付的土地出让金、土地使用费、土地转让费、土地效益金、土地开发费,缴纳的契税、耕地占用税,支付的土地变更用途和超面积补交的地价、补偿合作方地价、合作项目建房转入分给合作方的房屋成本和相应税费等。

(2)拆迁补偿费,主要包括有关地上、地下建筑物或附着物的拆迁补偿支出,安置及动迁支出,农作物补偿费,危房补偿费等。拆迁旧建筑物回收的残值应估价入账,分别冲减有关成本。

(3)市政配套费,主要包括向政府部门交纳的大市政配套费,征用生地向当地市政公司交纳的红线外道路、水、电、气、热、通讯等的建造费、管线铺设费等。

(4)其他,如土地开发权批复费、土地面积丈量测绘费等。

2. 前期工程费

前期工程费主要包括以下内容:

(1)项目整体性报批报建费,主要指项目报建时按规定向政府有关部门交纳的报批费,如人防工程建设费、规划管理费、新材料基金(或墙改专项基金)、教师住宅基金(或中小学教师住宅补贴费)、拆迁管理费、招投标管理费等。

(2)规划设计费,主要包括项目立项后的总体规划设计费、单体设计费、管线设计费、改造设计费、可行性研究费(含支付给社会中介服务机构的市场调研费)、制图费、晒图费、规划设计模型制作费、方案评审费。

(3)勘测丈量费,主要包括水文、地质、文物和地基勘察费,沉降观测费,日照测试费,拨地钉桩验线费,复线费,定线费,放线费,建筑面积丈量费等。

(4)“三通一平”费,主要包括接通红线外施工用临时给排水设施的费用(含地下排水管、沟开挖铺设费用),供电、道路等设施的设计、建造、装饰和进行场地平整(包括开工前垃圾清运)发生的费用等,其中,道路的费用含按规定应交的占道费、道路挖掘费。

(5)临时设施费,主要包括临时场地占用费,临时借用空地租费,以及沿红线周围设置的临时围墙、围栏等设施的设计、建造、装饰等费用。临时设施内配置,如空调、电视机、家具等的成本不属于临时设施费。

(6)预算编、审费,主要指聘请社会中介服务机构为项目编制或审查预算而发生的费用。

(7)其他,主要包括挡光费、危房补偿鉴定费、危房补偿鉴定技术咨询费等。

3. 基础设施建设费

基础设施建设费主要包括以下内容:

(1)道路工程费,主要指小区内道路铺设费。

(2)供电工程费,主要包括变(配)电设备的购置费、设备安装及电缆铺设费、供(配)电贴费、电源建设费、交纳的电增容费等。

(3)给排水工程费,主要包括自来水、雨(污)水排放、防洪等给排水设施的建造、管线铺设费用,以及向自来水公司交纳的水增容费等。

(4)煤气工程费,主要包括煤气管道的铺设费、增容费、集资费,煤气配套费,煤气发展基金,煤气挂表费等。

(5)供暖工程费,主要包括暖气管道的铺设费、集资费。

(6)通信工程费,主要包括电话线路的铺设费、电话配套费、电话电缆集资费、交纳的电话增容费等。

(7)电视工程费,主要指小区内有线电视(闭路电视)的线路铺设费和按规定应交纳的有关费用。

(8)照明工程费,主要指小区内路灯照明设施支出。

(9)绿化工程费,主要包括小区内人工草坪、栽花、种树等绿化支出,绿地建设费。

(10)环卫工程费,主要指小区内的环境卫生设施支出,如垃圾站(箱)、移动公厕等的支出。

(11)其他,主要包括小区周围设置的永久性围墙、围栏支出,园区大门支出,园区监控工程费,自然下沉整改费等。

4.建筑安装工程费

建筑安装工程费包括项目开发过程中发生的列入建筑安装工程施工图预算项目的各项费用(含设备费、向工程承包方支付的临时设施费和劳动保险费),有甲供材、甲供设备的,还应包括相应的甲供材费、甲供设备费。发包工程的建筑安装工程费应依据承包方提供的经建设方审定的“工程价款结算单”来确定。建设安装工程费主要包括以下内容:

(1)土建工程费。包括:①基础工程费,包括土石方、桩基、护壁(坡)工程费,基础处理费,桩基咨询费。②主体工程费,即土建结构(含地下室部分)工程费。③有甲供材的,还应包括相应的甲供材费。

(2)安装工程费。包括:①电气(强电)安装工程费,指主体工程内的照明等电气设施的安装费。②电讯(弱电)安装工程费,指主体工程内的通讯、保安监视、有线电视系统等电讯设施的安装费。③给排水安装工程费,指主体工程内的上下水、热水等给排水设施的安装费。④电梯安装工程费,指主体工程内的电梯及其安装、调试费。⑤空调安装工程费,指主体工程内的换热站、冷冻站、风机盘管控制、楼宇自控系统等空调设施的安装费。⑥消防安装工程费,指主体工程内的自动喷洒、消防栓、消防报警系统等消防设施的安装费。⑦煤气安装工程费，指主体工程内的煤气管线等燃气设施的安装费。⑧采暖安装工程费，指主体工程内的水暖、汽暖等供热设施的安装费。⑨上述各项有甲供材、甲供设备的，还应分别包括相应的甲供材费、甲供设备费。

(3)装修工程费，主要指内外墙、地板(毯)、门窗、厨洁具、电梯间、天(顶)棚、雨篷等的装修费，有甲供材的，还应包括相应的甲供材费。

(4)项目或工程监理费，指支付给聘请的项目或工程监理单位的费用(若不能直接分清成本对象，也可以作为共同成本计入开发间接费分摊处理)。

(5)其他，主要包括工程收尾所发生的零星工程费和承包方保修期后应由开发商承担的维修费(零星工程费和承包方保修期后应由开发商承担的维修费能够归类的，应按从属主体原则归类计入上述相应费用中)，现场垃圾清运费，工程保险费等。

5. 公共配套设施费

公共配套设施费成本项目下按各项配套设施设立明细科目，具体核算内容可分为以下几种：

(1)在开发小区内发生的不会产生经营收入的不可经营性公共配套设施支出，如建造消防站、水泵房、水塔、锅炉房、变电所、居委会、派出所、岗亭、儿童乐园、自行车棚、景观(建筑小品)、环廊、街心公园、凉亭、固定公共厕所等设施的支出。

(2)在开发小区内发生的根据法规或经营惯例，其经营收入归于经营者或业主管理委员会的可经营性公共配套设施的支出，如建造幼托机构、邮局、图书馆、阅览室、健身房、游泳池、球场等设施的支出。

(3)在开发小区内发生的城市规划中规定的大配套设施项目不能有偿转让和取得经营收益权时，没有投资来源的费用。

(4)对于产权、收入归属情况较为复杂的地下室、车位等设施，应根据当地政府法规、开发商的销售承诺等具体情况确定是否摊入本成本项目。如果开发商通过补交地价或人防工程费等措施，得到政府部门认可，取得了该配套设施的产权，则应作为经营性项目独立核算。

6. 开发间接费

开发间接费的内容包括：

(1)现场工程管理费用，主要包括内部独立核算的，开发项目现场管理人员的工资及福利费、社会保险费、修理费、办公费、办公用水电费、差旅费、市内交通费、运输费、通讯费、劳动保护费、低值易耗品摊销、周转房摊销等。

(2)利息及借款费用,主要指直接用于项目开发的所借入资金的利息支出,汇兑损失减去利息收入和汇兑收益的净额以及为借入资金所发生的融资服务费、顾问费等借款费用。

(3)物业管理基金、公建维修基金或其他专项基金,主要指按规定应拨付给业主管理委员会的由物业管理公司代管的物业管理基金、公建维修基金或其他专项基金。

(4)质检费,主要包括按规定支付给质检部门的质量检验费,项目发生的材料和设备的质量检验费、工程质量自检费、工程竣工验收费等质量鉴定性费用。

(5)其他,主要包括项目交付使用后发生的,按规定或协议应由开发商承担的,补贴给物业管理公司的水、电、煤气、暖气等价差,以及其他应计入开发间接费的费用。

企业财务核算上依据成本对象的核算内容,可根据其自身经营开发的业务要求,设置下列账户:

"开发成本"账户。本账户核算房地产开发企业在土地、房屋、配套设施和代建工程的开发过程中所发生的各项费用。本账户借方登记房地产开发企业在土地、房屋、配套设施和代建工程的开发过程中所发生的各项费用,贷方登记开发完成已竣工验收的开发产品的实际成本。借方余额反映未完开发项目的实际成本。本账户应按开发成本的种类,如"土地开发"、"房屋开发"、"配套设施开发"和"代建工程开发"等设置二级明细账户,并在二级明细账户下,按成本核算内容进行明细核算。

"开发间接费"账户。本账户核算房地产开发企业内部独立核算单位为开发产品而发生的各项间接费用,包括工资、福利费、折旧费、修理费、办公费、水电费、劳动保护费、周转房摊销等。本账户借方登记房地产开发企业内部独立核算单位为开发产品而发生的各项间接费用,贷方登记分配计入开发成本各成本对象的开发间接费。月末本账户无余额。本账户应按企业内部不同的单位、部门(分公司)设置明细账户。

随着会计电算化的普及,在电算化中设置项目辅助核算可以解决上述全部分类明细账问题。

三、房地产开发过程可能涉及的行政事业性收费和政府性基金

房地产开发从土地出让到前期手续办理,可能涉及不同的行政事业性收费和政府性基金,由于存在地域差异和执行时效问题,难以做到详尽列举,本部分仅以《江苏省财政厅、江苏省地方税务局关于明确土地增值税清算过程中行政事业性收费和政府性基金归集方向的通知》(苏地税函〔2011〕81 号)所附行政事业性收费和政府性基金在土地增值税清算时的归集情况一览表(见表 5-3)进行举例说明。

表5-3 行政事业性收费和政府性基金在土地增值税清算时的归集情况一览表

序号	费用名称	收费标准	费用类别	使用票据	归集方向	备注
一、执行中的相关费用						
1	土地登记费	企业土地使用面积在1 000平方米以下(含1 000平方米)的,每宗地收110元,每超过500平方米加收40元,最高不超过4万元	行政事业性收费	财政票据	取得土地使用权所支付的金额	
2	土地复垦费	2 000元/亩	行政事业性收费	财政票据	房地产开发成本(退还的不得扣除)	复垦土地经验收合格后,退还土地复垦费
3	农业重点开发建设资金	苏南2 400元/亩,苏中2 000元/亩,苏北1 600元/亩	政府性基金	财政票据	房地产开发成本	
4	新菜地开发建设资金	教师建房和拆迁复建房0.5万元/亩,商品房建设1万元/亩(征用重点保护区域办蔬菜基地的加倍)	政府性基金	财政票据	房地产开发成本	
5	土地闲置费	按划拨或出让土地价款的20%收取	行政事业性收费	财政票据	不得扣除	

续表

序号	费用名称	收费标准	费用类别	使用票据	归集方向	备注
6	城市基础设施配套费	县城75元/平方米，中等城市90元/平方米，大城市105元/平方米，南京市150元/平方米；在建制镇规划区内进行各类工程建设的单位和修建沿街建筑的个人，20~50元/平方米；农民在建制镇规划区范围内建住房免收	政府性基金	财政票据	房地产开发成本	
7	墙体材料专项基金	按10元/平方米预收，视新型墙材使用情况，按比例退还。不便计算建筑面积的按预计用砖量交纳，标准为0.05元/块	政府性基金	财政票据	房地产开发成本	
8	人防易地建设费	2 400~2 800元/平方米	行政事业性收费	财政票据	房地产开发成本	
9	人防建设经费	按上年年末职工在册人数每人每年交纳13~15元	行政事业性收费	财政票据	房地产开发费用	
10	城市道路占用挖掘费	建设性占道一个月内0.2~0.3元/日·平方米，超过一个月的可以逐步提高收费标准，但最高不超过100%	行政事业性收费	财政票据	房地产开发成本	

续表

序号	费用名称	收费标准	费用类别	使用票据	归集方向	备注
11	白蚁防治费	新建房屋按建筑面积收费，七层以下（含七层）2.3 元/平方米，八层以上（含八层）0.7 元/平方米	行政事业性收费	财政票据	房地产开发成本（代收费用）	
12	环境监测专业服务费	按苏价费〔2006〕397 号、苏财综〔2006〕80 号文件的规定执行	行政事业性收费	财政票据	房地产开发成本	
13	门（楼）牌费	3～180 元/块	行政事业性收费	财政票据	房地产开发成本	
14	地方教育附加	增值税、消费税、营业税税额的 2%	政府性基金	财政票据	与转让房地产有关的税金	2011 年 2 月 1 日之前为 1%
15	建筑工程、市政工程抗震设计审查费	按建筑工程、市政工程施工图设计审查收费标准的 1.1～1.3 倍抗震调整系数收取	行政事业性收费	财政票据	房地产开发成本	
16	散装水泥专项资金	2 元/吨	政府性基金	财政票据	房地产开发成本（退还的不得扣除）	按规定使用散装水泥的，应退给企业
17	建筑安全监督管理费	工程造价的 0.19%	行政事业性收费	财政票据	房地产开发成本	自苏财综〔2009〕10 号文到之日（发文日期为 2009 年 3 月 19 日）起执行

续表

序号	费用名称	收费标准	费用类别	使用票据	归集方向	备注
二、已取消或停止征收的行政事业性收费、政府性基金						
1	征(拨、使)用土地管理费	按征用土地所发生的经省以上批准及法律规定的各种费用总额的1.4%～2.1%收取(在基数难以计算时,按土地最低保护价的70%计收),其中省辖市城区内国有土地按1.4%收取,其他按2%收取	行政事业性收费	财政票据	房地产开发成本	自2008年9月1日起停止征收
2	临时用地管理费	国家、集体建设临时用地1.5～2元/平方米,经营性临时用地3～4元/平方米	行政事业性收费	财政票据	房地产开发成本	自2008年9月1日起取消
3	土地用途变更费	0.5～2元/平方米	行政事业性收费	财政票据	房地产开发成本	自2008年9月1日起取消
4	国有土地有偿使用费	7.5～30元/平方米	行政事业性收费	财政票据	房地产开发成本	自2009年9月1日起取消
5	城市房屋拆迁管理费	按房屋拆迁补偿安置费用的0.2%～0.4%收取	行政事业性收费	财政票据	房地产开发成本	自2008年9月1日起停止征收

续表

序号	费用名称	收费标准	费用类别	使用票据	归集方向	备注
6	供电工程贴费	按计价格〔2000〕744 号文件的规定执行	行政事业性收费	财政票据	房地产开发成本	自 2002 年 1 月 1 日起取消
7	建设工程质量监督费	南京市按工程安装量的 1.2‰收取，其他省辖市按 1.7‰收取，各县（市）按 2.3‰收取	行政事业性收费	财政票据	房地产开发成本	自 2008 年 9 月 1 日起停止征收
8	住宅质量保证书、住宅使用说明书工本费	两证合计 6 元	行政事业性收费	财政票据	房地产开发成本	自 2008 年 9 月 1 日起取消
9	教育地方附加费	按建筑面积 10 元/平方米、20 元/平方米定额收取	行政事业性收费	财政票据	与转让房地产有关的税金	自 2003 年 7 月 1 日起取消
10	建设用地批准书工本费	8 元/证	行政事业性收费	财政票据	房地产开发成本	自 2005 年 1 月 1 日起取消
11	工程定额测定费	建安工作量的 1‰	行政事业性收费	财政票据	房地产开发成本	自 2008 年 9 月 1 日起停止征收

续表

序号	费用名称	收费标准	费用类别	使用票据	归集方向	备注
12	建筑施工安全监督管理费	在省辖市规划区内,按最高不超过建筑安装工程(不含设备)造价的0.6‰收取	行政事业性收费	财政票据	房地产开发成本	自2002年9月10日起执行,自苏财综〔2009〕10号文到之日(发文日期为2009年3月19日)起取消
13	建筑管理费	工程结算收入(含省、市、县建筑业主管部门和市建筑市场管理部门管理费)的3‰~5‰	行政事业性收费	财政票据	房地产开发成本	自2003年1月1日起执行,2003年为5‰,2004年为4‰,2005年之后为3‰,取消时间同上

表5－3供参考使用，其中归集方向不代表必须要计入的会计科目，仅限于部分地区土地增值税清算使用。例如，城市基础设施配套费，本表计入房地产开发成本，一般为前期工程费，但笔者主张计入土地征用费及拆迁补偿费，此会计处理差异可以调整，不会形成纳税差异。

第二节　共同成本及代建工程的会计核算处理

一、房地产开发成本的核算程序

房地产开发成本的核算程序是指房地产开发企业核算开发产品成本时应遵循的步骤和顺序。依据《房地产开发经营业务企业所得税处理办法》（国税发〔2009〕31号）的规定，企业计税成本核算的一般程序如下：

（一）对当期实际发生的各项支出，按其性质、经济用途及发生的地点、时间进行整理、归类，并将其区分为应计入成本对象的成本和应在当期税前扣除的期间费用。同时还应按规定对有关预提费用和待摊费用进行计量与确认。

（二）把应计入成本对象的各项实际支出、预提费用、待摊费用等合理地划分为直接成本、间接成本和共同成本，并按规定将其合理地归集、分配至已完工成本对象、在建成本对象和未建成本对象。

（三）对前期已完工成本对象应负担的成本费用按已销开发产品、未销开发产品和固定资产进行分配。其中，应由已销开发产品负担的部分在当期纳税申报时进行扣除，未销开发产品应负担的成本费用待其实际销售时再予以扣除。

（四）把本期已完工成本对象分为开发产品和固定资产并对其计税成本进行结算。其中，属于开发产品的，应按可售面积计算其单位工程成本，据此计算已销开发产品的计税成本和未销开发产品的计税成本。本期已销开发产品的计税成本准予在当期扣除，未销开发产品的计税成本待其实际销售时再予以扣除。

（五）对本期未完工和尚未建造的成本对象应当负担的成本费用，应分别建立明细台账，待开发产品完工后再予以结算。

按照会计核算科目的归集和结转程序，房地产开发成本核算的一般步骤可以归纳为：

第一步，根据成本对象的确定原则和项目特点，确定成本对象。

第二步，按成本核算及管理的要求，设置有关成本核算会计科目和账簿，按成本对象归集开发成本费用。在项目开发过程中发生的各项开发直接费用，直接计入各成本对象，即借记"开发成本"总分类账户和明细分类账户，贷记有关账户。为项目开发服务所发生的各项开发间接费用，先归集在"开发间接费"账户，即借记"开发间接费"总分类账户和明细分类账户，贷记有关账户。

第三步，按受益原则和配比原则，确定应分摊成本费用在各成本对象之间的分配方法和标准。将"开发间接费"账户归集的开发间接费，按一定的方法分配计入各开发成本对象，即借记"开发成本"总分类账户和明细分类账户，贷记"开发间接费"账户。

第四步，将归集的开发成本费用按确定的方法和标准在各成本对象之间进行分配。

第五步，编制项目开发成本计算表，计算各成本对象的开发总成本。计算已完工开发项目从筹建至竣工验收的全部开发成本，并将其结转记入"开发产品"账户，即借记"开发产品"账户，贷记"开发成本"账户。

第六步，正确划分完工和在建开发产品之间的开发成本，分别结转完工开发产品成本，按建筑面积计算完工产品单位成本。

第七步，正确划分可售面积和不可售面积，根据有关规定分别计算可售面积、不可售面积应负担的成本，按与结算销售收入配比的原则正确结转完工开发产品的销售成本。按已完工开发产品的实际功能和去向，将开发产品实际成本结转记入有关账户，即借记"主营业务成本"、"分期收款开发产品"、"出租开发产品"、"周转房"等账户，贷记"开发产品"账户。

房地产开发经营业务成本核算流程图见图 5-1。

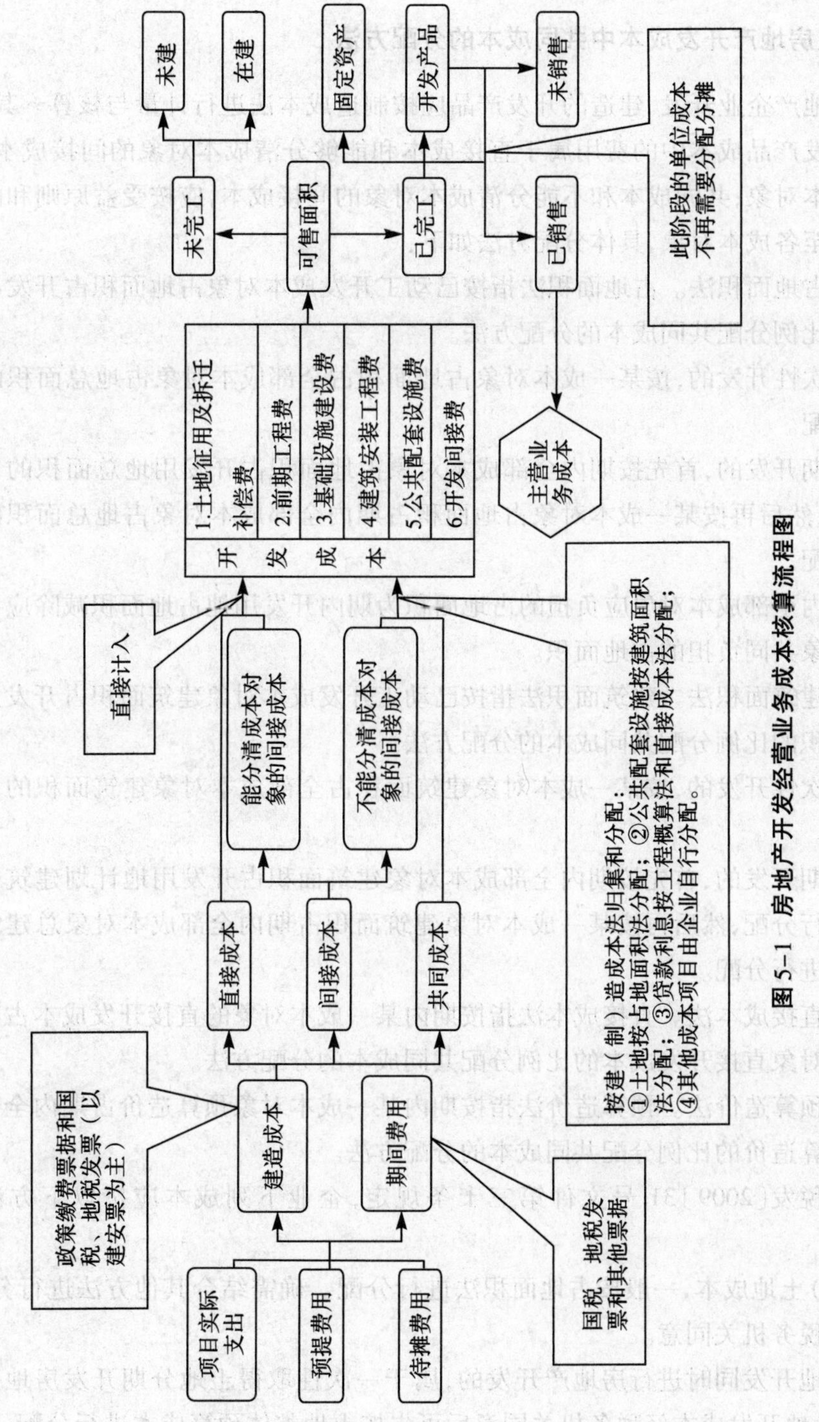

图 5-1 房地产开发经营业务成本核算流程图

二、房地产开发成本中共同成本的分配方法

房地产企业开发、建造的开发产品应按制造成本法进行计量与核算。其中，应计入开发产品成本中的费用属于直接成本和能够分清成本对象的间接成本，直接计入成本对象；共同成本和不能分清成本对象的间接成本，应按受益原则和配比原则分配至各成本对象，具体分配方法如下：

1. 占地面积法。占地面积法指按已动工开发成本对象占地面积占开发用地总面积的比例分配共同成本的分配方法。

一次性开发的，按某一成本对象占地面积占全部成本对象占地总面积的比例进行分配。

分期开发的，首先按期内全部成本对象占地面积占开发用地总面积的比例进行分配，然后再按某一成本对象占地面积占期内全部成本对象占地总面积的比例进行分配。

期内全部成本对象应负担的占地面积为期内开发用地占地面积减除应由各期成本对象共同负担的占地面积。

2. 建筑面积法。建筑面积法指按已动工开发成本对象建筑面积占开发用地总建筑面积的比例分配共同成本的分配方法。

一次性开发的，按某一成本对象建筑面积占全部成本对象建筑面积的比例进行分配。

分期开发的，首先按期内全部成本对象建筑面积占开发用地计划建筑面积的比例进行分配，然后再按某一成本对象建筑面积占期内全部成本对象总建筑面积的比例进行分配。

3. 直接成本法。直接成本法指按期内某一成本对象的直接开发成本占期内全部成本对象直接开发成本的比例分配共同成本的分配方法。

4. 预算造价法。预算造价法指按期内某一成本对象预算造价占期内全部成本对象预算造价的比例分配共同成本的分配方法。

国税发〔2009〕31 号文件第三十条规定，企业下列成本应按以下方法进行分配：

(1) 土地成本，一般按占地面积法进行分配。确需结合其他方法进行分配的，应征得税务机关同意。

土地开发同时进行房地产开发的，属于一次性取得土地分期开发房地产的情况，其土地开发成本经税务机关同意后可先按土地整体预算成本进行分配，待土地

整体开发完毕再行调整。

(2)单独作为过渡性成本对象核算的公共配套设施开发成本,应按建筑面积法进行分配。

(3)借款费用属于不同成本对象共同负担的,按直接成本法或预算造价法进行分配。

(4)其他成本项目的分配法由企业自行确定。

三、成本分配所依据的建筑面积的确定

开发产品面积一般包括总建筑面积、可售面积和不可售面积、已售面积和未售面积等。房地产开发企业对各种建筑面积合理划分有助于正确分配其开发成本,开发产品面积关系如图 5－2 所示。

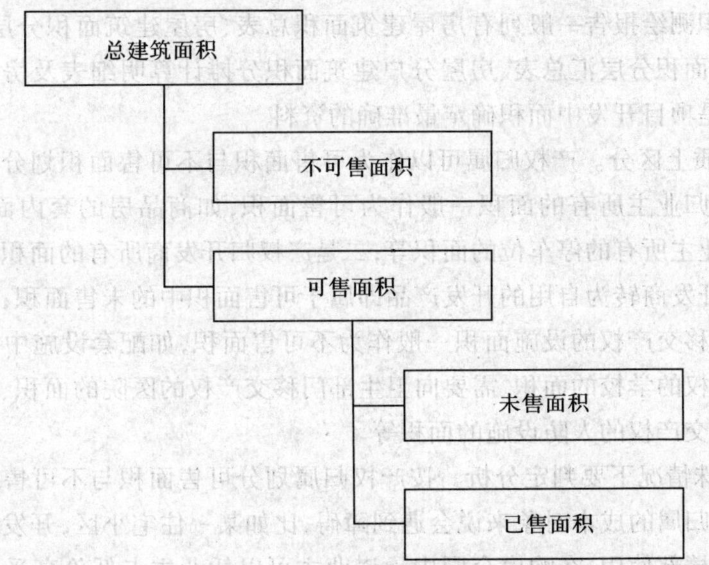

图 5－2　开发产品面积关系图

1. 总建筑面积＝开发产品可售面积＋开发产品不可售面积,是对开发产品的一个总体的掌握,并用以测算其他分解指标的正确性。

总建筑面积可以通过开发项目的立项批文和建筑规划许可证获取,也可以在项目竣工验收后由测绘部门实际测绘得出。项目实际测绘建筑面积与规划总建筑面积可能存在一定比例的误差,另外,开发商为增加项目容积率擅自修改规划也可能导致实际建筑面积与规划总建筑面积不一致。所以在实际分配开发产品成本时,应尽可能校正总建筑面积数据误差。

2. 确定可售面积和不可售面积可用以计算开发产品单位成本，不可售面积成本需要由可售面积进行分摊，这样在开发成本总额一定的情况下，不可售面积越多，开发产品单位成本就会越高。

可售面积与不可售面积的区分如下：

(1)形式上区分。可售面积应包括商品房的套内面积和分摊面积；不可售面积一般包括人防面积、非营利性的社会公共事业设施（包括物业办公场所、变电站、热力站、水厂、居委会、派出所、托儿所、幼儿园、学校、医院、邮电通信站、自行车棚、公共厕所等）面积，以及其他不得在业主购买面积范围内分摊的设施面积等。

可售面积和不可售面积在项目预测算时，可以依据建筑规划许可证确定，一般情况下，建筑规划许可证标有地上面积、地下面积、人防面积等具体数字，配套设施则标有“学校”、“医院”等字样；房屋竣工验收后，可以依据房屋面积测绘报告确定，房屋面积测绘报告一般列有房屋建筑面积总表、房屋建筑面积分层汇总表、共有共用建筑面积分层汇总表、房屋分户建筑面积分摊计算明细表及房屋分层平面示意图等，是项目开发中面积确定最准确的资料。

(2)实质上区分。产权归属可以作为可售面积与不可售面积划分的标准。一是将来产权归业主所有的面积一般作为可售面积，如商品房的套内面积、分摊面积，产权归业主所有的停车位的面积等；二是产权归开发商所有的面积也应作为可售面积，如开发商转为自用的开发产品即属于可售面积中的未售面积；三是将来需要向其他方移交产权的设施面积一般作为不可售面积，如配套设施中需要向教育部门移交产权的学校的面积、需要向卫生部门移交产权的医院的面积、需要向人防管理部门移交产权的人防设施的面积等。

(3)特殊情况下要判定分析。按产权归属划分可售面积与不可售面积对于无法确定产权归属的成本对象来说会遇到障碍，比如某一住宅小区，开发商建造的会所先作为售楼部使用，在购房合同中承诺业主可以凭业主卡低价享受会所内的设施。在这种情况下，会所的面积虽然不包括在业主的产权面积内，但业主却可以在一定期限内享有使用的权利，这种权利以开发商不能够对外出售转让为前提条件，因此，一般情况下可以将此会所类设施计入不可售面积。

3. 可售面积 = 已售面积 + 未售面积，这些面积属于房地产开发企业营销部门日常必要的统计指标，其数据可以通过销控表直接取得。开发产品已售部分，会反映出客户名称、购买房屋的栋号与房号、合同号、签约日期、签约面积、合同单价、合同金额、付款方式、实测面积等内容，未售部分则以空白形式列入表内，最精确的可售面积仍然为实测面积。

表 5－4　　建筑面积、产证面积、无产证面积、可售面积、不可售面积的区分

<table>
<tr><td rowspan="15">建筑面积</td><td rowspan="6">套内建筑面积</td><td colspan="2" rowspan="2">套内使用面积</td><td rowspan="11">产证面积</td><td colspan="3">住宅</td><td rowspan="10">可售面积</td></tr>
<tr><td colspan="3" rowspan="2">商铺</td></tr>
<tr><td colspan="2" rowspan="2">套内墙体面积</td></tr>
<tr><td rowspan="7">独立使用的公共配套设施</td><td colspan="2" rowspan="2">营利性</td></tr>
<tr><td colspan="2" rowspan="2">阳台建筑面积</td></tr>
<tr><td rowspan="5">非营利性</td><td>产权归开发商</td></tr>
<tr><td rowspan="9">公共建筑面积</td><td rowspan="5">参加公摊公共建筑面积</td><td>幢内电梯井、楼梯、垃圾道、变电室、设备间、公共门厅和走道、地下设备等</td><td>产权不明</td></tr>
<tr><td rowspan="3">套（单元）与公用建筑空间之间的分隔墙以及外墙（包括山墙）墙体水平投影面积的一半</td><td>无偿赠与地方政府、公共事业单位以外的其他单位</td></tr>
<tr><td>无偿移交地方政府、公共事业单位</td></tr>
<tr><td>产权属业主共有</td></tr>
<tr><td>本幢值班警卫室、物业房</td><td rowspan="4">公共配套设施（非营利性）</td><td colspan="2" rowspan="2">公共配套设施 1</td><td rowspan="5">不可售面积</td></tr>
<tr><td rowspan="4">不参加公摊公共建筑面积</td><td rowspan="2">为多幢服务的警卫房、管理用房、发电配电设备房</td><td rowspan="4">无产证面积</td></tr>
<tr><td colspan="2" rowspan="2">公共配套设施 2</td></tr>
<tr><td>地下人防工程及过道</td></tr>
<tr><td>地上架空层</td><td colspan="3">次品</td></tr>
</table>

（1）建筑面积－不参加公摊公共建筑面积＝产证面积＝套内建筑面积＋参加公摊公共建筑面积

（2）可售面积＝产证面积－有产证不可售公共配套设施面积

（3）不可售面积＝不参加公摊公共建筑面积＋有产证不可售公共配套设施面积

（4）利用开发产品面积确定开发产品成本的基本公式：

开发产品单位成本＝开发成本总额÷总可售面积

本期应结转的销售成本＝开发产品单位成本×本期已售面积

表 5－5　配套设施可售、不可售面积的划分

营利性的划分	初始产权划分	可售面积	不可售面积
营利性	开发商	√	
非营利性	产权归开发商	√	
	产权不明	√	
	无偿赠与地方政府、公共事业单位以外的其他单位	√	
	无偿移交地方政府、公共事业单位		√
	产权属业主共有		√
	人防国有		√

四、房地产开发成本共同成本分配方法的举例

（一）土地成本分摊分配方法

【案例 5－2】天山房地产公司在一块 10 000 平方米的土地上进行房地产开发，其取得土地使用权所支付的出让金为 1 000 万元。该房地产公司在这块土地上建了两幢楼，其中一幢为公寓，占地面积为 6 000 平方米，建筑面积为 16 000 平方米，已出售 80%。

【案例分析】

依据房地产企业所得税计税成本的规定，按占地面积分摊土地出让金。

1. 公寓应分摊的土地出让金

按转让土地使用权的面积分摊，公寓应分摊的土地出让金的计算方法如下：

公寓应分摊的土地出让金＝公寓占地面积×项目支付土地出让金总额÷项目总占地面积＝6 000×1 000÷10 000＝600（万元）

2. 确定公寓可售建筑面积、已售建筑面积

公寓可售建筑面积为 16 000 平方米，已售建筑面积为 12 800 平方米（16 000×80%）。

3. 本期销售应分摊的土地出让金＝单位建筑面积土地成本×已售建筑面积＝公寓分摊的土地出让金÷公寓总建筑面积×已售建筑面积＝600÷16 000×12 800＝480（万元）

（二）开发成本分摊分配方法

【案例 5－3】天山房地产公司开发一幢公寓，开发成本为 3 450 万元，建筑面积为 15 000 平方米，可售面积为 14 600 平方米，不可售面积为 400 平方米，公寓可售

建筑面积已出售80%。

【案例分析】

开发产品单位成本 = 开发成本总额 ÷ 总可售面积 = 3 450 ÷ 14 600 = 0. 2363（万元/平方米）

本期应结转的销售成本 = 开发产品单位成本 × 本期已售面积 = 0. 2363 × 14 600 × 80% = 2 760（万元）

五、代建工程核算方法

代建工程是指开发企业接受委托单位的委托，代为开发的各种工程，包括土地、房屋、市政工程等。各种代建工程有着不同的开发特点和内容，会计核算时也应根据各类代建工程成本核算的不同特点和要求，采用相应的费用归集方法和成本核算方法。现行会计制度规定，企业代委托单位开发的土地（即建设场地）、各种房屋所发生的各项支出，应分别通过"开发成本——商品性土地开发成本"和"开发成本——房屋开发成本"账户进行核算，并在这两个账户下分别按土地、房屋成本对象和成本项目归集各项支出，进行代建工程项目开发成本的明细分类核算。除土地、房屋以外，企业代委托单位开发的其他工程，如市政工程等，所发生的支出应通过"开发成本——代建工程开发成本"账户进行核算。

代建工程开发成本的核算对象，应根据各项工程实际情况确定。成本项目一般可设置如下几项：土地征用及拆迁补偿费、前期工程费、基础设施建设费、建筑安装工程费、公共配套设施费、开发间接费。在实际核算工作中，应根据代建工程支出的具体内容设置成本项目。

开发企业发生的各项代建工程支出和对代建工程分配的开发间接费，应记入"开发成本——代建工程开发成本"账户的借方和"银行存款"、"应付账款——应付工程款"、"库存材料"、"应付工资"、"开发间接费"等账户的贷方。同时，应按成本对象和成本项目分别归类记入各代建工程开发成本明细分类账。代建工程开发成本明细分类账的格式基本上和房屋开发成本明细分类账的格式相同。

完成全部开发过程并经验收的代建工程，应将其实际开发成本自"开发成本——代建工程开发成本"账户的贷方转入"开发产品"账户的借方，并在代建工程移交委托代建单位，办妥工程价款结算手续后，将代建工程开发成本自"开发产品"账户的贷方转入"主营业务成本（或其他业务成本）"账户的借方。

【案例5－4】天山房地产公司接受市政工程管理部门的委托，代为扩建开发小区旁边的一条道路。扩建过程中，用银行存款支付拆迁补偿费300 000元、前期工程费160 000元，应付基础设施工程款为540 000元，分配开发间接费80 000元。

在发生上述各项扩建工程开发支出和分配开发间接费时,应如何进行会计处理?

【案例分析】

会计处理如下:

1. 支付代建支出时,应做如下会计分录:

借:开发成本——代建工程开发成本　　1 080 000

　贷:银行存款　　460 000

　　应付账款——应付工程款　　540 000

　　开发间接费　　80 000

2. 道路扩建工程完工并经验收,结转已完工程成本时,应做如下会计分录:

借:开发产品——代建工程　　1 080 000

　贷:开发成本——代建工程开发成本　　1 080 000

税务处理取决于项目建设方式,适用政策存在差别。

1. 按照"服务业——代理业"征收营业税。例如,《河北省地方税务局关于房地产业营业税有关政策问题的通知》(冀地税发〔2000〕93 号)对委托建房征税问题的规定,参见第四章第五节中"一、国家税务总局及各地方税务机关对代建行为的确认标准(三)河北省对代建行为营业税的确认标准"。

2. 按照"建筑业"征收营业税。例如,《河北省地方税务局关于"建设—移交"模式有关营业税问题的公告》(河北省地方税务局公告 2011 年第 2 号)的规定,参见第四章第五节中"一、国家税务总局及各地方税务机关对代建行为的确认标准(三)河北省对代建行为营业税的确认标准"。

第三节　发包工程甲供材财税处理技巧与风险防范

甲供材就是甲方供材料。所谓甲供材建筑工程,是指由房地产开发企业提供原材料或者主要材料,施工单位仅提供建筑劳务以及辅助材料的工程。

《财政部、国家税务总局关于营业税若干问题的通知》(财税〔2003〕16 号)规定,建筑安装工程的计税营业额不应包括设备价值,具体设备名单可由省级地方税务机关根据各自实际情况列举。也就是说,凡是属于列入省级地方税务机关列举的设备名单中的建筑工程设备,无论是甲方提供的还是施工单位自行采购的,均可以不缴纳营业税。该政策自 2009 年 1 月 1 日《营业税暂行条例实施细则》实施后发生变化。

《营业税暂行条例实施细则》规定,自 2009 年 1 月 1 日起,纳税人提供建筑业劳务(不含装饰劳务)的,其营业额应当包括工程所用原材料、设备及其他物资和动力价款在内,但不包括建设方提供的设备的价款。

一、甲供设备税务风险防范

【案例5-5】天山建筑公司2010年12月中标A房地产公司住宅项目工程,工程标的3 000万元,其中含电梯设备采购价款500万元,如何计算应纳税款?

【案例分析】

甲供设备营业税政策前后有一定变化,对比分析如下:

1.按照财税〔2003〕16号文件的规定,天山建筑公司采购的电梯设备款不计算缴纳营业税。

天山建筑公司应纳营业税=(3 000-500)×3%=75(万元)

2.按照《营业税暂行条例实施细则》的规定,电梯设备属于天山建筑公司自行采购的,其应税营业额应当包括电梯价款。

天山建筑公司应纳营业税=3 000×3%=90(万元)

3.假如设备由建设方A房地产公司负责供应,则天山建筑公司计税营业额不包括设备价款在内。

天山建筑公司应纳营业税=(3 000-500)×3%=75(万元)

【风险提示】

第一,由于《营业税暂行条例实施细则》规定,建设方提供的设备价款不需要缴纳营业税,建筑安装企业在与建设方签订建筑安装工程承包合同时,要重点考虑设备的"甲方供应"问题。

第二,房地产开发企业自购设备,虽然减少的是施工单位的税金,但是总工程价款能够降低,一样有利于成本控制。

第三,建筑工程设备的具体名单,纳税人需要继续关注国家税务总局和各省级地方税务机关的具体规定。

例如,《广西壮族自治区地方税务局关于明确建筑安装工程设备与材料划分问题的通知》(桂地税发〔2006〕248号)对除全国统一列举的通信线路工程、输送管道工程以外的其他建筑安装工程有关设备和材料的划分问题明确如下:

一、"设备"与"材料"的划分原则

(一)设备是指经过加工制造,由多种材料和部件按各自用途组成的具有生产加工、动力、传送、储存、运输、科研功能的机器、容器和其他机械、装置。

设备一般包括:

1.各种设备的本体及随设备到货的配件、备件和附属于设备本体制作成型的梯子、平台、栏杆、管道;

2. 各种计量器、仪表和自动化控制装置、实验的仪器及属于设备本体部分的仪器仪表；

3. 附属于设备本体的油类、化学药品等。

（二）材料是指完成房屋建筑和市政基础设施工程所需的原材料和经过工业加工的设备本体以外的零配件、附件、成品、半成品。

材料一般包括：

1. 设备本体以外不属于设备配套供货而需由施工企业进行加工制作或委托加工的平台、梯子、栏杆及其他金属构件；

2. 以成品、半成品形式供货的管道、管件、阀门、法兰、电线、电缆、灯具等；

3. 刷油、防腐、绝热材料；

4. 建筑安装工程所需的其他材料。

二、常用建设工程设备与材料的具体划分

（一）机械设备安装工程

1. 金属切削机床、锻压机床、铸造机械、各种起重机、输送机、电梯、风机、泵、电动机、压缩机、煤气发生炉、工业炉等及其全套附属零部件等均为设备。

2. 设备本体以外的各种行车轨道、滑触线、电梯的滑轨、金属构件等均为材料。

（二）电气设备安装工程

1. 电力变压器、互感器、调压器、感应移相器、电抗器、高压断路器、高压熔断器、稳压器、电源调整器、高压隔离开关、油开关，装置式（万能式）空气开关、电力电容器、蓄电池、主令（鼓型）控制器、磁力启动器、电磁铁、电阻器、变阻器、快速自动开关、交直流报警器，成套供应高低压开关柜、配电屏、动力箱、控制盘、控制箱及其随设备带来的母线、支持瓷瓶等均为设备。

2. 电缆、电线、母线、管材、型钢、桥架、梯架、槽盒、立柱、托臂、灯具、开关、插座、按钮、电扇、铁壳开关、电笛、电铃、电表、安全变压器、刀型开关、保险器、杆上避雷针、绝缘子、金具、电线杆、铁塔、支架等金属构件，照明配电箱、电度表箱、插座箱、户内端子箱等均为材料。

（三）静置设备与工艺金属结构制作安置工程

1. 制造厂以成品或半成品形式供货的各种容器、反应器、热交换器、塔器、电解槽等，工艺设备在试车必须填充的一次性填充物材料（如各种瓷环、钢环、塑料环、钢球等），各种化学药品（如树脂、珠光砂、触媒、干燥剂、催化剂等）及变压器油等，不论是随设备带来的，还是单独订货购置的，均视为设备。

2. 制造厂以散件或分段分片供货的塔、器、罐等，在现场拼接、组装、焊接、安装内件或改制时所消耗的物件，由施工企业自行制作的容器、平台、梯子、栏杆及其他金属构件，设备内由施工企业现场加工的衬里材料、填料（玻璃钢、塑料、橡胶板等）均为材料。

（四）热力设备安装工程

1. 成套或散装到货的锅炉及其附属设备、汽轮发电机及其附属设备，热力系统的除氧器水箱和疏水箱，工业水系统的工业水箱，油冷却系统的油箱，酸碱系统的碱酸储存槽，循环水系统的旋转滤网、启闭装置的启闭机械等均为设备。

2. 钢板闸门及拦污栅，启闭装置的启闭架，随锅炉墙砌筑时埋置的铸铁块、看火孔、窥视孔、入孔等各种成品预埋件、挂钩、支架及金属构件等均为材料。

（五）自动化控制仪表安装工程

1. 成套供应的盘、箱、柜、屏（包括箱和已经安装就位的仪表、组件等）及随主机配套供应的仪表，工业计算机，空调机，工业电视，检测控制装置，机械量、分析、显示仪表，基地式仪表，单元组合仪表，变送器，传送器及调节阀，压力、温度、流量、差压、物位仪表等均为设备。

2. 随管、线组合安装的一次部件、元件（包括就地安装的温度计、真空表、压力表）、配件，电缆，电线，桥架，立柱，托臂，支架，管道，管件，阀门等均为材料。

（六）通风空调工程

1. 制冷机组、空调机组、空调器、各类风机、除尘设备、风机盘管、热冷空气幕、暖风机、过滤器、净化工作台、风淋室、冷却塔等均为设备。

2. 风管及其配件，调节阀、风口、风帽、罩类、消声器等部件，法兰、支吊架、加固框等附件均为材料。

（七）工业管道工程

1. 价值在 3 000 元以上的阀门为设备。

2. 管道、管件、价值在 3 000 元以下的阀门、法兰、配件及金属结构等均为材料。

（八）炉窑砌筑工程

1. 安置在炉窑中的成品炉管，电机，鼓风机和炉窑传动、提升装置，属于炉窑本体的金属铸件、锻件、加工及测温装置，仪器仪表，消烟、回收、除尘装置，随炉供应的金具、耐火衬里、炉体金属埋件等均为设备。

2. 现场砌筑用的耐火料、耐酸料、保温料、防腐料、捣打料、绝热纤维、天然白云石、玄武岩、金具、炉门及窥视孔、预埋件、填料等均为材料。

（九）消防安装工程

1. 联动一体机、报警控制器、联动控制器、显示器、湿式报警装置、消防广播设备、消防通讯设备、备用电源，灭火系统贮存装置、检漏装置、气压水罐、消防泵、泡沫发生器、泡沫比例混合器等均为设备。

2. 管道、阀门、管件、喷头、湿式报警阀、组件、栓类、水流指示器，探测器、模块、电缆、电线、桥架、立柱、托臂、按钮、声光报警器、警铃及金属支架等均为材料。

(十)给排水、燃气工程

1. 除污机、清污机、捞毛机等拦污及提水设备，加氯机、水射器、管式混合器、搅拌机械等投药、消毒处理设备，曝气器、生物转盘、压力滤池、压力容器罐、布水器、射流器、离子交换器、离心机、萃取设备、碱洗塔等水处理设备，吸泥机、撇渣机、刮泥机等排泥、撇渣和除砂机械，脱水机、压榨机、压滤机、过滤机等污泥脱水机械及其附属零部件，开水炉、电热水器、容积式热交换器、蒸汽—水加热器、冷热水混合器、太阳能集热器、消毒器(锅)、饮水器，燃气加热设备、成品凝水缸、燃气灶具等均为设备。

2. 设备本体以外的各种滤网、钢板闸门、栅板及启闭装置的启闭架，管道、阀门、法兰、卫生洁具、水表、自制小型容器、支架、金属构件，燃气表、气嘴、燃气管道和附件等均为材料。

(十一)建筑智能化系统设备安装工程

1. 成套供应的箱、盘、柜及属于主机本体的仪表、跳线架、配线架等，太阳能电池、柴油发电机组、整流器及其他配电设备，程控交换机设备，微波无线接入通信设备，抛物面天线，移动通信设备，卫星通信地面站设备，光纤数字传输设备，会议电话、会议电视设备及配套设备、随机附件，计算机网络终端、网络系统和附属设备，楼宇自控中央管理设备、通讯设备、通讯电源设备、控制器、传感器、变送器、流量计、远程总线抄表主机，有线电视前端设备、干线设备，扩声系统设备、背景音乐设备，楼宇安全防范探测器、报警控制器、报警信号传输设备、出入口控制设备、安全检查设备、电视监控设备、停车场车辆识别设备、出入口设备、显示设备、信号监控设备，家居控制管理中心设备，家居智能控制器、控制箱、布线箱等均为设备。

2. 电缆、电线、管材、型钢、桥架、立柱、托臂、插座、按钮、支架，双绞线、光缆、视音频电缆、信息面板、光纤面板、ST接头、适配器、蜂鸣器、端子接口配件、门窗磁、电子门锁、终端电阻、感应IC卡，分支器箱、摄像机室外防护罩、电话组线箱、接线端子箱、前端箱等均为材料。

《广西壮族自治区地方税务局关于营业税中燃气设备范围的通知》(桂地税发〔2009〕133号)规定，由业主提供的下列设备可不纳入营业额计征营业税：

1. 燃气灶具；

2. IC卡燃气计量表；

3. 工业流量表；

4. 燃气热水器；

5. 燃气采暖炉；

6. 燃气管道工程专用的防腐管段、弯头、三通、冷弯管、绝缘接头；

7. 属于燃气安全消防控制设备的可燃气体测爆仪、可燃气体报警控制器、电磁阀、防爆轴流风机。

二、装饰工程甲供材问题

【案例5－6】天山建筑公司2010年11月中标A房地产公司写字楼装饰工程，工程标的3 000万元，其中含工程用料款500万元。另外，A房地产公司自行采购材料款1 000万元，如何计算应纳税款？

【案例分析】

1. 政策对比

(1)原《营业税暂行条例实施细则》第十八条规定，纳税人从事建筑、修缮、装饰工程作业，无论与对方如何结算，其营业额均应包括工程所用原材料及其他物资和动力的价款在内。

(2)《财政部、国家税务总局关于纳税人以清包工形式提供装饰劳务征收营业税问题的通知》(财税〔2006〕114号)(自2009年1月1日起失效)规定，纳税人采用清包工形式提供的装饰劳务，按照其向客户实际收取的人工费、管理费和辅助材料费等收入(不含客户自行采购的材料价款和设备价款)确认计税营业额。

(3)新《营业税暂行条例实施细则》规定，自2009年1月1日起，纳税人提供建筑业劳务(不含装饰劳务)的，其营业额应当包括工程所用原材料、设备及其他物资和动力价款，但不包括建设方提供的设备的价款。

2. 解析

(1)按照原《营业税暂行条例实施细则》的规定，天山建筑公司应税营业额为4 000万元(3 000+1 000)。

天山建筑公司应纳营业税＝4 000×3%＝120(万元)

(2)按照财税〔2006〕114号文件和新《营业税暂行条例实施细则》的规定，对于客户自行采购的材料款天山建筑公司不需要计算缴纳营业税。

天山建筑公司应纳营业税＝3 000×3%＝90(万元)

(3)如果该工程材料全部由客户A房地产公司供应，工程纯劳务标的为2 500万元。

天山建筑公司应纳营业税＝2 500×3%＝75(万元)

【风险提示】

《营业税暂行条例实施细则》第十六条的"不含装饰劳务"可以说明装饰劳务不同于一般建筑劳务，其计税营业额不包括建设方提供的设备价款。另外，工程所需的主要原材料及其他物资和动力价款也有区别。

装饰劳务可以不包括工程所需的主要原材料及其他物资和动力价款，但必须符合特定的形式，即"清包工形式"，原材料、设备、其他物资、动力由客户自行采购，纳税人只向客户收取人工费、管理费及辅助材料费等费用。这就要求纳税人在与建设方签订装饰工程合同时应力求符合这一形式，合同相应条款中注明A房地产公司供装饰材料及设备，工程仅收取装饰工程劳务费(即人工费、管理费及辅助材料费等费用)，并在合同中注明装饰工程劳务费总金额。

三、甲供材会计处理方式不同影响税务处理

【案例5-7】天山房地产公司委托东方建筑公司承建住宅楼工程，工程总造价为1 200万元，其中天山房地产公司供材为200万元。

【案例分析】

1.天山房地产公司对甲供材的会计处理模式一(单位:万元):

借:预付账款　　200

　贷:工程物资　　200

2.天山房地产公司对甲供材的会计处理模式二(单位:万元):

借:开发成本　　200

　贷:工程物资　　200

以上两种会计处理，理论上都是正确的，从会计核算的角度而言，只要能为会计信息的第三方提供真实有效的会计信息，两种会计处理方法都是可以接受的。但是，这两种会计处理方法给施工企业带来的建筑业发票开具和纳税问题却是不同的。

模式一:由于建设方在发出材料时是通过预付账款核算的，没有计入工程成本，因此，施工方东方建筑公司应该按1 200万元开具建筑业发票，并按1 200万元缴纳营业税。

模式二:由于建设方在发出材料时就直接计入了工程成本，因此，施工方东方建筑公司在最终开具建筑业发票时，只能按1 000万元开票，如果按1 200万元开票就会导致建设方把200万元材料重复计入成本。根据营业税的相关规定，无论施工方是按1 000万元开票还是按1 200万元开票，甲供材都必须并入施工方的计税营业额征收营业税，即施工方都必须按1 200万元征收营业税，这与模式一是一样的。

【风险提示】

理论上而言，对于施工方，无论建设方如何进行会计处理，对其税收负担都没有影响，仅在开票金额上有所差异。对于建设方而言，会倾向于采用第二种会计处理模式，在这种会计处理模式下，建设方直接将甲供材计入项目开发成本，这样就

不需要施工方开票了，相应的甲供材应交税金可能就不会包含在合同总价款中支付给施工企业，但是施工企业仍然要承担此部分的纳税风险。

对于甲方供材料，施工方补缴税款后还要补开发票吗?

【案例5－8】东方建筑公司的老张会计最近有些上火，要进行企业所得税汇算清缴了，还有发票没到手呢，怎么回事儿？原来，2009年6月地税局稽查局在对建设方某房地产项目进行纳税检查时，发现东方建筑公司承包的工程有甲供材300万元，进而检查东方建筑公司，认定东方建筑公司违背了原《营业税暂行条例实施细则》第十八条"纳税人从事建筑、修缮、装饰工程作业，无论与对方如何结算，其营业额均应包括工程所用原材料及其他物资和动力的价款在内"的规定，对东方建筑公司进行了罚款，并要求其补税。很多人认为，缴税了就要开发票计入收入，老张会计就在6月份补开了一张300万元的发票计入收入，但是没有成本，向甲方索取，甲方说甲供材是我们自己计入成本的发票，与东方建筑公司无关。有收入无成本，老张会计该如何处理?

【案例分析】

根据《营业税暂行条例》的规定，建筑、修缮和其他工程作业(不包括装饰作业)的营业额包括工程所用原材料及其他物资和动力的价款，在征税时一律按照包工包料工程以料、工、费全额征收营业税。建安营业税属于价内税，承建方缴纳的营业税实际上都包含在整体工程价款内，因此某些承建方把材料款等从工程款中分离出来，结算时只按人工费或包含部分辅助材料费来开具建安发票，或者由建设方代承建方支付一些费用由建设方直接取得发票入账，从而减少了建安工程的应税营业额和相应的营业税。

该案例中很多人的说法以及老张会计的困惑其实是混淆了营业税营业额与企业所得税收入。甲供材在建筑领域里是普遍存在的现象，甲供材就是甲方供应乙方施工使用的材料。由于甲供材中甲方一般直接计入成本，不需要乙方再开具建筑业发票，这种行为无疑会减少营业税税基，因此才有甲供材必须缴纳营业税的规定，新的营业税政策基本延续了这一精神。《营业税暂行条例实施细则》规定，自2009年1月1日起，纳税人提供建筑业劳务(不含装饰劳务)的，其营业额应当包括工程所用原材料、设备及其他物资和动力价款在内，但不包括建设方提供的设备的价款。所以甲供材构成了东方建筑公司营业税营业额，缴纳营业税没有问题。问题在于甲供材缴纳营业税计入营业税营业额并不等于就要开具发票计入企业所得税收入总额。老张会计开了发票实际上也没有交给甲方，这部分计税营业额不属于东方建筑公司的合同收入，无须开具发票。他向甲方索取材料发票也是不对的，因为合同已经明确约定了甲供材范围以及结算方式且与东方建筑公司无关，东方建筑公司就无须考虑这部分的收入和成本。

那么如何进行企业所得税汇算清缴呢？建筑承包工程应当适用《国家税务总局关于确认企业所得税收入若干问题的通知》(国税函〔2008〕875号)的规定，企业在各个纳税期末，提供劳务交易的结果能够可靠估计的，应采用完工进度(完工百分比)法确认提供劳务收入。企业按照从接受劳务方已收或应收的合同或协议价款确定劳务收入总额，根据纳税期末提供劳务收入总额乘以完工进度扣除以前纳税年度累计已确认提供劳务收入后的金额确认当期劳务收入。同时，按照提供劳务估计总成本乘以完工进度扣除以前纳税期间累计已确认劳务成本后的金额结转当期劳务成本。其中，完工进度可以选用已完工作的测量、已提供劳务占劳务总量的比例、发生成本占总成本的比例等方法确定。实务中成本比例法使用最多。以东方建筑公司为例，假设项目承包价款(不含甲供材)为1 000万元，预计成本为850万元，截至2009年12月31日发生成本为600万元，则当年收入为705.88万元(600÷850×1 000)。没有开具发票也要确认收入，确认税前扣除成本600万元。甲供材多开具的300万元发票作废，账面冲销原来的收入即可。

按照营业税的法律规定，开具发票的金额未必等于计税依据。《中华人民共和国发票管理办法》(以下简称《发票管理办法》)规定，发票应按真实的交易额开具，而税款应按税法规定的计税依据确定。例如，外购不动产对外销售按销售额开具发票，但应按售价与买价的差额计算缴纳营业税；又如，不足起征点的劳务也需提供发票，但不征收营业税。因此，实务中无论是税务机关还是纳税企业，仅仅以票定税，一味强调开票即全额纳税的观点是不对的。

四、甲供材土地增值税清算时如何处理

【案例5-9】税务机关在对A房地产公司2010年完工的蓝郡项目土地增值税进行清算时查出大量货物销售发票。税务人员认为，建筑施工工程应取得建筑业发票，非建筑业发票一律不予扣除，且取得不符合规定的发票还应予以处罚，这种说法对吗？

【案例分析】

房地产开发企业直接以货物销售发票计入开发成本最有代表性的就是甲供材。关于甲方价外提供材料征收土地增值税的问题，《中华人民共和国土地增值税暂行条例实施细则》第七条规定：条例第六条所列的计算增值额的扣除项目开发土地和新建房及配套设施成本，是指纳税人房地产开发项目实际发生的成本，包括土地征用及拆迁补偿费、前期工程费、建筑安装工程费、基础设施费、公共配套设施费、开发间接费用。建筑安装工程费，是指以出包方式支付给承包单位的建筑安装工程费、以自营方式发生的建筑安装工程费。

关于扣除项目凭证的确认问题，可参照《海南省地方税务局关于土地增值税有

关问题的通知》(琼地税发〔2009〕104号)的规定。具体内容如下:

(一)对于包工不包料的建安工程,施工方按提供的建安劳务金额(不含材料价款)开具发票。在计算土地增值税扣除项目时,施工费用的扣除凭证以建安发票为准,材料和设备费用的扣除凭证以销售发票为准。

(二)对于包工包料的建安工程,施工方按工程结算金额(包含材料和设备价款)开具发票。在计算土地增值税扣除项目时,建安费用的扣除凭证以建安发票为准。

参照上述规定,房地产开发企业价外提供材料,可以视同自营方式发生的建筑安装工程费,在计算土地增值税扣除项目时,可以凭材料和设备费用的销售发票计算扣除,因此,税务人员的说法是错误的。

第四节　自营工程销售一样缴纳营业税

一、自营工程的财务核算

房地产开发企业采用自营方式进行的基础设施和建筑安装(包括装饰)等工程,如果工程规模不大,在施工过程中发生的各项工程费用,可直接计入有关开发成本的核算对象。如果工程规模较大,由企业所属施工单位进行内部核算,可根据需要设置"工程施工"账户,用来核算和归集自营工程费用,并按工程施工成本对象和成本项目设置工程施工成本明细分类账,进行工程成本明细分类核算。凡是可以直接计入各项工程的生产费用,应直接计入各项工程成本;凡是不能直接计入各项工程而应由有关工程共同负担的生产费用,要先行归集,然后按照一定的标准,定期分配计入有关工程成本。

核算工程成本,必须确定工程成本核算的对象。工程成本核算的对象通常是具有工程预算的单位工程,因为单位工程是编制工程预算、工程进度计划的对象。根据单位工程来组织工程成本核算,便于反映工程预算的执行结果,分析工程成本超降的原因,及时反映施工活动的经济效益。为了简化工程成本核算手续,对于在同一施工地点、同一结构类型、开竣工时间相接近的各个单位工程,或在同一工地上施工的几个预算造价很小的工程,也可把它们的成本合并核算,然后按照各单位工程预算造价的比例,算出各单位工程的实际成本。

为了便于核算各项工程成本、分清工程成本超降的原因,必须对生产费用按照经济用途加以分类。施工单位的生产费用按照其经济用途,一般分为下列成本项目:

1. 材料费，指在施工过程中所耗用的构成工程实体的材料、结构件的实际成本以及周转材料的摊销和租赁费用。

2. 人工费，指直接从事工程施工的工人（包括施工现场制作构件工人，施工现场水平、垂直运输等辅助工人，但不包括机械施工人员）的工资、奖金、津贴和职工福利费。

3. 机械使用费，指在施工过程中使用自有施工机械所发生的费用，包括机上操作人员工资，职工福利费，燃料动力费，机械折旧费、修理费，替换工具及部件费，润滑及擦拭材料费，安装、拆卸及辅助设施费，养路费，牌照税，使用外单位施工机械的租赁费，以及按照规定支付的施工机械进出场费。

4. 其他直接费，指现场施工用水、电、蒸汽费，冬雨季施工增加费，夜间施工增加费，土方运输费，材料二次搬运费，生产工具用具使用费，工程定位复测费，工程点交费，场地清理费等。

5. 施工间接费，指施工单位为组织和管理工程施工所发生的全部支出，包括施工单位管理人员的工资、职工福利费、办公费、差旅交通费、行政管理用固定资产折旧修理费、低值易耗品摊销、财产保险费、劳动保护费、民工管理费等。如果搭建工程施工所必需的生产、生活用的临时建筑物、构筑物及其他临时设施，还应包括临时设施摊销费。

上述材料费、人工费、机械使用费和其他直接费，由于直接耗用于工程的施工过程，所以叫作直接费，可以直接记入“工程施工”账户并计入各项工程成本。施工间接费由于属于组织和管理工程施工所发生的各项费用，要按照一定标准分配计入各项工程成本，所以叫作间接费，在核算上应先将其记入“施工间接费用”账户，然后按照一定标准分配计入各项工程成本。

为了核算各项自营工程的实际成本，会计部门在接到施工部门的开工报告后，要根据前述有关成本对象的说明，为各单位工程或同类工程开设“工程施工成本明细分类账”，用以记录各项工程的成本。同时，不论工程施工期限长短，都须等到工程完工计入各项应计成本以后，工程施工成本明细分类账的记录才能完整。

工程施工成本明细分类账中各成本项目的实际成本，根据材料费分配表、人工费分配表、机械使用费分配表、水电风汽运输费用分配表、施工间接费用分配表等计入。月份内各项工程发生的实际成本，应在月终将其自“工程施工”账户的贷方转入“开发成本”账户的借方。

二、自营工程直接销售如何确定自建行为营业税

《营业税暂行条例实施细则》第五条、第二十五条规定，单位或者个人自己施工建造（自建）建筑物用于销售时，其所发生的自建行为视同发生应税行为缴纳营业

税，其纳税义务发生时间为销售自建建筑物的纳税义务发生时间。其中，自建行为属于“建筑业”税目，按3%的税率缴纳营业税；销售自建建筑物行为属于“销售不动产”税目，按5%的税率缴纳营业税。

因此，房地产开发企业自营工程如果用于直接销售，要同时对一项建筑物分别按从事建筑业劳务和销售不动产缴纳两次营业税。自建建筑物的营业税计税依据按《营业税暂行条例实施细则》第二十条“纳税人有条例第七条所称价格明显偏低并无正当理由或者本细则第五条所列视同发生应税行为而无营业额的，按下列顺序确定其营业额：（一）按纳税人最近时期发生同类应税行为的平均价格核定；（二）按其他纳税人最近时期发生同类应税行为的平均价格核定；（三）按下列公式核定：营业额 = 营业成本或者工程成本 ×（1 + 成本利润率）÷（1 - 营业税税率）”的规定执行。

【案例5-10】天山房地产公司2009年自建商品房25 000平方米，工程成本1 350元/平方米，售价3 000元/平方米。某月销售自建商品房15 000平方米，将2 000平方米自建商品房无偿赠送给某单位，当地建安成本利润率为10%，土地成本为3 000万元。

【案例分析】

1. 天山房地产公司应缴纳建筑业营业税 =（15 000 + 2 000）×0.135 ×（1 + 10%）÷（1 - 3%）×3% = 78.08（万元）

2. 天山房地产公司应缴纳销售不动产营业税 =（15 000 + 2 000）×0.3 ×5% = 255（万元）

自建销售和赠送缴纳营业税合计 = 78.08 + 255 = 333.08（万元）

【风险提示】

由于自建行为营业额具有不确定性，自营工程销售可能会被主管税务机关按照不动产销售额直接征收自建行为营业税，这样对房地产开发企业会造成两方面的不公平：一是土地成本没有扣减；二是自建行为成本利润率一般要低于销售利润率。

目前各地税务机关已经在陆续明确该问题，如《广西壮族自治区地方税务局建筑业营业税管理办法（试行）的公告》（广西壮族自治区地方税务局公告2010年第8号）规定：纳税人自己新建（以下简称自建）建筑物后销售，以销售收入减去销售时土地价值后的余额为营业额，补征建筑业营业税。销售时土地价值按照《中华人民共和国营业税暂行条例实施细则》第二十条的规定确定。对账务不健全、不能准确计算营业额的，或纳税人提供建筑业劳务价格明显偏低并无正当理由的，其营业额由主管地税机关根据纳税人或其他纳税人最近时期发生的同类工程价款确定。

没有同类价款的,按下列公式核定计税价格:营业额 = 工程成本 × (1 + 8%)/(1 - 营业税税率)。

三、自营工程需要明确的三个税务问题

1. 单位自建自用和个人自建自用的区别

税收政策中对单位自建自用和个人自建自用的定义有所不同。个人自建建筑物自用,是仅限于个人自购材料、自聘人员、支付工资并拥有建筑物产权以满足自己生产生活的需要的行为。在农村集体土地上自建住宅通常为这种行为。单位自建不动产,是指具有建筑安装施工资质和能力的企业,由自己施工建设房产,并归本单位自行使用的行为。根据《营业税暂行条例实施细则》第三条第一款的规定,单位或个体工商户聘用的员工为本单位或雇主提供应征营业税劳务,不包括在有偿提供应税劳务之内。因此,自建行为是由公司内部员工提供应税劳务,不属于营业税暂行条例规定的提供应税劳务的行为,不按"建筑业"税目征收营业税。对于以个人名义为他人提供建筑安装劳务,且结算全部或部分工程价款的,应当征收营业税。所以,对于房地产开发企业兼有建筑施工企业资质或者有资质的建筑施工企业,对其自建自用的房屋不征收建筑业营业税。这种情况下,如果房地产开发企业没有建筑资质,正如一般的房地产开发一样,也就不存在自建自用的情况,若还是以材料发票和人工费工资表入账就有帮人避税的嫌疑了。

2. 自建自用后的房屋用于销售,是否应当征收建筑业营业税

【案例 5 - 11】东方建筑公司 2007 年自建办公楼自用,三年后,由于公司搬迁,将办公楼转让给天山房地产公司,那么,东方建筑公司转让该办公楼缴纳销售不动产营业税,是否还要缴纳自建房屋营业税?

【案例分析】

根据《营业税暂行条例实施细则》的规定,单位或者个人自己新建建筑物后销售,其所发生的自建行为视同发生应税行为缴纳营业税。自建后先自用再销售,除按照销售不动产缴纳营业税以外,单位或者个人自己所发生的自建行为还应当缴纳建筑业营业税,自建行为的纳税义务发生时间为销售自建建筑物的纳税义务发生时间。

3. 房地产开发企业内部施工队承建本公司项目是否缴纳营业税

【案例 5 - 12】A 房地产公司为降低工程成本,成立内部施工队,挂靠在东方建筑公司名下,负责正在建造的本公司小区广场绿化工程,房地产开发企业内部施工队承建本公司项目是否应缴纳营业税?

【案例分析】

《营业税暂行条例实施细则》第十六条规定："除本细则第七条规定外，纳税人提供建筑业劳务（不含装饰劳务）的，其营业额应当包括工程所用原材料、设备及其他物资和动力价款在内，但不包括建设方提供的设备的价款。"因此，房地产开发企业内部施工队挂靠其他建筑公司提供建筑业劳务，应视同其他建筑施工企业处理，房地产开发企业自购甲供材都要并入挂靠企业计税营业额，征收营业税。

【风险提示】

根据《中华人民共和国建筑法》（以下简称《建筑法》）的规定，建筑行业资质挂靠行为存在一定的风险。

《建筑法》第二十六条规定："承包建筑工程的单位应当持有依法取得的资质证书，并在其资质等级许可的业务范围内承揽工程。禁止建筑施工企业以任何形式允许其他单位或者个人使用本企业的资质证书、营业执照，以本企业的名义承揽工程。"

《建筑法》第六十六条规定："建筑施工企业转让、出借资质证书或者以其他方式允许他人以本企业的名义承揽工程的，责令改正，没收违法所得，并处罚款，可以责令停业整顿，降低资质等级；情节严重的，吊销资质证书。"根据这一规定，挂靠企业要承担上述责任。

《建筑法》第十二条规定："从事建筑活动的建筑施工企业，应当具备下列条件：（一）有符合国家规定的注册资本；（二）有与从事的建筑活动相适应的具有法定执业资格的专业技术人员；（三）有从事相关建筑活动所应有的技术装备；（四）法律、行政法规规定的其他条件。"

第五节　注意区分开发产品计税成本与会计成本

通常情况下，房地产开发企业的销售行为在开发产品完工前即已开始，完工后还会继续发生，直至开发产品全部售完。在会计处理上，对预售收入通过"预收账款"账户核算，开发产品完工交付确认收入时由"预收账款"账户转入"主营业务收入"或"销售收入"账户。开发产品完工前不结转销售成本，完工后根据配比原则对应结转已售部分的开发成本。所以，房地产开发企业的利润表在项目完工前不能体现开发产品的经营成果。

鉴于房地产行业的特殊性，国家税务总局发布的《房地产开发经营业务企业所得税处理办法》（国税发〔2009〕31号）第六条规定，企业通过正式签订房地产销售合同或房地产预售合同所取得的收入,应确认为销售收入的实现。这说明房地产开发企业所得税收入的确认没有作完工前后的区分,与会计核算截然不同,所以在计算企业所得税时,不能把会计核算收入视为税务处理收入,反之,税务处理收入的确认条件也不能作为会计核算的规范。

同样,在开发产品成本核算上,企业所得税处理与会计核算也有本质的区别。本节对开发产品完工前后成本的处理方式分析如下:

一、开发产品完工前成本的确认

开发产品完工前发生的成本费用通过"开发成本"科目反映,"开发成本"成本项目与国税发〔2009〕31 号文件中计税成本支出的内容相同,均包括土地征用及拆迁补偿费、前期工程费、基础设施建设费、建筑安装工程费、公共配套设施费、开发间接费六大成本项目。

会计处理对于开发产品完工前的预售收入不进行损益结转,"开发成本"科目累计借方发生额或期末余额反映了开发产品项目成本费用的实际投入。

在税务处理上,国税发〔2009〕31 号文件第九条规定:"企业销售未完工开发产品取得的收入,应先按预计计税毛利率分季(或月)计算出预计毛利额,计入当期应纳税所得额。"这说明税务处理并不直接计算完工前开发产品取得的收入对应的计税成本,而是间接地以计税毛利率来确定销售毛利额。

二、开发产品完工后成本的确认

开发产品完工交付业主,说明权利状态发生变化,会计要确认销售收入,"开发成本"科目归集的成本费用相应地按照已售建筑面积占可售建筑面积的比例结转销售成本。

会计处理以每年 12 月 31 日为截止日,此时"开发成本"科目归集的成本费用不一定能够全部取得结算发票,为保证会计损益的真实性、准确性,"开发成本"科目也包括为准确核算单位建筑面积开发成本预提的工程成本,所以按照已售建筑面积和单位开发成本结转的销售成本能够反映开发项目的实际经营情况。

税务处理与会计处理有所不同,国税发〔2009〕31 号文件第九条规定:"开发产品完工后,企业应及时结算其计税成本并计算此前销售收入的实际毛利额,同时将实际毛利额和与其对应的预计毛利额之间的差额计入当年度企业本项目与其他项目合并计算的应纳税所得额。"

三、预提成本影响完工产品计税成本的确定

考虑到房地产开发企业的成本结算相对于税法认定的完工条件相对滞后,国

税发〔2009〕31号文件第三十五条规定:"开发产品完工以后,企业可在完工年度企业所得税汇算清缴前选择确定计税成本核算的终止日,不得滞后。"本条内容可进一步归纳为:第一,开发产品当年度完工必须结算计税成本;第二,计税成本核算有终止日,即完工年度企业所得税汇算清缴前。该规定遵从了《企业所得税法实施条例》第九条的规定:"企业应纳税所得额的计算,以权责发生制为原则,属于当期的收入和费用,不论款项是否收付,均作为当期的收入和费用;不属于当期的收入和费用,即使款项已经在当期收付,均不作为当期的收入和费用。"这样就给了房地产开发企业充分的核算申报时间,即企业可以在年度结束后5个月的汇算清缴期内,完成出包工程结算,索取发票,完整确定完工项目的计税成本,补计需要在当年度税前扣除的应计未计、应提未提项目。该规定不失为房地产开发企业核算完工年度企业所得税的一大利好。

开发成本完工结转成本,由此产生的会计销售成本与企业所得税计税成本时点差异主要表现在:

1. 会计成本与交付入住的建筑面积和确认的收入相配比,计税成本只考虑实际毛利额,不考虑实际结转成本。

2. 会计成本年终结算以12月31日为截止点,计税成本可以次年5月31日前某一时点为核算终止点。

3. 实务中存在开发产品完工后工程的结算成本仍然无法最终确定的情况,会计成本包含项目结算或未结算的预提成本,计税成本除实际发生且已取得合法凭据的支出外,按照国税发〔2009〕31号文件第三十二条的规定将预提成本费用计入完工产品的计税成本。

(1)出包工程未最终办理结算而未取得全额发票的,在证明资料充分的前提下,其发票不足金额可以预提,但最高不得超过合同总金额的10%。

(2)公共配套设施尚未建造或尚未完工的,可按预算造价合理预提建造费用。此类公共配套设施必须符合已在售房合同、协议或广告、模型中明确承诺建造且不可撤销,或按照法律法规规定必须配套建造的条件。

(3)应向政府上交但尚未上交的报批报建费用、物业完善费用可以按规定预提。物业完善费用是指按规定应由企业承担的物业管理基金、公建维修基金或其他专项基金。

除此之外的建造成本费用以及其他应当取得但未取得合法凭据的建造成本费用,不得计入计税成本。如果企业据此或因其他原因不进行完工开发产品计税成本的结算,根据国税发〔2009〕31号文件第三十五条的规定,主管税务机关有权确定或核定其计税成本,据此进行纳税调整,并按《税收征收管理法》的有关规定对其进行处理。

所以，年终汇算完工项目的应纳税所得额的计算公式为：

完工项目应纳税所得额 = 完工项目收入 -（账面成本 - 会计预提费用 - 不合法凭据支出 + 税法允许预提金额）- 税金及附加 - 期间费用

这些数据不仅仅来源于利润表。

4. 12 月 31 日至 5 月 31 日之间取得合法凭据，会计上作为次年度发生的成本费用或冲减预提成本，税法上则可以计入当年度计税成本。

【案例 5 - 13】天山房地产公司开发的某住宅楼于 2008 年 9 月完工，出包工程合同总金额 20 000 万元，由于未最终办理结算，2008 年取得的发票金额仅为 15 000 万元，2009 年 3 月取得发票 2 000 万元，2009 年 6 月取得发票 3 000 万元。

【案例分析】

在会计实务中，该住宅楼虽然于 2008 年 9 月完工，截至资产负债表日，“开发成本”科目归集的成本费用除已经取得合法凭据（发票）的外，还包括已经结算但未取得发票的预提工程成本，假设全部开发产品销售完毕，会计处理为（单位：万元）：

预提成本：

借：开发成本　　5 000

　　贷：应付账款（预提）　　5 000

结算完工成本：

借：开发产品　　20 000

　　贷：开发成本　　20 000

结算销售成本：

借：销售成本　　20 000

　　贷：开发产品　　20 000

次年度取得结算发票：

借：应付账款（预提）　　2 000

　　贷：应付账款（工程承包商）　　2 000

资产负债表日前结转的完工成本以及销售成本都包含了预提的成本费用 5 000 万元，根据国税发〔2009〕31 号文件第三十四条“企业在结算计税成本时，其实际发生的支出应当取得但未取得合法凭据的，不得计入计税成本，待实际取得合法凭据时，再按规定计入计税成本”的规定，假定企业计税成本核算终止日确定为 2009 年 5 月 30 日，则天山房地产公司 2009 年 3 月取得的发票 2 000 万元可以计入计税成本，超过计税成本核算终止日取得的发票 3 000 万元不能够计入计税成本。但是在证明资料充分的情况下，企业可以预提合同总金额的 10% 即 2 000 万元计入计税成本。这样，2008 年天山房地产公司该项目计税成本为 19 000 万元（15 000 +

2 000 +2 000),2009年汇算清缴后尽管实际取得的发票金额为3 000万元,计入实际取得发票年度(2009年)的计税成本只能为1 000万元(3 000 -2 000)。

这样,会计成本2008年为20 000万元、2009年为0元,而企业所得税计税成本2008年为19 000万元、2009年为1 000万元。虽然成本总额没有发生变化,但是计税成本核算终止日及预提成本形成的会计成本与计税成本的年度差异对天山房地产公司2008、2009年度的企业所得税产生了一定影响。

【风险提示】

待实际取得合法凭据时,再按规定计入计税成本,是计入取得发票年度,还是计入计税成本结算年度?

参考《青岛市地方税务局2012年度企业所得税问题解答》出包工程预提费用的前提是否应该是已完工工程?预提费用税前扣除的有效时间如何把握?其办理结算的时间在相关法律上有无具体的限定?该条是否也应遵循国家税务总局2011年第34号公告第六条的规定?

答:国税发〔2009〕31号文件第九条规定,"企业销售未完工开发产品取得的收入,应先按预计计税毛利率分季(或月)计算出预计毛利额,计入当期应纳税所得额。开发产品完工后,企业应及时结算其计税成本并计算此前销售收入的实际毛利额,同时将其实际毛利额与其对应的预计毛利额之间的差额,计入当年度企业本项目与其他项目合并计算的应纳税所得额"。据此,如房地产企业销售未完工产品,其企业所得税处理方式为先按预计计税毛利率分季(或月)计算出预计毛利额,计入当期应纳税所得额,不存在结算计税成本的问题。开发产品完工后,企业才需要按规定结算其计税成本。

国税发〔2009〕31号文件第三十五条规定:"开发产品完工以后,企业可在完工年度企业所得税汇算清缴前选择确定计税成本核算的终止日,不得滞后。凡已完工开发产品在完工年度未按规定结算计税成本,主管税务机关有权确定或核定其计税成本,据此进行纳税调整,并按《中华人民共和国税收征收管理法》的有关规定对其进行处理。"房地产企业如有出包工程未最终办理结算而未取得全额发票的,在证明资料充分的前提下,可据此在选定计税成本核算的终止日后,其发票不足金额可以在最高不超过合同总金额的10%的范围内预提。

国税发〔2009〕31号文件第三十四条规定:"企业在结算计税成本时其实际发生的支出应当取得但未取得合法凭据的,不得计入计税成本,待实际取得合法凭据时,再按规定计入计税成本。"本条没有明确取得合法凭据可计入计税成本的最长时限。结合国家税务总局2012年第15号公告第六条"根据《中华人民共和国税收征收管理法》的有关规定,对企业发现以前年度实际发生的、按照税收规定应在企业所得税前扣除而未扣除或者少扣除的支出,企业作出专项申报及说明后,准予追补至该项目发生年度计算扣除，但追补确认期限不得超过5年"的规定，可以理解为房地产取得合法凭据可计入计税成本的最长时限为5年。

四、房地产开发企业预提成本并非随意扣除

房地产开发企业年终所得税汇算清缴预提成本处理还要注意主管税务机关的具体规定，下面列举了几个地区的相关规定。

1.《山东省青岛市地方税务局2009年度企业所得税业务问题解答》明确了出包工程未最终办理结算而未取得全额发票的处理以及如何界定资料"充分"的规定：根据国税发〔2009〕31号文件第三十二条，企业2009年度汇算清缴时，可以根据规定预提工程成本。

年度申报预提工程款计入销售成本计算扣除时，应提供正式的出包合同、完工证明、竣工验收备案证明或交付使用证明、出包工程的项目预算书以及预算调整的相关证明等。

2.《江苏省国家税务局转发〈国家税务总局关于印发《房地产开发经营业务企业所得税处理办法》的通知〉的通知》（苏国税发〔2009〕79号）关于预提（应付）费用的规定：

（1）房地产开发企业根据《国家税务总局关于印发〈房地产开发经营业务企业所得税处理办法〉的通知》（以下简称《通知》）第三十二条第一款，可以预提的出包工程，是指承建方已按出包合同完成全部工程作业量但尚未最终办理结算的工程项目。

房地产开发企业对发票不足金额据以预提的出包工程合同总金额，是指不包括甲供材的金额。预提费用最高不得超过合同总金额的10%，且已开发票金额与预提费用总计不得超过本条款规定的合同总金额。预提的出包工程，自开发产品完工之日起超过两年仍未支付的，预提的出包工程款全额计入应纳税所得额；以后实际支付时，可按规定税前扣除。

（2）房地产开发企业根据《通知》第三十二条第二款预提的公共配套设施建造费用，售房合同、协议、广告，或政府相关文件等明确建造期限而逾期未建造的，其以前年度已预提的该项费用在规定建造期满之日起计入当期应纳税所得额。未明确建造期限，在该开发项目最后一个可供销售的成本对象达到完工产品条件时仍未建造的，其以前年度已预提的该项费用应并入当期应纳税所得额；以后实际发生公共配套设施建造费用时，再按照《通知》第二十八条第三款的有关规定税前扣除。

（3）房地产开发企业根据《通知》第三十二条第三款预提的报批报建费用、物业完善费用，必须是完工产品应上交的报批报建费用、物业完善费用，同时需提供政府要求上交相关费用的正式文件。未完工产品应上交的报批报建费用、物业完

善费用不得预提并税前扣除。

除政府相关文件对报批报建费用、物业完善费用有明文规定的期限外，预提期限不得超过3年；超过3年未上交的，计入当期应纳税所得额，以后年度实际支付时准予在税前扣除。

(4)房地产开发企业当年度按《通知》第三十二条的规定预提有关费用时，应在企业所得税年度申报时附报房地产开发企业预提费用明细表。

3.《大连市地方税务局关于明确房地产开发经营业务企业所得税相关问题的通知》(大地税函〔2009〕77号)明确规定，按《房地产开发经营业务企业所得税处理办法》的规定预提的报批报建费用、物业完善费用，应在开发项目完工后的两个纳税年度的12月31日前支付。逾期仍未支付的报批报建费用、物业完善费用，应在当年的汇算清缴期内并入当期应纳税所得额。

4.《辽宁省地方税务局转发国家税务总局关于印发〈房地产开发经营业务企业所得税处理办法〉的通知》(辽地税发〔2009〕51号)进一步规定：

(1)《房地产开发经营业务企业所得税处理办法》(以下简称《办法》)第三十二条第一款规定，出包工程未办理结算而未取得全额发票的，其发票不足金额可以预提，但应提供工程预(决)算书、工程施工合同、建设工程结算书等证明资料，否则不得预提该项费用。该项预提费用不得超过合同总金额的10%，发票不足金额不超过合同总金额10%的，按发票不足金额预提。

(2)《办法》第三十二条第二款规定，公共配套设施可按预算造价合理预提建造费用。企业提取该项费用应以政府相关部门出具的预算价格审批表为依据。

(3)《办法》第三十二条第三款规定，企业可以预提报批报建费用、物业完善费用，企业提取该项费用应以政府相关部门出具的缴费通知单或收费部门的文件为依据。

(4)对《办法》第三十五条补充规定，开发产品完工后，企业可在完工年度企业所得税汇算清缴前选择确定计税成本核算的终止日，不得滞后。凡已完工开发产品在完工年度未按规定结算计税成本的，主管税务机关可对符合《办法》第三条规定条件的开发产品按应结转营业收入的85%确定或核定其计税成本，据此进行纳税调整，并按《税收征管法》的有关规定对其进行处理。

五、开发产品完工条件的确认

(一)视为开发产品完工的三个条件

开发产品完工是结算计税成本的前提，国税发〔2009〕31号文件规定，除土地开发之外，开发产品符合下列条件之一的，应视为已经完工：(1)开发产品竣工证明材料已报房地产管理部门备案；(2)开发产品已开始投入使用；(3)开发产品已取得了初始产权证明。三个条件如果同时满足，遵循时点界定孰先原则，把最早的一个时点确定为开发产品完工时点。

另外,《国家税务总局关于房地产开发企业开发产品完工条件确认问题的通知》(国税函〔2010〕201 号)、《国家税务总局关于房地产企业开发产品完工标准税务确认条件的批复》(国税函〔2009〕342 号)也明确,房地产开发企业建造、开发的开发产品无论工程质量是否验收合格,或是否办理完工(竣工)备案手续以及会计决算手续,当其开发产品开始投入使用时均应视为已经完工。开发产品开始投入使用是指房地产开发企业开始办理开发产品交付手续(包括入住手续)或开始实际投入使用。

首先,房地产开发企业的开发产品如果没有实际竣工验收即提前办理入住手续,则存在计税成本资料不全、结算不完整等问题。这种情况下必须结算计税成本,就会产生结算的当年度计税成本远远小于实际成本的情况,从而对当年度企业所得税产生重大影响。其次,如果开发产品的实际毛利率高于国税发〔2009〕31 号文件规定的未完工开发产品的预计计税毛利率,企业开发产品完工后结算计税成本,必然需要在年度纳税申报中调整实际毛利额与对应的预计毛利额之间的差额,增加应纳税所得额且在当年产生较大税负的企业所得税。这是企业不情愿的,也因此存在着部分房地产开发企业虽然开发产品已经交付业主使用,但仍以种种理由将开发项目长期挂账不进行完工项目的结算,或者竣工验收手续不全不进行备案,不办理初始产权证明等。为限制这些情况发生,便于调控,企业必须根据国税发〔2009〕31 号文件的规定,按照三个时点孰先的原则进行企业所得税的计税处理。

(二)开发产品竣工证明材料报房地产管理部门备案应提交的文件资料

如何理解开发产品竣工证明材料已报房地产管理部门备案?其中,竣工证明材料是指房地产单项(指工程质量等)验收文件,还是指小区整体验收文件?房地产管理部门是指工程质量监督站,还是指办理房产证的房管局?

有很多财税人员有类似的困惑。根据《房屋建筑工程和市政基础设施工程竣工验收备案管理暂行办法》(中华人民共和国建设部令第 78 号)的规定,国务院建设行政主管部门负责全国房屋建筑工程和市政基础设施工程的竣工验收备案管理工作,县级以上地方人民政府建设行政主管部门负责本行政区域内工程的竣工验收备案管理工作。建设单位应当自工程竣工验收合格之日起 15 日内,依照本办法的规定,向工程所在地的县级以上地方人民政府建设行政主管部门(以下简称备案机关)备案。建设单位办理工程竣工验收备案应当提交下列文件:

(1)工程竣工验收备案表。

(2)工程竣工验收报告。工程竣工验收报告应当包括工程报建日期,施工许可证号,施工图设计文件审查意见,勘察、设计、施工、工程监理等单位分别签署的质量合格文件及验收人员签署的竣工验收原始文件,市政基础设施的有关质量检测和功能性试验资料以及备案机关认为需要提供的有关资料。

(3)法律、行政法规规定应当由规划、公安消防、环保等部门出具的认可文件或者准许使用文件。

(4)施工单位签署的工程质量保修书。

(5)法规、规章规定必须提供的其他文件。

商品住宅还应当提交住宅质量保证书和住宅使用说明书。

(三)何时办理初始产权登记

依据《城市房屋权属登记管理办法》的规定,房屋权属登记分为总登记、初始产权登记、转移登记、变更登记、他项权利登记、注销登记。其中,新建的房屋申请人应当在房屋竣工后的 3 个月内向登记机关申请房屋所有权初始登记,并应当提交用地证明文件或者土地使用权证、建设用地规划许可证、建设工程规划许可证、施工许可证、房屋竣工验收资料以及其他有关的证明文件。集体土地上的房屋转为国有土地上的房屋,申请人应当自事实发生之日起 30 日内向登记机关提交用地证明等有关文件,申请房屋所有权初始登记。初始产权登记是税法上界定房地产项目完工的标准之一。

六、房地产企业成本费用的自查要点

国家税务总局稽查局局长马毅民在回答记者关于"2014 年税务稽查部门在打击税收违法行为方面有什么举措"的问题时,指出:(2014 年全国税务稽查部门)一是加大对虚开、骗税案件查处力度。以查处虚开、骗税案件为重点,查处一批有影响力的重大案件。二是开展税收专项检查和区域专项整治。安排对房地产及建筑安装业、出口退(免)税企业和股权转让企业及个人等开展税收专项检查。对辖区内税收秩序相对混乱、税收违法行为比较集中的地区组织开展区域税收专项整治。三是加强重点税源企业检查工作。继续选择部分重点税源企业开展税收检查,重点对其核心企业和核心业务进行检查。四是加强打击发票违法犯罪活动工作。继续开展虚假发票"买方市场"整治工作,积极会同公安部门进一步加大对制售假发票"卖方市场"的打击力度,采取有效措施打源头、端窝点,联合查办一批发票犯罪重大案件。五是加大重大税收违法案件公告和宣传曝光力度。积极宣传打击虚开增值税专用发票、骗取出口退税等涉税违法活动成果,曝光一些典型案件,提高查处涉税违法案件的震慑力。由此可以看出,2014 年房地产及建筑安装业依旧“榜上有名”。因此,房地产开发企业化解纳税风险的前提唯有政策运用适当,计税依据正确,纳税申报无误。在主管税务机关税务评估、清算、稽查前开展自查也是有效防范税务风险的手段之一。

成本费用方面的自查重点整理如下,供读者参考。

1. 取得的土地资产是否不按规定计价。

(1)是否擅自扩大或减小土地资产的价值;

(2)是否将购进的土地进行“三通一平”后,进行评估,虚增土地成本,计入开发成本。

2. 是否虚列拆迁补偿费,虚增成本。

(1)是否虚增拆迁户数,多列拆迁补偿费或虚增补偿金额;

(2)征地、拆迁支出,是否未按规定进行归集分摊,涉及分片分期开发的,是否未在各个项目之间进行合理分摊。

3. 是否签订虚假合同、协议,虚列、多列或重复列支成本费用。

(1)是否签订虚假单项合同,取得虚开发票,夸大建筑安装工程费;

(2)是否从有关联关系的贸易公司购进材料,向关联企业发包或分包工程,人为地提高材料价格或建安费用,转移利润;

(3)采取包工不包料方式发包工程,在开发企业提供的材料、水电和其他物资已凭发票计入开发成本的情况下,是否让施工企业按劳务费和材料价款的合计金额再次开具发票,并负担其多开部分的税款,重复列支开发成本;

(4)是否虚列工程监理费。

4. 是否取得不符合规定的发票并入账,多列成本费用。

(1)是否取得旧版作废发票入账;

(2)是否涂改、伪造、自行填开发票入账;

(3)是否取得第三方开具的发票入账;

(4)是否取得开具内容不实的发票入账等。

5. 是否混淆成本对象,未按配比原则结转产品成本。

(1)是否未根据开发项目的特点及实际情况确定成本对象,所有开发工程成本在一个账户中核算,无法确认当期单项工程开发成本;

(2)企业各期成本是否核算混乱,是否提前列支下期项目的成本;

(3)是否一次性列支应由各期分摊的土地成本(含土地附属成本);

(4)是否未单独核算有偿转让或自用配套设施的成本,将其全部计入可售房屋开发成本;

(5)是否虽单独核算有偿转让或自用配套设施的成本,但只分摊建筑安装工程费,而土地成本、前期工程费、基础设施费、借款利息等费用在已售房屋中分摊;

(6)发生销售退回业务,是否只冲减收入,不冲回已结转成本。

6. 是否将资本性支出直接列入当期成本,减少应纳税所得额。

(1)是否将办公用的电子设备、汽车、音像设备等固定资产计入销售费用或在低值易耗品账户核算,进行税前扣除;

(2)由开发企业投资建设的,位于开发小区内的邮电通讯、学校、医疗等配套设施在完工后出租的,是否未将其按固定资产进行账务处理;

(3)在开发小区内建造的会所、售楼部、停车场(库)、物业管理场所等产权归开发企业所有的配套设施,是否未按固定资产进行账务处理;

(4)临时出租的待售开发产品,对其已计提折旧的处理是否正确。

7. 是否扩大期间费用列支范围及标准,减少应纳税所得额。

(1)广告费、业务宣传费、业务招待费、坏账损失等期间费用是否按规定的范围和标准进行扣除,是否存在为规避扣除比例的限制而将上述费用部分计入开发成本的情况;

(2)开发产品完工前的借款利息是否一次性计入当期损益,虚增财务费用;

(3)工资、广告费、业务宣传费、业务招待费扣除是否正确;

(4)计提的以前年度应计未计、应提未提的折旧费用是否已作纳税调整;

(5)有无在税前扣除与收入无关的支出,如违规列支行政性罚款,少申报缴纳企业所得税和土地增值税等的情况。

8. 工资、福利费方面是否未按规定扣缴个人所得税。

(1)未通过"应付工资"科目发给职工的奖金、实物以及其他各种应税收入,是否未足额、准确代扣代缴个人所得税。

(2)为职工购买的商业保险、补充养老保险、企业年金等是否未按规定代扣代缴个人所得税。

(3)以发票报销方式或定额发放的交通补贴、误餐补助、加班补助、通讯费补贴等,是否未代扣代缴个人所得税。(交通补贴、通信补贴如果所在省制定了税前扣

除标准,在标准限额内的部分可免征个人所得税)

(4)以发票报销方式套取现金,发放奖金或支付给个人的手续费、回扣、奖励等,是否未代扣代缴个人所得税。

(5)支付债权的利息、股权的股息和红利时是否未扣缴利息、股息、红利收入的个人所得税。

(6)房地产销售人员取得销售佣金是否未并入工资薪金代扣代缴个人所得税。

(7)为管理人员购买住房,支付房款,是否未并入雇员工资薪金所得计征个人所得税。

(8)各种促销活动向客户赠送礼品,是否未代扣代缴个人所得税。

9. 取得土地契税缴纳是否正确。

(1)出让方式取得国有土地使用权,是否未按照取得该土地使用权支付的全部经济利益计缴契税。以协议方式出让的,契税计税价格里是否未包括土地补偿费、安置补偿费、地上附着物和青苗补偿费、拆迁补偿费、市政建设配套费等承受者应支付的货币、实物、无形资产及其他经济利益;以竞价方式出让的,契税计税价格里是否未包括市政建设配套费及各种补偿费。

(2)以划拨方式取得的土地使用权,后经批准改为出让方式取得使用权的,是否未补缴契税。

(3)以出让方式承受原改制企业划拨用地的,是否未按规定缴纳契税。

(4)土地使用权受让人通过完成土地使用权转让方约定的投资额度或投资特定项目,以此获得的低价转让或无偿赠与的土地使用权,是否未参照纳税义务发生时当地的市场价格缴纳契税。

(5)承受旧城改造拆迁范围内的土地使用权,是否未按规定缴纳契税。

(6)以分期支付方式取得的土地使用权,是否未按合同规定的总价缴纳契税。

(7)竞价土地使用权尚未办理产权,直接再转让的,是否未按规定申报缴纳契税。

10. 房产税计算缴纳是否正确。

(1)自行建造的自用房产交付使用后,是否长期挂“在建工程”,既不办理竣工结算,也未申报缴纳房产税。

(2)是否将房屋租金直接冲减“企业管理费”或挂在其他应付款上未确认收入。

(3)与房屋不可分割的附属设备及固定资产改良支出是否未增加计税房产原值。

(4)新建和购置的房产是否未从建成的次月和取得产权的次月起申报缴纳房

产税。

(5)国有企业清产核资过程中房屋价值重估后的新增价值,是否未按照有关规定申报缴纳房产税。

(6)自用、出租、出借本企业建造的商品房,是否未按照有关规定缴纳房产税。在出售前已使用或出租、出借的商品房是否未按规定申报缴纳房产税。

11. 印花税

(1)各类应税凭证是否未按规定粘贴印花税票或缴纳印花税。是否将应税凭证划为非税凭证,漏缴印花税;是否应纳税凭证书立或领受时不即行贴花,而直到凭证生效日期才贴花纳税。

(2)房屋销售(预售)合同、银行借款合同、建筑安装合同、建筑材料购销合同、租赁合同、广告合同等是否未按规定足额缴纳印花税。是否混淆合同性质,从低适用税率或擅自减少计税依据,未按全部所载金额计税。

(3)2006 年 11 月 27 日之后签订的土地使用权出让合同、土地使用权转让合同,是否未按规定申报缴纳印花税。

第六节 不同售楼部模式的税务处理

房地产开发企业为了扩大影响,便于接待客户使其充分了解本企业开发产品的性质和结构进而达到销售的目的,一般会在不同区域设立售楼部和样板间以及其他项目营销设施。区域的不同会相应地影响会计处理和税务处理。

房地产开发企业的项目营销设施包括售楼部、样板间、接待中心、展台、展位等不同类型,根据其建设与使用的特点,可以分为以下四种模式:

1. 利用开发完成或部分完成的楼宇内的商品房装修装饰后作为项目营销设施使用,项目销售完毕作为开发产品销售以及转为企业自用或出租。

2. 利用开发小区内楼宇之外引人注目的位置建造临时设施(如售楼部、样板间)作为项目营销设施使用,项目销售完毕即行拆除或转为企业自用或出租。

3. 利用开发小区内的配套设施(如会所)装修装饰后作为项目营销设施临时使用,项目销售完毕作为开发产品销售以及转为企业自用或出租,或者移交物业公司,产权归全体业主所有。

4. 在开发小区之外的人口活跃密集区租入或自建销售网点,项目销售完毕转为其他项目使用或出租、销售。

营销设施核算表见表5－6。

表5－6　营销设施核算表

<table>
<tr><th>营销设施</th><th>分类</th><th>性质</th><th>会计处理</th></tr>
<tr><td rowspan="8">售楼部、样板间等</td><td rowspan="2">利用楼宇内的商品房作为售楼部、样板间</td><td>日后整体出售的</td><td>计入“开发成本——建筑安装工程费”</td></tr>
<tr><td>不能判断可否随主体一并出售的</td><td>计入“开发成本——开发间接费”</td></tr>
<tr><td>开发小区内楼宇之外临时建造的售楼部、样板间</td><td></td><td>计入“开发成本——开发间接费”</td></tr>
<tr><td rowspan="3">利用小区内的配套设施（如会所）作为售楼部、样板间</td><td>设施属非营利性且产权归全体业主所有的</td><td>计入“开发成本——公共配套设施”</td></tr>
<tr><td>设施属营利性的</td><td>作为独立开发产品和成本计算单位</td></tr>
<tr><td>企业自用的</td><td>通过在建工程归集后转入固定资产或投资性房地产</td></tr>
<tr><td rowspan="2">在开发小区之外的繁华区设置的销售网点</td><td>租用的</td><td>计入营业费用</td></tr>
<tr><td>自建的</td><td>其折旧计入营业费用</td></tr>
</table>

一、利用开发完成或部分完成的楼宇内的商品房装修装饰后作为营销设施使用

根据《房地产开发经营业务企业所得税处理办法》（国税发〔2009〕31号）的规定，计入开发间接费核算的营销设施建造费包括项目小区楼宇之内的装修装饰费用和楼宇之外的售楼部、样板间等营销设施的建造费用。楼宇之内的商品房临时作为售楼部、样板间使用的，因其本身属于特定的成本对象，所以其建造成本按照正常的开发产品核算，其装修装饰费用若不能判断未来是否可以随商品房主体一并出售，则归属于开发间接费核算。

【案例5－14】天山房地产公司在开发的A小区某栋楼内开设样板间，建造成本为50万元，装修装饰后对外开放，样板间装修装饰支出30万元。

【案例分析】

建造成本50万元计入该套样板间的“开发成本”，装修装饰费用30万元能够判断未来随该套商品房一并出售的，可以计入该套样板间的“开发成本”，否则计入

"开发间接费"核算。"开发间接费"归集的成本费用按期结转"开发成本——开发间接费"科目。当样板间与其他商品房一起竣工验收时,从"开发成本"转入"开发产品"科目;当样板间销售结转收入和成本时,其成本从"开发产品"转入"主营业务成本";当样板间转作自用时,其成本从"开发产品"转入"固定资产";当样板间未来出租时,其成本从"开发产品"转入"投资性房地产"。

开发间接费应当按照国税发〔2009〕31 号文件第二十九条的规定,对于共同成本和不能分清负担对象的间接成本,按受益原则和配比原则分配至各成本对象,具体分配方法包括占地面积法、建筑面积法、直接成本法、预算造价法,企业根据需要可以自行确定分配方法。

另外,房地产开发企业由"开发产品"转入"固定资产"或"投资性房地产"的商品房之后又销售的,需要注意国税发〔2009〕31 号文件第二十四条的规定,企业开发产品转为自用,其实际使用时间累计未超过 12 个月又销售的,不得在税前扣除折旧费用。

二、利用开发小区内楼宇之外的明显位置建造临时设施作为营销设施使用

作为售楼部、样板间使用的临时设施,按照《企业会计准则》,其发生的建设成本及装修费用在"在建工程"科目核算。完工后,其成本从"在建工程"转入"开发间接费",如果非自用或出租,也可以按照国税发〔2009〕31 号文件的规定直接计入"开发间接费"核算。

三、利用开发小区内的配套设施装修装饰后作为营销设施临时使用

房地产开发企业除了利用开发的商品房、临时建筑作为营销设施外,比较多见的还有在销售阶段利用开发小区内规划建造的会所、物业场所作为项目的营销设施使用。这种类型的营销设施的最终用途是小区规划设计已经确定的,即便临时作为项目营销设施使用,也不可以直接计入开发间接费核算。国税发〔2009〕31 号文件第十七条规定:"企业在开发小区内建造的会所、物业管理场所、电站、热力站、水厂、文体场馆、幼儿园等配套设施,按以下规定进行处理:①属于非营利性且产权属于全体业主的,或无偿赠与地方政府、公用事业单位的,可将其视为公共配套设施,其建造费用按公共配套设施费的有关规定进行处理。②属于营利性的,或产权归企业所有的,或未明确产权归属的,或无偿赠与地方政府、公用事业单位以外其他单位的,应当单独核算其成本。除企业自用的应按建造固定资产进行处理外,其他的一律按建造开发产品进行处理。"

例如,【案例 5 - 14】中天山房地产公司在开发的 A 小区中心位置按照规划建造会所一座,装修后暂时作为售楼部使用。售楼部利用会所作为营销设施,会计和税务处理就要根据以上规定区分该会所的建造性质,分别使用不同的处理方式:

1. 如果该会所属于不能有偿转让的公共配套设施，符合上述国税发〔2009〕31号文件第十七条第一款的规定，如产权归全体业主所有，则该会所的建造费用计入公共配套设施费进行会计处理。

2. 如果该会所属于未来出售转让的公共配套设施，符合上述国税发〔2009〕31号文件第十七条第二款的规定，则将该会所视为独立的开发产品和成本计算单位，按照开发成本的具体成本项目设置会计科目进行明细分类核算。销售时按销售不动产征收相应的营业税、城市维护建设税、教育费附加、企业所得税、土地增值税、印花税等。

3. 如果该会所属于企业自用，则成本通过"在建工程"科目归集，完工后转入"固定资产"或"投资性房地产"科目。会所自用征收相应的房产税和土地使用税；出租使用征收营业税、城市维护建设税、教育费附加、企业所得税、房产税、土地使用税、印花税等。

四、在开发小区之外的人口活跃密集区设置销售网点作为营销设施使用

房地产开发企业除在项目小区内设置建造营销设施外，还有可能在项目小区之外的人口活跃密集区设置项目展示区、接待处、售楼部等。这些设施有可能是房地产开发企业租入使用的，也有可能是自建的。

对于销售环节在项目小区之外的营销设施方面发生的成本费用，无论税务处理还是会计处理都应当通过营业费用或销售费用反映。如果属于企业自建构成的固定资产，由此计提的折旧费计入营业费用或销售费用。

【风险提示】

售楼部、样板间等营销设施所发生的成本能作为土地增值税扣除项目吗？

《江苏省地方税务局关于土地增值税有关业务问题的公告》(苏地税规〔2012〕1号)关于装修装饰费用的扣除规定：凡以建筑物或构筑物为载体，移动后会引起性质、形状改变或者功能受损的装修装饰物支出，可以作为开发成本计算扣除。上述之外的其他装修装饰费用支出，一律不得作为开发成本扣除。对房地产开发企业售楼处等营销设施的装修费用，应计入房地产开发费用。

该文件规定营销设施的装修费用不能扣除，那么营销设施的建造费用呢？笔者理解不允许计入开发间接费用的可能性较大。即企业所得税计入开发间接费用，土地增值税不允许计入开发间接费用。

第七节　项目工程用房与销售用房税务处理不同

【案例5-15】2011年8月，天山房地产公司取得某市一宗土地使用权后立项

开发,前期投入建造的临时设施包括:项目基建用房 1 000 平方米,建造成本为 120 万元;售楼部 2 000 平方米,建造成本为 340 万元;样板间 200 平方米,建造成本为 50 万元。这些设施的成本应计入固定资产还是开发成本?是否应缴纳房产税?

【案例分析】

税务处理:《房地产开发经营业务企业所得税处理办法》(国税发〔2009〕31 号)规定:开发间接费指企业为直接组织和管理开发项目所发生的,且不能将其归属于特定成本对象的成本费用性支出。主要包括管理人员工资、职工福利费、折旧费、修理费、办公费、水电费、劳动保护费、工程管理费、周转房摊销以及项目营销设施建造费等。因此,在具体的成本核算中,项目营销设施可通过"开发间接费——项目营销设施"归集核算。基建临时设施属于项目前期筹建费用,可通过"前期工程费——临时设施"归集核算。

另外,根据国税发〔2009〕31 号文件第二十六条第(一)项以可否销售原则确定计税成本对象规定:开发产品能够对外经营销售的,应作为独立的计税成本对象进行成本核算;不能对外经营销售的,可先作为过渡性成本对象进行归集,然后再将其相关成本摊入能够对外经营销售的成本对象。因此,这些临时性辅助设施不作为计税成本核算对象出现,应作为过渡性成本处理。

会计处理:这些临时性设施一次性支出金额较大,理应分期摊销,但由于房地产项目开发周期较长的特征,临时性设施一次性计入成本还是分摊计入成本从会计核算效果上看没有差别。并且临时性设施均不构成最终开发产品实体,也没必要分摊占地面积的土地成本,对于建造成本,实际发生时直接计入开发成本相关科目,将来开发产品销售时,作为共同成本予以分配转出。因此,会计处理和税务处理没有差别。

房产税处理需要明确两个问题,一是是否缴纳房产税,二是如何缴纳房产税。

1. 是否缴纳房产税。《财政部、国家税务总局关于检发〈关于房产税若干具体问题的解释和暂行规定〉、〈关于车船使用税若干具体问题的解释和暂行规定〉的通知》(财税地〔1986〕8 号)第二十一条明确规定:"凡是在基建工地为基建工地服务的各种工棚、材料棚、休息棚和办公室、食堂、茶炉房、汽车房等临时性房屋,不论是施工企业自行建造还是由基建单位出资建造交施工企业使用的,在施工期间,一律免征房产税。但是,如果在基建工程结束以后,施工企业将这种临时性房屋交还或者估价转让给基建单位的,应当从基建单位接收的次月起,依照规定征收房产税。"第十九条明确规定:"纳税人自建的房屋,自建成之次月起征收房产税。纳税人委托施工企业建设的房屋,从办理验收手续之次月起征收房产税。"该文件规定,不予征税的临时性建筑物必须同时满足两个条件:其一,必须为基建工地服务;其二,必须处于施工期间。如果基建工程结束,临时性建筑物归基建单位使用,则须从基建单位使用的次月起缴纳房产税。一般情况下,开发项目工地,无论施工企业还是开发企业均会建造基建用房,各自均应按照上述规定处理。

2. 如何缴纳房产税。本案例中,天山房地产公司项目施工期间,基建用房1 000平方米暂不用缴纳房产税,但是项目结束,基建用房未拆除的话,就必须缴纳房产税了。而售楼部2 000平方米、样板间200平方米临时建筑显然不是为基建工地服务的,而是为公司项目销售服务的,因而不能满足上述不予征收房产税的两个条件,应当自建造完毕次月起缴纳房产税。售楼部、样板间的房产税应按自用原值计算。《财政部、国家税务总局关于安置残疾人就业单位城镇土地使用税等政策的通知》(财税〔2010〕121号)第三条规定:对按照房产原值计税的房产,无论会计上如何核算,房产原值均应包含地价,包括为取得土地使用权支付的价款、开发土地发生的成本费用等。宗地容积率低于0.5的,按房产建筑面积的两倍计算土地面积并据此确定计入房产原值的地价。由于会计核算中,售楼部、样板间的成本费用归集在开发间接费中核算,仅包括了建造成本,没有包括土地成本,无法确定房产计税原值,在计算房产税时就要首先进行纳税调整。例如,假设售楼部占地面积为3 000平方米,土地成本为1 200元/平方米,则售楼部应计入房产原值的土地成本为360万元(3 000×1 200),房产税计税原值为700万元(340+360),年均缴纳房产税5.88万元[700×(1-30%)×1.2%]。假设样板间占地面积为450平方米,容积率低于0.5,则样板间应计入房产原值的土地成本为48万元(200×2×1 200),房产税计税原值为98万元(50+48),年均缴纳房产税0.8232万元[98×(1-30%)×1.2%]。

【风险提示】

缴纳房产税的宗地容积率如何确定?

参考《厦门市地方税务局关于明确将地价并入房产原值征收房产税有关问题的通知》(厦地税函〔2011〕8号)的规定,宗地容积率是指一个地块上的建筑物总面积与地面面积的比,以厦门市规划局核发的"工程规划许可证"登载的为准。

1. 宗地容积率低于0.5的,以房产建筑面积的两倍作为占地面积A,再以A占总占地面积的百分比确认其地价,并入房产原值;宗地容积率高于0.5的,以该宗地的全部地价并入房产原值。

2. 同一宗地分期开发,在申报房产税时,应按该期(栋)房产建筑面积占该宗地上的房产总建筑面积的百分比配比地价并入房产原值。

第八节　境外付汇支付劳务费税务处理问题

当前,房地产开发企业为提高市场竞争力,越来越注重景观设计、样板间设计,极力营造充满人文气息的宜居之地。在国内市场无法满足这种需求的情况下,房地产开发企业开始要求境外知名企业提供产品包装、形象设计、融资顾问、技术培训、信息服务等劳务，这些劳务除前期洽谈、信息搜集、成果交付、培训指导阶段偶尔会在境内完成外，一般在境外完成。这些劳务所得，是否需要缴纳营业税、企业所得税，需要区分不同情况具体分析。

【案例5－16】天山房地产公司拟开发某住宅项目，聘请境外东方建筑设计公司作建筑方案设计、初步设计和部分施工图设计。合同约定，根据天山房地产公司提交的资料，东方建筑设计公司在境外完成建筑方案设计、初步设计，具体施工图设计可由天山房地产公司聘请境内建筑设计公司根据外方设计理念和中国的具体标准完成，境外东方建筑设计公司只提供初步施工图及相应的技术指导等后续服务。天山房地产公司根据境外东方建筑设计公司提交的设计方案分期支付进度款。合同整体实施时间为14个月，其中，方案设计和初步设计各5个月，施工图设计和技术指导4个月。请问：该合同款项是否要扣缴营业税、企业所得税？适用特许权使用费条款还是营业利润条款？

本案例具有一定代表性，结合当前税务政策及管理规定解析如下：

一、境外企业劳务所得是否缴纳营业税

《营业税暂行条例》第一条规定，在中华人民共和国境内提供本条例规定的劳务、转让无形资产或者销售不动产的单位和个人为营业税的纳税人，应当依照本条例缴纳营业税。《营业税暂行条例实施细则》第四条规定，条例第一条所称在中华人民共和国境内提供条例规定的劳务是指提供或者接受条例规定劳务的单位或者个人在境内。因此，提供或者接受条例规定劳务的单位或者个人在境内的劳务即属于境内劳务，应当缴纳营业税。

例外的情形是，根据《财政部、国家税务总局关于个人金融商品买卖等营业税若干免税政策的通知》（财税〔2009〕111号）的规定，对境外单位或者个人在境外向境内单位或者个人提供的文化体育业（除播映），娱乐业，服务业中的旅店业，饮食业，仓储业以及其他服务业中的沐浴、理发、洗染、裱画、誊写、镌刻、复印、打包劳务，不征收营业税。

境外设计费显然不属于财税〔2009〕111号文件中不征税范围，但境内企业应注意的是，境外企业为降低自身税务风险，签订协议时会力主与境内企业签订不含税合同，将税金转嫁到境内企业身上，相应的纳税风险也将由境内企业承担。

【风险提示】

部分现代服务业2013年8月1日起由征营业税在全国全面改征增值税，那么境外单位或个人向境内单位提供的咨询、设计等服务应计算缴纳增值税，境内单位

代扣代缴税款时应按照所支付的价款和适用税率6%扣缴增值税。

二、境外企业劳务所得是否缴纳企业所得税

《企业所得税法》第三条规定:“居民企业应当就其来源于中国境内、境外的所得缴纳企业所得税。非居民企业在中国境内未设立机构、场所的,或者虽设立机构、场所但取得的所得与其所设机构、场所没有实际联系的,应当就其来源于中国境内的所得缴纳企业所得税。”

在具体判定上,非居民企业境内劳务所得所得税判定不能适用于营业税境内应税行为的标准。《企业所得税法实施条例》第七条规定:“企业所得税法第三条所称来源于中国境内、境外的提供劳务所得,按照劳务发生地确定。”

上述规定为企业所得税的原则性规定,另外,由于非居民企业的很多劳务所得可以适用税收协定条款,所以,非居民劳务所得企业所得税应税行为判定及纳税处理需要从以下方面具体分析:

(一)境外企业在境内设立机构的判断

《企业所得税法》第三条第二款规定,在境内设立机构、场所的,其发生在境外但与其所设机构、场所有实际联系的所得,境外企业负有主动申报缴纳企业所得税的义务,以机构、场所所在地为纳税地点申报缴纳企业所得税。具体判断按《企业所得税法实施条例》第五条进行:“企业所得税法第二条第三款所称机构、场所,是指在中国境内从事生产经营活动的机构、场所,包括:①管理机构、营业机构、办事机构;②工厂、农场、开采自然资源的场所;③提供劳务的场所;④从事建筑、安装、装配、修理、勘探等工程作业的场所;⑤其他从事生产经营活动的机构、场所。”例如,假设【案例5-16】中,境外东方建筑设计公司深圳办事处人员在香港完成办事处安排的设计任务,则应在深圳申报缴纳企业所得税。

另外,要注意税收协定方面的特殊规定。《国家税务总局关于外国企业在中国境内提供劳务活动常设机构判定及利润归属问题的批复》(国税函〔2006〕694号)第一条税收协定常设机构条款中“缔约国一方企业通过雇员或其他人员,在缔约国另一方为同一项目或相关联的项目提供劳务(包括咨询劳务)仅以在任何十二个月中连续或累计超过六个月的为限”的规定,具体执行中是指外国企业在中国境内未设立机构场所,仅派其雇员到中国境内为有关项目提供劳务(包括咨询劳务),当这些雇员在中国境内实际工作时间在任何十二个月中连续或累计超过六个月时,则可判定该外国企业在中国境内构成常设机构。

《〈中华人民共和国政府和新加坡共和国政府关于对所得避免双重征税和防止偷漏税的协定〉及议定书条文解释》(国税发〔2010〕75号)对常设机构的判定具有

广泛的指导意义,并特别规定:“①我国对外所签协定有关条款规定与中新协定条款规定内容一致的,中新协定条文解释规定同样适用于其他协定相同条款的解释及执行;②中新协定条文解释与此前下发的有关税收协定解释和执行文件不同的,以中新协定条文解释为准。”

国税发〔2010〕75号文件规定:缔约国一方企业派其雇员或其雇用的其他人员到缔约国另一方提供劳务,任何十二个月内这些人员为从事劳务活动在对方停留连续或累计超过183天的,构成常设机构。该项规定针对的是缔约国一方企业派其雇员到缔约国另一方从事劳务活动的行为。本项规定应从以下几个方面理解:

1.“雇员或雇用的其他人员”是指该企业的员工,或者该企业聘用的在其控制下按照其指示向缔约国另一方提供劳务的个人。

2.本款所称的劳务活动,指从事工程、技术、管理、设计、培训、咨询等专业服务活动。例如:

(1)对工程作业项目的实施提供的技术指导、协助、咨询等服务(不负责具体的施工和作业);

(2)对生产技术的使用和改革、经营管理的改进、项目可行性分析以及设计方案的选择等提供的服务;

(3)在企业经营、管理等方面提供的专业服务等。

境外设计公司如果为香港企业,根据2008年1月30日在北京签订的《内地和香港特别行政区关于对所得避免双重征税和防止偷漏税的安排第二议定书》的规定,取消《内地和香港特别行政区关于对所得避免双重征税和防止偷漏税的安排》第五条第三款(二)项中“六个月”的规定,用“183天”代替。这样,协定条款中“一方企业派其雇员到另一方从事劳务活动在任何十二个月中连续或累计超过六个月”中的“连续或累计超过六个月”改为“连续或累计超过183天”,超过183天即构成常设机构。

【案例5-17】香港东方建筑设计公司派人员到内地提供设计咨询服务,2009年4月20日来内地,6月15日离境,7月30日入境,10月29日离境,11月1日入境,12月15日离境并完成所有设计咨询服务。请问:该企业在境内是否构成常设机构?

【案例分析】

对于入境、离境当天的计算,《国家税务总局关于在中国境内无住所的个人执行税收协定和个人所得税法若干问题的通知》(国税发〔2004〕97号)规定:“对在中国境内无住所的个人,需要计算确定其在中国境内居住天数,以便依照税法和协定或安排的规定判定其在华负有何种纳税义务时,均应以该个人实际在华逗留天数计算。上述个人入境、离境、往返或多次往返境内外的当日,均按一天计算其在华实际逗留天数。”虽然这个规定是针对个人所得税的,这里我们认为同样适用于企业所得税常设机构的判定原则。依据这个原则,即个人入境、离境、往返或多次往返境内外的当日均按一天计算其在境内实际逗留天数。案例中,自2009年4月20日至2009年12月15日期间,香港东方建筑设计公司派人员在境内从事劳务活动的实际天数为:

4月份:30-19=11(天)(入境当天按1天计算在境内天数)

5月份:31天

6月份:15天(离境当天按1天计算在境内天数)

7月份:2天(入境当天按1天计算在境内天数)

8月份:31天

9月份:30天

10月份:29天(离境当天按1天计算在境内天数)

11月份:30天(入境当天按1天计算在境内天数)

12月份:15天(离境当天按1天计算在境内天数)

合计194天,因此,该建筑设计公司在2009年4月到12月期间,在华超过183天,符合常设机构的条件。

设立机构、场所的非居民企业劳务所得征收管理依据《非居民承包工程作业和提供劳务税收管理暂行办法》(国家税务总局令2009年第19号)和《国家税务总局关于印发〈非居民企业所得税核定征收管理办法〉的通知》(国税发〔2010〕19号)进行。

(二)劳务是否属于来源于中国境内的所得的判断

如果经过上述判断后,境外企业属于在中国境内未设立机构、场所的,或者虽设立机构、场所但取得的所得与其所设机构、场所没有实际联系的,则对其非居民企业的劳务所得应按劳务发生地确定是否征收企业所得税。

如果劳务所得确实发生在境外,则不属于来源于中国境内的所得,对非居民企业应仅就其来源于境内的所得征收企业所得税,境内企业也无须为其代扣代缴企业所得税。但是境内企业在对外支付时,还要遵从国内的税收征收管理,如开具“服务贸易、收益、经常转移和部分资本项目对外支付税务证明”等。

此外,需要注意支付劳务费与特许权使用费的区别。《国家税务总局关于执行税收协定特许权使用费条款有关问题的通知》(国税函〔2009〕507号)明确了劳务所得通常适用税收协定营业利润条款的规定,但个别税收协定对此另有特殊规定的除外，如中英税收协定专门列有技术费条款。中英税收协定的“技术费”是指技术、监督管理、咨询服务，包括使用或有权使用有关工业、商业、科学经验的情报，作为报酬支付给任何人的款项。根据税收协定优先于国内税法的规定，境内企业与英国所属企业签订的技术服务合同计征企业所得税时就不能适用于劳务活动所得。

所以，一项劳务所得若被税务机关认定为特许权使用费，就会按照收入全额缴纳10%的企业所得税，不再区分是否在境内设立机构场所以及劳务发生地等。支付劳务费与特许权使用费的境内所得税纳税义务的判定、计税依据以及税率都是不同的。

（三）非居民企业享受税收协定待遇间接影响境内企业劳务支出

包括香港、澳门在内，我国已与近百个国家和地区签有税收协定，非居民企业提供劳务所得是否能够享受税收协定待遇，不仅仅是境外企业关注的方面，在双方合同约定境内企业负担税款的情况下，也将间接影响境内企业的劳务支出。

1. 非居民企业境内劳务所得享受税收协定待遇的条件

《非居民承包工程作业和提供劳务税收管理暂行办法》（国家税务总局令〔2009〕19 号）明确指出：“本办法所称提供劳务是指在中国境内从事加工、修理修配、交通运输、仓储租赁、咨询经纪、设计、文化体育、技术服务、教育培训、旅游、娱乐及其他劳务活动。非居民企业在境内提供上述劳务，依据税收协定在中国境内未构成常设机构，需要享受税收协定待遇的，就必须按照第十三条的规定提交《非居民企业承包工程作业和提供劳务享受税收协定待遇报告表》并附送居民身份证明及税务机关要求提交的其他证明资料。”

《国家税务总局关于印发〈非居民享受税收协定待遇管理办法（试行）〉的通知》（国税发〔2009〕124 号）第十一条规定：“非居民需要享受税收协定常设机构以及营业利润条款规定的税收协定待遇的，在发生纳税义务之前或者申报相关纳税义务时，纳税人或者扣缴义务人应向主管税务机关备案，填报并提交以下资料：①《非居民享受税收协定待遇备案报告表》；②由税收协定缔约对方主管当局在上一公历年度开始以后出具的税收居民身份证明；③税务机关要求提供的与享受税收协定待遇有关的其他资料。”

在按国税发〔2009〕124 号文件第十一条的规定提交资料时，纳税人或扣缴义务人可不再填报国家税务总局令〔2009〕19 号第十三条第一款第（四）项规定的《非居民企业承包工程作业和提供劳务享受税收协定待遇报告表》（表 5－7）以及其他已经向主管税务机关提交的资料。

表5－7　非居民企业承包工程作业和提供劳务享受税收协定待遇报告表

Non－resident Enterprises' Claim for Treatment under Double Taxation Agreement

(Contracted Construction and Service Projects)

编号 Serial number：

一、申请人事项 Details of applicant：

公司或团体 Corporation or other entity	名称 Name			
	总机构所在地 Place of head office		邮政编码 Postcode	
	实际管理机构所在地 Place of effective management		邮政编码 Postcode	
	注册所在地 Place of registration		邮政编码 Postcode	

二、所得事项 Details of income：

承包工程 Contracted construction	支付人名称 Payer's name			
	地址 Address		邮编 Postcode	
	合同名称 Name of contract		合同字号 Contract number	
	项目地点 Place of project			
	项目持续时间 (年/月/日～年/月/日) Duration of project (y/m/d～y/m/d)		劳务人数 Number of workers	
	支付金额及币种 Amount of payment (unit)		支付日期(年/月/日) Date of payment (y/m/d)	
	所得项目 Item of income	□承包工程 Contracted construction	□其他(请注明) Others(please specify)	
	纳税方式 Method of tax payment	□指定扣缴 Designated withholding □自行申报 Self-filing		

续表

<table>
<tr><td rowspan="9">提供劳务
Performance of service</td><td>支付人名称
Payer’s name</td><td colspan="3"></td></tr>
<tr><td>地址 Address</td><td></td><td>邮编 Postcode</td><td></td></tr>
<tr><td>合同名称
Name of contract</td><td></td><td>合同字号
Contract number</td><td></td></tr>
<tr><td>劳务地点
Place of service</td><td colspan="3"></td></tr>
<tr><td>劳务持续时间
（年/月/日～年/月/日）
Duration of service
（y/m/d～y/m/d）</td><td></td><td>劳务人数
Number of workers</td><td></td></tr>
<tr><td>支付金额及币种
Amount of payment
（unit）</td><td></td><td>支付日期（年/月/日）
Date of payment
（y/m/d）</td><td></td></tr>
<tr><td>劳务项目
Item of service</td><td colspan="3">□设计劳务 Designing　□咨询劳务 Consultancy
□管理劳务 Management　□培训服务 Training
□技术服务 Technical service
□销售设备同时提供劳务 Providing service in connection with equipments sold
□其他（请注明）Others(please specify)</td></tr>
<tr><td>纳税方式
Method of tax payment</td><td colspan="3">□指定扣缴 Designated withholding
□自行申报 Self-filing</td></tr>
<tr style="display:none"></tr>
<tr><td rowspan="5">其他项目
Other items</td><td>非居民名称 Name</td><td colspan="3"></td></tr>
<tr><td>支付人名称
Payer’s name</td><td colspan="3"></td></tr>
<tr><td>所得项目
Item of income</td><td colspan="3"></td></tr>
<tr><td>地址 Address</td><td></td><td>邮编 Postcode</td><td></td></tr>
<tr><td>支付金额及币种
Amount of payment
（unit）</td><td></td><td>支付日期(年/月/日)
Date of payment
（y/m/d）</td><td></td></tr>
</table>

三、申请适用避免双重征税协定 Application for Treatment under Double Taxation Agreement：

我谨在此申请依据中华人民共和国与＿＿＿＿＿签订的避免双重征税协定第＿＿条第＿＿款，因承包工程作业或提供劳务项目不构成在中国境内设有常设机构，享受不予征税待遇。

I hereby apply to be non-liable for enterprise income tax as the contracted construction or service project does not constitute a permanent establishment in China in accordance with Paragraph ＿＿＿, Article ＿＿＿ of the Tax Agreement between the People's Republic of China and ＿＿＿.

四、声明 Declaration：

我谨在此声明以上呈报事项准确无误。

I hereby declare that the above statement is correct and complete to the best of my knowledge and belief.

申请人（签章）：

Applicant（Signature or seal）：

五、申请人居民身份证明（由申请人为其居民的缔约国主管税务机关填写，或另附对方主管税务机关出具的专用证明）Applicant's Certificate of Resident Status（To be filled out by the responsible tax office of the State in which the applicant is a resident，or to attach the certificate provided by the responsible tax office of the State in which the applicant is a resident）：

Certification
We hereby certify that ＿＿＿（applicant's name）is a resident of ＿＿＿（name of State）according to the provisions of Paragraph ＿＿＿，of Article ＿＿＿ in the ＿＿＿＿（name of law）.
Applicant's serial number：　　　　Date（y/m/d）：
Signature or stamp of tax office

以下由中国主管税务机关填写（The following for the use of the responsible tax office of China only）：

收到报告表日期（年/月/日） Date of receipt（y/m/d）		受理人（签章） Receiver（signature）	
备注（Note）：			

税务机关（盖章）

Stamp of Tax Office

注：本表一式两份，一份退申请人，一份由税务机关留存归档。

Note：This Form is in duplicate. The applicant and the tax authority concerned each has one copy.

国家税务总局令〔2009〕19号强调，非居民企业依据税收协定在中国境内未构成常设机构，需要享受税收协定待遇的，应提交《非居民企业承包工程作业和提供劳务享受税收协定待遇报告表》，并附送居民身份证明及税务机关要求提交的其他证明资料。

非居民企业未按上述规定提交报告表及有关证明资料，或因项目执行发生变更等情形不符合享受税收协定待遇条件的，不得享受税收协定待遇，应依照企业所得税法的规定缴纳税款。

《国家税务总局关于印发〈非居民企业所得税源泉扣缴管理暂行办法〉的通知》（国税发〔2009〕3 号）第十一条规定：“按照企业所得税法及其实施条例和相关税收法规的规定，给予非居民企业减免税优惠的，应按相关税收减免管理办法和行政审批程序的规定办理。对未经审批或者减免税申请未得到批准之前，扣缴义务人发生支付款项的，应按规定代扣代缴企业所得税。”

国税发〔2009〕124 号文件第三条规定，非居民需要享受税收协定待遇的，应按照本办法的规定办理审批或备案手续。凡未办理审批或备案手续的，不得享受有关税收协定待遇。在按照该办法办理审批或备案手续时，填具《非居民享受税收协定待遇备案报告表》（表 5－8）或《非居民享受税收协定待遇审批申请表》都需要有纳税人居民身份证明。

其中，对方非居民企业的境外税务机关“居民身份证明”至关重要，为税务机关初步审核的必要资料。各国、各地区的“居民身份证明”格式可以参照《国家税务总局关于印发部分国家（地区）税收居民证明样式的通知》（国税函〔2009〕395 号）列出的样本。

表 5－8　　非居民享受税收协定待遇备案报告表

Non-resident's claim for treatment under Double Taxation Agreement (DTA) (for Record)

填报日期 Date　　年　　月　　日 Y/M/D

1 纳税人名称 Taxpayer's name		2 纳税人纳税识别号 Taxpayer's tax identification number		3 纳税人类型 Type of taxpayer	□企业 Enterprise □个人 Individual
4 纳税人境内地址 Address in China		5 境内联系电话 Telephone number in China		6 境内邮政编码 Postal code in China	
7 纳税人境外地址 Address in home country		8 境外联系电话 Telephone number in home country		9 境外邮政编码 Postal code in home country	
10 纳税人是否构成任何第三方税收居民 Is the taxpayer a fiscal resident of a jurisdiction other than China and the other contracting party?		□是 Yes □否 No	11 如果第 10 栏选“是”，请列示第三方名称 If “yes” is in Blank 10, please specify		

续表

12 序号 No.	13 项目 Item	14 所得类型 Type of income	15 纳税方式 Approach of tax payment	16 支付人或扣缴义务人名称 Name of payer or withholding agent	17 支付人或扣缴义务人纳税识别号 Tax identification number of payer or withholding agent	18 适用的税收协定及条款 Applicable DTA and articles	19 是否属于关联交易 An associated transaction or not	20 收入额或应纳税所得额 Amount of gross income or taxable income	21 减免税额 Tax deduction or exemption	22 备注 Additional information
23 符合享受税收协定待遇规定条件的理由 Reasons for enjoying treatment under DTA										
24 本次备案附报资料清单 List of documents attached to this form	(1)									
	(2)									
	(3)									
	(4)									
	(5)									
25 与本次备案有关但以前已提交的资料清单 List of documents that have been submitted before	(1)									
	(2)									
	(3)									
	(4)									
	(5)									
26 声明 Declaration	我谨声明以上呈报事项准确无误。I hereby declare that the above information is true and correct. 纳税人印章或签字 Stamp or signature of taxpayer: 年 月 日 Y/M/D 代理人印章或签字 Stamp or signature of attorney: 年 月 日 Y/M/D									

续表

27 纳税人居民身份证明（由纳税人为其居民的缔约对方税务主管当局或其授权代表填写，或另附由该税务主管当局或其授权代表出具的专用证明）Applicant's Certificate of Resident Status（to be filled out by the competent authority or its authorized representative of the other contracting party of which the applicant is a resident, or a separate certificate issued by such authority or representative could be attached）
Certification We hereby certify that ______（applicant's name）is a resident of ______（name of the other contracting party）according to the provisions of Paragraph ______, of Article ______ in the ______（name of law）. Stamp or signature of the competent authority or its authorized representative: Date（y/m/d）
28 主管税务机关或其授权人印章或签字： Stamp or signature of the responsible tax office or its authorized representative 年　　月　　日 Y/M/D

2. 非居民企业不能享受税收协定待遇的税务处理

根据税收协定，非居民企业提供劳务未构成常设机构的，不须在我国缴纳企业所得税。国税发〔2009〕124 号文件第三条规定："非居民需要享受税收协定待遇的，应按照本办法的规定办理审批或备案手续。凡未办理审批或备案手续的，不得享受有关税收协定待遇。"

非居民企业不能享受税收协定待遇，实际征管方面就可能出现两种情况：一是税务机关对不易区分的事项从保护国家税收利益的角度出发，将有特许权使用费倾向的劳务费按照特许权使用费全额适用 10% 的税率征收，如设计、服务事项等。二是适用《国家税务总局关于印发〈非居民企业所得税核定征收管理办法〉的通知》（国税发〔2010〕19 号）的规定，按收入总额核定应纳税所得额的计算方式计算征收企业所得税。《非居民企业所得税核定征收管理办法》第五条确定非居民企业的利润率如下：①从事承包工程作业、设计和咨询劳务的，利润率为 15% ~30%；②从事管理服务的，利润率为 30% ~50%；③从事其他劳务或劳务以外经营活动的，利润率不低于 15%。

税务机关有根据认为非居民企业的实际利润率明显高于上述标准的，可以按照比上述标准高的利润率核定其应纳税所得额。

拟采取核定征收方式的非居民企业应填写《非居民企业所得税征收方式鉴定

表》(以下简称鉴定表,见表5-9),报送主管税务机关。主管税务机关应对企业报送的鉴定表的适用行业及所适用的利润率进行审核,并签注意见。对经审核不符合核定征收条件的非居民企业,主管税务机关应自收到企业提交的鉴定表后15个工作日内向其下达“税务事项通知书”,将鉴定结果告知企业。非居民企业未在上述期限内收到“税务事项通知书”的,其征收方式视同已被认可。

表5-9　　非居民企业所得税征收方式鉴定表

编号:

<table>
<tr><td colspan="3">中文名称:</td><td>纳税人识别号:</td></tr>
<tr><td colspan="4">英文名称:</td></tr>
<tr><td>行次</td><td>项目</td><td>纳税人自报情况</td><td>主管税务机关审核意见</td></tr>
<tr><td>1</td><td>账簿设置情况</td><td></td><td></td></tr>
<tr><td>2</td><td>收入核算情况</td><td></td><td></td></tr>
<tr><td>3</td><td>成本费用核算情况</td><td></td><td></td></tr>
<tr><td>4</td><td>纳税申报情况</td><td></td><td></td></tr>
<tr><td>5</td><td>履行纳税义务情况</td><td></td><td></td></tr>
<tr><td>6</td><td>其他情况</td><td></td><td></td></tr>
<tr><td>核定征收方式</td><td>□按收入总额</td><td>□按成本费用</td><td>□按经费支出换算收入</td></tr>
<tr><td>从事的行业及适用的利润率</td><td colspan="3">□承包工程作业、设计和咨询劳务,核定利润率(　　)
□管理服务,核定利润率(　　)
□其他劳务或劳务以外经营活动,核定利润率(　　)</td></tr>
<tr><td>纳税人对征收方式的意见:
经办人:
负责人签章:
年　月　日</td><td colspan="2">税务机关经办部门意见:
经办人:
负责人签章:
年　月　日</td><td>分管局领导意见:
(公章)
年　月　日</td></tr>
</table>

注:1. 本表由非居民企业填写并报送主管税务机关;

2. 在符合情形的“□”内画“√”,在核定利润率的“()”中填写具体的利润率。

【案例5-18】A房地产企业2013年8月与美国B技术服务公司签订技术服务合同,A房地产企业认为美国B技术服务公司不会在中国境内构成常设机构,与其签订了100万元的不含税合同,估算支出105.26万元[100÷(1-5%)],其中营业税支出5.26万元。但是美国B技术服务公司出于自身考虑在付汇阶段拒绝提供居民身份证明,A房地产企业无法办理税务证明,则实际支出增加了多少?

【案例分析】

2013年8月A房地产企业接受境外单位技术服务，应代扣代缴增值税，而非营业税，且美国B技术服务公司拒绝提供居民身份证明，那么A房地产企业得另行支付一笔所得税，以30%的利润率和25%的企业所得税税率计算，税负为7.5%。设A房地产企业含税支出为X万元，则X－X/(1＋6%)×6%－X/(1＋6%)×7.5%＝100，求得X＝114.59，较预计多承担劳务支出9.33万元(114.59－105.26)，但是美国B技术服务公司仅提供100万元的发票，尚有14.59万元没有发票，因此，14.59万元尚需美国B技术服务公司补开发票。

另外，对于没有与我国签订税收协定的国家和地区的企业派遣雇员到中国境内提供劳务，通常构成企业所得税法意义上的机构、场所，应对归属于该机构、场所的所得缴纳企业所得税，适用25%的税率，而不再区分是否构成常设机构。

三、支付境外企业劳务所得应当开具税收证明的情形

《国家税务总局、国家外汇管理局关于服务贸易等项目对外支付税务备案有关问题的公告》(国家税务总局、国家外汇管理局公告2013年第40号)自2013年9月1日起施行。公告主要解决三个方面的问题：一是为境内机构和个人对外付汇提供便利，对外支付由必须提交税务证明改为税务备案制；二是督促纳税人和扣缴义务人依法履行申报纳税和源泉扣缴义务；三是督促各级税务机关主动挖掘非居民税源，拓展信息渠道，不断提升非居民税收征管水平。

(一)境内机构和个人向境外单笔支付等值5万美元以上(不含等值5万美元，下同)下列外汇资金，除本公告第三条规定的情形外，均应向所在地主管国税机关进行税务备案，主管税务机关仅为地税机关的，应向所在地同级国税机关备案：

1. 境外机构或个人从境内获得的包括运输、旅游、通信、建筑安装及劳务承包、保险服务、金融服务、计算机和信息服务、专有权利使用和特许、体育文化和娱乐服务、其他商业服务、政府服务等服务贸易收入；

2. 境外个人在境内的工作报酬，境外机构或个人从境内获得的股息、红利、利润、直接债务利息、担保费以及非资本转移的捐赠、赔偿、税收、偶然性所得等收益和经常转移收入；

3. 境外机构或个人从境内获得的融资租赁租金、不动产的转让收入、股权转让所得以及外国投资者其他合法所得。

外国投资者以境内直接投资合法所得在境内再投资单笔5万美元以上的，应按照本规定进行税务备案。

(二)境内机构和个人(以下称备案人)在办理对外支付税务备案时，应向主管国税机关提交加盖公章的合同(协议)或相关交易凭证复印件(外文文本应同时附

送中文译本），并填报《服务贸易等项目对外支付税务备案表》（一式三份，以下简称《备案表》，见5－10）。

表5－10　服务贸易等项目对外支付税务备案表

编号：

<table>
<tr><td colspan="5">一、基本情况（由支付人填写）</td></tr>
<tr><td rowspan="6">境内支付人</td><td>机构名称或个人姓名</td><td colspan="3"></td></tr>
<tr><td>纳税识别号</td><td colspan="3"></td></tr>
<tr><td>地址或住所</td><td colspan="3"></td></tr>
<tr><td>付汇银行</td><td></td><td>付汇账号</td><td></td></tr>
<tr><td>联系人</td><td></td><td>联系电话</td><td></td></tr>
<tr><td>主管地税机关</td><td></td><td>地税机关管理码</td><td></td></tr>
<tr><td rowspan="3">境外收款人</td><td>名称</td><td></td><td>所属国家或地区</td><td></td></tr>
<tr><td>地址</td><td></td><td>境内外机构是否关联</td><td></td></tr>
<tr><td>收汇银行</td><td></td><td>收汇账号</td><td></td></tr>
<tr><td colspan="2">合同名称</td><td></td><td>合同号</td><td></td></tr>
<tr><td colspan="2">合同总金额（或支付标准）</td><td></td><td>币种</td><td></td></tr>
<tr><td colspan="2">已付金额</td><td></td><td>币种</td><td></td></tr>
<tr><td colspan="2">本次付汇金额</td><td>币种</td><td>付汇日期</td><td></td></tr>
<tr><td colspan="2">合同执行期限</td><td colspan="3">自　　年　　月　　日至　　年　　月　　日</td></tr>
<tr><td colspan="2">声明</td><td colspan="3">我谨在此声明：以上呈报事项准确无误，如有不实，愿承担相应的法律责任。
备案人签名或盖章：</td></tr>
<tr><td colspan="5">二、告知事项
本表仅适用于服务贸易等项目对外支付税务备案。以上付汇金额应向主管国家税务局、地方税务局进行纳税申报或做出必要说明。上述呈报如有不实，主管税务机关有权依据税收法律法规及相关规定进行处理。
主管国家税务机关盖章
年　　月　　日</td></tr>
</table>

说明：1．"已付金额"一栏填写在同一合同项下涉及多笔对外支付时，办理第一笔支付之日起至今已支付的外汇总金额。

2. 本表一式三份，一份交备案人，二份留存国税机关。

3. 对外支付项目仅有交易凭证或协议的，“合同名称”一栏应填写相关凭证或协议的名称，“合同号”一栏可不填。

同一笔合同需要多次对外支付的，备案人须在每次付汇前办理税务备案手续，但只需在首次付汇备案时提交合同（协议）或相关交易凭证复印件。

（三）境内机构和个人对外支付下列外汇资金，无须办理和提交《备案表》：

1. 境内机构在境外发生的差旅、会议、商品展销等各项费用。

2. 境内机构在境外代表机构的办公经费，以及境内机构在境外承包工程的工程款。

3. 境内机构发生在境外的进出口贸易佣金、保险费、赔偿款。

4. 进口贸易项下境外机构获得的国际运输费用。

5. 保险项下保费、保险金等相关费用。

6. 从事运输或远洋渔业的境内机构在境外发生的修理、油料、港杂等各项费用。

7. 境内旅行社从事出境旅游业务的团费以及代订、代办的住宿、交通等相关费用。

8. 亚洲开发银行和世界银行集团下属的国际金融公司从我国取得的所得或收入，包括投资合营企业分得的利润和转让股份所得、在华财产（含房产）出租或转让收入以及贷款给我国境内机构取得的利息。

9. 外国政府和国际金融组织向我国提供的外国政府（转）贷款［含外国政府混合（转）贷款］和国际金融组织贷款项下的利息。本项所称国际金融组织是指国际货币基金组织、世界银行集团、国际开发协会、国际农业发展基金组织、欧洲投资银行等。

10. 外汇指定银行或财务公司自身对外融资如境外借款、境外同业拆借、海外代付以及其他债务等项下的利息。

11. 我国省级以上国家机关对外无偿捐赠援助资金。

12. 境内证券公司或登记结算公司向境外机构或境外个人支付其依法获得的股息、红利、利息收入及有价证券卖出所得收益。

13. 境内个人境外留学、旅游、探亲等因私用汇。

14. 境内机构和个人办理服务贸易、收益和经常转移项下退汇。

15. 国家规定的其他情形。

（四）境外个人办理服务贸易、收益和经常转移项下对外支付，应按照个人外汇管理的相关规定办理。

（五）备案人可通过以下方法获取《备案表》：

1. 在主管国税机关办税服务厅窗口领取；

2. 从主管国税机关官方网站下载。

（六）备案人提交的资料齐全、《备案表》填写完整的，主管国税机关无须当场进行纳税事项审核，应编制《备案表》流水号，在《备案表》上盖章，一份当场退还备案人，一份留存，一份于次月10日前以邮寄或其他方式传递给备案人主管地税机关。

《备案表》流水号具体格式为：年份（2位）+税务机关代码（6位）+顺序号（6位）。“年份”指公历年度后两位数字，“顺序号”为本年度的自然顺序号。

（七）备案人完成税务备案手续后，持主管国税机关盖章的《备案表》，按照外汇管理的规定，到外汇指定银行办理付汇审核手续。

（八）主管国税机关或地税机关应自收到《备案表》后15个工作日内，对备案人提交的《备案表》及所附资料进行审查，并可要求备案人进一步提供相关资料。审查的内容包括：

1. 备案信息与实际支付项目是否一致；

2. 对外支付项目是否已按规定缴纳各项税款；

3. 申请享受减免税待遇的，是否符合相关税收法律法规和税收协定（安排）的规定。

（九）主管税务机关审查发现对外支付项目未按规定缴纳税款的，应书面告知纳税人或扣缴义务人履行申报纳税或源泉扣缴义务，依法追缴税款，按照税收法律法规的有关规定实施处罚。

四、支付境外劳务的不含税合同如何代扣税款

【案例5-19】2008年，美国A设计企业与境内天山房地产企业签订项目开发景观设计合同，合同价款300万美元，每年支付价款100万美元，设计工作主要在美国完成，A设计企业不构成境内常设机构。另外合同特别约定，本合同项下的收入已扣除境内的一切税费，为税后收入，在中国境内需要支付的税费由天山房地产企业另行支付，所有境内税务申办手续均由天山房地产企业代办。

【案例分析】

根据原营业税政策的规定，如果境外企业所提供的劳务没有发生在境内，则不用在境内申报缴纳营业税。同时，由于A设计企业的主要设计工作在美国完成，不构成境内常设机构，也不需要在境内缴纳企业所得税。正是基于上述政策考虑，天山房地产企业与A设计企业签署了合同。

新营业税政策自2009年1月1日起执行，其中境内应税行为的判定方面，主要依据《营业税暂行条例实施细则》第四条第一款的规定“条例第一条所称在中华人民共和国境内（以下简称境内）提供条例规定的劳务、转让无形资产或者销售不

动产，是指提供或者接受条例规定劳务的单位或者个人在境内”。案例中的合同接收方为境内企业，所以该合同行为构成境内应税行为，自2009年起应当在境内缴纳营业税。

2008年，天山房地产企业支付美国A设计企业100万美元，由于不用缴纳营业税和企业所得税，不含税价款等于含税价款，所以A设计企业开具100万美元的发票，天山房地产企业计入成本费用100万美元。

2009年，天山房地产企业支付美国A设计企业100万美元，根据新的营业税境内应税行为的判断需要缴纳营业税，但是适用财政部、国家税务总局发布的《财政部、国家税务总局关于对跨年度老合同实行营业税过渡政策的通知》（财税〔2009〕112号）中“对2008年12月31日之前（含12月31日）签订的在上述日期前尚未执行完毕的营业税应税合同，即跨年度营业税老合同，可实行过渡政策”的规定。这里包括境内应税行为的确定可按照合同到期日和2009年12月31日孰先的原则，实行按照旧《营业税暂行条例》（国务院令第136号）、旧《营业税暂行条例实施细则》（财法字〔1993〕40号）及相关规定执行的过渡政策。A设计企业2009年不须在境内缴纳营业税。

2010年，境内应税行为的确定不再适用过渡政策，天山房地产企业支付美国A设计企业100万美元，需要代扣代缴营业税，《非居民企业所得税源泉扣缴管理暂行办法》（国税发〔2009〕3号）第十条规定：“扣缴义务人与非居民企业签订与本办法第三条规定的所得有关的业务合同时，凡合同中约定由扣缴义务人负担应纳税款的，应将非居民企业取得的不含税所得换算为含税所得后计算征税。”那么，应当如何换算含税金额呢？我们按照“含税支出＝不含税支出＋含税支出×税金”的公式计算，可以换算为：含税支出＝不含税支出/（1－营业税税率）＝100/（1－5%）＝105.26（万美元）。

应代扣代缴营业税5.26万美元（105.26×5%），A设计企业开具100万美元的发票，天山房地产企业计入成本费用100万美元，支出的税金5.26万美元没有取得发票，不能作为企业所得税税前扣除的成本费用支出。

以上境外付汇业务中我们假设A设计企业在境内不构成常设机构。实践中存在尽管符合不构成常设机构的条件，但是没有提交享受税收协定待遇备案资料以及提交资料欠缺不能享受税收协定待遇的情况。例如，假设A设计企业提交不了主管当局在上一公历年度开始以后出具的税收居民身份证明或者其他备案资料，则根据国家税务总局《非居民享受税收协定待遇管理办法（试行）》（国税发〔2009〕124号）第三条的规定，非居民需要享受税收协定待遇的，应按照本办法的规定办理审批或备案手续，凡未办理审批或备案手续的，不得享受有关税收协定待遇。那么境内付汇业务就需要扣缴企业所得税了，但是按照合同规定，这部分税金天山房地产企业只能自己承担。

我们仍然对2010年的资料进行分析，此时境外付汇需要扣缴营业税和企业所得税。与此相应，支出应当理解为扣缴完营业税、企业所得税之后的支出。

含税支出 = 不含税支出/(1 - 营业税税率 - 预提所得税税率) = 100/(1 - 5% - 10%) = 117.65(万美元)。

应代扣代缴营业税5.88万美元(117.65×5%)，应代扣代缴企业所得税11.77万美元(117.65×10%)，A设计企业开具100万美元的发票，天山房地产企业计入成本费用的只能是100万美元，支出的税金17.65万美元没有取得发票，不能作为企业所得税税前扣除的成本费用支出。

【风险提示】

境内企业在境外付汇业务中所普遍签署的不含税合同给己方带来了很多额外的税款支出，这些多出来的税款支出实质上属于代境外企业缴纳的没有取得发票的税金支出，不符合《企业所得税法》第八条"企业实际发生的与取得收入有关的、合理的支出，包括成本、费用、税金、损失和其他支出，准予在计算应纳税所得额时扣除"的规定，无法在企业所得税税前列支，相当于税后多了一笔额外支出。另外，由于无法确定对方是否能够享受税收协定待遇，在合同具体执行中彼此还会产生很多其他问题。因此，境内企业在与境外企业的经济活动中，要充分了解对方企业的性质、主体，是否会在境内构成常设机构，或者能否享受税收协定待遇。对于已经签订的不含税合同，可以换算为含税合同，要求对方补足发票。比如，该案例中天山房地产企业可以继续索取17.65万元的发票入账。

另外，"营改增"后应代扣代缴增值税，计算方式可参照【案例5-18】。

第九节 "买方"开发支出应取得合规票据入账

发票是指在购销商品、提供或者接受服务以及从事其他经营活动中开具、收取的收付款凭证。它是确定经济收支行为发生的法定凭证，是会计核算的原始依据，也是税务稽查的重要依据。

税务机关是发票的主管机关，负责发票印制、领购、开具、取得、保管、缴销的管理和监督。单位、个人在购销商品时，提供和接受经营服务以及从事其他经营活动中，应当按规定开具、使用、取得发票。国家推广使用网络发票管理系统开具发票，具体管理办法由国务院税务主管部门制定。

发票的管理权限按流转税税种划分。增值税纳税人使用的发票由国家税务局管理，如增值税专用发票、货物销售发票、加工修理发票及"营改增"后货物运输增值税专用发票等;营业税纳税人使用的发票由地方税务局管理,如部分服务业、建筑安装业、金融保险业等开具的结算营业收入的各种发票。如果一个企业以增值税经营项目为主并兼有营业税的经营项目,应该分别到国税和地税主管税务机关办理发票领购手续。

《整治虚假发票"买方市场"工作方案》(协发〔2010〕1 号)指出:发票违法犯罪活动不仅严重扰乱税收征管秩序和财经秩序,威胁国家经济和税收安全,而且为财会造假、贪污贿赂、洗钱诈骗等其他经济犯罪提供了便利条件,成为恶化社会治安、破坏社会稳定的重要诱因。而发票违法犯罪行为屡禁不止、难以得到根本遏制的主要原因之一就在于存在一个巨大的购买、使用虚假发票的买方市场。

为此,《国家税务总局关于贯彻落实〈整治虚假发票"买方市场"工作方案〉相关问题的通知》(国税发〔2010〕92 号)强调要进一步加大发票检查力度。对开具金额较大的发票,涉嫌虚假的发票以及其他重点、疑点发票,要进行逐笔查验比对,通过对资金、货物等流向和发票信息的分析,重点检查业务的真实性;对纳税人购买、取得的虚假发票,不允许用于税前扣除、抵扣税款、办理出口退(免)税和财务核算;对使用虚假发票问题严重的纳税人,征管部门要相应调降其纳税信用等级;对检查中发现发票违法行为涉嫌犯罪的,要及时依法移送公安机关。

房地产业、建筑安装业 2013 年再次被国家税务总局列入税收专项检查指导性检查项目,另外,"营改增"冲击地税征收范围,地税系统执法上势必更加严格,房地产业、建筑安装业"营改增"后取得发票的类型也有很大变化,税务检查的原则"查账必查票"、"查案必查票"、"查税必查票"仍要当作重点应对。

不可否认,为增加成本,逃避税收,牟取暴利,在房地产开发的环节中,存在一定的没有按照正常经济交易开具合规发票的行为,虚假发票如同定时炸弹,将随时招致企业的经营风险、信用风险和税务风险。

一、发票的种类

(一)增值税专用发票

增值税专用发票只限于增值税一般纳税人使用,货物运输业增值税专用发票只限于"营改增"后提供货物运输的一般纳税人使用。

(二)普通发票

1. 增值税纳税人使用的普通发票

小规模纳税人以及一般纳税人不必开具增值税专用发票或只能开具增值税普通发票的,应使用普通发票。一般纳税人取得的普通发票不能抵扣其进项税额。

2. 营业税发票

"营改增"后营业税发票涵盖范围逐步变窄。

3. 网络发票

网络发票是指符合国家税务总局统一标准并通过国家税务总局及省、自治区、直辖市国家税务局、地方税务局公布的网络发票管理系统开具的发票。国家积极推广使用网络发票管理系统开具发票。

开具发票的单位和个人开具网络发票应登录网络发票管理系统,如实完整填写发票的相关内容及数据,确认保存后打印发票。开具发票的单位和个人在线开具的网络发票,经系统自动保存数据后即完成开票信息的确认、查验。

单位和个人取得网络发票时,应及时查询验证网络发票信息的真实性、完整性,对不符合规定的发票,不得作为财务报销凭证,任何单位和个人有权拒收。

开具发票的单位和个人需要开具红字发票的,必须收回原网络发票全部联次或取得受票方出具的有效证明,通过网络发票管理系统开具金额为负数的红字网络发票。

开具发票的单位和个人作废开具的网络发票,应收回原网络发票全部联次,注明“作废”,并在网络发票管理系统中进行发票作废处理。

(三)专业发票

专业发票是指国有金融、保险企业的存贷、汇兑、转账凭证,保险凭证,国有邮政、电信企业的邮票、邮单、话务、电报收据,国有铁路、国有航空企业和交通部门、国有公路、水上运输企业的客票、货票等。《中华人民共和国发票管理办法》(以下简称《发票管理办法》)第四十二条规定,国有金融、邮电、铁路、民用航空、公路和水上运输等单位的专业发票,经国家税务总局或者国家税务总局省、自治区、直辖市分局批准,可以由国务院有关主管部门或者省、自治区、直辖市人民政府有关主管部门自行管理。

发票种类选择不从纳税人的主观愿望出发,应依据实际经营业务范围和应纳流转税税种而定。发票的管理权限按流转税税种划分,增值税纳税人使用的发票由国家税务局管理;营业税纳税人使用的发票,如服务业、建筑安装业、运输业、广告业、金融保险业等开具的结算营业收入的各种发票,由地方税务局管理。如果一个企业以增值税为主并兼有营业税的经营项目,应该分别到国税和地税主管税务机关办理。

二、发票特征

1. 发票的合法性。国务院税务主管部门统一负责全国的发票管理工作。发票的外在票面格式、内在构成要素和印制要求都是法律、法规规定的。

2. 发票的真实性。发票所记载的内容是对商品交换活动最原始的反映。《企业所得税法》第八条规定:“企业实际发生的与取得收入有关的、合理的支出，包括成本、费用、税金、损失和其他支出，准予在计算应纳税所得额时扣除。”“实际发生”需要用适当的凭据来支持、证明。因此，以发票作为税前扣除的凭据，要符合以下条件：(1)扣除方要以实际发生的真实业务交易作为税前扣除的前提，不得虚构交易开具发票税前扣除，没有真实业务交易作为基础，即使取得发票也不得税前扣除。(2)在存在真实业务交易的前提下，扣除方取得发票要符合《中华人民共和国发票管理办法》的规定。例如，发票本身为真、发票从交易的对方(收款方)取得、发票是交易对方从其主管税务机关领购或代开的、发票在规定区域内开具等。(3)扣除方的成本费用处于合理的水平。如果扣除方的成本费用明显偏高，主管税务机关难免会持怀疑态度，全面、深入地核实扣除方成本费用明显偏高的原因。

“实际发生”始终是发票检查中企业难以回避的风险。《国家税务总局稽查局关于重点企业发票使用情况检查工作相关问题的补充通知》(稽便函〔2011〕31 号)指出：对企业列支项目为“会议费”、“餐费”、“办公用品”、“佣金”和“各类手续费”等的发票，须列为必查发票进行重点检查。对此类发票要逐笔进行查验比对，重点检查企业是否存在利用虚假发票及其他不合法凭证虚构业务项目、虚列成本费用等问题。因此，房地产开发企业在开发经营或消费活动中应索取符合规定的发票。既不为其他企业调节税负及偷税漏税提供方便，也要确保自己所取得的发票以企业实际发生的经济业务为前提，同时财务报销入账时要加大审核把关力度，确保发票使用的真实性、合法性，防止不必要的税收风险。

3. 发票的统一性。发票的种类、联次、内容以及使用范围由国务院税务主管部门规定。发票的统一性是指同一时期、同一行政区域内，同一行业或同一经济性质的单位和个人所使用的发票是统一的。发票的统一性要求税务机关在设计发票种类、式样时统一规定全国发票监制章的规格、印色和形状，统一发票用纸，统一发票的防伪标识。

4. 发票的及时性。发票是一种经济信息的载体，它所反映的经济信息的使用价值是有时间性的。这就要求填写单位和个人在商品交换活动发生后，及时开具、传递发票，以确保发票所反映的经济信息的时效性，同时要求用票单位和个人不能超前或滞后开具发票。也就是说，开具发票必须按照商品交换活动发生的时间和税务机关规定的时限进行。

发票的四个特征相互联系、相互依存，缺一不可。缺少了合法性，发票就失去了法律依据；失去了真实性，发票就失去了存在的价值；缺少了统一性，发票就失去了管理的前提和基础；没有了及时性，发票就不能准确、及时地反映商品交换活动的全貌。

三、发票开具和保管

《发票管理办法》及其实施细则就发票的开具和保管的违规行为作了明确，包

括以下方面:

1."虚开发票"行为的界定

发票应当按照规定的时限、顺序、栏目,全部联次一次性如实开具,并加盖发票专用章。任何单位和个人不得有下列虚开发票行为:(1)为他人、为自己开具与实际经营业务情况不符的发票;(2)让他人为自己开具与实际经营业务情况不符的发票;(3)介绍他人开具与实际经营业务情况不符的发票。

违反本办法规定虚开发票的,由税务机关没收违法所得;虚开金额在1万元以下的,处5万元以下的罚款;虚开金额超过1万元的,处5万元以上50万元以下的罚款;构成犯罪的,依法追究刑事责任。

2.不按规定使用发票行为的界定

《发票管理办法》第二十四条规定,任何单位和个人应当按照发票管理规定使用发票,不得有下列行为:(1)转借、转让、介绍他人转让发票、发票监制章和发票防伪专用品;(2)知道或者应当知道是私自印制、伪造、变造、非法取得或者废止的发票而受让、开具、存放、携带、邮寄、运输;(3)拆本使用发票;(4)扩大发票使用范围;(5)以其他凭证代替发票使用。

3.开具红字发票的规定

开具发票后,发生销货退回需开具红字发票的,必须收回原发票并注明"作废"字样或取得对方有效证明。开具发票后,发生销售折让的,必须在收回原发票并注明"作废"字样后重新开具销售发票或取得对方有效证明后开具红字发票。

注意相应的税务处理:计算缴纳营业税后因发生退款减少纳税人的营业额的,应当退还已缴纳的营业税税款或者从纳税人以后的应缴纳营业税税额中减除。纳税人发生应税行为,将价款与折扣额在同一张发票上注明的,以折扣后的价款为营业额;将折扣额另开发票的,不论其在财务上如何处理,均不得从营业额中扣除。

4.发票不得跨省市使用的政策

除国务院税务主管部门规定的特殊情形外,发票限于领购单位和个人在本省、自治区、直辖市内开具。省、自治区、直辖市税务机关可以规定跨市、县开具发票的办法。除国务院税务主管部门规定的特殊情形外,任何单位和个人不得跨规定的使用区域携带、邮寄、运输空白发票,禁止携带、邮寄或者运输空白发票出入境。

5.安装税控装置及报税的要求

安装税控装置的单位和个人,应当按照规定使用税控装置开具发票,并按期向主管税务机关报送开具发票的数据。使用非税控电子器具开具发票的,应当将非税控电子器具使用的软件程序说明资料报主管税务机关备案,并按照规定保存、报送开具发票的数据。国家推广使用网络发票管理系统开具发票,具体管理办法由国务院税务主管部门制定。

四、发票专用章样式

根据《国家税务总局关于发票专用章式样有关问题的公告》(国家税务总局公告2011年第7号)的规定,自2011年2月1日起启用的发票专用章(见图5-3)样式要求为:

1. 形状为椭圆形,尺寸为40毫米×30毫米,边宽1毫米;

2. 中间为纳税人识别号(字体为Arial),18位阿拉伯数字字高3.7毫米,字宽1.3毫米,18位阿拉伯数字总宽度为26毫米;

3. 税号外刊纳税人名称(字体为仿宋),自左而右环行,如果名称字数过多,可使用规范化简称,中文文字高为4.2毫米,环排角度(夹角)为210~260度,字与边线内侧的距离为0.5毫米;

4. 税号下横排"发票专用章"文字(字体为仿宋),字高4.6毫米,字宽3毫米,延章中心线到下横排字顶端距离为4.2毫米;

5. 使用多枚发票专用章的纳税人,应在每枚发票专用章正下方刊顺序编码(字体为Arial),如"(1)、(2)……"字样,号码字高2.2毫米,字宽1.7毫米,延章中心线到下横排号码顶端距离为10毫米,不需编号时可省去此横排号码。

图5-3 发票专用章样章

五、不符合规定的发票不得扣除

《发票管理办法》规定,销售商品、提供服务以及从事其他经营活动的单位和个人,对外发生经营业务收取款项,收款方应当向付款方开具发票。特殊情况下,由付款方向收款方开具发票。所有单位和从事生产、经营活动的个人购买商品、接受服务以及从事其他经营活动支付款项,应当从收款方取得发票。取得发票时,不得要求变更品名和金额。不符合规定的发票,不得作为财务报销凭证,任何单位和个人有权拒收。

纳税人善意取得不符合规定的发票应如何进行税务处理?

1. 税务机关发现纳税人以不合法凭证列支成本费用,并有根据认为该项成本费用符合权责发生制、配比、相关性、确定性、合理性原则的,可要求纳税人限期改

正,要求纳税人在规定期限内从销货方或提供劳务方重新取得合法有效的凭证,包括下列情况:

(1)纳税人有真实交易、善意取得虚开的增值税专用发票,能够根据《国家税务总局关于纳税人善意取得虚开的增值税专用发票处理问题的通知》(国税发〔2000〕187号)的规定,从销货方重新取得防伪税控系统开具且有效的增值税专用发票的(善意取得假增值税专用发票的,可参照执行)。

(2)纳税人有真实交易、善意取得虚假普通发票,能够从销货方或提供劳务方重新取得合法有效的普通发票的。

(3)纳税人按照约定付款,对方应开具财政部门监制的票据而未开具,经纳税人索取已经换回符合规定的票据的。

2. 纳税人若能够在主管税务机关规定的期限内重新取得合法有效的凭证,可根据其从销货方或提供劳务方(不能改变原开票方)重新取得的合法有效的购货凭证、劳务凭证上注明的价款(以不高于原账面记载金额为原则),允许纳税人作为业务实际发生年度的成本费用在税前扣除。以上情况不包括向税务机关代开发票以及业务实际发生年度以白条、收据或采取不法手段等进行税前扣除的纳税人。

纳税人重新取得税前列支凭据的,应同时提供由开票方出具套印发售税务机关公章的"发票购领簿"基础资料联以及记载所开发票号段的领购记录联复印件备查,不能提供以上资料或采取弄虚作假的手段伪造有关资料的,一经查实,按《税收征管法》的有关规定予以处罚。

3. 纳税人若不能在限期内重新取得合法有效的凭证,其有关支出不得税前扣除。

【风险提示】

纳税人未按规定取得发票的直接后果有两种:一是所发生的费用不允许在所得税税前列支。二是未按规定取得发票,由税务机关责令限期改正,并处1万元以下的罚款。此外,违反发票管理法规,导致其他单位或者个人未缴、少缴或者骗取税款的,由税务机关没收非法所得,并处以未缴、少缴或者骗取的税款一倍以下的罚款。

六、取得符合规定发票的不同情形

房地产开发企业因签订的合同种类较多,涉及的税种复杂,取得能在企业所得税、土地增值税税前扣除的符合规定的发票,要从实际经济业务事项入手,注意以下不同情形:

1. 支付给境内单位或个人款项,且该单位或个人发生的行为属于营业税或者增值税征收范围的,以该单位或个人开具的发票为合法有效凭证。

实际操作中应掌握的原则是:(1)凡属于增值税征收范围的业务,无论是否享受免税优惠,都必须开具增值税发票。房地产开发企业一般为小规模纳税人或不属于增值税纳税人,一般取得销售货物的普通发票。(2)凡属于营业税征税范围的业务,无论是否享受免税优惠,都必须开具营业税发票。其中,属于企业经营范围且经税务机关核准的,企业可以领取发票自行开具;不属于企业经营范围的,以及个人取得的应纳增值税或营业税的收入,必须向税务机关申请代开。工程所在地与机构所在地不一致的建筑安装企业,应在工程所在地开具发票或代开发票。

2. 支付的行政事业性收费或者政府性基金,以开具的财政票据为合法有效凭证。

根据财政部和国家税务总局联合下发的《关于调整行政事业性收费(基金)营业税政策的通知》(财税字〔1997〕5 号)的规定,涉税行政事业性收费、基金应严格纳入税收管理。

根据规定,对纳税人随价格向对方收取的价外费用,包括手续费、基金、集资费、代收款项、代垫款项及其他各种性质的价外收费均应按规定缴纳营业税或增值税。对按照《国务院关于加强预算外资金管理的决定》(国发〔1996〕29 号)的规定纳入预算管理的各种基金,凡是通过价外加价形成的,应在缴纳流转税后再纳入预算。

凡经中央及省级财政部门批准纳入预算管理或财政专户管理的行政事业性收费、基金,无论是由行政单位收取的,还是由事业单位收取的,均不用缴纳营业税;未纳入预算管理或财政专户管理的,一律缴纳营业税。

为了便于缴纳管理,对于中央批准纳入预算管理或财政专户管理的行政事业性收费、基金,由财政部、国家税务总局分批下发不缴纳营业税的收费(基金)项目名单。凡经省级批准纳入预算管理或财政专户管理的行政事业性收费,由省财政厅(局)、地方税务局分批下发不缴纳营业税的收费项目名单,并报财政部、国家税务总局备案。未列入名单的一律缴纳营业税。

国家机关、事业单位和社会团体,凡涉及缴税的收费项目,均应纳入税务管理,进行税务登记,其收费项目应进行纳税申报并使用税务发票。对不缴税的收费、基金项目,应使用省级以上财政部门统一印制或监制的收费、基金票据。

财政票据从 2012 年 1 月 1 日起将由非税票据一统天下。根据财政部《关于清理整合中央财政票据的通知》(财综〔2011〕46 号)的规定,为压缩中央财政票据种类,统一规范中央财政票据式样,促进财政票据电子化管理改革,财政部将按照“简并票种,统一式样”的原则以及“以通用票据(即中央非税收入统一票据和中央非税收入定额票据)为主、专用票据为辅,以机打票据为主、手工票据为辅”的管理思路,全面清理整合现有中央财政票据种类,规范中央财政票据的规格、式样。清理整合后,现行的行政事业性收费票据、政府性基金票据、罚没票据、国有资产有偿使用收入票据、非税收入一般缴款书、其他财政票据六类票据统一归并为政府"非税收入票据"和"其他财政票据"两类。

其中,非税收入票据共27种,分别是:(1)中央非税收入统一票据;(2)中央非税收入定额票据(1元、2元、5元、10元、20元、50元、100元);(3)国家税务局系统行政性收费专用收据;(4)国家税务局系统行政性收费(电子)转账专用收据;(5)国家税务局系统行政性收费专用缴款书;(6)国家税务局系统行政性收费收入退还书;(7)海关行政事业性收费专用票据;(8)出入境检验检疫收费收据;(9)中华人民共和国海事行政事业性收费专用收据;(10)国家知识产权局专利收费收据;(11)国家知识产权局专利收费收据——PCT国际申请;(12)人民法院诉讼收费专用收据——预收;(13)人民法院诉讼收费专用收据——结算;(14)人民法院诉讼收费专用收据——退费;(15)人民法院案款收据;(16)中国船级社账单/收据;(17)探矿权采矿权使用费和价款专用收据;(18)矿产资源补偿费自收汇缴专用收据;(19)矿产资源补偿费专用缴款书;(20)故宫博物院专用收据;(21)故宫博物院专用定额收据(20元、30元、40元、60元);(22)港口建设费专用收据;(23)国家电影事业发展专项资金专用票据;(24)当场处罚罚款收据;(25)代收罚款收据;(26)治安管理当场处罚决定书(代收据);(27)非税收入一般缴款书。

其他财政票据共8种,分别是:(1)公益事业捐赠统一票据;(2)中央行政事业单位资金往来结算票据;(3)全国性社会团体会费统一收据;(4)工会经费收入专用收据;(5)行业协会自律性经济处罚专用收据;(6)住宅专项维修资金专用收据(出售公房使用);(7)住宅专项维修资金专用收据(业主使用);(8)中国清洁发展机制基金专用收据。

此次调整后,"中央非税收入统一票据"替代和废止了"中央单位行政事业性收费统一收据"、"中央高等学校专用收费收据"、"国有资产有偿使用收入专用收据"、"中华人民共和国边防检查收费专用收据——边防"、"中华人民共和国边防检查收费专用收据——装备"、"海关行政事业性收费统一票据"、"中央外贸发展基金专用收据"7种票据,"中央非税收入定额票据"替代和废止了"中央单位行政事业性收费定额收据"、"海关定额票据"、"中华人民共和国公安边防行政事业性收费定额收据"、"出入境检验检疫收费定额收据"等19种定额票据。

除此之外,此次调整废止并归并了一些性质相同的财政票据。比如:(1)废止"中国船级社账单/收据(国际版)",归并使用"中国船级社账单/收据"。(2)废止"产品检验收费账单(代收据)",归并使用"中华人民共和国海事行政事业性收费专用收据"。(3)废止"边检罚款专用收据——边防"、"边检罚款专用收据——装备"两种罚没票据,按照罚款方式,分别使用"当场处罚罚款收据"、"代收罚款收据”。(4)废止“中国红十字会接受捐赠专用收据”、“中国人口福利基金会捐款收据”、“中国妇女发展基金会捐赠收据”、“中国儿童少年基金会捐款收据”4种专用捐赠票据,归并使用“公益事业捐赠统一票据”。

3. 支付给境外单位或个人的款项,以付汇凭证和该单位或个人的签收单据及发票为合法有效凭证。

根据《发票管理办法》第三十三条的规定,单位和个人从境外取得的与纳税有关的发票或者凭证,税务机关在纳税审查时有疑义的,可以要求其提供境外公证机构或者注册会计师的确认证明,经税务机关审核认可后,方可作为记账核算的凭证。

4. 国家税务总局规定的其他合法有效凭证。

七、房地产企业开发业务涉及的主要票据形式

(一)土地出让金、契税

根据《营业税税目注释(试行稿)》的规定,政府出让土地,不征收营业税,因此不得开具发票。房地产开发企业应以国土资源局开具的土地出让金专用票据或其他非税收入收据入账,缴纳的契税应取得“中华人民共和国契税完税凭证”。

(二)拆迁补偿费

房地产开发企业向被拆迁户支付补偿费,其业务流程并非被拆迁户直接将土地使用权、地上建筑物转让给房地产开发企业,而是政府收回土地使用权,再由政府和房地产开发企业签订土地出让合同。房地产开发企业采取支付拆迁补偿费方式或拆迁安置方式取得土地使用权,仍需按照《财政部、国家税务总局关于国有土地使用权出让等有关契税问题的通知》(财税〔2004〕134号)的规定补交契税。《营业税税目注释(试行稿)》还规定,因政府收回土地使用权而取得的补偿金,不征收营业税。因此,被拆迁户无须向房地产开发企业开具发票,而是由房地产开发企业用收据入账,同时将政府拆迁文件,被拆迁人姓名、联系方式、身份证号码,被拆迁建筑所在路段及门牌号码,拆迁面积,补偿标准,补偿金额,被拆迁人签章等档案资料留置于本企业备查。

根据《国有土地上房屋征收与补偿条例》的规定,作出房屋征收决定的市、县级人民政府对被征收人给予的补偿包括:①被征收房屋价值的补偿;②因征收房屋造成的搬迁、临时安置的补偿;③因征收房屋造成的停产停业损失的补偿。如果土地一级开发由政府主管部门或土地储备中心负责,房地产开发企业通过招拍挂受让土地,代垫的拆迁补偿费应取得房屋征收机构的收款证明,以充抵应缴纳的土地出让金。

【案例5-20】2011年1月,天山房地产公司征得某村集体土地。其中,30亩土地依法办理了合法出让手续,支付补偿金600万元;5亩土地仍为集体土地,供天

山房地产公司使用，支付补偿金 100 万元。天山房地产公司支付的补偿金应如何取得发票？

【案例分析】

《中华人民共和国宪法》第十条及《中华人民共和国土地法》第八条均规定，农村和城市郊区的土地，除法律规定属于国家所有的以外，均属于集体所有；宅基地和自留地、自留山，也属于集体所有。鉴于相关法律规定农村和城市郊区的土地属于集体所有，故村集体（村委会）通过合法程序出让农村集体土地而取得的土地补偿收入，应依照《营业税税目注释（试行稿）》中“对土地所有者出让土地使用权，不征收营业税”的规定执行。因此，天山房地产公司为办理了合法出让手续的 30 亩土地支付的 600 万元补偿费不需要开具发票，以相关协议及支付证明即可入账。

对于村集体（村委会）未经政府相关部门审批私自转让农村集体土地，因其土地权属未进行变更，仍为集体土地，故对其取得的补偿收入按“服务业”税目中的“租赁业”子目征收营业税。因此，天山房地产公司为仍为集体土地的那 5 亩土地支付的 100 万元补偿费应索取“服务业”发票入账。

（三）委托拆迁公司支付的拆迁补偿费

《国家税务总局关于印发〈营业税税目注释（试行稿）〉的通知》（国税发〔1993〕149 号）规定，拆除建筑物或构筑物、平整土地、搭脚手架、爆破等工程作业按“建筑业——其他工程作业”税目征收营业税。因此，向拆迁公司支付的拆迁劳务费应取得工程所在地建筑业发票。

房地产开发企业将拆迁工程（含拆迁补偿费、拆迁劳务费）整个承包给拆迁公司的，应取得全额的建筑业发票，直接给被拆迁户的补偿费作为拆迁公司的成本处理。

（四）青苗补偿费

根据《国家税务总局关于土地使用者将土地使用权归还给土地所有者行为营业税问题的通知》（国税函〔2008〕277 号）的规定，纳税人将土地使用权归还给土地所有者时，只要出具县级以上（含县级）地方人民政府收回土地使用权的正式文件，无论支付征地补偿费的资金是否为政府财政资金，该行为均属于土地使用者将土地使用权归还给土地所有者的行为，按照《营业税税目注释（试行稿）》的规定，不征收营业税。

因此，只要能够出具县级以上（含县级）地方人民政府收回土地使用权的正式文件，青苗补偿费不属于应该征收营业税的情形，土地承包人取得青苗补偿费收入不必为房地产开发企业开具发票，以补偿协议和收据等凭证可以入账。

（五）土地整理费

支付给其他公司的土地整理费，应取得工程所在地建筑业发票。

（六）挖土费

支付给农民工（非雇员）的挖土费，不得采取工资表形式发放，应由个人向地税机关申请开具“税务机关代开统一发票（地税）”。开具发票时，由税务机关征收营业税及附加、个人所得税。税务机关已征收个人所得税的，房地产开发企业不再扣缴个人所得税。

（七）道路工程费

例如，《河北省地方税务局关于道路、桥涵修建收入征收营业税问题的批复》（冀地税函〔1995〕185 号）规定，对施工单位承建的道路、桥涵工程收入，不论单位性质如何，其工程预算内是否含税，均应按“建筑业”税目的“其他工程作业”项目征收营业税。因此，房地产开发企业发生的道路工程费，应当取得工程所在地建筑业发票。

（八）向企事业单位支付的勘察、设计、测绘、监理、验收、咨询等费用

1. 境内服务单位。根据《财政部、国家税务总局关于营业税若干政策问题的通知》（财税〔2003〕16 号）、《国家税务总局关于印发〈营业税税目注释（试行稿）〉的通知》（国税发〔1993〕149 号）的规定，房地产开发企业向境内公司支付的设计费、监理费、项目咨询费等，应当取得提供服务的单位机构所在地税务机关的服务业发票。

若房地产开发企业项目开发过程中取得了“营改增”地区企业所提供的交通运输和部分现代服务业应税服务，则应注意取得的是增值税普通发票。

2. 境外服务单位。根据《营业税暂行条例》的规定，从 2009 年 1 月 1 日起，境内企业接受境外企业应税劳务的，境外单位也负有营业税纳税义务，税款由境外单位在境内的代理单位负责代扣代缴。支付给境外单位或者个人的款项，以付汇单和收汇单位或者个人的签收单据以及发票为合法有效凭证。

（九）直接向行政事业单位交纳的规费

直接向行政事业单位交纳的规费应当取得行政事业性收费收据，这些费用一般包括大市政配套费、绿化费、人防费、散装水泥基金、教育配套设施费以及各种证照工本费等。

（十）有线电视安装费、管道煤气集资费（初装费）

《国家税务总局关于营业税若干征税问题的通知》（国税发〔1994〕159 号）规定，有线电视安装费，是指有线电视台为用户安装有线电视接收装置，一次性向用户收取的安装费，也称为“初装费”。对有线电视安装费，应按“建筑业”税目征税。

《财政部、国家税务总局关于营业税若干政策问题的通知》（财税〔2003〕16 号）规定，燃气公司和生产、销售货物或提供增值税应税劳务的单位，在销售货物或提供增值税应税劳务时，代有关部门向购买方收取的集资费［包括管道煤气集资款（初装费）］、手续费、代收款等，属于增值税价外收费，应征收增值税，不征收营业税。

《财政部、国家税务总局关于增值税若干政策的通知》(财税〔2005〕165 号)对从事公用事业的纳税人收取的一次性费用是否征收增值税问题规定,对从事热力、电力、燃气、自来水等公用事业的增值税纳税人收取的一次性费用,凡与货物的销售数量有直接关系的,征收增值税;凡与货物的销售数量无直接关系的,不征收增值税。

从上述两个规定看,财税〔2005〕165 号文件与财税〔2003〕16 号文件似有冲突之处,但是,房地产开发企业发生的有线电视安装费、管道煤气集资费(初装费),应当说与货物的销售数量没有直接关系,所以应取得工程所在地建筑业发票。

(十一)建筑工程

房地产开发企业的建筑工程是指新建、改建开发产品的工程作业。

1. 包工包料。包工包料应取得工程所在地建筑业发票。发票金额和承包结算金额相等。

2. 包工不包料。对施工方提供的劳务费应当取得工程所在地建筑业发票;对不包料(甲供材)应取得增值税普通发票。但是要注意对分包人销售自产货物并提供建筑业应税劳务的分包工程应当分别取得货物销售发票和建筑业发票。

3. 建筑工程分包。建筑工程分包,是指 A 建筑公司将承包工程的一部分分包给 B 建筑公司,由 B 建筑公司负责施工。房地产开发企业只与总承包人 A 建筑公司中发生业务关系,不与分包方 B 建筑公司结算价款。总承包人 A 建筑公司支付给分包方 B 建筑公司的工程款项,由分包方 B 建筑公司给总承包人 A 建筑公司出具建筑业发票,与房地产开发企业无关。

(十二)装饰工程

装饰工程是指对建筑物、构筑物进行修饰,使之美观或具有特定用途的工程作业。

1. 包工包料。包工包料发票的取得与建筑工程相同。

2. 包工不包料(也称清包工或甲供材)。以包工不包料形式提供的装饰劳务,是指工程所需的主要原材料和设备由客户自行采购,纳税人只向客户收取人工费、管理费及辅助材料费等费用的装饰劳务。根据营业税政策的规定,装饰劳务可以不包括甲供材,因此,房地产开发企业自行采购的装饰材料直接凭增值税普通发票入账,向施工单位支付的清包工装饰费用,应当取得工程所在地建筑业发票。

(十三)设备安装

1. 房地产开发企业从商家或生产厂家采购设备,再由房地产开发企业与安装公司签订安装合同的,应当取得商家或生产厂家的货物销售发票,并仅就安装费的部分由安装公司出具工程所在地建筑业发票。安装费营业税的计税依据不含设备价款。

2. 从事货物生产、批发或零售的企业外购设备销售给房地产开发企业同时提供安装服务,企业收取的价款中既包括设备价款,又包括安装费,这属于增值税的混合销售业务,全额缴纳增值税,不征收营业税。因此,房地产开发企业应取得全额的增值税普通发票。

3. 建筑安装企业外购设备销售给房地产开发企业同时提供安装服务,根据增值税、营业税政策的规定,一项销售行为如果既涉及应税劳务又涉及货物,为混合销售行为。除特定情形外,从事货物的生产、批发或者零售的企业、企业性单位和个体工商户的混合销售行为,视为销售货物,不缴纳营业税;其他单位和个人的混合销售行为,视为提供应税劳务,缴纳营业税。规定中所称的货物,是指有形动产,包括电力、热力、气体在内。因此,该混合销售行为征收营业税不征收增值税,应全额开具建筑业发票。

4. 如果是房地产开发企业自行采购设备或者委托安装公司采购设备,设备生产厂家开具的增值税发票抬头应为房地产开发企业。这种情况下,安装公司仅就安装费金额征收营业税。房地产开发企业应取得安装工程所在地建筑业发票,发票金额就是安装金额,不含设备价款。

5. 企业自产货物并负责安装,根据增值税、营业税政策的规定,提供建筑业劳务的同时销售自产货物的行为,应当分别核算应税劳务的营业额和货物的销售额,其应税劳务的营业额缴纳营业税,货物的销售额缴纳增值税。房地产开发企业应分别取得增值税发票和建筑业发票。例如,企业提供自产钢结构、玻璃幕墙、防水工程、铝合金门窗、电梯等并负责安装的业务。

(十四)房屋维修

房屋维修又称"修缮",是指对建筑物、构筑物进行修补、加固、养护、改善,使之恢复原来的使用价值或延长其使用期限的工程作业。根据《营业税税目注释(试行稿)》的规定,房屋修缮按照"建筑业"税目征收营业税。因此,房地产开发企业支付的房屋维修费用,应当取得工程所在地建筑业发票。允许计入开发成本的房屋维修费用是指开发产品完工前的维修费用。

(十五)绿化工程

绿化工程往往与建筑工程相连,或者本身就是建筑工程的一个组成部分。例如,绿化与平整土地分不开,而平整土地本身就是建筑业中的"其他工程作业"。《国家税务总局关于印发〈营业税问题解答(之一)〉的通知》(国税函发[1995]156号)规定,为了减少划分,便于征管,对绿化工程按"建筑业——其他工程作业"征收营业税。因此,房地产开发企业将绿化工程承包给园林绿化公司,应取得按承包金额开具的工程所在地建筑业发票。

如果房地产开发企业自购花草、树木,聘请园林绿化公司负责施工的,按"建筑业——包工不包料(即甲供材)"业务处理。即房地产开发企业自购花草、树木应取得货物销售发票,支付给园林绿化公司的施工费应取得工程所在地建筑业发票。

(十六)支付的销售佣金,支付的广告费、宣传性费用

支付给代销公司的销售佣金,支付给广告公司的广告费、宣传性费用,应向对方索取地税机关监制的"服务业"发票或"营改增"后增值税发票。

(十七)支付的利息

支付给金融机构的利息应取得银行开具的付息凭证,支付给非金融机构的利息以及各种融资顾问费、服务费应取得地税机关监制的"服务业"发票。

(十八)企业通过邮局订阅的报纸、杂志

邮政的大部分业务既可取得专业发票或收据,也可取得套印"××地方税务局监制"的税务发票,应优先取得税务发票。

(十九)会议费

《河北省地方税务局关于企业所得税若干业务问题的公告》(河北省地方税务局公告 2011 年第 1 号)规定,纳税人年度内发生的会议费,同时具备以下资料的,在计征企业所得税时准予扣除:

1. 会议名称、时间、地点、目的及参加会议人员花名册;

2. 会议材料(会议议程、讨论专件、领导讲话记录);

3. 会议召开地酒店(饭店、招待处)出具的服务业发票。

企业不能提供上述资料的,其发生的会议费一律不得扣除。

(二十)差旅费

《河北省地方税务局关于企业所得税若干业务问题的通知》(冀地税发〔2009〕48 号)规定,纳税人支付的差旅费补贴,同时符合下列条件的,准予扣除:

1. 有严格的内部财务管理制度;

2. 有明确的差旅费补贴标准;

3. 有合法有效凭证(包括企业内部票据)。

(二十一)当年度发生的成本费用取得发票的时间约定

发票取得的时间直接影响税务处理,原则上企业所得税无发票不得扣除,土地增值税清算不允许扣除预提成本,因此,房地产开发企业应注意滞后取得发票的以下几种情形:

1. 纳税人当年成本费用已经发生,但当年年底前未取得发票,次年汇算清缴前取得发票

《国家税务总局关于企业所得税若干问题的公告》(国家税务总局公告 2011 年第 34 号)第六条关于企业提供有效凭证时间问题明确:企业当年度实际发生的相关成本、费用,由于各种原因未能及时取得该成本、费用的有效凭证,企业在预缴季度所得税时,可暂按账面发生金额进行核算;但在汇算清缴时,应补充提供该成本、费用的有效凭证。

【案例5－21】天山房地产公司2011年支付广告费100万元,取得发票40万元,2012年5月1日取得发票60万元。

【案例分析】

2011年预缴企业所得税申报时,预提60万元广告成本,可以扣除,年度企业所得税纳税申报时,所预提的60万元广告成本应有发票支持,否则当年度应纳税所得额应调增60万元。

2. 纳税人当年成本费用已经发生,但当年年底前未取得发票,次年汇算清缴后取得发票

(1)一般原则下,次年汇算清缴后取得发票不能在当年度扣除,作应纳税调增处理。

(2)次年汇算清缴后取得发票不能在当年度扣除,如果金额较小,可以在次年扣除;如果金额较大,性质特别,应取得主管税务机关认可后,申请调整上年度应纳税所得额和应纳税额。调整额可填入年度纳税申报表主表第41行"以前年度多缴的所得税额在本年抵减额"或第42行"以前年度应缴未缴在本年入库所得税额"。

例如,《辽宁省地方税务局2008年度企业所得税汇算清缴有关业务问题解答》第七条关于存货估价入账问题规定:"纳税人购入存货,由于取得合法购货凭证不及时,可采取估价入账方式进行核算。纳税人能在汇算清缴结束前取得相关发票的,对上年估价入库结转损益部分的成本不调增应纳税所得额,按发票实际金额调整已结转损益的成本;在汇算清缴期结束后仍未取得发票的,应就估价入库结转损益部分的成本调增应纳税所得额,待实际取得发票时,调减取得年度应纳税所得额。"

【案例5－22】天山房地产公司2011年支付广告费100万元,取得发票40万元,2012年6月1日取得发票60万元。

【案例分析】

2011年应纳税所得额调增60万元,不能在2012年申报扣除,但企业所得税相关政策并未规定不可以追溯调整。

《税收征管法》第五十一条规定:"纳税人超过应纳税额缴纳的税款,税务机关发现后应当立即退还;纳税人自结算缴纳税款之日起三年内发现的,可以向税务机关要求退还多缴的税款并加算银行同期存款利息,税务机关及时查实后应当立即退还;涉及从国库中退库的,依照法律、行政法规有关国库管理的规定退还。"

《国家税务总局关于纳税人权利与义务的公告》(国家税务总局公告2009年第1号)规定:"对您超过应纳税额缴纳的税款,我们发现后,将自发现之日起10日内办理退还手续。您自结算缴纳税款之日起3年内发现的,可以向我们要求退还多缴的税款并加算银行同期存款利息。我们将自接到您的退还申请之日起30日内查实并办理退还手续,涉及从国库中退库的,依照法律、行政法规有关国库管理

的规定退还。”

根据上述规定，遵循权责发生制原则，2011 年度少计的成本费用 60 万元对应所属年度调整该年度的应纳税所得额，并通过“以前年度损益调整”等科目对补缴年度作企业所得税纳税调整，涉及纳税申报表的填列，可以在 2012 年度纳税申报表主表第 41 行“以前年度多缴的所得税额在本年抵减额”项下填写申报，也可以向主管税务机关申请退税。

但是，需要提醒的是，若 2015 年取得发票，按照上述规定，已经超过 3 年，所得税不能再行申请调整。

(3)房地产企业结算计税成本后取得发票是特殊情况，可在取得发票年度扣除。

国税发〔2009〕31 号文件第三十四条规定：“企业在结算计税成本时其实际发生的支出应当取得但未取得合法凭据的，不得计入计税成本，待实际取得合法凭据时，再按规定计入计税成本。”

【案例 5－23】天山房地产公司开发的 A 项目 2010 年具备完工条件全部销售完毕，2010 年结转开发成本时并未取得全部建筑业发票，直到 2011 年 10 月方取得全部工程发票。主管税务机关对该公司 2010 年度企业所得税进行检查时指出，该公司开发成本中未取得发票部分应调增应纳税所得额。该公司财务人员认为，尽管 2010 年结算成本时暂缺发票，但 2011 年公司已没有后续开发项目，2011 年取得的发票已经没有收入与其相配比，计入 2011 年只能形成较大亏损且短期内无法弥补。按照权责发生制原则，该公司 2011 年取得的发票能否在 2010 年扣除？

【案例分析】

企业应纳税所得额的计算，以权责发生制为原则。属于当期的收入和费用，不论款项是否收付，均作为当期的收入和费用；不属于当期的收入和费用，即使款项已经在当期收付，均不作为当期的收入和费用。但国务院财政、税务主管部门另有规定的除外。对于房地产企业来说，尽管 2011 年取得的发票按照权责发生制原则归属于 2010 年度的成本费用，但是因 2010 年度虽然发生了成本费用，但是未取得发票，一样不允许税前扣除。根据国税发〔2009〕31 号文件第三十四条的规定，天山房地产公司 2011 年取得的发票只能在 2011 年计入计税成本，不能申请调整 2010 年度企业应纳税所得额。

2012 年之后要结合《国家税务总局关于企业所得税应纳税所得额若干税务处理问题的公告》(国家税务总局公告 2012 年第 15 号)理解：根据《中华人民共和国税收征收管理法》的有关规定，对企业发现以前年度实际发生的、按照税收规定应在企业所得税前扣除而未扣除或者少扣除的支出，企业作出专项申报及说明后，准予追补至该项目发生年度计算扣除，但追补确认期限不得超过 5 年。企业由于上述原因多缴的企业所得税税款,可以在追补确认年度企业所得税应纳税款中抵扣,不足抵扣的,可以向以后年度递延抵扣或申请退税。亏损企业追补确认以前年度未在企业所得税前扣除的支出,或盈利企业经过追补确认后出现亏损的,应首先调整该项支出所属年度的亏损额,然后再按照弥补亏损的原则计算以后年度多缴的企业所得税税款,并按前款规定处理。

(二十二)大额费用税前列支需注意的问题

企业发生的大额费用(如办公费)应附明细清单(商场开具,必须盖有商场的印章),否则不能说明费用的真实性。

【风险提示】

纳税人购买商品、接受劳务或服务时必须索取按照规定要求填写的发票。发票中应详细填写购买的商品、接受的劳务或服务的具体名称(品名、规格、型号、劳务或服务项目等)、数量及金额,不得以“办公用品”、“费用”、“综费”、“运杂费”等笼统名称作为商品、劳务或服务的实际名称。凡取得的不符合规定要求的发票一律不得作为企业所得税税前扣除的凭据。

第十节　建设期间该如何缴纳城镇土地使用税

房地产开发企业在建设施工阶段保有土地必须按规定缴纳城镇土地使用税。对于取得土地何时开始缴纳土地使用税第三章第四节已有论述,对于开发建设阶段、销售阶段如何纳税还存在很多争议,为此,本节进行简单分析。

房地产开发企业土地保有阶段城镇土地使用税计算缴纳主要存在三个问题:第一,在建未售及在建预售阶段何时开始纳税;第二,竣工销售阶段何时停止纳税;第三,在开发产品销售过程中如何确定计税依据,如何计算纳税。

一、在建未售及在建预售阶段城镇土地使用税的计算与缴纳

在建未售及在建预售阶段城镇土地使用税的计算一致,基本公式为:

应纳城镇土地使用税 = 开发初期应税土地总面积 × 城镇土地使用税单位税额标准

本阶段的纳税风险主要体现在计税依据及纳税义务发生时间的确定两个方面。

(一)在建项目城镇土地使用税计税依据的确定

房地产开发企业建造项目期间土地使用税开征的计税依据主要是计税面积。计税面积的确定应依据下面两个规定:

《城镇土地使用税暂行条例》第三条规定："土地使用税以纳税人实际占用的土地面积为计税依据，依照规定税额计算征收。土地占用面积的组织测量工作，由省、自治区、直辖市人民政府根据实际情况确定。"

《国家税务局关于检发〈关于土地使用税若干具体问题的解释和暂行规定〉的通知》(国税地字〔1988〕15 号)第六条规定："纳税人实际占用的土地面积，是指由省、自治区、直辖市人民政府确定的单位组织测定的土地面积。尚未组织测量，但纳税人持有政府部门核发的土地使用证书的，以证书确认的土地面积为准；尚未核发土地使用证书的，应由纳税人据实申报土地面积。"

需要特别提示的是，如果纳税人在实践中非法占地开发，即土地使用权证明文件上的四至界线与实地四至界线不一致，应按实地四至界线计算土地面积。

（二）在建项目城镇土地使用税纳税义务发生时间的确定

《城镇土地使用税暂行条例》规定，新征用的土地，依照下列规定缴纳土地使用税：①征用的耕地，自批准征用之日起满 1 年时开始缴纳土地使用税；②征用的非耕地，自批准征用次月起缴纳土地使用税。

《财政部、国家税务总局关于房产税、城镇土地使用税有关政策的通知》(财税〔2006〕186 号)第二条关于有偿取得土地使用权城镇土地使用税纳税义务发生时间的问题明确："自 2007 年 1 月 1 日起，纳税人以出让或转让方式有偿取得土地使用权的，应由受让方从合同约定交付土地时间的次月起缴纳城镇土地使用税；合同未约定交付土地时间的，由受让方从合同签订的次月起缴纳城镇土地使用税。"

二、项目竣工销售完毕城镇土地使用税的计算与缴纳

《财政部、国家税务总局关于房产税、城镇土地使用税有关问题的通知》(财税〔2008〕152 号)规定，纳税人因房产、土地的实物或权利状态发生变化而依法终止房产税、城镇土地使用税纳税义务的，其应纳税款的计算应截至房产、土地的实物或权利状态发生变化的当月末。该文件强调，纳税人不再是土地使用税纳税人时，其由土地使用税纳税人转为非土地使用税纳税人的当月依然要计算缴纳土地使用税。至于对文件中"权利状态发生变化"的时间的理解，究竟是商品房销售合同备案时间、办理房屋产权证明时间、房屋交付入住时间还是办理土地权证分割时间，我们根据地方税务机关的政策规定分析如下：

《天津市地方税务局关于房地产开发企业用于建造商品房用地征免土地使用税问题的通知》(津地税地〔2003〕8 号)规定，取得天津市建委颁发的"天津市新建商品房准许使用证"次月起免交土地使用税。

《青岛市地方税务局关于明确房地产企业商品房开发期间城镇土地使用税有关问题的通知》(青地税函〔2009〕128 号)第二条规定，房地产企业开发商品房已经

销售的,土地使用税纳税义务的截止时间为商品房实物或权利状态发生变化即商品房交付使用的当月末。商品房交付使用,是指房地产企业将已建成的房屋转移给买受人占有,其外在表现主要是将房屋的钥匙交给买受人。

《西安市地方税务局关于明确房地产开发企业房地产开发用地城镇土地使用税征收起止时间有关问题的通知》(西地税发〔2009〕248 号)规定,房地产开发企业房地产开发用地城镇土地使用税征收截止时间应为"商品房买卖合同"或其他协议文件约定房屋交付的当月末。未按"商品房买卖合同"或其他协议文件约定时间交付房屋的,城镇土地使用税征收截止时间为房屋实际交付的当月末。

《河北省地方税务局关于财产行为税有关政策问题的通知》(冀地税发〔2003〕83 号)规定,对房地产开发商、企业、单位等纳税人出售房屋产权后,未办理相应的土地使用权证书的,按土地使用权证书记载的土地面积征收城镇土地使用税。

综上所述,实务中采用较多的"权利状态发生变化"多以房屋实际交付时间为依据,以房屋交付时间确定土地使用税纳税义务的截止时间也更符合房地产开发企业的实际开发销售状况。

三、在售项目城镇土地使用税的计算与缴纳

项目竣工后,房屋并非已经全部销售完毕。尚未销售的房屋所分摊的土地使用面积仍然具有纳税义务;已经销售的房屋可以交付使用,如果未交付使用,一样具有纳税义务。

(一)完全以土地使用证所载面积计算纳税

房地产开发企业已销售房屋,由于种种原因,房产所有权证书、土地使用权证书分割往往滞后。那么,此时房地产开发企业仍然是名义上的权属拥有者,城镇土地使用税按照土地使用权证书所载面积确定计税依据,可以促使企业早日办理权属转移手续,如上述冀地税发〔2003〕83 号文件的规定。

(二)已售房屋计税依据准予按比例扣除

对于已经销售的房屋,由于房地产开发企业不再拥有所有权及使用权,如果仅因为尚未办理土地使用权分割而还由房地产开发企业纳税,既不合情也不合理。准予已售房屋按照比例扣减土地使用税计税依据符合现实状况。

《国家税务总局关于房产税、城镇土地使用税有关政策规定的通知》(国税发〔2003〕89 号)规定,购置新建商品房,自房屋交付使用之次月起计征房产税和城镇土地使用税。购置存量房,自办理房屋权属转移、变更登记手续,房地产权属登记机关签发房屋权属证书之次月起计征房产税和城镇土地使用税。交付方自房屋交付使用次月起不再计征房产税和城镇土地使用税。

《关于房地产开发企业开发用地征收土地使用税的通知》(京地税地〔2005〕550号)、《北京市地方税务关于2007年度征收城镇土地使用税的通告》(京地税地〔2007〕322号)规定,对拥有土地使用证的房地产开发企业,按土地使用证所载面积计税,没有土地使用证的按实际使用面积计税。已售房屋占地面积可以抵扣。

《河南省地方税务局房地产开发企业城镇土地使用税征收管理办法》(豫地税发〔2006〕84号)规定,房地产开发企业是城镇土地使用税纳税人,开发商品房已经销售的,应自房屋交付使用之次月,按照交付使用商品房的建筑面积所应分摊的土地面积相应调减应税土地面积。房屋交付使用,是指房地产开发企业按照售房合同的规定,将房屋已销售给购房人且购房人已办理房屋土地使用权证或者房屋产权证,房屋所占有的土地已发生实际转移的行为。对购房人非个人原因无法及时取得土地使用权证或房屋产权证的,只要房地产开发企业按照销售合同的规定,已将房屋销售发票全额开付给购房人且购房人的购房款项已全部结清,或者已将房屋的钥匙交付给购房人,经主管地方税务机关审查同意后,也可视为房屋已交付使用。房地产开发企业应纳城镇土地使用税计算公式为:

应纳城镇土地使用税 = 开发初期应税土地总面积 × 城镇土地使用税单位税额标准 ×(1 - 累计售出房屋建筑面积/房屋建筑总面积)÷ 缴纳期限

累计售出房屋建筑面积,是指按照本办法交付使用的规定,已经售出房屋的建筑面积之和。

(三)免税面积的扣除

1. 经济适用房、廉租房、安置住房用地面积免税

《财政部、国家税务总局关于廉租住房、经济适用住房和住房租赁有关税收政策的通知》(财税〔2008〕24号)第一条第(二)项规定:“开发商在经济适用住房、商品住房项目中配套建造廉租住房,在商品住房项目中配套建造经济适用住房,如能提供政府部门出具的相关材料,可按廉租住房、经济适用住房建筑面积占总建筑面积的比例免征开发商应缴纳的城镇土地使用税。”

《关于城市和国有工矿棚户区改造项目有关税收优惠政策的通知》(财税〔2010〕42号)第一条规定:“对改造安置住房建设用地免征城镇土地使用税。在商品住房等开发项目中配套建造安置住房的,依据政府部门出具的相关材料和拆迁安置补偿协议,按改造安置住房建筑面积占总建筑面积的比例免征城镇土地使用税、印花税。”

由于棚户区改造项目是利用原土地拆旧返新,一般不需要另购土地,若全部改造均用作安置住房,按照财税〔2010〕42号文件的规定是免征城镇土地使用税的。但是通常情况下,城市和国有工矿棚户区多是二层简易楼房、筒子楼、平房,按照多层住宅、高层住宅开发,建筑面积会成倍增加。开发商为追求高额回报,不会将取

得的土地全部用于安置住房建设,其非安置住房是一定要缴纳城镇土地使用税的。财税〔2010〕42 号文件规定,要缴纳的城镇土地使用税的具体计算方式按改造安置住房建筑面积占总建筑面积的比例计算,但要提交政府部门出具的相关材料和拆迁安置补偿协议。例如,土地面积 50 000 平方米,建筑面积 80 000 平方米,其中安置住房建筑面积 50 000 平方米,年税额标准为 5 元/平方米,则开发商应缴纳土地使用税 93 750 元[50 000 ×(80 000 - 50 000)/80 000 ×5]。

2. 公共用地面积扣除的规定

《国家税务总局关于印发〈关于土地使用税若干具体问题的补充规定〉的通知》(国税地〔1989〕140 号)规定,对企业厂区(包括生产、办公及生活区)以内的绿化用地,应照章征收土地使用税;厂区以外的公共绿化用地和向社会开放的公园用地,暂免征收土地使用税。

房地产开发企业开发小区之外的绿化用地可以扣除。对于开发小区之内的用地,即便符合城镇土地使用税优惠政策列明用途(学校、医院、托儿所、幼儿园,小区外与社会公用地段未加隔离的绿化用地、道路用地,小区内的荒山、林地、湖泊等尚未利用的土地)的土地面积,因为房地产开发企业尚在建造中,建成后的上述优惠政策列明用途的房产也可能出现占地面积和规划面积不一致的情况,并且建成后也可能挪作他用,所以各地对建造期间的优惠政策列明用途土地面积是否适用优惠政策规定不一,有的地方允许扣除,有的地方不允许扣除。例如,上海市、重庆市、青岛市允许扣除,辽宁省不允许扣除,这几个地区的相关规定如下:

《上海市税务局关于土地使用税有关问题的解释和处理意见》(沪税地〔1989〕46 号)第三条规定:"企业新征用土地时带征一部分同于市政规划的公共道路用地,如这部分代征土地列入企业范围以外和不使用的,可免予征收土地使用税。"《上海市税务局关于征收土地使用税有关问题的补充规定》(沪税地〔1990〕54 号)第二条规定:"企业范围内自然形成的河流或湖面,已被利用(如宾馆等单位作为景色格局或游艺场所等)的,应按规定征收土地使用税;尚未利用的,可由所在地税务机关审核,报我局批准后,暂时免征土地使用税。"

《重庆市地方税务局关于房产税、城镇土地使用税有关政策问题的通知》(渝地税发〔2003〕301 号)第二条第(二)项规定:"对开发小区内的道路、绿化用地,经区县地税局审定后可暂不征收城镇土地使用税。"

《青岛市地方税务局关于明确房地产企业商品房开发期间城镇土地使用税有关问题的通知》(青地税函〔2009〕128 号)第四条规定:"开发初期应税土地总面积不包括经规划部门批准建设项目配套的居委会、派出所、学校、幼儿园、托儿所、医院等公共设施应分摊的土地面积。"

《辽宁省税务局关于对房地产开发公司征收土地使用税的批复》(辽税四

〔1993〕203 号）第二条规定："对房地产开发公司征收土地使用税的计税依据应包括与其不可分割的附属设施占地。即对住宅小区内马路、绿化用地、商业网点、自行车棚等公共设施用地均应征税。"

3. 房地产开发企业城镇土地使用税的直接减免

例如，《浙江省地方税务局关于对安置残疾人就业的单位定额减征城镇土地使用税问题的公告》（浙江省地方税务局公告 2010 年第 4 号）明确规定，安置残疾人就业的单位可定额减征城镇土地使用税。对安置残疾人就业的单位（包括社会福利企业、盲人按摩机构、工疗机构等），实行由地税机关按单位年平均实际安置残疾人的人数，给予定额减征城镇土地使用税的优惠。减征标准为每安置一名残疾人每年可定额减征 1 500 元，减征的最高限额为本单位当年应缴纳的城镇土地使用税税额。

第十一节　房地产开发经营如何缴纳印花税

一、取得土地应缴纳印花税

自 2006 年 11 月 27 日起，根据《财政部、国家税务总局关于印花税若干政策的通知》（财税〔2006〕162 号）的规定，对土地使用权出让合同、土地使用权转让合同按"产权转移书据"征收印花税。在此之前房地产开发企业为取得土地与政府签订的土地使用权出让合同不缴纳印花税。

二、工业、商业、物资、外贸等部门使用的调拨单是否贴花

《国家税务总局关于印花税若干具体问题的解释和规定的通知》（国税发〔1991〕155 号）规定，目前，工业、商业、物资、外贸等部门经销和调拨商品物资使用的调拨单（或其他名称的单、卡、书、表等），填开使用的情况比较复杂，既有作为部门内执行计划使用的，也有代替合同使用的。对此，应区分性质和用途确定是否贴花。凡属于明确双方供需关系，据以供货和结算，具有合同性质的凭证，应按规定贴花。各省、自治区、直辖市税务局可根据上述原则，结合实际，对各种调拨单作出具体鉴别和认定。该规定对房地产开发企业同样适用。

三、对以货换货业务签订的合同如何计税贴花

《国家税务总局关于印花税若干具体问题的解释和规定的通知》（国税发〔1991〕155 号）规定，商品购销活动中，采用以货换货方式进行商品交易签订的合

同是反映既购又销双重经济行为的合同。对此，应按合同所载的购、销合计金额计税贴花。合同未列明金额的，应按合同所载购、销数量依照国家牌价或市场价格计算应纳税金额。例如，房地产开发企业以商品房抵顶建筑施工企业工程款即属于这种情况。

四、仓储保管业务的应税凭证如何确定

《国家税务总局关于印花税若干具体问题的解释和规定的通知》（国税发〔1991〕155号）规定，仓储保管业务的应税凭证为仓储保管合同或作为合同使用的仓单、栈单（或称入库单等）。对有些凭证使用不规范，不便计税的，可以其结算单据作为计税贴花的凭证。

五、“产权转移书据”税目中“财产所有权”转移书据的征税范围如何划定

《国家税务总局关于印花税若干具体问题的解释和规定的通知》（国税发〔1991〕155号）规定，“财产所有权”转移书据的征税范围是经政府管理机关登记注册的动产、不动产的所有权转移所立的书据，以及企业股权转让所立的书据。

六、代理单位与委托单位签订的代理合同是否属于应税凭证

《国家税务总局关于印花税若干具体问题的解释和规定的通知》（国税发〔1991〕155号）规定，在代理业务中，代理单位与委托单位之间签订的委托代理合同，凡仅明确代理事项、权限和责任的，不属于应税凭证，不贴印花。

七、怎样理解印花税施行细则中“合同在国外签订的，应在国内使用时贴花”的规定

《国家税务总局关于印花税若干具体问题的解释和规定的通知》（国税发〔1991〕155号）规定，“合同在国外签订的，应在国内使用时贴花”，是指印花税暂行条例列举征税的合同在国外签订时，不便按规定贴花，因此，应在带入境内时办理贴花完税手续。

八、企业相互不签订购销合同，以要货单据、电子凭证确认成交，是否缴纳印花税

1.《国家税务局关于各种要货单据征收印花税问题的批复》（国税函〔1990〕994号）规定，商业企业开具的要货成交单据，是当事人之间建立供需关系以明确供需各方责任的常用业务凭证，属于合同性质的凭证，应按法规贴花。

2.《财政部、国家税务总局关于印花税若干政策的通知》（财税〔2006〕162号）规定，对纳税人以电子形式签订的各类应税凭证按规定征收印花税。

3.《国家税务总局关于印花税若干具体问题的规定》(国税地字〔1988〕25号)规定:(1)对商店、门市部的零星加工修理业务开具的修理单,不贴印花。(2)对货物运输、仓储保管、财产保险、银行借款等,办理一项业务既书立合同,又开立单据的,只就合同贴花;凡不书立合同,只开立单据,以单据作为合同使用的,应按照法规贴花。(3)对铁路、公路、航运、水陆承运快件行李、包裹开具的托运单据,暂免贴印花。

九、房地产开发企业订书、订报是否缴纳印花税

《国家税务局关于图书、报刊等征订凭证征免印花税问题的通知》(国税地字〔1989〕142号)规定,各类发行单位之间,以及发行单位与订阅单位或个人之间书立的征订凭证,暂免征印花税。

十、对由受托方提供原材料的加工、定作合同如何贴花

《国家税务总局关于印花税若干具体问题的规定》(国税地字〔1988〕25号)规定,由受托方提供原材料的加工、定作合同,凡在合同中分别记载加工费金额与原材料金额的,应分别按"加工承揽合同"、"购销合同"计税,两项税额相加数,即为合同应贴印花;合同中不划分加工费金额与原材料金额的,应按全部金额依照"加工承揽合同"计税贴花。

十一、租金合同计算缴纳印花税的政策规定

《国家税务总局关于印花税若干具体问题的规定》(国税地字〔1988〕25号)规定:

1.对房地产管理部门与个人订立的租房合同,凡用于生活居住的,暂免贴花;用于生产经营的,应按法规贴花。

2.有些合同在签订时无法确定计税金额,如技术转让合同中的转让收入是按销售收入的一定比例收取或是按实现利润分成的,财产租赁合同只是规定了月(天)租金标准而却无租赁期限的。对这类合同,可在签订时先按定额5元贴花,以后结算时再按实际金额计税,补贴印花。

3.企业与主管部门等签订的租赁承包经营合同,不属于财产租赁合同,不应贴花。

4.企业、个人出租门店、柜台等签订的合同,属于财产租赁合同,应按照法规贴花。

十二、某些合同履行后,实际结算金额与合同所载金额不一致的,是否补贴印花

《国家税务总局关于印花税若干具体问题的规定》(国税地字〔1988〕25号)规

定,依照印花税暂行条例法规,纳税人应在合同签订时按合同所载金额计税贴花。因此,对已履行并贴花的合同,发现实际结算金额与合同所载金额不一致的,一般不再补贴印花。

十三、不兑现或不按期兑现的合同是否贴花

《国家税务总局关于印花税若干具体问题的规定》(国税地字〔1988〕25号)规定,依照印花税暂行条例法规,合同签订时即应贴花,履行完税手续。因此,不论合同是否兑现或能否按期兑现,都一律按照法规贴花。

十四、房地产技术合同印花税如何贴花

《国家税务总局关于对技术合同征收印花税问题的通知》(国税地字〔1989〕34号)规定:

1. 关于技术转让合同的适用税目税率问题。技术转让包括专利权转让、专利申请权转让、专利实施许可和非专利技术转让。为这些不同类型技术转让所书立的凭证,按照印花税税目税率表的规定,分别适用不同的税目、税率。其中,专利申请权转让、非专利技术转让所书立的合同,适用"技术合同"税目;专利权转让、专利实施许可所书立的合同、书据,适用"产权转移书据"税目。

2. 关于技术咨询合同的征税范围问题。技术咨询合同是当事人就有关项目的分析、论证、评价、预测和调查订立的技术合同。有关项目包括:①有关科学技术与经济、社会协调发展的软科学研究项目;②促进科技进步和管理现代化,提高经济效益和社会效益的技术项目;③其他专业项目。对属于这些内容的合同,均应按照"技术合同"税目的法规计税贴花。至于一般的法律、法规、会计、审计等方面的咨询不属于技术咨询,其所立合同不贴印花。

3. 关于技术服务合同的征税范围问题。技术服务合同的征税范围包括技术服务合同、技术培训合同和技术中介合同。

技术服务合同是当事人一方委托另一方就解决有关特定技术问题,如为改进产品结构、改良工艺流程、提高产品质量、降低产品成本、保护资源环境、实现安全操作、提高经济效益等提出实施方案,实施指导所订立的技术合同。以常规手段或者为生产经营目的进行一般加工、修理、修缮、广告、印刷、测绘、标准化测试以及勘察、设计等所书立的合同,不属于技术服务合同。

技术培训合同是当事人一方委托另一方对指定的专业技术人员进行特定项目的技术指导和专业训练所订立的技术合同。对各种职业培训、文化学习、职工业余教育等订立的合同,不属于技术培训合同,不贴印花。

技术中介合同是当事人一方以知识、信息、技术为另一方与第三方订立技术合

同进行联系、介绍、组织工业化开发所订立的技术合同。

4. 关于计税依据问题。对各类技术合同，应当按合同所载价款、报酬、使用费的金额依率计税。

为鼓励技术研究开发，对技术开发合同，只就合同所载的报酬金额计税，研究开发经费不作为计税依据。但对合同约定以研究开发经费一定比例作为报酬的，应按一定比例的报酬金额计税贴花。

十五、房地产借款合同印花税政策参考

(一)《国家税务总局关于对借款合同贴花问题的具体规定》(国税地字〔1988〕30 号)

1. 关于以填开借据方式取得银行借款的借据贴花问题。目前，各地银行办理信贷业务的手续不够统一，有的只签订合同，有的只填开借据，也有的既签订合同又填开借据。为此规定：凡一项信贷业务既签订借款合同又一次或分次填开借据的，只就借款合同按所载借款金额计税贴花；凡只填开借据并作为合同使用的，应按照借据所载借款金额计税，在借据上贴花。

2. 关于对流动资金周转性借款合同的贴花问题。借贷双方签订的流动资金周转性借款合同，一般按年(期)签订，规定最高限额，借款人在法规的期限和最高限额内随借随还。为此，在签订流动资金周转性借款合同时，应按合同法规的最高借款限额计税贴花。以后，只要在限额内随借随还，不再签新合同的，就不另贴印花。

3. 关于对抵押贷款合同的贴花问题。借款方以财产作抵押，与贷款方签订的抵押借款合同，属于资金信贷业务，信贷双方应按“借款合同”计税贴花。因借款方无力偿还借款而将抵押财产转移给贷款方，应就双方书立的产权转移书据，按“产权转移书据”计税贴花。

4. 关于对融资租赁合同的贴花问题。银行及其金融机构经营的融资租赁业务，是一种以融物方式达到融资目的的业务，实际上是分期偿还的固定资金借贷。因此，对融资租赁合同，可据合同所载的租金总额暂按“借款合同”计税贴花。

5. 关于借款合同中既有应税金额又有免税金额的计税贴花问题。有些借款合同，借款总额中既有应免税的金额，也有应纳税的金额。对这类“混合”借款合同，凡合同中能划分免税金额与应税金额的，只就应税金额计税贴花；不能划分清楚的，应按借款总金额计税贴花。

6. 关于对借款方与银团“多头”签订借款合同的贴花问题。在有的信贷业务中，贷方是由若干银行组成的银团，银团各方均承担一定的贷款数额，借款合同由借款方与银团各方共同书立，各执一份合同正本。对这类借款合同，借款方与贷款银团各方应分别在所执合同正本上按各自的借贷金额计税贴花。

7. 关于对基建借款中，先签订分合同，后签订总合同的贴花问题。有些基本建设贷款，先按年度用款计划分年签订借款分合同，在最后一年按总概算签订借款总合同，总合同的借款金额中，包括各分合同的借款金额。对这类基建借款合同，应按分合同分别贴花，最后签订的总合同只就借款总额扣除分合同借款金额后的余额计税贴花。

（二）对办理借款展期业务使用的借款展期合同是否贴花

《国家税务总局关于印花税若干具体问题的解释和规定的通知》（国税发〔1991〕155 号）规定，对办理借款展期业务使用借款展期合同或其他凭证，按信贷制度规定，仅载明延期还款事项的，可暂不贴花。

十六、房地产开发企业权利许可证照如何贴花

1.《国家税务局地方税管理司关于对权利许可证照如何贴花问题的复函》（国税地函发〔1991〕2 号）规定，为了明确印花税的征免范围，印花税税目税率表中对应纳税凭证采取正列举的办法，即对征税范围中列举的凭证征税，未列举的凭证则不征税。因此，权利许可证照的征税范围仅指政府部门发给的房屋产权证、工商营业执照、商标注册证、专利证、土地使用证。其他各种权利许可证照均不贴花。

2.《国家税务局、国家工商行政管理局关于营业执照、商标注册证粘贴印花税票问题的通知》（国税地字〔1989〕113 号）及《国家工商行政管理局关于商标注册证粘贴印花税税票有关问题的补充通知》（商标字〔1990〕1 号）规定：

（1）印花税票粘贴位置。营业执照正本贴花，应统一粘贴在其左下角花边框内；商标注册证贴花，应统一粘贴在其内页右上角（“使用商品类”右面）边框内。商标注册证粘贴印花税票，由国家工商行政管理局商标局统一粘贴后下发。

（2）粘贴的印花一律采用 5 元面值的税票，税票粘贴应端正、清洁，在税票与证照的骑缝处，用钢笔或圆珠笔画两条横线注销，画销笔迹要整齐、清晰。各地工商行政管理局在向商标申请人收取商标规费时，加收 5 元印花税票款；开收据时，另列收印花税票款 5 元。收取的商标印花税票款在上缴商标规费时如数上缴。

3.《国家税务总局关于印花税若干具体问题的规定》（国税地字〔1988〕25 号）规定，纳税人已缴纳印花税凭证的正本遗失或毁损而以副本代替的，即为副本视正本使用，应另贴印花。

十七、工程监理合同是否贴花

印花税税目只对技术合同中技术转让、咨询、服务合同征收印花税，在实际工作中应如何判断工程监理合同是否属于印花税的征税范围？

根据《印花税暂行条例施行细则》第十条的规定，印花税只对税目税率表中列

举的凭证和经财政部确定征税的其他凭证征税。

印花税属对正列举式凭证征税的税种，房地产开发企业与监理公司签订的工程监理合同不属于上述列举的印花税征税范围，因此，原则上以不缴纳印花税为宜。目前，除了《福建省地方税务局关于工程建设监理合同不征收印花税问题的批复》（闽地税政三〔1999〕18 号）、《深圳市地方税务局关于工程监理合同是否征收印花税问题的批复》（深地税发〔2000〕91 号）明确，“工程监理合同”不属于“技术合同”，对工程监理合同不征印花税，其他地区暂没有明确规定。

十八、印花税违章法律责任

印花税纳税人有下列行为之一的，由税务机关根据情节轻重予以处罚：

《国家税务总局关于印花税违章处罚有关问题的通知》（国税发〔2004〕15 号）规定：

1. 在应纳税凭证上未贴或者少贴印花税票的，或者已粘贴在应税凭证上的印花税票未注销或者未画销的，适用《中华人民共和国税收征收管理法》（以下简称《税收征管法》）第六十四条的处罚规定：“纳税人、扣缴义务人编造虚假计税依据的，由税务机关责令限期改正，并处 5 万元以下的罚款。”

2. 已贴用的印花税票揭下重用造成未缴或少缴印花税的，适用《税收征管法》第六十三条的处罚规定：“纳税人伪造、变造、隐匿、擅自销毁账簿、记账凭证，或者在账簿上多列支出或者不列、少列收入，或者经税务机关通知申报而拒不申报或者进行虚假的纳税申报，不缴或者少缴应纳税款的，是偷税。对纳税人偷税的，由税务机关追缴其不缴或者少缴的税款、滞纳金，并处不缴或者少缴的税款 50% 以上 5 倍以下的罚款；构成犯罪的，依法追究刑事责任。”

3. 伪造印花税票的，适用《中华人民共和国税收征收管理法实施细则》（以下简称《税收征管法实施细则》）第九十一条的处罚规定：“非法印制、转借、倒卖、变造或者伪造完税凭证的，由税务机关责令改正，处 2 000 元以上 1 万元以下的罚款；情节严重的，处 1 万元以上 5 万元以下的罚款；构成犯罪的，依法追究刑事责任。”

4. 按期汇总缴纳印花税的纳税人，超过税务机关核定的纳税期限，未缴或少缴印花税税款的，视其违章性质，适用《税收征管法》第六十三条或第六十四条的处罚规定，情节严重的，同时撤销其汇缴许可证。

5. 纳税人违反以下规定的，适用《税收征管法》第六十条的处罚规定：

（1）违反《中华人民共和国印花税暂行条例施行细则》第二十三条的规定：“凡汇总缴纳印花税的凭证，应加注税务机关指定的汇缴戳记，编号并装订成册后，将已贴印花或者缴款书的一联粘附册后，盖章注销，保存备查。”

（2）违反《中华人民共和国印花税暂行条例施行细则》第二十五条的规定：“纳

税人对纳税凭证应妥善保存。凭证的保存期限，凡国家已有明确规定的，按规定办；没有明确规定的其余凭证均应在履行完毕后保存一年。”

《税收征管法》第六十条规定：“纳税人未按照规定设置、保管账簿或者保管记账凭证和有关资料的，由税务机关责令限期改正，可以处2 000元以下的罚款；情节严重的，处2 000元以上1万元以下的罚款。”

第六章　销售环节纳税实务与风险防范

第一节　销售阶段的纳税会计实务处理

一、商品房销售

商品房销售包括商品房现售和商品房预售。

(一)商品房现售

商品房现售,是指房地产开发企业将竣工验收合格的商品房出售给买受人,并由买受人支付房价款的行为。根据《商品房销售管理办法》第七条的规定,商品房现售应当符合以下条件:

(1)现售商品房的房地产开发企业应当具有企业法人营业执照和房地产开发企业资质证书;

(2)取得土地使用权证书或者使用土地的批准文件;

(3)持有建设工程规划许可证和施工许可证;

(4)已通过竣工验收;

(5)拆迁安置已经落实;

(6)供水、供电、供热、燃气、通讯等配套基础设施具备交付使用条件,其他配套基础设施和公共设施具备交付使用条件或者已确定施工进度和交付日期;

(7)物业管理方案已经落实。

在税务处理上,商品房具备上述条件并非完工标志,不具备上述条件可能一样按照商品房现售进行税务处理,所以应引起注意。

(二)商品房预售

商品房预售,是指房地产开发企业将正在建设中的房屋预先出售给承购人,由承购人支付定金或房价款的行为。商品房现售税务处理相对简单,而由于税法与会计处理差异以及房地产行业纳税的特殊性,商品房预售税务处理表现出不同的特点。

《城市商品房预售管理办法》(中华人民共和国建设部令第131号)规定,商品

房预售应当符合下列条件:

(1)已交付全部土地使用权出让金,取得土地使用权证书;

(2)持有建设工程规划许可证和施工许可证;

(3)按提供预售的商品房计算,投入开发建设的资金达到工程建设总投资的25%以上,并已经确定施工进度和竣工交付日期。

商品房预售实行许可制度。开发企业进行商品房预售,应当向房地产管理部门申请预售许可,取得"商品房预售许可证"。未取得"商品房预售许可证"的,不得进行商品房预售。

开发企业申请预售许可,应当提交下列证件(复印件)及资料:

(1)商品房预售许可申请表;

(2)开发企业的营业执照和资质证书;

(3)土地使用权证、建设工程规划许可证、施工许可证;

(4)投入开发建设的资金占工程建设总投资的比例符合规定条件的证明;

(5)工程施工合同及关于施工进度的说明;

(6)商品房预售方案。预售方案应当说明预售商品房的位置、面积、竣工交付日期等内容,并应当附预售商品房分层平面图。

房地产开发企业预售商品房时,应当向承购人出示"商品房预售许可证"。房地产开发企业应当自商品房预售合同签订之日起30日内,到房地产开发主管部门和商品房所在地的县级以上人民政府负责土地管理工作的部门备案。

通常情况下,房地产开发项目完工之前即已开始预售并获得各种形式的经济利益流入,从而应承担一定的纳税义务。

二、营业税的纳税处理

房地产开发企业转让土地使用权或者销售不动产,根据《营业税暂行条例》的规定,应依据营业额按照销售不动产5%的税率计算缴纳营业税。

(一)应税行为

1. 房地产开发企业在中华人民共和国境内转让土地使用权或者销售不动产,应缴纳营业税。

2. 房地产开发企业有下列情形之一的,视同发生应税行为:①单位或个人将不动产或者土地使用权无偿赠送其他单位或者个人;②单位或个人自己新建建筑物后销售,其所发生的自建行为;③财政部、国家税务总局规定的其他情形。

(二)计税依据

1. 房地产开发企业转让土地使用权或者销售不动产,营业税的计税依据为营业额。营业额为房地产开发企业向承购人收取的全部价款和的价外费用。这里的

“价外费用”，包括收取的手续费、补贴、基金、集资费、返还利润、奖励费、违约金、滞纳金、延期付款利息、赔偿金、代收款项、代垫款项、罚息及其他各种性质的价外收费，但不包括同时符合以下条件代为收取的政府性基金或者行政事业性收费：①由国务院或者财政部批准设立的政府性基金，由国务院或者省级人民政府及其财政、价格主管部门批准设立的行政事业性收费；②收取时开具省级以上财政部门印制的财政票据；③所收款项全额上缴财政。

【风险提示】

房地产开发企业转让土地使用权或者销售不动产时，代有关部门向承购人收取的代收代付费用，不论财务上记入“预收账款”还是“其他应付款”核算，原则上均应并入营业额中征收营业税，如房地产开发企业收取的天然气（煤气）集资费、暖气集资费、有线电视初装费、网络宽带初装费、电话电缆初装费、水电增容费、热计量表费、办证费（房屋交易手续费、产权登记费、他项权利登记费、权证工本费、契税、商品房购销合同印花税、房屋所有权证印花税、土地使用证印花税、住房维修基金等代收代付费用）等。

需要注意的是，代收的住房专项维修基金不计征营业税。根据《国家税务总局关于住房专项维修基金征免营业税问题的通知》（国税发〔2004〕69 号）规定，住房专项维修基金是属全体业主共同所有的一项代管基金，专项用于物业保修期满后物业共用部位、共用设施设备的维修和更新、改造。鉴于住房专项维修基金资金所有权及使用的特殊性，对房地产主管部门或其指定机构、公积金管理中心、开发企业以及物业管理单位代收的住房专项维修基金，不计征营业税。

此外，办证费中的契税和印花税本是税而不是费，因此，在新的规定出台前，房地产开发企业除代收的契税、印花税及住房专项维修基金外，其余代收款项均须缴纳营业税。

2. 单位和个人销售或转让其购置的不动产或受让的土地使用权，以全部收入减去不动产或土地使用权购置或受让原价后的余额为营业额。单位和个人销售或转让抵债所得的不动产、土地使用权，以全部收入减去抵债时该项不动产或土地使用权作价后的余额为营业额。

【风险提示】

房地产开发企业销售不动产和转让土地使用权如何按差额计算营业税呢？这里需要注意，首先，在计算扣除的不动产或土地使用权的购置或受让原价时，不包括在购置或受让时由购买者支付的契税、物业管理费及其他应由购买者直接负担而由销售者代收的各项税费。其次，在转让土地使用权或销售不动产时，应能够提供购置或受让票据。按照《营业税暂行条例》及其实施细则的规定，取得的凭证不符合法律、行政法规或者国务院税务主管部门有关规定的，该项目金额不得扣除。

上述所称符合国务院税务主管部门有关规定的凭证(以下统称合法有效凭证),是指:

①支付给境内单位或者个人的款项,且该单位或者个人发生的行为属于营业税或者增值税征收范围的,以该单位或者个人开具的发票为合法有效凭证;

②支付的行政事业性收费或者政府性基金,以开具的财政票据为合法有效凭证;

③支付给境外单位或者个人的款项,以该单位或者个人的签收单据为合法有效凭证,税务机关对签收单据有疑义的,可以要求其提供境外公证机构的确认证明;

④国家税务总局规定的其他合法有效凭证。

3. 房地产开发企业按营业额计算缴纳营业税后因发生退款减除营业额的,应当退还已缴纳的营业税税款或者从纳税人以后的应缴纳营业税税额中减除。

4. 房地产开发企业发生应税行为,如果将价款与折扣额在同一张发票上注明的,以折扣后的价款为营业额;如果将折扣额另开发票的,不论其在财务上如何处理,均不得从营业额中扣除。

【案例6-1】天山房地产公司2010年6月预售商品房一套,收取现金60万元并开具发票。2011年2月,客户通过关系要求获得一定程度的折扣,经协商,天山房地产公司同意折扣3万元。天山房地产公司应如何缴纳营业税?

【案例分析】

天山房地产公司2010年6月收款后应申报缴纳的营业税为3万元(60×5%)。

根据《国家税务总局关于使用新版不动产销售统一发票和新版建筑业统一发票有关问题的通知》(国税发〔2006〕173号)第六条的规定,需要开"红字"发票的,应在销售金额合计的大写金额第一字前加"负数"字,在小写金额前加"-"号。在开具红字发票前,收回已开出"不动产发票"、"建筑业发票"的发票联,全部联次监制章部位做剪口处理。

2011年2月,天山房地产公司给予客户的折扣3万元因未在同一张发票中注明,不能冲减应纳税额,要多缴纳营业税0.15万元(3×5%)。

天山房地产公司对于此类业务,应当收回原开具发票,收回发票注明"作废"字样后重新开具发票,处理方式有二:一是开具发票时可将房屋正常销售价款以蓝字填写一行,折扣款以红字(或者蓝字负数)填写一行,然后再进行合计,纳税申报时从2011年2月营业额中直接减除3万元;二是同时收回原合同,重新签订合同和开具发票,3万元差额直接冲减2011年2月申报的营业额。如果天山房地产公司不作上述处理,则既少收了钱,还多缴了税。

5. 房地产开发企业转让土地使用权或者销售不动产,价格明显偏低并无正当理由或者存在视同应税行为而无营业额的,按下列顺序确定其营业额:①按纳税人最近时期发生同类应税行为的平均价格核定;②按其他纳税人最近时期发生同类应税行为的平均价格核定;③按下列公式核定:营业额 = 营业成本或者工程成本 ×(1 + 成本利润率)÷(1 - 营业税税率)。公式中的成本利润率由省、自治区、直辖市税务局确定。

6. 房地产开发企业在未取得土地使用权也未取得"商品房预售许可证"的情况下,收取业主诚意金,是否应缴纳营业税?

房地产开发企业为了缓解资金压力,在未取得"商品房预售许可证"的情况下,采取各种方式(申请书、承诺书、订单等)以各种名目(诚意金、VIP 会员费等)收取购房准业主的款项,以满足开发项目建设的资金需要。这种情况在实务中比较常见,那么在这种情况下是否缴纳营业税呢?

《营业税暂行条例》第十二条规定:"营业税纳税义务发生时间为纳税人提供应税劳务、转让无形资产或者销售不动产并收讫营业收入款项或者取得索取营业收入款项凭据的当天。国务院财政、税务主管部门另有规定的,从其规定。"

《营业税暂行条例实施细则》第二十四条规定:"条例第十二条所称收讫营业收入款项,是指纳税人应税行为发生过程中或者完成后收取的款项。条例第十二条所称取得索取营业收入款项凭据的当天,为书面合同确定的付款日期的当天;未签订书面合同或者书面合同未确定付款日期的,为应税行为完成的当天。"第二十五条规定:"纳税人转让土地使用权或者销售不动产,采取预收款方式的,其纳税义务发生时间为收到预收款的当天。"

《国家税务总局关于印发〈营业税问题解答(之一)〉的通知》(国税函发〔1995〕156 号)规定:"营业税暂行条例实施细则第二十五条规定,纳税人转让土地使用权或销售不动产,采用预收款方式的,其纳税义务发生时间为收到预收款的当天。此项规定所称预收款,包括预收定金。因此,预收定金的营业税纳税义务发生时间为收到预收定金的当天。"

《城市商品房预售管理办法》第十条、《商品房销售管理办法》第十六条均明确规定,房地产开发企业预售、销售商品房需要签订书面合同。企业收取诚意金时,是不可能签订商品房销售合同的,也就谈不上合同确定的付款日期。所以,房地产开发企业收取的诚意金并不是在应税行为发生过程中或者完成后收取的款项,且与房地产开发企业定金也有性质上的区别。因此,房地产开发企业向购房准业主收取的诚意金,按照营业税相关税收政策规定,原则上不需要缴纳营业税,但是从征管角度出发,为做到应收尽收,税务机关会视同预收收入征收营业税。例如,《河北省地方税务局关于营业税若干政策问题的公告》(河北省地方税务局 2010 年第 2 号)第二条关于房地产开发企业收取的诚意金等纳税义务发生时间问题的规定:"房地产开发企业在开发、销售商品房过程中,以各种名目收取的诚意金、订金、看房费等费用以及销售购房卡、选房卡、VIP卡等取得的款项，均属于预收性质的款项，其纳税义务发生时间与预收房款相同，为收到款项的当天。”

《海南省地方税务局关于回应党的群众路线教育实践活动中纳税人反映问题的通知》（琼地税函〔2013〕623号）中：

房地产企业在开盘前向业主收取的意向金能否考虑暂不征收营业税，待开盘确认后再缴纳相关税金？

海南省地方税务局答复：房地产企业与业主签订预售合同或销售合同之前，向业主收取的意向金、诚意金、订金、VIP会员费等属于暂收应付款项，此时未发生营业税应税行为，不征收营业税。待房地产企业取得预售许可证，与业主签订预售合同或销售合同之后，收取的定金、预收款等才缴纳营业税。

7. 房地产开发企业将房产交给包销商承销，包销商的销售收入应如何缴纳营业税？

根据《国家税务总局关于房产开发企业销售不动产征收营业税问题的通知》（国税函发〔1996〕684号）的规定，在合同期内房地产开发企业将房产交给包销商承销，包销商是代理房地产开发企业进行销售，所取得的手续费收入或者价差应按“服务业——代理业”征收营业税；在合同期满后，房屋未售出，由包销商进行收购，其实质是房地产开发企业将房屋销售给包销商，对房地产开发企业应按“销售不动产”征收营业税；包销商将房产再次销售，对包销商也应按“销售不动产”征收营业税。

（三）税目税率

1. 房地产开发企业转让土地使用权，按照“转让无形资产”税目中“转让土地使用权”项目的税率5%征收营业税；销售商品房及其他建筑物，按照“销售不动产”税目的税率5%征收营业税。

2. 房地产开发企业转让土地使用权、销售商品房及其他建筑物的，依据实际缴纳的营业税按照规定的税率征收城市维护建设税。纳税人所在地为市区的，税率为7%；纳税人所在地为县城、建制镇的，税率为5%；纳税人所在地不在市区、县城、建制镇的，税率为1%。依据实际缴纳的营业税按照3%的征收率征收教育费附加。另有部分省市按照2%征收地方教育附加或者按照1%征收防洪费。

3. 单位和个人转让在建项目时，不管是否办理立项人和土地使用人的更名手续，其实质是发生了转让不动产所有权或土地使用权的行为。依据《财政部、国家税务总局关于营业税若干政策问题的通知》（财税〔2003〕16号）第二条第（七）款的规定，对于转让在建项目行为应按以下办法征收营业税：

转让已完成土地前期开发或正在进行土地前期开发，但尚未进入施工阶段的在建项目，按“转让无形资产”税目中“转让土地使用权”项目征收营业税。

转让已进入建筑物施工阶段的在建项目，按“销售不动产”税目征收营业税。

这里的“在建项目”是指已立项建设但尚未完工的房地产项目或其他建设项目。

(四)营业税纳税地点

1.房地产开发企业提供应税劳务应当向其机构所在地或者居住地的主管税务机关申报纳税。但是房地产开发企业提供的建筑业劳务以及国务院财政、税务主管部门规定的其他应税劳务,应当向应税劳务发生地的主管税务机关申报纳税。

2.房地产开发企业转让无形资产应当向其机构所在地或者居住地的主管税务机关申报纳税。但是纳税人转让、出租土地使用权,应当向土地所在地的主管税务机关申报纳税。

3.纳税人销售、出租不动产应当向不动产所在地的主管税务机关申报纳税。

4.扣缴义务人应当向其机构所在地或者居住地的主管税务机关申报缴纳其扣缴的税款。

5.纳税人应当向应税劳务发生地、土地或者不动产所在地的主管税务机关申报纳税;自应当申报纳税之月起超过6个月没有申报纳税的,由其机构所在地或者居住地的主管税务机关补征税款。

(五)营业税纳税期限

营业税的纳税期限分别为5日、10日、15日、1个月或者1个季度。纳税人的具体纳税期限,由主管税务机关根据纳税人应纳税额的大小分别核定;不能按照固定期限纳税的,可以按次纳税。

纳税人以1个月或者1个季度为一个纳税期的,自期满之日起15日内申报纳税;以5日、10日或者15日为一个纳税期的,自期满之日起5日内预缴税款,于次月1日起15日内申报纳税并结清上月应纳税款。

(六)预售开发产品营业税的计算和会计处理

【案例6-2】天山房地产公司2011年10月预售商品房,收取现金100万元,按揭贷款200万元,其中包含房地产公司银行按揭保证金10%,另收取天然气集资费6万元、办证费8万元。当地按2%征收地方教育附加。

【案例分析】

营业税营业额 = 100 + 200 + 6 + 8 = 314(万元)

应交营业税 = 314 × 5% = 15.70(万元)

应交城市维护建设税 = 15.70 × 7% = 1.10(万元)

应交教育费附加 = 15.70 × 3% = 0.47(万元)

应交地方教育附加 = 15.70 × 2% = 0.31(万元)

天山房地产公司的会计处理为(单位:万元):

1. 收取预售款

借:库存现金　　100

　银行存款——结算户　　180

　　　　——按揭保证金　　20

　贷:预收账款　　300

2. 收取价外费用

借:库存现金　　14

　贷:其他应付款——天然气集资费　　6

　　　　　　——办证费　　8

3. 缴纳营业税金及附加

借:应交税费——应交营业税　　15.70

　　　　——应交城市维护建设税　　1.10

　　　　——应交教育费附加　　0.47

　　　　——应交地方教育附加　　0.31

　贷:银行存款　　17.58

4. 未结转收入可暂不计提营业税金及附加。

三、预征土地增值税的纳税处理

目前各地对于项目完工前销售商品房预售款,一般按照预征率计算缴纳土地增值税。

《土地增值税暂行条例实施细则》规定,纳税人在项目全部竣工结算前转让房地产取得的收入,由于涉及成本确定或其他原因而无法据以计算土地增值税的,可以预征土地增值税,待该项目全部竣工、办理结算后再进行清算,多退少补。具体办法由各省、自治区、直辖市地方税务局根据当地情况制定。

《财政部、国家税务总局关于土地增值税若干问题的通知》(财税〔2006〕21号)关于土地增值税的预征和清算问题规定,各地要进一步完善土地增值税预征办法,根据本地区房地产业增值水平和市场发展情况,区别普通住房、非普通住房和商用房等不同类型,科学合理地确定预征率,并适时调整。工程项目竣工结算后,应及时进行清算,多退少补。

《国家税务总局关于加强土地增值税征管工作的通知》(国税发〔2010〕53号)规定,为了发挥土地增值税在预征阶段的调节作用,各地须对目前的预征率进行调整。除保障性住房外,东部地区省份预征率不得低于2%,中部和东北地区省份不得低于1.5%,西部地区省份不得低于1%,各地要根据不同类型房地产确定适当的预征率(地区的划分按照国务院有关文件的规定执行)。对尚未预征或暂缓预征的地区,应切实按照税收法律法规开展预征,确保土地增值税在预征阶段及时、充分发挥调节作用。

预征土地增值税税额的计算公式为:

预征土地增值税税额=出售不同类型商品房所取得的收入×不同预征率

【风险提示】

对未按预征规定期限预缴税款的,应根据《税收征管法》及其实施细则的有关规定,从限定的缴纳税款期限届满的次日起,加收滞纳金。

四、印花税的纳税处理

1.《财政部、国家税务总局关于印花税若干政策的通知》(财税〔2006〕162号)第四条规定:"对商品房销售合同按照产权转移书据征收印花税。"

2.《国家税务总局关于印花税若干具体问题的解释和规定的通知》(国税发〔1991〕155号)第十一条规定:"土地使用权出让、转让书据(合同),不属于印花税列举征税的凭证,不贴印花。"但是2006年11月27日《财政部、国家税务总局关于印花税若干政策的通知》(财税〔2006〕162号)第三条规定:"对土地使用权出让合同、土地使用权转让合同按产权转移书据征收印花税。"

3.产权转移书据,是指单位和个人产权的买卖、继承、赠与、交换、分割等所立的书据。

4.产权转移书据包括财产所有权和版权、商标使用权、专利权、专有技术使用权等转移书据,按所载金额0.5‰贴花。

5.目前各地较为普遍采用的是按照收入核定征收印花税,即按照当期预售收入乘以0.5‰计算缴纳印花税,商品房预售合同不再贴花。

五、企业所得税的纳税处理

(一)预计计税毛利率

《房地产开发经营业务企业所得税处理办法》(国税发〔2009〕31号)规定,企业销售未完工开发产品的计税毛利率由各省、自治区、直辖市国家税务局、地方税务局按下列规定进行确定:

(1)开发项目位于省、自治区、直辖市和计划单列市人民政府所在地城市城区和郊区的,不得低于15%。

(2)开发项目位于地及地级市城区及郊区的,不得低于10%。

(3)开发项目位于其他地区的,不得低于5%。

(4)属于经济适用房、限价房和危改房的,不得低于3%。

企业销售未完工开发产品取得的收入,应先按预计计税毛利率分季(或月)计算出预计毛利额,计入当期应纳税所得额。开发产品完工后,企业应及时结算其计税成本并计算此前销售收入的实际毛利额,同时将其实际毛利额与其对应的预计毛利额之间的差额,计入当年度企业本项目与其他项目合并计算的应纳税所得额。在年度纳税申报时,企业须出具对该项开发产品实际毛利额与预计毛利额之间差异调整情况的报告以及税务机关需要的其他相关资料。

【风险提示】

以上规定中的"不得低于"不表示一定是。例如,开发项目位于省、自治区、直辖市和计划单列市人民政府所在地城市城区和郊区的,不得低于15%,而《天津市地方税务局、天津市国家税务局关于房地产开发企业所得税政策问题的通知》(津地税企所〔2010〕1号)规定:"自2010年1月1日起,实行查账征收的房地产企业销售未完工开发产品、开发非经济适用房项目的,计税毛利率暂按25%确定。"

(二)预售阶段收入的确认

1. 根据国税发〔2009〕31号第六条的规定,企业通过正式签订"房地产销售合同"或"房地产预售合同"所取得的收入,应确认为销售收入的实现,具体按以下规定确认:

(1)采取一次性全额收款方式销售开发产品的,应于实际收讫价款或取得索取价款凭据(权利)之日,确认收入的实现。

(2)采取分期收款方式销售开发产品的,应按销售合同或协议约定的价款和付款日确认收入的实现。付款方提前付款的,在实际付款日确认收入的实现。

(3)采取银行按揭方式销售开发产品的,应按销售合同或协议约定的价款确定收入额,其首付款应于实际收到日确认收入的实现,余款在银行按揭贷款办理转账之日确认收入的实现。

(4)采取委托方式销售开发产品的,应按以下原则确认收入的实现:

①采取支付手续费方式委托销售开发产品的,应按销售合同或协议中约定的价款于收到受托方已销开发产品清单之日确认收入的实现。

【案例6-3】天山房地产公司2010年开发水尚住宅小区,与A房屋销售公司签订代理销售合同,A房屋销售公司按销售额的5%收取手续费。2010年12月,A房屋销售公司销售房屋1 000平方米,平均售价4 000元/平方米。A房屋销售公司将销售清单提交天山房地产公司,并按合同约定转交售房款380万元。

天山房地产公司的账务处理为(单位:万元):

借:银行存款　　　　　　　　　　380

　贷:产品销售收入　　　　　　　　　380

【案例分析】

案例中收入确认有误。天山房地产公司营业额应为400万元(1 000×0.4),支付手续费为20万元,不能直接扣除,应由A房屋销售公司开具服务业发票20万元作为费用列支。

②采取视同买断方式委托销售开发产品,属于企业与购买方签订销售合同或协议,或企业、受托方、购买方三方共同签订销售合同或协议的,如果销售合同或协议中约定的价格高于买断价格,则应按以销售合同或协议中约定的价格计算的价款于收到受托方已销开发产品清单之日确认收入的实现;如果属于前两种情况中销售合同或协议中约定的价格低于买断价格,以及属于受托方与购买方签订销售合同或协议的,则应按以买断价格计算的价款于收到受托方已销开发产品清单之日确认收入的实现。

【案例6-4】天山房地产公司2010年开发水榭住宅小区,与B房屋销售公司签订代理销售合同,B房屋销售公司采取买断方式代理销售,买断价为4 000元/平方米,销售时由委托方、受托方、购买方共同签订协议。2010年12月,B房屋销售公司将开发产品销售清单提交天山房地产公司,销售房屋3 000平方米,实现销售收入1 350万元,平均售价4 500元/平方米。

天山房地产公司的账务处理如下(单位:万元):

借:银行存款　　　　　　　　　1 200(按买断价计算)

　贷:产品销售收入　　　　　　　　1 200

【案例分析】

案例中收入确认有误。销售合同价大于买断价,应当按照实际销售合同价确认收入。天山房地产公司营业额应为1 350万元,支付的手续费150万元(1 350-1 200)不能直接扣除,应由B房屋销售公司开具服务业发票150万元作为费用列支。

③采取基价(保底价)并实行超基价双方分成方式委托销售开发产品,属于由企业与购买方签订销售合同或协议,或企业、受托方、购买方三方共同签订销售合同或协议的,如果销售合同或协议中约定的价格高于基价,则应按以销售合同或协议中约定的价格计算的价款于收到受托方已销开发产品清单之日确认收入的实

现，企业按规定支付受托方的分成额，不得直接从销售收入中减除；如果销售合同或协议约定的价格低于基价，则应按以基价计算的价款于收到受托方已销开发产品清单之日确认收入的实现。属于由受托方与购买方直接签订销售合同的，则应按基价加上按规定取得的分成额于收到受托方已销开发产品清单之日确认收入的实现。

【案例6-5】天山房地产公司2010年开发新伯爵小区，与C房屋销售公司签订合同，采取基价（保底价）并实行超基价双方分成方式委托销售开发产品。合同约定销售保底价5 000元，并由C房屋销售公司以天山房地产公司名义与客户签订销售合同，超过保底价部分受托方和委托方按四六分成。2010年12月C房屋销售公司提交销售清单时，销售房屋2 000平方米，实现销售收入1 200万元，平均售价6 000元/平方米。

天山房地产公司账务处理如下（单位：万元）：

借：银行存款　　　　　　　　　　1 120（按保底价计算）

　贷：产品销售收入　　　　　　　　1 120

【案例分析】

案例中收入确认有误。天山房地产公司房屋销售额为1 200万元（2 000×0.6），天山房地产公司支付给受托方的分成额为80万元[（0.6-0.5）×2 000×40%]，不得直接从收入中扣除，将来支付时根据发票作为销售费用列支。

④采取包销方式委托销售开发产品的，包销期内可根据包销合同的有关约定，参照上述①至③项规定确认收入的实现；包销期满后尚未出售的开发产品，企业应根据包销合同或协议约定的价款和付款方式确认收入的实现。

【案例6-6】天山房地产公司2010年开发新公爵小区，与D房屋销售公司签订包销代理合同。合同约定：D房屋销售公司包销天山房地产公司5 000平方米房屋，以每平方米销售价4 000元向天山房地产公司结账；如果截至2010年12月31日销售不完，房屋归D房屋销售公司，并由D房屋销售公司于期满日起10日内付清房款。合同还规定，由受托方与客户签订售房合同。截至2010年12月底，D房屋销售公司提交销售清单时，当月销售房屋4 000平方米，D房屋销售公司收款2 000万元，还有1 000平方米房屋未售出。

天山房地产公司账务处理如下（单位：万元）：

借：银行存款　　　　　　　　　　1 600

　贷：产品销售收入　　　　　　　　1 600

【案例分析】

案例中收入确认有误。天山房地产公司在包销期内可根据包销合同的有关约定,参照上述①至③项规定确认收入的实现;包销期满后尚未出售的开发产品,企业应根据包销合同或协议约定的价款和付款方式确认收入的实现。也就是说,包销期满后按照包销协议执行,等于将房屋卖给了包销方。包销的全部收入为包销期内应实现收入加上期满后应实现收入之和,即2 400万元(2 000 + 1 000 × 0.4)。D房屋销售公司应开具包销期内佣金发票400万元给天山房地产公司。

另外,根据《国家税务总局关于房产开发企业销售不动产征收营业税问题的通知》(国税函发〔1996〕684号)的规定,在合同期内房产企业将房产交给包销商承销,包销商是代理房产开发企业进行销售,所取得的手续费收入或者价差应按"服务业——代理业"征收营业税;在合同期满后,房屋未售出,由包销商进行收购,其实质是房产开发企业将房屋销售给包销商,对房产开发企业应按"销售不动产"征收营业税;包销商将房产再次销售,对包销商也应按"销售不动产"征收营业税。

2. 开发产品销售收入为销售开发产品过程中取得的全部价款,包括现金、现金等价物及其他经济利益。企业代有关部门、单位和企业收取的各种基金、费用和附加等,凡纳入开发产品价内或由企业开具发票的,应按规定全部确认为销售收入;未纳入开发产品价内并由企业之外的其他部门、单位收取、开具发票的,可作为代收代缴款项进行管理。

(三)会计准则与企业所得税对收入的确认条件差异

《企业会计准则第14号——收入》规定,销售商品收入同时满足下列条件的,才能予以确认:

①企业已将商品所有权上的主要风险和报酬转移给购货方;

②企业既没有保留通常与所有权相联系的继续管理权,也没有对已售出的商品实施有效控制;

③收入的金额能够可靠地计量;

④相关的经济利益很可能流入企业;

⑤相关的已发生或将发生的成本能够可靠地计量。

《国家税务总局关于确认企业所得税收入若干问题的通知》(国税函〔2008〕875号)规定,企业销售商品同时满足下列条件的,应确认收入的实现:

①商品销售合同已经签订,企业已将与商品所有权相关的主要风险和报酬转移给购货方;

②企业对已售出的商品既没有保留通常与所有权相联系的继续管理权,也没有实施有效控制;

③收入的金额能够可靠地计量;

④已发生或将发生的销售方的成本能够可靠地核算。

对比以上收入的确认条件可以看出,对于房地产行业,国税发〔2009〕31号文件中收入的确认条件不同于《企业会计准则第 14 号——收入》关于销售商品的收入确认条件，也不同于一般企业税务处理的收入确认条件，所以正确理解国税发〔2009〕31 号文件关于销售收入的确认规定对于准确计算房地产开发企业所得税至关重要。

通常情况下，房地产开发企业的销售行为在开发产品完工前就已经开始，而且完工后还会继续下去，直到开发产品全部售出。会计处理上对于预售开发产品所收到的首付款、按揭款、定金等一般在“预收账款”科目核算，开发产品完工交付确认销售收入时由“预收账款”科目转入“主营业务收入”或“产品销售收入”科目；与此相对应的成本费用和缴纳的营业税金及附加在产品完工交付之前分别在“开发成本”、“应交税费”科目借方归集，确认收入时分别转入“主营业务成本”或“产品销售成本”、“营业税金及附加”等科目。在项目完工交付之前，除期间费用外，利润表不能体现开发产品的经营成果。

对于房地产经营业务企业所得税的收入处理，国税发〔2009〕31 号文件第六条规定：企业通过正式签订“房地产销售合同”或“房地产预售合同”所取得的收入，应确认为销售收入的实现。这说明税务对收入的处理与会计对收入的处理截然不同，在计算企业所得税时，不能把会计核算上的销售收入等同于税务处理上的销售收入，也不能将税务处理上的销售收入确认条件作为会计账务处理的核算规范。

那么，房地产开发企业会计收入与企业所得税收入有无必然的逻辑关系呢？房地产开发企业销售未完工开发产品所收取的预售收入，会计处理为一项负债，记入“预收账款”科目，期末贷方余额反映在资产负债表的“预收账款”项；企业所得税处理为销售收入，即只要是通过正式签订“房地产销售合同”或“房地产预售合同”所取得的收入，就视为计税销售收入实现。

假如未完工开发产品不存在其他收入差异，通常情况下，当期计税销售收入等于当期预收账款贷方发生额。

计税收入预计毛利额 = 当期计税销售收入 × 预计毛利率 = 当期预收账款贷方发生额 × 预计毛利率

开发产品竣工后的预售收入如果会计上不结转营业收入，则同未完工开发产品预售处理一样，不同的是预计毛利率要换算为实际毛利率。

完工开发产品销售如果会计上结转收入，税务处理与会计处理一致，没有太大的差别，有差别的只是会计开发成本与计税成本。

完工开发产品销售如果会计上结转的是以前年度预售收入，则税务不予考虑，销售收入为零。

（四）预售阶段企业所得税预缴纳税申报的变化

《中华人民共和国企业所得税月（季）度预缴纳税申报表（A 类）》报表格式及

填报说明如表 6－1 所示。

表 6－1　中华人民共和国企业所得税月(季)度预缴纳税申报表(A 类)

税款所属期间：　　年　月　日至　　年　月　日

纳税人识别号：□□□□□□□□□□□□□□□□□□□□

纳税人名称：　　　　　　　　　　　　　　　　金额单位：人民币元(列至角分)

行次	项目	本期金额	累计金额
1	一、按照实际利润额预缴		
2	营业收入		
3	营业成本		
4	利润总额		
5	加：特定业务计算的应纳税所得额		
6	减：不征税收入		
7	免税收入		
8	弥补以前年度亏损		
9	实际利润额(4 行 +5 行 －6 行 －7 行 －8 行)		
10	税率(25%)		
11	应纳所得税额		
12	减：减免所得税额		
13	减：实际已预缴所得税额	—	
14	减：特定业务预缴(征)所得税额		
15	应补(退)所得税额(11 行 －12 行 －13 行 －14 行)	—	
16	减：以前年度多缴在本期抵缴所得税额		
17	本期实际应补(退)所得税额	—	
18	二、按照上一纳税年度应纳税所得额平均额预缴		
19	上一纳税年度应纳税所得额	—	
20	本月(季)应纳税所得额(19 行 ×1/12 或 1/4)		
21	税率(25%)		
22	本月(季)应纳所得税额(20 行 ×21 行)		
23	三、按照税务机关确定的其他方法预缴		
24	本月(季)确定预缴的所得税额		
25	总分机构纳税人		

续表

<table>
<tr><th>行次</th><th colspan="2">项目</th><th>本期金额</th><th>累计金额</th></tr>
<tr><td>26</td><td rowspan="5">总机构</td><td>总机构应分摊所得税额(15 行或 22 行或 24 行 × 总机构应分摊预缴比例)</td><td></td><td></td></tr>
<tr><td>27</td><td>财政集中分配所得税额</td><td></td><td></td></tr>
<tr><td>28</td><td>分支机构应分摊所得税额(15 行或 22 行或 24 行 × 分支机构应分摊比例)</td><td></td><td></td></tr>
<tr><td>29</td><td>其中:总机构独立生产经营部门应分摊所得税额</td><td></td><td></td></tr>
<tr><td>30</td><td>　　　总机构已撤销分支机构应分摊所得税额</td><td></td><td></td></tr>
<tr><td>31</td><td rowspan="2">分支机构</td><td>分配比例</td><td></td><td></td></tr>
<tr><td>32</td><td>分配所得税额</td><td></td><td></td></tr>
<tr><td colspan="5">谨声明:此纳税申报表是根据《中华人民共和国企业所得税法》、《中华人民共和国企业所得税法实施条例》和国家有关税收规定填报的,是真实的、可靠的、完整的。
法定代表人(签字):　　　　年　月　日</td></tr>
<tr><td colspan="2">纳税人公章:

会计主管:

填表日期:　年　月　日</td><td>代理申报中介机构公章:

经办人:
经办人执业证件号码:

代理申报日期:　年　月　日</td><td colspan="2">主管税务机关受理专用章:

受理人:

受理日期:　年　月　日</td></tr>
</table>

国家税务总局监制

《中华人民共和国企业所得税月(季)度预缴纳税申报表(A 类)》填报说明:

1. 本表适用于实行查账征收企业所得税的居民纳税人在月(季)度预缴企业所得税时使用。

2. 表头项目

(1)“税款所属期间”:为税款所属期月(季)度第一日至所属期月(季)度最后一日。

年度中间开业的,“税款所属期间”为当月(季)开始经营之日至所属月(季)度的最后一日。次月(季)度起按正常情况填报。

(2)“纳税人识别号”:填报税务机关核发的税务登记证号码(15 位)。

(3)“纳税人名称”:填报税务机关核发的税务登记证纳税人全称。

3. 各列的填报

(1)第 1 行“按照实际利润额预缴”的纳税人,第 2 行至第 17 行的“本期金额”

列，数据为所属月（季）度第一日至最后一日的累计数；“累计金额”列，数据为纳税人所属年度1月1日至所属月（季）度最后一日的累计数。

（2）第18行“按照上一纳税年度应纳税所得额平均额预缴”的纳税人，第19行至第22行的“本期金额”列，数据为所属月（季）度第一日至最后一日的累计数；“累计金额”列，数据为纳税人所属年度1月1日至所属月（季）度最后一日的累计数。

（3）第23行“按照税务机关确定的其他方法预缴”的纳税人，第24行的“本期金额”列，数据为所属月（季）度第一日至最后一日的累计数；“累计金额”列，数据为纳税人所属年度1月1日至所属月（季）度最后一日的累计数。

4. 各行的填报

（1）第1行至第24行，纳税人根据其预缴申报方式分别填报。实行“按照实际利润额预缴”的纳税人填报第2行至第17行；实行“按照上一纳税年度应纳税所得额平均额预缴”的纳税人填报第19行至第22行；实行“按照税务机关确定的其他方法预缴”的纳税人填报第24行。

（2）第25行至第32行，由实行跨地区经营汇总计算缴纳企业所得税（以下简称汇总纳税）纳税人填报。汇总纳税纳税人的总机构在填报第1行至第24行的基础上，填报第26行至第30行；汇总纳税纳税人的分支机构填报第28行、第31行、第32行。

5. 具体项目填报说明

（1）第2行“营业收入”：填报按照企业会计制度、企业会计准则等国家会计规定核算的营业收入。

（2）第3行“营业成本”：填报按照企业会计制度、企业会计准则等国家会计规定核算的营业成本。

（3）第4行“利润总额”：填报按照企业会计制度、企业会计准则等国家会计规定核算的利润总额。

（4）第5行“特定业务计算的应纳税所得额”：填报按照税收规定的特定业务计算的应纳税所得额。从事房地产开发业务的纳税人，本期取得销售未完工开发产品收入按照税收规定的预计计税毛利率计算的预计毛利额填入此行。

（5）第6行“不征税收入”：填报计入利润总额但属于税收规定不征税的财政拨款、依法收取并纳入财政管理的行政事业性收费以及政府性基金和国务院规定的其他不征税收入。

（6）第7行“免税收入”：填报计入利润总额但属于税收规定免税的收入或收益。

（7）第8行“弥补以前年度亏损”：填报按照税收规定可在企业所得税前弥补的以前年度尚未弥补的亏损额。

(8)第9行“实际利润额”:根据相关行次计算填报。第9行=第4行+第5行-第6行-第7行-第8行。

(9)第10行“税率(25%)”:填报企业所得税法规定的25%税率。

(10)第11行“应纳所得税额”:根据相关行次计算填报。第11行=第9行×第10行,且第11行≥0。当汇总纳税纳税人总机构和分支机构适用不同税率时,第11行≠第9行×第10行。

(11)第12行“减免所得税额”:填报按照税收规定当期实际享受的减免所得税额。第12行≤第11行。

(12)第13行“实际已预缴所得税额”:填报累计已预缴的企业所得税额,“本期金额”列不填。

(13)第14行“特定业务预缴(征)所得税额”:填报按照税收规定的特定业务已预缴(征)的所得税额,建筑企业总机构直接管理的项目部,按规定向项目所在地主管税务机关预缴的企业所得税填入此行。

(14)第15行“应补(退)所得税额”:根据相关行次计算填报。第15行=第11行-第12行-第13行-第14行,且第15行≤0时,填0,“本期金额”列不填。

(15)第16行“以前年度多缴在本期抵缴所得税额”:填报以前年度多缴的企业所得税税款尚未办理退税,并在本纳税年度抵缴的所得税额。

(16)第17行“本期实际应补(退)所得税额”:根据相关行次计算填报。第17行=第15行-第16行,且第17行≤0时,填0,“本期金额”列不填。

(17)第19行“上一纳税年度应纳税所得额”:填报上一纳税年度申报的应纳税所得额。“本期金额”列不填。

(18)第20行“本月(季)应纳税所得额”:根据相关行次计算填报。

按月度预缴纳税人:第20行=第19行×1/12

按季度预缴纳税人:第20行=第19行×1/4

(19)第21行“税率(25%)”:填报企业所得税法规定的25%税率。

(20)第22行“本月(季)应纳所得税额”:根据相关行次计算填报。第22行=第20行×第21行。

(21)第24行“本月(季)确定预缴的所得税额”:填报税务机关认定的应纳税所得额计算出的本月(季)度应缴纳所得税额。

(22)第26行“总机构应分摊所得税额”:汇总纳税纳税人总机构,以本表(第1行至第24行)本月(季)度预缴所得税额为基数,按总机构应分摊的预缴比例计算出的本期预缴所得税额填报,并按预缴方式不同分别计算:

①“按照实际利润额预缴”的汇总纳税纳税人总机构:

第15行×总机构应分摊预缴比例

②“按照上一纳税年度应纳税所得额平均额预缴”的汇总纳税纳税人总机构：

第 22 行 × 总机构应分摊预缴比例

③“按照税务机关确定的其他方法预缴”的汇总纳税纳税人总机构：

第 24 行 × 总机构应分摊预缴比例

第 26 行计算公式中的“总机构应分摊预缴比例”：跨地区经营的汇总纳税纳税人，总机构应分摊的预缴比例填报 25%；省内经营的汇总纳税纳税人，总机构应分摊的预缴比例按各省规定执行填报。

(23)第 27 行“财政集中分配所得税额”：汇总纳税纳税人的总机构，以本表(第 1 行至第 24 行)本月(季)度预缴所得税额为基数，按财政集中分配的预缴比例计算出的本期预缴所得税额填报，并按预缴方式不同分别计算：

①“按照实际利润额预缴”的汇总纳税纳税人总机构：

第 15 行 × 财政集中分配预缴比例

②“按照上一纳税年度应纳税所得额平均额预缴”的汇总纳税纳税人总机构：

第 22 行 × 财政集中分配预缴比例

③“按照税务机关确定的其他方法预缴”的汇总纳税纳税人总机构：

第 24 行 × 财政集中分配预缴比例

第 27 行计算公式中的“财政集中分配预缴比例”：跨地区经营的汇总纳税纳税人，中央财政集中分配的预缴比例填报 25%；省内经营的汇总纳税纳税人，财政集中分配的预缴比例按各省规定执行填报。

(24)第 28 行“分支机构应分摊所得税额”：汇总纳税纳税人总机构，以本表(第 1 行至第 24 行)本月(季)度预缴所得税额为基数，按分支机构应分摊的预缴比例计算出的本期预缴所得税额填报，并按预缴方式不同分别计算：

①“按照实际利润额预缴”的汇总纳税纳税人总机构：

第 15 行 × 分支机构应分摊预缴比例

②“按照上一纳税年度应纳税所得额平均额预缴”的汇总纳税纳税人总机构：

第 22 行 × 分支机构应分摊预缴比例

③“按照税务机关确定的其他方法预缴”的汇总纳税纳税人总机构：

第 24 行 × 分支机构应分摊预缴比例

第 28 行计算公式中的“分支机构应分摊预缴比例”：跨地区经营的汇总纳税纳税人，分支机构应分摊的预缴比例填报 50%；省内经营的汇总纳税纳税人，分支机构应分摊的预缴比例按各省规定执行填报。

分支机构根据《中华人民共和国企业所得税汇总纳税分支机构所得税分配表》中的“分支机构分摊所得税额”填写本行。

(25)第 29 行“总机构独立生产经营部门应分摊所得税额”：填报汇总纳税纳

税人总机构设立的具有独立生产经营职能、按规定视同分支机构的部门所应分摊的本期预缴所得税额。

(26)第30行“总机构已撤销分支机构应分摊所得税额”:填报汇总纳税纳税人撤销的分支机构,当年剩余期限内应分摊的、由总机构预缴的所得税额。

(27)第31行“分配比例”:填报汇总纳税纳税人分支机构依据《中华人民共和国企业所得税汇总纳税分支机构所得税分配表》中确定的分配比例。

(28)第32行“分配所得税额”:填报汇总纳税纳税人分支机构按分配比例计算应预缴的所得税额。第32行=第28行×第31行。

6. 表内、表间关系

(1)表内关系

①第9行=第4行+第5行-第6行-第7行-第8行。

②第11行=第9行×第10行。当汇总纳税纳税人总机构和分支机构适用不同税率时,第11行≠第9行×第10行。

③第15行=第11行-第12行-第13行-第14行,且第15行≤0时,填0。

④第22行=第20行×第21行。

⑤第26=第15行或第22行或第24行×规定比例。

⑥第27行=第15行或第22行或第24行×规定比例。

⑦第28行=第15行或第22行或第24行×规定比例。

(2)表间关系

①第28行=《中华人民共和国企业所得税汇总纳税分支机构所得税分配表》中的“分支机构分摊所得税额”。

②第31行、第32行=《中华人民共和国企业所得税汇总纳税分支机构所得税分配表》中所对应行次中的“分配比例”、“分配税额”列。

(五)预缴企业所得税纳税申报表未明确事项处理

预缴企业所得税纳税申报表(A类)填报说明并未明确预售收入缴纳的营业税税金及附加、土地增值税是否可以扣除,还有核定征收企业转为查账征收企业,其收取的预售收入如何过渡填报等问题,房地产开发企业尚需关注地方具体政策规定。

例如,天津市地方税务局《关于房地产开发企业填报〈中华人民共和国企业所得税月(季)度预缴纳税申报表〉有关问题的公告》(天津市地方税务局公告2002年第1号)规定如下:

1. 原实行核定征收房地产开发企业改为查账征收的预缴纳税申报

房地产企业销售未完工开发产品取得的收入×适用计税毛利率-房地产企业销售未完工开发产品缴纳的营业税金及附加-当年结转销售收入部分的原按核定征收方式缴纳企业所得税的应纳税所得额,填入《中华人民共和国企业所得税月

(季)度预缴纳税申报表(A类)》第5行"特定业务计算的应纳税所得额"栏。

当年结转销售收入部分的原按核定征收方式缴纳企业所得税的应纳税所得额=当年结转销售收入部分的原按核定征收方式缴纳的企业所得税额÷纳税年度适用税率。

2. 实行查账征收房地产开发企业的预缴纳税申报

房地产企业销售未完工开发产品取得的收入×适用计税毛利率-房地产企业销售未完工开发产品缴纳的营业税金及附加-(开发产品完工后当年结转销售收入部分的未完工开发产品取得的收入×适用计税毛利率-当年结转销售收入部分的销售未完工开发产品缴纳的营业税金及附加),填入《中华人民共和国企业所得税月(季)度预缴纳税申报表(A类)》第5行"特定业务计算的应纳税所得额"栏。

【风险提示】

需要注意的是,"以前年度待弥补亏损"应该按照《企业所得税法实施条例》第十八条"企业纳税年度发生的亏损,准予向以后年度结转,用以后年度的所得弥补,但结转年限最长不得超过五年"的规定减除,而不是企业自行计算的各年度累计账面亏损。"不征税收入"为《企业所得税法实施条例》明确列举的项目:①财政拨款;②依法收取并纳入财政管理的行政事业性收费、政府性基金;③国务院规定的其他不征税收入。"免税收入"也为《企业所得税法实施条例》所列举的项目:①国债利息收入;②符合条件的居民企业之间的股息、红利等权益性投资收益;③在中国境内设立机构、场所的非居民企业从居民企业取得与该机构、场所有实际联系的股息、红利等权益性投资收益;④符合条件的非营利组织的收入。

【案例6-7】东方房地产公司所得税采用查账征收方式,2002年亏损100万元,2003年亏损50万元,2004年亏损40万元,2005年亏损30万元,2006年亏损20万元,2007年亏损10万元。2008年6月累计利润总额300万元,其中,财政拨款80万元,国债利息5万元,计算该公司第二季度应预缴的企业所得税。

【案例分析】

《中华人民共和国企业所得税月(季)度预缴纳税申报表(A类)》中的"实际利润额"为65万元[(300-80-5)-(50+40+30+20+10)],税率为25%,应纳所得税额为16.25万元(65×25%)。其中,2002年的亏损超过亏损弥补年限,不允许在所得税税前弥补。

(六)预售阶段企业所得税年度汇算清缴的有关问题

1. 房地产开发企业销售未完工开发产品,年度企业所得税如何进行纳税申报?

房地产开发企业销售未完工开发产品,会计核算上不结转营业收入、营业成本和营业税金及附加,与预售收入相对应的营业税金及附加、土地增值税虽然在当期缴纳，当期也不能进行期末损益结转；而税务处理上，因为预售收入已经具备销售收入的确认条件，所以与此相对应的期间费用、已销开发产品计税成本、营业税金及附加、土地增值税准予当期按规定扣除。

在《中华人民共和国企业所得税年度纳税申报表（A类）》填报上，期间费用可以按照会计口径填报，当期准予扣除的成本费用，因为已经按照预计计税毛利填报在附表三《纳税调整项目明细表》第52行，所以计税收入和计税成本在主表上不应当显示，营业税金及附加、土地增值税填报在主表第3行。

另外，也有部分地区要求对于未完工项目按照下列公式计算当期预售收入纳税调整增加额，并直接填报在附表三《纳税调整项目明细表》第52行：

本期纳税调整增加额＝∑［本期销售未完工开发产品收入×预计计税毛利率－（本期销售未完工开发产品收入缴纳的营业税金及附加＋本期销售未完工开发产品收入缴纳的土地增值税）］

另外，各地还有其他的有效填报方式，关键不是什么形式，而是要充分理解国税发〔2009〕31号文件的精神实质，只要没有改变其中企业所得税处理的精神就是可以的。

2.房地产开发企业销售未完工开发产品取得的预售收入，能否作为计提业务招待费、广告费和业务宣传费的基数？

准确来讲，房地产开发企业的预售收入不是全都可以作为业务招待费及广告宣传费计算基数的，而是按照国税发〔2009〕31号文件第六条“企业通过正式签订‘房地产销售合同’或‘房地产预售合同’所取得的收入”才可以作为业务招待费及广告宣传费的计算基数，因为财务报表所反映的“预收账款”不一定符合国税发〔2009〕31号文件第六条的规定，如企业收取的定金、诚意金等。但开发产品完工会计核算结转销售收入时，已作为计提基数的未完工开发产品的销售收入不得重复计提业务招待费、广告费和业务宣传费。

3.房地产开发企业预收账款计算计税毛利率时能否扣除营业税金及附加和土地增值税？

国税发〔2009〕31号文件第十二条规定，企业发生的期间费用、已销开发产品计税成本、营业税金及附加、土地增值税准予当期按规定扣除。计税毛利率＝（销售收入－销售成本）/销售收入，不包括税金。因此，按照税法理解，预收账款属于销售收入，营业税金及附加和土地增值税也应当允许扣除。

与预售收入对应的税费计入年度纳税申报表第3行，所以第3行应该等于企业结转销售收入所计提的营业税金及附加和土地增值税加上与当期预收计税销售收入相对应的营业税金及附加和土地增值税减去与前期预收计税销售收入在当期结转的销售收入相对应的营业税金及附加和土地增值税。

（七）税务机关检查调增的企业应纳税所得额可否弥补以前年度的亏损

《国家税务总局关于查增应纳税所得额弥补以前年度亏损处理问题的公告》（国家税务总局公告 2010 年第 20 号）规定："根据《中华人民共和国企业所得税法》第五条的规定，税务机关对企业以前年度纳税情况进行检查时调增的应纳税所得额，凡企业以前年度发生亏损且该亏损属于企业所得税法规定允许弥补的，应允许调增的应纳税所得额弥补该亏损；弥补该亏损后仍有余额的，按照企业所得税法规定计算缴纳企业所得税。对检查调增的应纳税所得额应根据其情节，依照《中华人民共和国税收征收管理法》有关规定进行处理或处罚。本规定自 2010 年 12 月 1 日开始执行，以前（含 2008 年度之前）没有处理的事项，按本规定执行。"

【案例 6-8】东方房地产公司 2008 年度申报亏损 150 万元，2009 年度申报应纳税所得额 100 万元，弥补上年度亏损 100 万元后累计可结转以后年度弥补的亏损额为 50 万元。2010 年经税务机关稽查确认应调增 2009 年度应纳税所得额 80 万元，该公司应如何补税？

【案例分析】

《国家税务总局关于查增应纳税所得额弥补以前年度亏损处理问题的公告》规定，税务机关检查调增的应纳税所得的可弥补以前年度亏损。经过调整后发生盈余 30 万元（80-50），应该对调整后盈余的 30 万元按适用税率补税，补税额为 7.50 万元（30×25%）。

第二节　不同收入实现模式下的所得税处理及自查要点

一、开发产品实现收入的所得税处理

《国家税务总局关于房地产开发经营业务征收企业所得税问题的通知》（国税发〔2009〕31 号）对于除土地开发之外的其他开发产品完工条件规定如下：开发产品符合下列条件之一的，应视为已经完工：①开发产品竣工证明材料已报房地产管理部门备案；②开发产品已开始投入使用；③开发产品已取得了初始产权证明。

开发产品完工，并非房地产开发企业的全部在建项目完工，仅是某一项目或几个项目完工。在一个纳税年度内，有可能发生完工前预售收入和完工后收到销售收入以及结转以前年度预售收入等情形，由于会计核算及所得税对于收入的确认条件有异，不同情形下收入的纳税处理也有所不同。

【案例 6-9】天山房地产公司 2009 年度完工交付 B 项目预收收入 10 000 万元，其中上年收入 4 000 万元；完工未交付 C 项目预收收入 6 500 万元，其中上年收

入2 500万元；在建D项目预收收入3 500万元。2009年12月，天山房地产公司结转B项目销售收入10 000万元，销售成本7 500万元。该公司各项目预计计税毛利率均为15%，税金暂只计算营业税，不考虑期间费用，如何计算应纳企业所得税？

【案例分析】

1. B项目应纳税所得额的确定

B项目开发产品，会计已经结转收入，且收取的预收款符合《房地产开发经营业务企业所得税处理办法》确认收入的条件，确认所得税收入10 000万元，确认结转成本7 500万元。

若B项目所收取的预收款中4 000万元已经按照预计计税毛利率在上一年度汇算清缴中作过纳税调整，则在2009年度应作纳税调减处理。

B项目汇算清缴应纳税所得额 =（10 000 - 7 500 - 10 000 ×5%）-（4 000 ×15% - 4 000 ×5%）= 1 600（万元）

2. C项目应纳税所得额的确定

C项目开发产品，不具备会计准则收入确认条件，会计上尚未结转收入，但是按照国税发〔2009〕31号文件所得税收入确认条件，应确认企业所得税收入6 500万元。

对于C项目所得税汇算，要注意不能再按照预计计税毛利率15%来计算。国税发〔2009〕31号文件第九条规定："开发产品完工后，企业应及时结算其计税成本并计算此前销售收入的实际毛利额，同时将其实际毛利额与其对应的预计毛利额之间的差额，计入当年度企业本项目与其他项目合并计算的应纳税所得额。"所以，C项目上年度所收取的预收款中2 500万元按照预计计税毛利率在上一年度汇算清缴中作过纳税调整，则在2009年度应作纳税调减处理。

若C项目已知实际计税成本为4 550万元，则：

C项目汇算清缴应纳税所得额 =（6 500 - 4 550 - 6 500 ×5%）-（2 500 ×15% - 2 500 ×5%）= 1 375（万元）

3. D项目应纳税所得额的确定

在建D项目预收收入3 500万元，会计上不结转收入，也无法计算计税成本，但是其符合国税发〔2009〕31号文件所得税收入确认条件，应确认企业所得税收入3 500万元。其中，由于其属于未完工开发产品，根据国税发〔2009〕31号文件第九条的规定，企业销售未完工开发产品取得的收入，应先按预计计税毛利率计算出预计毛利额，计入当期应纳税所得额。所以：

D项目汇算清缴应纳税所得额 = 3 500 ×15% - 3 500 ×5% = 350（万元）

4. 不考虑期间费用，天山房地产公司2009年度应纳税所得额的确定

天山房地产公司2009年度应纳税所得额 = 1 600 + 1 375 + 350 = 3 325(万元)

在实际工作中，房地产开发企业往往多个项目先后开发，有早有晚，有的项目处于建设中，有的项目已完工交付，有的项目处于清算中，所以全面理解房地产开发企业的所得税政策至关重要。

二、取得其他收入的所得税处理

原企业所得税法规定，企业在一个纳税年度发生的转让、处置持有5年以上的股权投资所得、非货币性资产投资转让所得、债务重组所得和捐赠所得，占当年应纳税所得50%及以上的，可在不超过5年的期间均匀计入各年度的应纳税所得额。

2010年10月27日，国家税务总局发布的《关于企业取得财产转让等所得企业所得税处理问题的公告》(国家税务总局公告2010年第19号)规定："企业取得财产(包括各类资产、股权、债权等)转让收入、债务重组收入、接受捐赠收入、无法偿付的应付款收入等，不论是以货币形式还是非货币形式体现，除另有规定外，均应一次性计入确认收入的年度计算缴纳企业所得税。……2008年1月1日至本公告施行前，各地就上述收入计算的所得，已分5年平均计入各年度应纳税所得额计算纳税的，在本公告发布后，对尚未计算纳税的应纳税所得额，应一次性作为本年度应纳税所得额计算纳税。"在具体理解该政策时应注意以下变化：

(一)新税法实施之日后发生的上述所得的所得税处理

自2010年10月27日起，新发生的上述业务原则上应在收入实际发生年度一次性计入当年应纳税所得额计算缴纳企业所得税。2008年1月1日至2010年10月27日前，各地就上述收入计算的所得，已分5年平均计入各年度应纳税所得额计算纳税的，在本公告发布后，对尚未计算纳税的应纳税所得额，应一次性作为本年度应纳税所得额计算纳税。

【案例6－10】天山房地产公司2008年发生股权转让所得6 000万元，经主管税务机关同意，股权转让所得已平均分5年计入应纳税所得额，2008年、2009年已经分别计入应纳税所得额1 200万元，2010年计划确认应纳税所得额1 200万元。

【案例分析】

天山房地产公司2010年预计确认股权转让所得1 200万元计入应纳税所得额，在公告发布之前是成立的，但是自公告发布后，2010年企业所得税汇算清缴时，就要按照3 600万元(6 000－2 400)一次性计入应纳税所得额。如果6 000万元的股权转让所得是2010年发生的，则在2010年企业所得税汇算清缴时，要一次性计入应纳税所得额6 000万元。

（二）非货币性交易和视同销售所得的所得税处理

房地产开发企业在开发经营中，难免会发生非货币性资产交换等经济行为。根据《企业所得税法实施条例》第二十五条的规定，企业发生非货币性资产交换，以及将货物、财产、劳务用于捐赠、偿债、赞助、集资、广告、样品、职工福利或者利润分配等用途的，应当视同销售货物、转让财产或者提供劳务，但国务院财政、税务主管部门另有规定的除外。而根据国家税务总局公告2010年第19号规定，除另有规定外，不论是以货币形式还是非货币形式体现，房地产开发企业发生的非货币性资产交换所得，以及视同销售所得均应一次性计入确认收入的年度计算缴纳企业所得税，包括财产转让收入、债务重组收入、接受捐赠收入、无法偿付的应付款收入等。

（三）债务重组的特殊性税务处理是例外规定

根据《财政部、国家税务总局关于企业重组业务企业所得税处理若干问题的通知》（财税〔2009〕59号）规定，企业债务重组符合规定条件的，适用特殊性税务处理的情况下，企业债务重组确认的应纳税所得额占该企业当年应纳税所得额50%以上的，可以在5个纳税年度的期间内，均匀计入各年度的应纳税所得额。

（四）新税法实施前发生的上述所得，仍可继续均匀计入各纳税期间的应纳税所得额

【案例6－11】天山房地产公司2007年接受房屋捐赠所得5 000万元，经主管税务机关同意平均分5年计入应纳税所得额，2007年、2008年、2009年已累计计入应纳税所得额3 000万元，2010年应该计入应纳税所得额1 000万元还是2 000万元？

【案例分析】

房地产开发企业应关注2008年前已分期计入应纳税所得额的股权投资所得衔接处理。《国家税务总局关于企业所得税若干税务事项衔接问题的通知》（国税函〔2009〕98号）规定，企业按原税法规定已作递延所得确认的项目，其余额可在原规定的递延期间的剩余期间内继续均匀计入各纳税期间的应纳税所得额。也就是说，企业已按原税法规定在一个纳税年度发生的转让、处置持有5年以上的股权投资所得，非货币性资产投资转让所得，债务重组所得和捐赠所得，占当年应纳税所得50%及以上的，其余额可在原规定的5年内的剩余期间内继续均匀计入各纳税期间的应纳税所得额。因此，天山房地产公司新税法实施前所取得的捐赠所得可继续按原税法规定处理，2010年计入应纳税所得额1 000万元即可。

三、开发产品计税收入税务自查要点

开发产品计税收入自查既包含对营业税营业额的自查，也包含对企业所得税

收入总额的自查。对于营业税营业额,应全面检查各种应税收入的合理性、完整性和及时性;对于所得税收入,应检查其真实性和完整性。

(一)主营业务收入自查重点

1. 销售开发产品收取的价款和价外费用是否未按规定入账,少计收入。

(1)在开发产品完工前,取得的预售收入(包括定金)是否全部记入“预收账款”科目进行申报缴纳税款,是否存在记入“预收账款”以外的往来科目,长期挂账不申报纳税问题。

(2)是否将售房款冲减成本、费用或直接转入关联单位,未按规定入账;是否将售房款打入个人储蓄账户,存在账外收入等情况。

(3)总机构是否将分支机构的未完工开发产品的销售收入合并计入。

(4)私改规划,增加的销售面积的收入是否未按规定入账。

(5)销售阁楼、停车位、地下室以及精装房装修部分单独开具收款收据,取得的收入是否未按规定入账。

(6)拆迁补偿收入是否未按规定确认收入,是否按补偿标准面积的工程成本价与超出补偿面积部分的差价款之和计算缴纳营业税。

(7)是否采取包销低价开票方式少计收入,即与包销商签订价格较低的包销合同,按约定的包销价格开具发票,高于包销价格的房款由包销商收取并开具发票或收据,未计入收入。

(8)收取的定金、违约金、诚意金等,是否未按规定确认收入。

(9)向对方收取的手续费、基金、集资费、代收款项、代垫款项及其他各种性质的价外收费,是否未按规定确认收入。

2. 开发项目完工后,是否将收入挂在“预收账款”等科目,长期不结转收入。

3. 按分期收款合同约定的时间应收取而未收到的销售款是否及时申报纳税。

4. 采取委托销售方式销售开发产品,是否未及时收取售房款,或者部分售房款由中介服务机构收取并开具发票或收据,开发企业是否未计入收入。

5. 以银行按揭方式销售开发产品,开发企业在收到首付款,银行按揭贷款到账后,是否未按规定计税;是否将收到的按揭款项以银行贷款的名义记入“短期借款”科目,不计入收入。

6. 对将待售开发产品转作经营性资产,先以经营租赁方式租出或以融资租赁方式租出以后再出售的,租赁期间取得的价款是否按租金确认收入,出售时是否再按销售资产确认收入;对将待售开发产品以临时租赁方式租出的,租赁期间取得的价款是否按租金确认收入,出售时是否再按销售开发产品确认收入。

7. 发生视同销售行为，是否未按规定申报纳税：

(1)以开发产品换取土地使用权、股权，是否未按非货币性资产交换的准则进行税务处理。

(2)以开发产品抵顶材料款、工程款、广告费、银行贷款本息、动迁补偿费等债务的，是否未按规定计税。

(3)将开发产品用于捐赠、赞助、广告、样品、职工福利、奖励、分配给投资者的，是否未按规定申报纳税。

(4)自建住房低价销售给本单位内部职工或有经济利益往来的单位和个人，是否未按市场价足额申报纳税。

(5)将公共配套设施无偿赠与地方政府、公用事业单位以外其他单位的，是否未按规定申报纳税。

(二)其他业务收入自查重点

1. 房屋出租收入。房屋出租收入的自查重点有：

(1)出租收入抵顶工程款、银行贷款利息，是否未确认收入。

(2)出租收入(如将未售出的房屋、商铺、车位等出租取得的收入)、周转房手续费收入等是否未按税法规定的时间入账或记入"应付账款"等往来科目贷方，未确认收入。

(3)以明显低于市场的价格出租房屋给关联方的，是否未按规定计税。

2. 商品房售后服务如物业管理、代客装修、清洁等取得的收入，以及材料销售收入、无形资产转让收入和固定资产出租收入是否未按规定申报纳税。

(三)其他营业税涉税问题

1. 利用自有施工力量建设房屋等建筑物，在销售不动产时，是否未申报缴纳建筑环节的营业税。

2. 中途转让在建项目，是否未按规定缴纳营业税。

3. 支付境外公司来华提供咨询、设计、施工等的劳务费，是否未按规定代扣营业税。

4. 合作建房是否未按税法规定足额纳税。

5. 不符合代建条件的代建房行为，是否将其作为代建处理而少计或不计销售收入。

(四)企业所得税收入总额确认问题

企业所得税收入总额应全面检查各项应税收入的真实性、完整性，自查重点除前述营业税部分的相关问题外，还应检查：

1. 未完工开发产品的销售收入是否已按规定预计毛利额，计入当前应纳税所得额缴纳企业所得税。

2. 产品完工后是否及时结算其计税成本并计算此前销售收入的实际毛利额，同时将其毛利额与其对应的预计毛利额之间的差额，计入当年度本项目的应纳税所得额与其他项目应纳税所得额合并缴纳企业所得税。对于跨年度房地产开发项目的已完工出售部分，有无不按权责发生制原则确认收入或故意推迟实现工程结算收入的现象。

3. 取得政府的经济补偿或奖励收入是否未申报缴纳企业所得税和土地增值税。

4. 客户放弃的购房定金、没收的违约保证金、施工方延误工期的罚款收入、先租后售收取的租金等是否未按规定确认收入或直接冲减成本。

第三节　所得税汇算清缴纳税申报表的填报

由于不符合会计准则收入确认条件的未完工开发产品收入要先行计算企业所得税，相应的房地产企业年度纳税申报表的填列方式也有别于其他行业，在企业所得税总体原则下，呈现出一定的地域特点。

一、未完工开发产品收入计入附表三的填报方式

以《辽宁省大连市地方税务局关于明确房地产开发经营业务企业所得税相关问题的通知》(大地税函〔2009〕77 号)为例，该文件规定：

1. 未完工开发产品计税毛利额计入应纳税所得额的计算

企业销售未完工开发产品取得的收入(包括预收款、定金、预约保证金、合同保证金等)按预计计税毛利率分季(或月)计算出当期毛利额，扣除相关营业税金及附加、土地增值税后，作为纳税调整增加额计入当期应纳税所得额。

开发产品完工后，企业应及时将未完工开发产品收入结转为完工开发产品收入并按规定结算其计税成本，同时对其对应的预计毛利额扣除相关营业税金及附加、土地增值税后，作为纳税调整减少额并入当期应纳税所得额。

其计算公式为：

本期纳税调整增加额 = ∑[本期销售未完工开发产品收入 × 预计计税毛利率 -(本期销售未完工开发产品收入缴纳的营业税金及附加 + 本期销售未完工开发产品收入缴纳的土地增值税)]

本期纳税调整减少额 = ∑[本期销售未完工开发产品收入结转为完工开发产

品收入额×预计计税毛利率-(本期销售未完工开发产品收入结转为完工开发产品收入缴纳的营业税金及附加+本期销售未完工开发产品收入结转为完工开发产品收入缴纳的土地增值税)]

开发产品完工后,未完工开发产品收入结转为完工开发产品收入时,纳税调整减少额应与纳税调整增加额相等。

2. 年度汇算清缴申报

“本期纳税调整增加额”计入年度纳税申报表附表三《纳税调整项目明细表》第52行“房地产企业预售收入计算的预计利润”第3栏“调增金额”。

“本期纳税调整减少额”计入年度纳税申报表附表三《纳税调整项目明细表》第52行“房地产企业预售收入计算的预计利润”第4栏“调减金额”。

“销售未完工开发产品取得的收入”计入年度纳税申报表附表八《广告费和业务宣传费跨年度纳税调整表》第4行“本年计算广告费和业务宣传费扣除限额的销售(营业)收入”。

《中华人民共和国企业所得税年度纳税申报表(A类)》第3行“营业税金及附加”填报完工开发产品收入缴纳的营业税、城市维护建设税、土地增值税和教育费附加等相关税费。

二、未完工开发产品收入计入主表的填报方式

以《北京市国家税务局、北京市地方税务局转发〈国家税务总局关于印发房地产开发经营业务企业所得税处理办法的通知〉的通知》(京国税发〔2009〕92号)为例,该文件就纳税申报表填报口径有以下规定:

(一)企业取得销售未完工开发产品收入年度汇算清缴的申报处理

1. 销售未完工开发产品收入额的填报

企业取得的销售未完工开发产品收入额,年度汇算清缴申报时填入《中华人民共和国企业所得税年度纳税申报表(A类)》第1行“营业收入”栏和附表一(1)《收入明细表》第4行“销售货物”栏及附表三《纳税调整项目明细表》第19行“其他”栏第4列“调减金额”。

2. 预计毛利额的填报

企业取得的销售未完工开发产品收入额按照规定的计税毛利率计算的预计毛利额,年度汇算清缴申报时填入附表三《纳税调整项目明细表》第52行“房地产企业预售收入计算的预计利润”栏第3列“调增金额”。

3. 销售未完工开发产品实际缴纳的营业税金及附加、土地增值税的填报

企业销售未完工开发产品实际缴纳的营业税金及附加、土地增值税,如果会计处理时未记入“营业税金及附加”等科目核算,年度汇算清缴申报时填入附表三

《纳税调整项目明细表》第19行“其他”栏第4列“调减金额”。

（二）企业销售未完工开发产品完工年度结转销售收入汇算清缴申报时的处理

1.《中华人民共和国企业所得税年度纳税申报表（A类）》第1行“营业收入”栏和附表一（1）《收入明细表》第4行“销售货物”栏不包括已按照上列第（一）条第1项处理的销售未完工开发产品的收入额，年度汇算清缴申报时将其填入附表三《纳税调整项目明细表》第19行“其他”栏第3列“调增金额”。

2. 实际毛利额与其对应的预计毛利额差额调整的填报

已按照上列第（一）条第2项处理的预计毛利额，年度汇算清缴申报时填入附表三《纳税调整项目明细表》第52行“房地产企业预售收入计算的预计利润”第4列“调减金额”。

3. 销售未完工开发产品实际缴纳的营业税金及附加、土地增值税的填报处理

已按照上列第（一）条第3项处理的营业税金及附加、土地增值税，年度汇算清缴申报时填入附表三《纳税调整项目明细表》第19行“其他”栏第3列“调增金额”。

【风险提示】

此种申报方式较大连地方税务局的申报方式保持了主表、附表逻辑关系的一致性，便于直接确定广告和业务宣传费、业务招待费的基数，不足之处是与企业的利润表收入口径差异过大。

第四节　关注房地产企业所得税地方纳税管理

一、《大连市地方税务局关于明确房地产开发经营业务企业所得税相关问题的通知》（大地税函〔2009〕77号）

大地税函〔2009〕77号文件规定：

（一）企业在开工之前应按《国家税务总局关于印发〈房地产开发经营业务企业所得税处理办法〉的通知》（国税发〔2009〕31号）第二十六条规定，合理确定其成本对象，并报主管地税局备案。成本对象一经确定，不能随意更改或相互混淆；确需改变成本对象的，应在更改前征得主管地税局同意并重新履行备案手续。

（二）企业的土地成本，一般按占地面积法进行分配，确需结合建筑面积法、直接成本法、预算造价法分配土地成本的，应商主管地税局同意并履行备案手续。

上述备案程序按《大连市地方税务局关于明确企业所得税税收优惠和税前扣除项目管理规定的通知》（大地税函〔2009〕56号）规定执行。

二、《北京市国家税务局、北京市地方税务局转发〈国家税务总局关于印发房地产开发经营业务企业所得税处理办法的通知〉的通知》(京国税发〔2009〕92号)

京国税发〔2009〕92号文件规定：

(一)房地产开发企业在开发项目(成本对象)开工前或已向税务机关备案的开发项目(成本对象)发生改变时,应及时向主管税务机关报送《开发项目(成本对象)情况备案表》,办理开发项目备案手续。

开发项目属于经济适用房、限价房和危改房项目的,办理备案手续时,还须同时附报由北京市发展和改革委员会、北京市建设委员会等相关部门批准其项目立项的文件和其他相关证明材料。

(二)凡符合以下情形之一的房地产开发企业,应在开工前向主管税务机关报送《土地预算成本情况表》(见表6-2):①未采用占地面积法分配土地成本的房地产开发项目,经商税务机关同意后,可采用其他方法分配土地成本;②土地开发同时连结房地产开发,属于一次性取得土地分期开发房地产的开发项目,经商税务机关同意后,其土地开发成本可先按土地整体预算成本进行分配,待土地整体开发完毕再行调整。

表6-2　　土地预算成本情况表

面积单位:平方米

金额单位:人民币元(列至角分)

纳税人名称				联系电话	
开发项目地点				开发项目名称	
土地总面积				开发土地预算总成本	
土地成本分配方法					
预计分期开发房地产情况					
一期	对应土地面积		对应土地成本		完工时间
二期	对应土地面积		对应土地成本		完工时间
三期	对应土地面积		对应土地成本		完工时间
四期	对应土地面积		对应土地成本		完工时间
五期	对应土地面积		对应土地成本		完工时间

续表

<table>
<tr><td colspan="2">其他需要说明的事项</td></tr>
<tr><td colspan="2"></td></tr>
<tr><td>企业法定代表人签章：

企业公章：
20　年　月　日</td><td>同意你单位先按土地预算成本进行分配，待土地整体开发完毕后再行调整。
土地成本分配方法为：

受理人：
主管税务机关章：
20　年　月　日</td></tr>
</table>

《土地预算成本情况表》填报说明：

1. 填报的范围和总体要求。

①房地产开发企业未采用占地面积法分配土地成本的房地产开发项目或土地开发同时连结房地产开发，属于一次性取得土地分期开发房地产项目时填报本表。

②本表应在开发项目开工前向主管税务机关报送，经商主管税务机关同意后，可采用其他分配方法分配土地成本，土地开发同时连结房地产开发，属于一次性取得土地分期开发房地产项目的，其土地开发成本可先按土地整体预算成本进行分配，待土地整体开发完毕再行调整。

2. 本表填写两份，一份企业留存，一份主管税务机关存档。

（三）房地产开发企业开发产品完工后，在完工年度进行企业所得税汇算清缴申报时，除按现行税法规定报送企业所得税年度纳税申报表等申报资料外，还应向其主管税务机关报送《开发产品（成本对象）完工情况表》（见表6－3、表6－4）、开发产品实际毛利额与预计毛利额之间差异调整情况报告。

表6－3　　开发产品（成本对象）完工情况表（一）

完工开发产品（成本对象）名称：　　　　金额单位：元（列至角分）

<table>
<tr><td>纳税人名称</td><td colspan="2"></td><td>联系电话</td><td></td></tr>
<tr><td>开发项目名称</td><td colspan="2"></td><td>联系人</td><td></td></tr>
<tr><td>开发项目地点</td><td colspan="2"></td><td>开发时间</td><td></td></tr>
<tr><td>开发项目用途</td><td colspan="2"></td><td>完工时间</td><td></td></tr>
<tr><td>开发项目占地面积</td><td></td><td colspan="2">开发项目规划建筑面积</td><td></td></tr>
</table>

续表

项目		行次	金额
开发成本项目	已完工开发产品会计成本(请填情况表二)	1	
	其中:计入完工开发产品会计成本的应付和预提费用(请填情况表二)	2	
	完工开发产品会计成本中税法规定不允许税前扣除的金额(请填情况表二)	3	
	完工开发产品计税成本(4 = 1 - 3)(请填情况表二)	4	
实际销售毛利额的计算	可售面积(平方米)	5	
	可售面积单位计税成本(6 = 4/5)	6	
	已实现销售的可售面积(平方米)	7	
	已销开发产品的销售收入	8	
	已销开发产品的计税成本(9 = 6 × 7)	9	
	已销开发产品的实际毛利额(10 = 8 - 9)	10	
预计毛利额的计算	销售未完工开发产品收入	11	
	计税毛利率(%)	12	
	开发产品预计毛利额(13 = 11 × 12)	13	
实际毛利额与预计毛利额的差异(14 = 10 - 13)		14	
企业法定代表人签章: 纳税人单位公章: 20　年　月　日			

《开发产品(成本对象)完工情况表(一)》填表说明:

1. 填报的范围和总体要求。

实行预售方式的开发产品完工后,房地产开发企业在完工年度进行企业所得税汇算清缴申报时,除按现行税法规定报送企业所得税年度纳税申报表等申报资料外,还应向主管税务机关报送本表。

开发企业应及时核算完工开发产品(成本对象)的计税成本,准确计算、调整实际毛利额和预计毛利额之间的差额。

开发企业应区分不同的开发产品(成本对象)分别填列此表。

开发产品完工后销售的开发产品、代建工程项目和配套设施不填此表。

2. 表头项目。

①"完工开发产品(成本对象)名称":填写开发企业已完工开发产品(包括视同完工的开发产品)的名称。

②"纳税人名称":填写税务登记证所载纳税人的全称。

③"开发项目名称":填写完工开发产品所在开发项目的名称。

④"开发时间":填写本项目开发开始时间。

⑤"完工时间":填写开发产品完工或视同完工的时间。

3. 开发成本项目。

①第1行"已完工开发产品会计成本":填写已完工开发产品或核算的成本对象发生的会计成本,不含应计入期间费用的成本费用。

②第2行"其中:计入完工开发产品会计成本的应付和预提费用":填写计入完工开发产品会计成本的各项应付费用和预提费用。

③第3行"完工开发产品会计成本中税法规定不允许税前扣除的金额":填写开发企业按照财务会计规定核算的完工开发产品会计成本与税法允许企业所得税税前扣除规定不一致而进行纳税调整的金额。

④第4行"完工开发产品计税成本":填写开发企业发生的符合税法规定允许企业所得税税前扣除的成本费用额。该行为第1行减第3行的余额。

4. 实际销售毛利额的计算。

①第6行"可售面积单位计税成本":填写可以对外销售的开发产品单位面积应负担的计税成本。

②第7行"已实现销售的可售面积":填写开发产品完工时已实现销售的开发产品面积。

③第8行"已销开发产品的销售收入":填写开发产品完工后开发企业将预售收入转为销售收入的金额,不含开发企业未采用预售方式销售完工开发产品而取得的收入、代建工程收入、出租开发产品收入等收入。

④第9行"已销开发产品的计税成本":填写开发产品完工后开发企业将预售转为销售的开发产品应负担的计税成本。

⑤第10行"已销开发产品的实际毛利额":填写开发企业年度内由预售转为销售的开发产品实际毛利额。

5. 预计毛利额的计算。

①第 11 行"销售未完工开发产品收入":填写开发企业在预售阶段取得的与该项完工开发产品有关的收入。

②第 12 行"计税毛利率":经济适用房、限价房和危改房项目的计税毛利率按 3% 填写,除经济适用房、限价房和危改房项目以外的开发项目的计税毛利率按 15% 填写。

6. 实际毛利额与预计毛利额的差异。

第 14 行"实际毛利额与预计毛利额的差异":填写开发企业销售开发产品实际毛利额与其预计毛利额之间的差额。实际毛利额大于预计毛利额时以正数填写,实际毛利额小于预计毛利额时以负数填写。

7. 本表填写两份,一份企业留存,一份报送主管税务机关存档。

表 6－4　　开发产品(成本对象)完工情况表(二)

完工开发产品(成本对象)名称:　　　　金额单位:元

行次	项目	完工开发产品会计成本(1)	会计成本中税法规定不允许税前扣除的金额(2)	完工开发产品计税成本(3)＝(1)－(2)
1	完工开发产品成本合计(1＝2＋3＋4＋5＋6＋7＋8)			
2	一、土地征用及拆迁费			
3	二、前期工程费			
4	三、建筑安装工程费			
5	四、基础设施建设费			
6	五、公共配套设施费			
7	六、开发间接费			
8	七、其他开发费用			
9	八、各项符合税收政策规定、计入完工开发产品成本的应付和预提费用项目(9＝10＋11＋12＋…)			
10	1. 出包工程未结算而未取得全额发票预提费用			
11	2. 预提公共配套设施建造费			
12	3. 尚未上交的报批报建费、物业完善费			

续表

行次	项目	完工开发产品会计成本(1)	会计成本中税法规定不允许税前扣除的金额(2)	完工开发产品计税成本(3)=(1)-(2)
13				
14				
15				
企业法定代表人签章： 纳税人单位公章： 20　年　月　日				

《开发产品(成本对象)完工情况表(二)》填表说明：

1. 本表填写完工开发产品成本的具体构成项目。开发企业应根据开发成本、开发间接费用等会计明细科目填列本表的“完工开发产品会计成本”项，再根据税法的规定对完工开发产品会计成本进行纳税调整，计算出完工开发产品的计税成本。

2. “完工开发产品(成本对象)名称”：填写开发企业已完工开发产品(包括视同完工的开发产品)的名称。

3. 有关项目填写说明。

(1)各行填写说明：

①第2行“土地征用及拆迁费”：填写开发企业为取得土地开发使用权(或开发权)而发生的各项费用，主要包括土地买价或出让金、大市政配套费、契税、耕地占用税、土地使用费、土地闲置费、土地变更用途和超面积补交的地价及相关税费、拆迁补偿支出、安置及动迁支出、回迁房建造支出、农作物补偿费、危房补偿费等。

②第3行“前期工程费”：填写开发企业项目开发前期发生的水文地质勘察、测绘、规划、设计、可行性研究、筹建、场地通平等前期费用。

③第4行“建筑安装工程费”：填写开发企业开发项目开发过程中发生的各项建筑安装费用，主要包括开发项目建筑工程费和开发项目安装工程费等。

④第5行“基础设施建设费”：填写开发企业开发项目在开发过程中所发生的各项基础设施支出，主要包括开发项目内道路、供水、供电、供气、排污、排洪、通讯、照明等社区管网工程费和环境卫生、园林绿化等园林环境工程费。

⑤第6行“公共配套设施费”：填写开发项目发生的独立的、非营利性的，且产权属于全体业主的，或无偿赠与地方政府、政府公用事业单位的公共配套设施

支出。

⑥第7行“开发间接费”:填写开发企业为直接组织和管理开发项目所发生的，且不能将其归属于特定成本对象的成本费用性支出，主要包括管理人员工资、职工福利费、折旧费、修理费、办公费、水电费、劳动保护费、工程管理费、周转房摊销以及项目营销设施建造费等。

⑦第8行“其他开发费用”:填写开发企业为开发产品而发生的应计入开发产品成本的除以上各项之外的支出，不包括应计入期间费用的各类费用。

⑧第9行“各项符合税收政策规定、计入完工开发产品成本的应付和预提费用项目”:填写开发企业已计入完工开发产品成本的各项应付费用和预提费用合计。

各项应付和预提费用的明细请在表中各行单独列示。

⑨第10行“出包工程未结算而未取得全额发票预提费用”:填写开发企业出包工程未最终办理结算而未取得全额发票，在证明资料充分的前提下，按其发票不足金额预提的费用，但最高不得超过合同总金额的10%。

⑩第11行“预提公共配套设施建造费”:填写开发企业公共配套设施尚未建造或尚未完工，按预算造价合理预提的建造费用。此类公共配套设施必须符合已在售房合同、协议或广告、模型中明确承诺建造且不可撤销，或按照法律法规规定必须配套建造的条件。

⑪第12行“尚未上交的报批报建费、物业完善费”:填写开发企业按规定预提的应向政府上交但尚未上交的报批报建费用、物业完善费用。物业完善费用是指按规定应由企业承担的物业管理基金、公建维修基金或其他专项基金。

(2)各列填写说明:

①第1列“完工开发产品会计成本”:填写已完工开发产品或核算的成本对象发生的会计成本，不含应计入期间费用的成本费用。

②第2列“会计成本中税法规定不允许税前扣除的金额”:填写开发企业按照财务会计规定核算的完工开发产品会计成本与税法允许企业所得税税前扣除规定不一致而进行纳税调整的金额。

③第3列“完工开发产品计税成本”:填写开发企业发生的符合税法规定允许企业所得税税前扣除的成本费用。

开发产品实际毛利额与预计毛利额之间差异调整情况报告的基本内容应包括开发项目的地理位置及概况、占地面积、开发用途、初始开发时间、完工时间、可售面积及已售面积、销售未完工产品的收入及其毛利额、已销完工产品收入及其毛利额、计税成本等。

三、《江苏省国家税务局转发〈国家税务总局关于印发房地产开发经营业务企业所得税处理办法的通知〉的通知》(苏国税发〔2009〕79号)

苏国税发〔2009〕79号文件规定:

(一)房地产开发企业销售未完工开发产品取得的收入,按照规定的计税毛利率计算预计利润时,允许扣除营业税金及附加、土地增值税。

(二)房地产开发企业出具开发产品实际毛利额与预计毛利额之间差异调整情况的报告应包括但不限于以下内容:

1. 开发企业基本情况,包括企业资质等级、资质有效期、从业人数、法人代表、出资方、关联方有关情况等;

2. 开发项目基本情况,包括开发项目名称、地理位置及概况、占地面积、容积率、绿化率、开发用途、初始开发时间、完工时间、销售情况、销售方式、销售费用(含佣金或手续费,尤其是委托境外机构销售费用结算情况)、配套设施的归属及核算、停车场所的核算、企业的融资情况(包括企业境外融资)、利息的核算及支付情况等;

3.《房地产开发企业本年共同(间接)成本分摊明细表》、《房地产开发项目完工对象会计成本、计税成本调整计算明细表》、《房地产开发企业预提费用明细表》;

4. 非货币性交易、关联方交易、其他涉及纳税调整的事项、纳税调整金额。

(三)关于经济适用住房、限价房和危改房。

经济适用住房是指政府提供政策优惠,限定套型面积和销售价格,按照合理标准建设,面向城市低收入住房困难家庭供应,具有保障性质的政策性住房。房地产开发企业开发的经济适用住房按规定的计税毛利率申报纳税时,须向主管税务机关报送以下资料:

1. 立项批准机关对经济适用住房立项的批准文件;

2. 土地管理部门划拨土地的批准文件;

3. 物价部门核定的有关经济适用住房销售价格的批件;

4. 住房保障主管部门为低收入住房困难家庭出具的购房资格证明;

5. 列明该项目的省、市、县级人民政府关于经济适用住房建设投资计划;

6. 经济适用住房销售清册(包括购房人姓名和身份证号码、准购面积、合同号、订立合同日期、楼栋号、实际购买面积、单价、销售金额）；

7. 主管税务机关要求提供的其他资料。

（四）房地产开发企业开发的限价房和危改房在企业所得税纳税申报时，须向主管税务机关报送以下资料：

1. "国有建设用地使用权出让合同"和政府主管部门出具的其他能证明限价房和危改房的证明文件；

2. 限价房和危改房销售清册（包括购房人姓名和身份证号码、准购面积、合同号、订立合同日期、楼栋号、实际购买面积、单价、销售金额）；

3. 主管税务机关要求提供的其他资料。

（五）对商品住房小区配套建设经济适用住房、限价房和危改房的，应分别核算销售收入，并按照对应的计税毛利率计算预计利润；不能分别核算的，一律从高适用计税毛利率。对经济适用住房、限价房和危改房项目中配套建设的商铺、车库、车位等未完工产品取得的收入，不得按照经济适用住房、限价房和危改房的计税毛利率执行。

（六）关于成本对象的所得税管理。

成本对象由企业开工之前报主管税务机关备案。企业进行成本对象备案时，须报送以下资料："房地产开发企业计税成本对象备案报告表"、"土地使用权证"、"建筑用地规划许可证"、"建设工程规划许可证"、"建筑工程施工许可证"等资料。

主管税务机关在受理纳税人备案时，应加盖税务机关备案专用印章。房地产开发企业在税务机关登记备案后，应按照已备案确认的成本对象计算计税成本。

四、《辽宁省地方税务局转发〈国家税务总局关于印发房地产开发经营业务企业所得税处理办法的通知〉的通知》（辽地税发〔2009〕51号）

辽地税发〔2009〕51号文件规定：

（一）《房地产开发经营业务企业所得税处理办法》（以下简称《办法》）第三条第一款所称"竣工证明"是指建委联合有关部门下发的"建设项目竣工综合验收证书"。

（二）《办法》第三条第二款规定，开发产品已开始投入使用应视为开发产品已经完工。"已开始投入使用"应以《办法》第六条、第七条规定的确认销售收入实现为标志，但企业通过签订"房地产预售合同"所取得的收入除外。

（三）《办法》第三条第三款所称"初始产权证明"、第十条所称"初始登记"是指房地产开发企业办理完竣工验收备案书后，到房产管理部门办理房屋所有权初始登记，由房产管理部门开具“初始产权证明”（各地“初始产权证明”文书样式不尽相同），房地产开发企业据此办理房产转移给个人的手续。

（四）除《办法》第六条对不同销售方式销售开发产品确认收入实现规定外，对房地产开发企业采用售后回购方式销售商品的，应按《国家税务总局关于确认企业所得税收入若干问题的通知》（国税函〔2008〕875 号）第一条第三款规定确认收入的实现。即：采用售后回购方式销售商品的，销售的商品按售价确认收入，回购的商品作为购进商品处理。有证据表明不符合销售收入确认条件的，如以销售商品方式进行融资，收到的款项应确认为负债，回购价格大于原售价的，差额应在回购期间确认为利息费用。

（五）根据《办法》第七条规定的视同销售的行为种类、原则和收入确认方法，企业将开发产品用于自用行为（包括办公用和经营用）的不视同销售。企业将开发产品用于原住户“动迁还平”（也称产权调换）行为的应视同销售，并于开发产品所有权或使用权转移，或于实际取得利益权利时确认收入的实现。其收入按“城市房屋拆迁产权调换安置协议书”金额确定，或者参照营业税计税依据确定。

五、《青岛市国家税务局关于 2010 年度企业所得税汇算清缴若干问题的公告》（山东省青岛市国家税务局公告 2011 年第 1 号）规定

（一）某房地产开发公司按照国税发〔2009〕31 号文件第三十二条第三款规定，列支了巨额预提费用。请问对于“应向政府上交但尚未上交的报批报建费用”有何具体规定？

解答：国税发〔2009〕31 号文件中规定的“应向政府上交但尚未上交的报批报建费用”是指房地产开发产品在建造过程中按照政府相关文件规定应该缴纳的，且有确定的金额或者有具体收取标准的各项费用，比如市建委房地产开发管理局收取的“城市基础设施配套费”（按照规划建筑面积每平方米 255 元的标准收取）、青岛市人民防空办公室收取的“防空地下室易地建设费”等。

房地产企业预提报批报建费用，应提供政府相关部门关于此项收费的文件规定，或者企业能够提供相关政府部门发出的“缴费通知书”。

对于房地产企业预提税前扣除的报批报建费用，主管税务机关应纳入跟踪管理，对于按规定应缴纳但是超过 3 年仍未上交的，应计入当期应纳税所得额，以后年度实际支付时再准予税前扣除。

（二）如果开发小区内既有一般商品房，又有经济适用住房，如何确定计税毛利率？

解答：一般商品房小区配套建设经济适用住房、限价房，一般商品房与经济适用住房、限价房应分别确认成本核算对象，分别核算销售收入，分别计算预计利润；不能分别核算的，一律从高适用计税毛利率。

另外，对经济适用住房、限价房项目中配套建设的商铺、车库、车位等未完工产品取得的收入，不得按照经济适用住房、限价房和危改房的计税毛利率执行。

（三）房地产企业园林绿化费用是否可以预提？

解答：根据国税发〔2009〕31 号文件规定，公共配套设施尚未建造或尚未完工的，可按预算造价合理预提建造费用。但是，国税发〔2009〕31 号文件第二十七条明确规定，园林绿化等环境工程费属于开发产品计税成本中的基础设施建设费，而不属于公共配套设施费。因此，园林绿化费用不允许预提和税前扣除。

（四）房地产企业完工年度未取得全额发票的，允许按照合同额的10%预提，这里的合同额是按照分合同计算还是按照总合同计算？

解答：根据国税发〔2009〕31 号文件第三十二条规定，应按照合同总金额计算。

如某公司某项目（属于同一成本核算对象）有两项出包合同，一项合同为 600 万元，另外一项合同为 400 万元，其中 600 万元的合同已经取得全额发票，400 万元的合同未取得发票，则在计算计税成本时，可以按照 700 万元在税前扣除，即按照总合同金额 1 000 万元预提 100 万元。

六、房地产开发企业以买别墅送汽车的方式销售不动产的所得税处理规定

《江苏省苏州市地方税务局关于做好 2009 年度企业所得税汇算清缴工作的通知》（苏州地税函〔2009〕278 号）规定："根据《国家税务总局关于确认企业所得税收入若干问题的通知》（国税函〔2009〕875 号）以及《国家税务总局关于企业处置资产所得税处理问题的通知》（国税函〔2009〕828 号）规定，企业以买别墅送汽车的方式销售不动产的，不属于捐赠行为，应将总的销售金额按各项商品的公允价值的比例分摊确认各项的销售收入。销售的不动产属于未完工产品的，不动产预售收入应按规定的计税毛利率计征企业所得税，但汽车销售收入不适用房地产开发的有关税收规定。"

第五节　汇算清缴对于核定征收所得税企业同样重要

经常有房地产开发企业会计人员说："我们公司企业所得税是核定征收方式，不需要汇算清缴。"其实不然，核定征收企业所得税仅是各地税务机关简化征管的一个手段，房地产开发企业并不能依赖核定征收方式减轻纳税负担或认为企业所得税汇算清缴与己无关。

一、所得税核定征收的管理规定

根据《企业所得税法》，企业所得税汇算清缴，是指纳税人自纳税年度终了之日起5个月内或实际经营终止之日起60日内，依照税收法律、法规、规章及其他有关企业所得税的规定，自行计算本纳税年度应纳税所得额和应纳所得税额，根据月度或季度预缴企业所得税的数额，确定该纳税年度应补或者应退税额，并填写企业所得税年度纳税申报表，向主管税务机关办理企业所得税年度纳税申报，提供税务机关要求提供的有关资料，结清全年企业所得税税款的行为。

《国家税务总局关于印发〈企业所得税汇算清缴管理办法〉的通知》(国税发〔2009〕79号)规定，凡在纳税年度内从事生产、经营(包括试生产、试经营)，或在纳税年度中间终止经营活动的纳税人，无论是否在减税、免税期间，也无论盈利或亏损，均应按照企业所得税法及其实施条例和本办法的有关规定进行企业所得税汇算清缴。实行核定定额征收企业所得税的纳税人，不进行汇算清缴。即除核定定额征收外，以核定应税所得率方式为主的房地产核定征收企业要进行所得税汇算清缴。因此，核定征收的企业所得税纳税人也应报送年度纳税申报表。实行核定征收企业所得税的纳税人应在年度终了5个月内，向税务机关报送《中华人民共和国企业所得税年度纳税申报表(B类)》(见表6－5)［表样与《中华人民共和国企业所得税月(季)度预缴纳税申报表(B类)》相同］及有关资料，办理结清税款手续。实行网上申报的，应同时报送盖有企业公章及有法定代表人签字的纸质报表。

二、房地产开发企业核定征收汇算清缴使用的报表

《国家税务总局关于发布〈中华人民共和国企业所得税月(季)度预缴纳税申报表〉等报表的公告》(国家税务总局公告2011年第64号)规定，核定征收企业应按照《中华人民共和国企业所得税月(季)度和年度纳税申报表(B类)》(见表6－5)填报说明进行申报。

表 6－5　中华人民共和国企业所得税月(季)度和年度纳税申报表(B类)

税款所属期间：　　年　月　日至　　年　月　日

纳税人识别号：□□□□□□□□□□□□□□□□□□□□

纳税人名称：　　　　　　　　　　　　　　　　金额单位：人民币元(列至角分)

<table>
<tr><th colspan="3">项目</th><th>行次</th><th>累计金额</th></tr>
<tr><td colspan="5">一、以下由按应税所得率计算应纳所得税额的企业填报</td></tr>
<tr><td rowspan="9">应纳税所得额的计算</td><td rowspan="6">按收入总额核定应纳税所得额</td><td>收入总额</td><td>1</td><td></td></tr>
<tr><td>减：不征税收入</td><td>2</td><td></td></tr>
<tr><td>免税收入</td><td>3</td><td></td></tr>
<tr><td>应税收入额(1 行－2 行－3 行)</td><td>4</td><td></td></tr>
<tr><td>税务机关核定的应税所得率(%)</td><td>5</td><td></td></tr>
<tr><td>应纳税所得额(4 行×5 行)</td><td>6</td><td></td></tr>
<tr><td rowspan="3">按成本费用核定应纳税所得额</td><td>成本费用总额</td><td>7</td><td></td></tr>
<tr><td>税务机关核定的应税所得率(%)</td><td>8</td><td></td></tr>
<tr><td>应纳税所得额[7 行÷(1－8 行)×8 行]</td><td>9</td><td></td></tr>
<tr><td colspan="2" rowspan="2">应纳所得税额的计算</td><td>税率(25%)</td><td>10</td><td></td></tr>
<tr><td>应纳所得税额(6 行×10 行或 9 行×10 行)</td><td>11</td><td></td></tr>
<tr><td colspan="2" rowspan="2">应补(退)所得税额的计算</td><td>已预缴所得税额</td><td>12</td><td></td></tr>
<tr><td>应补(退)所得税额(11 行－12 行)</td><td>13</td><td></td></tr>
<tr><td colspan="5">二、以下由税务机关核定应纳所得税额的企业填报</td></tr>
<tr><td colspan="3">税务机关核定应纳所得税额</td><td>14</td><td></td></tr>
<tr><td colspan="5">谨声明：此纳税申报表是根据《中华人民共和国企业所得税法》、《中华人民共和国企业所得税法实施条例》和国家有关税收规定填报的，是真实的、可靠的、完整的。

法定代表人(签字)：　　　　　　　　　　　　年　月　日</td></tr>
<tr><td colspan="2">纳税人公章：

会计主管：

填表日期：　年　月　日</td><td>代理申报中介机构公章：
经办人：
经办人执业证件号码：
代理申报日期：　年　月　日</td><td colspan="2">主管税务机关受理专用章：
受理人：

受理日期：　年　月　日</td></tr>
</table>

国家税务总局监制

《中华人民共和国企业所得税月(季)度和年度纳税申报表(B类)》填报说明：

(一)本表为实行核定征收企业所得税的纳税人在月(季)度申报缴纳企业所得税时使用。

(二)表头项目

1.“税款所属期间”:为税款所属期月(季)度第一日至所属期月(季)度最后一日。

年度中间开业的,“税款所属期间”为当月(季)开始经营之日至所属月(季)度的最后一日。次月(季)度起按正常情况填报。

2.“纳税人识别号”:填报税务机关核发的税务登记证件号码(15位)。

3.“纳税人名称”:填报税务机关核发的税务登记证件中的纳税人全称。

(三)具体项目填报说明

1.第1行“收入总额”:填写本年度累计取得的各项收入金额。

2.第2行“不征税收入”:填报纳税人计入收入总额但属于税收规定不征税的财政拨款、依法收取并纳入财政管理的行政事业性收费以及政府性基金和国务院规定的其他不征税收入。

3.第3行“免税收入”:填报纳税人计入利润总额但属于税收规定免税的收入或收益。

4.第4行“应税收入额”:根据相关行计算填报。第4行=第1行-第2行-第3行。

5.第5行“税务机关核定的应税所得率”:填报税务机关核定的应税所得率。

6.第6行“应纳税所得额”:根据相关行计算填报。第6行=第4行×第5行。

7.第7行“成本费用总额”:填写本年度累计发生的各项成本费用金额。

8.第8行“税务机关核定的应税所得率”:填报税务机关核定的应税所得率。

9.第9行“应纳税所得额”:根据相关行计算填报。第9行=第7行÷(1-第8行)×第8行。

10.第10行“税率”:填写企业所得税法规定的25%税率。

11.第11行“应纳所得税额”:

(1)按照收入总额核定应纳税所得额的纳税人,第11行=第6行×第10行;

(2)按照成本费用核定应纳税所得额的纳税人,第11行=第9行×第10行。

12.第12行“已预缴所得税额”:填报当年累计已预缴的企业所得税额。

13.第13行“应补(退)所得税额”:根据相关行计算填报。第13行=第11行-第12行。当第13行≤0时,本行填0。

14.第14行“税务机关核定应纳所得税额”:填报税务机关核定的本期应当缴纳的税额。

(四)表内关系

1.第4行=第1行-第2行-第3行。

2. 第 6 行 = 第 4 行 × 第 5 行。

3. 第 9 行 = 第 7 行 ÷ (1 - 第 8 行) × 第 8 行。

4. 第 11 行 = 第 6 行(或第 9 行) × 第 10 行。

5. 第 13 行 = 第 11 行 - 第 12 行。当第 13 行≤0 时,本行填 0。

其中,“税款所属期间”的填报:正常经营的纳税人,填报公历当年 1 月 1 日至 12 月 31 日;纳税人年度中间开业的,填报实际生产经营之日的当月 1 日至同年 12 月 31 日;纳税人年度中间发生合并、分立、破产、停业等情况的,填报公历当年 1 月 1 日至实际停业或法院裁定并宣告破产之日的当月月末;纳税人年度中间开业且年度中间又发生合并、分立、破产、停业等情况的,填报实际生产经营之日的当月 1 日至实际停业或法院裁定并宣告破产之日的当月月末。

相对于查账征收来说,核定征收的年度纳税申报表填列就非常简单了。

三、房地产开发企业按规定应当核定征收的情形

《国家税务总局关于印发〈企业所得税核定征收办法(试行)〉的通知》(国税发〔2008〕30 号)规定,应税所得率“其他行业”按 10% ~30% 的比例核定。这里的“其他行业”包括房地产开发企业,并且国家税务总局在发文时强调:①严格按照规定的范围和标准确定企业所得税的征收方式,不得违规扩大核定征收企业所得税范围。严禁按照行业或者企业规模大小,“一刀切”地搞企业所得税核定征收。②按公平、公正、公开原则核定征收企业所得税。应根据纳税人的生产经营行业特点,综合考虑企业的地理位置、经营规模、收入水平、利润水平等因素,分类逐户核定应纳所得税额或者应税所得率,保证同一区域内规模相当的同类或者类似企业的所得税税负基本相当。③加强对核定征收方式纳税人的检查工作。对实行核定征收企业所得税方式的纳税人,要加大检查力度,将汇算清缴的审核检查和日常征管检查结合起来,合理确定年度稽查面,防止纳税人有意通过核定征收方式降低税负。④国家税务局和地方税务局密切配合。要联合开展核定征收企业所得税工作,共同确定分行业的应税所得率,共同协商确定分户的应纳所得税额,做到分属国家税务局和地方税务局管辖,生产经营地点、经营规模、经营范围基本相同的纳税人,核定的应纳所得税额和应税所得率基本一致。

此外,《房地产开发经营业务企业所得税处理办法》(国税发〔2009〕31 号)第四条规定,税务机关对房地产开发企业不得事先确定企业的所得税按核定征收方式进行征收、管理,除非企业出现《税收征管法》第三十五条规定的情形,税务机关可对其以往应缴的企业所得税按核定征收方式进行征收管理,并逐步规范,同时按《税收征管法》等税收法律、行政法规的规定进行处理。即纳税人具有下列情形之一的,核定征收企业所得税:

1. 依照法律、行政法规的规定可以不设置账簿的；

2. 依照法律、行政法规的规定应当设置账簿但未设置的；

3. 擅自销毁账簿或者拒不提供纳税资料的；

4. 虽设置账簿，但账目混乱或者成本资料、收入凭证、费用凭证残缺不全，难以查账的；

5. 发生纳税义务，未按照规定的期限办理纳税申报，经税务机关责令限期申报，逾期仍不申报的；

6. 申报的计税依据明显偏低，又无正当理由的。

房地产开发企业具有上述情形，按照《税收征管法》及其实施细则可能会受到如下处罚：

1. 纳税人未按照规定设置、保管账簿或者保管记账凭证和有关资料的，可以处两千元以下的罚款；情节严重的，处两千元以上一万元以下的罚款。

2. 纳税人、扣缴义务人有下列情形之一的，依照《税收征管法》第七十条“纳税人、扣缴义务人逃避、拒绝或者以其他方式阻挠税务机关检查的，由税务机关责令改正，可以处一万元以下的罚款；情节严重的，处一万元以上五万元以下的罚款”的规定处罚：

(1)提供虚假资料，不如实反映情况，或者拒绝提供有关资料的；

(2)拒绝或者阻止税务机关记录、录音、录像、照相和复制与案件有关的情况和资料的；

(3)在检查期间，纳税人、扣缴义务人转移、隐匿、销毁有关资料的；

(4)有不依法接受税务检查的其他情形的。

目前，有些主管税务机关对一些房地产开发企业在其成立时就事先核定应税所得率，或参照国税发〔2009〕31 号文件预计计税毛利率确定本地区的应税所得率，房地产开发企业并不能因此减少纳税风险，核定应税所得率也不会因此成为房地产开发企业的一种变相优惠。国税发〔2008〕30 号文件第九条规定：“纳税人的生产经营范围、主营业务发生重大变化，或者应纳税所得额或应纳税额增减变化达到 20% 的，应及时向税务机关申报调整已确定的应纳税额或应税所得率。”目前在税收检查力度逐渐加大的情况下，已经有税务机关对实行核定应税所得率的房地产开发企业提出质疑。因为现实的情况是核定征收企业并没有比查账征收企业承担更多的税收负担，所以有两方面的税务风险不能忽视：一是提高应税所得率；二是将督促企业完善税务资料改变为查账征收企业所得税。

例如，《天津市地方税务局关于房地产开发经营业务有关企业所得税问题的公告》(天津市地方税务局公告 2010 年第 3 号)规定：“自 2011 年 1 月 1 日起至 2015 年 12 月 31 日止，地税系统负责征管的从事房地产开发经营业务的纳税人，企业所得税实行查账征收方式。实行查账征收方式的纳税人出现《中华人民共和国税收征收管理法》第三十五条规定情形的,税务机关对纳税人以往应缴的企业所得税按核定征收方式进行征收管理,并逐步规范。核定应税所得率暂定为25%。"应税所得率为25%,相当于销售成本率在60%以下,对于房地产开发企业的利润空间有不小的压力。

因此,房地产开发企业年度终了后,应根据国税发〔2008〕30号文件的规定,按照实际经营额或实际应纳税额向税务机关申报纳税。申报额超过核定经营额或应纳税额的,按申报额缴纳税款;申报额低于核定经营额或应纳税额的,按核定经营额或应纳税额缴纳税款。

四、房地产开发企业核定征收,收入汇算是关键

对房地产开发企业实行核定应税所得率征收方式的理由多为"能正确核算(查实)收入总额,但不能正确核算(查实)成本费用总额"。由于房地产开发企业开发经营过程中的一些灰色支出无论如何筹划都难免会露出蛛丝马迹,所以在一些地区,税企双方对于核定征收企业所得税都表现出极大兴趣。

尽管房地产开发企业的收入核算简单,主营业务一般都是开发产品的销售收入,汇算清缴取数简单,但还是要注意以下问题:

(一)收入范围的确定

房地产开发企业的收入为以货币形式和非货币形式从各种来源取得的收入,主要包括开发产品销售收入、转让财产收入、代建工程收入、提供劳务收入、租金收入、股息(红利)等权益性投资收益、利息收入、特许权使用费收入、接受捐赠收入以及其他收入。以非货币形式取得的收入,应当按照公允价值(市场价格)确定收入额。

开发产品销售收入为销售开发产品过程中取得的全部价款,包括现金、现金等价物及其他经济利益。企业代有关部门、单位和企业收取的各种基金、费用和附加等,凡纳入开发产品价内或由企业开具发票的,应按规定全部确认为销售收入;未纳入开发产品价内并由企业之外的其他收取部门、单位开具发票的,可作为代收代缴款项进行管理。

按照应税收入总额核定所得税的计算公式为:

应纳税所得额 = 应税收入额 × 应税所得率

应纳所得税额 = 应纳税所得额 × 适用税率

《国家税务总局关于企业所得税核定征收若干问题的通知》(国税函〔2009〕377号)明确指出,上述计算公式中的"应税收入额"等于收入总额减去不征税收入和免税收入后的余额。用公式表示为:

应税收入额 = 收入总额 - 不征税收入 - 免税收入

目前明文规定的不征税收入主要有三项,即《企业所得税法》第七条规定的财政拨款、依法收取并纳入财政管理的行政事业性收费、政府性基金和国务院规定的其他不征税收入。免税收入为《企业所得税法》第二十六条规定的四类:国债利息收入;符合条件的居民企业之间的股息、红利等权益性投资收益;在中国境内设立机构、场所的非居民企业从居民企业取得与该机构、场所有实际联系的股息、红利等权益性投资收益;符合条件的非营利组织的收入。

(二)银行利息收入是否计入企业所得税"收入总额"

房地产开发企业将银行利息收入作为"财务费用"核算,并不在会计上确认为一项收入,查账征收企业也不把其作为收入核算,而是作为实际财务费用支出的抵减处理。银行利息收入无论是作为收入还是作为费用都不影响查账征收企业所得税的汇算清缴结果,但是对于核定征收的房地产开发企业,由于房地产属资金密集型行业以及其筹资渠道的多样性,银行利息收入是否计入"收入总额"将直接影响其汇算结果。

对于银行利息收入,比较有代表性的观点有两种。

一种观点为:银行利息收入分两种情况处理。一种是对于企业资金在开户行的自然孳息,企业正常核算时作为"财务费用"核算。这种情况下的利息收入并不是税收意义上的"收入"概念,所以核定应税所得率的收入基数中不包含这部分利息。另一种是企业的贷款利息收入、债券利息收入、理财产品的存款利息收入等。对这部分利息收入,企业是作为"投资收益"或"其他业务收入"核算的,符合税收意义上的"收入"概念,核定应税所得率的收入基数中包含这部分利息。

另一种观点为:银行利息收入,不具体区分性质,完全取决于税务机关裁量权。例如,《山东省青岛市地方税务局关于印发〈2010 年所得税问题解答〉的通知》(青地税函〔2011〕4 号)规定:根据《中华人民共和国企业所得税法》第五条及其实施条例第十八条规定,银行存款利息属于企业所得税法规定的收入总额的组成部分。因此,根据《国家税务总局关于企业所得税核定征收若干问题的通知》(国税函〔2009〕377 号)规定,银行存款利息应计入应税收入额,按照规定的应税所得率计算缴纳企业所得税。

(三)视同销售收入同样适用于核定征收的房地产开发企业

《企业所得税法》规定,企业发生非货币性资产交换,以及将货物、财产、劳务用于捐赠、偿债、赞助、集资、广告、样品、职工福利和利润分配等用途的,应当视同销售货物、转让财产和提供劳务,但国务院财政、税务主管部门另有规定的除外。

房地产开发企业以开发产品抵顶承包商工程款,拆迁补偿涉及的产权调换以及开发产品促销过程中的种种奖励、捐赠,3 年以上未支付的应付账款等事项,即便会计处理没有计入企业收入，汇算清缴时同样需要计算企业所得税。例如，业主购买别墅参加抽奖的奖品是汽车，价值40万元，根据《国家税务总局关于企业处置资产所得税处理问题的通知》（国税函〔2008〕828号），企业将资产用于市场推广或销售而移送他人，因资产所有权属已发生改变而不属于内部处置资产，应按规定视同销售确定收入。所以，赠送汽车视同销售处理，房地产开发企业应计入收入40万元。

（四）核定征收收入是否允许扣除成本

核定征收一般不允许扣除成本。例如，《北京市国家税务局2009年度企业所得税汇算清缴政策问题解答》规定，转让财产收入是指企业转让固定资产、生物资产、无形资产、股权、债权等财产取得的收入。定率征收企业取得的投资收益，应当按转让股票收入的全额确认收入，即以售出时的价格确认收入。

核定征收并非全部不允许扣除成本，房地产开发企业要关注对己有利的地域政策规定。例如，《河北省地方税务局关于企业所得税若干业务问题的通知》（冀地税发〔2009〕48号）规定，对实行核定应税所得率方式征收企业所得税的纳税人所取得的正常生产经营之外的偶然收入，如土地转让收入、股权转让收入、资产转让收入、应税的财政性资金等，应将扣除取得收入对应的成本费用后的所得并入按企业正常生产经营收入和应税所得率计算出的应纳税所得额，计算缴纳企业所得税。

《浙江省宁波市地方税务局关于明确2009年度企业所得税汇算清缴若干问题的通知》（甬地税一〔2010〕10号）也明确指出，采用核定应税所得率征收企业所得税的纳税人取得主营业务以外的转让财产收入（包括转让固定资产、生物资产、无形资产、股权、债权等取得的收入），若该项财产转让的收入和计税基础能准确核算，应把转让财产收入全额减除财产净值和实际支付的与转让财产相关税费后的余额（如余额为负数按零）计入应纳税所得额计算企业所得税。

《辽宁省地方税务局2009年度企业所得税汇算清缴若干业务问题解答》中关于核定征收企业取得的与生产经营无关的收入计算应纳税所得额的税务处理问题规定：核定征收企业取得的与生产经营无关的收入，应按辽国税发〔2009〕42号，即《辽宁省国家税务局、辽宁省地方税务局关于印发〈辽宁省企业所得税核定征收实施办法（暂行）〉的通知》第八条规定处理，即“纳税人取得的非主营业务经营活动收入，扣除相关成本及税费后，其余额并入应纳税所得额，计征企业所得税。相关成本无法查实或核实的，按非主营业务经营活动收入乘以应税所得率后并入应纳税所得额，计征企业所得税”。

在上述所举的例子中，房地产开发企业销售房屋奖励汽车既然视同资产转让收入，便可以扣除对应的计税基础，纳税收入额为零。

例外规定:《国家税务总局关于企业所得税核定征收有关问题的公告》(国家税务总局公告2012年第27号)规定,专门从事股权(股票)投资业务的企业,不得核定征收企业所得税。依法按核定应税所得率方式核定征收企业所得税的企业,取得的转让股权(股票)收入等转让财产收入,应全额计入应税收入额,按照主营项目(业务)确定适用的应税所得率计算征税;若主营项目(业务)发生变化,应在当年汇算清缴时,按照变化后的主营项目(业务)重新确定适用的应税所得率计算征税。

(五)3年以上未支付的应付账款的税务处理问题

《河北省地方税务局关于企业所得税若干业务问题的通知》(冀地税发〔2009〕48号)规定:企业因债权人原因确实无法支付的应付款项,包括超过3年未支付的应付账款以及清算期间未支付的应付账款,应并入当期应纳税所得额缴纳企业所得税。企业若能够提供确凿证据(指债权人承担法律责任的书面声明或债权人主管税务机关的证明等能够证明债权人没有按规定确认损失并在税前扣除的有效证据以及法律诉讼文书)证明债权人没有确认损失并在税前扣除的,可以不并入当期应纳税所得额。已并入当期应纳税所得额的应付账款在以后年度支付的,在支付年度允许税前扣除。房地产开发企业若有因债权人原因确实无法支付的应付款项,一定要有相应的可以暂不并入当期应纳税所得额缴纳企业所得税的支持证明文件才可以不并入当期应纳税所得额。

《河北省地方税务局关于企业所得税若干业务问题的公告》(河北省地方税务局公告2011年第1号)第八条关于房地产开发企业超过3年尚未支付的质量保修金的计税问题规定:房地产开发企业在委托施工企业建设过程中,按规定应预留质量保修金,在会计核算上通过"应付账款"科目反映。房地产开发企业在建设工程保修期过后,将剩余的质量保修金退给施工企业。按照国家《建设工程质量管理条例》规定,部分工程保修期较长,因此,对房地产开发企业超过3年尚未支付的质量保修金,不并入当期应纳税所得额,不计征企业所得税。

《吉林省地方税务局2008年度企业所得税汇算清缴若干业务问题解答》关于企业未支付的应付款项征税问题规定:应付规费超过3年,其他应付款项超过5年仍未支付的部分,应并入应纳税所得额计征企业所得税,实际支付时在支付年度允许税前扣除。

五、房地产开发企业核定征收有无税收优惠

(一)核定征收企业可以享受哪些企业所得税优惠

《宁波市国家税务局关于开展2009年度企业所得税汇算清缴工作的通知》(甬国税直发〔2010〕3号)解释:根据《国家税务总局关于企业所得税核定征收若干

问题的通知》(国税函〔2009〕377 号)以及《财政部、国家税务总局关于执行企业所得税优惠政策若干问题的通知》(财税〔2009〕69 号)等的规定,核定征收企业可以享受《企业所得税法》及其实施条例规定的免税收入有关税收优惠,除此以外的各项企业所得税优惠政策均不得享受。

(二)实行核定征收的纳税人能否适用 20% 的税率优惠

根据《财政部、国家税务总局关于执行企业所得税优惠政策若干问题的通知》(财税〔2009〕69 号)的规定,《企业所得税法》第二十八条规定的小型微利企业待遇适用于具备建账核算自身应纳税所得额条件的企业。按照《企业所得税核定征收办法(试行)》缴纳企业所得税的企业,在不具备准确核算应纳税所得额条件前,暂不适用小型微利企业适用税率。也就是说,核定征收企业自 2008 年起,一律执行 25% 的法定税率。

(三)企业所得税核定征收的企业改变征收方式后,核定征收期间发生的亏损应如何处理

企业所得税实行核定征收的企业,征收方式改变为查账征收后,查账征收年度的盈利不得用于弥补核定征收年度的亏损。但对核定征收前实行查账征收产生的尚在弥补期限内的亏损,经主管地税机关认定后,查账征收年度取得的盈利可以用来弥补除核定征收年度外的亏损,核定征收年度应作为计算实际弥补亏损的年度。

【案例 6－12】东方房地产公司 2007 年以前按照查账征收方式缴纳企业所得税,2004 年亏损 50 万元,2005 年亏损 60 万元,2006 年亏损 70 万元,2007 年亏损 100 万元,2008 年、2009 年核定征收企业所得税,2010 年恢复查账征收企业所得税,2010 年盈利 380 万元,该公司 2010 年应纳所得税额是多少?

【案例分析】

2010 年应纳税所得额为 150 万元(380－60－70－100),应纳企业所得税为 37.50 万元(150×25%)。

六、核定征收是否能够变相享受税收优惠

根据《国家税务总局关于印发〈企业所得税核定征收办法(试行)〉的通知》(国税发〔2008〕30 号)第九条的规定,纳税人的生产经营范围、主营业务发生重大变化,或者应纳税所得额或应纳税额增减变化达到 20% 的,应及时向税务机关申报调整已确定的应纳税额或应税所得率。

《河北省房地产开发企业所得税征收管理办法(修订稿)》(冀地税发〔2010〕28 号)关于核定征收企业所得税也有详细规定,供大家参考:

1. 从事房地产开发经营的外省分支机构，属于以下几种情形的，主管地方税务机关可暂按当地县级地方税务机关规定的应税所得率对其实行核定征收：

(1)外省总机构实行核定征收的；

(2)分支机构除向总机构上交一定的管理费外，其收入、支出或者实现的利润不与总机构实现的所得额合并计算缴纳企业所得税的；

(3)分支机构财务核算不健全，各项收支及经营成果不能向总机构如实反映，导致总机构难以做到准确统一计算企业所得税的。

2. 总机构实行核定征收方式缴纳企业所得税的，其分支机构就地缴纳企业所得税。

3. 纳税人的企业所得税征收方式分为查账征收和核定征收两种。

(1)对财务会计制度健全，能正确核算收入、成本费用，真实准确核算应纳税所得额的企业，由纳税人提出申请，经主管地税机关审查，报县级地方税务机关审批后，实行查账征收。

(2)对财务会计制度不健全，不能准确核算应纳税所得额的纳税人，一律实行核定征收。核定征收包括核定应税所得率征收和定期定额征收两种方式。

①实行核定应税所得率征收的纳税人，其应税所得率为10%～30%，具体比例由县级地方税务机关根据当地实际确定。

②对符合条件的经济适用住房项目，其应税所得率不得低于10%。对既有经济适用住房项目又有其他开发项目的纳税人，其应税所得率由县级地方税务机关依据各自开发项目预计收入额予以综合确定。

4. 纳税人的征收方式(不包括定期定额征收方式)实行一次性确认制度，以后年度征收方式不变的纳税人，不再履行核定手续。若以后年度纳税人要求变更所得税征收方式，由纳税人在每年6月底之前提出申请，县级地税机关在5个工作日内重新核定完毕。

5. 纳税人具有下列情形之一的，应采用核定应税所得率方式征收企业所得税：

(1)能正确核算收入总额，但不能正确核算成本费用总额的；

(2)能正确核算成本费用总额，但不能正确核算收入总额的；

(3)通过合理方法，能计算和推定纳税人收入总额或成本费用总额的；

(4)开发项目已完工清算，而相关的收入、成本费用结转不及时，造成企业利润总额核算不实的；

(5)在进行纳税申报时，收入项目申报不全，费用支出项目未按税法规定进行纳税调整的；

(6)单个开发项目的相关资料保存不完整,或不能准确提供,致使企业销售成本无法准确计算和结转的。

6. 实行核定应税所得率征收方式的纳税人,其应纳税所得额的计算按以下规定执行:

应纳所得税额 = 应纳税所得额 × 适用税率

应纳税所得额 = 应税收入额 × 应税所得率

或,应纳税所得额 = 成本(费用)支出额/(1 - 应税所得率) × 应税所得率

7. 纳税人的生产经营范围、主营业务发生重大变化,或者应纳税所得额增减变化达到20%的,应及时向税务机关申报调整已确定的应税所得率。经主管地方税务机关或稽查部门检查确定,纳税人的应纳税所得额增减变化超过20%的,应及时调整应税所得率。

第六节 商品房合同约定面积与确权面积差异的税务处理

商品房销售时,房地产开发企业和买受人应当订立书面商品房买卖合同。商品房买卖合同中应当明确面积差异的处理方式,企业在税务处理中也要相应依据合同约定确定商品房的销售收入。

《商品房销售管理办法》(中华人民共和国建设部令第88号)规定,商品房销售可以按套(单元)计价,也可以按套内建筑面积或者建筑面积计价。

(一)按套(单元)计价

按套(单元)计价的现售房屋,当事人对现售房屋实地勘察后可以在合同中直接约定总价款。

按套(单元)计价的预售房屋,房地产开发企业应当在合同中附所售房屋的平面图。平面图应当标明详细尺寸,并约定误差范围。房屋交付时,套型与设计图纸一致,相关尺寸也在约定的误差范围内,维持总价款不变;套型与设计图纸不一致或者相关尺寸超出约定的误差范围,合同中未约定处理方式的,买受人可以退房或者与房地产开发企业重新约定总价款。买受人退房的,由房地产开发企业承担违约责任。

如果误差范围在合同约定的范围之内,则按照合同约定的总价款确定商品房计税销售收入。如果重新约定总价款,则需要按照双方重新约定的总价款确定商品房计税销售收入。买受人退房的,房地产开发企业可以冲减当期计税销售收入,

但支付的违约金不能冲减计税销售收入。

(二)按套内建筑面积或者建筑面积计价

按套内建筑面积或者建筑面积计价的,当事人应当在合同中载明合同约定面积与产权登记面积发生误差的处理方式。合同未作约定的,按以下原则处理:

①面积误差比绝对值在3%以内(含3%)的,据实结算房价款;

②面积误差比绝对值超出3%时,买受人有权退房。

买受人退房的,房地产开发企业应当在买受人提出退房之日起30日内将买受人已付房价款退还给买受人,同时支付已付房价款利息。买受人不退房的,产权登记面积大于合同约定面积时,面积误差比在3%以内(含3%)部分的房价款由买受人补足,超出3%部分的房价款由房地产开发企业承担,产权归买受人;产权登记面积小于合同约定面积时,面积误差比绝对值在3%以内(含3%)部分的房价款由房地产开发企业返还买受人,绝对值超出3%部分的房价款由房地产开发企业双倍返还买受人。面积误差比的计算公式如下:

面积误差比=(产权登记面积-合同约定面积)/合同约定面积×100%

当面积误差比绝对值超过3%时,房地产开发企业有可能支付买受人退房的房价款利息以及承担超出3%部分的房价款,还有可能双倍返还买受人绝对值超出3%部分的房价款。

支付给买受人的退房款可以冲减其当期计税销售收入。支付给买受人的利息相当于占用买受人资金支付的资金使用费,不能冲减计税销售收入。自行承担的房价款既有赔偿的性质也带有一定的捐赠性质,房地产开发企业可以不作纳税处理,仍然按照合同约定价款确定计税销售收入。双倍返还买受人绝对值超出3%部分的房价款,房地产开发企业可以冲减其当期计税销售收入。

《营业税条例实施细则》第十五条规定:"纳税人发生应税行为,如果将价款与折扣额在同一张发票上注明的,以折扣后的价款为营业额;如果将折扣额另开发票的,不论其在财务上如何处理,均不得从营业额中扣除。"所以,房地产开发企业需要注意,其无论自行承担超出3%部分的房价款还是双倍返还绝对值超出3%部分的房价款给买受人,其为买受人开具的发票应当是净额显示,或者将双倍返还款视为折扣,将合同价款与折扣额在同一张发票上注明。

另外,按建筑面积计价的,当事人应当在合同中约定套内建筑面积和分摊的共有建筑面积,并约定建筑面积不变而套内建筑面积发生误差以及建筑面积与套内建筑面积均发生误差时的处理方式。

【案例6-13】天山房地产公司2010年××项目销售面积结算表,见表6-6。

表 6－6　　天山房地产公司 2010 年××项目销售面积结算表

客户	房号	合同面积（平方米）	销售单价（元/平方米）	合同价款（元）	确权面积	按确权面积计算的房款（元）	面积误差比	应结算价款（元）	已经收款（元）	结算差额（元）
A	101	100	1 000	100 000	110	110 000	10.00%	103 000	100 000	3 000
B	201	150	1 000	150 000	152	152 000	1.33%	152 000	150 000	2 000
C	301	200	1 000	200 000	180	180 000	－10.00%	166 000	200 000	－34 000
合计	—	450	—	450 000	442	442 000	—	421 000	450 000	－29 000

【案例分析】

1. 客户 A：面积误差比为 10%，超出了 3%，买受人有权退房。买受人不退房的，产权登记面积 110 平方米大于合同约定面积 100 平方米，面积误差比在 3% 以内（含 3%）部分的房价款由买受人补足，即（100×3%）×1 000＝3 000（元）；超出 3% 部分的房价款由房地产开发企业承担，即 100×（10%－3%）×1 000＝7 000（元）。产权归买受人。

计税销售收入＝100 000＋3 000＝103 000（元）

2. 客户 B：产权登记面积 152 平方米，大于合同约定面积 150 平方米，面积误差比为 1.33%，在 3% 以内（含 3%）部分的房价款由买受人补足，即（152－150）×1 000＝2 000（元）。

计税销售收入＝150 000＋2 000＝152 000（元）

3. 客户 C：面积误差比的绝对值为 10%，超出了 3%，买受人有权退房。买受人不退房的，产权登记面积 180 平方米，小于合同约定面积 200 平方米，面积误差比绝对值在 3% 以内（含 3%）部分的房价款由房地产开发企业返还买受人，即（200×3%）×1 000＝6 000（元）；绝对值超出 3% 部分的房价款由房地产开发企业双倍返还买受人，即 200×（10%－3%）×1 000×2＝28 000（元）。房地产开发企业合计共需偿还客户 34 000 元。

计税销售收入＝200 000－34 000＝166 000（元）

第七节　不同促销手段涉及的纳税实务与风险防范

房地产调控政策的密集出台，使房地产市场逐渐降温，为加快销售，促进资金回笼,赢得市场先机,房地产开发企业纷纷加大促销力度,可谓手段繁多,但是在设计促销方案的同时也不要忽略潜在的纳税问题。

一、代垫首付

【案例6－14】针对二套房按揭贷款须首付50%以上的政策,东方房地产公司推出了代业主垫付两成首付款的补贴政策。比如,市民购买一套价值100万元的第二套房,按照政策,首付至少五成,即50万元。可不少人拿不出如此高的首付,于是开发商仅收取三成首付,即30万元,然后代客户垫付20万元,帮助客户成功贷款购房。双方约定,购房者在一年后交房时归还开发商垫付的房款并按银行同期贷款利率计算利息。该房地产公司财务人员认为,既然企业没有实际收到业主全部首付款,那么企业垫付的房款也不是实际的预收收入,每个纳税期间申报缴纳各项税金时不应考虑企业自行垫付部分收入。仍以上述100万元房款为例,首付50万元,财务仅入账30万元,纳税申报营业额30万元,20万元垫付款等实际收取时再入账和进行纳税处理。企业如此操作对纳税有何影响呢?

【案例分析】

对于房地产开发企业垫付首付的销售政策是否违规姑且不论。按照当前税收政策的规定,销售不动产收取的预收款要预征土地增值税,缴纳营业税、企业所得税、印花税等。营业税政策规定,纳税人销售不动产,采取预收款方式的,其纳税义务发生时间为收到预收款的当天。房地产开发企业为尽快回笼资金,促使业主尽快办理房贷按揭,自行垫付的首付需要与业主缴纳的首付一起开具收款收据,财务处理上相当于企业取得了房贷按揭合同约定的全部首付预售收入,所以应当计入营业额缴纳营业税及其他税金。另外,房地产开发企业代业主垫付首付款的前提是与业主签订了资金垫付协议,根据协议约定,业主必须在开发商规定时限内(一般在交房前)将首付款全额补上,开发商再向客户正式交房。此垫付协议也属于企业经营的一部分,财务处理上应当计入其他应收款核算,将来实际收款时直接冲减其他应收款,与预售收入无关,不需要另外进行纳税处理。但是房地产开发企业收取的垫付资金利息和业主不按期还款的违约金,按照营业税政策的规定,将资金贷与他人使用一样要缴纳营业税。

二、购房返税

【案例6－15】某市规定购买90平方米以下普通住房可以减按1%征收契税,东方房地产公司开发的住宅项目虽不符合要求,一样打出了“购房返税”的口号,购买该房地产公司140平方米以上户型,只需缴纳1%的契税,额外契税由开发商代业主支付。

【案例分析】

以一套价值100万元商品房为例，契税4万元，办理房产证时仅收取业主1万元，另外的3万元由开发商承担。该销售政策下开发商实际收入仅为97万元，但申报营业税、土地增值税、印花税时还应当按100万元计算缴纳。

三、打折促销

将房价先升到一定高度，然后许诺返点让利，如“八五折”销售，房价提升便于老业主寻得心理平衡，打折促销又可以吸引新业主，因此很多开发商以打折促销方式为主要的促销手段。不过，开发商对外宣传是打折销售，最终还是按净价签约。所以千般促销手段，均不如直接让利简便，业主得到了实惠，开发商也减少了税金支出。

四、首付打折销售

【案例6－16】东方房地产公司为了促销，承诺只要10%的首付即能办理八成按揭款。以30万元单套商品房为例，该公司将总价提升为33万元，客户只要交纳3.3万元即可成交，办理按揭所需要的另外10%首付款3.3万元可以开具发票但不需客户支付，该企业将这10%首付款做成商业折扣。对于该公司的这种促销行为应该如何进行纳税处理呢？

【案例分析】

首先，根据《营业税暂行条例实施细则》第十五条的规定，纳税人发生应税行为，如果将价款与折扣额在同一张发票上注明，以折扣后的价款为营业额；如果将折扣额另开发票，不论其在财务上如何处理，均不得从营业额中扣除。

就该公司的情况而言，如果不将折扣和房价款开具在同一张发票上，显然要按照33万元全额缴纳营业税。

其次，《国家税务总局关于确认企业所得税收入若干问题的通知》（国税函〔2008〕875号）规定：“企业为促进商品销售而在商品价格上给予的价格扣除属于商业折扣，商品销售涉及商业折扣的，应当按照扣除商业折扣后的金额确定销售商品收入金额。债权人为鼓励债务人在规定的期限内付款而向债务人提供的债务扣除属于现金折扣，销售商品涉及现金折扣的，应当按扣除现金折扣前的金额确定销售商品收入金额，现金折扣在实际发生时作为财务费用扣除。企业因售出商品的质量不合格等原因而在售价上给予减让属于销售折让；企业因售出商品质量、品种不符合要求等原因而发生的退货属于销售退回。企业已经确认销售收入的售出商品发生销售折让和销售退回，应当在发生当期冲减当期销售商品收入。”

根据以上规定，东方房地产公司给予客户的折扣既不属于商业折扣，也不属于销售折让，相当于提前承诺给客户的一种现金折扣，现金折扣按照以上规定不能直接冲减销售收入，而是计入财务费用处理，所以企业所得税确认收入33万元，财务费用3.3万元，计入应纳税所得额的金额为29.7万元(33-3.3)。

关于土地增值税的处理，根据《国家税务总局关于土地增值税清算有关问题的通知》(国税函〔2010〕220号)规定，土地增值税清算时，已全额开具商品房销售发票的，按照发票所载金额确认收入；未开具发票或未全额开具发票的，以交易双方签订的销售合同所载的售房金额及其他收益确认收入。对于该公司来说，如果现金折扣不能冲减销售收入，只能以发票金额33万元作为土地增值税清算收入，计入财务费用的现金折扣也不能计入土地增值税扣除项目。

五、售后回购

售后回购交易是一种特殊形式的销售业务，它是指销货方在销售商品的同时，与购货方签订合同，并按照合同条款(如回购价格等内容)，将售出的商品重新买回的一种交易方式。

企业所得税处理中收入的确认原则与会计准则关于收入的确认条件基本相同，对售后回购业务的处理也基本一致。《国家税务总局关于确认企业所得税收入若干问题的通知》(国税函〔2008〕875号)规定："采用售后回购方式销售商品的，销售的商品按售价确认收入，回购的商品作为购进商品处理。有证据表明不符合销售收入确认条件的，如以销售商品方式进行融资，收到的款项应确认为负债，回购价格大于原售价的，差额应在回购期间确认为利息费用。"

售后回购是否缴纳契税？

《财政部、国家税务总局关于企业以售后回租方式进行融资等有关契税政策的通知》(财税〔2012〕82号)规定：对金融租赁公司开展售后回租业务，承受承租人房屋、土地权属的，照章征税。对售后回租合同期满，承租人回购原房屋、土地权属的，免征契税。

假设A房地产公司为融资需要，将写字楼销售给B金融租赁公司，销售款为10 000万元，然后租回使用，每年支付租金1 500万元，十年后该写字楼产权由A房地产公司以1元购回。谁缴纳契税？B金融租赁公司要缴纳契税，缴纳300万元(10 000×3%)的契税。A房地产公司购回时不缴纳契税。

【案例6-17】天山房地产公司2008年1月将两套商铺销售给某客户，售价为300万元，销售合同约定，2011年1月，房地产公司将重新购回该商铺，回购价为390万元，双方暂不办理产权过户手续。

【案例分析】

《国家税务总局关于确认企业所得税收入若干问题的通知》(国税函〔2008〕

875 号）规定，除企业所得税法及实施条例另有规定外，企业销售收入的确认，必须遵循权责发生制原则和实质重于形式原则。企业销售商品同时满足下列条件的，应确认收入的实现：

1. 商品销售合同已经签订，企业已将与商品所有权相关的主要风险和报酬转移给购货方；

2. 企业对已售出的商品既没有保留通常与所有权相联系的继续管理权，也没有实施有效控制；

3. 收入的金额能够可靠地计量；

4. 已发生或将发生的销售方的成本能够可靠地核算。

显然，案例中的商铺销售并不符合收入确认条件，此交易实质上为房地产公司以商铺作抵押的一种融资方式而已，融资 300 万元，期限 3 年，应支付利息 90 万元，年利率 10%，所售房产所有权上的主要风险和报酬仍留在天山房地产公司，该房地产公司对售出的商铺仍可以实施控制。按照国税函〔2008〕875 号文件的规定，不确认为收入，原始销售收到的 300 万元，会计处理记入“长期应付款”科目，到期回购价差 90 万元计入财务费用。

如果客户取得的商铺没有办理产权交易手续，但一样拥有 3 年使用权，从业务实质上看，则相当于房地产公司出租商铺 3 年，获取租金 90 万元。如果双方销售时办理了实质产权交易手续，则符合收入确认条件，天山房地产公司应确认会计收入和企业所得税收入，将来的回购按照正常房产购进交易处理。

【风险提示】

符合收入确认条件的售后回购，分别按照销售和购进两项业务处理，就要缴纳两次销售不动产营业税、土地增值税、企业所得税、印花税等，税负整体较高。不符合收入确认条件的售后回购，营业税处理需要仔细权衡，是按照“销售不动产”征收营业税还是按照将资金贷与他人使用征收“金融保险业”营业税，两者差别很大。按照“销售不动产”税目，应交纳营业税 19.5 万元［300 × 5% + (390 − 300) × 5%］。按照“金融保险业”科目，应交纳营业税 4.5 万元（90 × 5%）。尽管从实质上看，该交易应当按照融资业务征收营业税，但并不排除主管税务机关按照形式上的销售协议或者双方开具发票类型确定征收税目的可能性。

另外，会计处理为财务费用，不一定能获得税法的认可。例如，《河北省地方税务局关于企业所得税若干业务问题的公告》（河北省地方税务局公告 2011 年第 1 号）关于售后回购的税务处理问题规定：企业发生的售后回购业务，在税法上应作为销售、购买商品两项经济业务进行处理，对其按会计准则规定的销售价格与回购价格之间的差额计提的财务费用不得扣除。

六、售后回租

售后回租,又称售后包租、售后承租。房地产业的售后回租,是指房地产开发商在销售商品房给购房者的同时,与购房者签订该房的租赁合同。租赁合同中,开发商承诺在购房若干年后给予购房者固定租金,购房者所购房屋由开发商在一定期限内承租或者代为出租给其他公司或个人用于商业经营的一种特殊销售方式。售后回租方式下,在开发商与购房者之间,开发商(卖主)同时是承租人,购房者(买主)同时是出租人;在开发商与入住商户之间,开发商又是出租人,商户则是承租人。

会计上,应根据《企业会计准则第21号——租赁》将售后租回交易认定为融资租赁或经营租赁。企业应根据售后租回交易的性质确定其会计处理:售后租回交易认定为融资租赁的,售价与资产账面价值之间的差额应当予以递延,并按照该项租赁资产的折旧进度进行分摊,作为折旧费用的调整;售后租回交易认定为经营租赁的,售价与资产账面价值之间的差额应当予以递延,并在租赁期内按照与确认租金费用相一致的方法进行分摊,作为租金费用的调整。但是,有确凿证据表明售后租回交易是按照公允价值达成的,售价与资产账面价值之间的差额应当计入当期损益。

简言之,如果通过售后租回的交易安排使与该不动产的所有权相关的风险和报酬仍然由房地产开发企业享有或承担,为融资租赁;如果交易安排并未改变与该不动产的所有权相关的风险和报酬已经转移给购买方的事实,则为经营租赁。

税务上,《国家税务总局关于从事房地产开发的外商投资企业售后回租业务所得税处理问题的批复》(国税函〔2007〕603号)规定:

1. 从事房地产开发经营的外商投资企业以销售方式转让其生产、开发的房屋、建筑物等不动产,又通过租赁方式从买受人回租该资产,企业无论采取何种租赁方式,均应将售后回租业务分解为销售和租赁两项业务分别进行税务处理。企业销售或转让有关不动产所有权的收入与该被转让的不动产所有权相关的成本、费用的差额,应作为业务发生当期的损益,计入当期应纳税所得额。

2. 企业通过售后回租业务让渡了以下一项或几项资产权益或风险的,无论是否办理该不动产的法律权属变更(如产权登记或过户),均应认定企业已转让了全部或部分不动产所有权:

(1)获取资产增值收益的权益;

(2)承担发生的各种损害(包括物理损害和贬值)而形成的损失;

(3)占有资产的权益;

(4)在以后资产存续期内使用资产的权益；

(5)处置资产的权益。

3.企业与其关联方进行不动产售后回租交易的，除适用本批复规定外，还适用有关关联企业业务往来的税务管理规定。

【风险提示】

新的企业所得税法实施后，国税函〔2007〕603号文件归于失效，特别是"无论是否办理该不动产的法律权属变更(如产权登记或过户)，均应认定企业已转让了全部或部分不动产所有权"已不符合收入的确认条件。但有一点可以肯定，符合国税函〔2008〕875号文件中收入确认条件的销售还是要确认为收入，相应回租按照正常经营租赁处理。需要注意的是，开发商按合同约定支付给购房者的租金不得抵减售房的计税收入。同时，在售后回租业务中，购房者是商铺产权所有人，尽管由房地产开发企业全权负责租赁经营，对出租房屋一样负有缴纳营业税、城市维护建设税、房产税、城镇土地使用税、个人所得税、印花税和教育费附加等税费的义务。开发商作为转租方，已不是房屋产权所有人，在向商户转租房屋时，不需要缴纳房产税，但是能否取得租赁发票，还要看具体的合同约定，否则也会出现有转租收入却无租金成本的现象发生。

问题一：房地产开发公司采取优惠方式要求购房者无偿或低价将不动产交给开发公司使用若干年作为条件销售不动产，如何缴纳销售不动产营业税？

参考苏地税函〔2008〕135号文件规定，房地产开发公司销售不动产，采取优惠方式要求购房者无偿或低价将不动产交给开发公司使用若干年，这一经营方式名义上是开发商让利给购房者，实质上是优先取得了购房者的不动产的使用权，即其他经济利益。因此，对房地产开发公司以此方式销售不动产的行为，应按规定核定其营业额，不能以低价缴纳营业税，更不能以未取得销售收入为名不缴纳营业税。

问题二：房地产开发企业与商店购买者个人签订协议规定，房地产开发企业按优惠30%的价格出售其开发的商店给购买者个人，但购买者个人在2年期限内必须将购买的商店无偿提供给房地产开发企业对外出租使用。这种情况涉及个人所得税吗？

根据《国家税务总局关于个人与房地产开发企业签订有条件优惠价格协议购买商店征收个人所得税问题的批复》(国税函〔2008〕576号)规定，上述行为的实质是购买者个人以所购商店交由房地产开发企业出租而取得的房屋租赁收入支付了部分购房价款，因此对上述情形的购买者个人少支出的购房价款，应视同个人财产租赁所得，按照"财产租赁所得"项目征收个人所得税。每次财产租赁所得的收入额，按照少支出的购房价款和协议规定的租赁月份数平均计算确定。

七、买房奖车

【案例6-18】东方房地产公司在近期促销活动中，举办了成交客户抽奖活动，最高奖项为宝马轿车一辆，价值40万元。若业主放弃奖项，可直接获得40万元的价格折扣，商品房单套售价200万元。

【案例分析】

东方房地产公司的以上两个看似相同支出的促销方案纳税处理其实有差别。

1. 假设客户买房抽奖享受轿车奖项：

销售不动产应计算缴纳营业税10万元（200×5%），另外还应按规定计算缴纳企业所得税。

业主购房参加抽奖的奖品价值40万元，根据《关于企业处置资产所得税处理问题的通知》（国税函〔2008〕828号）的规定，企业将资产用于市场推广或销售而移送他人，因资产所有权属已发生改变而不属于内部处置资产，应按规定视同销售确定收入，所以赠送轿车视同销售处理，收入40万元，计税基础40万元。

视同销售流转税如何处理呢？

根据营业税、增值税的政策规定，一项销售行为如果既涉及应税劳务又涉及货物，为混合销售行为。除特定行为外，从事货物的生产、批发或者零售的企业、企业性单位和个体工商户的混合销售行为，缴纳增值税；其他单位和个人的混合销售行为，缴纳营业税。东方公司认为房地产开发企业的经济性质只能属于其他单位，应当缴纳营业税而不用缴纳增值税。

东方房地产公司在理解适用政策上存在错误，也就留下了潜在的纳税风险。该项经济行为并不构成混合销售行为，因为房地产开发企业在该项行为中不涉及营业税应税劳务而是销售不动产，不能适用混合销售行为的纳税处理，而是应当视为兼营处理。兼营是指同时经营“营业税应税劳务”、“增值税应税劳务”、“增值税货物销售”等多项业务的行为，其与混合销售行为的区别在于：

①混合销售是一项经营业务，兼营是多项经营业务。

②混合销售的对象只能是同一个单位和个人；兼营的对象可能是同一个单位和个人，也可能是多个单位和个人。

③混合销售行为，“增值税货物销售”与“营业税应税劳务”有着密不可分的依附、从属关系；兼营行为，“增值税货物销售”与“营业税应税劳务”没有依附、从属关系。

密不可分是混合销售实质所在，如销售空调并安装，为混合销售业务，两者密不可分。但是，销售房产带售汽车并不影响房屋的使用功能，不符合混合销售要件，应该将销售不动产所有权与赠送实物作为两项单独的业务，按兼营处理。

因此，根据增值税"将自产、委托加工或者购进的货物无偿赠送其他单位或者个人"的规定涉及的货物要视同销售计算缴纳增值税，即1.165万元［40÷(1+3%)×3%］。

个人所得税如何处理呢？

根据《财政部、国家税务总局关于企业促销展业赠送礼品有关个人所得税问题的通知》(财税〔2011〕50号)规定，企业对累积消费达到一定额度的顾客，给予额外抽奖机会，个人的获奖所得，按照"偶然所得"项目，全额适用20%的税率缴纳个人所得税。企业赠送的礼品是外购商品(服务)的，按该商品(服务)的实际购置价格确定个人的应税所得。本案例中涉及的个人所得税为8万元(40×20%)。

2. 若客户放弃奖项，享受房屋40万元价格折扣：

若客户放弃奖项，享受房屋40万元价格折扣，则该房地产公司的销售净额为160万元，按照160万元签订房屋销售合同。由于营业税是对转让不动产的"有偿"行为进行征税，按照有偿160万元计算营业税似乎没有问题，但是《营业税暂行条例》第七条规定，纳税人提供应税劳务、转让无形资产或者销售不动产的价格明显偏低并无正当理由的，由主管税务机关核定其营业额，所以减少的40万元营业额存在纳税风险。

业主放弃获奖而享受的商品房价格折扣，依据财税〔2011〕50号文件规定，企业通过价格折扣、折让方式向个人销售商品(产品)和提供服务不征收个人所得税。

第八节 向职工福利售房的纳税实务与风险防范

【案例6-19】2011年，天山房地产公司为实施对员工的激励政策，决定面向公司内部员工优惠销售商品房一批，对于有5年以上工龄的公司员工，以正常销售价格的60%为内部优惠价格；对于5年以下工龄的公司员工，以正常销售价格的80%为内部优惠价格。假定该公司正常的销售价格为4 500元/平方米，平均建造成本为3 000元/平方米。

该内部促销方案出台后，对税务方面的处理财务人员比较困惑，问题主要有：

1. 营业税、土地增值税、企业所得税、个人所得税应当如何计算？

2. 对员工的优惠价款是否应该视同"工资、薪金所得"计算征收个人所得税？

3. 个人所得税的计税基数如何确定？是否按照正常销售价格与内部优惠价格的差额计算确定计税基数？

【案例分析】

1. 营业税规定

《营业税暂行条例》第七条规定:“纳税人提供应税劳务、转让无形资产或者销售不动产的价格明显偏低并无正当理由的,由主管税务机关核定其营业额。”

《营业税暂行条例实施细则》第二十条规定:“纳税人有条例第七条所称价格明显偏低并无正当理由或者本细则第五条所列视同发生应税行为而无营业额的,按下列顺序确定其营业额:

①按纳税人最近时期发生同类应税行为的平均价格核定;

②按其他纳税人最近时期发生同类应税行为的平均价格核定;

③按下列公式核定:

营业额 = 营业成本或者工程成本 ×(1 + 成本利润率)÷(1 – 营业税税率)。”

2. 企业所得税规定

《企业所得税法》第四十一条规定,企业与其关联方之间的业务往来,不符合独立交易原则而减少企业或者其关联方应纳税收入或者所得额的,税务机关有权按照合理方法调整。

以上所称的合理方法包括:

①可比非受控价格法,是指按照没有关联关系的交易各方进行相同或者类似业务往来的价格进行定价的方法;

②再销售价格法,是指按照从关联方购进商品再销售给没有关联关系的交易方的价格,减除相同或者类似业务的销售毛利进行定价的方法;

③成本加成法,是指按照成本加合理的费用和利润进行定价的方法;

④交易净利润法,是指按照没有关联关系的交易各方进行相同或者类似业务往来取得的净利润水平确定利润的方法;

⑤利润分割法,是指将企业与其关联方的合并利润或者亏损在各方之间采用合理标准进行分配的方法;

⑥其他符合独立交易原则的方法。

3. 土地增值税规定

《国家税务总局关于房地产开发企业土地增值税清算管理有关问题的通知》(国税发〔2006〕187 号)对于“非直接销售和自用房地产的收入确定”规定如下:

房地产开发企业将开发产品用于职工福利、奖励、对外投资、分配给股东或投资人、抵偿债务、换取其他单位和个人的非货币性资产等,发生所有权转移时应视同销售房地产,其收入按下列方法和顺序确认:

①按本企业在同一地区、同一年度销售的同类房地产的平均价格确定;

②由主管税务机关参照当地当年同类房地产的市场价格或评估价值确定。

【风险提示】

对于案例中提到的激励政策，由于内部销售价格偏低，主管税务机关会根据以上营业税、企业所得税、土地增值税的政策规定核定或调整企业计税收入，企业不应当有什么侥幸心理，关键是该方案以内部销售价格销售住房个人所得税的税负是否能为公司员工所接受。

4. 个人所得税规定

《财政部、国家税务总局关于单位低价向职工售房有关个人所得税问题的通知》(财税〔2007〕13 号)规定：

(1)根据住房制度改革政策的有关规定，国家机关、企事业单位及其他组织(以下简称单位)在住房制度改革期间，按照所在地县级以上人民政府规定的房改成本价格向职工出售公有住房，职工因支付的房改成本价格低于房屋建造成本价格或市场价格而取得的差价收益，免征个人所得税。

(2)除本通知第一条规定情形外，根据《中华人民共和国个人所得税法》及其实施条例的有关规定，单位按低于购置或建造成本价格出售住房给职工，职工因此而少支出的差价部分，属于个人所得税应税所得，应按照"工资、薪金所得"项目缴纳个人所得税。

前款所称"差价部分"，是指职工实际支付的购房价款低于该房屋的购置或建造成本价格的差额。

(3)对职工取得的上述应税所得，按照《国家税务总局关于调整个人取得全年一次性奖金等计算征收个人所得税方法问题的通知》(国税发〔2005〕9 号)规定的全年一次性奖金的征税办法，计算征收个人所得税，即先将全部所得数额除以 12，按其商数并根据个人所得税法规定的税率表确定适用的税率和速算扣除数，再根据全部所得数额、适用的税率和速算扣除数，按照税法规定计算征税。

根据以上政策，该企业出售商品房给员工，只要内部促销优惠价格不低于建造成本，就不用缴纳个人所得税，比如对于 5 年以下工龄的公司员工以正常销售价格的 80% 为内部优惠价格，即销售价格为 3 600 元/平方米(4 500 × 80%)，高于建造成本 3 000 元/平方米，因此不用计算缴纳个人所得税。

而对于有 5 年以上工龄的公司员工以正常销售价格的 60% 为内部优惠价格，即销售价格为 2 700 元/平方米(4 500 × 60%)，低于建造成本 3 000 元/平方米，因此需要按照"工资、薪金所得"计算缴纳个人所得税。

对于有 5 年以上工龄的公司员工来说，以每套商品房 100 平方米计算，销售价款 27 万元，成本 30 万元，职工实际支付的购房价款低于该房屋的购置或建造成本，差额为 3 万元，即计税基数为 3 万元，比照一次性奖金的个人所得税征税办法适用税率 10% 计算个人所得税为 2 895 元(30 000 × 10% － 105)，5 年以上工龄的公司员工购房款以及个人所得税共计支出272 895元(2 700×100+2 895),仅达到该公司正常商品房销售价格的60.64%,尽管略低于成本价格,但是对于增强公司员工的凝聚力来说无疑可以起到十分有效的激励作用。

在实际操作中,销售价格的制定往往是房地产开发企业税务筹划的重要方面,但是筹划不可能鱼与熊掌兼得,只要可以解决关键症结,就是良好的运作方案。

第九节 商品房促销存在多纳税及未代扣代缴个人所得税风险

房地产开发企业在开发产品销售过程中,开盘赠送客户礼品以及买房抽奖,还有因无法办理按揭合同、商品房存在质量问题延期交房、未按约定时间办理房产证或者直接与客户取消合同等情形下支付的客户违约金,这些支付给业主的经济利益,如何进行账务处理?能否税前扣除?企业是否负有个人所得税代扣代缴义务?应取得客户的何种票据凭证才能入账?相信很多房地产开发企业都存在这样或那样的困惑,并且还存在该代扣代缴的税金没有扣缴、不该扣缴的税款反而扣缴的情况。本节就房地产开发企业销售环节涉及个人所得税的实务处理问题作出分析,以期解决会计人员在纳税实务中的困惑,化解纳税风险。

房地产开发企业赠送客户促销礼品,支付违约金、赔偿金等是否征税,主要在于确定这些所得是否属于个人所得税规定的"偶然所得"和"经国务院财政部门确定征税的其他所得"。属于这些所得,则负有代扣代缴义务,否则不负有代扣代缴义务,也不应扣除税款以达到少支付业主的目的。

一、解除买卖合同支付违约金代扣代缴个人所得税

国务院要求各地继续严格执行商品住房限购措施。限购区域限购住房类型应包括所有新建商品住房和二手住房。购房资格审查环节应前移至签订购房合同(认购)前。对拥有一套及以上住房的非当地户籍居民家庭、无法连续提供一定年限当地纳税证明或社会保险缴纳证明的非当地户籍居民家庭,要暂停在本行政区域内向其售房。购房人不具备购房资格的,企业要与购房人解除合同。对教唆、协助购房人伪造证明材料、骗取购房资格的中介机构,要责令其停业整顿,并严肃处理相关责任人;情节严重的,要追究当事人的法律责任。信贷方面,继续严格实施差别化住房信贷政策。银行业金融机构要进一步落实好对首套房贷款的首付款比例和贷款利率政策,严格执行第二套(及以上)住房信贷政策。要强化借款人资格审查,严格按规定调查家庭住房登记记录和借款人征信记录,不得向不符合信贷政

策的借款人违规发放贷款。对房价上涨过快的城市，中国人民银行当地分支机构可根据城市人民政府新建商品住房价格控制目标和政策要求，进一步提高第二套住房贷款的首付款比例和贷款利率。

因此，开发商不能为客户办理购房手续或按揭手续致使合同失效，即存在支付违约金的可能。

《国家税务总局关于个人取得解除商品房买卖合同违约金征收个人所得税问题的批复》(国税函〔2006〕865 号)规定，商品房买卖过程中，有的房地产公司因未协调好与按揭银行的合作关系，造成购房人不能按合同约定办妥按揭贷款手续，从而无法缴纳后续房屋价款，致使房屋买卖合同难以继续履行，房地产公司因双方协商解除商品房买卖合同而向购房人支付违约金。根据《个人所得税法》的有关规定，购房个人因上述原因从房地产公司取得的违约金收入，应按照“其他所得”项目缴纳个人所得税，税款由支付违约金的房地产公司代扣代缴。

因此，属于此种类型的违约金，开发商应代扣代缴个人所得税。由于该收入非营业税等征税范围，不必开具发票入账，但是应提供具体的依据，如法院判决书或调解书、仲裁机构的裁定书、双方签订的提供应税货物或应税劳务的协议、双方签订的赔偿协议、收款方开具的发票或收据等，会计上作为“营业外支出”处理。

二、延期交房支付违约金不代扣代缴个人所得税

房地产开发商因延期交房支付给业主的赔偿金和因房屋质量问题支付给客户的赔偿金，是否需要代扣代缴个人所得税？

个人在购房时由于房地产公司延期交房或因房屋质量问题而从房地产公司取得的违约金或赔偿金，不属于《个人所得税法》及《国家税务总局关于个人取得解除商品房买卖合同违约金征收个人所得税问题的批复》(国税函〔2006〕865 号)规定的应纳个人所得税的情形，因此房地产开发企业不代扣代缴个人所得税。

三、无偿赠送个人房屋

房地产开发企业为了某些利益的需要，无偿赠送个人房屋，即便不签订赠与合同，但是受赠人实质上取得了房屋所有权，一样负有纳税义务。

《财政部、国家税务总局关于个人无偿受赠房屋有关个人所得税问题的通知》(财税〔2009〕78 号)规定：

一、以下情形的房屋产权无偿赠与，对当事双方不征收个人所得税：

(一)房屋产权所有人将房屋产权无偿赠与配偶、父母、子女、祖父母、外祖父母、孙子女、外孙子女、兄弟姐妹；

(二)房屋产权所有人将房屋产权无偿赠与对其承担直接抚养或者赡养义务的

抚养人或者赡养人；

(三)房屋产权所有人死亡，依法取得房屋产权的法定继承人、遗嘱继承人或者受遗赠人。

除本通知第一条规定情形以外，房屋产权所有人将房屋产权无偿赠与他人的，受赠人因无偿受赠房屋取得的受赠所得，按照“经国务院财政部门确定征税的其他所得”项目缴纳个人所得税，税率为20%。对受赠人无偿受赠房屋计征个人所得税时，其应纳税所得额为房地产赠与合同上标明的赠与房屋价值减除赠与过程中受赠人支付的相关税费后的余额。赠与合同标明的房屋价值明显低于市场价格或房地产赠与合同未标明赠与房屋价值的，税务机关可依据受赠房屋的市场评估价格或采取其他合理方式确定受赠人的应纳税所得额。

受赠人转让受赠房屋的，以其转让受赠房屋的收入减除原捐赠人取得该房屋的实际购置成本以及赠与和转让过程中受赠人支付的相关税费后的余额，为受赠人的应纳税所得额，依法计征个人所得税。受赠人转让受赠房屋价格明显偏低且无正当理由的，税务机关可以依据该房屋的市场评估价格或以其他合理方式确定的价格核定其转让收入。

四、促销与业务往来赠送礼品征税有区别

《财政部、国家税务总局关于企业促销展业赠送礼品有关个人所得税问题的通知》(财税〔2011〕50号)明确企业在销售商品(产品)和提供服务过程中向个人赠送礼品不征收个人所得税的类型包括：

1. 企业通过价格折扣、折让方式向个人销售商品(产品)和提供服务；

2. 企业在向个人销售商品(产品)和提供服务的同时给予赠品，如通信企业对个人购买手机赠话费、入网费，或者购话费赠手机等；

3. 企业对累积消费达到一定额度的个人按消费积分反馈礼品。

这些赠送的一个共同特点是，只有个人购买了企业的商品或提供的服务时才会获得相应物品或服务的赠送。这种赠送实质上是企业的一种促销行为，个人实际上已经为取得此类赠品变相支付了价款。因此，这些赠品的取得实质上不是无偿的，而是有偿的，不需要征收个人所得税。例如，房地产开发企业在促销活动中承诺，业主购买300万元别墅一套赠送汽车一辆，或业主买房赠送装修即属于上述情形，不需要扣缴个人所得税。

《国家税务总局关于个人所得税有关问题的批复》(国税函〔2000〕57号)规定：“部分单位和部门在年终总结、各种庆典、业务往来及其他活动中，为其他单位和部门的有关人员发放现金、实物或有价证券，对个人取得的该项所得，应按照《中华人民共和国所得税法》中规定的‘其他所得’项目计算缴纳个人所得税，税款由

支付所得的单位代扣代缴。”

该文件自 2011 年 6 月 9 日起被财税〔2011〕50 号文件所取代。财税〔2011〕50 号文件明确企业在销售商品（产品）和提供服务过程中向个人赠送礼品征收个人所得税的类型包括：

1. 企业在业务宣传、广告等活动中，随机向本单位以外的个人赠送礼品，对个人取得的礼品所得，按照“其他所得”项目，全额适用 20% 的税率缴纳个人所得税。

2. 企业在年会、座谈会、庆典以及其他活动中向本单位以外的个人赠送礼品，对个人取得的礼品所得，按照“其他所得”项目，全额适用 20% 的税率缴纳个人所得税。

3. 企业对累积消费达到一定额度的顾客给予额外抽奖机会，个人的获奖所得，按照“偶然所得”项目，全额适用 20% 的税率缴纳个人所得税。

这些赠送的一个共同特点是，企业赠送礼品并不是以个人购买企业的商品或提供的服务为前提。因此，个人属于无偿取得这些赠品，对于个人取得的这些赠品所得应征收个人所得税。例如，房地产企业开盘促销，当天到场客户均有小电器礼品赠送，属于第一种情形。房地产企业召开成立周年庆典，会上赠送给来宾礼品，则属于第二种情形。税务处理上，根据《国家税务总局关于企业处置资产所得税处理问题的通知》（国税函〔2008〕828 号）规定，赠送礼品要视同销售确定收入；另外还应根据赠送礼品的性质分别确定扣除限额：如果是企业在业务宣传、广告等活动中向客户赠送礼品，属于广告费和业务宣传费，根据《企业所得税法实施条例》第四十四条规定扣除；如果是企业在年会、座谈会、庆典以及其他活动中向客户赠送礼品，则是交际应酬费，属于业务招待费支出，根据《企业所得税法实施条例》第四十三条规定扣除；如果赠送礼品属于上述情形之外的，比如赠送给与本企业业务无关的个人，则属于非广告性质赞助支出，不得扣除。关于赠送礼品（包括实物和劳务）的应纳税所得额，企业赠送的礼品是自产产品（服务）的，按该产品（服务）的市场销售价格确定个人的应税所得；是外购商品（服务）的，按该商品（服务）的实际购置价格确定个人的应税所得。

【风险提示】

对于应征收个人所得税的三种赠品发放类型，实务操作应注意以下问题：

1. 个人所得税是否可以扣缴。除了在第三种情况中，因为企业对累积消费达到一定额度的顾客给予额外抽奖机会，对个人的获奖所得，企业可以要求个人先完税后再给予赠送外，对于第一和第二种情况下的赠品，企业是很难扣缴个人应纳的个人所得税的。如果需要扣缴的个人所得税由企业承担，那么企业不能将承担的这部分个人所得税作为企业的成本、费用在企业所得税税前扣除。

2. 如何取得个人纳税信息。在目前个人所得税全员全额明细申报条件下，企业在扣缴个人所得税时，需要提供个人身份证等相关信息，房地产企业会面临现实操作中的障碍。

对于房地产开发企业促销活动中所发放礼品是否征税，还应注意抽奖式有奖销售与附赠式有奖销售有本质区别。

1. 抽奖式有奖销售

《国家工商行政管理局关于禁止有奖销售活动中不正当竞争行为的若干规定》（国家工商局令1993年第19号）规定："有奖销售，是指经营者销售商品或者提供服务，附带性地向购买者提供物品、金钱或者其他经济上的利益的行为，包括奖励所有购买者的附赠式有奖销售和奖励部分购买者的抽奖式有奖销售。凡以抽签、摇号等带有偶然性的方法决定购买者是否中奖的，均属于抽奖方式。……抽奖式有奖销售，最高奖的金额不得超过五千元。以非现金的物品或者其他经济利益作奖励的，按照同期市场同类商品或者服务的正常价格折算其金额。"

《国家工商行政管理局关于抽奖式有奖销售认定及国家工商行政管理局对〈反不正当竞争法〉具体应用解释权问题的答复》（工商公字〔1998〕143号）规定："国家工商局令1993年第19号规定'凡以抽签、摇号等带有偶然性的方法决定购买者是否中奖的，均属于抽奖方式'。根据该规定，抽签、摇号是典型的抽奖式有奖销售方式，但抽奖式有奖销售并不限于这些方式。在有奖销售中，凡以偶然性的方式决定参与人是否中奖的，均属于抽奖式有奖销售，而偶然性的方式是指具有不确定性的方式，即是否中奖只是一种可能性，既可能中奖，也可能不中奖，是否中奖不能由参与人完全控制。"

因此，房地产开发企业举办的各种促销活动中，凡以抽签、摇号等带有偶然性的方法赠送礼品的，应当与购物满一定金额再附送相应赠品的行为有所区别。两者最主要的区别是，有奖销售即购物抽奖方式中，消费者是否可以获得赠品与其实际购物金额有一定联系，但并不具有必然联系，消费者可能会抽得奖品，也可能无法抽得任何奖品，当然也不排除至少会有份纪念奖的情况，但总的来说，这种由抽奖结果来决定是否获得奖品及奖品种类的方式符合《个人所得税法》中有关偶然所得的定义（偶然所得，是指个人得奖、中奖、中彩以及其他偶然性质的所得）。例如，房地产开发企业为开盘造势，对于当天到开发项目来的前100位客户赠送价值1 000元的大礼包，这本身就具有偶然性，因此中奖人员具有纳税义务。根据《个人所得税法实施条例》第十条"个人取得的应纳税所得，包括现金、实物和有价证券。所得为实物的，应当按照取得的凭证上所注明的价格计算应纳税所得额；无凭证的实物或者凭证上所注明的价格明显偏低的，由主管税务机关参照当地的市场价格核定应纳税所得额"的规定及《个人所得税法》第三条的规定，偶然所得适用比例税率,税率为20%。

2. 附赠式有奖销售

相对于抽奖式有奖销售,房地产开发企业在销售开发产品的同时赠与业主实物,即属于附赠式有奖销售。例如,房地产开发企业开盘现场只要签约客户即获赠电动车一辆。在这一过程中,业主得到礼品并不具有偶然性,实质是业主同时购买了商品房和电动车两种商品,根据财税〔2011〕50号文件规定,企业在向个人销售商品(产品)和提供服务的同时给予赠品,不征收个人所得税。

财税〔2011〕50号文件强调了对于本单位以外人员所获赠品的征税规定,本单位员工任职于本单位所获取的不外乎工资、薪金所得和福利费所得,按照现行规定,同样应征收个人所得税,只是税目上应适用"工资、薪金所得"而已。

五、个人担保所得

房地产开发企业为及时获得流动资金,由具备一定实力的个人提供担保并支付其一定数额的担保费,也负有代扣代缴个人所得税义务。

《财政部、国家税务总局关于个人所得税有关问题的批复》(财税〔2005〕94号)规定:"个人为单位或他人提供担保获得报酬,应按照个人所得税法规定的'其他所得'项目缴纳个人所得税,税款由支付所得的单位或个人代扣代缴。"

六、应扣未扣个人所得税的法律责任

按照《税收征管法》的规定,纳税人、扣缴义务人在规定期限内不缴或者少缴应纳或者应解缴的税款,经税务机关责令限期缴纳,逾期仍未缴纳的,税务机关除依照本法第四十条的规定采取强制执行措施追缴其不缴或者少缴的税款外,可以处不缴或者少缴的税款百分之五十以上五倍以下的罚款。扣缴义务人应扣未扣、应收未收税款的,由税务机关向纳税人追缴税款,对扣缴义务人处应扣未扣、应收未收税款百分之五十以上三倍以下的罚款。纳税人、扣缴义务人逃避、拒绝或者以其他方式阻挠税务机关检查的,由税务机关责令改正,可以处一万元以下的罚款;情节严重的,处一万元以上五万元以下的罚款。

按照《税收征管法》的规定,虽然扣缴义务人不是纳税义务人,但是《国家税务总局关于贯彻〈中华人民共和国税收征收管理法〉及其实施细则若干具体问题的通知》(国税发〔2003〕47号)第二条关于扣缴义务人扣缴税款问题第三款规定:"扣缴义务人违反征管法及其实施细则规定应扣未扣、应收未收税款的,税务机关除按征管法及其实施细则的有关规定对其给予处罚外,应当责成扣缴义务人限期将应扣未扣、应收未收的税款补扣或补收。"所以,房地产开发企业应扣未扣税款的,也存在由其缴纳应扣未扣的税款以及相应的滞纳金或罚款的法律责任。

七、应扣未扣税款如何计算

房地产开发企业应扣未扣税款的现象比较普遍，究其原因，一是企业在促销活动中发放礼品不好意思向接受人扣缴个人所得税；二是促销礼品金额有限，再扣缴个人所得税将失去促销意义；三是合同违约等涉及客户众多，本来无理，扣缴个人所得税反而不利于化解纠纷。企业存在上述问题被税务机关在检查中发现，就会有被要求补缴应扣未扣税款及被罚款的可能，这时的支出也就变成了不含税支出，个人所得税反而更多。

此时个人所得税应纳税款按下列公式计算：

应纳税所得额 =（支付的收入额 - 费用扣除标准 - 速算扣除数）÷（1 - 税率）

应纳税额 = 应纳税所得额 × 适用税率 - 速算扣除数

支付应税所得的单位或个人为纳税人代付（承担）税款的，其应纳税款的计算方法适用以上公式。

第十节　支付及收取违约金的纳税实务与风险防范

一、未履行合同支付及收取的违约金的税务处理

房地产开发企业在项目开发和销售活动中，经常会发生签订业务合同后，由于种种客观原因合同不能履行，双方需要协商取消合同的情况。按合同规定，违约方要支付对方相应的违约金。那么，支付及收取违约金的双方应如何进行税务处理呢？

（一）支付违约金方的税务处理

《企业所得税法》第八条规定："企业实际发生的与取得收入有关的、合理的支出，包括成本、费用、税金、损失和其他支出，准予在计算应纳税所得额时扣除。"不能履行合同按规定支付对方的违约金，是企业在正常的生产经营过程中发生的与取得生产经营收入有关的、合理的支出。《企业所得税法实施条例》第二十七条又进一步明确：《企业所得税法》第八条所称有关的支出，是指与取得收入直接相关的支出。《企业所得税法》第八条所称合理的支出，是指符合生产经营活动常规，应当计入当期损益或者有关资产成本的必要和正常的支出。因此，企业因不能履行合同而支付给对方的违约金，不属于《企业所得税法》规定的不得扣除范围，而如果是符合企业生产经营活动常规的支出，是可以在当期企业所得税税前扣除的。

【案例 6 - 20】A 房地产公司违约撤销销售房屋给 B 公司，支付给 B 公司违约

金10万元,A房地产公司支付的违约金能否税前扣除?

【案例分析】

由于A房地产公司没有销售房屋给B公司,并没有取得销售不动产收入,因此该笔款项不属于价外费用,不缴纳营业税或增值税。B公司无须为A公司开具发票。但是A公司可以凭借购销合同、协议和付款收据税前扣除这笔违约金。

房地产开发企业如果因为《国家税务总局关于个人取得解除商品房买卖合同违约金征收个人所得税问题的批复》(国税函〔2006〕865号)的规定情形向个人支付违约金,还要代扣代缴个人所得税。

此外,如果是境内公司与境外企业签订的合同,因境内公司的原因而违约,需向境外公司支付的违约金,根据《企业所得税法》第三条和第四条及《企业所得税法实施条例》第六条和第七条"非居民企业取得中国境内机构和个人支付的合同违约金,应视为来源于中国境内的所得,负有企业所得税纳税义务"的规定,取得违约金的境外企业负有企业所得税纳税义务。同时,如该非居民企业系缔约国一方居民,则还要考虑两国税收协定中"其他所得"条款的规定。

【风险提示】

近年来,中国居民企业以合同违约为由向境外支付违约金的案例剧增。原因之一是某些中国居民企业利用某些协定中"其他所得"条款中中国作为来源国无征税权之规定,虚构违约金支付行为,将财产转移到境外,以逃避应承担的纳税义务。原因之二是避重就轻,即使该违约金按10%扣缴预提所得税,但逃避了居民企业的25%的企业所得税,还是有利可图的。因此,各地主管税务机关会根据相关事实全面审查支付违约金行为的真实性与合理性,特别是审查境内外企业所签订的合同对该居民企业究竟有无经济意义以及在签订合同时境内企业是否具有履行该合同的能力。

(二)收取违约金方的税务处理

收取违约金的一方,应注意营业税和企业所得税方面的处理问题。

按现行营业税政策规定,纳税人对在提供营业税应税劳务、转让无形资产或者销售不动产的情况下收取的违约金负有纳税义务;对不属于提供应税劳务、转让无形资产或者销售不动产等行为收取的违约金,不应征收营业税。

在企业所得税方面,《企业所得税法实施条例》第二十二条规定:"企业所得税法第六条第(九)项所称其他收入,是指企业取得的除企业所得税法第六条第(一)项至第(八)项规定的收入外的其他收入,包括企业资产溢余收入、逾期未退包装物押金收入、确实无法偿付的应付款项、已作坏账损失处理后又收回的应收款项、债务重组收入、补贴收入、违约金收入、汇兑收益等。"因未履约合同而取得的违约金,属于企业的其他收入所得,应并入当期应纳税所得额,按企业适用税率计征企业所得税。

另外，根据现行印花税政策的规定，签订的业务合同如果是《印花税暂行条例》所列举的应纳税凭证，签订合同的双方应按规定于合同书签订时立即计税贴花。如果合同不再履行，签订合同的双方已贴印花税，则不得申请退税或者抵用。

二、履行合同中支付及收取的违约金的税务处理

房地产开发企业经济交易中所产生的违约金，既可能是卖方向买方收取，也可能是买方向卖方收取；既存在于货物采购和销售环节，又存在于营业税应税劳务以及销售不动产、无形资产转让环节。违约金收取方式不同，会计处理和税务处理自然存在差别。

(一)房地产开发企业作为卖方收取违约金

房地产开发企业的经营业务以转让无形资产或者销售不动产为主，根据营业税政策规定，计税营业额为收取的全部价款和价外费用。

根据《财政部、国家税务总局关于营业税若干政策问题的通知》(财税〔2003〕16 号)的规定，单位和个人提供应税劳务、转让无形资产和销售不动产时，因受让方违约而从受让方取得的赔偿金收入，应并入营业额征收营业税。

参考《北京市地方税务局关于对房地产公司收取客户的违约金征收营业税问题的批复》(京地税营〔2002〕40 号)，根据现行营业税政策规定，对北京京港物业发展有限公司向购房户收取的因延期支付房款而发生的违约金，应并入营业额随相关业务适用税目税率计算征收营业税。

因此，房地产开发企业在销售房屋过程中收取的违约金也属于价外费用，应当缴纳营业税，会计处理时计入营业外收入。在这种情况下，房地产开发企业收取违约金开具发票也符合规定。但是由于买方客户多属于自然人，不存在税前扣除的问题，实务中开具发票的情形并不多见。不过，对于房地产开发企业来说，这种违约金收入无论如何进行会计处理，一样要计算缴纳营业税、土地增值税和企业所得税。

【案例 6 - 21】A 房地产公司销售房屋给 B 公司，由于 B 公司没有按期付款，因此支付 A 房地产公司违约金 10 万元。对这笔违约金，B 公司应如何在税前扣除？

【案例分析】

对于 A 房地产公司来说，这 10 万元是销售不动产过程中收取的价外费用，应当缴纳营业税，因此应当开具发票给 B 公司。B 公司若没有取得发票，则不应当在企业所得税税前扣除。

(二)房地产开发企业作为卖方支付违约金

房地产开发企业在转让无形资产或者销售不动产业务中，会由于各种原因不

能达到销售合同的约定条件，被迫支付给客户违约金。在这种情况下，违约金直接计入营业外支出，并视具体情况决定是否代扣代缴个人所得税。

如果房地产开发企业将此违约金处理为对客户的折扣或折让，根据《营业税暂行条例实施细则》第十五条规定确定营业额："纳税人发生应税行为，如果将价款与折扣额在同一张发票上注明的，以折扣后的价款为营业额；如果将折扣额另开发票的，不论其在财务上如何处理，均不得从营业额中扣除。"

若开发票将违约金视作折扣或折让扣除，则可少纳营业税，否则不能减少营业税营业额。

（三）房地产开发企业作为买方收取违约金

在开发产品开发建造过程中，房地产开发企业要采购大量的主要适用增值税的商品和货物。比如，房地产开发企业与电梯供货厂家签订合同，合同履行过程中，电梯厂家未及时供货从而构成违约的，要支付给房地产开发企业违约金。在这种情况下，买方收取违约金，不必给卖方开具发票，开具收据即可。相应地，买方收取的违约金既不缴纳增值税也不缴纳营业税。进行会计处理时，买方计入营业外收入，卖方计入营业外支出，但是要税前扣除，则必须有充分的证明依据。如果电梯厂家提出将违约金转化为给予房地产开发企业的折扣或折让或者在以后的价款结算中做销售折扣冲减，也是可以的，因为这种方式可以减少电梯厂家的销项税额，对于购买方房地产开发企业并无影响。

（四）房地产开发企业作为买方支付违约金

根据营业税、增值税相关政策，纳税人缴纳增值税的销售额或营业税的营业额为向购买方收取的全部价款和价外费用，此价外费用包含违约金。所以违约金应当缴纳增值税或营业税。同样，房地产开发企业作为购买方支付的这部分违约金价款若构成货物或劳务成本，也有理由向供货方索取包含此部分违约金的全额供货发票，这样房地产开发企业可以直接增加开发成本，否则计入营业外支出。

第十一节　资产出租的纳税实务与风险防范

一、预租定金与预收租金的纳税区别

【案例6-22】天山房地产公司会计向税务专家咨询，企业年终结账时，账面有300万元的商铺预收租金在"预收账款"科目没有结转收入，其中一笔租金是2009年8月已经出租，提前收取的一年商铺租金200万元，另一笔租金是2009年10月

收取的业主应明年交付的商铺预租定金 100 万元。根据《企业所得税法》的规定,租金收入应当按照合同约定的承租人应付租金的日期确认收入的实现,可是企业的商铺有一部分还处于在建状态,要到 2010 年 3 月才交付客户。这样的业务应如何处理?

【案例分析】

对于预租定金与预收租金,在纳税的具体处理上有所不同。

1. 营业税:根据《营业税暂行条例实施细则》的规定,纳税人提供租赁业劳务,采取预收款方式的,其纳税义务发生时间为收到预收款的当天。以上业务无论是预租定金还是预收租金,都符合出租房产所收到的预收租金的性质,应缴纳营业税 15 万元(300 ×5%)。

2. 房产税:《国家税务总局关于房产税、城镇土地使用税有关政策规定的通知》(国税发〔2003〕89 号)规定,出租、出借房产,自交付出租、出借房产之次月起计征房产税和城镇土地使用税。预租房产由于并未实际交付出租,2009 年不必考虑房产税。预收的已交付商铺租金 200 万元,具备缴纳房产税的条件,为简化计算,按照实际收款缴纳房产税 24 万元(200 ×12%)。

3. 企业所得税:租金收入按照合同约定的应付租金的日期确认收入的实现,应确认收入 200 万元,而不论租金对应期限长短,这与会计处理明显有异。会计处理遵循企业会计准则规定,一是相关的经济利益能够流入企业;二是收入的金额能够可靠地计量。本案例中天山房地产公司 2009 年会计处理仅确认 200 万元中 9 月至 12 月 4 个月的收入,即 66.67 万元(200 ÷12 ×4),这样汇算清缴就需要作纳税调整。

不过,《国家税务总局关于贯彻落实企业所得税法若干税收问题的通知》(国税函〔2010〕79 号)给了出租人一定的选择权。根据《企业所得税法实施条例》第十九条的规定,企业提供固定资产、包装物或者其他有形资产的使用权取得的租金收入,应按交易合同或协议规定的承租人应付租金的日期确认收入的实现。其中,交易合同或协议中规定租赁期限跨年度,且租金提前一次性支付的,根据《企业所得税法实施条例》第九条规定的收入与费用配比原则,出租人可对上述已确认的收入,在租赁期内分期均匀计入相关年度收入。这样的解释与会计核算保持了一致性,汇算清缴时无须作纳税调整。

预租定金与此不同,《房地产开发经营业务企业所得税处理办法》(国税发〔2009〕31 号)第十条规定:"企业新建的开发产品在尚未完工或办理房地产初始登记、取得产权证前,与承租人签订租赁预约协议的,自开发产品交付承租人使用之日起，出租方取得的预租价款按租金确认收入的实现。”所以，天山房地产公司取得的100万元商铺预租定金，2009年无须计入所得税收入，到2010年3月实际出租交付时再计入所得税收入。

那么，天山房地产公司为业主开具的200万元服务业发票，客户可以按200万元扣除吗？显然不可以。根据《企业所得税法实施条例》第四十七条的规定，以经营租赁方式租入固定资产发生的租赁费支出，按照租赁期限均匀扣除。因此，客户不能将200万元全额计入成本在2009年度进行税前扣除，仅可扣除4个月租金66.67万元；如已全额计入成本，就需要作纳税调整。

二、投资性房地产如何进行纳税调整

房地产开发企业开发的产品不一定全部用来销售，有些可能用来出租并长期持有。持有房地产，既可以出租获得近期收益，也可以坐拥升值空间。但是这里投资性房地产的概念与通常意义上的固定资产的概念已经不同了。

《企业会计准则第3号——投资性房地产》规定，投资性房地产是指为赚取租金或资本增值，或两者兼有而持有的房地产。投资性房地产能够单独计量和出售。

投资性房地产主要包括：①已出租的土地使用权；②持有并准备增值后转让的土地使用权；③已出租的建筑物。企业自用房地产和作为存货的房地产不属于投资性房地产。

如果投资性房地产采用成本模式计量，建筑物的核算适用《企业会计准则第4号——固定资产》，土地使用权的核算适用《企业会计准则第6号——无形资产》。

投资性房地产公允价值能够持续、可靠取得的，可对投资性房地产采用公允价值模式进行后续计量。采用公允价值模式计量，应当同时满足两个条件：①投资性房地产所在地有活跃房地产交易市场；②能够从房地产交易市场上取得同类或类似房地产市场价格及其他相关信息，从而对投资性房地产公允价值合理估计。采用公允价值模式计量的，不计提折旧或摊销，以资产负债表日投资性房地产的公允价值为基础调整其账面价值，公允价值与原账面价值之间的差额计入当期损益。

由于按照公允价值模式计量的投资性房地产的公允价值变动已计入当期利润，年终申报时须对已计入利润的“公允价值变动损益”进行调整。其纳税调整额等于企业所得税年度纳税申报表附表七《以公允价值计量资产纳税调整表》第3列与第1列之差。

按照《企业所得税法》的规定，按公允价值模式计量的投资性房地产仍应计提折旧或摊销，并在税前扣除。

【案例6-23】2009年1月，天山房地产公司将临街商铺对外整体出租，租期

5 年,商铺竣工结算价值 5 000 万元,可使用年限 40 年,公允价值为 5 500 万元。2009 年 12 月 31 日,商铺公允价值为 5 800 万元;2010 年 12 月 31 日,商铺公允价值为 5 600 万元。每年企业所得税汇算清缴如何调整?

【案例分析】

1.2009 年 1 月结转投资性房地产(单位:万元)

借:投资性房地产——商铺　　5 500

　贷:开发产品　　5 000

　　公允价值变动损益　　500

2.2009 年 12 月 31 日公允价值变动(单位:万元)

借:投资性房地产——商铺(公允价值变动)　300

　贷:公允价值变动损益　　300

3.2009 年企业所得税纳税调整

2009 年度企业所得税申报时,由于"公允价值变动损益"800 万元(5 800 - 5 000)已计入当期会计损益,应作纳税调减。同时,根据《企业所得税法》的规定,该投资性房地产仍允许计提折旧 115 万元(5 000 ÷ 40 ÷ 12 × 11),纳税调减 115 万元,该商铺折余价值为 4 885 万元(5 000 - 115)。

4.2010 年 12 月 31 日公允价值变动(单位:万元)

借:公允价值变动损益　　200

　贷:投资性房地产——商铺(公允价值变动)　200

5.2010 年企业所得税纳税调整

2010 年度企业所得税申报时,由于"公允价值变动损益"200 万元(5 800 - 5 600)已计入当期会计损益,应作纳税调增。同时,根据《企业所得税法》的规定,当年允许扣除折旧费用 125 万元(5 000 ÷ 40),纳税调减 125 万元,该商铺折余价值为 4 760 万元(4 885 - 125)。

【风险提示】

《北京市通州区国家税务局2012 年度汇算清缴政策热点问题解答》中的以公允模式计量投资性房地产的扣除问题

问:企业以公允模式计量的投资性房地产,能否计算折旧从税前扣除?

答:企业以公允模式计量的投资性房地产,在会计处理中不计提折旧,未确认折旧年限,与《企业所得税法实施条例》规定的固定资产或无形资产的扣除条件不相符,因此不得计算折旧从税前扣除。

企业采用公允模式计量的投资性房地产,企业所得税汇算清缴是否可以计提折旧还应遵循当地主管税务机关的规定。

2013 年 5 月 30 日,国家税务总局关于公允价值模式计量的投资性房地产折旧

问题的回复具有重要的参考价值,我们分享如下:

问题内容:您好! 按公允价值模式计量的投资性房地产根据《企业会计准则》的规定是不用计提折旧的,请问在汇算清缴时,投资性房地产可否按直线法计算其折旧,作纳税调减处理?

问题回复:

您好!

您在我们网站上提交的纳税咨询问题收悉,现针对您所提供的信息简要回复如下:

《国家税务总局关于做好2009年度企业所得税汇算清缴工作的通知》(国税函〔2010〕148号)规定,根据企业所得税法精神,在计算应纳税所得额及应纳所得税时,企业财务、会计处理办法与税法规定不一致的,应按照企业所得税法规定计算。企业所得税法规定不明确的,在没有明确规定之前,暂按企业财务、会计规定计算。

据此,企业按公允价值模式计量的投资性房地产(已出租的土地使用权、持有并准备增值后转让的土地使用权、已出租的建筑物)按会计规定不计提折旧,但在计算应纳税所得额,可按直线法计算其折旧或摊销,作纳税调减处理。

上述回复仅供参考。有关具体办理程序方面的事宜请直接向您的主管或所在地税务机关咨询。

第十二节　保障性住房可以享受的政策优惠

一、廉租房、公租房建设和运营的税收优惠

廉租房是指政府以租金补贴或实物配租的方式,向符合城镇居民最低生活保障标准且住房困难的家庭提供社会保障性质的住房。公租房是指纳入省、自治区、直辖市、计划单列市人民政府及新疆生产建设兵团批准的公租房发展规划和年度计划,以及按照《关于加快发展公共租赁住房的指导意见》(建保〔2010〕87号)和市、县人民政府制定的具体管理办法进行管理的住房。廉租房、公租房建设财务和税务处理暂无完整规定,笔者主张按照公共配套设施核算即可,不涉及营业税、企业所得税和土地增值税问题,可以享受的税收优惠也应予以关注。

【案例6-24】金兰房地产开发公司(简称金兰公司)通过国有土地公开出让方式,在某市拿下13 338.40平方米(约合20亩)土地。出让条件中载明此地块容积率小于等于3.0(假设取最大值3.0),明确保障性住房配建要求:配建廉租房比例不少于地上总住宅建筑面积的5%,配建公租房比例不少于地上总住宅建筑面积

的5%。公司财务人员咨询配套建设廉租房、公租房应该如何核算，有无税收优惠。

【案例分析】

（一）强制配建政策出台的背景

2011年以来，各级政府相继出台了关于房价调控、保障性住房建设的相关规定或实施意见。这样从中央到地方明确了在商品房建设过程中将配建保障性住房作为拿地的前置条件、准入的强制手段。例如，河北省于2011年2月28日发布了《河北省人民政府关于加快保障性安居工程建设的实施意见》（冀政〔2011〕28号），其中第四条第（二）款指出：要按比例强制配建保障性住房。把配建作为一项强制性举措加以推行，自2011年3月1日起，挂牌出让的商品住房用地新上项目，须按照项目总建筑面积10%（5%为廉租住房、5%为公共租赁住房）以上的比例配建保障性住房，并在规划和出让条件中予以明确。未按规定落实配建的项目，不得进行土地出让，不得办理建设用地规划许可证、建设工程规划许可证、建筑工程施工许可证、商品房预售许可证等手续，并依法追究有关部门及相关人员责任。石家庄市人民政府也在2011年4月6日发布了《石家庄市人民政府关于加快保障性安居工程建设的实施意见》（石政发〔2011〕6号），其中第五条"增加保障性安居工程住房供应"规定：强制配建保障性租赁住房。由市规划部门牵头，国土、住房保障部门参加，在3月底前，对2010年6月1日后取得住宅建设用地的项目进行彻底清查，严格落实配建要求。对确有正当理由配建有实际困难的，可通过适当提高容积率达到配建的要求。对确已无法配建的项目，须经市保障性安居工程领导小组批准。2010年6月1日后，新建普通商品住房项目按住宅总建筑面积5%的比例配建廉租住房；2011年3月1日起，挂牌出让的商品住房用地新上项目，须按照项目总建筑面积10%（5%为廉租住房、5%为公共租赁住房）以上的比例配建保障性租赁住房。配建的廉租住房无偿移交政府；配建的公共租赁住房，政府按建筑安装成本价回购。由政府主导投资建设的经济适用住房项目按住宅总建筑面积15%的比例配建的保障性租赁住房，政府按照物价局核定的经济适用住房销售价格回购；非政府投资建设的经济适用住房项目配建的保障性租赁住房，政府按照物价局核定的经济适用住房销售价格扣除利润和管理费用后的价格回购。城中村改造、旧城改造项目以规划住宅总建筑面积扣除回迁安置面积后按5%的比例配建保障性租赁住房，政府按建筑安装成本价回购。建筑安装成本价以财政局评审中心的评审价为准，每年一季度前市财政评审中心要制定回购评审价，提供给住房保障部门。强制配建的保障性租赁住房产权均归政府所有。未制定保障性租赁住房配建方案或方案未经市保障性安居工程领导小组签署审批意见的，市规划、建设、房管部门不得办理建设工程规划许可证、建筑工程施工许可证、商品房预售许可证等。

为了加快推进保障性住房建设进度，近期公开出让的土地中，不只是河北省，几乎各省都增加了强制配建保障性住房的条件。政府已经不再是保障性住房建设唯一的投资主体了，任何房地产开发公司只要进行商品房开发必须配建保障性住房。政府可相应给予配建企业一定的税收优惠。

(二)廉租房相关的税收政策

廉租房相关的税收政策主要体现在《财政部、国家税务总局关于廉租住房经济适用住房和住房租赁有关税收政策的通知》(财税〔2008〕24号)中。

其第一条第(二)款规定：对廉租住房、经济适用住房建设用地以及廉租住房经营管理单位按照政府规定价格、向规定保障对象出租的廉租住房用地，免征城镇土地使用税。

开发商在经济适用住房、商品住房项目中配套建造廉租住房，在商品住房项目中配套建造经济适用住房，如能提供政府部门出具的相关材料，可按廉租住房、经济适用住房建筑面积占总建筑面积的比例免征开发商应缴纳的城镇土地使用税。

第(四)款规定：对廉租住房、经济适用住房经营管理单位与廉租住房、经济适用住房相关的印花税以及廉租住房承租人、经济适用住房购买人涉及的印花税予以免征。

开发商在经济适用住房、商品住房项目中配套建造廉租住房，在商品住房项目中配套建造经济适用住房，如能提供政府部门出具的相关材料，可按廉租住房、经济适用住房建筑面积占总建筑面积的比例免征开发商应缴纳的印花税。

(三)公租房相关的税收政策

公租房相关的税收政策主要体现在《财政部、国家税务总局关于支持公共租赁住房建设和运营有关税收优惠政策的通知》(财税〔2010〕88号)中。

1. 对公租房建设用地及公租房建成后占地免征城镇土地使用税。在其他住房项目中配套建设公租房，依据政府部门出具的相关材料，可按公租房建筑面积占总建筑面积的比例免征建造、管理公租房涉及的城镇土地使用税。

2. 对公租房经营管理单位建造公租房涉及的印花税予以免征。在其他住房项目中配套建设公租房，依据政府部门出具的相关材料，可按公租房建筑面积占总建筑面积的比例免征建造、管理公租房涉及的印花税。

所以，房地产开发公司在建造商品房时配建的公租住房和廉租住房，可免征相应部分的土地使用税和印花税。免征税额按照配建的建筑面积占总建筑面积的比例来计算。但必须要提供政府部门出具的相关证明材料，否则无法享受免税。

在本例中，金兰公司受让土地面积为13 338.40平方米，容积率为3.0，所以总建筑面积为13 338.40×3.0=40 015.20(平方米)，其配建廉租房面积为40 015.20×5%=2 000.76(平方米)，配建公租房的面积也是2 000.76平方米。

假定土地使用税年税额标准为 15 元/平方米，金兰公司从年初开始负有纳税义务，那么金兰公司一年内应纳土地使用税为 13 338.40 × 15 × 90% = 180 068.40（元）。可免税 20 007.60 元。

金兰公司取得土地使用权要按照产权转移书据所载金额的 0.5‰缴纳印花税，签订建筑安装工程承包合同要按照建筑安装工程承包合同承包金额的 0.3‰缴纳印花税。同样依据财税〔2008〕24 号文件和财税〔2010〕88 号文件的规定，可以按照建造廉租房、公租房建筑面积占总建筑面积的比例计算免税额。

税收政策中所说的廉租住房、公租住房的经营管理单位一般指各级政府房管局下属的住房保障中心和某些自营公租住房等的单位。其优惠政策与房地产开发建造过程无关，并且建造过程的免税也仅限于政策规定的土地使用税和印花税。

（四）会计处理

按照相关会计处理的规定，房地产开发公司核算的公共配套设施费是指，房屋开发过程中，根据有关法规，产权及其收益权不属于开发商，开发商不能有偿转让也不能转作自有固定资产的公共配套设施支出。按照冀政〔2011〕28 号文件和石政发〔2011〕6 号文件，配建的廉租住房产权归政府所有，建成后无偿移交给政府，配建的公共租赁住房，由政府按建筑安装成本价回购。

所以从本质上说，按照政府规定配建廉租房、公租房是企业所必须承担的一项责任。不管是无偿移交还是按建筑安装成本价回购，单独的这两部分都不可能有盈利，而且建成后所有权要完全转移给政府，所以将配建支出作为公共配套设施费核算比较合适。房地产开发公司可以设置"配建廉租房"、"配建公租房"明细科目，单独核算廉租住房、公租住房的建造支出，按照和建造的消防设施、水泵房、水塔、居委会、派出所等相同的支出原则进行核算。如果发生的配建支出能够分清成本核算对象，应直接计入房屋开发成本核算对象的"配套设施费"项目，借记"开发成本——房屋开发（配套设施费）"账户，贷记"银行存款"、"应付账款"等账户；如果发生的配建支出应由两个或两个以上成本核算对象共同负担，应先在"开发成本——配套设施开发"账户进行归集，待配套设施完工时，再按一定标准（如有关项目的预算成本或计划成本等），分配计入有关房屋开发成本核算对象的"配套设施费"成本项目，借记"开发成本——房屋开发（配套设施费）"账户，贷记"开发成本——配套设施开发"账户。

政府按财政评审中心评定的建筑安装成本价回购公租房，支付给开发商的回购款，可以在实际收到时，直接冲减相应的配套设施费。

（五）企业所得税处理

《房地产开发经营业务企业所得税处理办法》（国税发〔2009〕31 号）第十八条规定，企业在开发区内建造的邮电通讯设施、学校、医疗设施应单独核算成本，其中,由企业与国家有关业务管理部门、单位合资建设,完工后有偿移交的,国家有关业务管理部门、单位给予的经济补偿可直接抵扣该项目的建造成本,抵扣后的差额应调整当期应纳税所得额。因此,房地产开发企业所配建的廉租住房,无偿移交政府,没有所得,直接计入公共配套设施核算即可;配建的公共租赁住房,政府按建筑安装成本价回购,可以回购价款直接冲抵公共配套设施建设费,无须视同销售处理。

二、棚户区改造的税收优惠

棚户区是指国有土地上集中连片建设的,简易结构房屋较多、建筑密度较大、房屋使用年限较长、使用功能不全、基础设施简陋的区域。棚户区改造是指列入省级人民政府批准的城市和国有工矿棚户区改造规划的建设项目。改造安置住房是指相关部门和单位与棚户区被拆迁人签订的拆迁安置协议中明确用于安置被拆迁人的住房。

城市和国有工矿棚户区改造是保障性安居工程的重要组成部分,住房城乡建设部、国家发展和改革委员会、财政部、国土资源部、中国人民银行 2009 年联合印发的《关于推进城市和国有工矿棚户区改造工作的指导意见》(建保〔2009〕295 号),对推进城市和国有工矿棚户区改造曾提出明确要求。《国务院办公厅关于促进房地产市场平稳健康发展的通知》(国办发〔2010〕4 号)也要求各地要通过城市棚户区改造和新建、改建、政府购置等方式增加廉租住房及经济适用住房房源,着力解决城市低收入家庭的住房困难。2010 年 2 月 5 日《财政部关于切实落实相关财政政策,积极推进城市和国有工矿棚户区改造工作的通知》(财综〔2010〕8 号)明确指出,进一步从多渠道筹集和落实棚户区改造资金,落实棚户区改造税费优惠政策。在一系列政策中,财政税收优惠可以归纳为三个层次:第一个层次,税收的免征优惠,对城市和工矿棚户区改造的安置住房免税或减税,包括免征城镇土地使用税、免征土地增值税、免征印花税和减征契税,对个人购买经济适用住房的减按 1% 征收契税;第二个层次,对城市和国有工矿棚户区改造中的安置住房项目免收行政事业性收费和政府性基金,包括免收防空地下室易地建设费、白蚁防治费等行政事业性收费,免收城市基础设施配套费、散装水泥专项资金、新型墙体材料专项基金、城市教育附加费、地方教育附加、城镇公用事业附加等政府性基金;第三个层次,作为政府对于棚户区改造中的经济适用住房和廉租住房用地实行划拨供应,免收土地出让金。这三个层次的财税政策对促进城市和工矿棚户区的改造作用是非常大的。

《财政部、国家税务总局关于城市和国有工矿棚户区改造项目有关税收优惠政策

的通知》(财税〔2010〕42 号)对前述文件所述税收政策优惠作出了更为明确的规定:

1. 对改造安置住房建设用地免征城镇土地使用税。对改造安置住房经营管理单位、开发商与改造安置住房相关的印花税以及购买安置住房的个人涉及的印花税予以免征。

在商品住房等开发项目中配套建造安置住房的,依据政府部门出具的相关材料和拆迁安置补偿协议,按改造安置住房建筑面积占总建筑面积的比例免征城镇土地使用税、印花税。

按照城镇土地使用税政策规定,在城市、县城、建制镇、工矿区范围内使用土地的单位和个人为城镇土地使用税的纳税人,应当缴纳城镇土地使用税。按照《城镇土地使用税暂行条例》的规定,由财政部另行规定免税的能源、交通、水利设施用地和其他用地可以免缴土地使用税。财税〔2010〕42 号文件规定的改造安置住房建设用地免征城镇土地使用税即属于财政部的另行规定,类似于《财政部、国家税务总局关于廉租住房、经济适用住房和住房租赁有关税收政策的通知》(财税〔2008〕24 号)第一条的规定:开发商在经济适用住房、商品住房项目中配套建造廉租住房,在商品住房项目中配套建造经济适用住房,如能提供政府部门出具的相关材料,可按廉租住房、经济适用住房建筑面积占总建筑面积的比例免征开发商应缴纳的城镇土地使用税。

开发商取得土地使用权,按照《财政部、国家税务总局关于房产税、城镇土地使用税有关政策的通知》(财税〔2006〕186 号)的规定,以出让或转让方式有偿取得土地使用权的,应由受让方从合同约定交付土地时间的次月起缴纳城镇土地使用税;合同未约定交付土地时间的,由受让方从合同签订的次月起缴纳城镇土地使用税。

棚户区改造项目是利用原土地拆旧返新,一般不需要另购土地,若全部改造均用作安置住房,按照财税〔2010〕42 号文件的规定是免征城镇土地使用税的。但是通常情况下,城市和国有工矿棚户区多是二层简易楼房、筒子楼、平房,按照多层住宅、高层住宅开发,建筑面积会成倍增加。开发商为追求高额回报,不会将取得土地全部用于安置住房建设。因此,非安置住房是一定要缴纳城镇土地使用税的。财税〔2010〕42 号文件规定了具体计算方式,即按改造安置住房建筑面积占总建筑面积的比例计算,但要提交政府部门出具的相关材料和拆迁安置补偿协议。

【案例 6-25】2010 年天山房地产公司某项目土地面积 50 000 平方米,建筑面积 80 000 平方米,其中安置住房 40 000 平方米,土地使用税年税额标准为 5 元/平方米。该房地产公司应纳多少土地使用税?

【案例分析】

应纳土地使用税 = 50 000 × (80 000 - 40 000)/80 000 × 5 = 125 000(元)

开发商取得土地使用权要按照产权转移书据0.5‰缴纳印花税，签订工程施工合同要按照建筑安装合同0.3‰缴纳印花税。同样依据财税〔2010〕42号文件的规定，可以按照改造安置住房建筑面积占总建筑面积的比例计算免税金额。该文件规定同样类似于《财政部、国家税务总局关于廉租住房、经济适用住房和住房租赁有关税收政策的通知》（财税〔2008〕24号）第一条的规定。

至于开发商销售住房以及业主购买住房，无论是否安置住房，此部分印花税还是要按照房价总额缴纳印花税的。

2.企事业单位、社会团体以及其他组织转让旧房作为改造安置住房房源且增值额未超过扣除项目金额20%的，免征土地增值税。

《土地增值税暂行条例》第八条规定，纳税人建造普通标准住宅出售，增值额未超过扣除项目金额20%的，免征土地增值税，对于旧房转让并没有此项规定，财税〔2010〕42号文件突破了《土地增值税暂行条例》的限制，且没有再强调是否为普通标准住宅。

3.对经营管理单位回购已分配的改造安置住房继续作为改造安置住房房源的，免征契税。

经营管理单位回购已分配的改造安置住房继续作为改造安置房源具有公益的性质，不是直接转让给个人使用。此安置住房房源可能用作廉租住房、周转安置住房，但如果继续转让，则购买人按照财税〔2010〕42号文件第四条的规定还要缴纳契税。

4.个人首次购买90平方米以下改造安置住房，可按1%的税率计征契税；购买超过90平方米但符合普通住房标准的改造安置住房，按法定税率减半计征契税。

5.个人取得的拆迁补偿款及因拆迁重新购置安置住房，可按有关规定享受个人所得税和契税减免政策。

这里的规定从《财政部、国家税务总局关于城镇房屋拆迁有关税收政策的通知》（财税〔2005〕45号）可以找到依据，该文件规定：①对被拆迁人按照国家有关城镇房屋拆迁管理办法规定的标准取得的拆迁补偿款，免征个人所得税。②被拆迁居民因拆迁重新购置住房的，对购房成交价格中相当于拆迁补偿款的部分免征契税；成交价格超过拆迁补偿款的，对超过部分征收契税。

6.财税〔2010〕42号文件自2010年1月1日起执行，2010年1月1日至文到之日的已征税款可在纳税人以后的相应应纳税款中抵扣，2010年度内抵扣不完的，按有关规定予以退税。

7.棚户区改造免征营业税不具有普遍性，地方暂免征收营业税的政策见《黑龙江省地方税务局关于棚户区改造税收管理问题的通知》（黑地税函〔2008〕103号）。该通知规定，为了贯彻落实黑龙江省人民政府《关于城市棚户区改造的实施意见》

(黑政发〔2008〕31 号)及黑龙江省人民政府办公厅《关于印发黑龙江省中央下放地方煤矿棚户区改造工程项目暂行管理办法的通知》(黑政办发〔2008〕34 号)精神,切实加强棚户区改造税收管理,现对房地产开发企业参与棚户区改造项目,偿还原拆(搬)迁面积房屋部分税收管理有关问题明确如下:

(1)参与棚户区改造的房地产开发企业应在拆(搬)迁工程结束后 1 个月内,向工程项目所在地主管地税机关申请并办理暂不征收营业税、城市维护建设税、教育费附加。申请办理时应提交棚户区改造工程项目中标批文、城市建设拆迁审批单、房屋拆迁货币补偿协议、被拆(搬)迁人身份证、被拆(搬)迁人房屋产权证等有关资料(原件、复印件)。

(2)工程项目所在地主管地税机关税收管理员对参与棚户区改造的房地产开发企业提出的申请进行调查核实后,上报县(市、区)局长办公会核准。核准暂不征收营业税的房地产开发企业,在开具黑龙江省销售不动产统一发票时,应在发票备注栏中注明偿还原拆(搬)迁房屋面积及金额。

三、开发经济适用住房的政策优惠

经济适用住房是指具有保障性质的政策性商品住房。政府通过土地划拨、减免行政事业性收费、政府承担小区外基础设施建设、控制开发贷款利率、落实税收优惠政策等措施,降低经济适用住房的建设成本。经济适用住房实行国家指导价,由政府物价部门会同有关部门按照保本微利的原则确定。另外,经济适用住房要实行申请、审批和公示制度。集资、合作建房是经济适用住房的组成部分,其建设标准、参加对象和优惠政策按照经济适用住房的有关规定执行。

(一)政策优惠

开发建设经济适用住房,政策优惠是多方面的,最直接的优惠当属当地政府给予的土地划拨和行政事业性收费的直接减免。例如,建设部、国家发展和改革委员会、监察部、财政部、国土资源部、中国人民银行、国家税务总局等七部门 2007 年 12 月 1 日联合发布的《经济适用住房管理办法》明确规定:

1. 经济适用住房建设用地以划拨方式供应。经济适用住房建设用地应纳入当地年度土地供应计划,在申报年度用地指标时单独列出,确保优先供应。

2. 经济适用住房建设项目免收城市基础设施配套费等各种行政事业性收费和政府性基金。经济适用住房项目外基础设施建设费用,由政府负担。

3. 经济适用住房建设单位可以以在建项目作抵押向商业银行申请住房开发贷款。

(二)税收优惠

现行的税收政策对于开发经济适用住房也给予了多方面的税收政策扶持。

1. 契税:根据《契税暂行条例》及其实施细则的规定,以划拨方式取得土地使用权的,不属于契税征收范围,不征收契税;以出让方式取得土地使用权的,应按综合地价4%的税率缴纳契税。

2. 土地增值税:《土地增值税暂行条例》第八条规定,纳税人建造普通标准住宅出售,增值额未超过扣除项目金额20%的,免征土地增值税。普通标准住宅的标准各省规定不一样。根据《国务院办公厅转发关于做好稳定住房价格工作意见的通知》(国办发〔2005〕26号)的规定,享受税收优惠政策的住房原则上应同时满足以下条件:①住宅小区建筑容积率在1.0以上;②单套建筑面积在120平方米以下;③实际成交价格低于同级别土地上住房平均交易价格1.2倍以下。经济适用住房限定套型面积和销售价格,按照合理标准建设,一般都可以作为普通住宅享受税收优惠。如果违规操作,如郑州出现的利用经济适用住房项目开发建造别墅的情形是绝对不能享受税收优惠的。

另外,经济适用住房一般不预征土地增值税。例如,《北京市地方税务局关于土地增值税征收管理有关问题的通知》(京地税地〔2006〕509号)规定,自2007年1月1日开始,除政府批准的经济适用住房和限价房外,本市房地产开发商预(销)售商品房取得的收入,一律按1%预征土地增值税。《天津市地方税务局关于社会保障住房、低保解困房和经济适用住房纳免土地增值税的通知》(津地税地〔2006〕6号)规定,对我市按符合关于经济适用住房建设规定建造出售的社会保障住房、低保解困房和经济适用住房,暂不预征土地增值税。

3. 城镇土地使用税:《财政部、国家税务总局关于廉租住房、经济适用住房和住房租赁有关税收政策的通知》(财税〔2008〕24号)第一条规定,开发商在经济适用住房、商品住房项目中配套建造廉租住房,在商品住房项目中配套建造经济适用住房,如能提供政府部门出具的相关材料,可按廉租住房、经济适用住房建筑面积占总建筑面积的比例免征开发商应缴纳的城镇土地使用税。

4. 印花税:《财政部、国家税务总局关于廉租住房、经济适用住房和住房租赁有关税收政策的通知》(财税〔2008〕24号)第一条规定,开发商在经济适用住房、商品住房项目中配套建造廉租住房,在商品住房项目中配套建造经济适用住房,如能提供政府部门出具的相关材料,可按廉租住房、经济适用住房建筑面积占总建筑面积的比例免征开发商应缴纳的印花税。

5. 企业所得税:《房地产开发经营业务企业所得税处理办法》第八条规定,企业销售属于经济适用住房、限价房和危改房的未完工开发产品的计税毛利率由各省、自治区、直辖市国家税务局、地方税务局按不低于3%的标准确定。3%的比率是与相关政策规定相匹配的。《经济适用住房管理办法》对于经济适用住房的价格规定，房地产开发企业实施的经济适用住房项目利润率按不高于3%核定；市、县人民政府直接组织建设的经济适用住房只能按成本价销售，不得有利润。

房地产开发企业需要注意的是，要享受税收优惠政策，房地产开发企业要按规定向税务局报送经济适用住房资料。虽然各地实际情况可能有所不同，但报送的资料主要包括项目计划批准证书、立项报告、经济适用住房批准文件及主管税务机关要求报送的其他资料。

（三）经济适用住房价格构成

最后，还需要明确的是，房地产开发企业开发经济适用住房尽管有一定的政策扶持和税收优惠，但是其总体项目利润率要求控制在3%以内，所以想方设法扩大开发规模，增加建筑面积和提高售价等都属于违规操作。经济适用住房价格应以保本微利为原则，根据《国家计委、建设部关于印发经济适用住房价格管理办法的通知》（计价格〔2002〕2503 号）的规定确定。经济适用住房价格主要包括如下内容：

1. 征地和拆迁补偿、安置费，指按照法律、法规规定用于征用土地和拆迁补偿、安置所支付的费用等。

2. 勘察设计和前期工程费及行政事业性收费，指建设项目前期工作所发生的工程勘察、规划、建筑设计、项目可行性研究、施工通水、通电、通路及平整场地的费用及按规定交纳的行政事业性收费等。

3. 建筑安装工程费，指列入施工图预算项目的主体房屋土建工程费、工程监理费以及水暖电气安装工程费等。

4. 住宅小区基础设施建设费（含小区非营业性公共配套设施建设费），指在小区用地规划红线以内，与住房同步配套建设的道路、室外供水、供电、供气、供热、通讯、照明、排污、环卫、绿化、消防、有线电视等公共基础设施建设费用，以及按政府批准的小区规划建设的物业管理用房、公共非机动车停车棚、公厕、围墙等非营业性公共配套设施建设的费用等。

5. 管理费，指开发企业为经济适用住房建设组织开发所发生的费用，按照不超过以上 1 至 4 项费用之和的 2% 计算。

6. 贷款利息，指开发企业为经济适用住房建设筹措资金所发生的银行贷款利息支出。利率以商业银行提供贷款的利率为准。利息支出数应为扣除利息收入后的净支出。

7. 税金，指营业税、城市维护建设税、教育附加费等，依照国家规定的税目和税率计算。

8. 利润，按照不超过以上 1 至 4 项费用之和的 3% 计算。

第七章　企业所得税扣除项目纳税调整

第一节　企业所得税税前扣除的基本原则

一、企业所得税税前扣除的基本原则及要求

企业实际发生的与取得收入有关的、合理的支出,包括成本、费用、税金、损失和其他支出,准予在计算应纳税所得额时扣除。

成本,是指企业在生产经营活动中发生的销售成本、销货成本、业务支出以及其他耗费。

费用,是指企业在生产经营活动中发生的销售费用、管理费用和财务费用,已经计入成本的有关费用除外。

销售费用,是指房地产开发企业在销售开发产品过程中发生的各种费用。企业为销售开发产品,必然会发生一定的支出,这部分支出是企业为获取收入而发生的必要与正常的支出,包括广告费、运输费、装卸费、包装费、展览费、保险费、销售佣金、代销手续费、经营性租赁费及销售部门发生的差旅费、工资、福利费等费用以及开发产品销售之前的改装修复费、看护费、采暖费等。

管理费用,是指房地产开发企业的行政管理部门等为管理组织经营活动提供各项支援性服务而发生的费用。房地产开发企业除了需要与项目开发直接相关的各种机构、人员、财物之外,作为一个行为主体,还需要一些为项目开发提供辅助性服务的机构和人员,这些机构和人员的配置及职能的发挥等,都将影响企业项目开发活动的效益,相应的支出也是与企业取得收入有关的必要与正常的支出。这些支出在企业所得税扣除方面体现为管理费用,包括由纳税人统一负担的总部(公司)经费(包括总部行政管理人员的工资薪金、福利费、差旅费、办公费、折旧费、修理费、物料消耗、低值易耗品摊销等)、研究开发费(技术开发费)、劳动保护费、业务招待费、工会经费、职工教育经费、股东大会或董事会费、开办费摊销、无形资产摊销(含土地使用费、土地损失补偿费)、坏账损失、印花税等税金、消防费、排污费、绿化费,法律、财务、资料处理及会计、审计事务方面的成本(包括咨询费、诉讼费、

聘请中介机构费、商标注册费等)。

财务费用,是指企业筹集经营性资金而发生的费用。在实践中,房地产开发企业很少能不借助外来资金而满足自身生产经营的需要,发生资金拆借行为较为普遍,为此,房地产开发企业要发生一定的费用,这些费用就是财务费用,包括利息净支出、汇兑净损失、金融机构手续费以及其他非资本化支出等。

税金,是指企业发生的除企业所得税和允许抵扣的增值税以外的各项税金及附加。

损失,是指房地产开发企业在项目开发中发生的固定资产和存货的盘亏、毁损、报废损失,转让财产损失,呆账损失,坏账损失,自然灾害等不可抗力因素造成的损失以及其他损失。企业发生的损失,减除责任人赔偿和保险赔款后的余额,依照国务院财政、税务主管部门的规定扣除。企业已经作为损失处理的资产,在以后纳税年度又全部收回或者部分收回时,应当计入当期收入。

其他支出,是指除成本、费用、税金、损失外,企业在生产经营活动中发生的与生产经营活动有关的、合理的支出。

根据《企业所得税法》及《企业所得税法实施条例》的规定,企业所得税税前扣除要遵循三项基本原则。

(一)真实性原则

1.实际发生,并非实际支付的概念。一般认为,支付义务产生,即意味着费用支出发生。例如,房地产开发企业按照工程形象进度结算施工工程款,即形成支付义务。

2.实际发生,并非必须取得发票。企业应当提供能够证明收入、费用实际已经发生的适当凭据,然后根据具体业务去判断是否实际发生。企业有的业务无法取得发票,如房地产开发企业支付的拆迁补偿费、青苗补偿费等;有的业务可能取得了不符合规定的发票;有的业务不需要发票,如房地产总公司的共同费用分割单、工资分配原始凭证等。因此,发票并不是费用真实发生的唯一凭据。

(二)相关性原则

《企业所得税法》第八条和《企业所得税法实施条例》第二十七条明确,准予在计算应纳税所得额时扣除的支出必须是与取得收入直接相关的支出。

1.准予扣除的支出是与取得收入"直接相关"的支出。

根据该原则,可以明确以下两点:一是与企业生产经营无关的支出不允许在税前扣除,如企业的非公益性捐赠支出、企业为雇员承担的个人所得税、已出售给职工的住房的折旧费、与经营活动无关的固定资产计提的折旧费等;二是属于个人消费性质的支出不允许在税前扣除,如企业高级管理人员的个人娱乐支出、家庭消费支出等。

根据《企业财务通则》(财政部令第 41 号)第四十六条的规定,企业不得承担属于个人的下列支出:①娱乐、健身、旅游、招待、购物、馈赠等支出。②购买商业保险、证券、股权、收藏品等支出。③个人行为导致的罚款、赔偿等支出。④购买住房、支付物业管理费等支出。⑤应由个人承担的其他支出。

在相关性的具体判断上,一般是从支出发生的根源和性质方面进行分析,而不是看费用支出的结果。从根源方面判断,支出存在与收入直接相关的关系;从性质方面判断,支出必须是企业的支出而非企业经营者或者股东自身的支出。例如,房地产开发企业的股东的子女入学费、为家庭成员购买的人身保险,均属于与生产经营无关的支出,不得在税前扣除;房地产开发企业经理人员因个人原因发生法律诉讼,虽然经理人员摆脱法律纠纷有利于其全身心投入企业的经营管理,最终可能确实对企业经营有好处,但发生的诉讼费用从根源和性质上分析属于经理人员的个人支出,与企业的应税收入不直接相关,因而不允许作为企业的支出在税前扣除。

2.“与收入直接相关”中的“收入”应理解为应税收入。

应税收入是与不征税收入和免税收入相对应的一个概念。由于应税收入要缴纳企业所得税,与之相应的支出根据相关性原则允许税前扣除。而不征税收入不属于营利性活动带来的经济利益,从税制原理来看就不应缴纳企业所得税,因此与之相对应的支出也不得在税前扣除。《企业所得税法实施条例》第二十八条第二款对此作了明确规定,即“企业的不征税收入用于支出所形成的费用或者财产,不得扣除或者计算对应的折旧、摊销扣除”。

3. 免税收入对应的成本费用,除另有规定外,可以税前扣除。

免税收入虽从税制原理上讲应该缴纳企业所得税,但是国家出于某些因素考虑而允许其免予纳税,与之相对应的支出项目与应税收入无关,但并非不可以扣除。根据《国家税务总局关于贯彻落实企业所得税法若干税收问题的通知》(国税函〔2010〕79 号)第六条关于免税收入所对应的费用扣除问题规定:根据《企业所得税实施条例》第二十七条、第二十八条的规定,企业取得的各项免税收入所对应的各项成本费用,除另有规定者外,可以在计算企业应纳税所得额时扣除。

(三)合理性原则

合理的支出,是指符合生产经营活动常规,应当计入当期损益或者有关资产成本的必要与正常的支出,因此允许扣除的支出首先应当是符合企业生产经营活动常规的支出。例如,工资薪金支出、劳动保护支出等税前扣除项目,均需要税务机关及税务人员根据合理性原则进行审核和具体判断。合理性的具体判断,主要是看支出的计算和分配方法是否符合一般经营常规,如企业的工资水平与社会整体或者同行业工资水平是否差异过大,劳动保护支出与企业的经营性质或经济效益是否匹配,发生的业务招待费与所成交的业务额或者业务的利润水平是否相吻合等。

此外,企业发生的合理支出,只限于应当计入当期损益或者有关资产成本的必要与正常的支出。根据这一原则,非法支出不能扣除;行政罚款、税收滞纳金、政治捐款一般都不允许扣除;贿赂支出和秘密支付等不允许扣除。

二、企业所得税税前扣除应遵循的一般原则

(一)权责发生制原则

企业应纳税所得额的计算,以权责发生制为原则,属于当期的收入和费用,不论款项是否收付,均作为当期的收入和费用;不属于当期的收入和费用,即使款项已经在当期收付,均不作为当期的收入和费用。《企业所得税法》、《企业所得税法实施条例》及国务院财政、税务主管部门另有规定的除外。由于经济活动的复杂性,在特定情况下可以采用收付实现制的原则。因此,国务院财政、税务主管部门可以根据实际情况对不采用权责发生制的情形作进一步详细规定,以保证应纳税所得额的计算更加科学、合理。例如,工资扣除额必须是实际发生的。

(二)配比原则

配比原则包括因果配比原则和时间配比原则。因果配比原则是指企业在计算应纳税所得额时,收入与其成本、费用应当相互配比。其中,应税收入应与为取得应税收入而支出的相对应的成本、费用相配比,不征税收入或免税收入应与为取得不征税收入或免税收入而支出的相对应的成本、费用相配比。该原则在新税法的条文中多有体现。例如,《企业所得税法》第十一条第五款规定,与经营活动无关的固定资产不得计算折旧扣除;第十二条第三款规定,与经营活动无关的无形资产不得计算摊销费用扣除。应该说,因果配比原则从属于相关性原则。因此,这里的配比原则是指时间配比原则。

时间配比是指将一定时期的收入与同时期的为取得该收入而支出的相对应的成本费用和损失相配比。时间配比在税前扣除中体现为,当期的成本、费用与损失应在当期扣除,不允许提前或滞后扣除。

《企业所得税法》第五十三条和五十四条规定,企业所得税按纳税年度计算,即公历1月1日起至12月31日止;分月或分季预缴,自年度终了之日起五个月内汇算清缴,结清应缴应退税款。据此,一般情况下,时间配比原则中的"时间"应以纳税年度作为税前扣除的所属时间段。

《企业所得税法实施条例》第二十八条规定,企业发生的支出应当区分收益性支出和资本性支出。该条款直接体现了应税收益与支出在时间上的配比原则。企业实际发生的所有支出,包括成本、费用、税金、损失和其他支出,都要按收益性支出和资本性支出的标准严格划分。凡支出的效益仅及于一个纳税年度的,应当作

为收益性支出，允许在支出发生的当年在税前扣除（如当年发放的工资、发生的业务招待费等）；凡支出的效益及于两个或两个以上纳税年度的，应当作为资本性支出，不允许当年直接在税前扣除（即不允许一次性扣除），应通过折旧等项目逐年在税前摊销（如固定资产、生物资产、无形资产、长期待摊费用、投资资产等）。

（三）税法优先原则

在计算应纳税所得额时，企业财务、会计处理办法与税收法律、行政法规的规定不一致的，应当依照税收法律、行政法规的规定计算。

（四）确定性原则

纳税人可扣除的费用不论何时支付，其金额必须是确定的。

企业发生的符合税前扣除基本原则及一般原则规定的与取得应税收入有关的支出，凡没有计入成本、没有资本化以及税法没有禁止和限制的，都应在税前扣除。

三、企业所得税税前允许扣除的项目

企业所得税税前允许扣除的项目包括：

(1)合理的工资、薪金；

(2)职工福利费；

(3)职工教育经费；

(4)工会经费；

(5)社会保险费；

(6)住房公积金；

(7)为特殊工种职工支付的人身安全保险费；

(8)国务院财政、税务主管部门规定允许扣除的商业保险费；

(9)企业参加财产保险缴纳的保险费；

(10)业务招待费；

(11)广告费和业务宣传费；

(12)不需资本化的借款费用；

(13)向金融企业借款的利息支出；

(14)企业经批准发行债券的利息支出；

(15)向非金融企业借款的，不超过按照金融企业同期同类贷款利率计算的数额的部分的利息支出；

(16)汇兑损失；

(17)用于环境保护、生态恢复等方面的专项资金（按照法律、行政法规有关规定提取的）；

(18)以经营租赁方式租入固定资产发生的租赁费；

(19)以融资租赁方式租入固定资产提取的折旧费用；

(20)企业发生的合理的劳动保护支出；

(21)公益性捐赠支出；

(22)其他允许扣除的支出。

四、企业所得税税前不允许扣除的支出

企业所得税税前不允许扣除的支出包括：

(1)向投资者支付的股息、红利等权益性投资收益款项。账务处理通过"利润分配——提取应付股利"和"应付股利"科目核算，对损益没有影响，一般不涉及纳税调整。

(2)企业所得税税款。

(3)税收滞纳金。

(4)罚金、罚款和被没收财物的损失。

(5)非公益救济性捐赠支出以及超过扣除比例的公益救济性捐赠支出。

(6)赞助支出。

(7)企业之间支付的管理费。

(8)企业内营业机构之间支付的租金和特许权使用费。

(9)非银行企业内营业机构之间支付的利息。

(10)企业为投资者或职工支付的商业保险费。

(11)未经核定的准备金支出，如资产减值准备、坏账准备等，除另有规定外，不得扣除。

(12)不征税收入所形成的费用和资产。

(13)与取得收入无关的其他支出。

第二节　企业所得税工资薪金总额的扣除

一、工资薪金的概念

《企业所得税法实施条例》第三十四条规定，企业发生的合理的工资薪金支出，准予扣除。上述规定中所称的"工资薪金"，是指企业每一纳税年度支付给在本企业任职或者受雇的员工的所有现金形式或者非现金形式的劳动报酬，包括基本工资、奖金、津贴、补贴、年终加薪、加班工资，以及与员工任职或者受雇有关的其他支出。

二、工资薪金支出税前扣除

（一）关于合理工资薪金问题

《国家税务总局关于企业工资薪金及职工福利费扣除问题的通知》（国税函〔2009〕3 号）规定，《企业所得税法实施条例》第三十四条所称“合理的工资薪金”，是指企业按照股东大会、董事会、薪酬委员会或相关管理机构制定的工资薪金制度规定实际发放给员工的工资薪金。税务机关在对工资薪金进行合理性确认时，可按以下原则：

（1）企业制定了较为规范的员工工资薪金制度；

（2）企业所制定的工资薪金制度符合行业及地区水平；

（3）企业在一定时期所发放的工资薪金是相对固定的，工资薪金的调整是有序进行的；

（4）企业对实际发放的工资薪金，已依法履行了代扣代缴个人所得税义务；

（5）有关工资薪金的安排，不以减少或逃避税款为目的。

对工资支出合理性的判断，主要包括两个方面：一是雇员实际提供了服务；二是报酬总额在数量上是合理的。实际操作中主要考虑雇员的职责、过去的报酬情况，以及雇员的业务量和复杂程度等相关因素。同时，还要考虑当地同行业职工平均工资水平。需要特别指出的是，如果企业没有代扣代缴个人所得税，则相应的工资薪金不得税前扣除。例如，《国家税务总局关于加强企业所得税管理的意见》（国税发〔2008〕88 号）规定，利用个人所得税和社会保险费征管、劳动用工合同等信息，比对分析工资支出扣除数额。这实质上也是税前扣除合理性的考虑。

（二）关于工资薪金总额问题

《企业所得税法实施条例》所称的“工资薪金总额”，是指企业按照国税函〔2009〕3 号文件第一条的规定实际发放的工资薪金总和，不包括企业的职工福利费、职工教育经费、工会经费以及养老保险费、医疗保险费、失业保险费、工伤保险费、生育保险费等社会保险费和住房公积金。属于国有性质的企业，其工资薪金不得超过政府有关部门给予的限定数额；超过部分，不得计入企业工资薪金总额，也不得在计算企业应纳税所得额时扣除。

《国家税务总局关于企业所得税应纳税所得额若干税务处理问题的公告》（国家税务总局公告 2012 年第 15 号）关于季节工、临时工等费用税前扣除问题规定：企业因雇用季节工、临时工、实习生，返聘离退休人员以及接受外部劳务派遣用工所实际发生的费用，应区分为工资薪金支出和职工福利费支出，并按《企业所得税法》的规定在企业所得税前扣除。其中属于工资薪金支出的，准予计入企业工资薪金总额的基数，作为计算其他各项相关费用扣除的依据。

《关于工资总额组成的规定》(国家统计局1990年第1号令)规定,企业工资总额可分为六个部分:

(1)计时工资,是指按计时工资标准(包括地区生活费补贴)和工作时间支付给个人的劳动报酬。

(2)计件工资,是指对已做工作按计件单价支付的劳动报酬。

(3)奖金,是指支付给职工的超额劳动报酬和增收节支的劳动报酬。包括:生产奖;节约奖;劳动竞赛奖;机关、事业单位的奖励工资;其他奖金。

(4)津贴和补贴,是指为了补偿职工特殊或额外的劳动消耗和因其他特殊原因支付给职工的津贴,以及为了保证职工工资水平不受物价影响而支付给职工的物价补贴。

(5)加班加点工资,是指按规定支付的加班工资和加点工资。

(6)特殊情况下支付的工资。包括:根据国家法律、法规和政策规定,因病、工伤,休产假、计划生育假、婚丧假、事假、探亲假,定期休假,停工学习,履行国家或社会义务等原因,按计时工资标准或计时工资标准的一定比例支付的工资;附加工资、保留工资。

工资总额的计算应以直接支付给职工的全部劳动报酬为根据。各单位支付给职工的劳动报酬以及其他根据有关规定支付的工资,不论是计入成本的还是不计入成本的,不论是按国家规定列入计征奖金税项目的还是未列入计征奖金税项目的,不论是以货币形式支付的还是以实物形式支付的,均应列入工资总额的计算范围。

【风险提示】

由国家人力资源与社会保障部颁布的《劳务派遣暂行规定》于2014年3月1日起施行。该规定明确,用工单位只能在临时性、辅助性或替代性的工作岗位上使用被派遣劳动者。

临时性工作岗位是指存续时间不超过6个月的岗位;辅助性工作岗位是指为主营业务岗位提供服务的非主营业务岗位;替代性工作岗位是指用工单位的劳动者因脱产学习、休假等原因无法工作的,一定期间内可以由其他劳动者替代工作的岗位。

该规定明确,劳务派遣机构应依法与被派遣劳动者订立两年以上的固定期限书面劳动合同。被派遣劳动者在退回后无工作期间,劳务派遣单位应按不低于所在地人民政府规定的最低工资标准,向其按月支付报酬。

该规定明确,用人单位以承揽、外包等名义,按劳务派遣用工形式使用劳动者的,按照本规定处理。这将有效遏制用人单位"假外包,真派遣"的现象。

该规定明确,用工单位应严格控制劳务派遣用工数量,使用的被派遣劳动者数量不得超过用工总量的10%。同时,给予用工单位两年过渡期,即在该规定施行之日起两年内逐步降至10%。

第三节　企业所得税职工福利费等三项经费的扣除

一、职工福利费

(一)职工福利费核算内容

根据《国家税务总局关于企业工资薪金及职工福利费扣除问题的通知》(国税函〔2009〕3 号)第三条的规定,《企业所得税法实施条例》第四十条规定的企业职工福利费,包括以下内容:

1. 尚未实行分离办社会职能的企业,其内设福利部门所发生的设备、设施和人员费用,包括职工食堂、职工浴室、理发室、医务所、托儿所、疗养院等集体福利部门的设备、设施及维修保养费用和福利部门工作人员的工资薪金、社会保险费、住房公积金、劳务费等。

2. 为职工卫生保健、生活、住房、交通等所发放的各项补贴和非货币性福利,包括企业向职工发放的因公外地就医费用、未实行医疗统筹企业职工医疗费用、职工供养直系亲属医疗补贴、供暖费补贴、职工防暑降温费、职工困难补贴、救济费、职工食堂经费补贴、职工交通补贴等。

3. 按照其他规定发生的其他职工福利费,包括丧葬补助费、抚恤费、安家费、探亲假路费等。

企业发生的职工福利费,应该单独设置账册,进行准确核算。没有单独设置账册准确核算的,税务机关应责令企业在规定的期限内进行改正。逾期仍未改正的,税务机关可对企业发生的职工福利费进行合理的核定。

(二)房地产开发企业职工福利费的会计处理

1.《财政部关于实施修订后的〈企业财务通则〉有关问题的通知》(财企〔2007〕48 号)就关于职工福利费财务制度改革的衔接问题规定,自 2007 年 1 月 1 日起,各类企业(包括上市公司在内)不再按照工资总额的 14% 计提职工福利费,2007 年已经计提的职工福利费应当予以冲回。截至 2006 年 12 月 31 日,应付福利费账面余额(不含外商投资企业从税后利润中提取的职工福利及奖励基金余额)区别以下情况处理,上市公司另有规定的,从其规定:

(1)余额为赤字的,转入 2007 年年初未分配利润,由此造成年初未分配利润出现负数的,依次以任意公积金和法定公积金弥补,仍不足弥补的,以 2007 年及以后年度实现的净利润弥补。

(2)余额为结余的,继续按照原有规定使用,待结余使用完毕后,再按照修订后的《企业财务通则》执行。如果企业实行公司制改建或者产权转让，则应当按照《财政部关于〈公司制改建有关国有资本管理与财务处理的暂行规定〉有关问题的补充通知》（财企〔2005〕12 号）转增资本公积。

2.《财政部关于企业加强职工福利费财务管理的通知》（财企〔2009〕242 号）规定：

（1）企业职工福利费是指企业为职工提供的除职工工资、奖金、津贴、纳入工资总额管理的补贴、职工教育经费、社会保险费和补充养老保险费（年金）、补充医疗保险费及住房公积金以外的福利待遇支出，包括发放给职工或为职工支付的以下各项现金补贴和非货币性集体福利：

①为职工卫生保健、生活等发放或支付的各项现金补贴和非货币性福利，包括职工因公外地就医费用、暂未实行医疗统筹企业职工医疗费用、职工供养直系亲属医疗补贴、职工疗养费用、自办职工食堂经费补贴或未办职工食堂统一供应午餐支出、符合国家有关财务规定的供暖费补贴、防暑降温费等。

②企业尚未分离的内设集体福利部门所发生的设备、设施和人员费用，包括职工食堂、职工浴室、理发室、医务所、托儿所、疗养院、集体宿舍等集体福利部门设备、设施的折旧、维修保养费用以及集体福利部门工作人员的工资薪金、社会保险费、住房公积金、劳务费等人工费用。

③职工困难补助，或者企业统筹建立和管理的专门用于帮助、救济困难职工的基金支出。

④离退休人员统筹外费用，包括离休人员的医疗费及离退休人员其他统筹外费用。企业重组涉及的离退休人员统筹外费用，按照《财政部关于企业重组有关职工安置费用财务管理问题的通知》（财企〔2009〕117 号）执行。国家另有规定的，从其规定。

⑤按规定发生的其他职工福利费，包括丧葬补助费、抚恤费、职工异地安家费、独生子女费、探亲假路费，以及符合企业职工福利费定义但没有包括在本通知各条款项目中的其他支出。

（2）企业为职工提供的交通、住房、通讯待遇，已经实行货币化改革的，按月、按标准发放或支付的住房补贴、交通补贴或者车改补贴、通讯补贴，应当纳入职工工资总额，不再纳入职工福利费管理；尚未实行货币化改革的，企业发生的相关支出作为职工福利费管理，但根据国家有关企业住房制度改革政策的统一规定，不得再为职工购建住房。

企业给职工发放的节日补助、未统一供餐而按月发放的午餐费补贴，应当纳入工资总额管理。

（3）职工福利是企业对职工劳动补偿的辅助形式，企业应当参照历史一般水平合理控制职工福利费在职工总收入中的比重。按照《企业财务通则》第四十六条规定，应当由个人承担的有关支出，企业不得作为职工福利费开支。

(4)企业应当逐步推进内设集体福利部门的分离改革，通过市场化方式解决职工福利待遇问题。同时，结合企业薪酬制度改革，逐步建立完整的人工成本管理制度，将职工福利纳入职工工资总额管理。

对实行年薪制等薪酬制度改革的企业负责人，企业应当将符合国家规定的各项福利性货币补贴纳入薪酬体系统筹管理，发放或支付的福利性货币补贴从其个人应发薪酬中列支。

(5)企业职工福利一般应以货币形式为主。对以本企业产品和服务作为职工福利的，企业要严格控制。国家出资的电信、电力、交通、热力、供水、燃气等企业，将本企业产品和服务作为职工福利的，应当按商业化原则实行公平交易，不得直接供职工及其亲属免费或者低价使用。

(6)企业职工福利费财务管理应当遵循以下原则和要求：

①制度健全。企业应当依法制定职工福利费的管理制度，并经股东会或董事会批准，明确职工福利费开支的项目、标准、审批程序、审计监督。

②标准合理。国家对企业职工福利费支出有明确规定的，企业应当严格执行；国家没有明确规定的，企业应当参照当地物价水平、职工收入情况、企业财务状况等要求，按照职工福利项目制定合理标准。

③管理科学。企业应当统筹规划职工福利费开支，实行预算控制和管理。职工福利费预算应当经过职工代表大会审议后，纳入企业财务预算，按规定批准执行，并在企业内部向职工公开相关信息。

④核算规范。企业发生的职工福利费，应当按规定进行明细核算，准确反映开支项目和金额。

(7)企业按照企业内部管理制度，履行内部审批程序后，发生的职工福利费，按照《企业会计准则》等有关规定进行核算，并在年度财务会计报告中按规定予以披露。

在计算应纳税所得额时，企业职工福利费财务管理同税收法律、行政法规的规定不一致的，应当依照税收法律、行政法规的规定计算纳税。

(三)职工福利费的税务处理

1.《国家税务总局关于企业所得税若干税务事项衔接问题的通知》(国税函〔2009〕98号)第四条规定："根据《国家税务总局关于做好2007年度企业所得税汇算清缴工作的补充通知》(国税函〔2008〕264号)的规定，企业2008年以前按照规定计提但尚未使用的职工福利费余额，2008年及以后年度发生的职工福利费，应首先冲减上述的职工福利费余额，不足部分按新税法规定扣除；仍有余额的，继续留在以后年度使用。企业2008年以前结余的职工福利费,已在税前扣除,属于职工权益,如果改变用途的,应调整增加企业应纳税所得额。”

2. 财企〔2009〕242号文件规定:“在计算应纳税所得额时,企业职工福利费财务管理同税收法律、行政法规的规定不一致的,应当依照税收法律、行政法规的规定计算纳税。”财企〔2009〕242号文件是规范企业对职工福利费的财务核算,国税函〔2009〕3号文件是对企业工资薪金及职工福利费税前扣除的规定,两者没有从属关系,互不影响。房地产开发企业纳税处理时首先要参照国税函〔2009〕3号文件的规定。

(四)防暑降温费的会计与税务处理

1. 会计处理:根据《企业会计准则第9号——职工薪酬》及《〈企业会计准则第9号——职工薪酬〉应用指南》的规定,职工薪酬,包括企业为职工在职期间和离职后提供的全部货币性薪酬和非货币性福利。提供给职工配偶、子女或其他被赡养人的福利等,也属于职工薪酬。防暑降温费是企业保证职工在劳动生产过程中的安全和身体健康,为任职和受雇的员工发放的,应在“应付职工薪酬——福利费”中核算。

2. 税务处理:国税函〔2009〕3号文件将防暑降温费纳入福利费的范围,只要是企业合理的支出,即使超过本地劳动部门发布的发放标准,也可以在福利费范围内列支。

《企业所得税法》实施前,根据《国家税务总局关于职工冬季取暖补贴等税前扣除问题的批复》(国税函〔1996〕673号)的规定,对企业职工冬季取暖补贴、职工防暑降温费、职工劳动保护费等支出,税法规定允许扣除。但由于各地、各行业、各企业的情况不同,目前在税法中规定全国统一适用的扣除标准尚有困难,因此,原则上允许企业据实扣除。为防止企业以这些费用为名,随意加大扣除费用,省级税务机关可根据当地实际情况,确定上述费用税前扣除的最高限额,并报国家税务总局备案。例如,北京市防暑降温费的规定标准,企业在岗职工夏季防暑降温费标准为:从事室外高温作业人员每人每月120元,从事室内高温作业人员每人每月90元。因此,企业发生的上述费用可在限额内据实扣除,超过规定标准都需要作纳税调增。这与国税函〔2009〕3号文件的规定不同,企业应按国税函〔2009〕3号文件的规定执行,即使超过标准,也可以据实扣除。

关于防暑降温费是否需要缴纳个人所得税的问题,《个人所得税法实施条例》规定,工资薪金所得是指个人因任职或者受雇而取得的工资薪金、奖金、年终加薪、劳动分红、津贴、补贴以及与任职或者受雇有关的其他所得。企业发放的防暑降温费属于工资薪金所得中的补贴,应该计入工资总额缴纳个人所得税。但是,由于个人所得税属于地方税务机关的管辖范围,目前各地出现了不同的做法。比如,《河北省地方税务局关于个人所得税若干业务问题的通知》(冀地税发〔2009〕46 号)第三条规定,各单位按照当地政府(县以上)规定标准向职工个人发放的防暑降温费暂免征收个人所得税,超过当地政府规定标准部分并入当月工资薪金所得计算征收个人所得税。

(五)冬季采暖费的会计与税务处理

与防暑降温费性质一样,新税法下职工冬季采暖补贴按照职工福利费核算并在税前扣除。例如,《山东省青岛市国家税务局 2008 年度企业所得税汇算清缴问题解答》规定:①企业比照市财政局、物价局等单位《关于印发〈青岛市市级机关事业单位职工住宅冬季取暖费补助暂行办法〉的通知》(青财文〔2002〕25 号)的规定,实际发放的职工住宅冬季取暖定额补助在福利费中税前扣除,不纳入工资薪金总额。实行职工住宅冬季取暖定额补助后,职工住宅冬季取暖费由个人缴纳。企业单位不再报销职工住宅冬季集中供热费。②不采取上述补助方式的企业职工,按照市有关规定凭合法有效凭证报销并列入成本费用的职工集中供热费,准予在福利费中税前扣除,不纳入工资薪金总额。

职工采暖补贴原则上应当并入工资薪金所得计算缴纳个人所得税,但各地方政府一般都规定限额免税标准。例如,《河北省地方税务局关于取暖补贴征免个人所得税问题的通知》(冀地税函〔2008〕236 号)规定,取暖补贴实行“明补”后,各类企业职工取得的取暖补贴按以下原则执行:

①当地政府对企业的取暖补贴发放标准有具体规定的,按政府规定执行;没有具体标准的,可参照当地政府对行政事业单位的取暖补贴标准执行,但企业职工取得取暖补贴的标准最高不得超过 3 500 元,在标准内据实扣除。

②企业职工取得的超过当地政府规定标准或超过 3 500 元最高限额的取暖补贴,分摊到取暖期所属月份计征个人所得税。

对取暖补贴仍然实行“暗补”的企业或企业职工不需要负担取暖费的,企业职工取得的取暖补贴收入应在发放月并入其当月的工资薪金收入计征个人所得税。

(六)职工福利费税前扣除若干问题解析

1. 企业组织职工旅游发生的费用支出能否列入职工福利费?

根据国税函〔2009〕3 号文件的规定,职工福利费包括为职工卫生保健、生活、住房、交通等所发放的各项补贴和非货币性福利。从组织职工旅游的性质来看,其具有缓解工作压力,进一步提高生活质量的积极意义,因此,企业组织职工旅游发生的费用支出暂纳入职工福利费管理范畴,并按照税收规定扣除。如果企业以职工旅游的名义,列支职工家属或者其他非本单位雇员所发生的旅游费,则属于与生产经营无关的支出,不得纳入职工福利费管理,也不得税前扣除。

2. 发给职工的交通费补贴、防暑降温费、职工住房补贴或租房补贴,以及租赁住房给职工住宿所发生的支出,能否直接税前扣除?

根据国税函〔2009〕3号文件的规定,为职工卫生保健、生活、住房、交通等所发放的各项补贴和非货币性福利,包括企业向职工发放的因公外地就医费用、未实行医疗统筹企业职工医疗费用、职工供养直系亲属医疗补贴、供暖费补贴、防暑降温费、职工困难补贴、救济费、职工食堂经费补贴、职工交通补贴等,属于《企业所得税法实施条例》第四十条规定的企业职工福利费。因此,发给职工的交通费补贴、防暑降温费、职工住房补贴或租房补贴,以及租赁住房给职工住宿所发生的支出均属于职工福利费支出,应纳入职工福利费管理范畴。企业发生的上述支出,不超过工资薪金总额14%的部分,准予扣除。

3. 企业食堂实行内部核算,经费由财务部门从职工福利费中按期拨付,是否可作为实际发生的职工福利费税前扣除?

国税函〔2009〕3号文件第三条规定的企业职工福利费,包括职工食堂等集体福利部门的设备、设施及维修保养费用和福利部门工作人员的工资薪金、社会保险费、住房公积金、劳务费以及职工食堂经费补贴等。企业内设的职工食堂属于企业的福利部门,发生的设备、设施及维修保养费用和福利部门工作人员的工资薪金、社会保险费、住房公积金、劳务费以及职工食堂经费补贴都属于职工福利费的列支范围,可以按税法规定在税前扣除。

《天津市地方税务局、天津市国家税务局关于企业所得税税前扣除有关问题的通知》(津地税企所〔2010〕5号)规定,企业自办职工食堂经费补贴或未办职工食堂统一供应午餐支出,在职工福利费中列支。未统一供餐而按月发放的午餐费补贴,应纳入职工工资总额,准予扣除。

《青岛市地方税务局2012年度企业所得税问题解答》中的一个问题:职工食堂承包给个人经营,企业按职工就餐的次数定额进行现金补贴,个人承包食堂没有营业执照且不对外经营,无法提供正规的票据凭证,如何在税前扣除?

答:企业的内部职工食堂承包给个人经营,企业与承包人签订承包协议,明确伙食补贴标准、出具企业与实际承包人结算凭据,允许计入职工福利费在税前扣除。

4. 员工报销的个人医药费,能否税前列支?

根据国税函〔2009〕3号文件第三条的规定,员工报销的个人医药费可以列入职工福利费,同时根据《企业所得税法实施条例》第四十条的规定,企业发生的职工福利费支出,不超过工资薪金总额14%的部分,准予扣除。

5. 独生子女费税前扣除问题。

根据国税函〔2009〕3号文件的规定,企业按照国家规定标准发放的“独生子女奖励费”、“一次性奖励”和“一次性经济帮助”,属于职工福利费的支出范围,不超过职工工资薪金总额14%的部分,准予扣除。

6. 企业给全体员工购买的商业保险,是否可以在职工福利费中列支?

根据《企业所得税法实施条例》第三十六条的规定,除企业依照国家有关规定为特殊工种职工支付的人身安全保险费和国务院财政、税务主管部门规定可以扣除的其他商业保险费外,企业为投资者或者职工支付的商业保险费,不得扣除。

7. 企业给员工制作的工作服的支出,是在职工福利费中列支,还是按照劳动保护支出列支?

《国家税务总局关于企业所得税若干问题的公告》(国家税务总局公告 2011 年第 34 号)规定,企业根据其工作性质和特点,由企业统一制作并要求员工工作时统一着装所发生的工作服饰费用,根据《企业所得税法实施条例》第二十七条的规定,可以作为企业合理的支出给予税前扣除。

服饰为装饰人体的物品总称,包括服装、鞋、帽、袜子、手套、围巾、领带、提包、阳伞、发饰等。企业员工服饰费用支出扣除前提如下:①企业统一式样,由企业统一付款,取得的发票抬头为企业名称,个人名的发票不能扣除;②必须是工作服饰,必须是与工作相关的、合理的支出。

国家税务总局 2011 年第 34 号公告对于企业员工工作时统一着装所发生的工作服饰费用的规定回避了"职工福利费"和"劳动保护费"扣除的争议,减少了实务工作中的纠结判断。但是还应注意,对企业、事业单位发给职工的不属于劳动保护范围的各类服装以及以现金形式支付给职工的服装费,均应并入个人的当月工资全额计征个人所得税。

二、工会经费的税务处理

企业拨缴的工会经费,不超过工资薪金总额2%的部分,凭工会组织开具的"工会经费拨缴款专用收据"准予扣除。《国家税务总局关于工会经费企业所得税税前扣除凭据问题的公告》(国家税务总局公告 2010 年第 24 号)规定:从 2010 年 7 月 1 日起,启用财政部统一印制并套印财政部票据监制章的"工会经费收入专用收据",同时废止"工会经费拨缴款专用收据"。因此,自 2010 年 7 月 1 日起,工会经费可凭工会组织开具的"工会经费收入专用收据"在企业所得税税前扣除。

《国家税务总局关于税务机关代收工会经费企业所得税税前扣除凭据问题的公告》(国家税务总局公告 2011 年第 30 号)就税务机关代收工会经费税前扣除凭据问题规定:自 2010 年 1 月 1 日起,在委托税务机关代收工会经费的地区,企业拨缴的工会经费,也可凭合法、有效的工会经费代收凭据依法在税前扣除。

根据《企业所得税法实施条例》第四十一条及企业所得税年度纳税申报表附表三《纳税调整项目明细表》填报说明的规定,企业就实际上缴取得专用收据或代收凭据的工会经费,在不超过工资薪金总额2%的部分准予税前扣除;对于未取得专用收据或代收凭据的部分,不能在企业所得税税前扣除。

三、职工教育经费的税务处理

除国务院财政、税务主管部门另有规定外,企业发生的职工教育经费支出,不超过工资薪金总额2.5%的部分,准予扣除;超过部分,准予在以后纳税年度结转扣除。

企业发生的职工教育经费,应先冲减企业以前年度已在税前扣除但尚未使用的职工教育经费余额,不足部分按《企业所得税法》规定扣除。上述余额,如果改变用途(如转入未分配利润),应调增应纳税所得额。

《财政部、全国总工会、国家发改委、教育部、科技部、国防科工委、人事部、劳动保障部、国务院国资委、国家税务总局、全国工商联关于印发〈关于企业职工教育经费提取与使用管理的意见〉的通知》(财建〔2006〕317号)第三条第(五)项规定,企业职工教育培训经费列支范围包括:

(1)上岗和转岗培训;

(2)各类岗位适应性培训;

(3)岗位培训、职业技术等级培训、高技能人才培训;

(4)专业技术人员继续教育;

(5)特种作业人员培训;

(6)企业组织的职工外送培训的经费支出;

(7)职工参加职业技能鉴定、职业资格认证等经费支出;

(8)购置教学设备与设施;

(9)职工岗位自学成才奖励费用;

(10)职工教育培训管理费用;

(11)有关职工教育的其他开支。

另外,财建〔2006〕317号文件第三条第(六)至(十)项规定:经单位批准或按国家和省、市规定必须到本单位之外接受培训的职工,与培训有关的费用由职工所在单位按规定承担。经单位批准参加继续教育以及政府有关部门集中举办的专业技术、岗位培训、职业技术等级培训、高技能人才培训所需经费,可从职工所在企业职工教育培训经费中列支。为保障企业职工的学习权利和提高他们的基本技能,职工教育培训经费的60%以上应用于企业一线职工的教育和培训。当前和今后一个时期,要将职工教育培训经费的重点投向技能型人才特别是高技能人才的培养以及在岗人员的技术培训和继续学习。企业职工参加社会上的学历教育以及个人为取得学位而参加的在职教育,所需费用应由个人承担,不能挤占企业的职工教育培训经费。对于企业高层管理人员的境外培训和考察，其一次性单项支出较高的费用应从其他管理费用中支出，避免挤占日常的职工教育培训经费开支。矿山和建筑企业等聘用外来农民工较多的企业，以及在城市化进程中接受农村转移劳动力较多的企业，对农民工和农村转移劳动力培训所需的费用，可从职工教育培训经费中支出。

第四节　保险费和住房公积金的税务问题

一、税前扣除规定

根据《企业所得税法》及《企业所得税法实施条例》的规定，企业依照国务院有关主管部门或者省级人民政府规定的范围和标准为职工缴纳的基本养老保险费、基本医疗保险费、失业保险费、工伤保险费、生育保险费等基本社会保险费和住房公积金，准予扣除。企业为投资者或者职工支付的补充养老保险费、补充医疗保险费，在国务院财政、税务主管部门规定的范围和标准内，准予扣除。除企业依照国家有关规定为特殊工种职工支付的人身安全保险费和国务院财政、税务主管部门规定可以扣除的其他商业保险费外，企业为投资者或者职工支付的商业保险费，不得扣除。

《财政部、国家税务总局关于补充养老保险费、补充医疗保险费有关企业所得税政策问题的通知》（财税〔2009〕27 号）规定，自 2008 年 1 月 1 日起，企业根据国家有关政策规定，为在本企业任职或者受雇的全体员工支付的补充养老保险费、补充医疗保险费，分别在不超过职工工资总额 5% 标准内的部分，在计算应纳税所得额时准予扣除；超过的部分，不予扣除。

二、缴纳标准及扣除比例

（一）基本养老保险费

《国务院关于印发完善城镇社会保障体系的试点方案的通知》（国发〔2000〕42 号）中调整和完善城镇企业职工基本养老保险制度规定：坚持社会统筹与个人账户相结合的基本养老保险制度，基本养老保险费由企业和职工共同负担。企业依法缴纳基本养老保险费，缴费比例一般为企业工资总额的 20% 左右，目前高于 20% 的地区，可暂维持不变。职工依法缴纳基本养老保险费，缴费比例为本人工资的 8%，并全部计入个人账户。有条件的企业可为职工建立企业年金，并实行市场化运营和管理。企业年金实行基金完全积累，采用个人账户方式进行管理，费用由企业和职工个人缴纳，企业缴费在工资总额4%以内的部分，可从成本中列支。

《财政部关于企业新旧财务制度衔接有关问题的通知》（财企〔2008〕34号）关于企业补充养老保险费用的列支规定：按照《企业财务通则》第四十三条的规定，已参加基本养老保险的企业，具有持续盈利能力和支付能力的，可以为职工建立补充养老保险。补充养老保险属于企业职工福利范畴，由企业缴费和个人缴费共同组成。补充养老保险的企业缴费总额在工资总额4%以内的部分，从成本（费用）中列支。企业缴费总额超出规定比例的部分，不得由企业负担，企业应当从职工个人工资中扣缴。个人缴费全部由个人负担，企业不得提供任何形式的资助。《企业财务通则》施行以前提取的应付福利费有结余的，符合规定的企业缴费应当先从应付福利费中列支。

【风险提示】

按照会计处理，应付福利费有节余的，补充养老保险应先从应付福利费中列支。这样，符合税法税前扣除标准的职工养老保险费，在年度企业所得税汇算清缴时就需要进行纳税调减处理。

财税〔2009〕27号文件规定，企业为在本企业任职或者受雇的全体员工支付的补充养老保险费、补充医疗保险费，分别在不超过职工工资总额5%标准内的部分，在计算应纳税所得额时准予扣除；超过的部分，不予扣除。财企〔2008〕34号文件中关于企业补充养老保险费用的列支规定，补充养老保险的企业缴费总额在工资总额4%以内的部分，从成本（费用）中列支。《企业财务通则》施行以前提取的应付福利费有结余的，符合规定的企业缴费应当先从应付福利费中列支。

（二）基本医疗保险费

基本医疗保险费由用人单位和职工双方共同负担。用人单位缴费一般为职工工资总额的6%左右，个人缴费占本人工资的2%左右。有条件的企业可以为职工建立补充医疗保险，提取额在工资总额4%以内的部分准予从成本中列支。

（三）失业保险费

依据《失业保险条例》，城镇企业、事业单位按照本单位工资总额的2%缴纳失业保险费。城镇企业、事业单位职工按照本人工资的1%缴纳失业保险费。城镇企业、事业单位招用的农民合同制工人本人不缴纳失业保险费。省、自治区、直辖市人民政府根据本行政区域失业人员数量和失业保险基金数额，报经国务院批准，可以适当调整本行政区域失业保险费的费率。

（四）工伤保险费

依据《企业职工工伤保险试行办法》，工伤保险费由企业按照职工工资总额的一定比例缴纳，职工个人不缴纳工伤保险费。工伤保险费根据各行业的伤亡事故风险和职业危害程度的类别实行差别费率。劳动行政部门对企业上一年度安全卫生状况和工伤保险费用支出情况进行评估，适当调整企业下一年度工伤保险费率，实行浮动费率。

（五）生育保险费

依据《企业职工生育保险试行办法》，生育保险费的提取比例由当地人民政府根据计划内生育人数和生育津贴、生育医疗费等项费用确定，并可根据费用支出情况适时调整，但最高不得超过工资总额的1%。企业缴纳的生育保险费作为期间费用处理，列入企业管理费用。职工个人不缴纳生育保险费。

（六）住房公积金

依据《住房公积金管理条例》，住房公积金是指国家机关、国有企业、城镇集体企业、外商投资企业、城镇私营企业及其他城镇企业、事业单位、民办非企业单位、社会团体（以下统称单位）及其在职职工缴存的长期住房储金。职工个人缴存的住房公积金和职工所在单位为职工缴存的住房公积金，属于职工个人所有。职工和单位住房公积金的缴存比例均不得低于职工上一年度月平均工资的5%；有条件的城市可以适当提高缴存比例。具体缴存比例由住房公积金管理委员会拟订，经本级人民政府审核后，报省、自治区、直辖市人民政府批准。单位为职工缴存的住房公积金，机关在预算中列支，事业单位由财政部门核定收支后，在预算或者费用中列支，企业在成本中列支。

（七）补充养老保险费、补充医疗保险费、年金

根据《国家税务总局关于企业工资薪金及职工福利费扣除问题的通知》（国税函〔2009〕3号）规定，补充养老保险和补充医疗保险不在职工福利费的列支范围之内。因此，企业依照财务会计制度有关规定，在“应付职工薪酬——福利费”科目中列支补充养老保险费和补充医疗保险费的，一方面，企业可以在税收规定的标准内调减当期实际发生的职工福利费支出，按照税收规定税前扣除；另一方面，企业可将实际发生的符合税收规定标准的补充养老保险、补充医疗保险按不超过职工工资总额5%的标准予以税前扣除，超过部分调增应纳税所得额。

年金，是指根据《企业年金试行办法》（劳动和社会保障部令第20号）的规定，企业及其职工在依法参加基本养老保险的基础上，自愿建立的补充养老保险制度。因此，企业年金属于补充养老保险的具体组成部分，应列入补充养老保险，按照不超过职工工资总额5%的标准据实扣除。

企业年金改变用途且不再具有补充养老保险性质的，应在当期将上述款项计入企业应纳税所得额计算缴纳企业所得税。

企业为部分员工支付补充养老保险费和补充医疗保险费的，应将全体职工合理的年均工资乘以参保人数之积，作为计算补充养老保险费和补充医疗保险费税前扣除的基数，并按照税收规定的标准税前扣除。

三、其他商业保险费

商业保险是指投保人根据合同约定，向保险人支付保险费，保险人对于合同约定的可能发生的事故因其发生所造成的财产损失承担赔偿保险金责任，或者当被保险人死亡、伤残、疾病或者达到合同约定的年龄、期限时承担给付保险金责任的保险行为。

除企业依照国家有关规定为特殊工种职工支付的人身安全保险费和国务院财政、税务主管部门规定可以扣除的其他商业保险费外，企业为投资者或者职工支付的商业保险费不得扣除。其中，企业投资者是指对企业财产享有所有者权益的投资人，而不管该投资人是否在本企业任职；职工是指与企业形成劳动关系的个人。

企业参加商业保险所发生的保险费支出，符合以下条件，才准予税前扣除：

1. 企业按照国家规定为特殊工种职工支付的法定人身安全保险费。

此类保险费，其依据必须是法定的，即是国家其他法律法规强制规定企业应当为其职工投保的人身安全保险；如果不是国家法律法规所强制规定的，而是企业自愿为其职工投保所谓人身安全保险而发生的保险费支出，是不准予税前扣除的。此类保险费范围的大小、保险费率的高低、投保对象的多少等都是有国家法律法规依据的。例如，《中华人民共和国建筑法》第四十八条规定，建筑施工企业必须为从事危险作业的职工办理意外伤害保险，支付保险费；《中华人民共和国煤炭法》第四十四条规定，煤矿企业必须为煤矿井下作业职工办理意外伤害保险，支付保险费。

2. 国务院财政、税务主管部门规定可以扣除的其他商业保险费。如企业因其职工出差而为职工购买的航空意外险费用支出等，应准予税前扣除。

3. 企业参加财产保险，按照规定缴纳的保险费，准予扣除。

财产保险，是指投保人根据合同约定，向保险人支付保险费，保险人对于合同约定的可能发生的事故因其发生所造成的财产损失承担赔偿保险金责任。企业参加的财产保险，是以企业财产及其有关利益为保险标的，又可具体分为财产损失保险、责任保险、信用保险等。企业参加财产保险的目的，是减少或者分散其财产可能存在的损失，从某种意义上来说，增加了企业可能的经济利益，所以企业参加财产保险所发生的保险费支出，是与企业取得收入有关的支出，符合企业所得税税前扣除的真实性原则，应准予扣除。实践中，保险只是针对可能存在的风险，而实际上，保险合同所约定的保险事由并不一定出现，即企业所投保的保险标的没有产生任何损失，但是对企业来说，其保险费支出是不能收回的，属于费用支出，应予以税前扣除。需要注意的是，当企业参加商业保险，发生保险事故时，企业将依据合同约定获得相应的赔偿，这时企业因参加商业保险而发生的保险费支出仍然允许扣除，其所获取的赔偿，在计算应纳税所得额时，应在扣除相应财产的损失后，计算出企业参加商业保险的财产净损失,计入当期损益。

另外,企业为职工购买的商业保险,目的不同,其会计处理也不同。作为职工奖励的,借记“应付职工薪酬——工资”,贷记“银行存款”;作为职工福利的,借记“应付职工薪酬——福利费”,贷记“银行存款”,但不得因此导致“应付职工薪酬——福利费”发生赤字,与非试点地区的企业年金一样,也可以先行挂账,再转入“应付职工薪酬——福利费”。职工奖励与职工福利的区别在于,职工奖励是奖励给有贡献的员工的,不是人人有份,而职工福利是人人有份的福利性支出。由于在会计上,企业为职工购买的商业保险区分目的,分别在“应付职工薪酬——工资”和“应付职工薪酬——福利费”明细科目列支,没有直接在税前列支,所以不必进行纳税调整。

第五节　公务用车制度改革的税务问题

公务用车制度改革乃大势所趋,近年来,企业出资为员工个人购车、企业为员工租赁车辆用于公务、企业奖励股东与员工车辆、企业为员工报销或补贴个人车辆相关费用等现象越来越常见。企业购车、用车的形式不同,税务处理的方式也不同。

一、企业为股东个人购车

企业为股东个人购车,涉及个人所得税、企业所得税。对于个人所得税,《财政部、国家税务总局关于规范个人投资者个人所得税征收管理的通知》(财税〔2003〕158号)规定,对投资者取得的所得视为企业对个人投资者的红利分配,按照利息、股息、红利所得缴纳个人所得税,并允许合理减除部分所得。对于企业所得税,《国家税务总局关于企业为股东个人购买汽车征收个人所得税的批复》(国税函〔2005〕364号)规定,企业为股东个人购买的车辆,不属于企业资产,折旧费用不允许在企业所得税税前扣除。

二、企业为非股东雇员购车

1. 个人所得税。企业为非股东雇员购车,员工应将取得的所得计入个人的工资、薪金所得缴纳个人所得税。

2. 企业所得税。企业为非股东雇员购车,因汽车所有权不属于公司,不得在企业所得税税前扣除折旧费,车辆发生的各项费用也不得在企业所得税税前列支。

三、企业租用员工个人车辆

企业租用员工个人车辆并支付给员工租金等费用,属于租赁行为。企业发生的租赁费用可凭有效凭证在企业所得税税前扣除,而在租赁期间所发生的用车相关费用及由此而产生的个人所得税需分情况处理。

(一)企业与个人未签订租赁合同而支付给员工的所得,企业发生的租赁费用不允许在企业所得税税前列支,员工所得须按工资、薪金所得计算缴纳个人所得税。

(二)企业与个人签订了租赁合同,企业与个人应进行如下处理:

1. 依据《营业税税目注释(试行稿)》及《个人所得税法》中有关规定,员工应就其取得的租赁收入分别按"服务业——租赁业"缴纳营业税和"财产租赁所得"缴纳个人所得税。

2. 对于企业所得税,各地规定不尽相同。例如,《江苏省国家税务局关于企业所得税若干具体业务问题的通知》(苏国税发〔2004〕97 号)规定,私车公用发生的费用应凭真实、合理、合法凭据,准予税前扣除,对应由个人承担的车辆购置税、折旧费以及保险费等不得税前扣除;《天津市国家税务局 2008 年企业所得税汇算清缴问题解答》关于租赁交通工具费用规定,企业由于生产经营的需要,向具有营运资质以外的个人租入交通运输工具,发生的租赁费凭租赁合同或协议及合法凭证,准予在税前扣除。由于有关交通运输工具使用过程中发生的费用难以分清属于个人消费还是企业费用,因此,企业租入个人交通工具在使用过程中发生的除租赁费用以外的各项费用不得在税前扣除。

从以上规定可以看出,关于租赁个人车辆所发生的费用是否允许在企业所得税税前扣除的问题,企业与个人签订租赁合同的,折旧费用不允许在企业所得税税前扣除,而车辆发生的其他费用能否扣除,还要关注地方政策的具体规定。

四、企业为员工发放补贴或报销费用

企业在经营中无法提供公务交通,员工用个人车辆为公司服务,公司以发放现金或者凭发票报销的方式支付个人负担的与其公务相关的费用。

1. 企业所得税。《国家税务总局关于企事业单位公务用车制度改革后相关费用税前扣除问题的批复》(国税函〔2007〕305 号)曾明确规定,企事业单位公务用车制度改革后,在规定标准内,为员工报销的油料费、过路费、停车费、洗车费、修理费、保险费等相关费用,以及以现金或实物形式发放的交通补贴,均属于企事业单位的工资薪金支出,应计入企事业单位的工资总额,按照现行计税工资标准进行税前扣除。新税法实施后,国税函〔2007〕305 号文件已经失效,因此,《国家税务总局关于 2009 年度税收自查有关政策问题的函》(企便函〔2009〕33 号)对企事业单位公务用车制度改革后为员工在规定的标准内报销的燃油费,分两个阶段明确了企业所得税适用政策:2008 年 1 月 1 日(不含)以前,仍按国税函〔2007〕305 号文件的规定处理;2008 年 1 月 1 日(含)以后,则按《国家税务总局关于企业工资薪金及职工福利费扣除问题的通知》(国税函〔2009〕3 号)规定,为员工报销的燃油费作为职工交通补贴在职工福利费中扣除。

【案例 7 - 1】2010 年,A 房地产公司进行公务用车制度改革,股东、职工工作期间使用自有车辆,可按限额报销汽油费,会计及税务上应如何处理?

【案例分析】

企业实际发生的与取得收入有关的、合理的支出,包括成本、费用、税金、损失和其他支出,准予在计算应纳税所得额时扣除。企业可在计算应纳税所得额时扣除的成本、费用、税金、损失和其他支出应当是企业本身发生的,对于企业投资者、职工将私人车辆提供给企业使用,企业遵循市场经济规律,按照独立交易原则支付的合理的租赁费,凭合法、有效凭据准予在税前扣除。企业为职工报销或支付的汽油费、汽油补贴应纳入职工福利费管理范畴,并按税收规定扣除。对应由个人承担的车辆购置税、折旧费以及车辆保险费等,不得在税前扣除;对应由企业投资者承担的费用,不应在税前扣除。

【风险提示】

《国家税务总局关于企业工资薪金及职工福利费扣除问题的通知》(国税函〔2009〕3 号)只笼统地规定为职工发放的交通补贴作为职工福利费处理,而并未明确交通补贴的具体内容。企便函〔2009〕33 号文件只明确企事业单位公务用车制度改革后为员工在规定的标准内报销的燃油费在新税法实施后作为职工福利费处理,为职工报销的过路费、停车费、洗车费、修理费、保险费等相关费用如何进行税务处理并未明确。

2. 个人所得税。国税函〔2007〕305 号文件规定,因公务用车制度改革而以现金、报销等形式向职工个人支付的收入,均应视为个人取得公务用车补贴收入,按“工资、薪金所得”项目缴纳个人所得税。个人因公务用车而取得的公务用车补贴收入,扣除一定标准的公务费用后,按照“工资、薪金所得”项目缴纳个人所得税。按月发放的,并入当月工资、薪金所得缴纳个人所得税;不按月发放的,分解到所属月份并与该月份工资、薪金所得合并后缴纳个人所得税。关于公务费用的扣除标准,企便函〔2009〕33 号文件明确,公务费用扣除标准由当地政府制定,如当地政府未制定公务费用扣除标准,按交通补贴全额的 30% 作为个人收入扣缴个人所得税。例如,《河北省地方税务局关于个人所得税若干业务问题的通知》(冀地税发〔2009〕46 号)第一条规定,各单位向职工个人发放的交通补贴(包括报销、现金等形式),按交通补贴全额的 30% 作为个人收入并入当月工资薪金所得征收个人所得税。

第六节　员工报销通讯费的税务扣除问题

《国家税务总局关于个人所得税有关政策问题的通知》(国税发〔1999〕58号)关于个人取得公务交通、通讯补贴收入征税问题规定,个人因公务用车和通讯制度改革而取得的公务用车、通讯补贴收入,扣除一定标准的公务费用后,按照“工资、薪金所得”项目计征个人所得税。按月发放的,并入当月工资、薪金所得计征个人所得税;不按月发放的,分解到所属月份并与该月份工资、薪金所得合并后计征个人所得税。公务费用的扣除标准,由省级地方税务局根据纳税人公务交通、通讯费用的实际发生情况调查测算,报经省级人民政府批准后确定,并报国家税务总局备案。

企业为员工个人报销的通讯费也涉及企业所得税和个人所得税的处理问题,是作为职工福利费还是并入工资总额?是全额扣除还是限额扣除?由于各地具体规定不完全相同,所以房地产开发企业在各地设立的子公司应当以各地的具体政策为依据,设立的分支机构应以总机构所在地的政策为依据。各地对于为员工报销的通讯费有关企业所得税、个人所得税政策举例如下:

1.《北京市国家税务局2009年度企业所得税汇算清缴政策问题解答》规定,按照《国家税务总局关于企业工资薪金及职工福利费扣除问题的通知》(国税函〔2009〕3号)的规定,个人报销的通讯费未列入职工福利费的范围,因此,其不能计入企业发生的职工福利费支出从税前扣除。个人报销的通讯费,其通讯工具的所有者为个人,发生的通讯费无法分清是个人使用还是用于企业经营,不能判断其支出是否与企业的收入有关,因此,应作为与企业收入无关的支出,不予从税前扣除。

2.《辽宁省地方税务局企业所得税汇算清缴若干业务问题解答》规定,企业实报实销的管理人员的通讯费在管理费用中列支,准予税前扣除;企业发放的通讯补贴在职工福利费中列支,在职工福利费规定标准内税前扣除。

3.《吉林省地方税务局2008年度企业所得税汇算清缴若干业务问题解答》规定,企业职工凭合法票据报销的通讯费用允许在企业所得税税前据实扣除。

4.《河北省地方税务局关于企业所得税若干业务问题的通知》(冀地税发〔2009〕48号)第五条规定,企业发放的通讯补贴应计入职工福利费,按规定比例在税前扣除。

5.《河北省地方税务局关于个人所得税若干业务问题的通知》(冀地税发〔2009〕46号)第二条规定,各级行政事业单位按照当地政府(县级以上)规定标准向职工个人发放的通讯补贴(包括报销、现金等形式)暂免征收个人所得税,超过标准部分并入当月工资、薪金所得计算征收个人所得税;各类企业单位,参照当地行政事业单位标准执行,但企业职工个人取得通讯补贴的标准最高不得超过每人每月500元,在标准内据实扣除,超过当地政府规定的标准或超过每人每月500元最高限额的,并入当月工资、薪金所得计算征收个人所得税;当地政府未规定具体标准的,按通讯补贴(包括报销、现金等形式)全额的20%并入当月工资、薪金所得计算征收个人所得税。

6.《天津市地方税务局、天津市国家税务局关于企业所得税税前扣除有关问题的通知》(津地税企所〔2010〕5号)第一条关于通讯费的税前扣除问题规定,企业为职工提供的通讯待遇,已经实行货币化改革的,每月按标准发放或支付的通讯补贴,应纳入职工工资总额准予扣除,不再纳入职工福利费管理;尚未实行货币化改革的,企业发生的相关支出作为职工福利费管理。

7.《天津市地方税务局〈关于单位为个人负担办公通讯费征收个人所得税问题的通知〉的补充通知》(津地税个所〔2009〕5号)规定,2007年,为适应企业通讯费用改革需要,比照企业所得税关于通讯费税前扣除政策,我市出台了《关于单位为个人负担办公通讯费征收个人所得税问题的通知》(津地税所〔2007〕17号),规定从2008年1月1日起,单位因工作需要为个人负担的办公通讯费用,采用全额或限额实报实销的,暂按每人每月不超过300元标准,凭合法凭证,不计入当月工资、薪金收入。单位以补贴及其他形式发放给个人的办公通讯费用,应计入当月工资、薪金征收个人所得税。

考虑到不同企业营业规模、业务性质以及有关人员业务数量差异较大,现调整为对单位向有关人员发放与业务工作有关的电话费补助等,凡不具有福利性质,即非全体人员都有的补助项目,不再征收个人所得税。

第七节 五项限额扣除支出纳税实务

一、业务招待费

(一)业务招待费扣除规定

企业发生的与生产经营活动有关的业务招待费支出,按照发生额的60%扣除,但最高不得超过当年销售(营业)收入的5‰。

首先,业务招待费要加强真实性管理。纳税人申报扣除的业务招待费,在主管税务机关要求提供证明材料的情况下,应能够提供足够的、证明真实性的有效凭证或资料,否则,不得扣除。但是也并非只有发票才可以证明业务招待费的真实性,有关凭证资料只要对证明业务招待费的真实性是足够的和有效的即可,并不严格要求提供某种特定凭证。凭证资料可以包括发票、被取消的支票、收据、销售账单、会计账目、纳税人或其他方面的证词,越客观的证据越有效。比如,给客户业务员的礼品,大多数情况下并不能取得发票等特定凭证,但只要有接受礼品者的证明,并且接受礼品者与企业确实存在商业业务关系,即可承认该项支出的真实性。一般情况下,税法并不强迫企业在送给客户业务人员礼品时要求有关人员签字,但是,如果税务机关要求证明真实性,企业也可以事后追补证据。

其次,业务招待费支出的税前扣除的管理必须符合税前扣除的一般条件和原则,这些条件和原则如下:

①企业开支的业务招待费必须是正常的和必要的。这一规定虽然没有定量指标,但有一般商业常规作参考。比如,企业对某个客户业务员的礼品支出与所成交的业务额或业务的利润水平严重不相吻合、企业向无业务关系的特定范围人员赠送礼品,这些带有贿赂性质的"灰色支出"一般不符合企业的正常经营活动规律,不具有必要性。

②业务招待费支出一般要求与经营活动"直接相关"。由于商业招待与个人消费的界线不好掌握,所以一般情况下必须证明业务招待与经营活动的直接相关性。比如,因企业销售业务的真实的商谈而发生的费用就是"直接相关"。

③必须有大量、足够有效的凭证证明企业相关性的陈述。比如,费用金额,招待、娱乐旅行的时间和地点,商业目的,企业与被招待人之间的业务关系等。

④特别要注意的是,虽然纳税人可以证明费用已经真实发生,但费用金额无法证明的,主管税务机关有权根据实际情况合理推算最确切的金额。如果纳税人不同意,则其有证明的义务。

(二)业务招待费的特殊情况处理

1. 筹建期业务招待费。

企业在筹建期间,发生的与筹办活动有关的业务招待费支出,可按实际发生额的60%计入企业筹办费,并按有关规定在税前扣除;发生的广告费和业务宣传费,可按实际发生额计入企业筹办费,并按有关规定在税前扣除。

企业按实际发生额60%计入企业筹办费的业务招待费在扣除时不受当年销售(营业)收入5‰的限制;筹办期间发生的广告费、业务宣传费在扣除时不受当年销售(营业)收入15%的限制。

2. 业务人员出差过程中的餐费如何区分,该列入业务招待费还是差旅费?

业务招待费是指企业为生产经营业务活动的需要而合理开支的招待费用。业务招待费按照税法的有关规定扣除,但并非所有餐费都属于业务招待费。差旅费是指出差期间因办理公务而发生的交通费、住宿费和公杂费等各项费用。对两者主要从发生的原因、性质、目的、用途、对象等方面进行区分，业务人员出差过程中的餐费列入差旅费，但出差过程中用于招待客户的餐费应当作为业务招待费处理，不得分解计入其他项目。

3. 企业购买高尔夫球会员卡用来招待客户，缴纳的会员费是否可在税前扣除？

根据《企业所得税法》及《企业所得税法实施条例》的规定，企业实际发生的与取得收入有关的、合理的支出，包括成本、费用、税金、损失和其他支出，准予在计算应纳税所得额时扣除。有关的支出是指与取得收入直接相关的支出；合理的支出是指符合生产经营活动常规，应当计入当期损益或者有关资产成本的必要的和正常的支出。根据上述规定，企业支付的高尔夫球会员费，如果是满足公司管理人员日常休闲娱乐，属于与生产经营无关的支出，应由职工个人负担，不得在企业所得税税前扣除；如果确实是用来联系业务、招待客户的，可作为业务招待费处理，并按照税收规定扣除。

（三）业务招待费纳税筹划要点

企业税前扣除业务招待费首先要满足60%发生额的标准，还要满足最高不超过当年销售收入5‰的规定，那么企业怎样才既可以充分利用业务招待费的限额又能减少纳税调整事项呢？

假设企业2008年销售（营业）收入为X，业务招待费为Y，则2008年允许税前扣除的业务招待费满足$Y \times 60\% \leq X \times 5‰$，只有在$Y \times 60\% = X \times 5‰$即$Y = X \times 8.3‰$的情况下，业务招待费在销售（营业）收入的8.3‰的临界点时，企业才可能充分利用上述政策。

一般情况下，企业的销售（营业）收入是可以测算的。假定2008年企业销售（营业）收入X＝10 000万元，则允许税前扣除的业务招待费最高不超过50万元（10 000×5‰），那么财务预算全年业务招待费Y＝83.33万元（50÷60%），其他销售（营业）收入可以依此类推。

如果企业实际发生业务招待费100万元，大于计划的83.33万元，即大于销售（营业）收入的8.3‰，则业务招待费的60%可以扣除，纳税调整增加40万元（100－60）。但是另一方面，销售（营业）收入的5‰只有50万元，还要进一步进行纳税调整增加10万元。按照两方面限制孰低的原则进行比较，取其低值直接进行纳税调整，共调整增加应纳税所得额50万元，计算缴纳企业所得税12.5万元，即实际消费100万元要付出112.5万元的代价。

如果企业实际发生业务招待费40万元，小于计划的83.33万元，即小于销售

(营业)收入的8.3‰,则业务招待费的60%可以全部扣除,纳税调整增加16万元(40-24)。另一方面,销售(营业)收入的5‰为50万元,不需要再进行纳税调整,只需要计算缴纳企业所得税4万元,即实际消费40万元要付出44万元的代价。

结论如下:

当企业的实际业务招待费大于销售(营业)收入的8.3‰时,超过60%的部分需要全部计税处理,超过部分每支付1 000元,就会导致250元税金流出,也就等于吃了1 000元要花费1 250元。

当企业的实际业务招待费小于销售(营业)收入的8.3‰时,60%的限额可以充分利用,只需要就40%部分计税处理,等于吃1 000元花费了1 100元。

二、广告费和业务宣传费

(一)广告费和业务宣传费的区别

广告费是房地产开发企业接受广告服务,通过图书、报纸、杂志、广播、电视、电影、幻灯、路牌、招贴、橱窗、霓虹灯、灯箱等形式为销售开发产品或树立企业形象进行广告宣传的费用。业务宣传费指企业开展业务宣传活动而支付的费用,包括企业以公益宣传或者公益广告的形式宣传企业产品、企业形象而发生的费用以及广告性质的礼品支出等。广告费与业务宣传费的主要区别在于是否通过广告媒体传播。广告媒体包括电视、网站、电台、报纸、户外广告牌等,广告费应取得广告业专用发票;业务宣传费一般不通过广告媒体对外发布,发票形式多样。

按照国家有关法律法规和行业自律规定不得进行广告宣传的企业,不得扣除广告费和业务宣传费。

(二)税法规定

企业发生的符合条件的广告费和业务宣传费支出,除国务院财政、税务主管部门另有规定外,不超过当年销售(营业)收入15%的部分,准予扣除;超过部分,准予在以后纳税年度结转扣除。

由于广告费和业务宣传费可以按不超过当年销售(营业)收入15%的比例扣除,企业利用广告费和业务宣传费扣除标准虚列广告费的现象比较突出,主要表现在:向税务机关以外的单位和个人购买广告费发票;利用假广告费发票虚列成本;虚构广告经营业务活动,虚开发票;利用广告业关联企业转移利润。同时,广告公司为达到自身降低税负和规避缴纳文化事业费的目的,经常会故意混淆不同业务类型,以建筑业、文化体育业、其他服务业代替广告业务,有的以增值税业务代替广告业务,如一些广告公司将广告业务必经的设计、制作、安装、发布等各环节分别计算收入,分别开具发票,按不同的税种和税目申报缴纳营业税。

《企业所得税法》第十条第(六)项规定,赞助支出在计算应纳税所得额时,不得扣除。赞助支出,是指企业发生的与生产经营活动无关的各种非广告性质支出。换言之,企业发生的与生产经营有关的各种广告性质支出就可以作为广告费和业务宣传费予以税前扣除。

(三)特殊规定

《国家税务总局关于房地产开发业务征收企业所得税问题的通知》(国税发〔2006〕31号)曾规定,广告费、业务宣传费、业务招待费按以下规定进行处理:

①开发企业取得的预售收入不得作为广告费、业务宣传费、业务招待费等三项费用的计算基数,至预售收入转为实际销售收入时,再将其作为计算基数。

②新办开发企业在取得第一笔开发产品实际销售收入之前发生的,与建造、销售开发产品相关的广告费、业务宣传费和业务招待费,可以向后结转,按税收规定的标准扣除,但结转期限最长不得超过3个纳税年度。

国税发〔2006〕31号文件已经失效,但房地产开发企业执行该文件尚未扣除的费用对之后的所得税汇算仍存在影响。

三、房地产开发企业三项费用的扣除

(一)三项费用计算基数各地规定有差别

1.《辽宁省大连市地方税务局关于明确房地产开发经营业务企业所得税相关问题的通知》(大地税函〔2009〕77号)规定:企业销售未完工开发产品取得的收入,应作为广告费、业务宣传费、业务招待费等三项费用的计算基数。开发产品完工后,计算广告费、业务宣传费、业务招待费等三项费用的基数时,应扣除未完工开发产品收入结转为完工开发产品收入。

对2007年年底前按《国家税务总局关于房地产开发业务征收企业所得税问题的通知》(国税发〔2006〕31号)规定摊销业务招待费的企业,其尚未摊销的部分可继续向后结转,但结转期限最长不得超过3个纳税年度。

2.《北京市国家税务局、北京市地方税务局转发国家税务总局〈关于印发房地产开发经营业务企业所得税处理办法的通知〉的通知》(京国税发〔2009〕92号)规定:房地产开发企业通过正式签订《房地产销售合同》或《房地产预售合同》所取得的收入,可作为广告和业务宣传费、业务招待费的计算基数。

3.《浙江省宁波市地方税务局关于明确2009年度企业所得税汇算清缴若干问题的通知》(甬地税一〔2010〕10号)规定:企业年度销售未完工产品的收入允许作为当年度税前扣除业务招待费、广告费和业务宣传费、境外佣金的计算依据;开发产品确认完工后,已在以前年度作为上述费用扣除计算依据的销售未完工产品收入部分不得重复计算扣除。业务招待费扣除限额以《企业所得税年度纳税申报表》

附表一第 1 行“销售(营业)收入合计”数据作为计算依据。

房地产开发企业在经营期内取得第一笔销售收入(包括销售未完工产品收入)年度前发生的业务招待费支出,可并入取得第一笔销售收入年度发生的业务招待费支出,统一按税法规定计算扣除,不足扣除部分不得结转以后年度扣除。因此,按该文件,未完工开发产品收入应填入《企业所得税年度纳税申报表》附表一。

4.《山东省青岛市地方税务局 2009 年度企业所得税业务问题解答》规定:房地产企业销售未完工开发产品取得的预售款,如果正式签订《房地产销售合同》或者《房地产预售合同》,属于未完工开发产品销售收入,可以作为计提业务招待费等三费的基数。

《企业所得税年度纳税申报表(A 类)》填报方法:

第一步取得预售款时,当年度取得的预售收入按照规定的计税毛利率计算得到的预计利润填入附表三第 52 行第 3 列。以会计确认的预售款作为计算基础计算出的当年可以扣除的业务招待费和广告宣传费填入附表三第 40 行第 4 列,并特别注明“预售款项计算扣除金额”。

第二步预售款结转销售收入时，完工年度在会计处理上将预售款结转为销售收入,按照本期结转的已按税收规定征税的预售收入乘以适用的计税毛利率填入附表三第 52 行第 4 列。同时,应当将以已结转的预售收入作为计算基础计算出的不得扣除的业务招待费和广告宣传费填入附表三第 40 行第 3 列,并特别注明“预售收入结转前期已经扣除金额”,避免将预售收入重复纳入基数造成重复扣除。

5. 也有不允许扣除三项费用的地方规定。例如,《辽宁省地方税务局企业所得税汇算清缴若干业务问题解答》规定:按照《企业所得税纳税申报表》规定,房地产开发企业预售未完工开发产品取得的收入不作为广告费、业务宣传费、业务招待费等三项费用税前扣除的基数。

(二)如何确定广告费、业务招待费和业务宣传费的计算基数

《企业所得税年度纳税申报表(A 类)》附表一(1)《收入明细表》分为两大部分:销售(营业)收入合计和营业外收入。填报时,需要注意以下要点:

1. 销售(营业)收入合计是计算广告费、业务招待费和业务宣传费的基数,营业外收入中的九项收入项目不能计入销售(营业)收入中。销售(营业)收入合计包括主营业务收入、其他业务收入和视同销售收入三部分,此三部分合计不是直接填入主表“营业收入”的数字,主营业务收入和其他业务收入两部分的合计才是填入主表“营业收入”的数字。

2. 视同销售收入是指会计上没有核算计入收入,而税收上要求视同销售的收入。视同销售也是并入销售(营业)收入计算三项费用的基数。有些资产处置收入在会计上作为营业外收入核算,但税收上还是视同销售,不作为营业外收入处理。

如果企业因执行会计准则对有些资产已经作为收入处理，则税收上也不再作视同销售处理。《企业所得税法实施条例》第二十五条规定，企业发生非货币性资产交换，以及将货物、财产、劳务用于捐赠、偿债、赞助、集资、广告、样品、职工福利或者利润分配等用途的，应当视同销售货物、转让财产或者提供劳务，但国务院财政、税务主管部门另有规定的除外。

3.《国家税务总局关于企业处置资产所得税处理问题的通知》（国税函〔2008〕828 号）规定，企业将资产移送他人的情形，因资产所有权属已发生改变而不属于内部处置资产，应按规定视同销售确定收入。主要包括：①用于市场推广或销售；②用于交际应酬；③用于职工奖励或福利；④用于股息分配；⑤用于对外捐赠；⑥其他改变资产所有权属的用途。房地产开发企业发生上述情形的，属于企业自制的资产，应按企业同类资产同期对外销售价格确定销售收入；属于外购的资产，可按购入时的价格确定销售收入。

4. 查补收入能否作为计提广告费、业务招待费和业务宣传费的基数？

《国家税务总局关于修订企业所得税纳税申报表的通知》（国税发〔2006〕56 号）规定：广告费、业务招待费、业务宣传费等项扣除的计算基数为申报表主表第 1 行“销售（营业）收入合计”。查补的应纳税所得额不得弥补以前年度亏损，不得作为计算公益、救济性捐赠税前扣除的基数。《国家税务总局关于查增应纳税所得额弥补以前年度亏损处理问题的公告》（国家税务总局公告 2010 年第 20 号）则规定：自 2010 年 12 月 1 日开始，税务机关对企业以前年度纳税情况进行检查时调增的应纳税所得额，凡企业以前年度发生亏损且该亏损属于企业所得税法规定允许弥补的，应允许调增的应纳税所得额弥补该亏损。弥补该亏损后仍有余额的，按照企业所得税法规定计算缴纳企业所得税。对检查调增的应纳税所得额应根据其情节，依照《税收征管法》有关规定进行处理或处罚。以前（含 2008 年度之前）没有处理的事项，也按此规定执行。这就意味着查补收入可以作为计提广告费、业务招待费和业务宣传费的基数。

例如，A 房地产公司 2009 年纳税申报表销售（营业）收入合计为 1 000 万元，当年发生广告费 200 万元，该企业适用的广告宣传费扣除比例为 15%，因此当年调增应纳税所得额 50 万元。2010 年，税务稽查局在对该公司 2009 年纳税申报情况的税务稽查中发现该企业隐瞒销售收入 500 万元，提出应调增应纳税所得额 500 万元。但是该公司提出查补的收入可以作为计提三项费用的基数，因此该公司 2009 年计提三项费用基数应该按照 1 500 万元计算，即 200 万元的广告费均应允许税前扣除。所以该公司应该纳税调增 450 万元（500 - 50）。显然，根据国家税务总局 2010 年第 20 号公告的规定，该公司的理解是正确的，这也是稽查实务中经常会遇到的问题，企业应能够维护自身的权益。

（三）关于以前年度未扣除的广告费的处理

房地产开发企业在执行原国税发〔2006〕31 号文件时，确实存在尚未扣除广告费和业务宣传费的情况，根据《国家税务总局关于企业所得税若干税务事项衔接问题的通知》（国税函〔2009〕98 号）第七条的规定，企业在 2008 年以前按照原政策规定已发生但尚未扣除的广告费，2008 年实行新税法后，其尚未扣除的余额，加上当年度新发生的广告费和业务宣传费后，按照新税法规定的比例计算扣除。

（四）房地产开发企业租赁户外广告位的费用该如何扣除

房地产开发企业为销售开发产品，经常就一些户外广告位，如公交车身、广告牌、单立柱等直接与所有者签署租赁协议，协议期一般为 1 年以上不等，根据宣传内容再交由广告公司制作广告画面。这些广告位的租赁费用是按经营租赁费扣除还是按广告费（视同广告发布费）扣除，确实给很多财税人员带来一定的困惑。根据《营业税税目注释（试行稿）》的规定，租赁业是指在约定的时间内将场地、房屋、物品、设备或设施等转让他人使用的业务。融资租赁不按本税目征税。广告业是指利用图书、报纸、杂志、广播、电视、电影、幻灯、路牌、招贴、橱窗、霓虹灯、灯箱等形式为介绍商品、经营服务项目、文体节目或通告、声明等事项进行宣传和提供相关服务的业务。从费用发生的根源和性质方面分析，一般的经营租赁侧重于所租赁物本身的直接使用，广告位的租赁中，租赁物是广告宣传内容的载体，租赁者不直接使用租赁物本身。广告位的租赁费实质上是广告费，应按广告宣传费的税收规定在企业所得税税前扣除。

（五）房地产开发企业赞助支出扣除要斟酌

赞助支出，是指企业发生的与生产经营活动无关的各种非广告性质支出。认定赞助支出，主要是要区别它与公益性捐赠和广告支出的差别。所谓公益性捐赠，是指企业用于公益事业的捐赠，不具有有偿性，所捐助范围也是公益性质，而赞助支出具有明显的商业目的，所捐助范围一般也不具有公益性质，两者较容易区分。广告支出，是企业以推销或者提高其产品或服务等的知名度和认可度为目的，通过一定的媒介，公开地对不特定公众进行宣传活动所发生的支出，与企业的生产经营活动密切相关，而赞助支出与企业的生产经营活动无关。

通常情况下，房地产开发企业实际发生的赞助支出并不太好定性，很多赞助支出并非与生产经营毫无关系。例如，很多赞助支出属于政府相关机构摊派费用，具有公益性捐赠的性质，只是未取得公益性捐赠票据，企业因此认定为赞助支出；又如，不少企业为扩大影响参加一些宣传单位开展的活动，但只考虑提高社会声誉，未考虑宣传具体产品，从而未与对方签订具体合同，此时发生的支出则认定为赞助支出。因此,房地产开发企业如果想在税前扣除赞助支出,就必须整理有关证据,特别是在发生该项支出前进行合理定性,根据定性来进行规划,争取最大限度地利用税收空间。例如,对于一些表面上是纳税人自愿的赞助支出,但实际上却不是出于纳税人自愿,而是政府或部门摊派的,该类赞助支出很多是用于公益性用途。对该类支出,纳税人最好事前与摊派部门进行充分协商,尽量取得公益性捐赠票据,享受公益性捐赠税前扣除优惠,或者通过变更合作形式,变赞助性质为业务宣传费性质。如在支付赞助费前,先与对方签订为本公司进行业务宣传的合同,在接受捐赠的单位张贴具有本单位标志的宣传品,介绍公司产品,展示公司形象等,并发放印有企业标志的礼品、纪念品等。

四、销售佣金

(一)一般规定

《财政部、国家税务总局关于企业手续费及佣金支出税前扣除政策的通知》(财税〔2009〕29 号)规定:

1. 企业发生与生产经营有关的手续费及佣金支出,不超过以下规定计算限额以内的部分,准予扣除;超过部分,不得扣除:

(1)保险企业:财产保险企业按当年全部保费收入扣除退保金等后余额的15%(含本数,下同)计算限额;人身保险企业按当年全部保费收入扣除退保金等后余额的10%计算限额。

(2)其他企业:按与具有合法经营资格的中介服务机构或个人(不含交易双方及其雇员、代理人和代表人等)所签订服务协议或合同确认的收入金额的5%计算限额。

2. 企业应与具有合法经营资格的中介服务企业或个人签订代办协议或合同,并按国家有关规定支付手续费及佣金。除委托个人代理外,企业以现金等非转账方式支付的手续费及佣金不得在税前扣除。企业为发行权益性证券支付给有关证券承销机构的手续费及佣金不得在税前扣除。

3. 企业不得将手续费及佣金支出计入回扣、业务提成、返利、进场费等费用。

4. 企业已计入固定资产、无形资产等相关资产的手续费及佣金支出,应当通过折旧、摊销等方式分期扣除,不得在发生当期直接扣除。

5. 企业支付的手续费及佣金不得直接冲减服务协议或合同金额,并如实入账。

6. 企业应当如实向当地主管税务机关提供当年手续费及佣金计算分配表和其他相关资料,并依法取得合法真实凭证。

(二)房地产特殊规定

国税发〔2009〕31 号文件规定:企业委托境外机构销售开发产品的,其支付境外机构的销售费用(含佣金或手续费)不超过委托销售收入 10% 的部分,准予据实扣除。

五、捐赠支出

(一)会计规定

《财政部关于加强企业对外捐赠财务管理的通知》(财企〔2003〕95 号)规定,对外捐赠是指企业自愿无偿将其有权处分的合法财产赠送给合法的受赠人用于与生产经营活动没有直接关系的公益事业的行为。企业对外捐赠应当遵循《中华人民共和国公益事业捐赠法》以及国家其他相关法律法规的规定,通过依法成立的公益性社会团体和公益性非营利的事业单位或者县级以上人民政府及其组成部门进行。特殊情况下,也可以通过合法的新闻媒体等进行对外捐赠。

企业对外捐赠有以下几种类型:

1. 公益性捐赠,即向教育、科学、文化、卫生医疗、体育事业和环境保护、社会公共设施建设的捐赠。

2. 救济性捐赠,即向遭受自然灾害或者国家确认的"老、少、边、穷"等地区以及慈善协会、红十字会、残疾人联合会、青少年基金会等社会团体或者困难的社会弱势群体和个人提供的用于生产、生活救济、救助的捐赠。

3. 其他捐赠,即除上述捐赠以外,企业出于弘扬人道主义或者促进社会发展与进步的其他社会公共福利事业的捐赠。

企业可以用于对外捐赠的财产包括现金、库存商品和其他物资。企业生产经营需要的主要固定资产、持有的股权和债权、国家特准储备物资、国家财政拨款、受托代管财产、已设置担保物权的财产、权属关系不清的财产,或者变质、残损、过期报废的商品物资,不得用于对外捐赠。

企业为宣传企业形象、推介企业产品发生的赞助性支出,应当按照广告费用进行管理。对于政府有关部门、机构、团体或者某些个人强令的赞助,企业应当依法拒绝。

企业实际发生的对外捐赠支出,应当依据受赠方出具的省级以上财政部门统一印(监)制的捐赠收据或者捐赠资产交接清单确认;救灾、济贫等对困难的社会弱势群体和个人的捐赠,无法索取省级以上财政部门统一印(监)制的捐赠收据的,应当依据城镇街道、农村等基层政府组织出具的证明和企业法定负责人审批的捐赠报告确认。

企业为捐赠资产提供运输、保管以及举办捐赠仪式等所发生的费用,应当作为期间费用处理,不得挂账。企业负责对外捐赠的主管人员和其他直接责任人员,不得以任何借口向受赠人或者受益人索要或者收受回扣、佣金、信息费、劳务费等财物。

(二)税法规定

《财政部、国家税务总局、民政部关于公益性捐赠税前扣除有关问题的通知》(财税〔2008〕160号)规定,企业通过公益性社会团体或者县级以上人民政府及其部门,用于公益事业的捐赠支出,在年度利润总额12%以内的部分,准予在计算应纳税所得额时扣除。

年度利润总额,是指企业依照国家统一会计制度的规定计算的大于零的数额。

公益性社会团体,是指同时符合下列条件的基金会、慈善组织等社会团体:①依法登记,具有法人资格;②以发展公益事业为宗旨,且不以营利为目的;③全部资产及其增值为该法人所有;④收益和营运结余主要用于符合该法人设立目的的事业;⑤终止后的剩余财产不归属任何个人或者营利组织;⑥不经营与其设立目的无关的业务;⑦有健全的财务会计制度;⑧捐赠者不以任何形式参与社会团体财产的分配;⑨国务院财政、税务主管部门会同国务院民政部门等登记管理部门规定的其他条件。

县级以上人民政府及其部门,是指县级(含县级)以上人民政府及其组成部门和直属机构。

捐赠支出还要取得中央或省级财政部门统一印(监)制的公益救济性捐赠票据,并加盖接受捐赠或转赠单位的财务专用印章,除此之外的事业单位内部结算票据、行政事业性收据均不符合规定,相关捐赠支出不能在税前扣除。

(三)公益性捐赠全额扣除

对于特定事项捐赠全额扣除,必须有专门的政策文件规定。例如,《国务院关于支持玉树地震灾后恢复重建政策措施的意见》(国发〔2010〕16号)规定,对企业、个人通过公益性社会团体、县级以上人民政府及其部门向受灾地区的捐赠,允许在当年企业所得税税前和当年个人所得税税前全额扣除。

房地产开发企业捐赠是一项公益活动,它既可以树立企业形象,也可以使企业在税收方面获得适量抵免。

【案例7-2】天山房地产公司2010年第二季度累计利润总额为1 000万元,2010年6月通过公益性团体向青海玉树地震灾区捐赠人民币100万元。天山房地产公司第一季度已缴企业所得税50万元,适用25%的企业所得税税率。

【案例分析】

天山房地产公司第二季度应预缴企业所得税为:1 000×25%-50=200(万元)

若没有捐赠,第二季度应预缴企业所得税为:(1 000+100)×25%-50=225(万元)

对比可知,天山房地产公司税前捐赠100万元,实际支出为75万元[100-

(225－200)]。

假如企业捐赠后出现亏损，依据《国家税务总局关于企业所得税执行中若干税务处理问题的通知》(国税函〔2009〕202号)的规定，可在以后5年内弥补。

第八节　其他无限额标准的费用扣除

一、劳动保护费

《企业所得税法实施条例》第四十八条规定，企业发生的合理的劳动保护支出，准予扣除。

企业实际发生的合理的劳动保护支出应当满足以下条件：

①必须是企业已经实际发生的支出。只有实际发生的费用支出，才准予税前扣除。

②必须是合理的支出。

③必须是劳动保护支出。

本条规定的劳动保护支出，需要满足以下条件(为员工统一制作的工作服饰除外)：①必须是确因工作需要，如果企业发生的所谓的支出，并非出于工作的需要，那么其支出就不得予以扣除；②为其雇员配备或提供，而不是给其他与其没有任何劳动关系的人员配备或提供；③限于工作服、手套、安全保护用品、防暑降温品等，如高温冶炼企业、道路施工企业职工的防暑降温品，采煤工人的手套、头盔等用品。以劳动保护名义发放现金和非因工作需要与国家规定以外的带有普遍福利性质的支出，除从职工福利费中支付的以外，一律视为工资薪金支出。

二、差旅费

房地产开发企业发生的与取得收入有关的、合理的差旅费允许在税前扣除。主管税务机关要求提供证明资料的，应能够提供证明其真实性的合法凭证。差旅费证明材料应包括出差人员姓名、地点、时间、任务、支付凭证等。例如，《河北省地方税务局关于企业所得税若干业务问题的通知》(冀地税发〔2009〕48号)规定，纳税人支付的差旅费补贴，同时符合下列条件的，准予扣除：①有严格的内部财务管理制度；②有明确的差旅费补贴标准；③有合法有效的凭证(包括企业内部票据)。根据《国家税务总局关于印发〈征收个人所得税若干问题的规定〉的通知》(国税发〔1994〕89号)的规定，差旅费津贴、误餐补助不征收个人所得税。

出差补助标准目前没有统一规定，出差补助的扣除标准原则上参照当地政府规定的标准由企业根据实际情况自行确定。自 2014 年 1 月 1 日起施行的《中央和国家机关差旅费管理办法》(财行〔2013〕531 号)所明确的差旅费是指工作人员临时到常驻地以外地区公务出差所发生的城市间交通费、住宿费、伙食补助费和市内交通费。城市间交通费是指工作人员因公到常驻地以外地区出差乘坐火车、轮船、飞机等交通工具所发生的费用。住宿费是指工作人员因公出差期间入住宾馆(包括饭店、招待所,下同)发生的房租费用。伙食补助费是指对工作人员在因公出差期间给予的伙食补助费用。伙食补助费按出差自然(日历)天数计算,按规定标准包干使用。市内交通费是指工作人员因公出差期间发生的市内交通费用,市内交通费按出差自然(日历)天数计算,每人每天 80 元包干使用。城市间交通费按乘坐交通工具的等级凭据报销,订票费、经批准发生的签转或退票费、交通意外保险费凭据报销。住宿费在标准限额之内凭发票据实报销。伙食补助费按出差目的地的标准报销,在途期间的伙食补助费按当天最后到达目的地的标准报销。市内交通费按规定标准报销。未按规定开支差旅费的,超支部分由个人自理。中央单位应当建立健全公务出差审批制度。出差必须按规定报经单位有关领导批准,从严控制出差人数和天数;严格差旅费预算管理,控制差旅费支出规模;严禁无实质内容、无明确公务目的的差旅活动,严禁以任何名义和方式变相旅游,严禁异地部门间无实质内容的学习交流和考察调研。财政部按照分地区、分级别、分项目的原则制定差旅费标准,并根据经济社会发展水平、市场价格及消费水平变动情况适时调整。一定程度上讲,中央和国家机关差旅费管理办法为企业、事业单位提供了很好的参考标准。

三、会议费

房地产开发企业发生的与其经营活动有关的、合理的会议费,主管税务机关要求提供证明资料的,应能够提供证明其真实性的合法凭证,否则,不得在税前扣除。会议费证明材料应包括会议时间、地点、出席人员、内容、目的、费用标准、支付凭证等。

四、租赁费用

《企业所得税法实施条例》第四十七条规定,企业根据生产经营活动的需要,以经营租赁方式租入固定资产发生的租赁费支出,按照租赁期限均匀扣除;以融资租赁方式租入固定资产发生的租赁费支出,按照规定构成融资租入固定资产价值的部分应当提取折旧费用,分期扣除。

《企业所得税法实施条例》第五十八条规定,融资租入的固定资产,以租赁合同约定的付款总额和承租人在签订租赁合同过程中发生的相关费用为计税基础;租赁合同未约定付款总额的,以该资产的公允价值和承租人在签订租赁合同过程中发生的相关费用为计税基础。

在会计处理上，在租赁期开始日，承租人应当将租赁开始日租赁资产公允价值与最低租赁付款额现值两者中较低者作为租入资产的入账价值，将最低租赁付款额作为长期应付款的入账价值，其差额作为未确认融资费用。承租人在租赁谈判和签订租赁合同过程中发生的，可归属于租赁项目的手续费、律师费、差旅费、印花税等初始直接费用，应当计入租入资产价值。

由于税法不考虑租入资产最低租赁付款额的现值或租赁资产公允价值，而是以租赁合同约定的付款总额和相关费用作为租赁资产的计税基础，这样就会造成在资产的使用期间计提的折旧额在会计与税法方面出现差异。

另外，房地产开发企业在开发经营中，租赁房屋用于办公或用作售楼部等难免发生装修改造支出。根据《企业所得税法》第十三条及《企业所得税法实施条例》第六十八条规定，租入固定资产的改建支出，按照合同约定的剩余租赁期限分期摊销。但是，实务中难免出现提前解除租赁合同后尚未税前扣除装修费的情形，为便于处理，税务机关一般认可企业在最后一年一次性税前扣除。

五、修理费

（一）修理费的一般规定

《企业所得税法实施条例》第六十九条规定，固定资产的大修理支出是指同时符合下列条件的支出：修理支出达到取得固定资产时的计税基础50%以上；修理后固定资产的使用年限延长2年以上。固定资产大修理支出按照固定资产尚可使用年限分期摊销。也就是说，不同时符合这两个条件的修理支出，不能称之为税法上的大修理支出，即可以在税前一次性扣除。例如，某资产计税基础100万元，修理费49万元，这49万元的修理费可以一次性扣除。因此，房地产开发企业对尚未出售的已完工开发产品和按照有关法律、法规或合同规定对已售开发产品（包括共用部位、共用设施设备）进行日常维护、保养、修理等实际发生的维修费用，以及固定资产、低值易耗品的使用过程中实际发生的维修费用，可以在当期据实扣除。

（二）固定资产后续支出的纳税处理

《企业会计准则第4号——固定资产》第六条规定，与固定资产有关的后续支出，符合固定资产确认条件的，应当计入固定资产成本；不符合固定资产确认条件的，应在发生时计入当期损益。固定资产的确认条件如下：①与该固定资产有关的经济利益很可能流入企业；②该固定资产的成本能够可靠地计量。在会计处理上，对于不能满足以上条件的，均作为当期费用处理。日常维护费用、大修理费用等通常不符合会计准则固定资产确认条件，应当在发生时计入当期管理费用。

固定资产发生的更新改造支出、房屋装修费用等，符合固定资产确认条件的，应当计入固定资产成本，同时将被替换部分的账面价值扣除；不符合固定资产确认条件的，应当在发生时计入当期管理费用。

《企业所得税法实施条例》第五十八条规定，改建的固定资产，除企业所得税法第十三条第（一）项和第（二）项规定的支出外，以改建过程中发生的改建支出增加计税基础。

《企业所得税法实施条例》第六十九条规定，在计算应纳税所得额时，企业发生的固定资产的大修理支出作为长期待摊费用，按照固定资产尚可使用年限分期摊销。

从以上两条规定可以看出，固定资产后续支出会计处理上主要基于会计的职业判断；税务处理上一要区分后续支出的性质，二要区分后续支出的金额，这样就会出现不同的处理方式：

1. 资本化处理。例如，改建支出、大范围的装修支出等，一般金额较大且可以延长固定资产使用寿命，需要对固定资产原有的计税基础进行调整，按照固定资产的原价，加上改扩建发生的支出，减去改扩建过程中发生的固定资产变价收入后的余额重新确定其计税基础。税法上的资本化处理与会计上的资本化处理没有区别。

2. 费用化处理。例如，日常维护费、不符合税法条件的大修理费支出等。对于日常维护费，税法与会计没有区别。对于大修理支出，税法规定了两个必须同时具备的限制条件，符合条件的予以资本化处理，不符合条件的予以费用化处理。例如，某固定资产——汽车大修，汽车原值为100万元，大修支出49万元，会计上作为费用处理，税法上也作为费用处理。

3. 会计费用化处理，税法资本化处理。不符合固定资产确认条件的支出，会计上作为费用处理；符合税法两个限制条件的支出，税法上予以资本化处理。

4. 会计资本化处理，税法费用化处理。部分大修理支出，例如固定资产机床大修理，机床原值100万元，大修理支出49万元，假设两年对机床进行一次大修理。会计上判断符合资本化处理条件，作为长期待摊费用在大修理间隔期限内，分期摊销。税法上判断不符合两个限制条件，予以费用化一次摊销处理。

以上四种处理方式中，会计与税法费用化或资本化处理基本一致，会计费用化、税法资本化的处理情况实务中并不多见，实务中易产生混淆的是会计资本化后，在税务处理中应当选择资本化而选择了费用化处理的情形。适用税法条款错误，会导致错误的纳税结果。

【案例7-3】2009年8月，天山房地产公司开始对房屋进行更新改造，房屋原值3 000万元，累计折旧500万元，预计使用年限30年，已经使用5年，2009年10月发生更新改造支出1 000万元，更新改造后预计使用寿命延长5年。

【案例分析】

(1)2009 年 8 月,固定资产账面价值为 2 500 万元(3 000 - 500),固定资产转入改扩建时的会计处理为(单位:万元):

借:在建工程　　　　　　　　　　　　2 500

　　累计折旧　　　　　　　　　　　　500

　　贷:固定资产　　　　　　　　　　　　3 000

(2)2009 年 10 月更新改造完成,达到预定可使用状态,会计处理为(单位:万元):

借:在建工程　　　　　　　　　　　　1 000

　　贷:银行存款　　　　　　　　　　　　1 000

借:固定资产　　　　　　　　　　　　3 500

　　贷:在建工程　　　　　　　　　　　　3 500

(3)2009 年 10 月固定资产更新改造完成,满足会计的资本化条件,应增加固定资产成本并按重新确定的使用寿命计提折旧。11 月、12 月计提折旧为 19.44 万元[3 500 ÷ (30 - 5 + 5) ÷ 12 × 2],会计处理为(单位:万元):

借:管理费用　　　　　　　　　　　　19.44

　　贷:累计折旧　　　　　　　　　　　　19.44

(4)更新改造资本化处理,2009 年会计处理共计提折旧为 86.11 万元(3 000 ÷ 30 ÷ 12 × 8 + 19.44),除折旧变化外,更新改造支出没有对利润总额造成影响。

(5)税务处理方面,有人认为,以上更新改造应作为固定资产的大修理支出,数据显示:

①修理支出 1 000 万元没有达到取得固定资产时的计税基础 3 000 万元的 50% 以上;

②修理后固定资产的使用年限延长了 5 年,符合修理后固定资产的使用年限延长 2 年以上的条件。

因不同时符合税法规定的大修理支出的条件,所以税务上应当费用化处理,更新改造支出 1 000 万元可以直接在当期应纳税所得额前扣除。

当年企业所得税纳税调整增加费用 1 000 万元,纳税调整增加折旧费用为 13.89万元(3 000 ÷ 30 - 86.11)。

减少企业所得税支出为 253.47 万元[(1 000 + 13.89) × 25%]。

【风险提示】

以上的纳税处理实际上混淆了税法关于改建支出与大修理支出的纳税差别。《企业所得税法实施条例》第五十八条规定,改建的固定资产,除企业所得税法第十三条第(一)项和第(二)项规定的支出外,以改建过程中发生的改建支出增加计税基础。这里虽然没有金额的限制,但是其性质与大修理支出有本质的区别。所谓大修理,通常的理解是对达到一定使用年限的固定资产,根据技术规程的规定进行全面检修,以维持其正常的运转和使用。而改建支出数额较大,受益期较长,且能够使固定资产的性能、质量等都有较大的改进。上例中更新改造支出仅占33.33%(1 000÷3 000×100%),没有达到取得固定资产时计税基础的50%,因而不能根据《企业所得税法》第十三条及《企业所得税法实施条例》第六十九条的规定直接计入当期费用,而应当适用《企业所得税法实施条例》第五十八条的纳税处理。该条规定与会计处理一致,企业所得税处理中不需要作纳税调整。

六、折旧费

《企业所得税法实施条例》第五十九条规定,固定资产按照直线法计算的折旧,准予扣除。企业应当自固定资产投入使用月份的次月起计算折旧;停止使用的固定资产,应当自停止使用月份的次月起停止计算折旧。企业应当根据固定资产的性质和使用情况,合理确定固定资产的预计净残值。固定资产的预计净残值一经确定,不得变更。

《企业所得税法实施条例》第六十条规定,除国务院财政、税务主管部门另有规定外,固定资产计算折旧的最低年限如下:①房屋、建筑物,为20年;②飞机、火车、轮船、机器、机械和其他生产设备,为10年;③与生产经营活动有关的器具、工具、家具等,为5年;④飞机、火车、轮船以外的运输工具,为4年;⑤电子设备,为3年。

《房地产开发经营业务企业所得税处理办法》(国税发〔2009〕31号)第二十四条规定,企业开发产品转为自用的,其实际使用时间累计未超过12个月又销售的,不得在税前扣除折旧费用。

《关于贯彻落实企业所得税法若干税收问题的通知》(国税函〔2010〕79号)规定,企业固定资产投入使用后,由于工程款项尚未结清未取得全额发票的,可暂按合同规定的金额计入固定资产计税基础计提折旧,待发票取得后进行调整。但该项调整应在固定资产投入使用后12个月内进行。

如果发生政策规定例外情形,即超过12个月之后取得发票,折旧该如何扣除?

【案例7-4】天山房地产公司的办公楼于2009年12月竣工并已投入使用,但由于与建筑承包商之间存在纠纷,对方还欠其1 000万元发票。2009年企业所得税汇算清缴时,天山房地产公司根据国税函〔2010〕79号文件规定,按照包含未取得发票的1 000万元合同价款计提了折旧,但12个月之后仍未取得发票,其折旧该如何扣除?

【案例分析】

固定资产的计税基础以历史成本为核算原则。历史成本,是指企业取得该项资产时实际发生的支出。在企业所得税计算中,依据历史成本按照直线法计提的固定资产折旧准予扣除。尽管如此,由于企业经营形势的复杂性,经常有企业购买或建造固定资产并已经投入使用,还没有取得相关票据的情形。

对企业购进但尚未取得发票的已入库且已入账的固定资产,原则上须在年度终了前取得正式发票后,其相关的支出方可税前扣除,但由于各种原因未能及时取得该成本、费用的有效凭证,企业在预缴季度所得税时,可暂按账面发生金额进行核算。在汇算清缴时,应补充提供该成本、费用的有效凭证。超过这一时限的已办理汇算清缴税前扣除的相关支出应进行纳税调整。对由于工程款项尚未结清而未取得全额发票的情形,国税函〔2010〕79 号文件规定,可在 12 个月内进行调整。

天山房地产公司若在 2010 年取得 1 000 万元工程结算发票,即可以证明原投入使用的固定资产计税基础确定,不需要调整原计提的税前扣除折旧额。若取得 1 200 万元或 800 万元工程结算发票,则说明 2009 年税前少扣除折旧或多扣除折旧,2010 年当年度按调整后固定资产计税基础确定税前扣除折旧外,还须对 2009 年度所得税额进行调整。调整额可填入年度纳税申报表主表第 41 行"以前年度多缴的所得税额在本年抵减额"或第 42 行"以前年度应缴未缴在本年入库所得税额"。

实际情形是,天山房地产公司 2010 年还未取得办公楼工程结算发票,虽然国税函〔2010〕79 号文件没有具体明确这种情形如何处理,但是根据《企业所得税实施条例》第五十八条第(二)项规定,自行建造的固定资产,以竣工结算前发生的支出为计税基础。天山房地产公司 2010 年度按照实际取得发票额作为投入使用固定资产的计税基础并计算扣除折旧,之前年度由于估价入账而多计提的折旧也应在所属年度进行调整,少缴纳所得税可填入年度纳税申报表主表第 42 行"以前年度应缴未缴在本年入库所得税额"。

《国家税务总局关于企业所得税应纳税所得额若干税务处理问题的公告》(国家税务总局公告 2012 年第 15 号)关于税前扣除规定与企业实际会计处理之间的协调问题规定:根据《企业所得税法》第二十一条的规定,对企业依据财务会计制度规定,并实际在财务会计处理上已确认的支出,凡没有超过《企业所得税法》和有关税收法规规定的税前扣除范围和标准的,可按企业实际会计处理确认的支出,在企业所得税前扣除,计算其应纳税所得额。

【风险提示】

企业对固定资产的折旧年限未低于税法规定的最短折旧年限应如何进行税务处理?

企业对某项机器设备按照 12 年计提折旧,《企业所得税法实施条例》规定机器设备的最短折旧年限为10年，企业能否在计算企业所得税时按10年计算折旧从税前扣除？

答：按照国家税务总局2012年15号公告第八条的规定，“对企业依据财务会计制度规定，并实际在财务会计处理上已确认的支出，凡没有超过《企业所得税法》和有关税收法规规定的税前扣除范围和标准的，可按企业实际会计处理确认的支出，在企业所得税前扣除，计算其应纳税所得额”。企业对机器设备确定的折旧年限为12年，未低于《企业所得税法实施条例》规定的10年，符合《企业所得税法实施条例》对折旧年限的规定，应按照12年计算折旧从税前扣除。

七、无形资产摊销

（一）一般规定

《企业所得税法实施条例》规定，无形资产，是指企业为生产产品、提供劳务、出租或者经营管理而持有的，没有实物形态的非货币性长期资产，包括专利权、商标权、著作权、土地使用权、非专利技术、商誉等。无形资产按照以下方法确定计税基础：①外购的无形资产，以购买价款和支付的相关税费以及直接归属于使该资产达到预定用途发生的其他支出为计税基础；②自行开发的无形资产，以开发过程中该资产符合资本化条件后至达到预定用途前发生的支出为计税基础；③通过捐赠、投资、非货币性资产交换、债务重组等方式取得的无形资产，以该资产的公允价值和支付的相关税费为计税基础。

无形资产按照直线法计提的摊销费用，准予扣除。无形资产的摊销年限不得低于10年。

作为投资或者受让的无形资产，有关法律规定或者合同约定了使用年限的，可以按照规定或者约定的使用年限分期摊销。外购商誉的支出，在企业整体转让或者清算时，准予扣除。

（二）特殊规定

《财政部、国家税务总局关于企业所得税若干优惠政策的通知》（财税〔2008〕1号）规定，企事业单位购进软件，凡符合固定资产或无形资产确认条件的，可以按照固定资产或无形资产进行核算，经主管税务机关核准，其折旧或摊销年限可以适当缩短，最短可为2年。

八、长期待摊费用摊销

1.《企业所得税法实施条例》第七十条规定，企业发生的其他应当作为长期待摊费用的支出，自支出发生月份的次月起，分期摊销，摊销年限不得低于3年。

2. 房地产开发企业开办费如何税前扣除?

《国家税务总局关于企业所得税若干税务事项衔接问题的通知》(国税函〔2009〕98号)规定,新税法中开(筹)办费未明确列作长期待摊费用,企业可以在开始经营之日的当年一次性扣除,也可以按照新税法有关规定,自开始生产经营之日起,按照不少于3年的时间均匀摊销。但摊销方法一经选定,不得改变。

《国家税务总局关于贯彻落实企业所得税法若干税收问题的通知》(国税函〔2010〕79号)第七条规定,企业开始生产经营的年度,为开始计算企业损益的年度。企业从事生产经营之前进行筹办活动期间发生的筹办费用支出,不得计算为当期的亏损,应按照国税函〔2009〕98号文件第九条规定执行。

《企业会计准则——应用指南》中规定,开办费具体包括人员工资、办公费、培训费、差旅费、印刷费、注册登记费以及不计入固定资产成本的借款费用等内容。

九、母子公司提供服务费用的扣除

对于房地产开发企业母子公司间相互提供服务如何进行纳税处理的问题,《国家税务总局关于母子公司间提供服务支付费用有关企业所得税处理问题的通知》(国税发〔2008〕86号)明确规定,母公司为其子公司(以下简称子公司)提供各种服务而发生的费用,应按照独立企业之间公平交易原则确定服务的价格,作为企业正常的劳务费用进行税务处理。母公司向其子公司提供各项服务,双方应签订服务合同或协议,明确规定提供服务的内容、收费标准及金额等。凡按上述合同或协议规定所发生的服务费,母公司应作为营业收入申报纳税,子公司作为成本费用在税前扣除。母公司向其多个子公司提供同类型服务,其收取的服务费可以采取分项签订合同或协议收取,也可以采取服务分摊协议的方式,即由母公司与各子公司签订服务费用分摊合同或协议,以母公司为其子公司提供服务所发生的实际费用并附加一定比例利润作为向子公司收取的总服务费,在各服务受益子公司(包括盈利企业、亏损企业和享受减免税企业)之间按《企业所得税法》第四十一条第二款规定合理分摊。母公司以管理费形式向子公司提取费用,子公司因此支付给母公司的管理费,不得在税前扣除。

对于大型房地产集团化企业,从节约企业成本等角度考虑,对于企业的特定生产经营活动,如设计、资本运作等活动由母公司或核心型企业集中完成,较之各企业单独去完成可能更为节约,所以就出现了企业之间特别是集团化企业内部单位之间提供管理或者其他形式的服务这种现象。因为《企业所得税法》实行法人税制,对属于不同独立法人的母子公司之间,确实发生提供管理服务的管理费,按照独立企业之间公平交易原则确定管理服务的价格,作为企业正常的劳务费用进行税务处理是符合《企业所得税法》立法精神的。

《企业所得税法》第四十一条规定，企业与其关联方之间的业务往来，不符合独立交易原则而减少企业或者其关联方应纳税收入或者所得额的，税务机关有权按照合理方法调整。根据这一规定，母子公司之间在共同开发、受让无形资产，或者共同提供、接受劳务发生的成本以及其他各种服务提供方面，就需要按照独立交易原则进行计算确认。

此外，母公司向子公司提供综合管理以及其他服务，双方之间应该签订符合独立交易原则的服务合同或协议。向多个子公司提供同类型服务的，也可以采取由母公司与各子公司签订服务费用分摊合同或协议的办法，以母公司为其子公司提供服务所发生的实际费用并附加一定比例利润作为向子公司收取的总服务费，在各受益子公司（包括盈利企业、亏损企业和享受减免税企业）之间合理分摊。

年终进行企业所得税纳税申报，子公司申报向母公司支付的税前扣除服务费用时，应向主管税务机关提供与母公司签订的服务合同或协议等与该项费用税前扣除相关的材料。不能提供相关材料的，支付的服务费用是不能税前扣除的。

按照独立交易原则，母子公司之间提供服务支付的费用应该开具符合规定的发票，母公司确认为营业收入缴纳相应流转税，子公司相应计入成本费用处理。

另外，母子公司框架下，员工与母公司签订劳动合同，没有与子公司签订劳动合同，由于工作需要，母公司向其子公司派遣员工，母子公司均向派遣员工支付工资及奖金、补贴，这种情形下的工资及奖金、补贴该如何扣除？

按照一般性原则，母子公司应视为提供服务处理，但实务中更倾向于实质重于形式原则。例如，《山东省青岛市地方税务局关于印发〈2010 年所得税问题解答〉的通知》（青地税函〔2011〕4 号）、《青岛市国家税务局关于 2010 年度企业所得税汇算清缴若干问题的公告》（山东省青岛市国家税务局公告 2011 年第 1 号）均规定：鉴于母公司与子公司之间存在的特殊关系，员工在母公司与子公司之间经常调配，按照实质重于形式的原则，子公司如能够提供母公司出具的董事会或经理办公会等作出的调配决定及员工名册等充分适当的证据，子公司发放给与其没有订立劳动合同的员工的合理的工资薪金可以税前扣除。

十、企业之间支付的费用扣除

房地产开发企业之间支付的管理费、企业内营业机构之间支付的租金和特许权使用费，以及非银行企业内营业机构之间支付的利息，不得扣除。

非居民企业在中国境内设立的机构、场所，就其中国境外总机构发生的与该机构、场所生产经营有关的费用，能够提供总机构出具的费用汇集范围、定额、分配依据和方法等证明文件，并合理分摊的，准予扣除。

第九节　借款利息支出的税前扣除

一、借款费用会计处理

《企业会计准则第17号——借款费用》规定,企业发生的借款费用,可直接归属于符合资本化条件的资产的购建或者生产的,应当予以资本化,计入相关资产成本;其他借款费用,应当在发生时根据其发生额确认为费用,计入当期损益。符合资本化条件的资产,是指需要经过相当长时间的购建或者生产活动才能达到预定可使用或者可销售状态的固定资产、投资性房地产和存货等资产。

借款费用同时满足下列条件的,才能予以资本化:①资产支出已经发生,资产支出包括为购建或者生产符合资本化条件的资产而以支付现金、转移非现金资产或者承担带息债务形式发生的支出;②借款费用已经发生;③为使资产达到预定可使用或者可销售状态所必要的购建或者生产活动已经开始。

专门借款发生的辅助费用,在所购建或者生产的符合资本化条件的资产达到预定可使用或者可销售状态之前发生的,应当在发生时根据其发生额予以资本化,计入符合资本化条件的资产的成本;在所购建或者生产的符合资本化条件的资产达到预定可使用或者可销售状态之后发生的,应当在发生时根据其发生额确认为费用,计入当期损益。

一般借款发生的辅助费用,应当在发生时根据其发生额确认为费用,计入当期损益。

符合资本化条件的资产在购建或者生产过程中发生非正常中断且中断时间连续超过3个月的,应当暂停借款费用的资本化。在中断期间发生的借款费用应当确认为费用,计入当期损益,直至资产的购建或者生产活动重新开始。如果中断是所购建或者生产的符合资本化条件的资产达到预定可使用或者可销售状态必要的程序,借款费用的资本化应当继续进行。

购建或者生产符合资本化条件的资产达到预定可使用或者可销售状态时,借款费用应当停止资本化。在符合资本化条件的资产达到预定可使用或者可销售状态之后所发生的借款费用,应当在发生时根据其发生额确认为费用,计入当期损益。

购建或者生产符合资本化条件的资产是否达到预定可使用或者可销售状态,可从下列几个方面进行判断:①符合资本化条件的资产的实体建造(包括安装)或者生产工作已经全部完成或者实质上已经完成。②所购建或者生产的符合资本化条件的资产与设计要求、合同规定或者生产要求相符或者基本相符,即使有极个别与设计、合同或者生产要求不相符的地方,也不影响其正常使用或者销售。③继续发生在所购建或生产的符合资本化条件的资产上的支出金额很少或者几乎不再发生。

购建或者生产符合资本化条件的资产需要试生产或者试运行的,在试生产结果表明资产能够正常生产出合格产品或者试运行结果表明资产能够正常运转或者营业时,应当认为该资产已经达到预定可使用或者可销售状态。

购建或者生产的符合资本化条件的资产的各部分分别完工,每部分在其他部分继续建造过程中可供使用或者可对外销售,且为使该部分资产达到预定可使用或可销售状态所必要的购建或者生产活动实质上已经完成的,应当停止与该部分资产相关的借款费用的资本化。

购建或者生产的资产的各部分分别完工,但必须等到整体完工后才可使用或者对外销售的,应当在该资产整体完工时停止借款费用的资本化。

对于房地产开发企业来说,开发产品竣工之前所发生的借款费用记入“开发成本——开发间接费用”科目,根据收入与费用配比的原则,只有当开发产品交付使用时才能结转销售成本,所以,为建造开发产品所发生的借款费用也是存货的一部分。

二、借款费用税务处理

(一)非关联方借款利息扣除的一般规定

对于向非关联方支付的利息支出的扣除,企业只要遵循《企业所得税法实施条例》第二十七条、第三十七条和第三十八条的规定进行相关性和合理性审核,符合相关性和合理性的利息支出就可以在税前扣除。需要重点关注的是,非金融企业向非金融企业借款的利息支出,只有不需要资本化且不超过按照金融企业同期同类贷款利率计算的数额的部分才允许在税前扣除。

《企业所得税法实施条例》规定,企业在生产经营活动中发生的合理的、不需要资本化的借款费用,准予扣除。企业为购置、建造固定资产、无形资产和经过12个月以上的建造才能达到预定可销售状态的存货发生借款的,在有关资产购置、建造期间发生的合理的借款费用,应当作为资本性支出计入有关资产的成本,并依照本条例的规定扣除。企业在生产经营活动中发生的下列利息支出,准予扣除:①非金融企业向金融企业借款的利息支出、金融企业的各项存款利息支出和同业拆借利息支出、企业经批准发行债券的利息支出;②非金融企业向非金融企业借款的利息支出,不超过按照金融企业同期同类贷款利率计算的数额的部分。

《国家税务总局关于企业所得税若干问题的公告》(国家税务总局公告2011年第

34号)关于金融企业同期同类贷款利率确定问题规定:根据《企业所得税法实施条例》第三十八条规定,非金融企业向非金融企业借款的利息支出,不超过按照金融企业同期同类贷款利率计算的数额的部分,准予税前扣除。鉴于目前我国对金融企业利率要求的具体情况,企业在按照合同要求首次支付利息并进行税前扣除时,应提供"金融企业的同期同类贷款利率情况说明",以证明其利息支出的合理性。

"金融企业的同期同类贷款利率情况说明"中,应包括在签订该借款合同当时,本省任何一家金融企业提供同期同类贷款利率情况。该金融企业应为经政府有关部门批准成立的可以从事贷款业务的企业,包括银行、财务公司、信托公司等金融机构。

"同期同类贷款利率"是指在贷款期限、贷款金额、贷款担保以及企业信誉等条件基本相同的情况下,金融企业提供贷款的利率。它既可以是金融企业公布的同期同类平均利率,也可以是金融企业对某些企业提供的实际贷款利率。

《国家税务总局关于企业所得税应纳税所得额若干税务处理问题的公告》(国家税务总局2012年第15号公告)第二条"关于企业融资费用支出税前扣除问题"规定:企业通过发行债券、取得贷款、吸收保户储金等方式融资而发生的合理的费用支出,符合资本化条件的,应计入相关资产成本;不符合资本化条件的,应作为财务费用,准予在企业所得税前据实扣除。

【案例7-5】2009年,天山房地产公司向某企业借款用于某项目开发,借款期限为3年,利息按年利率10%给付,2009年该借款共发生利息支出100万元。假设金融企业同期同类贷款的基准利率为5.4%。企业调整前应纳税所得额为500万元,已缴纳企业所得税125万元。试问,企业所得税汇算清缴需要进行纳税调整吗?

【案例分析】

天山房地产公司支付给某企业的利息支出如果超过金融企业同期同类贷款利率,就应进行纳税调增。那么,金融企业同期同类贷款利率到底是多少呢?按照中国人民银行的规定,金融机构贷款利率包括基准贷款利率和浮动贷款利率,因此,金融企业同期同类贷款利率应包括中国人民银行规定的基准贷款利率和浮动贷款利率。《中国人民银行关于调整金融机构存、贷款利率的通知》(银发〔2004〕251号)规定,从2004年10月29日起,金融机构(城乡信用社除外)贷款利率不再设定上限。商业银行贷款和政策性银行按商业化管理的贷款,其利率不再实行上限管理。城市信用社和农村信用社贷款利率仍实行上限管理,最大上浮系数为基准贷款利率的2.3倍。据此,中国人民银行对金融企业(城乡信用社除外)的浮动贷款利率已没有上限规定,但金融企业自身往往会对不同期限、不同类型的贷款设定一个浮动利率的上限。

根据国家税务总局公告2011年第34号公告的规定，天山房地产公司如果可以提供当地任何一家金融企业同期同类贷款利率不低于10%的证明，所支付利息即不需要进行纳税调整。

(二)资本弱化的限制性规定

资本弱化是指企业通过加大借贷款(债权性筹资)而减少股份资本(权益性筹资)比例的方式增加税前扣除，以降低企业税负的一种行为。借贷款支付的利息作为财务费用，一般可以税前扣除，而为股份资本支付的股息，一般不得税前扣除，因此，有些企业为了加大税前扣除而减少应纳税所得额，在筹资时多采用借款而不是募集股份的方式，以此来达到避税的目的。目前，一些国家在税法中制定了防范资本弱化的条款，对企业取得的借款和股份资本的比例作出规定，对超过一定比例的借款利息支出不允许税前扣除。借鉴国际经验，现行企业所得税相关法律、法规和政策涉及关联方利息扣除的规定主要包括如下内容：

1.《企业所得税法》第四十一条：企业与其关联方之间的业务往来，不符合独立交易原则而减少企业或者其关联方应纳税收入或者所得额的，税务机关有权按照合理方法调整。

《企业所得税法》第四十六条：企业从其关联方接受的债权性投资与权益性投资的比例超过规定标准而发生的利息支出，不得在计算应纳税所得额时扣除。

本条所称权益性投资，是指企业接受的不需要偿还本金和支付利息，投资人对企业净资产拥有所有权的投资。本条所称标准，由国务院财政、税务主管部门另行规定。

2.《企业所得税法实施条例》第一百一十九条：企业所得税法第四十六条所称债权性投资，是指企业直接或者间接从关联方获得的，需要偿还本金和支付利息或者需要以其他具有支付利息性质的方式予以补偿的融资。企业间接从关联方获得的债权性投资包括：

①关联方通过无关联第三方提供的债权性投资；

②无关联第三方提供的、由关联方担保且负有连带责任的债权性投资；

③其他间接从关联方获得的具有负债实质的债权性投资。

3.《财政部、国家税务总局关于企业关联方利息支出税前扣除标准有关税收政策问题的通知》(财税〔2008〕121号)规定：

(1)在计算应纳税所得额时，企业实际支付给关联方的利息支出，不超过以下规定比例和《企业所得税法》及《企业所得税法实施条例》有关规定计算的部分，准予扣除，超过的部分不得在发生当期和以后年度扣除。

企业实际支付给关联方的利息支出，除符合(2)规定外，其接受关联方债权性投资与其权益性投资比例为：

①金融企业为5:1；

②其他企业为2:1。

(2)企业能够按照《企业所得税法》及《企业所得税法实施条例》的有关规定提供相关资料,并证明相关交易活动符合独立交易原则的,或者该企业的实际税负不高于境内关联方的,其实际支付给境内关联方的利息支出,在计算应纳税所得额时准予扣除。

(3)企业同时从事金融业务和非金融业务,其实际支付给关联方的利息支出,应按照合理方法分开计算;没有按照合理方法分开计算的,一律按本通知第一条有关其他企业的比例计算准予税前扣除的利息支出。

(4)企业自关联方取得的不符合规定的利息收入应按照有关规定缴纳企业所得税。

4.《国家税务总局关于企业向自然人借款的利息支出企业所得税税前扣除问题的通知》(国税函〔2009〕777 号)规定:

(1)企业向股东或其他与企业有关联关系的自然人借款的利息支出,应根据《企业所得税法》第四十六条及《财政部、国家税务总局关于企业关联方利息支出税前扣除标准有关税收政策问题的通知》(财税〔2008〕121 号)规定的条件,计算企业所得税扣除额。

(2)企业向除第一条规定以外的内部职工或其他人员借款的利息支出,其借款情况同时符合以下条件的,其利息支出在不超过按照金融企业同期同类贷款利率计算的数额的部分,根据《企业所得税法》第八条和《企业所得税法实施条例》第二十七条规定,准予扣除:

①企业与个人之间的借贷是真实、合法、有效的,并且不具有非法集资目的或其他违反法律、法规的行为;

②企业与个人之间签订了借款合同。

【风险提示】

向自然人借款利息税前扣除应注意区分是否是非法集资。《关于取缔非法金融机构和非法金融业务活动中有关问题的通知》(银发〔1999〕41 号)规定:非法集资是指单位或者个人未依照法定程序经有关部门批准,以发行股票、债券、彩票、投资基金证券或者其他债权凭证的方式向社会公众筹集资金,并承诺在一定期限内以货币、实物以及其他方式向出资人还本付息或给予回报的行为。根据《关于进一步打击非法集资等活动的通知》(银发〔1999〕289 号)的相关规定,非法集资归纳起来主要有以下几种:①通过发行有价证券、会员卡或债务凭证等形式吸收资金;②对物业、地产等资产进行等份分割,通过出售其份额的处置权进行高息集资;③利用民间会社形式进行非法集资;④以签订商品经销等经济合同的形式进行非法集资;⑤以发行或变相发行彩票的形式集资;⑥利用传销或秘密串联的形式非法集资；⑦利用果园或庄园开发的形式进行非法集资。

5.《特别纳税调整实施办法（试行）》（国税发〔2009〕2号）第九章规定：

（1）《企业所得税法》第四十六条所称不得在计算应纳税所得额时扣除的利息支出应按以下公式计算：

不得扣除利息支出＝年度实际支付的全部关联方利息×（1－标准比例/关联债资比例）

其中，标准比例是指《财政部、国家税务总局关于企业关联方利息支出税前扣除标准有关税收政策问题的通知》（财税〔2008〕121号）规定的比例。

关联债资比例是指根据《企业所得税法》第四十六条及《企业所得税法实施条例》第一百一十九条的规定，企业从其全部关联方接受的债权性投资（以下简称关联债权投资）占企业接受的权益性投资（以下简称权益投资）的比例。关联债权投资包括关联方以各种形式提供担保的债权性投资。

（2）关联债资比例的具体计算方法如下：

关联债资比例＝年度各月平均关联债权投资之和/年度各月平均权益投资之和

其中，各月平均关联债权投资＝（关联债权投资月初账面余额＋月末账面余额）/2

各月平均权益投资＝（权益投资月初账面余额＋月末账面余额）/2

权益投资为企业资产负债表所列示的所有者权益金额。如果所有者权益小于实收资本（股本）与资本公积之和，则权益投资为实收资本（股本）与资本公积之和；如果实收资本（股本）与资本公积之和小于实收资本（股本）金额，则权益投资为实收资本（股本）金额。

关联债资比例的计算关键在于如何计算年度各月平均关联债权投资之和与年度各月平均权益投资之和。

【案例7－6】天山房地产公司2010年1～3月份关联债权投资月初和月末数如表7－1所示（4～12月份数据与3月份相同，略），如何确定关联债资比例？

表7－1　　单位：万元

月份期间	1月份	2月份	3月份
月初	2 000	3 000	1 500
月末	3 000	1 500	1 500

【案例分析】

1月份平均关联债权投资＝（2 000＋3 000）/2＝2 500（万元）

2月份平均关联债权投资＝（3 000＋1 500）/2＝2 250（万元）

3月份平均关联债权投资＝（1 500＋1 500）/2＝1 500（万元）

其他月份的平均关联债权投资同样按此方法计算,年度各月平均关联债权投资之和就是将12个月计算出来的月平均关联债权投资相加。

年度各月平均关联债权投资之和 = 2 500 + 2 250 + 1 500 × 10 = 19 750(万元)

在资产负债表中,所有者权益包含实收资本(股本)、资本公积、盈余公积、未分配利润等项目。①如果资本公积、盈余公积和未分配利润均为正数,则税收上的权益投资等于会计上所有者权益的合计数。②如果未分配利润为负数,其他均为非负数,则税收上的权益投资等于会计上的实收资本(股本)加资本公积和盈余公积。③如果未分配利润和盈余公积均为负数,其他为非负数,则税收上的权益投资等于会计上的实收资本(股本)加资本公积。④如果未分配利润、盈余公积和资本公积均为负数,则税收上的权益投资登记会计上的实收资本(股本)。换句话说,在这里,税收上的权益投资金额等于会计上所有者权益项目下所有非负数项目的数值之和。

(3)《企业所得税法》第四十六条所称的"利息支出",包括直接或间接关联债权投资实际支付的利息、担保费、抵押费和其他具有利息性质的费用。

(4)《企业所得税法》第四十六条规定的"不得在计算应纳税所得额时扣除"的利息支出,不得结转到以后纳税年度,应按照实际支付给各关联方利息占关联方利息总额的比例,在各关联方之间进行分配。其中,分配给实际税负高于企业的境内关联方的利息准予扣除;直接或间接实际支付给境外关联方的利息应视同分配的股息,按照股息和利息分别适用的所得税税率差补征企业所得税,如已扣缴的所得税税款多于按股息计算的应纳所得税税款,多出的部分不予退税。

(5)企业关联债资比例超过标准比例的利息支出,如要在计算应纳税所得额时扣除,除遵照国税发〔2009〕2号文件第三章规定外,还应准备、保存并按税务机关要求提供以下同期资料,证明关联债权投资金额、利率、期限、融资条件以及债资比例等均符合独立交易原则:①企业偿债能力和举债能力分析;②企业集团举债能力及融资结构情况分析;③企业注册资本等权益投资的变动情况说明;④关联债权投资的性质、目的及取得时的市场状况;⑤关联债权投资的货币种类、金额、利率、期限及融资条件;⑥企业提供的抵押品情况及条件;⑦担保人状况及担保条件;⑧同类同期贷款的利率情况及融资条件;⑨可转换公司债券的转换条件;⑩其他能够证明符合独立交易原则的资料。

(6)企业未按规定准备、保存和提供同期资料证明关联债权投资金额、利率、期限、融资条件以及债资比例等符合独立交易原则的,其超过标准比例的关联方利息支出,不得在计算应纳税所得额时扣除。

(7)本章所称"实际支付利息"是指企业按照权责发生制原则计入相关成本、费用的利息。

企业实际支付关联方利息存在转让定价问题的,税务机关应首先按照国税发

〔2009〕2 号文件第五章的有关规定实施转让定价调查调整。

【案例7-7】天山房地产公司与东方建筑公司由相同股东投资设立,但两者并无投资与被投资关系,那么两家企业之间的借款利息税前扣除是否也受比例限制?是无限制还是不能在税前扣除?

【案例分析】

通常大家会有这样的误解,认为无投资关系就无法计算权益性投资,从而无法计算关联债资比例。根据国税发〔2009〕2 号文件的规定,企业与其他企业、组织或个人之间具有关联关系不仅是指具有投资关系,两方之间借贷资金占一方实收资本 50% 以上、一方半数以上的高级管理人员(包括董事会成员和经理)或至少一名可以控制董事会的董事会高级成员是由另一方委派、一方的生产经营活动必须由另一方提供的特许权才能正常进行、一方的购买或销售活动接受或提供劳务主要由另一方控制、一方与另一方的主要持股方享受基本相同的经济利益,以及家族、亲属关系等都属于关联关系。

《企业所得税法》第四十一条是对资本弱化税收管理的最高的原则性规定,而《企业所得税法实施条例》第一百一十九条、财税〔2008〕121 号文件以及国税发〔2009〕2 号文件第九章都是对《企业所得税法》第四十六条原则的具体落实。因此,只要两个企业属于关联方,无论是否具有投资与被投资关系,均要受财税〔2008〕121 号文件规定的比例限制。

对于无法计算权益性投资的误解,国税发〔2009〕2 号文件第八十六条规定,权益投资为企业资产负债表所列示的所有者权益金额。如果所有者权益小于实收资本(股本)与资本公积之和,则权益投资为实收资本(股本)与资本公积之和;如果实收资本(股本)与资本公积之和小于实收资本(股本)金额,则权益投资为实收资本(股本)金额。

从以上规定可以看出,权益投资的计算不是按每个投资人的投资来计算的,而是按整体企业的资产负债表所列出的所有者权益金额根据不同情况来确定,因而,无论是否具有投资关系,权益性投资都是可以取得的,关联债资比例也是可以计算的。

(三)利息税前扣除的特殊规定

1. 企业投资者投资未到位而发生的利息支出的税前扣除

《国家税务总局关于企业投资者投资未到位而发生的利息支出企业所得税前扣除问题的批复》(国税函〔2009〕312 号)规定,根据《企业所得税法实施条例》第二十七条规定,凡企业投资者在规定期限内未缴足其应缴资本额的,该企业对外借款所发生的利息,相当于投资者实缴资本额与在规定期限内应缴资本额的差额应计付的利息,其不属于企业合理的支出,应由企业投资者负担,不得在计算企业应纳税所得额时扣除。

具体计算不得扣除的利息,应以企业一个年度内每一账面实收资本与借款余额保持不变的期间作为一个计算期,每一计算期内不得扣除的借款利息按该期间借款利息发生额乘以该期间企业未缴足的注册资本占借款总额的比例计算,公式为:

企业每一计算期不得扣除的借款利息 = 该期间借款利息额 × 该期间未缴足注册资本额 ÷ 该期间借款额

企业一个年度内不得扣除的借款利息总额为该年度内每一计算期不得扣除的借款利息额之和。

【风险提示】

《公司法》第二十六条规定,有限责任公司的注册资本为在公司登记机关登记的全体股东认缴的出资额。公司全体股东的首次出资额不得低于注册资本的20%,也不得低于法定的注册资本最低限额,其余部分由股东自公司成立之日起两年内缴足;其中,投资公司可以在5年内缴足。有限责任公司注册资本的最低限额为人民币3万元。法律、行政法规对有限责任公司注册资本的最低限额有较高规定的,从其规定。

企业投资者投资未到位可以分为投资者未按规定期限缴纳出资和投资者未按规定足额缴纳出资两种情况,实务中计算不得扣除利息应注意以下三点:①区间的划分,首先要按公司章程或《公司法》对出资的规定来认定股东应缴出资的时间,公司章程明确了出资期限的按章程划分区间,公司章程未明确出资期限的按公司法两年分期出资的规定来划分。两年出资期限的起算点为公司成立之日,股东逾期未按规定出资,则会产生不得扣除利息;另外,逾期出资每变化一次,则要分段计算一次。②各区间内,有多笔贷款及贷款利率发生变化的,要按既定公式计算,而不能用未出资额直接乘以利率来计算。③国税函〔2009〕312号文件未明确股东出资后又抽逃资本是否也适用该文件。但根据法理推论,投资者投资未到位应包括出资后又抽逃资本,因此投资者出资后又抽逃资本的应按该文件执行。

【案例7-8】天山房地产公司于2010年1月1日成立,注册资本1 000万元,首期到位资金700万元,7月1日到位资金100万元。2010年3月1日,天山房地产公司从某公司借款500万元,利率10%(商业贷款利率为7%),期限一年,则2010年1月1日~12月31日共发生贷款利息41.67万元(500×10%÷12×10)。请计算不得扣除利息支出。

【案例分析】

超过标准的利息支出为:500×(10%-7%)÷12×10=12.50(万元)

2010年上半年不得扣除的利息为:(500×7%÷12×4)×300÷500=7(万元)

2010年下半年不得扣除的利息为:(500×7%÷12×6)×200÷500=7(万元)

2010年合计不得扣除的利息费用为:12.50+7+7=26.50(万元)

2. 房地产开发企业统借统贷利息的扣除

企业集团或其成员企业统一向金融机构借款分摊集团内部其他成员企业使用的，借入方凡能出具从金融机构取得借款的证明文件，可以在使用借款的企业间合理地分摊利息费用，使用借款的企业分摊的合理利息准予在税前扣除。

【风险提示】

企业集团必须符合规定的条件。根据《企业集团登记管理暂行规定》（工商企字〔1998〕第59号）规定，企业集团应当具备下列条件：①企业集团的母公司注册资本在5 000万元人民币以上，并至少拥有5家子公司；②母公司和其子公司的注册资本总和在1亿元人民币以上；③集团成员单位均具有法人资格。

符合以上条件的房地产开发企业集团统借统贷利息税前扣除可以归纳为以下条件：①按照借款金融机构实际借款利率合理分摊的利息；②集团公司或成员企业能够出具从金融机构取得借款的证明文件；③资金限于集团内部各企业使用。只要符合这三个条件，无论集团内部公司之间借款数额多少，支付的利息均可全额扣除。

三、房地产民间借贷成本支出存在税务风险

在当前房地产市场调控下，银行信贷异常艰难，而各种形式的民间借贷生意却很红火，为保证充足的流动资金，房地产企业转而寻求民间借贷的情况比比皆是，民间借贷由于存在不规范性和广泛性，也极容易产生税收问题。

房地产企业民间借贷支付利息，主要涉及两方面税收问题。第一，负有代扣代缴个人所得税的义务。《个人所得税法》第八条规定，个人所得税以所得人为纳税义务人，以支付所得的单位或者个人为扣缴义务人。支付借款利息时，应按“利息、股息、红利所得”代扣代缴个人所得税，税率为20%。第二，无论是资本化还是直接损益化处理借款利息，均应取得发票入账，对于个人，可以到地税机关代开发票。但是由于20%个人所得税加上5.60%左右的营业税金及附加合计税负偏高，房地产企业能够取得利息支出发票的情形并不多见。因此，存在的税务风险最终也只能由融资人——房地产企业自己承担。

第十节　资产损失的税前扣除

企业所得税法及其实施条例实施后，房地产开发企业的资产损失如何税前扣除主要依据《财政部、国家税务总局关于企业资产损失税前扣除政策的通知》（财税〔2009〕57号）和《国家税务总局关于发布〈企业资产损失所得税税前扣除管理办法〉的公告》（国家税务总局公告2011年第25号）两个文件来执行。2011年第25

号公告自 2011 年 1 月 1 日起执行，相对于《国家税务总局关于印发〈企业资产损失税前扣除管理办法〉的通知》（国税发〔2009〕88 号）而言，最突出的变化就是将企业资产损失分为实际资产损失和法定资产损失，在此基础上对资产损失的界定、审批权限、证据条件和扣除时限方面给予了明确的界定，并增加了兜底条款。

一、资产损失的概念

资产是指企业拥有或者控制的、用于经营管理活动相关的资产，包括现金、银行存款、应收及预付款项（包括应收票据、各类垫款、企业之间往来款项）等货币性资产，存货、固定资产、无形资产、在建工程、生产性生物资产等非货币性资产，以及债权性投资和股权（权益）性投资。

根据资产的性质，资产损失可分为三类：货币性资产损失，包括现金、银行存款、应收及预付款项（包括应收票据）等资产损失；非货币性资产损失，包括存货、固定资产、在建工程、生产性生物资产等资产损失；债权性投资和股权（权益）性投资损失。

准予在企业所得税税前扣除的资产损失，是指企业在实际处置、转让上述资产过程中发生的合理损失（以下简称实际资产损失），以及企业虽未实际处置、转让上述资产，但符合财税〔2009〕57 号文件和国家税务总局 2011 年第 25 号公告规定条件计算确认的损失（以下简称法定资产损失）。

二、资产损失税前扣除时间

企业实际资产损失，应当在其实际发生且会计上已作损失处理的年度申报扣除；法定资产损失，应当在企业向主管税务机关提供证据资料证明该项资产已符合法定资产损失确认条件，且会计上已作损失处理的年度申报扣除。企业发生的资产损失，应按规定的程序和要求向主管税务机关申报后方能在税前扣除；未经申报的损失，不得在税前扣除。

企业以前年度发生的资产损失未能在当年税前扣除的，可以按规定向税务机关说明并进行专项申报扣除。其中，属于实际资产损失的，准予追补至该项损失发生年度扣除，其追补确认期限一般不得超过 5 年，但在计划经济体制转轨过程中遗留的资产损失、企业重组上市过程中因权属不清出现争议而未能及时扣除的资产损失、因承担国家政策性任务而形成的资产损失以及政策定性不明确而形成资产损失等特殊原因形成的资产损失，其追补确认期限经国家税务总局批准后可适当延长。属于法定资产损失的，应在申报年度扣除。

企业因以前年度实际资产损失未在税前扣除而多缴的企业所得税税款，可从追补确认年度企业所得税应纳税款中抵扣，不足抵扣的，向以后年度递延抵扣。

企业实际资产损失发生年度扣除追补确认的损失后出现亏损的，应先调整资产损失发生年度的亏损额，再按弥补亏损的原则计算以后年度多缴的企业所得税税款，并按规定进行税务处理。

【案例7-9】天山房地产公司2009年和2010年的会计利润与应纳税所得额均相同，2009年应纳税所得额为30万元，2010年应纳税所得额为200万元，2010年发现2009年有资产损失50万元符合当时税法规定，可予以税前扣除但是未扣除。

【案例分析】

2009年资产损失50万元追补确认期限未超过五年，进行专项申报可以扣除，准予追至2009年度扣除，追补后2009年实际亏损为50-30=20(万元)。所以，2009年多缴税款为30×25%=7.5(万元)。2010年应缴纳企业所得税为(200-20)×25%=45(万元)，2009年多缴的税款7.5万元可在2010年度抵扣。2010年实际应缴纳企业所得税为45-7.5=37.5(万元)。

三、损失扣除形式

企业发生的资产损失，应按规定的程序和要求向主管税务机关申报后方能在税前扣除；未经申报的损失，不得在税前扣除。企业资产损失扣除按其申报内容和要求的不同，分为清单申报和专项申报两类申报形式。

1. 两类申报的具体范围

国家税务总局2001年第25号公告将原国税发〔2009〕88号文件规定的自行计算扣除的五类资产损失，改为以清单申报的方式向税务机关申报扣除。具体包括：企业在正常经营管理活动中，按照公允价格销售、转让、变卖非货币性资产的损失；企业各项存货发生的正常损耗；企业固定资产达到或超过使用年限而正常报废清理的损失；企业生产性生物资产达到或超过使用年限而正常死亡发生的资产损失；企业按照市场公平交易原则，通过各种交易场所、市场等买卖债券、股票、期货、基金以及金融衍生产品等发生的损失。

其他资产损失均要求以专项申报的方式向税务机关申报扣除。此外，如企业无法准确判别是否属于清单申报扣除的资产损失，可以采取专项申报的形式申报扣除。

在中国境内跨地区经营的汇总纳税企业发生的资产损失，应按以下规定申报扣除：

①总机构及其分支机构发生的资产损失，除应按专项申报和清单申报的有关规定，各自向当地主管税务机关申报外，各分支机构同时还应上报总机构；

②总机构对各分支机构上报的资产损失，除税务机关另有规定外，应以清单申报的形式向当地主管税务机关进行申报；

③总机构将跨地区分支机构所属资产捆绑打包转让所发生的资产损失，由总机构向当地主管税务机关进行专项申报。

企业因国务院决定事项形成的资产损失，应向国家税务总局提供有关资料。国家税务总局审核有关情况后，将损失情况通知相关税务机关。企业应按要求进行专项申报。

2. 申报资料要求及责任

属于清单申报扣除的资产损失，企业可按会计核算科目进行归类、汇总，然后再将汇总清单报送税务机关，有关会计核算资料和纳税资料留存备查；属于专项申报扣除的资产损失，企业应逐项（或逐笔）报送申请报告，同时附送会计核算资料及其他相关的纳税资料。

属于专项申报扣除的资产损失，企业因特殊原因不能在规定的时限内报送相关资料的，可以向主管税务机关提出申请，经主管税务机关同意后，可适当延期申报。

四、资产损失确认证据

企业按规定向税务机关报送资产损失税前扣除申请时，均应提供能够证明资产损失确已实际发生的合法证据，包括具有法律效力的外部证据和特定事项的企业内部证据。

具有法律效力的外部证据，是指司法机关、行政机关、专业技术鉴定部门等依法出具的与本企业资产损失相关的具有法律效力的书面文件，主要包括：

①司法机关的判决或者裁定；

②公安机关的立案结案证明、回复；

③工商部门出具的注销、吊销及停业证明；

④企业的破产清算公告或清偿文件；

⑤行政机关的公文；

⑥专业技术部门的鉴定报告；

⑦具有法定资质的中介机构的经济鉴定证明；

⑧仲裁机构的仲裁文书；

⑨保险公司对投保资产出具的出险调查单、理赔计算单等保险单据；

⑩符合法律规定的其他证据。

特定事项的企业内部证据，是指会计核算制度健全、内部控制制度完善的企业，对各项资产发生毁损、报废、盘亏、死亡、变质等的内部证明或承担责任的声明，主要包括：

①有关会计核算资料和原始凭证；

②资产盘点表；

③相关经济行为的业务合同；

④企业内部技术鉴定部门的鉴定文件或资料；

⑤企业内部核批文件及有关情况说明；

⑥对责任人由于经营管理责任造成损失的责任认定及赔偿情况说明；

⑦法定代表人、企业负责人和企业财务负责人对特定事项真实性承担法律责任的声明。

企业应当建立健全资产损失内部核销管理制度，及时收集、整理、编制、审核、申报、保存资产损失税前扣除证据材料，方便税务机关检查。

税务机关应按分项建档、分级管理的原则，建立企业资产损失税前扣除管理台账和纳税档案，及时进行评估。对金额较大或经评估后发现不符合资产损失税前扣除规定或存有疑点、异常情况的资产损失，应及时进行核查。对有证据证明申报扣除的资产损失不真实、不合法的，应依法作出税收处理。

五、现金等货币性资产损失的认定

企业货币性资产损失包括现金损失、银行存款损失和应收（预付）账款损失等。

1. 企业清查出的现金短缺扣除责任人赔偿后的余额，确认为现金损失。确认现金损失应提供以下证据：

①现金保管人确认的现金盘点表（包括倒推至基准日的记录）；

②现金保管人对于短款的说明及相关核准文件；

③对责任人由于管理责任造成损失的责任认定及赔偿情况的说明；

④涉及刑事犯罪的，应提供司法机关的涉案材料；

⑤金融机构出具的假币收缴证明。

2. 因金融机构清算而发生的存款类资产损失应提供以下相关证据：

①企业存款的原始凭据；

②金融机构破产、清算的法律文件；

③金融机构清算后剩余资产分配情况资料。

金融机构应清算而未清算超过三年的，企业可将该款项确认为资产损失，但应有法院或破产清算管理人出具的未完成清算证明。

3. 企业除贷款类债权外的应收、预付账款符合下列条件之一的，减除可收回金额后确认的无法收回的应收、预付款项，可以作为坏账损失在计算应纳税所得额时扣除：

①债务人依法宣告破产、关闭、解散、被撤销，或者被依法注销、吊销营业执照，其清算财产不足清偿的；

②债务人死亡,或者依法被宣告失踪、死亡,其财产或者遗产不足清偿的;

③债务人逾期三年以上未清偿,且有确凿证据证明已无力清偿债务的;

④与债务人达成债务重组协议或法院批准破产重整计划后,无法追偿的;

⑤因自然灾害、战争等不可抗力导致无法收回的;

⑥国务院财政、税务主管部门规定的其他条件。

4. 企业应收、预付账款符合坏账损失条件的,申请坏账损失税前扣除,应提供下列相关依据:

①相关事项合同、协议或说明;

②属于债务人破产清算的,应有人民法院的破产、清算公告;

③属于诉讼案件的,应出具人民法院的判决书或裁决书或仲裁机构的仲裁书,或者被法院裁定终(中)止执行的法律文书;

④属于债务人停止营业的,应有工商部门注销、吊销营业执照证明;

⑤属于债务人死亡、失踪的,应有公安机关等有关部门对债务人个人的死亡、失踪证明;

⑥属于债务重组的,应有债务重组协议及其债务人重组收益纳税情况说明;

⑦属于自然灾害、战争等不可抗力而无法收回的,应有债务人受灾情况说明以及放弃债权申明;

⑧其他相关证明。

企业逾期三年以上的应收款项在会计上已作为损失处理的,可以作为坏账损失,但应说明情况,并出具专项报告。

企业逾期一年以上,单笔数额不超过五万或者不超过企业年度收入总额万分之一的应收款项,会计上已经作为损失处理的,可以作为坏账损失,但应说明情况,并出具专项报告。

六、非货币性资产损失的认定

企业非货币性资产损失包括存货损失、固定资产损失、无形资产损失、在建工程损失、生产性生物资产损失等。

对企业盘亏的固定资产或存货,以该固定资产的账面净值或存货的成本减除责任人赔偿后的余额,作为固定资产或存货盘亏损失在计算应纳税所得额时扣除。对企业毁损、报废的固定资产或存货,以该固定资产的账面净值或存货的成本减除残值、保险赔款和责任人赔偿后的余额,作为固定资产或存货毁损、报废损失在计算应纳税所得额时扣除。对企业被盗的固定资产或存货,以该固定资产的账面净值或存货的成本减除保险赔款和责任人赔偿后的余额,作为固定资产或存货被盗损失在计算应纳税所得额时扣除。企业因存货盘亏、毁损、报废、被盗等原因不得从增值税销项税额中抵扣的进项税额，可以与存货损失一起在计算应纳税所得额时扣除。

（一）存货损失

1. 存货盘亏损失，为其盘亏金额扣除责任人赔偿后的余额，应依据以下证据材料确认：

①存货计税成本的确定依据；

②企业内部有关责任认定、责任人赔偿说明和内部核批文件；

③存货盘点表；

④存货保管人对于盘亏的情况说明。

2. 存货报废、毁损或变质损失，为其计税成本扣除残值及责任人赔偿后的余额，应依据以下证据材料确认：

①存货计税成本的确定依据；

②企业内部关于存货报废、毁损、变质、残值情况说明及核销资料；

③涉及责任人赔偿的，应当有赔偿情况说明；

④该项损失数额较大的（指占企业该类资产计税成本10%以上，或减少当年应纳税所得、增加亏损10%以上，下同），应有专业技术鉴定意见或具有法定资质的中介机构出具的专项报告等。

3. 存货被盗损失，为其计税成本扣除保险赔款以及责任人赔偿后的余额，应依据以下证据材料确认：

①存货计税成本的确定依据；

②向公安机关的报案记录；

③涉及责任人和保险公司赔偿的，应有赔偿情况说明等。

4. 工程物资发生损失，可比照存货损失的规定确认。

（二）固定资产和在建工程损失

固定资产盘亏、丢失损失，为其账面净值扣除责任人赔偿后的余额，应依据以下证据材料确认：

①企业内部有关责任认定和核销资料；

②固定资产盘点表；

③固定资产计税基础相关资料；

④固定资产盘亏、丢失情况说明；

⑤损失金额较大的，应有专业技术鉴定报告或具有法定资质的中介机构出具的专项报告等。

固定资产报废、毁损损失，为其账面净值扣除残值和责任人赔偿后的余额，应依据以下证据材料确认：

①固定资产计税基础相关资料；

②企业内部有关责任认定和核销资料；

③企业内部有关部门出具的鉴定材料；

④涉及责任赔偿的，应有赔偿情况说明；

⑤损失金额较大的或因自然灾害等不可抗力原因造成固定资产毁损、报废的，应有专业技术鉴定意见或具有法定资质的中介机构出具的专项报告等。

固定资产被盗损失，为其账面净值扣除责任人赔偿后的余额，应依据以下证据材料确认：

①固定资产计税基础相关资料；

②公安机关的报案记录，公安机关立案、破案和结案的证明材料；

③涉及责任赔偿的，应有赔偿责任的认定及赔偿情况说明等。

在建工程停建、报废损失，为其工程项目投资账面价值扣除残值后的余额，应依据以下证据材料确认：

①工程项目投资账面价值确定依据；

②工程项目停建原因说明及相关材料；

③因质量原因停建、报废的工程项目和因自然灾害和意外事故停建、报废的工程项目，应出具专业技术鉴定意见和责任认定、赔偿情况说明。

企业由于未能按期赎回抵押资产，使抵押资产被拍卖或变卖，其账面净值大于变卖价值的差额，可认定为资产损失，按以下证据材料确认：

①抵押合同或协议书；

②拍卖或变卖证明、清单；

③会计核算资料等其他相关证据材料。

（三）无形资产损失

因被其他新技术所代替或超过法律保护期限，已经丧失使用价值和转让价值，尚未摊销的无形资产损失，应提交以下证据备案：

①会计核算资料；

②企业内部核批文件及有关情况说明；

③技术鉴定意见和企业法定代表人、主要负责人和财务负责人签章证实无形资产已无使用价值或转让价值的书面声明；

④无形资产的法律保护期限文件。

七、投资损失的认定

企业投资损失包括债权性投资损失和股权（权益）性投资损失。

（一）债权性投资损失

企业在采取所有可能的措施和实施必要的程序之后，符合下列条件之一的贷款类债权，可以作为贷款损失在计算应纳税所得额时扣除：

1. 借款人和担保人依法宣告破产、关闭、解散、被撤销，并终止法人资格，或者已完全停止经营活动，被依法注销、吊销营业执照，对借款人和担保人进行追偿后，未能收回的债权；

2. 借款人死亡，或者依法被宣告失踪、死亡，依法对其财产或者遗产进行清偿，并对担保人进行追偿后，未能收回的债权；

3. 借款人遭受重大自然灾害或者意外事故，损失巨大且不能获得保险赔偿，或者以保险赔偿后，确实无力偿还部分或者全部债务，对借款人财产进行清偿和对担保人进行追偿后，未能收回的债权；

4. 借款人触犯刑律，依法受到制裁，其财产不足归还所借债务，又无其他债务承担者，经追偿后确实无法收回的债权；

5. 由于借款人和担保人不能偿还到期债务，企业诉诸法律，经法院对借款人和担保人强制执行，借款人和担保人均无财产可执行，法院裁定执行程序终结或终止（中止）后，仍无法收回的债权；

6. 由于借款人和担保人不能偿还到期债务，企业诉诸法律，经法院调解或经债权人会议通过，与借款人和担保人达成和解协议或重整协议，在借款人和担保人履行完还款义务后，无法追偿的剩余债权；

7. 由于上述原因借款人不能偿还到期债务，企业依法取得抵债资产，抵债金额小于贷款本息的差额，经追偿后仍无法收回的债权；

8. 经国务院专案批准核销的贷款类债权；

9. 国务院财政、税务主管部门规定的其他条件。

企业债权投资损失应依据投资的原始凭证、合同或协议、会计核算资料等相关证据材料确认。下列情况的债权投资损失，还应出具相关证据材料：

1. 债务人或担保人依法被宣告破产、关闭、被解散或撤销、被吊销营业执照、失踪或者死亡等，应出具资产清偿证明或者遗产清偿证明。无法出具资产清偿证明或者遗产清偿证明，且上述事项超过三年的，或债权投资（包括信用卡透支和助学贷款）余额在三百万元以下的，应出具对应的债务人和担保人破产、关闭、解散证明，撤销文件，工商行政管理部门注销证明或查询证明以及追索记录等（包括司法追索、电话追索、信件追索和上门追索等原始记录）。

2. 债务人遭受重大自然灾害或意外事故，企业对其资产进行清偿和对担保人进行追偿后，未能收回的债权，应出具债务人遭受重大自然灾害或意外事故证明、保险赔偿证明、资产清偿证明等。

3. 债务人因承担法律责任，其资产不足归还所借债务，又无其他债务承担者的，应出具法院裁定证明和资产清偿证明。

4. 债务人和担保人不能偿还到期债务，企业提出诉讼或仲裁的，经人民法院对债务人和担保人强制执行，债务人和担保人均无资产可执行，人民法院裁定终结或终止（中止）执行的，应出具人民法院裁定文书。

5. 债务人和担保人不能偿还到期债务，企业提出诉讼后被驳回起诉的、人民法院不予受理或不予支持的，或经仲裁机构裁决免除（或部分免除）债务人责任，经追偿后无法收回的债权，应提交法院驳回起诉的证明，或法院不予受理或不予支持证明，或仲裁机构裁决免除债务人责任的文书。

6. 经国务院专案批准核销的债权，应提供国务院批准文件或经国务院同意后由国务院有关部门批准的文件。

（二）股权（权益）性投资损失

1. 企业的股权投资符合下列条件之一的，减除可收回金额后确认的无法收回的股权投资，可以作为股权投资损失在计算应纳税所得额时扣除：

①被投资方依法宣告破产、关闭、解散、被撤销，或者被依法注销、吊销营业执照的；

②被投资方财务状况严重恶化，累计发生巨额亏损，已连续停止经营三年以上，且无重新恢复经营改组计划的；

③对被投资方不具有控制权，投资期限届满或者投资期限已超过十年，且被投资单位因连续三年经营亏损导致资不抵债的；

④被投资方财务状况严重恶化，累计发生巨额亏损，已完成清算或清算期超过三年以上的；

⑤国务院财政、税务主管部门规定的其他条件。

2. 企业股权投资损失应依据以下相关证据材料确认：

①股权投资计税基础证明材料；

②被投资企业破产公告、破产清偿文件；

③工商行政管理部门注销、吊销被投资单位营业执照文件；

④政府有关部门对被投资单位的行政处理决定文件；

⑤被投资企业终止经营、停止交易的法律或其他证明文件；

⑥被投资企业资产处置方案、成交及入账材料；

⑦企业法定代表人、主要负责人和财务负责人签章证实有关投资（权益）性损失的书面申明；

⑧会计核算资料等其他相关证据材料。

3. 被投资企业依法宣告破产、关闭、解散或撤销、吊销营业执照、停止生产经营活动、失踪等，应出具资产清偿证明或者遗产清偿证明。上述事项超过三年且未能完成清算的，应出具被投资企业破产、关闭、解散或撤销、吊销等的证明以及不能清算的原因说明。

4. 企业委托金融机构向其他单位贷款，或委托其他经营机构进行理财，到期不能收回贷款或理财款项，按照国家税务总局公告 2011 年第 25 号第六章有关规定进行处理。

5. 企业对外提供与本企业生产经营活动有关的担保，因被担保人不能按期偿还债务而承担连带责任，经追索，被担保人无偿还能力，对无法追回的金额，比照国家税务总局 2011 年第 25 号公告规定的应收款项损失进行处理。

与本企业生产经营活动有关的担保是指企业对外提供的与本企业应税收入、投资、融资、材料采购、产品销售等生产经营活动相关的担保。

6. 企业按独立交易原则向关联企业转让资产而发生的损失，或向关联企业提供借款、担保而形成的债权损失，准予扣除，但企业应作专项说明，同时出具中介机构出具的专项报告及其相关的证明材料。

7. 下列股权和债权不得作为损失在税前扣除：

①债务人或者担保人有经济偿还能力，未按期偿还的企业债权；

②违反法律、法规的规定，以各种形式、借口逃废或悬空的企业债权；

③行政干预逃废或悬空的企业债权；

④企业未向债务人和担保人追偿的债权；

⑤企业发生非经营活动的债权；

⑥其他不应当核销的企业债权和股权。

8.《国家税务总局关于企业股权投资损失所得税处理问题的公告》(国家税务总局公告 2010 年第 6 号)规定：自 2010 年 1 月 1 日起，企业对外进行权益性投资所发生的损失，在经确认的损失发生年度，作为企业损失在计算企业应纳税所得额时一次性扣除。本规定发布以前，企业发生的尚未处理的股权投资损失，按照本规定，准予在 2010 年度一次性扣除。

八、其他资产损失认定

1. 企业将不同类别的资产捆绑(打包)，以拍卖、询价、竞争性谈判、招标等市场方式出售，其出售价格低于计税成本的差额，可以作为资产损失并准予在税前申报扣除，但应出具资产处置方案、各类资产作价依据、出售过程的情况说明、出售合同或协议、成交及入账证明、资产计税基础等确定依据。

2. 企业正常经营业务因内部控制制度不健全而出现操作不当、不规范或因业务创新但政策不明确、不配套等原因形成的资产损失，应由企业承担的金额，可以作为资产损失并准予在税前申报扣除，但应出具损失原因证明材料或业务监管部门定性证明、损失专项说明。

3. 企业因刑事案件原因形成的损失，应由企业承担的金额，或经公安机关立案侦查两年以上仍未追回的金额，可以作为资产损失并准予在税前申报扣除，但应出具公安机关、人民检察院的立案侦查情况或人民法院的判决书等损失原因证明材料。

4. 遵照国家税务总局公告 2011 年第 25 号精神，企业没有涉及的资产损失事项，只要符合企业所得税法及其实施条例等法律、法规规定，也可以向税务机关申报扣除。

第八章　重组、清算企业所得税纳税实务与风险防范

第一节　重组企业所得税纳税实务与风险防范

改制重组是税收政策一贯给予扶持的方面，在大浪淘沙的市场经济条件下，房地产开发企业通过企业重组可以获得新的生命力，但是不可避免有的企业有避税的企图。为规范企业重组税务处理，财政部、国家税务总局发布了《财政部、国家税务总局关于企业重组业务企业所得税处理若干问题的通知》（财税〔2009〕59 号）。2010 年 7 月，国家税务总局又发布了《国家税务总局关于发布〈企业重组业务企业所得税管理办法〉的公告》（国家税务总局公告 2010 年第 4 号）。企业应遵循这两个文件进行纳税处理。

一、企业重组的概念及类型

企业重组，是指企业在日常经营活动以外发生的法律结构或经济结构重大改变的交易，包括企业法律形式改变、债务重组、股权收购、资产收购、合并、分立等六种类型。

1. 企业法律形式改变，是指企业注册名称、住所以及企业组织形式等的简单改变，但符合财税〔2009〕59 号规定的其他重组类型的除外。例如，北京广发房地产开发有限公司更名为北京广大房地产开发有限公司，正丰房地产公司将注册地由石家庄市迁移至北京市，原有限责任公司变更为股份有限公司，或者原有限责任公司变更为个人独资企业、合伙企业等，这些都属于企业法律形式改变。

2. 债务重组，是指在债务人发生财务困难的情况下，债权人按照其与债务人达成的书面协议或者法院裁定书，就其债务人的债务作出让步的事项。例如，河北东方建筑公司应收广发房地产公司工程款 100 万元，广发房地产公司因政策调控资金紧张，于是双方达成书面协议，同意广发房地产公司以两套商品房抵顶债务，这就属于债务重组。

3. 股权收购，是指一家企业购买另一家企业的股权，以实现对被收购企业控制

的交易。收购企业支付对价的形式包括股权支付、非股权支付或两者的组合。例如,A公司与B公司达成协议,A公司收购B公司60%的股权,A公司支付B公司股东的对价为50万元银行存款以及A公司控股的C公司10%股权,A公司收购股权后实现了对B公司的控制,这就属于股权收购。在该股权收购中,A公司为收购企业,B公司为被收购企业。

4. 资产收购,是指一家企业购买另一家企业实质经营性资产的交易。受让企业支付对价的形式包括股权支付、非股权支付或两者的组合。实质经营性资产,是指企业用于生产经营活动、与产生经营收入直接相关的资产,包括经营所用的各类资产、企业拥有的商业信息和技术、经营活动产生的应收款项、投资资产等。例如,A公司与B公司达成协议,A公司购买B公司经营性资产(包括固定资产、存货等),该经营性资产的公允价值为1 000万元,A公司支付的对价为本公司10%股权、100万元银行存款以及承担B公司200万元债务,这就属于资产收购。在该资产收购中,A公司为受让企业,B公司为转让企业。

5. 合并,是指一家或多家企业(以下称为被合并企业)将其全部资产和负债转让给另一家现存或新设企业(以下称为合并企业),被合并企业股东换取合并企业的股权或非股权支付,实现两个或两个以上企业的依法合并。合并可分为吸收合并和新设合并两种方式。

①吸收合并,是指两个或两个以上的企业合并时,其中一个企业吸收了其他企业而存续(对此类企业以下简称存续企业),被吸收的企业解散的合并。例如,A公司系股东X公司投资设立的有限责任公司,现将全部资产和负债转让给B公司,B公司支付A公司的股东X公司银行存款500万元作为对价,A公司解散,这就属于吸收合并。在该吸收合并中,A公司为被合并企业,B公司为合并企业,且为存续企业。

②新设合并,是指两个或两个以上企业并为一个新企业,合并各方解散的合并。例如,A公司和B公司均为X公司控股下的子公司,现A公司和B公司将全部资产和负债转让给C公司,C公司向X公司支付30%股权作为对价。合并完成后,A公司和B公司均解散,这就属于新设合并。在该新设合并中,A公司和B公司为被合并企业,C公司为合并企业。

6. 分立,是指一家企业将部分或全部资产剥离转让给现存或新设企业,被分立企业股东换取分立企业的股权或非股权支付,实现企业的依法分立。分立可以采取存续分立和新设分立两种形式。

①存续分立是指被分立企业存续,而其一部分分出设立为一个或数个新的企业的分立。例如,A公司将部分资产剥离,转让给B公司,同时为A公司股东换取B公司100%股权,A公司继续经营。在该分立重组中,A公司为被分立企业,B公司为分立企业。

②新设分立是指被分立企业解散，分立出的各方分别设立为新企业的分立。例如，A 公司将全部资产分离转让给新设立的 B 公司，同时为 A 公司股东换取 B 公司 100% 股权，A 公司解散。

二、股权支付和非股权支付的概念

股权支付，是指企业重组中购买、换取资产的一方支付的对价中，以本企业或其控股企业的股权、股份作为支付的形式；非股权支付，是指以本企业的现金、银行存款、应收款项、本企业或其控股企业股权和股份以外的有价证券、存货、固定资产、其他资产以及承担债务等作为支付的形式。

三、重组日的确定

企业重组日，按以下规定确定：

1. 债务重组，以债务重组合同或协议生效日为重组日。

2. 股权收购，以转让协议生效且完成股权变更手续日为重组日。

3. 资产收购，以转让协议生效且完成资产实际交割日为重组日。

4. 企业合并，以合并企业取得被合并企业资产所有权并完成工商登记变更日为重组日。

5. 企业分立，以分立企业取得被分立企业资产所有权并完成工商登记变更日为重组日。

重组业务完成年度的确定，可以按各当事方适用的会计准则确定，具体参照各当事方经审计的年度财务报告。由于当事方适用的会计准则不同导致对重组业务完成年度的判定有差异时，各当事方应协商一致，确定同一个纳税年度作为重组业务完成年度。

四、一般性税务处理

企业重组的税务处理，区分不同条件，分别适用一般性税务处理规定和特殊性税务处理规定。适用一般性税务处理的重组类型、税务处理及准备资料如下：

（一）企业法律形式改变

1. 税务处理。企业由法人转变为个人独资企业、合伙企业等非法人组织，或将登记注册地转移至中华人民共和国境外（包括港澳台地区），应视同企业进行清算、分配，股东重新投资成立新企业。企业的全部资产以及股东投资的计税基础均应以公允价值为基础确定。

2. 准备资料。企业发生上述情形，按照《财政部、国家税务总局关于企业清算业务企业所得税处理若干问题的通知》（财税〔2009〕60 号）的规定进行清算。

企业在报送《企业清算所得纳税申报表》时,应附送以下资料:①企业改变法律形式的工商部门或其他政府部门的批准文件;②企业全部资产的计税基础以及评估机构出具的资产评估报告;③企业债权、债务处理或归属情况说明;④主管税务机关要求提供的其他资料证明。

企业发生其他法律形式简单改变的,可直接变更税务登记证。除另有规定外,有关企业所得税纳税事项(包括亏损结转、税收优惠等权益和义务)由变更后企业继承,但因住所发生变化而不符合税收优惠条件的除外。

(二)企业债务重组

1. 税务处理。企业债务重组相关交易应按以下规定处理:①以非货币性资产清偿债务的,应当分解为转让相关非货币性资产、按非货币性资产公允价值清偿债务两项业务,确认相关资产的所得或损失。②发生债权转股权的,应当分解为债务清偿和股权投资两项业务,确认有关债务清偿所得或损失。③债务人应当按照支付的债务清偿额低于债务计税基础的差额,确认债务重组所得;债权人应当按照收到的债务清偿额低于债务计税基础的差额,确认债务重组损失。④债务人的相关所得税纳税事项原则上保持不变。

2. 准备资料。企业发生债务重组,应准备以下相关资料,以备税务机关检查:①以非货币性资产清偿债务的,应保留当事各方签订的清偿债务的协议或合同,以及非货币性资产公允价值确认的合法证据等;②债权转股权的,应保留当事各方签订的债权转股权协议或合同。

(三)企业股权收购、资产收购

1. 税务处理。企业股权收购、资产收购重组交易,应按以下规定处理:①被收购方应确认股权、资产转让所得或损失。②收购方取得的股权或资产的计税基础应以公允价值为基础确定。③被收购企业的相关所得税事项原则上保持不变。

2. 准备资料。企业发生股权收购、资产收购重组业务,应准备以下相关资料,以备税务机关检查:①当事各方所签订的股权收购、资产收购合同或协议。②相关股权、资产公允价值确认的合法证据。

【案例 8-1】2010 年 10 月,天山房地产公司以银行存款 500 万元取得东海公司经营性资产。东海公司资产总额为 2 000 万元,天山房地产公司购买的经营性资产账面价值 400 万元,计税基础 450 万元,公允价值 500 万元。

【案例分析】

(1)天山房地产公司(受让方/收购方)的税务处理

天山房地产公司购买该经营性资产后,应以该资产的公允价值 500 万元确定计税基础。

(2)东海公司(转让方/被收购方)的税务处理

东海公司应确认资产转让所得 =500 -450 =50(万元)

(四)企业合并

1. 税务处理。企业合并,当事方应按下列规定处理:①合并企业应按公允价值确定接受被合并企业各项资产和负债的计税基础。②被合并企业及其股东都应按清算进行所得税处理。③被合并企业的亏损不得在合并企业结转弥补。

2. 准备资料。企业发生合并,应按照财税〔2009〕60 号文件的规定进行清算。被合并企业在报送《企业清算所得纳税申报表》时,应附送以下资料:①企业合并的工商部门或其他政府部门的批准文件;②企业全部资产和负债的计税基础以及评估机构出具的资产评估报告;③企业债务处理或归属情况说明;④主管税务机关要求提供的其他资料证明。

【案例 8 -2】天山房地产公司合并南阳公司,南阳公司被合并时账面净资产为 5 000 万元,公允价值为 6 000 万元。南阳公司股东收到合并后新企业股权 4 000 万元,其他非股权支付 2 000 万元。

【案例分析】

此合并中,天山房地产公司接受南阳公司的净资产以公允价值 6 000 万元作为计税基础。南阳公司资产评估增值 1 000 万元需要按规定缴纳企业所得税,税后按清算分配处理。

(五)企业分立

1. 税务处理。企业分立,当事各方应按下列规定处理:①被分立企业对分出的资产应按公允价值确认资产转让所得或损失。②分立企业应按公允价值确定接受资产的计税基础。③被分立企业继续存在时,其股东取得的对价应视同被分立企业分配进行处理;被分立企业不再继续存在时,被分立企业及其股东都应按清算进行所得税处理。④企业分立,相关企业的亏损不得相互结转弥补。

2. 准备资料。企业发生分立,被分立企业不再继续存在,应按照财税〔2009〕60 号文件的规定进行清算。被分立企业在报送《企业清算所得纳税申报表》时,应附送以下资料:①企业分立的工商部门或其他政府部门的批准文件;②被分立企业全部资产的计税基础以及评估机构出具的资产评估报告;③企业债务处理或归属情况说明;④主管税务机关要求提供的其他资料证明。

五、特殊性税务处理

(一)特殊性税务处理的适用条件

企业重组同时符合下列条件的,适用特殊性税务处理:①具有合理的商业目的,且不以减少、免除或者推迟缴纳税款为主要目的。②被收购、合并或分立部分的资产或股权比例符合财税〔2009〕59 号文件规定的比例,即收购企业购买的股权不低于被收购企业全部股权的75%或受让企业收购的资产不低于转让企业全部资产的75%。③企业重组后的连续12个月内不改变重组资产原来的实质性经营活动。④重组交易对价中涉及股权支付金额符合财税〔2009〕59号文件规定的比例,即收购企业在该股权收购发生时的股权支付金额不低于其交易支付总额的85%或受让企业在该资产收购发生时的股权支付金额不低于其交易支付总额的85%。⑤企业重组中取得股权支付的原主要股东,在重组后连续12个月内不得转让所取得的股权。

其中,“企业重组后连续12个月内”是指自重组日起计算的连续12个月内;“原主要股东”是指原持有转让企业或被收购企业20%以上股权的股东。

企业在重组发生前后连续12个月内分步对其资产、股权进行交易的,应根据实质重于形式原则将上述交易作为一项企业重组交易进行处理。同一项重组业务涉及在连续12月内分步交易且跨两个纳税年度的,若交易各方在第一步交易完成时预计整个交易符合特殊性税务处理条件,可以协商一致选择特殊性税务处理的,在第一步交易完成后,适用特殊性税务处理。主管税务机关在审核有关资料后,符合条件的,可以暂认可适用特殊性税务处理。第二年进行下一步交易后,企业应按《企业重组业务企业所得税管理办法》的要求,准备相关资料由主管税务机关确认适用特殊性税务处理。上述跨年度分步交易,若交易各方在首个纳税年度不能预计整个交易是否符合特殊性税务处理条件,应适用一般性税务处理。在下一纳税年度全部交易完成后,适用特殊性税务处理的,可以调整上一纳税年度的企业所得税年度申报表。涉及多缴税款的,主管税务机关应退税,或抵缴当年应纳税款。

(二)特殊性税务处理应确认非股权支付损益

企业重组符合特殊性税务处理条件的,交易各方对其交易中的股权支付部分,按特殊性税务处理并准备资料。股权支付暂不确认有关资产的转让所得或损失,其非股权支付仍应当在交易当期确认相应的资产转让所得或损失,并调整相关资产的计税基础。非股权支付对应的资产转让所得或损失计算公式如下:

非股权支付对应的资产转让所得或损失=(被转让资产的公允价值-被转让资产的计税基础)×(非股权支付金额÷被转让资产的公允价值)

(三)债务重组特殊性税务处理

1.税务处理。①企业债务重组确认的应纳税所得额占该企业当年应纳税所得额50%以上的,可以在5个纳税年度内,均匀计入各年度的应纳税所得额。②企业发生债权转股权业务,对债务清偿和股权投资两项业务暂不确认有关债务清偿所得或损失,股权投资的计税基础以原债权的计税基础确定。③企业的其他相关所得税事项保持不变。

2. 准备资料。企业债务重组适用特殊性税务处理，根据不同情形，应准备以下资料：

(1)发生债务重组所产生的应纳税所得额占该企业当年应纳税所得额50%以上的，债务重组所得可以在5个纳税年度内，均匀计入各年度的应纳税所得额，并应准备以下资料：①当事方的债务重组的总体情况说明(如果采取申请方式确认的，应为企业的申请，下同)，情况说明中应包括债务重组的商业目的；②当事各方所签订的债务重组合同或协议；③债务重组所产生的应纳税所得额、企业当年应纳税所得额情况说明；④税务机关要求提供的其他资料证明。

(2)发生债权转股权业务，债务人对债务清偿业务暂不确认所得或损失，债权人对股权投资的计税基础以原债权的计税基础确定，应准备以下资料：①当事方的债务重组的总体情况说明，情况说明中应包括债务重组的商业目的；②双方所签订的债转股合同或协议；③企业所转换的股权公允价值证明；④工商部门及有关部门核准相关企业股权变更事项证明材料；⑤税务机关要求提供的其他资料证明。

(四)股权收购特殊性税务处理

1. 税务处理。收购企业购买的股权不低于被收购企业全部股权的75%，且收购企业在该股权收购发生时的股权支付金额不低于其交易支付总额的85%，可以选择按以下规定处理：①被收购企业的股东取得收购企业股权的计税基础，以被收购股权的原有计税基础确定；②收购企业取得被收购企业股权的计税基础，以被收购股权的原有计税基础确定；③收购企业、被收购企业的原有各项资产和负债的计税基础和其他相关所得税事项保持不变。

2. 准备资料。股权收购适用特殊性税务处理应准备以下资料：①当事方的股权收购业务总体情况说明，情况说明中应包括股权收购的商业目的；②双方或多方所签订的股权收购业务合同或协议；③由评估机构出具的所转让及支付的股权公允价值；④证明重组符合特殊性税务处理条件的资料，包括股权比例、支付对价情况，以及12个月内不改变资产原来的实质性经营活动和原主要股东不转让所取得股权的承诺书等；⑤工商等相关部门核准相关企业股权变更事项的证明材料；⑥税务机关要求的其他资料证明。

(五)资产收购特殊性税务处理

1. 税务处理。资产收购，受让企业收购的资产不低于转让企业全部资产的75%，且受让企业在该资产收购发生时的股权支付金额不低于其交易支付总额的85%，可以选择按以下规定处理：①转让企业取得受让企业股权的计税基础，以被转让资产的原有计税基础确定；②受让企业取得转让企业资产的计税基础，以被转让资产的原有计税基础确定。

2. 准备资料。资产收购适用特殊性税务处理应准备以下资料:①当事方的资产收购业务总体情况说明,情况说明中应包括资产收购的商业目的;②当事各方所签订的资产收购合同或协议;③评估机构出具的相关资产评估报告;④受让企业股权的计税基础的有效凭证;⑤证明重组符合特殊性税务处理条件的资料,包括资产收购比例、支付对价情况,以及12个月内不改变资产原来的实质性经营活动和原主要股东不转让所取得股权的承诺书等;⑥工商部门核准相关企业股权变更事项证明材料;⑦税务机关要求提供的其他资料证明。

(六)企业合并特殊性税务处理

1. 税务处理。企业合并,企业股东在该企业合并发生时取得的股权支付金额不低于其交易支付总额的85%,以及同一控制下且不需要支付对价的企业合并,可以选择按以下规定处理:①合并企业接受被合并企业资产和负债的计税基础,以被合并企业的原有计税基础确定;②被合并企业合并前的相关所得税事项由合并企业承继;③可由合并企业弥补的被合并企业亏损的限额=被合并企业净资产公允价值×截至合并业务发生当年年末国家发行的最长期限的国债利率;④被合并企业股东取得合并企业股权的计税基础,以其原持有的被合并企业股权的计税基础确定。

其中,"同一控制"是指参与合并的企业在合并前后均受同一方或相同的多方最终控制,且该控制并非暂时性的。能够对参与合并的企业在合并前后均实施最终控制权的相同多方,是指根据合同或协议的约定,对参与合并企业的财务和经营政策拥有决定控制权的投资者群体。在企业合并前,参与合并各方受最终控制方的控制在12个月以上,企业合并后所形成的主体在最终控制方的控制时间也应达到连续12个月。

"可由合并企业弥补的被合并企业亏损的限额"是指在《企业所得税法》规定的剩余结转年限内,每年可由合并企业弥补的被合并企业亏损的限额。

2. 准备资料。企业合并适用特殊税务处理应准备以下资料:①当事方企业合并的总体情况说明,情况说明中应包括企业合并的商业目的;②企业合并的政府主管部门的批准文件;③企业合并各方当事人的股权关系说明;④被合并企业的净资产、各单项资产和负债及其账面价值和计税基础等相关资料;⑤证明重组符合特殊性税务处理条件的资料,包括合并前企业各股东取得股权支付比例情况,以及12个月内不改变资产原来的实质性经营活动和原主要股东不转让所取得股权的承诺书等;⑥工商部门核准相关企业股权变更事项证明材料;⑦主管税务机关要求提供的其他资料证明。

【案例8－3】天山房地产公司合并西丰公司，西丰公司被合并时账面净资产为5 000万元，公允价值为6 000万元。西丰公司股东收到合并后企业股权5 500万元，其他非股权支付500万元。西丰公司股东原投入西丰公司的股权投资成本为4 000万元。合并双方该如何进行税务处理？

【案例分析】

（1）判别是否适用特殊性税务处理

股权支付额占交易支付总额的比例＝5 500÷6 000×100%＝92%，此比例已超过85%，因此双方可以选择特殊性税务处理，即股权支付对应资产增值不缴纳企业所得税。同时，天山房地产公司与西丰公司双方的股份置换也不确认转让所得或损失。假设此比例不超过85%，则资产增值部分1 000万元要缴纳企业所得税250万元，股权支付也要确认所得或损失。

（2）计算非股权支付所得或损失

重组交易各方按规定对交易中股权支付暂不确认有关资产的转让所得或损失的，其非股权支付仍应在交易当期确认相应的资产转让所得或损失，并调整相应资产的计税基础。

非股权支付对应的资产转让所得或损失＝（被转让资产的公允价值－被转让资产的计税基础）×（非股权支付金额÷被转让资产的公允价值）＝（6 000－4 000）×（500÷6 000）＝166.67（万元）

（3）确定被合并企业股东获得合并企业股权的计税基础

西丰公司股东取得新股的计税成本不是5 500万元，而是3 666.67万元[4 000－（500－166.67）]。

（4）确定合并企业获得被合并企业资产的计税基础

天山房地产公司合并西丰公司，尽管西丰公司净资产的公允价值为6 000万元，但其账面价值为5 000万元，合并后的企业应以5 000万元作为接受资产的计税基础。

（七）企业分立特殊性税务处理

1.税务处理。企业分立，被分立企业所有股东按原持股比例取得分立企业的股权，分立企业和被分立企业均不改变原来的实质性经营活动，且被分立企业股东在该企业分立发生时取得的股权支付金额不低于其交易支付总额的85%，可以选择按以下规定处理：①分立企业接受被分立企业资产和负债的计税基础，以被分立企业的原有计税基础确定；②被分立企业已分立出去资产相应的所得税事项由分立企业承继；③被分立企业未超过法定弥补期限的亏损额可按分立资产占全部资产的比例进行分配,由分立企业继续弥补;④被分立企业的股东取得分立企业的股权(以下简称"新股"),如需部分或全部放弃原持有的被分立企业的股权(以下简称"旧股"),新股的计税基础应以放弃旧股的计税基础确定。如不需放弃旧股,则其取得新股的计税基础可从以下两种方法中选择确定:直接将新股的计税基础确定为零,或者以被分立企业分立出去的净资产占被分立企业全部净资产的比例先调减原持有的旧股的计税基础,再将调减的计税基础平均分配到新股上。

2. 准备资料。企业分立适用特殊性税务处理应准备以下资料:①当事方企业分立的总体情况说明,情况说明中应包括企业分立的商业目的;②企业分立的政府主管部门的批准文件;③被分立企业的净资产、各单项资产和负债及其账面价值与计税基础等相关资料;④证明重组符合特殊性税务处理条件的资料,包括分立后企业各股东取得股权支付比例情况,以及12个月内不改变资产原来的实质性经营活动和原主要股东不转让所取得股权的承诺书等;⑤工商部门认定的分立和被分立企业股东股权支出比例证明材料,如分立后分立和被分立企业工商营业执照复印件及分立业务账务处理复印件;⑥税务机关要求提供的其他资料证明。

【案例8-4】天山房地产公司由甲、乙两个投资者共同投资设立,每位股东均出资2 000万元,天山房地产公司注册资本4 000万元。现拟将天山房地产公司的建筑分公司设立为天山建筑公司,天山房地产公司存续经营且股东不变。天山建筑公司成立后,除向天山房地产公司原股东支付股权外,不支付其他任何利益,甲、乙两股东仍按1∶1的比例对天山建筑公司持股。天山房地产公司分立前资产、负债和净资产的账面价值分别为8 800万元、4 500万元和4 300万元,计税基础分别为8 600万元、4 300万元和4 300万元,公允价值分别为10 500万元、4 500万元和6 000万元;分立后天山建筑公司资产、负债和净资产的账面价值分别为2 100万元、900万元和1 200万元,公允价值分别为2 500万元、900万元和1 600万元。天山房地产公司和天山建筑公司均不改变原来的实质性经营活动。

【案例分析】

(1)判断是否属于免税重组。

因分立时未发生非股权支付额,且满足其他条件,应认定为免税重组。

(2)天山房地产公司税务处理。

被分立企业天山房地产公司不计算分立资产的转让所得,即分立出去的净资产公允价值虽然高于账面价值,但不需要缴纳企业所得税。

(3)天山房地产公司在分立时,如果有未超过法定补亏期限的亏损,可按天山建筑公司分立资产占天山房地产公司资产的比例进行分配,由天山建筑公司在分立后的剩余补亏年限内弥补。

(4)如果没有新的投资者加入,天山建筑公司建账时可按原资产和负债的计税基础确定计税基础。

(5)假定天山建筑公司的注册资本为1 200万元,甲、乙两股东在天山建筑公司仍平均持股,则每位股东拥有的股权份额为600万元。甲、乙两位股东在天山房地产公司、天山建筑公司股权的计税基础可从下列两种方法中选择:

一是甲、乙两位股东在天山建筑公司股权投资的计税基础为零,在天山房地产公司股权投资的计税基础仍各为2 000万元。

二是调整计算,首先计算在天山建筑公司股权投资的计税基础总额,该计税基础总额=股东持有的旧股(天山房地产公司)的总成本×天山建筑公司分立的净资产(公允价值)÷天山房地产公司原净资产(公允价值)=4 000×1 600÷6 000=1 066.67(万元);然后计算天山房地产公司股权投资的计税基础总额,该计税基础总额=股东持有的旧股(天山房地产公司)的总成本－天山建筑公司股权投资的计税成本=4 000－1 066.67=2 933.33(万元)。

【风险提示】

天山房地产公司被分立后,应相应转销分立出去的资产、负债和所有者权益账面价值。但在转销所有者权益时,如果转销了未分配利润和盈余公积项目,应经过税务机关核准,因为转销的未分配利润和盈余公积具有应税属性,其中转销的未分配利润和盈余公积视为对股东所作的分配额,股东应按规定计缴所得税。

六、境内外企业间发生的股权和资产收购交易

(一)非居民企业来源于境内所得的所得税处理一般规定

1. 源泉扣缴所得税

对非居民企业取得来源于中国境内的股息、红利等权益性投资收益和利息、租金、特许权使用费所得、转让财产所得以及其他所得应当缴纳的企业所得税,实行源泉扣缴,以依照有关法律规定或者合同约定对非居民企业直接负有支付相关款项义务的单位或者个人为扣缴义务人。扣缴义务人每次与非居民企业签订上述规定的所得有关的业务合同时,应当自签订合同(包括修改、补充、延期合同)之日起30日内,向其主管税务机关报送《扣缴企业所得税合同备案登记表》(见表8－1)、合同复印件及相关资料。文本为外文的,应同时附送中文译本。

表 8-1　　　　扣缴企业所得税合同备案登记表

编号：　　　　　　　　　填报日期：　年　月　日

<table>
<tr><td rowspan="5">扣缴义务人</td><td colspan="4">中文名称：</td></tr>
<tr><td colspan="4">英文名称：</td></tr>
<tr><td colspan="4">扣缴义务人纳税识别号：</td></tr>
<tr><td colspan="2">地址：</td><td colspan="2">邮编：</td></tr>
<tr><td>财务负责人：</td><td>联系人：</td><td>电话：</td><td>传真：</td></tr>
<tr><td rowspan="6">非居民企业</td><td colspan="4">中文名称：</td></tr>
<tr><td colspan="4">英文名称：</td></tr>
<tr><td colspan="4">国别：</td></tr>
<tr><td colspan="4">其居民国地址(中文)：</td></tr>
<tr><td colspan="4">其居民国地址(英文)：</td></tr>
<tr><td>财务负责人：</td><td>联系人：</td><td>电话：</td><td>传真：</td></tr>
<tr><td rowspan="10">合同信息</td><td colspan="4">合同或协议名称：</td></tr>
<tr><td colspan="4">合同编号：</td></tr>
<tr><td colspan="4">合同签约日期：</td></tr>
<tr><td colspan="4">合同有效期限：</td></tr>
<tr><td colspan="4">合同金额：</td></tr>
<tr><td colspan="4">币种：</td></tr>
<tr><td colspan="4">支付项目：</td></tr>
<tr><td colspan="4">付款次数：</td></tr>
<tr><td colspan="4">其他资料名称：</td></tr>
<tr><td colspan="4"></td></tr>
<tr><td colspan="5">以下由主管税务机关填写</td></tr>
<tr><td colspan="5">税务机关确认接收合同或协议(复印件)份数：</td></tr>
<tr><td colspan="3">情况说明：</td><td colspan="2">接收人：

年　月　日</td></tr>
</table>

备注：支付项目是指合同规定的具体项目名称。

股权转让交易双方均为非居民企业且在境外交易的，被转让股权的境内企业在依法变更税务登记时，应将股权转让合同复印件报送主管税务机关。

2. 扣缴所得税的计算

扣缴义务人每次在向非居民企业支付或者到期应支付所得时，应从支付或者到期应支付的款项中扣缴企业所得税。到期应支付的款项，是指支付人按照权责发生制原则应当计入相关成本、费用的应付款项。扣缴企业所得税应纳税额计算公式为：

扣缴企业所得税应纳税额＝应纳税所得额×实际征收率

公式中，"应纳税所得额"是指依照《企业所得税法》第十九条规定计算的下列应纳税所得额：①股息、红利等权益性投资收益和利息、租金、特许权使用费所得，以收入全额为应纳税所得额，不得扣除税法规定之外的税费支出。②转让财产所得，以收入全额减除财产净值后的余额为应纳税所得额。③其他所得，参照前两项规定的方法计算应纳税所得额。

"实际征收率"是指《企业所得税法》及《企业所得税法实施条例》等相关法律法规规定的税率，或者税收协定规定的更低的税率。

3. 非居民股权转让所得

非居民股权转让所得，是指非居民企业转让中国居民企业的股权（不包括在公开的证券市场买入并卖出中国居民企业的股票）所取得的所得。股权转让所得的计算公式为：

股权转让所得＝股权转让价－股权成本价

公式中，"股权转让价"是指股权转让人就转让的股权所收取的包括现金、非货币性资产或者权益等形式的金额，如被持股企业未分配利润或税后提存的各项基金等。股权转让人随股权一并转让该股东留存收益权的金额，不得从股权转让价中扣除。

"股权成本价"是指股权转让人投资入股时向中国居民企业实际交付的出资金额，或购买该项股权时向该股权的原转让人实际支付的股权转让金额。

在计算股权转让所得时，以非居民企业向被转让股权的中国居民企业投资时或向原投资方购买该股权时的币种计算股权转让价和股权成本价。如果同一非居民企业存在多次投资的情况，以首次投入资本时的币种计算股权转让价和股权成本价，按照加权平均法计算股权成本价；多次投资时币种不一致的，则应按照每次投入资本当日的汇率换算成首次投资时的币种。

非居民企业取得股权转让所得，符合财税〔2009〕59 号文件规定的特殊性税务处理条件并选择特殊性税务处理的，应向主管税务机关提交书面备案资料，证明其符合特殊性税务处理规定的条件，并经省级税务机关核准。

4. 股权转让价格规定

非居民企业向其关联方转让中国居民企业股权，其转让价格不符合独立交易原则而减少应纳税所得额的，税务机关有权按照合理方法进行调整。境外投资方（实际控制方）同时转让境内或境外多个控股公司股权的，被转让股权的中国居民企业应将整体转让合同和涉及本企业的分部合同提供给主管税务机关。如果没有分部合同，被转让股权的中国居民企业应向主管税务机关提供被整体转让的各个控股公司的详细材料，准确划分境内被转让企业的转让价格。如果不能准确划分转让价格，主管税务机关有权选择合理的方法对转让价格进行调整。

（二）境内外企业间发生的股权和资产收购交易适用特殊性税务处理的规定

1. 境内外企业间发生的股权和资产收购交易适用特殊性税务处理的条件

企业发生涉及境内与境外（包括港澳台地区）之间的股权和资产收购交易，除应符合境内业务特殊性税务处理规定的条件外，还应同时符合下列条件，才可选择适用特殊性税务处理规定：①非居民企业向其100%直接控股的另一非居民企业转让其拥有的居民企业股权，没有因此造成以后该项股权转让预提所得税负担变化，且转让方非居民企业向主管税务机关书面承诺在3年内（含3年）不转让其拥有的受让方非居民企业的股权；②非居民企业向与其具有100%直接控股关系的居民企业转让其拥有的另一居民企业股权；③居民企业以其拥有的资产或股权向其100%直接控股的非居民企业进行投资；④财政部、国家税务总局核准的其他情形。

2. 适用特殊性税务处理应提交资料

（1）发生上述第①、②项规定的重组，适用特殊性税务处理的，应按照《国家税务总局关于印发〈非居民企业所得税源泉扣缴管理暂行办法〉的通知》（国税发〔2009〕3号）和《国家税务总局关于加强非居民企业股权转让所得企业所得税管理的通知》（国税函〔2009〕698号）要求，准备资料。

国税函〔2009〕698号文件规定：境外投资方（实际控制方）间接转让中国居民企业股权，如果被转让的境外控股公司所在国（地区）实际税负低于12.5%或者对其居民境外所得不征所得税的，应自股权转让合同签订之日起30日内，向被转让股权的中国居民企业所在地主管税务机关提供以下资料：①股权转让合同或协议；②境外投资方与其所转让的境外控股公司在资金、经营、购销等方面的关系；③境外投资方所转让的境外控股公司的生产经营、人员、账务、财产等情况；④境外投资方所转让的境外控股公司与中国居民企业在资金、经营、购销等方面的关系；⑤境外投资方设立被转让的境外控股公司具有合理商业目的的说明；⑥税务机关要求的其他相关资料。

（2）发生上述第③项规定的重组，居民企业以其拥有的资产或股权向其具有

100%直接控股关系的非居民企业进行投资,其资产或股权的转让收益如选择特殊性税务处理,可以在10个纳税年度内均匀计入各年度的应纳税所得额,并应向其所在地主管税务机关报送以下资料:①当事方的重组情况说明,申请文件中应说明股权转让的商业目的;②双方所签订的股权转让协议;③双方控股情况说明;④由评估机构出具的资产或股权评估报告,报告中应分别列示涉及的各单项被转让资产和负债的公允价值;⑤证明重组符合特殊性税务处理条件的资料,包括股权或资产转让比例、支付对价情况,以及12个月内不改变资产原来的实质性经营活动、不转让所取得股权的承诺书等;⑥税务机关要求的其他材料。

【案例8-5】英属离岸公司B拥有一家中国大陆境内注册的100%控股的全资子公司C。2009年,B公司决定在中国香港注册一家全资子公司A,并由A公司收购B公司所拥有的子公司C 100%的股权,收购完成后C公司变成A公司100%控股的全资子公司。

【案例分析】

对于境外股权收购的筹划案例,大多数人认为,中国香港注册成立的A公司在香港收购英属离岸公司B所持有的中国大陆境内C公司的股权,收购行为在香港完成,与中国大陆境内税法没有遵从关系,股权转让所得适用英属离岸公司B注册地的税收政策,假如英属离岸公司B的注册地适用的是免税政策,则上述股权收购行为没有产生纳税义务。

其实不然,香港公司A和英属离岸公司B按照《企业所得税法》均属于依照外国(地区)法律成立且实际管理机构不在中国境内,但有来源于中国境内C公司所得的非居民企业,之所以要做看似没有意义的股权跨国跨境收购,很明显,其目的就是想逃避中国境内的企业所得税。《国家税务总局关于下发协定股息税率情况一览表的通知》(国税函〔2008〕112号)规定,根据《企业所得税法》及《企业所得税法实施条例》的规定,2008年1月1日起,非居民企业从我国居民企业获得的股息将按照10%的税率征收预提所得税,但是,我国政府同外国政府订立的关于对所得避免双重征税和防止偷漏税的协定以及内地与香港、澳门间的税收安排(以下统称协定),与国内税法有不同规定的,依照协定的规定办理。根据这一规定,香港公司A只要对境内子公司C控股25%以上,其从境内取得的股息就可以按照协定股息税率5%计算预提所得税,而英属离岸公司B从境内取得的股息收入则要按照10%的税率计算预提所得税。两个税率相差5%,以人民币1亿元计算,即相差税款500万元,这确实是一个非常可观的数字。

但是以上看似完美的税务筹划方案具有潜在的税务风险,财税〔2009〕59号文件第七条规定:企业发生涉及中国境内与境外(包括港澳台地区)之间的股权和资产收购交易,除应符合本通知第五条规定的条件外,还应同时符合下列条件,才可选择适用特殊性税务处理规定：

①非居民企业向其100%直接控股的另一非居民企业转让其拥有的居民企业股权，没有因此造成以后该项股权转让所得预提税负担变化，且转让方非居民企业向主管税务机关书面承诺在3年内（含3年）不转让其拥有受让方非居民企业的股权；

②非居民企业向与其具有100%直接控股关系的居民企业转让其拥有的另一居民企业股权；

③居民企业以其拥有的资产或股权向其100%直接控股的非居民企业进行投资；

④财政部、国家税务总局核准的其他情形。

也就是说，股权收购行为需要同时符合财税〔2009〕59号文件规定的九个条款才可以适用特殊性税务处理规定。只有符合特殊性税务处理规定，方可享受税收优惠待遇。

【风险提示】

香港公司A是非居民企业，英属离岸公司B当然也是非居民企业，而B公司的全资子公司C是中国境内的居民企业，如果A公司收购B公司拥有的C公司的全部股权，其从境内取得股息就可以按照协定股息税率5%计算预提所得税，而英属离岸公司B从境内取得的股息收入则要按照10%的税率计算预提所得税。

财税〔2009〕59号文件明确规定，涉及境内、境外的股权收购行为必须同时满足财税〔2009〕59号文件第五条的四个条款和第七条的五个条款才可以适用特殊性税务处理，享受免征企业所得税的政策优惠，而【案例8－5】中的筹划恰恰忽视了财税〔2009〕59号文件第七条第二款"非居民企业向其100%直接控股的另一非居民企业转让其拥有的居民企业的股权，没有因此造成以后该项股权转让所得预提税负担发生变化"的规定，同时违反了财税〔2009〕59号文件第五条第一款"具有合理的商业目的，且不以减少、免除或者推迟缴纳税款为主要目的"的规定。因为B公司向A公司转让其拥有的C公司股权属于非居民企业B向其100%直接控股的另一非居民企业A转让其拥有的居民企业的股权，转让目的已使以后预提税负担发生变化，此行为不具有合理的商业目的，且以减少、免除或者推迟缴纳税款为主要目的，所以其不能适用特殊性税务处理规定，也不能执行协定的股息预提所得税税率。该方案既不能免除境内纳税义务，也不能降低境内企业所得税税负。

七、企业重组后的税收优惠承继

1. 在企业吸收合并中，合并后的存续企业性质及适用税收优惠的条件未发生改变的，可以继续享受合并前该企业剩余期限的税收优惠，其优惠金额按存续企业合并前一年的应纳税所得额（亏损计为零）计算。

2. 在企业存续分立中，分立后的存续企业性质及适用税收优惠的条件未发生改变的，可以继续享受分立前该企业剩余期限的税收优惠，其优惠金额按该企业分立前一年的应纳税所得额（亏损计为零）乘以分立后存续企业资产占分立前该企业全部资产的比例计算。

3. 企业合并或分立，合并各方企业或分立企业涉及享受《企业所得税法》第五十七条中规定的就企业整体（即全部生产经营所得）享受的税收优惠过渡政策尚未期满的，仅就存续企业未享受完的税收优惠，按照上述1、2的规定执行；注销的被合并或被分立企业未享受完的税收优惠，不再由存续企业承继；合并或分立而新设的企业不得再承继或重新享受上述优惠。合并或分立各方企业按照《企业所得税法》的税收优惠规定和税收优惠过渡政策中就企业有关生产经营项目的所得享受的税收优惠承继问题，按照《企业所得税法实施条例》第八十九条规定执行，即依照《企业所得税法》规定享受减免税优惠的项目，在减免税期限内转让的，受让方自受让之日起，可以在剩余期限内享受规定的减免税优惠；减免税期限届满后转让的，受让方不得就该项目重复享受减免税优惠。

4. 根据财税〔2009〕59号文件第六条第（四）项第2款规定，被合并企业合并前的相关所得税事项由合并企业承继。根据财税〔2009〕59号文件第六条第（五）项第2款规定，企业分立，已分立资产相应的所得税事项由分立企业承继，这些事项包括尚未确认的资产损失、分期确认收入的处理以及尚未享受期满的税收优惠政策承继处理问题等。其中，对税收优惠政策承继处理问题，凡属于依照《企业所得税法》第五十七条中规定的就企业整体（即全部生产经营所得）享受税收优惠过渡政策的，合并或分立后的企业性质及适用税收优惠条件未发生改变的，可以继续享受合并前各企业或分立前被分立企业剩余期限的税收优惠。合并前各企业剩余的税收优惠年限不一致的，合并后企业每年度的应纳税所得额，应统一按合并日各合并前企业资产占合并后企业总资产的比例进行划分，再分别按相应的剩余优惠计算应纳税额。

八、企业重组的备案及后续管理

1. 企业发生符合规定的特殊性重组条件并选择特殊性税务处理的，当事各方应在该重组业务完成当年企业所得税年度申报时，向主管税务机关提交书面备案资料，证明其符合各类特殊性重组规定的条件。企业未按规定书面备案的，一律不得按特殊重组业务进行税务处理。如企业重组各方需要税务机关确认，可以选择由重组主导方向主管税务机关提出申请，层报省税务机关给予确认。

企业重组主导方，按以下原则确定：①债务重组为债务人；②股权收购为股权转让方;③资产收购为资产转让方;④吸收合并为合并后拟存续的企业,新设合并为合并前资产较大的企业;⑤分立为被分立的企业或存续企业。

2. 企业发生重组业务,适用特殊性税务处理规定,在备案或提交确认申请时,应从以下方面说明企业重组具有合理的商业目的:①重组活动的交易方式,即重组活动采取的具体形式、交易背景、交易时间、在交易之前和之后的运作方式及有关的商业常规。②该项交易的形式及实质,即形式上交易所产生的法律权利和责任,也是该项交易的法律后果。另外,交易实际上或商业上产生的最终结果。③重组活动给交易各方税务状况带来的可能变化。④重组各方从交易中获得的财务状况变化。⑤重组活动是否给交易各方带来了在市场原则下不会产生的异常经济利益或潜在义务。⑥非居民企业参与重组活动的情况。

3. 适用财税〔2009〕59 号文件第五条第(三)项和第(五)项的当事各方应在完成重组业务后的下一年度企业所得税年度申报时,向主管税务机关提交书面情况说明,以证明企业在重组后的连续 12 个月内,有关符合特殊性税务处理的条件未发生改变。

4. 当事方的其中一方在规定时间内发生生产经营业务、公司性质、资产或股权结构等情况变化,致使重组业务不再符合特殊性税务处理条件的,发生变化的当事方应在情况发生变化的 30 天内书面通知其他所有当事方。主导方应在接到通知后 30 日内将有关变化通知其主管税务机关。上款所述情况发生变化后 60 日内,应按照财税〔2009〕59 号文件第四条的规定调整重组业务的税务处理。原交易各方应各自按原交易完成时资产和负债的公允价值计算重组业务的收益或损失,调整交易完成纳税年度的应纳税所得额及相应的资产和负债的计税基础,并向各自主管税务机关申请调整交易完成纳税年度的企业所得税年度申报表;逾期不调整申报的,按照《税收征管法》的相关规定处理。

5. 企业重组的当事各方应该取得并保管与该重组有关的凭证、资料,保管期限按照《税收征管法》的有关规定执行。

九、企业改制重组中的印花税问题

(一)关于资金账簿的印花税

1. 实行公司制改造的企业在改制过程中成立的新企业(重新办理法人登记的),其新启用的资金账簿记载的资金或因企业建立资本纽带关系而增加的资金,凡原已贴花的部分可不再贴花,未贴花的部分和以后新增加的资金按规定贴花。

公司制改造包括国有企业依《公司法》整体改造成国有独资有限责任公司;企业通过增资扩股或者转让部分产权,实现他人对企业的参股,将企业改造成有限责任公司或股份有限公司;企业以其部分资产和相应债务与他人组建新公司;企业将债务留在原企业，而以其优质资产与他人组建的新公司。

2. 企业发生分立、合并或联营等变更后，凡依照有关规定办理法人登记的新企业所设立的资金账簿，应于启用时按规定计税贴花；凡不需重新进行法人登记的企业原有的资金账簿，已贴印花继续有效。

3. 企业债权转股权新增加的资金按规定贴花。

4. 企业改制中经评估增加的资金按规定贴花。

5. 企业其他会计科目记载的资金转为实收资本或资本公积的资金按规定贴花。

（二）关于各类应税合同的印花税

企业改制前签订但尚未履行完的各类应税合同，改制后需要变更执行主体的，对仅改变执行主体，其余条款未作变动且改制前已贴花的，不再贴花。

（三）关于产权转移书据的印花税

企业因改制签订的产权转移书据免予贴花。

第二节　清算企业所得税纳税实务与风险防范

一、企业清算所得税处理概念

企业清算所得税处理，是指企业在不再持续经营，发生结束自身业务、处置资产、偿还债务以及向所有者分配剩余财产等经济行为时，对清算所得、清算所得税、股息分配等事项的处理。

二、企业清算的三种情形

（一）按《公司法》、《企业破产法》等规定需要进行企业清算的三种情形

1. 企业解散。合资、合作、联营企业在经营期满后，不再继续经营而解散；合作企业的一方或多方违反合同、章程而提前终止合作关系解散。

2. 企业破产。企业不能清偿到期债务，或者企业法人已解散但未清算或者未清算完毕，资产不足以清偿债务的，债权人或者依法负有清算责任的人向人民法院申请破产清算。

3. 其他原因清算。企业因自然灾害、战争等不可抗力遭受损失，无法经营下去，应进行清算；企业因违法经营，造成环境污染或危害社会公众利益，被停业、撤销，应当进行清算。

（二）企业重组中需要按清算处理的企业

根据《财政部、国家税务总局关于企业重组业务企业所得税处理若干问题的通

知》(财税〔2009〕59 号)规定,企业重组中需要按清算处理的企业包括:

1. 企业由法人转变为个人独资企业、合伙企业等非法人组织,或将登记注册地转移至中华人民共和国境外(包括港澳台地区),应进行企业所得税清算;

2. 不适用特殊性税务处理的企业合并中,被合并企业及其股东都应按清算进行所得税处理;

3. 不适用特殊性税务处理的企业分立中,被分立企业不再继续存在时,被分立企业及其股东都应按清算进行所得税处理。

三、企业清算的时限规定

企业清算期间已经不是企业正常的生产经营期间,正常的核算原则将不再适用,因而会计核算及应纳税所得额的计算也应终止持续经营假设。与停止使用持续经营前提相对应,企业清算时应以清算期间作为独立纳税年度。《企业所得税法》规定,企业在一个纳税年度中间开业,或者终止经营活动,使该纳税年度的实际经营期不足 12 个月的,应当以其实际经营期为一个纳税年度。企业依法清算时,应当以清算期间作为一个纳税年度。同时,企业在年度中间终止经营活动的,应当自实际经营终止之日起 60 日内,向税务机关办理当期企业所得税汇算清缴。企业应当在办理注销登记前,就其清算所得向税务机关申报并依法缴纳企业所得税。

《财政部、国家税务总局关于企业清算业务企业所得税处理若干问题的通知》(财税〔2009〕60 号)规定,企业应将整个清算期作为一个独立的纳税年度计算清算所得,无论清算期间实际是长于 12 个月还是短于 12 个月都要视为一个纳税年度,以该期间为基准计算确定企业应纳税所得额。企业如果在年度中间终止经营,该年度终止经营前属于正常生产经营年度,此后则属于清算年度。

四、企业清算财产的处理

企业清算税务处理的核心是清算财产(资产)的处理。《企业所得税法》规定,企业将剩余财产分配给股东前要就清算所得缴纳企业所得税。所以,企业清算期间的资产无论是否实际处置,一律视同变现,确认增值或者损失。确认清算环节,企业资产的增值或者损失应按其可变现价值或者公允价值进行计算。清算期间,企业实际处置资产时按照正常交易价格取得的收入可作为其公允价值。对于清算企业没有实际处置的资产,应按照其可变现价值来确认隐性的资产变现损益。

五、企业清算的所得税处理内容

企业的全部资产可变现价值或交易价格,减除资产的计税基础、清算费用、相关税费,加上债务清偿损益等后的余额,为清算所得。企业清算的所得税处理包括以下内容：

1. 全部资产均应按可变现价值或交易价格，确认资产转让所得或损失；

2. 确认债权清理、债务清偿的所得或损失；

3. 改变持续经营核算原则，对预提或待摊性质的费用进行处理；

4. 依法弥补亏损，确定清算所得；

5. 计算并缴纳清算所得税；

6. 确定可向股东分配的剩余财产、应付股息等。

清算所得的计算公式如下：

清算所得 = 企业全部资产的可变现价值或交易价格 - 资产的计税基础 - 清算费用 - 相关税费 + 债务清偿损益 - 弥补以前年度亏损

其中，债务清偿损益 = 债务的计税基础 - 债务的实际偿还金额。正数为收益，负数为损失。

相关税费为企业在清算过程中发生的相关税费，不包含企业以前年度欠税。

【风险提示】

清算所得不适用优惠政策。企业清算期间，正常的生产经营都已经停止，企业取得的所得已经不是正常的生产经营所得，企业所得税优惠政策的适用对象已经不存在，因而企业清算期间不再适用所得税优惠政策，企业应就其清算所得依照税法规定的25%的法定税率缴纳企业所得税。比如，位于西部开发税收优惠区的某企业，在2010年年底以前正常经营期间享受的是15%的定期低税率优惠，如果企业2009年注销，其清算所得必须适用25%的企业所得税法定税率。同样，一个正常经营期间享受20%优惠税率的小型微利企业，在清算时应该依照25%的税率缴纳企业所得税。

六、企业清算所得的计算和分配

企业的全部资产可变现价值或交易价格，减除资产的计税基础、清算费用、相关税费，加上债务清偿损益等后的余额，为清算所得。企业应将整个清算期作为一个独立的纳税年度计算清算所得。企业全部资产的可变现价值或交易价格减除清算费用、职工的工资、社会保险费用和法定补偿金，结清清算所得税、以前年度欠税等税款，清偿企业债务，按规定计算可以向所有者分配的剩余资产。

被清算企业的股东分得的剩余资产的金额，其中相当于被清算企业累计未分配利润和累计盈余公积中按该股东所占股份比例计算的部分，应确认为股息所得；剩余资产减除股息所得后的余额，超过或低于股东投资成本的部分，应确认为股东的投资转让所得或损失。

【案例8-6】2010年10月，天山房地产公司A子公司注销经营，开始清算，清算日资产负债表结构如表8－2、表8－3所示(单位:万元)。请计算清算企业所得税、可分配剩余财产和股东投资损益。

表8－2　清算日资产负债表的资产部分

资产项目	资产的账面价值	资产的计税基础	资产的可变现净值(交易价格)
银行存款	100	100	100
应收账款	300	300	250
存货	400	380	450
固定资产	4 500	5 300	5 800
房屋	3 000	3 300	4 000
机器设备	1 500	2 000	1 800
无形资产(专利)	50	80	90
待摊费用(预付租金尚未摊销额)	10	—	—
合计	5 360	6 160	6 690

表8－3　清算日资产负债表的负债及所有者权益部分

负债及所有者权益	负债账面价值	负债计税基础	最终清偿额
应付账款	2 500	2 500	2 000
应交税费(以前年度欠税)	500	500	500
应付职工薪酬	300	300	300
短期借款	1 500	1 500	1 000
预提费用(预提短期借款利息)	400	—	—
预提费用(售后服务费)	50	—	30
负债合计	5 250	4 800	3 830
实收资本	1 000		
盈余公积	—		
未分配利润	－890		
所有者权益合计	110		

【案例分析】

1. 计算清算所得

企业清算期内支付清算费用 200 万元，支付职工安置费、法定补偿金 150 万元。清算过程中发生的相关税费为 118 万元，以前年度可以弥补的亏损为 200 万元。企业将在预计负债中提取售后服务费支付给第三方服务机构 30 万元，由第三方服务机构负责公司已销售产品的售后维修。

清算所得为：(6 690 - 6 160) + (4 800 - 3 830) - 200 - 150 - 118 = 1 032(万元)

清算所得税为：(1 032 - 200) × 25% = 208(万元)

2. 计算可分配剩余财产

被清算企业的股东从被清算企业分得的资产应按可变现价值或实际交易价格确定计税基础。

A 子公司可以向所有者天山房地产公司分配的剩余财产为：6 690 - 200 - 150 - 118 - 208 - 3 830 = 2 184(万元)

3. 计算股东投资损益

清算损益为：(6 690 - 5 360) + (5 250 - 3 830) - 200 - 150 - 118 - 208 = 2 074(万元)

累计未分配利润为：2 074 - 890 = 1 184(万元)

因此，天山房地产公司分得的剩余财产中包含被清算企业累计未分配利润和累计盈余公积中按其所占股份比例计算的部分 1 184 万元。

投资转让所得为：2 184 - 1 000 - 1 184 = 0(万元)

天山房地产公司该项投资最终产生 1 184 万元的投资收益，均为权益性投资收益，不用补缴企业所得税。如果其分配取得的财产不是现金，而是其他非货币性资产的，这些非货币性资产的入账价值按可变现价值或实际交易价格确定计税基础。

【风险提示】

企业清算所得不能享受税收优惠，但是对于股东可分配剩余财产，其中的一部分作为股息，一部分作为资本利得。股东分配剩余财产中确认为股息所得的部分，符合条件的可以作为免税收入看待。因此，被清算的企业不能适用税收优惠，但是继续存在的股东依然可以享受法定优惠，而不是全部可分配剩余财产都要缴纳企业所得税。不过对于缴纳个人所得税的自然人股东来说，就不能享受这种税收优惠了。

七、《中华人民共和国企业清算所得税申报表》及其填报说明

以【案例 8 - 6】为例，《中华人民共和国企业清算所得税申报表》及附表表样与

填列方式如表 8－4、表 8－5、表 8－6、表 8－7 所示。

表 8－4　　　　中华人民共和国企业清算所得税申报表

清算期间:2010 年 10 月 1 日至 2010 年 10 月 31 日

纳税人名称:A 公司

纳税人识别号:□□□□□□□□□□□□□□□□□□□　　金额单位:元(列至角分)

类别	行次	项目	金额
应纳税所得额计算	1	资产处置损益(填附表一)	530.00
	2	负债清偿损益(填附表二)	970.00
	3	清算费用	200.00
	4	清算税金及附加	118.00
	5	其他所得或支出	-150.00
	6	清算所得(1+2-3-4+5)	1 032.00
	7	免税收入	
	8	不征税收入	—
	9	其他免税所得	—
	10	弥补以前年度亏损	200.00
	11	应纳税所得额(6-7-8-9-10)	832.00
应纳所得税额计算	12	税率(25%)	25%
	13	应纳所得税额(11×12)	208.00
应补(退)所得税额计算	14	减(免)企业所得税额	—
	15	境外应补所得税额	—
	16	境内外实际应纳所得税额(13-14+15)	208.00
	17	以前纳税年度应补(退)所得税额	—
	18	实际应补(退)所得税额(16+17)	208.00

纳税人盖章:	代理申报中介机构盖章:	主管税务机关受理专用章:
清算组盖章:	经办人签字及执业证件号码:	受理人签字:
经办人签字:		
申报日期:　年　月　日	代理申报日期:　年　月　日	受理日期:　年　月　日

表 8－5　　　　　资产处置损益明细表(附表一)

填报时间:2010 年 10 月 31 日　　金额单位:元(列至角分)

行次	项目	账面价值 (1)	计税基础 (2)	可变现价值或交易价格 (3)	资产处置损益 (4)=(3)-(2)
1	货币资金	100.00	100.00	100.00	—
2	短期投资＊	—	—	—	—
3	交易性金融资产#	—	—	—	—
4	应收票据	—	—	—	—
5	应收账款	300.00	300.00	250.00	-50.00
6	预付账款	—	—	—	—
7	应收利息	—	—	—	—
8	应收股利	—	—	—	—
9	应收补贴款＊	—	—	—	—
10	其他应收款	—	—	—	—
11	存货	400.00	380.00	450.00	70.00
12	待摊费用＊	—	—	—	—
13	一年内到期的非流动资产	—	—	—	—
14	其他流动资产	—	—	—	—
15	可供出售金融资产#	—	—	—	—
16	持有至到期投资#	—	—	—	—
17	长期应收款#	—	—	—	—
18	长期股权投资	—	—	—	—
19	长期债权投资＊	—	—	—	—
20	投资性房地产#	—	—	—	—
21	固定资产	4 500.00	5 300.00	5 800.00	500.00
22	在建工程	—	—	—	—
23	工程物资	—	—	—	—
24	固定资产清理	—	—	—	—
25	生物资产#	—	—	—	—

续表

行次	项目	账面价值 (1)	计税基础 (2)	可变现价值或交易价格 (3)	资产处置损益 (4)=(3)-(2)
26	油气资产#	—	—	—	—
27	无形资产	50.00	80.00	90.00	10.00
28	开发支出#	—	—	—	—
29	商誉#	—	—	—	—
30	长期待摊费用	10.00	—	—	—
31	其他非流动资产	—	—	—	—
32	总计	5 360.00	6 160.00	6 690.00	530.00

经办人签字：　　　　　　　　　　纳税人盖章：

说明：标＊行次由执行企业会计制度的纳税人填报；标有#行次由执行企业会计准则的纳税人填报；其他行次执行企业会计制度和企业会计准则的纳税人均填报。

表 8-6　　　　**负债清偿损益明细表（附表二）**

填报时间：2010 年 10 月 31 日　金额单位：元（列至角分）

行次	项目	账面价值 (1)	计税基础 (2)	清偿金额 (3)	负债清偿损益 (4)=(2)-(3)
1	短期借款	1 500.00	1 500.00	1 000.00	500.00
2	交易性金融负债#	—	—	—	—
3	应付票据	—	—	—	—
4	应付账款	2 500.00	2 500.00	2 000.00	500.00
5	预收账款	—	—	—	—
6	应付职工薪酬#	—	—	—	—
7	应付工资＊	300.00	300.00	300.00	—
8	应付福利费＊	—	—	—	—
9	应交税费	500.00	500.00	500.00	—
10	应付利息	—	—	—	—
11	应付股利	—	—	—	—
12	其他应交款＊	—	—	—	—
13	其他应付款	—	—	—	—

续表

行次	项目	账面价值 (1)	计税基础 (2)	清偿金额 (3)	负债清偿损益 (4)=(2)-(3)
14	预提费用 *	450.00	—	30.00	-30.00
15	一年内到期的非流动负债	—	—	—	—
16	其他流动负债	—	—	—	—
17	长期借款	—	—	—	—
18	应付债券	—	—	—	—
19	长期应付款	—	—	—	—
20	专项应付款	—	—	—	—
21	预计负债#	—	—	—	—
22	其他非流动负债	—	—	—	—
23	总计	5 250.00	1 800.00	3 830.00	970.00

经办人签字：　　　　　　　　　　纳税人盖章：

表 8-7　　　　**剩余财产计算和分配明细表(附表三)**

填报时间:2010 年 10 月 31 日　　金额单位:元(列至角分)

类别	行次	项目	金额
剩余财产计算	1	资产可变现价值或交易价格	6 690.00
	2	清算费用	200.00
	3	职工工资	300.00
	4	社会保险费用	—
	5	法定补偿金	150.00
	6	清算税金及附加	118.00
	7	清算所得税额	208.00
	8	以前年度欠税额	500.00
	9	其他债务	3 030.00
	10	剩余财产(1-2-…-9)	2 184.00
	11	其中:累计盈余公积	—
	12	累计未分配利润	1 184.00

续表

	行次	股东名称	持有清算企业权益性投资比例(%)	投资额	分配的财产金额	其中:确认为股息金额
剩余财产分配	13	天山房地产公司	100%	1 000.00	2 184.00	1 184.00
	14					
	15					
	16					
	17					

经办人签字: 纳税人盖章:

上述清算所得税申报表及其附表填报说明详见:http://blog. sina. com. cn/s/blog_4bf6620b0100noeq. html.

八、企业注销前多缴所得税的退税问题

房地产开发企业在开发项目竣工结算前转让房地产取得的收入,由于涉及成本确定或其他原因而无法据以计算土地增值税的,可以预征土地增值税。根据国税发〔2009〕31 号文件第十二条规定,预征土地增值税可以在当期税前扣除,这与国税发〔2009〕31 号文件所强调的"企业通过正式签订'房地产销售合同'或'房地产预售合同'所取得的收入,应确认为销售收入的实现"规定具有配比性。

不可否认,土地增值税有效预征时间并不长,预征率也存在前低后高的现象,清算大范围展开也是近两年的事情。因此,难免存在房地产开发企业项目竣工前预缴土地增值税较少,项目结束后开始清算产生巨额土地增值税,却因无项目、无收入而无法税前扣除的情形,如果企业注销,这笔损失就无法弥补。针对此种问题,国家税务总局《关于房地产开发企业注销前有关企业所得税处理问题的公告》(国家税务总局公告 2010 年第 29 号)专门规定:自 2010 年 1 月 1 日起,房地产开发企业按规定对开发项目进行土地增值税清算后,在向税务机关申请办理注销税务登记时,如注销当年汇算清缴出现亏损,可按规定计算出其在注销前项目开发各年度多缴的企业所得税税款,并申请退税。

【案例 8 -7】金兰房地产公司唯一的开发项目 2010 年结算计税成本,实际毛利额 4 300 万元,2011 年 6 月土地增值税清算,清算应纳税款 1 520 万元。2011 年 10 月,金兰房地产公司申请注销。已知其各年经营情况如表 8 -8 所示(金额单位:万元)。

表 8－8　　金兰房地产公司各年经营情况

经营指标	2008 年	2009 年	2010 年	合计
预收收入	4 500	6 000	10 500	21 000
营业收入	—	—	21 000	21 000
营业税金及附加	252	336	588	1 176
土地增值税预征率	1%	2%	3%	
预缴土地增值税	45	120	315	480
预计毛利额	675	900	1 575	3 150
期间费用	120	230	340	690

【案例分析】

(一)企业所得税汇算清缴情况下各年度应纳税所得额。

1.2008 年度汇算清缴应纳税所得额为:4 500×15% －252－45－120＝258(万元)

应纳所得税额为:258×25% ＝64.50(万元)

2.2009 年度汇算清缴应纳税所得额为:6 000×15% －336－120－230＝214(万元)

应纳所得税额为:214×25% ＝53.50(万元)

3.2010 年完工结算,项目实际毛利额 4 300 万元。

当年度汇算清缴应纳税所得额为:4 300 －(675 +900)－588 －315 －340 = 1 482(万元)

应纳所得税额为:1 482×25% ＝370.50(万元)

4.2011 年 6 月清算土地增值税,清算应纳税款 1 520 万元,预缴税款 480 万元,应补缴税额 1 040 万元,假定当年无其他收入、成本、费用发生,当年度亏损 1 040 万元。

2011 年 10 月,金兰房地产公司申请注销,当年度亏损无法弥补,由此导致以前年度土地增值税预征率低于清算税负,而多缴纳企业所得税又无法抵补的情况。

(二)适用《国家税务总局关于房地产开发企业注销前有关企业所得税处理问题的公告》,如何处理多缴纳企业所得税?

企业整个项目缴纳的土地增值税总额,应按照项目开发各年度实现的项目销售收入占整个项目销售收入总额的比例,在项目开发各年度进行分摊,具体按以下公式计算:

各年度应分摊的土地增值税＝土地增值税总额×(项目年度销售收入÷整个项目销售收入总额)

公式中的"项目年度销售收入"包括视同销售房地产的收入,但不包括企业销售的增值额未超过扣除项目金额20%的普通标准住宅的销售收入。

2011 年该项目土地增值税清算税款 1 520 万元,按照上述公式计算,2008 年、2009 年、2010 年应分摊税款分别为 326 万元、434 万元、760 万元。

项目开发各年度应分摊的土地增值税减去该年度已经税前扣除的土地增值税后,余额属于当年应补充扣除的土地增值税。企业应调整当年度的应纳税所得额,并按规定计算当年度应退的企业所得税税款;当年度已缴纳的企业所得税税款不足退税的,应作为亏损向以后年度结转,并调整以后年度的应纳税所得额。

调整各年度应纳税所得额的计算如下:

1.2008 年应调整的应纳税所得额 =326 -45 =281(万元)

应退企业所得税 =281 ×25% =70.25(万元)

2008 年实际缴纳企业所得税 64.50 万元,可以退税 64.50 万元,剩余的 5.75 万元(70.25 -64.50)所得税对应的应纳税所得额 23 万元只能作为亏损向 2009 年度结转。

2.2009 年应调整的应纳税所得额 =434 -120 +23 =337(万元)

应退企业所得税 =337 ×25% =84.25(万元)

2009 年实际缴纳企业所得税 53.50 万元,可以退税税额 53.50 万元。剩余的 30.75 万元(84.25 -53.50)所得税对应的应纳税所得额 123 万元只能作为亏损向 2010 年度结转。

3.2010 年应调整的应纳税所得额 =760 -315 +123 =568(万元)

应退企业所得税 =568 ×25% =142(万元)

2010 年实际缴纳企业所得税 370.50 万元,可以退税税额 142 万元。

4.2011 年调整后应纳税所得额 =1 040 -1 040 =0(万元)

(三)企业对项目进行土地增值税清算的当年,由于按照上述方法进行土地增值税分摊调整后,导致当年度应纳税所得额出现正数的,应按规定计算缴纳企业所得税。

金兰房地产公司 2011 年将土地增值税调整计入以前年度,假如调整后当年应纳税所得额为 10 万元,则应按规定计算缴纳企业所得税 2.50 万元。

(四)企业按上述方法计算的累计退税额,不得超过其在项目开发各年度累计实际缴纳的企业所得税。

金兰房地产公司各年度累计缴纳税款为 488.50 万元(64.50 +53.50 +370.50),调整后累计应退税款为 260 万元(64.50 +53.50 +142),应退税款只能小于或等于已纳税款。

（五）申请退税注意事项。

企业在申请退税时，应向主管税务机关提供书面材料证明应退企业所得税税款的计算过程，包括企业整个项目缴纳的土地增值税总额、整个项目销售收入总额、项目年度销售收入、各年度应分摊的土地增值税和已经税前扣除的土地增值税、各年度的适用税率等。

对应项目年度销售收入，笔者理解为所得税收入的口径，即企业通过正式签订“房地产销售合同”或“房地产预售合同”所取得的收入，包括开发产品视同销售收入，但是不包括销售的增值额未超过扣除项目金额20%的普通标准住宅销售收入。

企业按规定对开发项目进行土地增值税清算后，在向税务机关申请办理注销税务登记时，如注销当年汇算清缴出现亏损，但土地增值税清算当年未出现亏损，或尽管土地增值税清算当年出现亏损，但在注销之前年度已按税法规定弥补完毕的，不执行本公告。

企业办理注销税务登记，由于预征土地增值税导致应退企业所得税应当具备的必要条件可以归纳为：土地增值税清算当年出现亏损和注销当年汇算清缴出现亏损同时存在。

由于预征土地增值税导致的多缴企业所得税调整，笔者理解为是在持续经营假设条件下的追溯调整，与企业注销清算适用的政策不同。注销清算适用《财政部、国家税务总局关于企业清算业务企业所得税处理若干问题的通知》（财税〔2009〕60号），以清算期间作为独立的纳税年度，而《国家税务总局关于房地产开发企业注销前有关企业所得税处理问题的公告》所指的当年汇算清缴出现亏损应属于持续经营状态下的经营年度，两者不可同日而语，否则会出现计税的错误。

第九章　土地增值税纳税实务与风险防范

第一节　土地增值税税制要素

一、纳税义务人

在中华人民共和国境内转让国有土地使用权、地上的建筑物及其附着物并取得收入的单位和个人,为土地增值税的纳税义务人,应按规定缴纳土地增值税。单位,是指各类企业单位、事业单位、国家机关和社会团体及其他组织。个人,包括个体经营者。收入,包括转让房地产的全部价款及有关的经济收益。

土地增值税同样适用于涉外企业、单位和个人。外商投资企业、外国企业、外国驻华机构、外国公民、华侨以及港澳同胞等,只要在中华人民共和国境内转让房地产并取得收入,都应当缴纳土地增值税。但因城市规划、国家建设的需要而被政府批准征用的房产或收回的土地使用权,免征土地增值税。因城市规划、国家建设的需要而搬迁,由纳税人自行转让原房地产的,同样免征土地增值税。

二、征收范围

(一)转让国有土地使用权

1.《土地管理法》第六十三条规定:农民集体所有的土地的使用权不得出让、转让或者出租用于非农业建设,但是,符合土地利用总体规划并依法取得建设用地的企业,因破产、兼并等情形致使土地使用权依法发生转移的除外。《城市房地产管理法》第八条规定:城市规划区内的集体所有的土地,经依法征用转为国有土地后,该国有土地的使用权方可有偿出让。因此,土地增值税仅对转让国有土地使用权的征收,对转让集体土地使用权的不征收。国有土地,是指按国家法律法规规定属于国家所有的土地。《中华人民共和国物权法》第四十七条规定:城市的土地,属于国家所有。法律规定属于国家所有的农村和城市郊区的土地,属于国家所有。《中华人民共和国物权法》第四十八条规定:森林、山岭、草原、荒地、滩涂等自然资源,属于国家所有,但法律规定属于集体所有的除外。

2. 凡转让国有土地使用权、地上的建筑物及其附着物并取得收入的行为都应缴纳土地增值税。这样界定有三层含义：一是土地增值税仅对转让国有土地使用权的征收，对转让集体土地使用权的不征税。根据《土地管理法》的规定，国家为了公共利益，可以依照法律规定对集体土地实行征用，依法被征用后的土地属于国家所有，未经国家征用的集体土地不得转让。自行转让是一种违法行为。对这种违法行为应由有关部门依照相关法律来处理，而不应纳入土地增值税的征税范围。二是只对转让的房地产征收土地增值税，不转让的不征税。如房地产的出租，虽然取得了收入，但没有发生房地产的产权转让，不属于土地增值税的征收范围。三是对转让房地产并取得收入的征税，对发生转让行为而未取得收入的不征税。如通过继承、赠与方式转让房地产的，虽然发生了转让行为，但未取得收入，就不能征收土地增值税。

（二）转让地上建筑物及其附着物

地上建筑物，是指建于土地上的一切建筑物，包括地上地下的各种附属设施。附着物，是指附着于土地上的不能移动，一经移动即遭损坏的物品。

《国家税务总局关于转让地上建筑物土地增值税征收问题的批复》（国税函〔2010〕347 号）规定：根据《土地增值税暂行条例》的规定，对转让码头泊位、机场跑道等基础设施性质的建筑物行为，应当征收土地增值税。

（三）特定事项征税范围的判定

特定事项征税范围的判定如表 9－1 所示。

表 9－1　　特定事项征税范围的判定

序号	特定事项	征税	不征税或者暂免征税
1	出售房地产	①转让国有土地使用权；②取得国有土地使用权进行房地产开发并销售；③存量房地产转让。	
2	继承、赠与房地产	非公益性捐赠。	继承、公益性赠与、赠与直系亲属或承担直接赡养义务人，不征税。
3	出租房地产	无限期出租（国税发〔1996〕4 号文件所称的规避行为，国税函〔2007〕645 号）。	有限期出租，无权属转移，不征税。
4	房地产抵押	抵押期满，不能偿还债务以房地产抵债。	抵押期满，无权属转移，不征税。

续表

序号	特定事项	征税	不征税或者暂免征税
5	房地产交换	单位之间、单位与个人之间换房。	个人之间互换自有住房，暂免征税。
6	以房地产投资、联营	直接投资到房地产开发企业或者房地产开发企业以其开发的商品房投资联营。	其他房地产投资行为，暂免征税。
7	合作建房	建成后转让。	建成后分配自用，暂免征税。
8	企业兼并		暂免征税。
9	代建房		无权属转移，不征税。
10	房地产评估		无权属转移，不征税。

三、计税依据

土地增值税的计税依据是转让房地产所取得的增值额。土地增值额为纳税人转让房地产所取得的收入（包括货币收入、实物收入和其他收入）减除规定扣除项目金额后的余额。土地增值额是土地增值税的课税对象，所以正确核算土地增值额，直接关系到土地增值税应征税款的多少和纳税人税收负担的轻重。

货币收入，是指纳税人转让国有土地使用权、地上建筑物及其附着物产权而取得的现金，银行存款，支票、银行本票、汇票等各种信用票据和国库券、金融债券、企业债券、股票等有价证券。其实质是转让方因转让土地使用权、房屋产权而向取得方收取的价款。

实物收入，一般是指纳税人转让国有土地使用权、地上建筑物及其附着物产权而取得的各种实物形态的收入。实物收入的价值，一般要通过财产评估（市场交易法）来确定。

其他收入，是指纳税人转让国有土地使用权、地上建筑物及其附着物而取得的无形资产收入或其他具有财产价值的权利，如专利权、商标权、著作权、专有技术使用权、土地使用权、商誉等。其价值需要进行专门的评估。

土地增值额的计算公式为：

土地增值额 = 出售房地产取得的收入 - 扣除项目金额

四、扣除项目金额

根据现行政策的规定,土地增值额的扣除项目金额包括:

(一)取得土地使用权所支付的金额

取得土地使用权所支付的金额,包括纳税人为取得土地使用权所支付的地价款和按国家统一规定交纳的有关费用。

取得土地使用权所支付的金额如何分摊?

《厦门市地方税务局关于土地增值税征收管理有关事项的公告》(福建省厦门市地方税务局公告 2011 年第 5 号)规定:房地产开发企业办理土地增值税清算时,可以将取得土地使用权所支付的金额全部分摊至计入容积率部分的可售建筑面积中,对于不计容积率的地下车位、人防工程、架空层、转换层等不再计算分摊取得土地使用权所支付的金额。

政府返还土地款是否冲减取得土地使用权所支付的成本?

《江苏省地方税务局关于土地增值税有关业务问题的公告》(苏地税规〔2012〕1 号)规定:纳税人为取得土地使用权所支付的地价款,在计算土地增值税时,应以纳税人实际支付土地出让金(包括后期补缴的土地出让金),减去因受让该宗土地政府以各种形式支付给纳税人的经济利益后予以确认。另外,根据国税函〔2010〕220 号文件的规定,房地产开发企业逾期开发缴纳的土地闲置费不得扣除。

《国家税务总局关于土地增值税若干具体问题的公告(征求意见稿)》关于财政返还资金的处理问题也有类似规定:地方政府、财政部门以各种名义向房地产开发项目返还土地出让金、城市建设配套费、税金等,在计算土地增值税扣除项目金额时应抵减相应项目的扣除项目金额。对不能区分科目的返还资金,抵减土地出让金。

实务操作需关注官方正式发布的具体政策规定。

(二)开发土地和新建房及配套设施的成本

开发土地和新建房及配套设施的成本,是指纳税人房地产开发项目实际发生的成本,包括土地征用及拆迁补偿费、前期工程费、建筑安装工程费、基础设施费、公共配套设施费、开发间接费用。

土地征用及拆迁补偿费,包括土地征用费、耕地占用税、劳动力安置费及有关地上地下附着物拆迁补偿的净支出、安置动迁用房支出等。

前期工程费,包括规划、设计、项目可行性研究和水文、地质、勘察、测绘、"三通一平"等支出。

建筑安装工程费,是指以出包方式支付给承包单位的建筑安装工程费,以自营方式发生的建筑安装工程费。

【风险提示】

“甲供材”取得材料销售发票是否可以计入土地增值税扣除项目？

《海南省地方税务局关于土地增值税有关问题的通知》（琼地税发〔2009〕104号）关于扣除项目凭证的确认问题规定：①对于包工不包料的建安工程，施工方按提供的建安劳务金额（不含材料价款）开具发票。在计算土地增值税扣除项目时，施工费用的扣除凭证以建安发票为准，材料和设备费用的扣除凭证以销售发票为准。②对于包工包料的建安工程，施工方按工程结算金额（包含材料和设备价款）开具发票。在计算土地增值税扣除项目时，建安费用的扣除凭证以建安发票为准。

基础设施费，包括开发小区内道路、供水、供电、供气、排污、排洪、通讯、照明、环卫、绿化等工程发生的支出。

公共配套设施费，包括不能有偿转让的开发小区内公共配套设施发生的支出。

开发间接费用，是指直接组织、管理开发项目发生的费用，包括工资、职工福利费、折旧费、修理费、办公费、水电费、劳动保护费、周转房摊销等。

（三）开发土地和新建房及配套设施的费用

开发土地和新建房及配套设施的费用（简称房地产开发费用），是指与房地产开发项目有关的销售费用、管理费用、财务费用。

财务费用中的利息支出，凡能够按转让房地产项目计算分摊并提供金融机构证明的允许据实扣除，但最高不能超过按商业银行同类同期贷款利率计算的金额。其他房地产开发费用，按取得土地使用权所支付的金额及房地产开发成本之和的5%以内计算扣除。

凡不能按转让房地产项目计算分摊利息支出或不能提供金融机构证明的，房地产开发费用按取得土地使用权所支付的金额及房地产开发成本之和的10%以内计算扣除。

全部使用自有资金，没有利息支出的，按照以上方法扣除。

上述具体适用的比例按省级人民政府规定的比例执行。

房地产开发企业既有向金融机构的借款，又有其他借款的，其房地产开发费用计算扣除时不能同时适用以上两种办法。

土地增值税清算时，已经计入房地产开发成本的利息支出，应调整至财务费用中计算扣除。

《财政部、国家税务总局关于土地增值税一些具体问题规定的通知》（财税字〔1995〕48号）规定，利息的上浮幅度按国家的有关规定执行；超过上浮幅度的部分不允许扣除；对于超过贷款期限的利息部分和加罚的利息不允许扣除。

【风险提示】

其他房地产开发费用，即管理费用和销售费用以及财务费用中除利息支出外的其他费用,是应按取得土地使用权所支付的金额及房地产开发成本之和5%的比例计算扣除还是按比例与实际发生孰低原则扣除,关于这一问题有以下两种观点:

一种观点认为,根据实际发生原则,应该是按孰低原则扣除。按照"取得土地使用权所支付的金额"与"房地产开发成本"金额之和的5%计算扣除,指的是此项费用的扣除是按孰低原则,如果实际发生额低于"取得土地使用权所支付的金额"与"房地产开发成本"金额之和的5%,按实际发生额扣除;如果实际发生额高于"取得土地使用权所支付的金额"与"房地产开发成本"金额之和的5%,按"取得土地使用权所支付的金额"与"房地产开发成本"金额之和的5%计算扣除。

另一种观点认为,土地增值税的计算有别于其他税种,既然规定是计算扣除,也明确规定了计算的基数,应该就是按5%的比例计算,而不按实际发生的费用来扣除。在不能按转让房地产项目计算分摊利息支出或不提供金融机构证明的情况下,也无法据实扣除,只能按10%的比例计算扣除。

上述对于"其他房地产开发费用"扣除比例的争议来自从不同角度的理解。其实上述两种观念的理解均不全面,均未深刻领会其中关键词的含义。

关键词一"计算扣除"。第二种观点表达出了"计算扣除"的意思。由于房地产开发项目历时周期较长,所发生的管理费用、销售费用、财务费用可能要跨多个年度且不为某一项目单独发生,按照实际发生数扣除势必存在数据汇总期间的确认和不同项目之间如何分摊的问题,徒增征纳双方之间的矛盾纷争,不利于实际操作执行。而"计算扣除"可以解决这一问题,只要按照既定比例和既定的计算公式计算即可,不必考虑实际发生的开发费用多寡,无论主管税务机关还是房地产开发企业,都简便易行。

关键词二"之内"。第一种观点提到了"之内",第二种观点忽视了"之内"。"之内"的汉语意思为"在一定的数量、时间、处所、范围的界限之内"。既然规定5%或10%以内,就表示只要不超过5%或10%的比例都是可以的,至于具体比例该是多少,上文同样有规定"上述具体适用的比例按省级人民政府此前规定的比例执行"。例如,《四川省人民政府关于贯彻〈中华人民共和国土地增值税暂行条例实施细则〉的补充规定》规定:其他房地产开发费用,按《中华人民共和国土地增值税暂行条例实施细则》第七条第(一)、(二)项规定计算的金额之和的4%计算扣除。第二种观点忽视"之内"的提法,主要还是因为很多地方实施政策直接选取了比例上限5%或10%。

因此,"其他房地产开发费用"不必考虑实际发生额多少,直接以省级人民政府规定的比例,以取得土地使用权所支付的金额及房地产开发成本之和计算扣除即可。

另外,还需要注意的是,《国家税务总局关于土地增值税有关问题的通知》(国税函〔2010〕220号)第三条第一款进一步明确了房地产开发费用的扣除问题,即凡是能够"按转让房地产项目计算分摊并提供金融机构证明的",允许单独据实扣除财务费用中的利息支出,但最高不能超过"按商业银行同类同期贷款利率计算的金额";如果超过"按商业银行同类同期贷款利率计算的金额",允许扣除财务费用中的利息支出为"按商业银行同类同期贷款利率计算的金额"。同时还允许扣除其他房地产开发费用,即管理费用和销售费用,按照"取得土地使用权所支付的金额"与"房地产开发成本"金额之和的5%以内计算扣除。

至于普遍关注的对支付非金融机构的其他单位集资、贷款利息,能否予以扣除的问题,可参考《广州市地方税务局关于土地增值税若干政策问题的通知》(穗地税发〔1995〕113号)规定:凡社会集资以及非金融机构等渠道借贷利息支出,不允许据实扣除,依《中华人民共和国土地增值税暂行条例实施细则》规定,房地产开发费用按取得土地使用权所支付的金额、房地产开发成本规定计算的金额之和的10%计算扣除。

对于无借款利息的扣除问题,可参照《广东省广州市地方税务局关于印发土地增值税清算工作若干问题处理指引(续二)的通知》(穗地税函〔2010〕170号)规定:原《关于印发土地增值税清算工作若干问题的处理指引的通知》(穗地税函〔2008〕342号)第四条第一款"房地产开发企业没有发生利息费用,即利息支出为零,其他房地产开发费用按《中华人民共和国土地增值税暂行条例实施细则》第七条第(一)、(二)项规定计算的金额之和的5%计算扣除"规定停止执行。即可以理解为无借款利息可改按国税函〔2010〕220号文件规定的10%以内计算扣除。

(四)旧房及建筑物的评估价格

旧房及建筑物的评估价格,是指在转让已使用的房屋及建筑物时,由政府批准设立的房地产评估机构评定的重置成本价乘以成新度折扣率后的价格。评估价格须经当地税务机关确认。

(五)与转让房地产有关的税金

与转让房地产有关的税金,是指在转让房地产时缴纳的营业税、城市维护建设税、印花税。因转让房地产缴纳的教育费附加,也可视同税金予以扣除。

允许扣除的印花税,是指在转让房地产时缴纳的印花税。房地产开发企业按照《施工、房地产开发企业财务制度》的有关规定,其缴纳的印花税列入管理费用,印花税不再单独扣除。房地产开发企业以外的其他纳税人在计算土地增值税时,允许扣除在转让房地产环节缴纳的印花税。

【风险提示】

房地产开发企业缴纳的有关规费和基金是否可视同为转让房地产的有关税金?关于这一问题可考虑以下方面:

一要看会计处理是计入营业税金及附加还是计入管理费用或销售费用。计入营业税金及附加一般可以作为转让房地产有关的税金予以扣除;计入管理费用的规费和基金,则以房地产开发费用方式计算扣除。例如,城镇土地使用税不能直接作为税金扣除。

二是在国家税务总局没有规定的前提下,注意地方主管税务局的具体规定。例如,《湖北省地方税务局关于房地产开发企业土地增值税清算工作若干政策问题的通知》(鄂地税发〔2008〕211 号)第四条第(四)项规定:对房地产开发企业缴纳的各项政府性行政规费和基金,可视同税金予以扣除。

《山东省地方税务局房地产开发企业税收征收管理暂行办法》(鲁地税发〔2005〕23 号)第三十条第四款规定:与转让房地产有关的税金,指在转让房地产时缴纳的营业税、城市维护建设税。因转让房地产缴纳的教育费附加和经省以上人民政府批准征收的规费、基金,也可视同税金予以扣除。

《广州市地方税务局关于印发土地增值税清算工作若干问题的处理指引的通知》(穗地税函〔2008〕342 号)第八条规定:关于房地产开发企业转让房地产时交纳的堤围防护费(1998 年 1 月 1 日前为防洪工程维护费)视同转让房地产有关的税金准予扣除。

《天津市房地产开发企业土地增值税清算管理办法(试行)》(津地税地〔2007〕25 号)第十四条第(三)项规定:纳税人在销售房地产过程中缴纳的营业税、城市维护建设税和教育费附加、防洪费等税费,应向主管税务机关提供合法有效凭证,方可据实扣除。

(六)财政部规定的其他扣除项目

对从事房地产开发的纳税人可按取得土地使用权所支付的金额与房地产开发成本之和加计 20% 扣除,使得从事房地产开发的纳税人有一个基本的投资回报,以调动其从事正常房地产开发的积极性。

《关于印发〈青岛市地方税务局房地产开发项目土地增值税税款清算管理暂行办法〉的通知》(青地税发〔2008〕100 号)第十九条规定:开发企业取得土地使用权后,未进行任何形式的开发即转让的,计算其增值额时,只允许扣除取得土地使用权所支付的金额,以及与转让土地使用权有关的税金;对进行了土地开发,不建造房屋即转让土地使用权的,在计算其增值额时,允许扣除取得土地使用权所支付的金额、开发土地的成本、规定的费用和加计开发土地成本的百分之二十,以及与转让土地使用权有关的税金。

开发企业取得未竣工房地产后,未进行任何实质性的改良或开发即再转让的,计算其增值额时,只允许扣除取得房地产所支付的金额,以及与转让房地产有关的税金。

【案例9-1】A房地产企业应收B房地产企业的大额债权一时无法收回,双方经协商后一致同意以B房地产企业开发项目中的两栋商住楼作价1 000万元抵债。A房地产企业接手后巧遇时机,不到一年即以1 500万元转手出售。

A房地产企业买进卖出价格升值50%,根据《土地增值税暂行条例实施细则》,其取得的转让收入为1 500万元,扣除项目包括:购进成本1 000万元,契税40万元(1 000×4%),营业税金及附加28万元[(1 500-1 000)×5.60%](营业税5%、城市维护建设税7%、教育费附加3%、地方教育附加2%),开发费用扣除102.80万元[(1 000+28)×10%],加计扣除205.60万元[(1 000+28)×20%]。增值额为123.60万元(1 500-1 000-40-28-102.80-205.60),适用税率为30%,应纳土地增值税37.08万元。A房地产企业的计算正确吗?该企业实际应交多少土地增值税?

【案例分析】

上述计算适用政策有误,原因及正确计算方式如下:

1.不能加计扣除。尽管A企业为房地产开发企业,但所转让房产非其直接开发和投入的。根据《国家税务总局关于印发〈土地增值税宣传提纲〉的通知》(国税函发〔1995〕110号)规定,对取得土地或房地产使用权后,未进行开发即转让的,计算其增值额时,只允许扣除取得土地使用权时支付的地价款、交纳的有关费用、纳税人购房时缴纳的契税。A房地产企业买空卖空的行为类似于取得土地直接转让行为,所以不适用房地产开发的土地增值税计算办法。

2.适用旧房及建筑物扣除。A房地产企业的转让行为应当参照《财政部、国家税务总局关于土地增值税若干问题的通知》(财税〔2006〕21号)关于转让旧房准予扣除项目的规定扣除,即纳税人转让旧房及建筑物,凡不能取得评估价格,但能提供购房发票的,经当地税务部门确认,《土地增值税暂行条例》第六条第(一)、(三)项规定的扣除项目的金额,可按发票所载金额并从购买年度起至转让年度止每年加计5%计算。对纳税人购房时缴纳的契税,凡能提供契税完税凭证的,准予作为"与转让房地产有关的税金"予以扣除,但不作为加计5%的基数。

3.根据《国家税务总局关于土地增值税清算有关问题的通知》(国税函〔2010〕220号)第七条关于转让旧房准予扣除项目的加计问题的规定,计算扣除项目时"每年"按购房发票所载日期起至售房发票开具之日止,每满12个月计一年;超过一年,未满12个月但超过6个月的,可以视同一年,即扣除项目加计50万元(1 000×5%)。

所以A房地产企业扣除项目金额为1 118万元(1 000+40+28+50),增值额为382万元(1 500-1 118),适用税率30%,应纳土地增值税为114.60万元。A房地产企业原计算方式少缴税款77.52万元(114.60-37.08)。

【风险提示】

1. 房地产企业炒买炒卖地皮的行为如何征收土地增值税?

关于这一问题可参考以下规定执行:

《国家税务总局关于印发〈土地增值税宣传提纲〉的通知》(国税函发〔1995〕110号)第六条第(一)项规定:对取得土地或房地产使用权后,未进行开发即转让的,计算其增值额时,只允许扣除取得土地使用权时支付的地价款、交纳的有关费用,以及在转让环节缴纳的税金。这样规定,其目的主要是抑制炒买炒卖地皮的行为。

《城市房地产管理法》第三十九条规定,以出让方式取得土地使用权的,转让房地产时,应当符合下列条件:按照出让合同约定已经支付全部土地使用权出让金,并取得土地使用权证书;按照出让合同约定进行投资开发,属于房屋建设工程的,完成开发投资总额的百分之二十五以上,属于成片开发土地的,形成工业用地或者其他建设用地条件。转让房地产时房屋已经建成的,还应当持有房屋所有权证书。

2. 房地产企业生地变熟地再转让如何征收土地增值税?

关于这一问题,可参照国税函发〔1995〕110号文件第六条第(二)项规定:对取得土地使用权后投入资金,将生地变为熟地转让的,计算其增值额时,允许扣除取得土地使用权时支付的地价款、交纳的有关费用和开发土地所需成本再加计开发成本的20%以及在转让环节缴纳的税金。这样规定,是为了鼓励投资者将更多的资金投向房地产开发。

以上两个问题还可以参照《重庆市地方税务局关于土地增值税若干问题的通知》(渝地税发〔2011〕221号)规定:

(1)对取得土地(不论是生地还是熟地)使用权后,未进行任何形式的开发即转让的,只允许扣除取得土地使用权时支付的地价款和交纳的有关费用,以及在转让环节缴纳的税金。

(2)对取得土地使用权后,仅进行土地开发(如“三通一平”等),不建造房屋即转让土地使用权的,允许扣除取得土地使用权时支付的地价款、交纳的有关费用、开发土地所需成本以及在转让环节缴纳的税金,再按开发土地所需成本的20%予以加计扣除。加计扣除计算基数不包括取得土地使用权时支付的地价款。

(3)对取得房地产产权后,未进行任何实质性的改良或开发即转让的,只允许扣除取得房地产产权时支付的价款、交纳的有关费用以及在转让环节缴纳的税金。

(4)对取得土地使用权后进行房地产开发建造的,允许扣除取得土地使用权时支付的地价款、交纳的有关费用、开发土地和新建房及配套设施的成本、规定的房地产开发费用以及转让房地产有关的税金,并按实施细则的规定准予加计20%扣除。

五、土地增值税税额计算公式

土地增值税以纳税人转让房地产所取得的增值额为计税依据，按照超率累进税率计算应纳税额，其应纳税额有以下两种计算方法：

1. 分步计算法，即按照每一级距的土地增值额乘以该级距相应的税率，分别计算各级次土地增值税税额，然后将其相加，求得应纳税额。其计算公式为：

应纳税额 = ∑每一级距的土地增值额 × 适用税率

分步计算法计算过程比较烦琐，因此，在实际工作中一般采用速算扣除法，以简化计算过程。

2. 速算扣除法，即按照增值额乘以适用税率，减去扣除项目金额乘以速算扣除系数的简便方法计算应纳税额。具体计算公式如下：

(1)增值额未超过扣除项目金额50%的

应纳税额 = 增值额 ×30%

(2)增值额超过扣除项目金额50%，未超过100%的

应纳税额 = 增值额 ×40% - 扣除项目金额 ×5%

(3)增值额超过扣除项目金额100%，未超过200%的

应纳税额 = 增值额 ×50% - 扣除项目金额 ×15%

(4)增值额超过扣除项目金额200%的

应纳税额 = 增值额 ×60% - 扣除项目金额 ×35%

第二节　土地增值税税收优惠及应用

一、普通标准住宅优惠

纳税人建造普通标准住宅出售，增值额未超过扣除项目金额20%的，免征土地增值税；增值额超过扣除项目金额20%的，应就其全部增值额按规定计税。普通标准住宅的认定的相关规定如下：

《土地增值税暂行条例实施细则》第十一条规定，普通标准住宅，是指按所在地一般民用住宅标准建造的居住用住宅。高级公寓、别墅、度假村等不属于普通标准住宅。普通标准住宅与其他住宅的具体划分界限由各省、自治区、直辖市人民政府规定。

《财政部、国家税务总局关于土地增值税若干问题的通知》(财税〔2006〕21号)规定：《土地增值税暂行条例》第八条中“普通标准住宅”和《财政部、国家税务

总局关于调整房地产市场若干税收政策的通知》(财税字〔1999〕210号)第三条中“普通住宅”的认定,一律按各省、自治区、直辖市人民政府根据《国务院办公厅转发建设部等部门关于做好稳定住房价格工作意见的通知》(国办发〔2005〕26号)制定并对社会公布的中小套型、中低价位普通住房的标准执行。纳税人既建造普通住宅,又建造其他商品房的,应分别核算土地增值额。在本文件发布之日前已向房地产所在地地方税务机关提出免税申请,并经税务机关按各省、自治区、直辖市人民政府原来确定的普通标准住宅的标准审核确定,免征土地增值税的普通标准住宅,不作追溯调整。

《财政部、国家税务总局关于土地增值税普通标准住宅有关政策的通知》(财税〔2006〕141号)强调:“普通标准住宅”的认定,可在各省、自治区、直辖市人民政府根据《国务院办公厅转发建设部等部门关于做好稳定住房价格工作意见的通知》(国办发〔2005〕26号)制定的“普通住房标准”的范围内从严掌握。即应同时满足以下条件:①住宅小区建筑容积率在1.0以上;②单套建筑面积在120平方米以下;③实际成交价格低于同级别土地上住房平均交易价格1.2倍以下。各省、自治区、直辖市要根据实际情况,制定本地区享受优惠政策普通住房的具体标准。允许单套建筑面积和价格标准适当浮动,但向上浮动的比例不得超过上述标准的20%。

按照上浮20%的比例计算,各地规定的普通住房标准一般不超过144平方米,且价格标准也略有差异。例如:

《河北省地方税务局关于印发〈河北省土地增值税管理办法〉的通知》(冀地税发〔2006〕37号)第二十一条规定,纳税人建造出售的住房同时符合下列标准的为普通标准住房:住宅小区建筑容积率在1.0以上;以单栋楼为单位,平均单套建筑面积在140平方米以下(含140平方米);实际成交价格在同级别土地上住房平均价格的1.2倍以下。其中,住房平均价格以当地市、县政府发布的同期数据为准。

《黑龙江省房地产开发企业土地增值税清算管理办法》(黑地税发〔2007〕119号)规定,普通标准住宅的标准是:住宅小区建筑容积率在1.0以上,单套建筑面积在140平方米以下,实际成交价格低于同级别土地住房平均交易价格的1.4倍以下。

《北京市地方税务局关于明确土地增值税有关问题的通知》(京地税地〔2005〕557号)规定:对土地增值税政策中普通标准住宅的确认,依照北京市建设委员会定期公布的北京市普通住房的标准执行。

《深圳市政府办公厅关于对我市土地增值税“普通标准住宅”执行标准进行调整的批复》(深府办函〔2006〕86号)规定,从2006年10月1日起,对我市土地增值税“普通标准住宅”执行标准进行调整,具体为:住宅小区建筑容积率在1.0以上,单套住房套内建设面积 120 平方米以下或单套建筑面积 144 平方米以下,实际成交价格低于同级别土地上住房平均交易价格的 1.44 倍以下。《关于我市开征土地增值税有关问题的批复》(深府办函〔2005〕93 号)第三条“普通标准住宅是指除别墅、度假村、酒店式公寓以外的居住用住宅”同时废止。

在金融危机中为刺激房地产经济复苏,各地也出台了更加宽松的政策。例如,黑龙江省地方税务局 2010 年 5 月发布的《关于土地增值税清算工作有关业务问题的通知》(黑地税函〔2010〕33 号)规定,从 2009 年 1 月 1 日起至 2010 年 12 月 31 日止享受普通商品住房优惠政策的住宅标准调整为:容积率在 1.0 以上,建筑面积在 180 平方米以下,价格在当地商品住房平均价格 1.5 倍以内。

【风险提示】

如何确定普通住房标准的“分水岭”?

以黑龙江省为例,普通住房单套建筑面积有两个标准:140 平方米和 180 平方米。对于在黑龙江省从事开发的房地产企业,在进行土地增值税清算时,是按照 140 平方米还是按照 180 平方米确定普通住宅呢?黑地税函〔2010〕33 号文件的有效执行期限为两年,即自 2009 年 1 月 1 日起至 2010 年 12 月 31 日止,因此可以确定,在此期间开发销售的房地产项目可以按照 180 平方米确定是否是普通住宅,不在此期间开发销售的房地产开发项目,即便是现在即将清算,也不能适用 180 平方米的标准确定是否是普通住宅。

那么如何确定房地产项目开发销售的始点呢?是按照规划立项批复时点确定,还是按照施工开始日期确定,或者按照预售许可证下发日期确定呢?黑龙江省土地增值税清算文件没有提及。以不同的时点作为“分水岭”对清算会产生不同的影响。《吉林省地方税务局转发国家税务总局关于土地增值税清算有关问题的通知》(吉地税函〔2010〕34 号)规定:自 2008 年 12 月 1 日起,普通住房面积标准全省统一调整至 144 平方米以下,价格标准上浮 20%。土地增值税政策规定的“普通标准住宅”面积和价格,按上述“普通住房”标准掌握。对 2008 年 12 月 1 日以后新开工的开发项目按新规定标准执行,对此之前已经开工的开发项目,仍按原规定标准执行。开工时间以取得建筑工程施工许可证时间为准。各地要按照标准严格区分普通标准住宅、非普通标准住宅和商用房等不同类型房地产,及时清算土地增值税。所以,判定 2009 年 1 月 1 日之后开发销售的房地产项目是否属于普通标准住宅,以该项目取得建筑工程施工许可证日期来判断具有一定的可操作性,在 2008 年 12 月 31 日之前取得建筑工程施工许可证的房地产开发项目,按照 140 平方米确定是否是普通住宅,在 2009 年 1 月 1 日至 2010 年 12 月 31 日之间取得建筑工程施工许可证的房地产开发项目,按照 180 平方米确定是否是普通住宅。清算此日期之后的项目则恢复之前的规定。

其他地区也可参照以上分析进行实务操作。

【风险提示】

关于纳税人建造既有住宅又有非住宅的综合楼(或连体楼),其增值额的计算问题,参照《江西省地方税务局关于土地增值税清算若干问题的通知》(赣地税发〔2008〕76号)的规定:对纳税人建造既有住宅又有非住宅的综合楼(或连体楼),如果其中有普通住宅的,应区分普通住宅与其他类型的房地产分别核算土地增值额。同一房地产项目的车库等附属设施不属于普通住宅,应按其他类型的房地产计算土地增值额。

二、国家建设需要依法征用、收回的房地产免税

《土地增值税暂行条例》第八条第(二)项规定:因国家建设需要依法征用、收回的房地产免征土地增值税。《土地增值税暂行条例实施细则》第十一条规定:条例第八条(二)项所称的"因国家建设需要依法征用、收回的房地产",是指因城市实施规划、国家建设的需要而被政府批准征用的房产或收回的土地使用权。

因城市实施规划、国家建设的需要而搬迁,由纳税人自行转让原房地产的,比照上述规定免征土地增值税。符合上述免税规定的单位和个人,须向房地产所在地税务机关提出免税申请,经税务机关审核后,免予征收土地增值税。

《财政部、国家税务总局关于土地增值税若干问题的通知》(财税〔2006〕21号)第四条规定:《土地增值税暂行条例实施细则》第十一条第四款所称因城市实施规划而搬迁,是指因旧城改造或因企业污染、扰民(指产生过量废气、废水、废渣和噪音,使城市居民生活受到一定危害),而由政府或政府有关主管部门根据已审批通过的城市规划确定进行搬迁的情况;因国家建设的需要而搬迁,是指因实施国务院、省级人民政府、国务院有关部委批准的建设项目而进行搬迁的情况。

三、投资联营免税政策

《财政部、国家税务总局关于土地增值税一些具体问题规定的通知》(财税字〔1995〕48号)第一条规定:对于以房地产进行投资、联营的,投资、联营的一方以土地(房地产)作价入股进行投资或作为联营条件,将房地产转让到所投资、联营的企业中时,暂免征收土地增值税。对投资、联营企业将上述房地产再转让的,应征收土地增值税。

《财政部、国家税务总局关于土地增值税若干问题的通知》(财税〔2006〕21号)第四条规定:对于以土地(房地产)作价入股进行投资或联营的,凡所投资、联营的企业从事房地产开发的,或者房地产开发企业以其建造的商品房进行投资和联营的,均不适用财税字〔1995〕48号第一条暂免征收土地增值税的规定。

财税〔2006〕21 号文件中所称以土地(房地产)作价入股进行投资或联营的,具体需要区分投资主体、被投资行业及股权转让三种情况确定土地增值税征免。

第一,要区分投资主体是房地产开发企业还是非房地产开发企业。对于房地产开发企业,以其建造的商品房对外投资或联营的,属于土地增值税的征税范围。对于非房地产开发企业,以土地(房地产)作价入股进行投资或联营的,凡所投资、联营的企业从事房地产开发的,应属于土地增值税的征税范围;凡所投资、联营的企业从事非房地产开发的,则不属于土地增值税的征税范围。

【案例 9-2】A 公司和 B 公司分别出资 1 000 万元设立 C 公司,C 公司注册资本 2 000 万元,各方应当如何缴纳土地增值税?

【案例分析】

情形一:假如 A 公司和 B 公司不是以土地(房地产)作价入股 C 公司,不属于土地增值税的征税范围。

情形二:假如 A 公司和 B 公司以土地(房地产)作价入股 C 公司,A 公司和 B 公司均为房地产开发企业,且作价入股的房地产属于自行建造的商品房,属于土地增值税的征税范围。

情形三:假如 A 公司和 B 公司以土地(房地产)作价入股 C 公司,A 公司和 B 公司均为非房地产开发企业,但 C 公司为房地产开发企业,属于土地增值税的征税范围。

情形四:假如 A 公司和 B 公司以土地(房地产)作价入股 C 公司,A 公司和 B 公司为非房地产开发企业,C 公司也为非房地产开发企业,不属于土地增值税的征税范围。

第二,要区分被投资、联营企业是否属于房地产开发行业。这里不再区分投资主体的行业性质,而以被投资、联营的企业所从事的行业是否属于房地产行业进行界定。对于以土地(房地产)作价入股进行投资或联营的,凡所投资、联营的企业从事房地产开发的,根据财税〔2006〕21 号文件的规定,属于土地增值税的征税范围;凡所投资、联营的企业从事非房地产开发的,则适用财税字〔1995〕48 号文件的规定,暂免征收土地增值税。但对房地产开发企业以其建造的商品房进行投资和联营的,不论被投资企业是否从事房地产开发均不适用财税字〔1995〕48 号文件第一条暂免征收土地增值税的规定。

【案例 9-3】A 公司和 B 公司分别以土地(房地产)出资 1 000 万元设立 C 公司,C 公司注册资本 2 000 万元,各方应当如何缴纳土地增值税?

【案例分析】

情形一:假如 C 公司为非房地产开发企业,A 公司和 B 公司为非房地产开发企业，不属于土地增值税的征税范围，同【案例9－2】情形四。

情形二：假如C公司为非房地产开发企业，A公司和B公司均为房地产开发企业，属于土地增值税的征税范围，同【案例9－2】情形二。

情形三：假如C公司为房地产开发企业，则不论A公司和B公司是否为房地产开发企业，都属于土地增值税的征税范围。

第三，股权转让不缴纳土地增值税。

无论房地产开发企业还是非房地产开发企业，将因投资形成的股权进行转让时，由于股权已不对应其初始投资所形成的房屋产权或土地使用权，所以不应当征收土地增值税。但是对被投资、联营企业将上述房地产再转让的，根据财税字〔1995〕48号文件第一条的规定，应征收土地增值税。

【案例9－4】A公司和B公司分别出资1 000万元设立C公司，C公司注册资本2 000万元，C公司以此2 000万元购买土地使用权并自建建筑物及附着物后转让。随后，A公司和B公司分别将所拥有的C公司50%的股份各作价1 500万元转让给D公司，各方应当如何缴纳土地增值税？

【案例分析】

情形一：A公司和B公司转让C公司股权不征收土地增值税。

情形二：C公司转让土地使用权、建筑物应征收土地增值税。

【风险提示】

《国家税务总局关于以转让股权名义转让房地产行为征收土地增值税问题的批复》（国税函〔2000〕687号）规定：鉴于深圳市能源集团有限公司和深圳能源投资股份有限公司一次性共同转让深圳能源（钦州）实业有限公司100%的股权，且这些以股权形式表现的资产主要是土地使用权、地上建筑物及附着物，经研究，对此应按土地增值税的规定征税。该文件与现行政策相冲突，《国家税务总局关于公布全文失效废止、部分条款失效废止的税收规范性文件目录的公告》（国家税务总局公告2011年第2号）以及《国家税务总局关于公布现行有效的税收规范性文件目录的公告》（国家税务总局公告2010年第26号）目录均未列入该文件。

另外，《山东省青岛市地方税务局关于印发〈房地产开发项目土地增值税清算有关业务问题问答〉的通知》（青地税函〔2009〕47号）规定：股东将持有的企业股权转让，企业土地、房屋权属不发生转移，不征收土地增值税。因此，实务中应注意参照有利政策。

《国家税务总局关于土地增值税若干具体问题的公告（征求意见稿）》关于以土地（房地产）投资入股进行投资或联营的扣除问题反映出一定变化，我们今后清算时应注意政策的具体规定。

（一）房地产开发企业以接受投资方式取得土地，并在该宗土地上从事房地产开发，在计算土地增值税时以《财政部、国家税务总局关于土地增值税若干问题的通知》（财税〔2006〕21 号）文件的执行日期为界限，分两种情况确认土地成本：

1. 2006 年 3 月 2 日之前，以土地（房地产）作价入股进行投资或联营从事房地产开发的，被投资企业在土地增值税清算时，应以投资方取得土地使用权所支付的地价款和按国家统一规定交纳的有关费用作为其取得土地使用权所支付的金额据以扣除。投资方不能提供取得土地使用权支付凭证的，不得扣除。

2. 2006 年 3 月 2 日之后，以土地（房地产）作价入股进行投资或联营从事房地产开发的，在投资或联营环节已对投资人按规定征收了土地增值税，被投资企业在土地增值税清算时，应以投资方取得土地使用权所支付的地价款和按国家统一规定交纳的有关费用及投资方缴纳的土地增值税作为被投资方可扣除的土地成本。被投资企业不能提供投资方取得土地使用权支付凭证的，其土地价款不得扣除。

（二）以土地（房地产）作价入股进行投资或联营，被投资企业从事非房地产开发的，在转让该土地（房地产）时，应以投资方取得土地使用权所支付的地价款和按国家统一规定交纳的有关费用作为其取得土地使用权所支付的金额计算土地增值税扣除项目金额。被投资企业不能提供投资方取得土地使用权支付凭证的，其土地价款不得扣除。

（三）房地产开发企业以土地（房地产）作价入股进行投资或联营的，按照《财政部、国家税务总局关于土地增值税若干问题的通知》（财税〔2006〕21 号）第五条“房地产开发企业以其建造的商品房进行投资和联营的，均不适用《财政部、国家税务总局关于土地增值税一些具体问题规定的通知》（财税字〔1995〕48 号）第一条暂免征收土地增值税的规定”执行。

四、关于合作建房的征免税问题

财税字〔1995〕48 号文件第二条规定：对于一方出地，一方出资金，双方合作建房，建成后按比例分房自用的，暂免征收土地增值税；建成后转让的，应征收土地增值税。

合作建房形式下的土地增值税清算较为复杂，由于《土地增值税暂行条例》及实施细则和相关配套文件不够细化，在清算实务中对于“合作建房”的判定仍存在一定问题，合作建房是否免征土地增值税，实务中还要具体问题具体分析，详见第四章【案例 4－9】。

【案例 9－5】天山房地产公司与东方公司签订合作建房协议，共同开发 A 房地产项目，清算项目的主体应如何确定？

【案例分析】

一方出地一方出资，合作开发房地产项目的，清算项目的主体确定问题可以参照《山东省青岛市地方税务局关于印发〈房地产开发项目土地增值税清算有关业务问题问答〉的通知》（青地税函〔2009〕47 号）第十三条的规定：企业（出地方）取得国有土地使用权后，联合其他单位（出资方）一同开发的，若双方约定，出地方不承担经营风险而只收取固定利益的，包括货币资金和其他非货币资产，对出地方应当按照转让国有土地使用权计算征收营业税和土地增值税，并向出资方开具发票；对于取得土地使用权的出资方，继续投资进行开发并建房出售的，以新建房作为开发项目，计算征收土地增值税。其中，对出地方计算征收转让国有土地使用权土地增值税的价格，即作为出资方取得土地使用权所支付的金额，凭发票在其土地增值税清算时据以扣除。

若出地方和出资方合作建房，约定建成后分配开发产品的，出地方转让国有土地使用权的价格，为首次或者以后分配开发产品时应分出开发产品的市场公允价值加减其他补价计算确认；同时确认出资方取得该项土地使用权的成本。

以上为青岛地方税务局的规定，鉴于国家税务总局尚未发文明确具体执行方式，因此，各地在保证税款不致流失的情况下可制定具体规定以供企业参照执行。例如，《重庆市地方税务局关于土地增值税若干问题的通知》（渝地税发〔2011〕221 号）对合作建房征免税问题作出了规定，对一方出部分土地，一方出资金，双方合作建房的，适用的征免规定见 138 页相关内容。

对上述规定进行分析可知，合作建房开发产品分配自用暂免征收土地增值税，但是若分配后再行出让，则第一次分配环节暂免征收的土地增值税将在第二次转让环节一次性补征。这种计征方式保持了合作建房各自所投入的计税基础不变，对各自的增值额征税符合政策规定。

【案例 9－6】以【案例 4－8】加以分析，天和置业公司和方欣房地产公司分得的房产均对外出售，其他条件不变。天和置业公司分得的房产对外出售收入为 66 000 万元，方欣房地产公司分得的房产对外出售收入为 70 000 万元。

【案例分析】

1. 供地方天和置业公司的税务处理

（1）土地增值税：根据《财政部、国家税务总局关于土地增值税一些具体问题规定的通知》（财税字〔1995〕48 号），对于一方出地，一方出资金，双方合作建房，建成后按比例分房自用的，暂免征收土地增值税；建成后转让的，应征收土地增值税。因天和商务大厦建成后，合作方天和置业公司初始确权后对外转让，应征收土地增值税。参照渝地税发〔2011〕221 号文件关于合作建房的征免税问题的规定,对一方出部分土地,一方出资金,双方合作建房的,对出土地方房屋初始确权后再转让的,应按规定征收土地增值税,同时将合作建房时转让出的土地历史成本调整为房屋(不含土地)建造成本,按规定予以计算扣除。

调整前:土地历史成本 = 30 000 元

调整后:所分配房屋土地成本 = 30 000 ÷ 2 = 15 000(万元)

所分配房屋(不含土地)建造成本 = 30 000 - 15 000 = 15 000(万元)

扣除项目 = (15 000 + 15 000) × (1 + 30%) + 66 000 × 5% × (1 + 7% + 3% + 2%) = 42 696(万元)

增值额 = 66 000 - 42 696 = 23 304(万元)

增值率 = 23 304 ÷ 42 696 × 100% = 54.58%

应交增值税 = 23 304 × 40% - 42 696 × 5% = 7 186.80(万元)

(2)印花税:天和置业公司以 66 000 万元的价格转让房屋应交印花税 66 000 × 0.5‰ = 33(万元)。

(3)企业所得税:天和置业公司分得开发产品对外转让应交企业所得税 = [66 000 - 34 000 - 66 000 × 5% × (1 + 7% + 3% + 2%) - 1 786.80 - 33] × 25% = 6 621.05(万元)。

2. 出资方方欣房地产公司的税务处理

(1)对外出售应纳营业税金及附加:

应交营业税 = 70 000 × 5% = 3 500(万元)

应交城市维护建设税 = 3 500 × 7% = 245(万元)

应交教育费附加 = 3 500 × 3% = 105(万元)

应交地方教育费附加 = 3 500 × 2% = 70(万元)

(2)土地增值税:根据财税字〔1995〕48 号文件的规定,合作建房分房自用暂免征收土地增值税,但是方欣房地产公司直接用于销售的房屋应当计算缴纳土地增值税。

参照渝地税发〔2011〕221 号文件关于合作建房的征免税问题规定,对一方出部分土地,一方出资金,双方合作建房的,对出资金方房屋初始确权后再转让的,应按规定征收土地增值税,同时将合作建房时发生的还建房支出调整为取得土地使用权支付的地价款,按规定予以计算扣除。

调整前:土地历史成本 = 0

调整后:所分配房屋(不含土地)建造成本 = 31 000 ÷ 2 = 15 500(万元)

所分配房屋土地成本 = 31 000 - 15 500 = 15 500(万元)

扣除项目 =（15 500 + 15 500）×（1 + 30%）+ 70 000 × 5% ×（1 + 7% + 3% + 2%）= 44 220（万元）

增值额 = 70 000 − 44 220 = 25 780（万元）

增值率 = 25 780 ÷ 44 220 × 100% = 58.30%

应交增值税 = 25 780 × 40% − 44 220 × 5% = 8 101（万元）

(3) 印花税：方欣房地产公司将分得的房产对外出售，要按照“产权转移书据”缴纳印花税。

应交印花税 = 70 000 × 0.5‰ = 35（万元）

(4) 企业所得税：方欣房地产公司将分得的房产对外出售，应缴纳企业所得税。

应交企业所得税 =（70 000 − 34 000 − 15 500 − 4 500 − 3 500 − 245 − 105 − 70 − 8 101 − 35）× 25% = 986（万元）

【案例 9 − 6】较【案例 4 − 8】更为准确地反映了政策实质。对于一方出地，一方出资金，双方合作建房，建成后按比例分房自用的，暂免征收土地增值税；建成后转让的，应征收土地增值税。如果征收土地增值税，则保持了原计税基础不变，避免了国家税款流失，因此，重庆市的政策值得各地税务机关在清算管理中借鉴。

五、关于企业兼并转让房地产的征免税问题

在企业兼并中，对被兼并企业将房地产转让到兼并企业中的，暂免征收土地增值税。政策解析参见本书第三章第十一节。

对于企业合并、分立等过程中发生的房地产权属转移是否应当征收土地增值税的问题，可以参照《山东省青岛市地方税务局关于印发〈房地产开发项目土地增值税清算有关业务问题问答〉的通知》（青地税函〔2009〕47 号）的规定：两个或两个以上的房地产开发企业，依据法律规定、合同约定，合并改建为一个企业，合并后的企业承受原合并各方的房地产，不征收原合并各方房地产的土地增值税。合并后的企业在转让房地产时，按照合并前原企业实际支付的土地价款和发生的开发成本、开发费用，按规定计入扣除计算征收土地增值税。房地产开发企业依照法律规定、合同约定分设为两个或两个以上的企业，对派生方、新设方承受原企业房地产的，不征收土地增值税。派生方、新设方转让房地产时，按照分立前原企业实际支付的土地价款和发生的开发成本、开发费用，按规定计入扣除计算征收土地增值税。股东将持有的企业股权转让，企业土地、房屋权属不发生转移，不征收土地增值税。

另根据《山东省财政厅、山东省地方税务局、山东省国家税务局转发财政部、国家税务总局〈关于土地增值税一些具体问题规定的通知〉的通知》（鲁财税字〔1995〕39 号）规定：破产企业拍卖房地产还债可以按照财税字〔1995〕48 号文件第三条的规定,给予免征土地增值税的照顾。

六、个人转让住宅的土地增值税政策

《土地增值税暂行条例实施细则》第十二条规定:个人因工作调动或改善居住条件而转让原自用住房,经向税务机关申报核准,凡居住满5年或5年以上的,免予征收土地增值税;居住满3年未满5年的,减半征收土地增值税;居住未满3年的,按规定计征土地增值税。

财税字〔1995〕48号文件第五条规定:个人之间互换自有居住用房地产的,经当地税务机关核实,可以免征土地增值税。

《财政部、国家税务总局关于调整房地产市场若干税收政策的通知》(财税字〔1999〕210号)第三条规定:对居民个人拥有的普通住宅,在其转让时暂免征收土地增值税。

《财政部、国家税务总局关于调整房地产交易环节税收政策的通知》(财税〔2008〕137号)规定:从2008年11月1日起,对个人销售住房暂免征收土地增值税。

七、转让旧房的土地增值税免税政策

《财政部、国家税务总局关于廉租住房、经济适用住房和住房租赁有关税收政策的通知》(财税〔2008〕24号)规定:企事业单位、社会团体以及其他组织转让旧房作为廉租住房、经济适用住房房源且增值额未超过扣除项目金额20%的,免征土地增值税。

《财政部、国家税务总局关于城市和国有工矿棚户区改造项目有关税收优惠政策的通知》(财税〔2010〕42号)规定:企事业单位、社会团体以及其他组织转让旧房作为改造安置住房房源且增值额未超过扣除项目金额20%的,免征土地增值税。改造安置住房是指相关部门和单位与棚户区被拆迁人签订的拆迁安置协议中明确用于安置被拆迁人的住房。

八、资产转让土地增值税优惠范围

《财政部、国家税务总局关于中国信达等4家金融资产管理公司税收政策问题的通知》(财税〔2001〕10号)规定:对经国务院批准成立的中国信达资产管理公司、中国华融资产管理公司、中国长城资产管理公司、中国东方资产管理公司及其经批准分设于各地的分支机构转让房地产取得的收入,免征土地增值税。除另有规定者外,资产公司所属、附属企业,不享受资产管理公司的税收优惠政策。

《财政部、国家税务总局关于中国东方资产管理公司处置港澳国际(集团)有限公司有关资产税收政策问题的通知》(财税〔2003〕212 号)规定:对中国东方资产管理公司及其分支机构接收港澳国际(集团)有限公司的资产,免征其销售转让不动产应缴纳的土地增值税。对港澳国际(集团)有限公司及其内地公司和香港 8 家子公司在中国境内的资产,在清理和被处置时,免征其应缴纳的土地增值税。

《财政部、国家税务总局关于被撤销金融机构有关税收政策问题的通知》(财税〔2003〕141 号)规定:经中国人民银行依法决定撤销的金融机构及其分设于各地的分支机构,包括被依法撤销的商业银行、信托投资公司、财务公司、金融租赁公司、城市信用社和农村信用社,财产用来清偿债务时,免征被撤销金融机构转让不动产应缴纳的土地增值税。除另有规定者外,被撤销的金融机构所属、附属企业,不享受本通知规定的被撤销金融机构的税收优惠政策。

九、抗震救灾土地增值税优惠政策

《财政部、海关总署、国家税务总局关于支持汶川地震灾后恢复重建有关税收政策问题的通知》(财税〔2008〕104 号)、《财政部、海关总署、国家税务总局关于支持玉树地震灾后恢复重建有关税收政策问题的通知》(财税〔2010〕59 号)均规定:对政府为受灾居民组织建设的安居房,转让时免征土地增值税。

第三节　转让旧房计算土地增值税的四种情形

一、新房与旧房的区分标准

旧房,是指已建成并办理房屋产权证或取得购房发票的房产以及虽未办理房屋产权证但已建成并交付使用的房产。

《财政部、国家税务总局关于土地增值税一些具体问题规定的通知》(财税字〔1995〕48 号)关于新建房与旧房的界定问题指出:新建房是指建成后未使用的房产。凡是已使用一定时间或达到一定磨损程度的房产均属旧房。使用时间和磨损程度标准可由各省、自治区、直辖市财政厅(局)和地方税务局具体规定。

各地对新房和旧房的判定标准举例如下:

1.《湖北省财政厅、省地方税务局转发关于土地增值税一些具体问题规定的通知》(鄂财税发〔1995〕544 号)关于新建房与旧房的界定问题规定:凡是建成未交付使用的房产均属新建房;凡是已经交付使用,不论时间长短或磨损程度大小,均属旧房。

2.《成都市地方税务局转发财政部、国家税务总局关于土地增值税一些具体问题规定的通知》(成地税函发〔1995〕158 号)规定:新旧房的界定,根据川财税

〔1995〕18 号文精神，暂定为"新建房建成后使用时间超过一年的为旧房"。

3.《广西壮族自治区财政厅、自治区国家税务局、自治区地方税务局转发财政部、国家税务总局关于土地增值税一些具体问题规定的通知》(桂财税字〔1995〕第 28 号)规定：凡房屋建成后至第一次办理产权证完毕，这段时间属于新建房。如再办理产权转移的，不论时间长短与磨损程度如何，一律视为旧房。

4.《云南省地方税务局转发财政部、国家税务总局关于土地增值税一些具体问题规定的通知》(云地税发〔1995〕203 号)规定：鉴于房屋磨损程度无法具体量化，我省新建房与旧房的界定以使用时间为标准，凡是建成后使用或者使用时间在 2 年以内的，属新建房；凡使用时间超过 2 年的，属旧房。

5.《浙江省国家税务局、浙江省地方税务局关于土地增值税若干问题的补充通知》(〔95〕浙国税外第 127 号、〔95〕浙地税第 38 号)新旧房按如下标准界定：凡新建完工可投入使用的房产为新建房，新建房连续使用一年以上或未使用三年以上的房产视作旧房。

6.《河南省财政厅、河南省地方税务局关于土地增值税中新旧房划分标准的通知》(豫财税政字〔1998〕61 号)对土地增值税中新旧房划分标准明确如下：①凡房屋建成后，使用时间在一年(含一年)以内的视为新房。②凡房屋建成后，使用时间在一年以上(不含一年)的为旧房。如果房屋使用在一年以内由于磨损程度较大或遭受重大损坏的，由市地地方税务局上报省地方税务局审批后，也可视为旧房。

7.《海南省地方税务局关于土地增值税有关问题的通知》琼地税发〔2009〕104 号规定：二手房、房地产开发企业所开发的商品房已转为自用，作为固定资产核算的房产、非房地产开发企业自建自用超过一年的房产，均适用转让旧房的土地增值税政策。

二、转让旧房确定应纳税额的四种情形

转让旧房土地增值税计算包括四种情形，四种情形下税负的高低是纳税人纳税风险与纳税规划要权衡的主要标志。

(一)按照评估价格确定扣除项目的情形

财税字〔1995〕48 号文件规定：转让旧房的，应按房屋及建筑物的评估价格、取得土地使用权所支付的地价款和按国家统一规定交纳的有关费用以及在转让环节缴纳的税金作为扣除项目金额计征土地增值税。对取得土地使用权时未支付地价款或不能提供已支付的地价款凭据的，不允许扣除取得土地使用权所支付的金额。其中，旧房及建筑物的评估价格，是指在转让已使用的房屋和建筑物时，由政府批准设立的房地产评估机构评定的重置成本价乘以成新度折扣率后的价格。

对于能提供评估价格的，已缴契税在计算土地增值税时不允许扣除。

（二）不能取得评估价格，但能提供购房发票的情形

根据《财政部、国家税务总局关于土地增值税一些具体问题规定的通知》（财税〔2006〕21号）的规定，纳税人转让旧房及建筑物，凡不能取得评估价格，但能提供购房发票的，经当地税务部门确认，《土地增值税暂行条例》第六条第（一）项、第（三）项规定的扣除项目的金额，可按发票所载金额并从购买年度起至转让年度止每年加计5%计算。对纳税人购房时缴纳的契税，凡能提供契税完税凭证的，准予作为"与转让房地产有关的税金"予以扣除，但不得作为加计5%的基数。即转让旧房不能提供评估价格但能提供购房发票的扣除项目金额包括三项：一是购房发票所载金额（实际上包含了《土地增值税暂行条例》中第六条的"取得土地使用权所支付的金额"以及"旧房及建筑物的评估价格"两部分）；二是加计扣除金额（加计扣除金额＝购房发票所载金额×5%×购买年度起至转让年度止的年数）；三是与转让房地产有关的税金（包括转让旧房时缴纳的营业税、城市维护建设税、印花税、契税以及教育费附加，上述四税及附加均必须提供相应的完税凭证）。

其中，每年的确定按购房发票所载日期起至售房发票开具之日止，每满12个月计一年；超过一年，未满12个月但超过6个月的，可以视同为一年。比如，29个月的为两年，31个月的为三年。

土地增值税扣除项目的计算公式可以归纳为：

土地增值税扣除项目＝发票所载金额×［1＋（转让年度－购买年度）×5%］＋与房地产转让有关的税金＋与房地产转让有关的费用

其中，与房地产转让有关的税金、费用要注意当地政府规定。例如《大连市地方税务局关于进一步明确土地增值税若干问题的通知》（大地税函〔2007〕200号）规定，"与房地产转让有关的税金"包括转让方在房地产转让时缴纳的营业税、城市维护建设税、印花税、转让方购房时缴纳的契税；"与房地产转让有关的费用"包括转让方在房地产转让时缴纳的教育费附加、地方教育附加、交易费、土地收益金、土地出让金、转让合同公证费等；"转让年度"指《完税凭证》上注明的年度，"购买年度"指购房发票开具年度。

（三）既没有评估价格，又不能提供购房发票的情形

既没有评估价格，又不能提供购房发票的，地方税务机关可以根据《税收征管法》第三十五条的规定，实行核定征收。

此外，《土地增值税暂行条例》规定，对于隐瞒、虚报房地产成交价格的，提供扣除项目金额不实的，转让房地产的成交价格低于房地产评估价格又无正当理由的，主管税务机关也可以按照房地产评估价格计算征收土地增值税。

上述规定中所称的"隐瞒、虚报房地产成交价格的"，是指纳税人不报或有意低报转让土地使用权、地上建筑物及其附着物价款的行为；所称的"提供扣除项目金额不实的"，是指纳税人在纳税申报时不据实提供扣除项目金额的行为；所称的"转

让房地产的成交价格低于房地产评估价格又无正当理由的”,是指纳税人申报的转让房地产的实际成交价低于房地产评估机构评定的交易价,纳税人又不能提供凭据或无正当理由的行为。

隐瞒、虚报房地产成交价格,应由评估机构参照同类房地产的市场交易价格进行评估,税务机关根据评估价格确定转让房地产的收入。提供扣除项目金额不实的,应由评估机构按照房屋重置成本价乘以成新度折扣率计算的房屋成本价和取得土地使用权时的基准地价进行评估,税务机关根据评估价格确定扣除项目金额。转让房地产的成交价格低于房地产评估价格又无正当理由的,由税务机关参照房地产评估价格确定转让房地产的收入。

(四)按照核定扣除项目确定应纳土地增值税税额

根据《江苏省地方税务局关于个人转让非住宅旧房涉及土地增值税问题的批复》(苏地税函〔2007〕194 号)的规定,对个人转让非住宅类的其他类型的旧房及建筑物,既没有评估价格,又不能提供购房发票的,按转让收入的 80% 至 95% 作为扣除项目金额计征土地增值税,具体比例由各省辖市确定。

(五)转让旧房确定土地增值税的四种情形对比分析

1. 按照评估价格确定扣除项目

【案例 9 – 7】A 房地产企业以 2 000 万元出售一幢办公楼,账面原值 300 万元,累计折旧 30 万元。土地性质为商业用地,由于取得时间较早,取得时支付的土地出让金等原始凭证由于档案管理混乱无法提供。A 房地产企业委托某资产评估公司对土地和房产分别予以评估,资产评估公司评估土地价值为 800 万元,按照成本法对办公楼进行评估,重置成本为 500 万元,成新率 70%,A 房地产企业支付评估费用 8 万元,税金 111 万元。

A 房地产企业自行计算如下:按“土地增值税的扣除项目 = 房屋评估后的重置成本 × 成新率 + 土地的评估价值 + 转让办公楼税金”公式确定土地增值税的扣除项目为 1 261 万元(500 × 70% + 800 + 111),经计算,应申报缴纳的土地增值税为 232.55 万元[(2 000 – 1 261) × 40% – 1 261 × 5%]。

【案例分析】

该公司的土地增值税扣除项目政策适用错误,扣除项目不准确。根据《土地增值税暂行条例》第六条,计算增值额的扣除项目包括取得土地使用权所支付的金额;开发土地的成本、费用;新建房及配套设施的成本、费用,或者旧房及建筑物的评估价格;与转让房地产有关的税金;财政部法规规定的其他扣除项目。

其中,旧房及建筑物的评估价格,是指在转让已使用的房屋及建筑物时,由政府批准设立的房地产评估机构评定的重置成本价乘以成新度折扣率后的价格。评估价格须经当地税务机关确认。

财税字〔1995〕48 号文件关于转让旧房如何确定扣除项目金额的问题规定:转让旧房的,应按房屋及建筑物的评估价格、取得土地使用权所支付的地价款和按国家统一规定交纳的有关费用以及在转让环节缴纳的税金作为扣除项目金额计征土地增值税。对取得土地使用权时未支付地价款或不能提供已支付的地价款凭据的，不允许扣除取得土地使用权所支付的金额。

所以，A 房地产企业土地增值税扣除项目绝不能按照评估价值虚增扣除成本，只能按照取得土地使用权所支付的实际价款扣除；不能提供已支付的地价款凭据的，不允许扣除取得土地使用权所支付的金额。A 房地产企业土地扣除成本只能为零。

按照评估价格正确计算应交土地增值税如下：

(1)A 企业办公楼转让收入 2 000 万元。

(2)办公楼评估价格(不含土地部分) = 500 × 70% = 350(万元)

(3)取得土地使用权所支付的地价款和按国家统一规定交纳的有关费用为零。

(4)与转让房地产有关的税金 = 2 000 × 5% × (1 + 7% + 3%) + 2 000 × 0.5‰ = 111(万元)

(5)支付评估费用 8 万元。

(6)扣除项目合计 = 350 + 0 + 111 + 8 = 469(万元)

(7)增值额 = 2 000 − 469 = 1 531(万元)

(8)增值率 = 1 531 ÷ 469 = 326.44%

(9)应纳土地增值税税额 = 1 531 × 60% − 469 × 35% = 754.45(万元)

2. 按照发票所载金额确定扣除项目

【案例 9 − 8】A 房地产企业以 2 000 万元出售一幢使用 4 年的办公楼，账面原值 300 万元，累计折旧 30 万元。该办公楼有取得的原始购买发票，发票所载金额 300 万元。支付房地产转让有关费用 8 万元。该房产未进行资产评估。A 房地产企业应纳土地增值税税额是多少？

【案例分析】

(1)A 企业办公楼转让收入 2 000 万元。

(2)与转让房地产有关的税金 = 2 000 × 5% × (1 + 7% + 3%) + 2 000 × 0.5‰ = 111(万元)

(3)支付房地产转让有关费用 8 万元。

(4)土地增值税扣除项目 = 发票所载金额 × [1 + (转让年度 − 购买年度) × 5%] + 与房地产转让有关税金 + 与房地产转让有关费用 = 300 × (1 + 4 × 5%) + 111 + 8 = 479(万元)

(5)增值额 = 2 000 − 479 = 1 521(万元)

(6)增值率 = 1 521 ÷ 479 = 317.54%

(7)应纳土地增值税税额 = 1 521 × 60% − 479 × 35% = 744.95(万元)

3. 按照核定征收率确定应纳土地增值税税额

【案例 9 − 9】A 房地产企业以 2 000 万元出售一幢使用 4 年的办公楼，账面原值

300 万元，累计折旧 30 万元。支付房地产转让有关费用 8 万元。该办公楼既无法取得评估资料，也不能找到原始购买发票。该房地产企业应纳土地增值税税额是多少？

【案例分析】

按照核定征收计算应纳土地增值税税额，假设核定征收率为 20%。

(1)A 企业办公楼转让收入 2 000 万元。

(2)核定征收率 20%。

(3)应纳土地增值税税额 =2 000×20% =400(万元)

4. 按照核定扣除项目确定应纳土地增值税税额

【案例 9－10】沿用【案例 9－9】的资料，按照核定扣除项目计算应纳土地增值税税额，扣除项目按照转让收入的 85% 核定，假设不再允许扣除税金。

【案例分析】

(1)A 企业办公楼转让收入 2 000 万元。

(2)扣除项目 =2 000×85% =1 700(万元)

(3)增值额 =2 000－1 700 =300(万元)

(4)增值率 =300÷1 700×100% =17.65%

(5)应纳土地增值税税额 =300×30% =90(万元)

【风险提示】

核定征收或核定扣除项目比率是否对企业不利，还要结合在正常手续、条件完全具备的情形下实际税负情况进行衡量。

第四节　土地增值税预征和清算税务处理

一、土地增值税预征

纳税人在项目全部竣工结算前转让房地产取得的收入，由于涉及成本确定或其他原因，而无法据以计算土地增值税的，可以预征土地增值税，待该项目全部竣工、办理结算后再进行清算，多退少补。具体办法由各省、自治区、直辖市地方税务局根据当地情况制定。

《财政部、国家税务总局关于土地增值税一些具体问题规定的通知》(财税字〔2006〕21 号)第三条规定：各地要进一步完善土地增值税预征办法，根据本地区房地产业增值水平和市场发展情况，区别普通住房、非普通住房和商用房等不同类型，科学合理地确定预征率，并适时调整。工程项目竣工结算后，应及时进行清算，多退少补。对未按预征规定期限预缴税款的，应根据《税收征管法》及其实施细则的有关规定，从限定的缴纳税款期限届满的次日起，加收滞纳金。

根据上述规定,各地方税务局对于房地产开发企业项目竣工结算前转让房地产取得的收入(包括预售收入)制定具体的预征办法和预征率。

最近两年,从各地下发的关于土地增值税预征率的规定看,预征率在不断提高。例如,《海南省地方税务局关于调整土地增值税预征率的公告》(海南省地方税务局公告2013年第2号)规定,自2013年4月1日起,土地增值税预征率如下:

1. 海口市、三亚市、陵水县:房地产开发项目普通住宅预征率为3%;非普通住宅及非住宅类房产预征率为5%。

2. 其他市县、区:房地产开发项目普通住宅预征率为2%;非普通住宅及非住宅类房产预征率为4%。

3. 对房地产开发项目中的保障性住房,暂不预征土地增值税,保障性住房须经政府相关部门批准性文件认定。

4. 纳税人成片受让土地、分期分批进行开发后再分块转让土地使用权的,预征率为5%。

二、土地增值税清算

(一)清算项目和清算单位

1.《土地增值税暂行条例实施细则》第八条规定:土地增值税以纳税人房地产成本核算的最基本的核算项目或核算对象为单位计算。

2.《国家税务总局关于房地产开发企业土地增值税清算管理有关问题的通知》(国税发〔2006〕187号)规定:土地增值税以国家有关部门审批的房地产开发项目为单位进行清算,对于分期开发的项目,以分期项目为单位清算。开发项目中同时包含普通住宅和非普通住宅的,应分别计算增值额。

3.《土地增值税清算管理规程》(国税发〔2009〕91号)第十七条规定:清算审核时,应审核房地产开发项目是否以国家有关部门审批、备案的项目为单位进行清算;对于分期开发的项目,是否以分期项目为单位清算;对不同类型房地产,是否分别计算增值额、增值率,缴纳土地增值税。

4.《河北省土地增值税管理办法》(冀地税发〔2006〕37号)第十九条规定:纳税清算以纳税人房地产开发的成本核算中最基本的核算项目进行纳税清算。

5.《关于印发〈青岛市地方税务局房地产开发项目土地增值税税款清算管理暂行办法〉的通知》(青地税发〔2008〕100号)第二十条规定:房地产开发项目既包括普通住房又包括非普通住房的,开发企业应当分别计算增值额,按普通住房和非普通住房的增值率分别计算土地增值税税额。对于未分别核算的,扣除项目金额应按普通住房和非普通住房建筑面积占可售建筑面积的比例确定。

6.《广西壮族自治区地方税务局关于明确土地增值税清算若干政策问题的通知》(桂地税发〔2008〕44号)第三条关于房地产开发项目同时涉及普通住宅、非普通住宅和其他用房的应如何计算其增值额的问题规定：

(1)开发项目同时包含普通住宅与非普通住宅以及其他用房的，应分别核算其增值额。

(2)上述项目在计算时，如其成本费用混合核算的，应以不同类型的用房，分别按建筑面积进行分摊。

7.《宁波市地方税务局关于进一步加强房地产开发项目土地增值税清算工作的通知》(甬地税二〔2009〕104 号)规定：清算项目以规划部门审批的建设工程规划许可证中所列建设项目为准。

8.《厦门市地方税务局关于土地增值税征收管理有关事项的公告》(厦门市地方税务局公告 2011 年第 5 号)规定：对 2011 年 1 月 1 日后采取分期方式开发、销售的房地产开发项目，可按政府规划主管部门颁发的“建设工程规划许可证”作为分期标准，以分期项目为单位进行清算。

9.《安徽省地方税务局关于土地增值税有关问题的通知》(皖地税函〔2007〕311 号)规定：纳税人开发项目中同时包含普通住宅和非普通住宅，应依照《国家税务总局关于房地产开发企业土地增值税清算管理有关问题的通知》(国税发〔2006〕187 号)的要求，分别核算增值额。纳税人开发项目中同时包含普通住宅和非普通住宅，不分别核算增值额或不能准确核算增值额的，依照《财政部、国家税务总局关于土地增值税一些具体问题规定的通知》(财税字〔1995〕48 号)的规定，其建造的普通标准住宅不能适用《土地增值税暂行条例》第八条(一)项的免税规定，此时，应以整个开发项目(包含普通住宅和非普通住宅)为基准，计算征收土地增值税。

《合肥市地方税务局关于印发〈合肥市房地产开发企业土地增值税清算管理办法(试行)〉的公告》(合肥市地方税务局公告 2011 年第 1 号)即规定：房地产开发企业需在项目开工前确定房地产成本核算对象、是否分别核算项目内的普通住宅和非普通住宅增值额，并报主管地税机关备案。一经备案，成本对象不得随意更改或相互混淆。主管地税机关在预征土地增值税和进行土地增值税清算时必须按备案的成本对象计算征收。

10. 以下对《江苏省地方税务局关于土地增值税有关业务问题的公告》(苏地税规〔2012〕1 号)进行解读。

(1)土地增值税清算单位

土地增值税以国家有关部门审批、备案的项目为单位进行清算，对于国家有关部门批准的分期开发的项目，以分期项目为单位进行清算。对国家有关部门批准的开发项目或分期项目开发周期较长，纳税人自行分期开发的，其收入、成本、费用按规定分别归集的，主管税务机关可将自行分期项目确定为清算单位。

解读：

《国家税务总局关于房地产开发企业土地增值税清算管理有关问题的通知》(国税发〔2006〕187 号)规定：“土地增值税以国家有关部门审批的房地产开发项目

为单位进行清算,对于分期开发的项目,以分期项目为单位清算。"此处所称"国家有关部门"一般指发改委(发改局、经发局)。如果发改委(发改局、经发局)项目批文中未明确分期,一般是以整体项目为单位进行土地增值税清算。如果发改委(发改局、经发局)项目批文中明确了分期,则应当以分期项目为单位进行土地增值税清算。

有些整体项目(或者分期项目)开发周期较长(一般是指从项目立项起满5年),纳税人自行分期进行开发,如果以发改委(发改局、经发局)项目批准的整体项目(或者分期项目)为单位清算,时间跨度太长,加大了清算难度,造成土地增值税难以计算,也不利于土地增值税及时入库。因此,对国家有关部门批准的开发项目或分期项目开发周期较长,纳税人自行分期开发的,其收入、成本、费用按规定分别归集的,主管税务机关可结合该项目建设工程规划许可证将自行分期项目确定为清算单位。

(2)土地增值税核算对象

土地增值税以纳税人房地产成本核算的最基本的核算项目或核算对象为单位计算。同一开发项目中包含多种类型房地产的,按以下类别作为核算对象,分别计算收入、扣除项目金额、增值额、增值率,缴纳土地增值税:

①普通标准住宅;

②其他类型住宅(含普通住宅和非普通住宅);

③非住宅类房产。

解读:

《土地增值税暂行条例实施细则》第八条规定:"土地增值税以纳税人房地产成本核算的最基本的核算项目或核算对象为单位计算。"《财政部、国家税务总局关于土地增值税一些具体问题规定的通知》(财税字〔1995〕48号)规定:"对纳税人既建普通标准住宅又搞其他房地产开发的,应分别核算增值额。"《国家税务总局关于印发〈土地增值税清算管理规程〉的通知》(国税发〔2009〕91号)要求,在清算审核时应当审核"不同类型房地产是否分别计算增值额、增值率,缴纳土地增值税"。《国家税务总局关于加强土地增值税征管工作的通知》(国税发〔2010〕53号)规定:"各省级税务机关要结合本地实际,区分不同房地产类型制定核定征收率。"

从上述规定中可以看出,在计算土地增值税时,应当区分"不同类型房地产"分别计算增值额、增值率,缴纳土地增值税,但是在苏地税规〔2012〕1号文件下发之前,税法对如何划分"不同类型房地产"尚未有较为明确的规定。实践中,江苏省各地"不同类型房地产"划分标准不一,给土地增值税征管工作带来一定的困难。江苏省在广泛征求意见并综合考虑各种因素的基础上,正式确定采用"三分法",将房地产划分为普通标准住宅、其他类型住宅(含普通住宅和非普通住宅)和非住宅类房产。自公告实施之日起,各省辖市的房地产分类标准与苏地税规〔2012〕1号文件不一致的,应当统一执行苏地税规〔2012〕1号文件的分类标准,但各地在苏地税规〔2012〕1 号文件生效前已经完成清算的项目，按各地原政策口径执行。

11.《北京市地方税务局关于明确土地增值税有关问题的公告》（北京市地方税务局公告 2013 年第 8 号）规定：自 2013 年 10 月 1 日起，纳税人进行房地产开发项目土地增值税清算时，税务机关应按单套房屋销售时同级别土地上的普通住房标准对普通住宅进行审核确认。纳税人进行房地产开发项目土地增值税清算时，开发项目中包含多种类型房屋的，应按照《财政部、国家税务总局关于土地增值税若干问题的通知》（财税〔2006〕21 号）第一条、《国家税务总局关于房地产开发企业土地增值税清算管理有关问题的通知》（国税发〔2006〕187 号）第一条的规定，区分为普通住宅和其他商品房两类分别计算增值额。

（二）土地增值税清算的条件

1. 纳税人应进行的土地增值税清算包括：

（1）房地产开发项目全部竣工、完成销售的；

（2）整体转让未竣工决算房地产开发项目的；

（3）直接转让土地使用权的。

2. 主管税务机关要求纳税人进行土地增值税的清算包括：

（1）已竣工验收的房地产开发项目，已转让的房地产建筑面积占整个项目可售建筑面积的比例在 85% 以上，或该比例虽未超过 85%，但剩余的可售建筑面积已经出租或自用的。

上述 85% 的规定可用下列公式表示：

（已转让可售建筑面积 + 出租或自用可售建筑面积）÷ 总可售建筑面积≥85%

（2）取得销售（预售）许可证满三年仍未销售完毕的。

（3）纳税人申请注销税务登记但未办理土地增值税清算手续的。

（4）省税务机关规定的其他情况。

（三）土地增值税清算时限

1. 对于符合规定，应进行土地增值税清算的项目，纳税人应当在满足条件之日起 90 日内到主管税务机关办理清算手续。

2. 对于符合规定，税务机关可要求纳税人进行土地增值税清算的项目，由主管税务机关确定是否进行清算；对于确定需要进行清算的项目，由主管税务机关下达清算通知，纳税人应当在收到清算通知之日起 90 日内办理清算手续。

3. 应进行土地增值税清算的纳税人或经主管税务机关确定需要进行土地增值税清算的纳税人，在上述规定的期限内拒不清算或不提供清算资料的，主管税务机关可依据《税收征管法》的有关规定处理。

（四）土地增值税清算准备资料

纳税人清算土地增值税时应提供的清算资料包括：

1. 房地产开发项目清算说明，主要内容应包括房地产开发项目立项、用地、开发、销售、关联方交易、融资、税款缴纳等基本情况及主管税务机关需要了解的其他情况。

2. 项目竣工决算报表、取得土地使用权所支付的地价款凭证、国有土地使用权出让合同、银行贷款利息结算通知单、项目工程合同结算单、商品房购销合同统计表、销售明细表、预售许可证等与转让房地产的收入、成本和费用有关的证明资料。主管税务机关需要相应项目记账凭证的，纳税人还应提供记账凭证复印件。

3. 纳税人委托税务中介机构审核鉴证的清算项目，还应报送中介机构出具的《土地增值税清算税款鉴证报告》。

主管税务机关收到纳税人清算资料后，对符合清算条件的项目，且报送的清算资料完备的，予以受理；对纳税人符合清算条件但报送的清算资料不全的，应要求纳税人在规定限期内补报，纳税人在规定的期限内补齐清算资料后，予以受理；对不符合清算条件的项目，不予受理。上述具体期限由各省、自治区、直辖市、计划单列市税务机关确定。主管税务机关已受理的清算申请，纳税人无正当理由不得撤销。

4. 土地增值税清算申请表及其附表参考表样（见下面各表，各地可根据本地实际情况制定）。

表 9－2　　土地增值税清算申请表　　单位：平方米

纳税人名称		纳税人地址		
纳税人计算机代码		联系人及电话		
项目名称		项目地址		
清算项目所属期间		项目类型		
总房产套数		已售出套数		
项目总建筑面积		应销售总面积		
已预（销）售总面积		已预（销）售面积占应销售面积比例		%
纳税人申请征收方式及清算理由： 单位签章：　　法人签章：　　年　月　日				
主管税务机关意见： 签章： 年　月　日				

填表说明：

(1) 房地产开发企业应在办理土地增值税清算前据实填写本表。

(2)"项目类型"是指普通标准住宅、经济适用住房或其他商品住房。

(3)本表申请项目应与纳税人填报的土地增值税项目登记表项目一致。

(4)项目税款清激终了后,本表与土地增值税项目登记表、纳税申报表及清算相关资料同时存档。

(5)本附表一式两份,送地方主管税务机关审核盖章后,主管税务机关、纳税人分别留存。

表 9－3　　税务事项通知书

____________税务局税务事项通知书 ________地税通〔　　〕号 ______________:(纳税人识别号:　　　　　) 依据国税发〔2006〕187 号及相关文件的规定,你单位__________房地产开发项目,已达到土地增值税清算条件,请于________年____月____日前办理土地增值税清算申请手续。 税务机关(公章) 年　　月　　日

备注:本表一式两份,主管税务管理机关、纳税人分别留存。

表 9－4　　与收入相关的面积明细表

清算项目所属期间:　　　　年　月　日至　　年　月　日

项目	纳税人申报数	税务机关审核数	备注
使用土地面积			
总建筑面积			
可售建筑面积			
已售建筑面积			
未售建筑面积			
自用建筑面积			
主管税务机关审核意见: 签章:　　年　月　日			

表 9－5　　转让房地产收入明细表

清算项目所属期间：　　年　月　日至　　年　月　日　　金额单位：元

项目		纳税人申报数	税务机关审核数	备注
转让收入形式	货币形式取得的收入			
	非货币性收入			
	视同销售收入			
	合计			
转让收入类别	销售货币金额			
	换取非货币性资产作价金额			
	分配股东作价金额			
	分配投资人作价金额			
	用于职工福利作价金额			
	用于职工奖励作价金额			
	用于赞助作价金额			
	对外投资金额			
	抵偿债务金额			
	取得其他收益金额			
	合计			
主管税务机关审核意见： 签章：　年　月　日				

表 9－6　　扣除项目及成本结转明细表

清算项目所属期间：　　年　月　日至　　年　月　日　　金额单位：元

项目	纳税人申报数	税务机关审核数	备注
一、取得土地使用权所支付的金额			
二、房地产开发成本			
土地征用及拆迁补偿费			
前期工程费			

续表

项目	纳税人申报数	税务机关审核数	备注
建筑安装工程费			
基础设施费			
公共配套设施费			
开发间接费用			
三、房地产开发费用			
利息支出			
其他房地产开发费用			
合计			
主管税务机关审核意见： 签章： 年 月 日			

表 9－7　　取得土地使用权所支付的金额明细表

清算项目所属期间：　　年　月　日至　　年　月　日　　金额单位:元

项目		纳税人申报数	税务机关审核数	备注
支付土地价款情况	支付的土地出让金			
	支付地价款金额			
	交纳的有关税费			
	其中：			
	合计			

续表

项目		纳税人申报数	税务机关审核数	备注
支付土地征用费用情况	土地征用费用			
	耕地占用税			
	劳动力安置费			
	安置动迁用房支出			
	拆迁补偿款			
	合计			
主管税务机关审核意见： 签章： 年 月 日				

表9－8　　前期工程费明细表

清算项目所属期间：　　年　月　日至　　年　月　日　　　　金额单位:元

项目	纳税人申报数	税务机关审核数	备注
规划费用			
设计费用			
项目可行性研究费用			
水文费用			
地质费用			
勘探费用			
测绘费用			
“七通一平”支出			

续表

项目	纳税人申报数	税务机关审核数	备注
合计			
主管税务机关审核意见： 签章：　年　月　日			

表 9 – 9　　建筑安装工程费明细表

清算项目所属期间：　年　月　日至　年　月　日　　金额单位:元

项目	纳税人申报数	税务机关审核数	备注
建筑工程费用			
安装工程费用			
其他建筑安装工程费用			
合计			
主管税务机关审核意见： 签章：　年　月　日			

表 9 – 10　　基础设施费明细表

清算项目所属期间：　年　月　日至　年　月　日　　金额单位:元

项目	纳税人申报数	税务机关审核数	备注
开发小区内道路			
供水工程支出			
供电工程支出			
供气工程支出			
排污工程支出			
排洪工程支出			
通信工程支出			
照明工程支出			

续表

项目	纳税人申报数	税务机关审核数	备注
环卫工程支出			
绿化费用			
其他设施工程发生的支出			
合计			
主管税务机关审核意见： 签章：　　年　月　日			

表 9－11　　　　　　　　公共配套设施费明细表

清算项目所属期间：　　　　年　月　日至　　年　月　日　　　　　金额单位:元

项目	纳税人申报数	税务机关审核数	备注
物业管理用房费用			
变电站费用			
热力站费用			
水厂费用			
居委会用房费用			
派出所用房费用			
幼儿园用房费用			
学校用房费用			
托儿所用房费用			
公共厕所费用			
自行车棚用房费用			
邮电通讯用房费用			
其他非营业性公共设施费用			
合计			
主管税务机关审核意见： 签章：　　年　月　日			

表 9-12　　开发间接费明细表

清算项目所属期间：　　年　月　日至　　年　月　日　　金额单位:元

项目	纳税人申报数	税务机关审核数	备注
管理人员工资			
职工福利费			
折旧费			
修理费			
办公费			
水电费			
劳动保护费			
周转房摊销费			
其他发生的间接费用			
合计			
主管税务机关审核意见： 签章：　　年　月　日			

表 9-13　　利息支出明细表

清算项目所属期间：　　年　月　日至　　年　月　日　　金额单位:元

行次＼项目	纳税人申报数					税务机关审核允许列支利息金额
	金融机构名称	借款金额	借款期限	利率	允许列支利息金额	
1						
2						
3						
4						
5						
6						
7						
8						

续表

行次 \ 项目	纳税人申报数					税务机关审核允许列支利息金额
	金融机构名称	借款金额	借款期限	利率	允许列支利息金额	
9						
10						
合计						
主管税务机关审核意见： 签章： 年 月 日						

表 9－14 与转让房地产有关的税金明细表

清算项目所属期间： 年 月 日至 年 月 日 金额单位:元

项目	纳税人申报数	税务机关审核数	备注
营业税			
城市维护建设税			
土地增值税			
教育费附加			
地方教育附加			
合计			
主管税务机关审核意见： 签章： 年 月 日			

表 9－15　　　　土地增值税清算纳税鉴证表

填表日期：　年　月　日

清算项目所属期间：　年　月　日至　年　月　日　　　　金额单位:元(列至角分)

纳税人名称（盖章）			注册地址		注册类型	
计算机代码		税款所属期		联系电话		邮政编码	
项目名称				项目地址		
本栏由从事房地产开发的纳税人填写				本栏由非从事房地产开发的纳税人填写		
土地使用证号				土地使用证号		房地产证号

行号	项目		金额	项目		金额
1	一、转让房地产收入总额 1=2+3			一、转让房地产收入总额 1=2+3		
2	其中	货币收入		其中	货币收入	
3		实物收入及其他收入			实物收入及其他收入	
4	二、扣除项目金额合计 4=5+6+13+16+20			二、扣除项目金额合计 4=5+6+9		
5	1.取得土地使用权所支付的金额			1.取得土地使用权所支付的金额		
6	2.房地产开发成本 6=7+8+9+10+11+12			2.旧房及建筑物的评估价格 6=7×8		
7	其中	土地征用及拆迁补偿费		其中	旧房及建筑物的重置成本价	
8		前期工程费			成新度折扣率	
9		建筑安装工程费		3.与转让房地产有关的税金等 9=10+11+12+13		
10		基础设施费		其中	营业税	
11		公共配套实施费			城市维护建设税	
12		开发间接费用			印花税	
13	3.房地产开发费用 13=14+15				教育费附加	
14	其中	利息支出		三、增值额 14=1−4		
15		其他房地产开发费用		四、增值额与扣除项目金额之比（%）15=14÷4		
16	4.与转让房地产有关的税金等 16=17+18+19			五、适用税率或预征率（%）		
17	其中	营业税		六、速算扣除系数（%）		
18		城市维护建设税		七、应缴土地增值税税额 18=14×16−4×17		
19		教育费附加		八、已缴土地增值税税额		
20	5.财政部规定的其他扣除项目			九、批准抵缴税额		
21	三、增值额 21=1−4			十、应补（退）土地增值税税额 21=18−19−20		
22	四、增值额与扣除项目金额之比（%）22=21÷4					
23	五、适用税率或预征率（%）					
24	六、速算扣除系数（%）					
25	七、应缴土地增值税税额 25=21×23−4×24					
26	八、已缴土地增值税税额					
27	九、批准抵缴税额					
28	十、应补（退）土地增值税税额 28=25−26−27					

纳税人签字(盖章)：　　　　填表人(签字)：　　　　税务机关(盖章)：

备注:1. 本表一式两份,主管税务机关、纳税人分别留存；

2. 本表所列项目不能清楚表述的,可以根据实际情况报送明细表。

表 9－16　　　　　　　　**土地增值税核定纳税鉴证表**

填表日期：　年　月　日

清算项目所属期间：　年　月　日至　年　月　日　　　　单位:元、平方米

<table>
<tr><td colspan="2">纳税人名称</td><td colspan="3"></td><td colspan="2">项目名称</td><td colspan="3"></td></tr>
<tr><td colspan="2">计算机代码</td><td colspan="3"></td><td colspan="2">清算人员姓名</td><td colspan="3"></td></tr>
<tr><td colspan="2">项目总占地面积</td><td></td><td>项目总
房产套数</td><td></td><td colspan="2">已售出
房产面积</td><td></td><td>未售出
房产面积</td><td></td></tr>
<tr><td colspan="2">核定征收理由</td><td colspan="8"></td></tr>
<tr><td colspan="2" rowspan="2">项目</td><td colspan="2">普通标准住宅</td><td colspan="3">非普通标准住宅</td><td colspan="3">其他</td></tr>
<tr><td>纳税人
申报数</td><td>税务机关
确认数</td><td colspan="2">纳税人
申报数</td><td>税务机关
确认数</td><td>纳税人
申报数</td><td colspan="2">税务机关
确认数</td></tr>
<tr><td rowspan="4">收入类别</td><td>现金收入</td><td></td><td></td><td colspan="2"></td><td></td><td></td><td colspan="2"></td></tr>
<tr><td>实物收入</td><td></td><td></td><td colspan="2"></td><td></td><td></td><td colspan="2"></td></tr>
<tr><td>其他收入</td><td></td><td></td><td colspan="2"></td><td></td><td></td><td colspan="2"></td></tr>
<tr><td>收入合计</td><td></td><td></td><td colspan="2"></td><td></td><td></td><td colspan="2"></td></tr>
<tr><td colspan="2">应预缴土地增值税</td><td></td><td></td><td colspan="2"></td><td></td><td></td><td colspan="2"></td></tr>
<tr><td colspan="2">已预缴土地增值税</td><td></td><td></td><td colspan="2"></td><td></td><td></td><td colspan="2"></td></tr>
<tr><td colspan="2">核定征收比例</td><td colspan="2"></td><td colspan="3"></td><td colspan="3"></td></tr>
<tr><td colspan="2">核定土地增值税应纳税额</td><td colspan="2"></td><td colspan="3"></td><td colspan="3"></td></tr>
<tr><td colspan="2">应补缴土地增值税税额</td><td colspan="2"></td><td colspan="3"></td><td colspan="3"></td></tr>
</table>

纳税人签字(盖章)：　　　　填表人(签字)：　　　　　　税务机关(盖章)：

备注:1. 本表一式两份,主管税务机关、纳税人分别留存;

2. 本表所列项目不能清楚表述的,可以根据实际情况报送明细表。

表 9－17　　　　　　　　扣除项目汇总表

清算项目所属期间：　　年　月　日至　年　月　日　　　　　　　金额单位：元

项目		纳税人申报数	税务机关审核数	备注
1. 取得土地使用权所支付的金额				
2. 房地产开发成本				
其中	土地征用及拆迁补偿费			
	前期工程费			
	建筑安装工程费			
	基础设施费			
	公共配套设施费			
	开发间接费用			
3. 房地产开发费用				
其中	利息支出			
	其他房地产开发费用			
4. 与转让房地产有关的税金				
其中	营业税			
	城市维护建设税			
	教育费附加			
5. 财政部规定的加计 20% 扣除数				
合计				
主管税务机关审核意见：				

第五节　土地增值税清算收入的确定

转让国有土地使用权、地上建筑物及其附着物并取得收入，即以出售或者其他方式有偿转让房地产的行为，不包括以继承、赠与方式无偿转让房地产的行为。纳税人转让房地产所取得的收入，包括货币收入、实物收入和其他收入，即转让房地产的全部价款及有关的经济收益。

1. 开发项目销售完毕且已全额开具商品房销售发票的收入的确定

开发项目销售完毕且已全额开具商品房销售发票的，按照发票所载金额确认收入。

开发产品销售收入若会计处理均通过“预收账款”科目核算，则“预收账款”各年度累计发生额即为收入总额。在这种情况下，商品房确权面积已经完成，确权面积结算价款已经确认，最终结算发票已经全部开具，依据发票所载金额确认土地增值税收入是成立的。某些省市规定开发商只要销售收款就必须开具发票，如天津市，所以发票所载金额能够准确反映出商品房销售收入。在这种情况下，清算时要注意复核编制的项目签约销售清单、确认面积结算单、销售发票或销售收据是否一致，相互勾稽关系是否成立。

另外，未在“预收账款”科目核算的属于转让房地产的价款及有关的经济收益的收费项目也应当计入收入总额，如开发商在项目开发过程中代收的费用。

《国家税务总局关于房地产开发企业土地增值税清算管理有关问题的通知》（国税发〔2006〕187 号）规定，土地增值税以国家有关部门审批的房地产开发项目为单位进行清算，对于分期开发的项目，以分期项目为单位清算；开发项目中同时包含普通住宅和非普通住宅的，应分别计算增值额。所以，销售收入总额还要首先分期确定，然后分类确定。

2. 开发项目销售完毕未开具发票或未全额开具发票的收入的确定

开发项目销售完毕未开具发票或未全额开具发票的，以交易双方签订的销售合同所载的售房金额及其他收益确认收入。销售合同所载商品房面积与有关部门实际测量面积不一致，在清算前已发生补、退房款的，应在计算土地增值税时予以调整。

并不是所有省市均要求开发商在收款时就要开具发票，甚至以前年度尚未清算的老项目也存在一定程度的欠开发票现象，仅依据发票所载金额不能如实反映开发产品销售总额，特别是开发产品已售未收款在财务账目也没有反映的情况下，那么清算所依据的重要资料就是交易双方签订的销售合同，按照合同所载的售房金额及其他收益确认收入也是成立的。但这种方式不能保证清算时已如实将全部销售合同包含在内，不能确认是否全部销售合同均属备案有效。无论纳税人还是主管税务机关，对于开发项目的开发楼栋数、开发套数、规划面积、预售面积、确权面积等基本数据要进行逐一复核，印证相互勾稽关系。

开发项目开始清算，按照开发商编制的项目销售合同签约明细表确认收入，若没有考虑已经按照实际确权面积进行结算的补、退房款差异，仍会存在误差。

3. 视同销售房地产收入的确定

房地产开发企业将开发产品用于职工福利、奖励、对外投资、分配给股东或投资人、抵偿债务、换取其他单位和个人的非货币性资产等，发生所有权转移时应视

同销售房地产,其收入按下列方法和顺序确认:

(1)按本企业在同一地区、同一年度销售的同类房地产的平均价格确定;

(2)由主管税务机关参照当地当年、同类房地产的市场价格或评估价值确定。

4. 自用或出租房地产纳税行为

房地产开发企业将开发的部分房地产转为企业自用或用于出租等商业用途时,如果产权未发生转移,不征收土地增值税,在税款清算时不列收入,不扣除相应的成本和费用。

《青岛市地方税务局关于印发〈青岛市地方税务局房地产开发项目土地增值税税款清算管理暂行办法〉的通知》(青地税发〔2008〕100 号)规定,“自用或用于出租”是指同时满足下列条件:

(1)将开发产品转作开发企业固定资产的;

(2)从自用或用于出租之日起连续使用年限一年以上(含一年)的。

5. 代收费用收入的处理

《财政部、国家税务总局关于土地增值税一些具体问题规定的通知》(财税字〔1995〕48 号)规定:对于县级及县级以上人民政府要求房地产开发企业在售房时代收的各项费用,如果代收费用是计入房价中向购买方一并收取的,可作为转让房地产所取得的收入计税;如果代收费用未计入房价中,而是在房价之外单独收取的,可以不作为转让房地产的收入。对于代收费用作为转让收入计税的,在计算扣除项目金额时,可予以扣除,但不允许作为加计 20% 扣除的基数;对于代收费用未作为转让房地产的收入计税的,在计算增值额时不允许扣除代收费用。

因此,房地产开发企业若不是按照县级及县级以上人民政府的规定要求代收的费用,则也要作为开发产品的收入总额征税。账务处理记入“其他应付款”科目核算,可能导致销售合同清单、销售发票清单与会计科目“预收账款”总额不相一致,所以清算时对于销售收入总额要分析填列。

【风险提示】

作为转让收入计税的代收费用也并非在计算土地增值税时都允许扣除。例如,《北京市地税局关于转发财政部、国家税务总局〈关于土地增值税一些具体问题规定的通知〉的通知》(京财税〔1996〕645 号)关于地方政府要求房地产开发企业代收的费用如何计征土地增值税问题规定:对房地产开发企业在售房时代收的费用作为转让收入计税的,在计算扣除项目金额时,只允许扣除大市政费、“四源费”、用电权费、绿化费。《江苏省财政厅、江苏省地方税务局关于明确土地增值税清算过程中行政事业性收费和政府性基金归集方向的通知》(苏地税函〔2011〕81 号)关于房地产开发过程中可能涉及的省级以上(含省级)行政事业性收费、政府性基金在土地增值税清算时归集方向规定:行政事业性收费中的白蚁防治费为代收费用。

即白蚁防治费作为转让收入计税的，不允许加计扣除。该文件附表《行政事业性收费和政府性基金在土地增值税清算时的归集情况一览表》详见表5-3。

6. 赠与行为

《财政部、国家税务总局关于土地增值税一些具体问题规定的通知》（财税字〔1995〕48号）第四条规定：《土地增值税暂行条例实施细则》所称的“赠与”，是指如下情况：

（1）房产所有人、土地使用权所有人将房屋产权、土地使用权赠与直系亲属或承担直接赡养义务人的。

（2）房产所有人、土地使用权所有人通过中国境内非营利的社会团体、国家机关将房屋产权、土地使用权赠与教育、民政和其他社会福利、公益事业的。

上述社会团体是指中国青少年发展基金会、希望工程基金会、宋庆龄基金会、减灾委员会、中国红十字会、中国残疾人联合会、全国老年基金会、老区促进会以及经民政部门批准成立的其他非营利的公益性组织。

7. 未办理土地使用证件转让土地

《国家税务总局、国家土地管理局关于土地增值税若干征管问题的通知》（国税发〔1996〕4号）规定：各级税务部门和土地管理部门要积极配合、密切协作，加强土地增值税的各项征收管理工作，规范房地产市场交易行为。土地管理部门要深入、持久地进行土地隐形市场的清理工作，对非法进入市场的集体土地使用权和划拨国有土地使用权，应按照有关法律规定进行处理；对土地增值税开征之后出现的将房地产转让规避成租赁等逃避土地增值税的行为，各地土地管理部门应当协助税务部门审核、把关，税务主管部门也应按照《中华人民共和国税收征收管理法》等规定严格予以查处。

《国家税务总局关于未办理土地使用权证转让土地有关税收问题的批复》（国税函〔2007〕645号）规定：土地使用者转让、抵押或置换土地，无论其是否取得了该土地的使用权属证书，无论其在转让、抵押或置换土地过程中是否与对方当事人办理了土地使用权属证书变更登记手续，只要土地使用者享有占有、使用、收益或处分该土地的权利，且有合同等证据表明其实质转让、抵押或置换了土地并取得了相应的经济利益，土地使用者及其对方当事人应当依照税法规定缴纳营业税、土地增值税和契税等相关税收。

8. 核定收入

对纳税人转让房地产无法提供收入资料或提供收入资料不实造成价格明显偏低的，由主管税务机关按照《税收征管法》及房屋评估有关规定核定价格。

9. 房地产开发企业出售无产权的车位收入对土地增值税的影响

对于房地产开发企业出售无产权的车位，2011年之前税法首先认定为一种实质上的长期租赁合同，只不过这种租赁方式与土地使用年限相同，所以开发商称为销售使用权而非所有权。《国家税务总局关于营业税若干政策问题的批复》(国税函〔2005〕83 号)对这种情形明确规定：对具有明确租赁年限的房屋租赁合同，无论租赁年限为多少年，均不能将该租赁行为认定为转让不动产永久使用权，应按照“服务业——租赁业”征收营业税。《合同法》第二百一十四条也规定：租赁期限不得超过 20 年。超过 20 年的，超过部分无效。而对于超过 20 年的车库销售这种特殊经营行为，《合同法》判定为：租赁期间届满，当事人可以续订租赁合同，但约定的租赁期限自续订之日起不得超过 20 年。

因此，对于无产权的车位销售，不论是作为成本对象单独核算还是利用地下基础设施作为公共配套设施处理，除能够依法转让的情形外，2011 年之前应当按照“服务业——租赁业”计算缴纳营业税。《营业税暂行条例实施细则》规定：纳税人提供建筑业或者租赁业劳务，采取预收款方式的，其纳税义务发生时间为收到预收款的当天。所以，从营业税纳税总额与纳税时间上来看，无论企业按照“销售不动产”、“转让无形资产”还是按照“服务业——租赁业”计算，纳税结果是一样的。

实务工作中还要考虑当地主管税务机关的具体规定。例如，《山东省青岛市地方税务局关于印发〈房地产开发项目土地增值税清算有关业务问题问答〉的通知》(青地税函〔2009〕47 号)第十二条关于房地产开发企业将车库或者停车位转让，其收入是否计入房地产转让收入的问题规定：根据房地产相关法律、法规等有关规定，开发项目建筑区划内，规划用于停放汽车的车位、车库的归属，由当事人通过出售、附赠或者出租等方式约定。据此，凡房地产开发企业与购房人签订销售合同，约定将上述车库、车位的所有权出售给购房人的，取得的收入并入非普通住房转让收入；附赠的车库、车位因未取得转让收入，按出售开发产品计算销售收入。

利用地下基础设施形成的停车场所，房地产开发企业与购房人签订合同，将停车场所在法律法规规定期限内的使用权转移给购房人的，向购房人取得的收入视同房地产转让收入，并入非普通住房转让收入；利用地下基础设施形成的停车场所，作为公共配套设施计入扣除项目，房地产开发企业与购房人签订车库、车位一定期限租赁使用权合同，其取得的租赁收入，不计入房地产转让收入。

因此，对于车位销售的土地增值税问题，特别是房地产开发企业按人防部门的规定利用地下基础设施建造的平战结合的地下车位，由于产权关系不明晰，也成为征纳双方存在的争议之一。实务中有如下几种操作可供选择：

(1)企业单独建造的停车场所销售产权或永久使用权，作为成本对象单独核算，视为“销售不动产”进行处理。

(2)销售有限使用权(如地下车位)，视为“服务业——租赁业”进行处理。在这种情况下，视为自用固定资产，当然不用进行土地增值税的清算，而成本也不能作为土地增值税的扣除项目。不过《国家税务总局关于公布全文失效废止、部分条款失效废止的税收规范性文件目录的公告》(国家税务总局公告2011年第2号)将国税函〔2005〕83号文件归为失效文件,2011年1月之后继续再如此操作将缺乏政策依据。

(3)作为公共配套设施处理,销售价款作为开发产品销售的整体价外费用合并计入销售总额处理。

10. 转让房地产的有关经济利益的确认

纳税人因转让房地产收取的违约金、滞纳金、赔偿金、分期付款(延期付款)利息以及其他各种性质的经济收益,应当确认为房地产转让收入。

因房地产购买方违约,导致房地产未能转让,转让方收取的该项违约金不作为与转让房地产有关的经济利益,不确认为房地产转让收入。

11. 售后返租收入的确认

单位和个人转让房地产,同时要求购房者将所购房地产无偿或低价给转让方或者转让方的关联方使用一段时间,其实质是转让方获取与转让房地产有关的经济利益。对以此方式转让房地产的行为,应将转让房地产的全部价款及有关的经济收益确认为转让收入,依法计征土地增值税。转让房地产价款以外的有关经济收益无法确认的,应判断其转让价格是否明显偏低。对转让价格明显偏低且无正当理由的,应采用评估或其他合理的方法确定其转让收入,依法计征土地增值税。

第六节　土地增值税扣除项目金额的确定

土地增值税扣除项目金额的确定,既是房地产开发企业清算中着力要做的重点工作,也是主管税务机关在清算管理中需要重点审核的方面。

一、土地增值税扣除项目

(一)房地产开发企业办理土地增值税清算时计算与清算项目有关的扣除项目金额,除另有规定外,扣除取得土地使用权所支付的金额、房地产开发成本、房地产开发费用及与转让房地产有关的税金,须提供合法有效凭证;不能提供合法有效凭证的,不予扣除。

(二)房地产开发企业办理土地增值税清算所附送的前期工程费、建筑安装工程费、基础设施费、开发间接费用的凭证或资料不符合清算要求或不实的,地方税务机关可参照当地建设工程造价管理部门公布的建安造价定额资料,结合房屋结构、用途、区位等因素,核定上述四项开发成本的单位面积金额标准,并据以计算扣除。具体核定方法由省税务机关确定。

例如,《北京市地方税务局关于土地增值税核定扣除项目金额标准有关问题的通知》(京地税地〔2009〕245 号)规定:

1. 本通知适用于房地产开发项目清算土地增值税时扣除房地产开发成本中前期工程费、建筑安装工程费、基础设施费、开发间接费用(以下简称四项成本)的核定。

2. 土地增值税清算项目的四项成本应按实际发生额据实扣除,但发现有下列情况之一的,应按本通知规定的标准核定扣除:

(1)无法按清算要求提供开发成本核算资料的;

(2)提供的开发成本资料不实的;

(3)发现《鉴证报告》内容有问题的;

(4)虚报房地产开发成本的;

(5)清算项目的四项成本扣除额明显高于北京市地方税务局制定的分类房产单位面积四项成本扣除金额标准,又无正当理由的。

3. 核定的四项成本金额按照《分类房产单位面积四项成本核定表》确定。

4. 核定四项成本应按照房地产项目类型适用的核定标准,分别确定四项成本的扣除金额。具体计算公式为:

核定的四项成本 = 不同类型对应年代的核定单位成本 × 清算建筑面积

表 9 - 18 为"分类房产单位面积四项成本核定表",核定成本单位为"元/平方米"。

表 9 - 18　　分类房产单位面积四项成本核定表

房地产类型 竣工年代	多层住宅及底商	高层住宅及底商	多层办公	高层办公
2001 年及以前	1 387	2 425	2 270	3 130
2002 年	1 403	2 435	2 270	3 113
2003 年	1 470	2 621	2 511	3 414
2004 年	1 503	2 807	2 502	3 370
2005 年	1 487	2 769	2 450	3 295
2006 年	1 513	2 790	2 480	3 330
2007 年	1 587	2 987	2 738	3 670
2008 年	1 799	2 997	2 700	3 844

说明:多层是指七层及以下的住宅或办公楼,高层是指七层以上的住宅或办公楼。

(三)房地产开发企业开发建造的与清算项目配套的居委会和派出所用房、会所、停车场(库)、物业管理场所、变电站、热力站、水厂、文体场馆、学校、幼儿园、托儿所、医院、邮电通讯等公共设施,按以下原则处理:

1. 建成后产权属于全体业主所有的,其成本、费用可以扣除;

2. 建成后无偿移交给政府、公用事业单位用于非营利性社会公共事业的,其成本、费用可以扣除;

3. 建成后有偿转让的,应计算收入,并准予扣除成本、费用。

(四)房地产开发企业销售已装修的房屋,其装修费用可以计入房地产开发成本。

房地产开发企业的预提费用,除另有规定外,不得扣除。

【风险提示】

售楼处装修费用可以扣除吗?

《关于土地增值税有关业务问题的公告》(苏地税规〔2012〕1号)规定:

凡以建筑物或构筑物为载体,移动后会引起性质、形状改变或者功能受损的装修装饰物支出,可以作为开发成本计算扣除。上述之外的其他装修装饰费用支出,一律不得作为开发成本扣除。

对房地产开发企业售楼处等营销设施的装修费用,应计入房地产开发费用。

(五)属于多个房地产项目共同的成本、费用,应按清算项目可售建筑面积占多个项目可售总建筑面积的比例或其他合理的方法,计算确定清算项目的扣除金额。

二、土地增值税扣除项目审核

《国家税务总局关于印发〈土地增值税清算管理规程〉的通知》(国税发〔2009〕91号)对于主管税务机关土地增值税扣除项目的审核有具体规定,房地产开发企业在确定扣除项目金额时也可以作为确定原则和复核要点。

(一)扣除项目审核的基本要求

1. 在土地增值税清算中,计算扣除项目金额时,其实际发生的支出应当取得但未取得合法凭据的,不得扣除。

2. 扣除项目金额中所归集的各项成本和费用必须是实际发生的。

3. 扣除项目金额应当准确地在各扣除项目中分别归集,不得混淆。

4. 扣除项目金额中所归集的各项成本和费用必须是在清算项目开发中直接发生的或应当分摊的。

5. 纳税人分期开发项目或者同时开发多个项目的,或者同一项目中建造不同类型房地产的,应当按照受益对象,采用合理的分配方法,分摊共同的成本费用。

6. 对同一类事项,应当采取相同的会计政策或处理方法。会计核算与税务处理规定不一致的,以税务处理规定为准。

(二)审核取得土地使用权支付金额和土地征用及拆迁补偿费时应当关注的重点

1. 同一宗土地有多个开发项目,是否予以分摊,分摊办法是否合理、合规,具体金额的计算是否正确。

2. 是否存在将房地产开发费用计入取得土地使用权支付金额以及土地征用及拆迁补偿费的情形。

3. 拆迁补偿费是否实际发生,尤其是支付给个人的拆迁补偿款、拆迁(回迁)合同和签收花名册或签收凭证是否一一对应。

(三)审核前期工程费、基础设施费时应当关注的重点

1. 前期工程费、基础设施费是否真实发生,是否存在虚列情形。

2. 是否将房地产开发费用计入前期工程费、基础设施费。

3. 多个(或分期)项目共同发生的前期工程费、基础设施费,是否按项目合理分摊。

(四)审核公共配套设施费时应当关注的重点

1. 公共配套设施的界定是否准确,公共配套设施费是否真实发生,有无预提公共配套设施费情况。

2. 是否将房地产开发费用计入公共配套设施费。

3. 多个(或分期)项目共同发生的公共配套设施费,是否按项目合理分摊。

(五)审核建筑安装工程费时应当关注的重点

1. 发生的费用是否与决算报告、审计报告、工程结算报告、工程施工合同记载的内容相符。

2. 房地产开发企业自购建筑材料时,自购建材费用是否重复计算扣除项目。

3. 参照当地当期同类开发项目单位平均建安成本或当地建设部门公布的单位定额成本,验证建筑安装工程费支出是否存在异常。

4. 房地产开发企业采用自营方式自行施工建设的,还应当关注有无虚列、多列施工人工费、材料费、机械使用费等情况。

5. 建筑安装发票是否在项目所在地税务机关开具。

(六)审核开发间接费用时应当关注的重点

1. 是否存在将企业行政管理部门(总部)为组织和管理生产经营活动而发生的管理费用计入开发间接费用的情形。

2. 开发间接费用是否真实发生,有无预提开发间接费用的情况,取得的凭证是否合法有效。

(七)审核利息支出时应当关注的重点

1. 是否将利息支出从房地产开发成本中调整至开发费用。

2. 分期开发项目或者同时开发多个项目的,其取得的一般性贷款的利息支出,是否按照项目合理分摊。

3. 利用闲置专项借款对外投资取得收益,其收益是否冲减利息支出。

【风险提示】

1. 土地增值税清算时,房地产开发企业由于推迟交房而支付的违约金是否可以作为扣除项目?

根据《土地增值税暂行条例》的规定,计算增值额的扣除项目不包括推迟交房而支付的违约金,因此,房地产开发企业由于推迟交房而支付的违约金不能作为计算土地增值税增值额的扣除项目。

2. 清算时取得发票但未付款是否允许扣除?

清算时取得发票不再属于预提成本,除另有规定外,应当允许扣除。

《广东省广州市地方税务局关于印发土地增值税清算工作若干问题处理指引(续二)的通知》(穗地税函〔2010〕170 号)第二条就房地产开发企业未支付质量保证金,其扣除项目金额确认问题规定:房地产开发企业在工程竣工验收后,根据合同约定,扣留建筑安装施工企业一定比例工程款,作为开发项目质量保证金,在计算土地增值税时,建筑安装施工企业就质量保证金对房地产开发企业开具发票的,按发票所载金额予以扣除;未开具发票的,扣留的质量保证金不得计算扣除。

《广州市地方税务局关于印发土地增值税清算工作若干问题的处理指引的通知》(穗地税函〔2008〕342 号)第二条第六款"房地产开发企业未足额付款但已取得发票的工程质量保证金,按不超过建设工程款 5% 的比例计算扣除。其他未付款虽已取得发票的,但在计算扣除项目金额时不允许扣除"的规定停止执行。

3. 清算后发生的成本费用是否可以扣除?

土地增值税清算除另有规定外,预提成本不得扣除。一般清算后取得凭证的发票,主管税务机关不再予以调整,但并非不可能。例如,《青岛市地方税务局房地产开发项目土地增值税税款清算管理暂行办法》(青地税发〔2008〕100 号)(有效期截至 2012 年 12 月 31 日)第三十四条规定,主管税务机关出具土地增值税清算税款结论后,开发企业有下列情形之一的,须按规定向主管税务机关进行申报,经主管税务机关审核属实的,补充和完善税务机关清算结论,并按规定办理税款缴纳或退还手续:(1)已清算完毕的开发项目又发生成本、费用的;(2)纳税人取得清算时尚未取得扣除项目相关凭证的;(3)主管税务机关认为应调整清算结论的其他情况。

4. 房地产开发企业以附加条件购置土地的额外支出是否可以扣除?

《湖北省地方税务局关于房地产开发企业土地增值税清算工作若干政策问题的通知》(鄂地税发〔2008〕211 号)第四条关于成本费用扣除的问题规定:

(1)与本开发项目有直接关联的额外补偿费用,并能充分证明此额外补偿费用属实的,可据实扣除。

(2)对房地产开发企业以修路方式取得土地使用权的,且在同一合同或补充协议中明确了的,可将修筑道路的成本作为土地使用权的购置成本或开发成本进行扣除。

(3)开发企业在拆迁过程中,与被拆迁居民(村民)等自然人签订补偿协议,且有相关证据表明企业已实际支付的补偿费,可据实扣除。

(4)对房地产开发企业缴纳的各项政府性行政规费和基金,可视同税金予以扣除。

以上项目考虑到房地产开发企业取得土地的相关性原则,应当允许扣除。但并非房地产开发企业额外支出都能够取得合同约定等充分证明,也存在被认定为属于赞助或捐赠的税务风险。

《湖北省地方税务局关于进一步规范土地增值税征管工作的若干意见》(鄂地税发〔2013〕44 号)第七条"关于审批项目规划外所建设施发生支出的扣除问题"规定:

房地产开发企业在项目建设用地边界外(国家有关部门审批的项目规划外,即"红线"外)承诺为政府或其他单位建设公共设施或其他工程所发生的支出,能提供与本项目存在关联关系的直接依据的,可以计入本项目扣除项目金额;不能提供或所提供依据不足的,不得计入本项目扣除金额(如与建设项目开发无直接关联,仅为开发产品销售提升环境品质的支出,不得计入本项目扣除金额)。

5. 房地产开发企业转让土地使用权的土地增值税清算问题。

《国家税务总局关于印发〈土地增值税宣传提纲〉的通知》(国税函发〔1995〕110 号)明确,在具体计算增值额时,要区分以下几种情况进行处理:

(1)对取得土地或房地产使用权后,未进行开发即转让的,计算其增值额时,只允许扣除取得土地使用权时支付的地价款、交纳的有关费用,以及在转让环节缴纳的税金。这样规定,其目的主要是抑制炒买炒卖地皮的行为。

(2)对取得土地使用权后投入资金,将生地变为熟地转让的,计算其增值额时,允许扣除取得土地使用权时支付的地价款、交纳的有关费用和开发土地所需成本再加计开发成本的 20% 以及在转让环节缴纳的税金。这样规定,是为了鼓励投资者将更多的资金投向房地产开发。

(3)对取得土地使用权后进行房地产开发建造的,在计算其增值额时,允许扣除取得土地使用权时支付的地价款和有关费用、开发土地和新建房及配套设施的成本和规定的费用、转让房地产有关的税金,并允许加计 20% 扣除。这可以使从事房地产开发的纳税人有一个基本的投资回报，以调动其从事正常房地产开发的积极性。

(4)转让旧房及建筑物的，在计算其增值额时，允许扣除由税务机关参照评估价格确定的扣除项目金额(即房屋及建筑物的重置成本价乘以成新度折扣率后的价值)，以及在转让时缴纳的有关税金。这主要是考虑到如果按原成本价作为扣除项目金额不尽合理，而采用评估的重置成本价能够相对消除通货膨胀因素的影响，比较合理。

根据以上规定，在计算土地增值税时，房地产开发企业转让土地使用权未进行开发即转让的房地产开发费用不能扣除，也不能享受20%加计扣除。房地产开发企业转让土地使用权将生地变为熟地转让的房地产开发费用可以扣除。加计扣除基数按照取得土地使用权所支付的金额和必要的开发成本计算，其中，取得土地使用权所支付的金额，是指纳税人为取得土地使用权所支付的地价款和按国家统一法规缴纳的有关税费。

另外，根据《国家税务总局关于土地增值税清算有关问题的通知》(国税函〔2010〕220号)的规定，房地产开发企业为取得土地使用权所支付的契税，应视同“按国家统一规定交纳的有关费用”，计入“取得土地使用权所支付的金额”中扣除。

《厦门市地方税务局关于印发〈厦门市房地产开发企业土地增值税清算管理办法〉的通知》(厦地税发〔2010〕16号)第二十条规定，纳税人应当准确核算取得土地使用权支付金额和土地征用及拆迁补偿费。

1. 纳税人为取得土地使用权所支付的契税计入“取得土地使用权所支付的金额”，准予扣除。对纳税人逾期开发补缴的土地出让金，允许计入为取得土地使用权所支付的款项，准予扣除，但纳税人缴纳的土地闲置费、滞纳金和罚款不得扣除。

2. 同一宗土地有多个开发项目，纳税人应当按照合理、合规的方法分摊土地成本，准确计算各项目所占的土地面积和土地成本。

3. 纳税人应当准确核算取得土地使用权支付金额以及土地征用及拆迁补偿费，支付的拆迁补偿费应当与拆迁(回迁)合同和签收花名册或签收凭证相对应且已实际发生。

(1)对纳税人无偿或以较优惠价格归还给搬迁户的，应视同销售计算其收入。对等面积安置部分，其收入按安置房的价格计算，具体金额包含重置价和补差价。对超面积部分应按《办法》第十七条第一款规定确认收入。对于回迁房的开发成本，按等面积安置部分确认的收入为扣除额。

(2)纳税人采取异地安置的，异地安置的房屋价值按厦门市政府公布的当年安置房价格视同货币安置计入开发成本。

(3)货币安置拆迁的，纳税人凭合法有效凭据计入开发成本。

第七节　合并和分开清算的纳税风险

【案例9－11】天河房地产公司2011年有意开发旧城改造项目，处于项目论证洽谈中。该公司基本数据如下：普通住房建筑面积80 000平方米，销售收入40 000万元；非普通住房15 000平方米，销售收入18 000万元；拆迁还建普通住房30 000平方米；支付政府土地成本款16 000万元；其他建造费用24 000万元，其中包含拆迁还建房建造费用6 000万元。假定：营业税金及附加为5.60%，房地产开发费用按10%扣除。

财务总监对于测算的土地增值税把握不准，该公司拟取得的土地涉及拆迁还建，实际利润率较低。经测算，普通住宅用房没有增值额，非普通住宅用房增值率很高，如果将开发项目不同类别合并计算，稀释后增值率会降低，整体项目的税负也会降低。但是这样测算是否符合规定呢？

天河房地产公司测算如下：

单位建筑面积成本＝(16 000＋24 000)÷(80 000＋15 000)＝0.421(万元/平方米)＝4 210(元/平方米)

1. 普通住宅

普通住宅销售税金＝40 000×5.60%＝2 240(万元)

普通住宅扣除项目＝(0.421×80 000)×(1＋20%＋10%)＋2 240＝46 024(万元)

普通住宅增值额＝40 000－46 024＝－6 024(万元)

2. 非普通住宅

非普通住宅销售税金＝18 000×5.60%＝1 008(万元)

非普通住宅扣除项目＝(0.421×15 000)×(1＋20%＋10%)＋1 008＝9 217.50(万元)

非普通住宅增值额＝18 000－9 217.50＝8 782.50(万元)

增值率95%，适用税率40%，应交土地增值税＝8 782.50×40%－9 217.50×5%＝3 052.13(万元)

3. 合并清算

合并计算扣除项目＝46 024＋9 217.50＝55 241.50(万元)

增值额＝(40 000＋18 000)－55 241.50＝2 758.50(万元)

增值率5%，适用税率30%，应交土地增值税827.55万元。

【案例分析】

天河房地产公司的拟开发项目应当分别核算不同类型房产增值额，以减少税款为目的的合并清算不一定会被税务机关所接受。

案例中天河房地产公司的测算方案不正确。

关于拆迁安置土地增值税计算问题，《国家税务总局关于土地增值税清算有关问题的通知》（国税函〔2010〕220 号）规定：房地产企业用建造的本项目房地产安置回迁户的，安置用房视同销售处理，按国税发〔2006〕187 号第三条第（一）款的规定确认收入，同时将此确认为房地产开发项目的拆迁补偿费。

拆迁还建房 30 000 平方米视同销售收入 = 40 000 ÷ 80 000 × 30 000 = 15 000（万元）

同时确定土地成本 15 000 万元。

土地成本 = 15 000 + 16 000 = 31 000（万元）

单位建筑面积成本 =（31 000 + 24 000）÷（80 000 + 15 000 + 30 000）= 0.44（万元/平方米）= 4 400（元/平方米）

普通住宅销售面积 = 80 000 + 30 000 = 110 000（平方米）

根据《国家税务总局关于外商投资企业从事城市住宅小区建设征收营业税问题的批复》（国税函〔1995〕549 号）的规定，对外商投资企业从事城市住宅小区建设，应当按照《营业税暂行条例》的有关规定，就其取得的营业额计征营业税；对偿还面积与拆迁建筑面积相等的部分，由当地税务机关按同类住宅房屋的成本价核定计征营业税。

普通住宅销售税金 =（40 000 + 6 000）× 5.60% = 2 576（万元）

普通住宅扣除项目 =（0.44 × 110 000）×（1 + 20% + 10%）+ 2 576 = 65 496（万元）

普通住宅增值额 =（40 000 + 15 000）− 65 496 = −10 496（万元）

非普通住宅销售税金 = 18 000 × 5.60% = 1 008（万元）

非普通住宅扣除项目 =（0.44 × 15 000）×（1 + 20% + 10%）+ 1 008 = 9 588（万元）

非普通住宅增值额 = 18 000 − 9 588 = 8 412（万元）

增值率 88%，适用税率 40%，应交土地增值税 = 8 412 × 40% − 9 588 × 5% = 2 885.40（万元）。

【风险提示】

对于同时包含普通住宅和非普通住宅的开发项目，分别计算增值额是土地增值税的基本规定，出于避税的目的合并计算要注意税收调控下不为税务机关接受的纳税风险。

第八节　土地增值税清算后再转让房产能否二次清算

房地产开发企业开发项目竣工后由于种种原因不一定能全部实现销售，在这种情形下，土地增值税清算尽管能够计算出单位建筑面积成本，但是项目收入总额仍然无法确定，继而会影响到整个项目各种产品类型的增值额和土地增值税税率。为此，《国家税务总局关于房地产开发企业土地增值税清算管理有关问题的通知》(国税发〔2006〕187 号)第八条明确规定，在土地增值税清算时未转让的房地产，清算后销售或有偿转让的，纳税人应按规定进行土地增值税的纳税申报，扣除项目金额按清算时的单位建筑面积成本费用乘以销售或转让面积计算。

单位建筑面积成本费用 = 清算时的扣除项目总金额 ÷ 清算的总建筑面积

以上公式明确了再转让房产如何计算扣除项目金额的问题，可并未明确再转让房产是否可以和初次清算房产再合并清算并允许调整的问题。

【案例 9 – 12】方欣房地产公司 2009 年开始开发销售 A 项目，可售建筑面积为 10 万平方米，截至 2012 年 5 月已售建筑面积为 9 万平方米，占可售面积的 90%，按照税务机关要求办理土地增值税清算申报。清算申报资料显示：取得土地使用权所支付的金额为 8 000 万元，房地产开发成本为 22 000 万元(不包括预提成本 1 000万元)，房地产开发费用按取得土地使用权和开发成本之和的 10% 扣除，转让房地产收入总额为 54 000 万元，已纳可扣除的与房地产有关的税金 3 024 万元，剩余尾房 1 万平方米按已售房产均价计算估价为 6 000 万元。

本次清算项目总成本为 30 000 万元(8 000 + 22 000)，单位可售建筑面积成本为 3 000 元(30 000 ÷ 10)。按照国税发〔2006〕187 号文件的规定计算可扣除项目金额合计为 42 024 万元(30 000 + 30 000 × 20% + 30 000 × 10% + 3 024)，单位建筑面积可扣除项目金额为 4 202.40 元(42 024 ÷ 10)。

本次清算可扣除项目金额却不能按上述单位建筑面积可扣除项目金额计算，可扣除的成本为 27 000 万元(3 000 × 9)，应扣除项目金额为 38 124 万元(27 000 + 27 000 × 20% + 27 000 × 10% + 3 024)。增值额为 15 876 万元(54 000 – 38 124)，增值率为 41.64%，适用税率为 30%，应缴土地增值税税额为 4 762.80 万元(15 876 × 30%)。

该公司 2013 年 1 月将剩余 1 万平方米尾房销售完毕，取得转让房地产收入 8 000 万元，缴纳与转让房地产有关的税金 448 万元。按照国税发〔2006〕187 号文件第八条的规定，2013 年 1 月尾房销售后，可扣除项目金额为 4 202.40 万元(4 202.40 × 1)，增值额为 3 797.60 万元(8 000 – 4 202.40)，增值率为 90.37%，适用税率为 40%，应缴土地增值税税额为 1 308.92 万元(3 797.60 × 40% – 4 202.40 × 5%)。

但是以上计算确实存在问题。

其一，尾房销售税金没有能够扣除。

《厦门市地方税务局关于土地增值税征收管理有关事项的公告》(厦门市地方税务局公告〔2011〕5 号)特别明确：土地增值税清算时未转让的房地产，清算后销售或有偿转让产生的有关的税金在计算土地增值税时不得扣除。这样形成的问题是，尾房销售扣除初次清算房产的营业税金及附加本身就不合理，并且初次清算时营业税金及附加已经全部获得扣除，再扣除无实际意义。因此，尾房销售对应税金已经实际缴纳，再次转让时不能扣除，否则不符合常规计算逻辑。各地方税务机关在具体清算业务中并未强调尾房销售不能扣除相对应的税金。针对以上问题，有的税务机关建议，清算后再转让土地增值税的计算方法应修改为：

清算时的扣除项目总金额 =(全部取得土地使用权所支付的金额 + 全部开发成本)×(1 +20%)+房地产开发费用 + 清算时扣除的与房地产有关的税金

单位建筑面积成本费用 =(清算时的扣除项目总金额 - 清算时扣除的与房地产有关的税金)÷总可售建筑面积

初次清算转让扣除项目金额 = 单位建筑面积成本费用 × 初次清算所转让可售建筑面积 + 与房地产有关的税金

再转让扣除项目金额 = 单位建筑面积成本费用 × 再转让可售建筑面积 + 再转让与房地产有关的税金

根据上述修订公式，单位建筑面积成本费用为 3 900 元[(42 024 - 3 024)/10]。

再转让可扣除项目金额为 4 348 万元(3 900 ×1 +448)，增值额为 3 652 万元(8 000 - 4 348)，增值率为 84%，适用税率为 40%，应缴土地增值税税额为 1 243.40万元(3 652 ×40% - 4 348 ×5%)。

较按国税发〔2006〕187 号文件减少税金 65.52 万元(1 308.92 - 1 243.40)。

其二，尾房销售可否和初次清算适用一样的税率？

《浙江省地方税务局关于土地增值税若干政策问题的解答》问题六：项目清算完成后再转让房地产应如何计算征收土地增值税？

答：根据《国家税务总局关于房地产开发企业土地增值税清算管理有关问题的通知》(国税发〔2006〕187 号)第八条规定，在土地增值税清算时未转让的房地产，清算后销售或有偿转让的，纳税人应按规定进行土地增值税的纳税申报，扣除项目金额按清算时的单位建筑面积成本费用乘以销售或转让面积计算。现明确如下：根据销售收入和上述扣除项目金额计算清算后再转让房地产的增值额，按已清算部分适用的税率计算缴纳土地增值税。

如纳税人在清算时因未取得合法、有效凭证而应计未计的成本和费用，在项目完成清算后取得合法、有效凭证的，在清算后再转让房地产时暂按以下办法计算单位建筑面积扣除额:将新取得合法、有效凭证的成本费用总额除以总建筑面积得出单位建筑面积扣除项目增加额,加上已清算部分单位建筑面积扣除额作为清算后再转让房地产的单位建筑面积扣除额。以此计算清算后再转让房地产的增值额。

具体公式:清算后再转让房地产的单位建筑面积扣除额 = 新取得合法、有效凭证的成本费用总额 ÷ 总建筑面积 + 已清算部分单位建筑面积扣除额

按照浙江的规定,首先在不存在应计未计成本费用的情况下,尾房销售增值额为3 652万元,按照初次清算税率 30% 计算缴纳土地增值税 1 095.60 万元(3 652 ×30%)。较调整公式计算的土地增值税 1 243.40 万元少缴纳土地增值税 147.80 万元。

按照浙江的规定,假设存在应计未计成本费用 1 000 万元,国税发〔2006〕187 号文件规定预提成本初次清算时不得扣除,尾房清算时假如取得了发票,则尾房清算应计算如下:

清算后再转让房地产的单位建筑面积扣除额 = 1 000 ÷ 10 + 3 900 = 4 000(元)

尾房销售增值额为 3 552 万元(8 000 - 4 000 × 1 - 448),按照初次清算税率 30% 计算缴纳土地增值税 1 065.60 万元(3 552 ×30%)。

但是这样还有 900 万元成本实际上是没有计入扣除项目金额的,计入成本费用的 100 万元也没有能够加计扣除。

其三:尾房销售可否和初次清算合并再二次清算呢?

无论是第一次清算还是第二次清算,开发产品类型相同,分开清算可能导致前后适用不同的税率。假如房屋全部销售完毕后,可以再一次最终清算,之前清算可称为预清算。我们分析计算如下:

全部销售收入为 62 000 万元(54 000 + 8 000),全部与房产转让有关的税金为 3 472 万元(3 024 + 448),全部可扣除成本为 30 000 万元(8 000 + 22 000),全部可扣除项目金额为 42 472 万元(30 000 + 30 000 × 20% + 30 000 × 10% + 3 472),增值额为 19 528 万元(62 000 - 42 472),增值率为 45.98%,适用税率为 30%,应缴纳土地增值税 5 858.40 万元(19 528 × 30%)。与上述分次清算差异为 -213.32 万元(5 858.40 - 4 762.80 - 1 308.92)。即便按照调整后的公式计算,也存在 -147.80万元(5 858.40 - 4 762.80 - 1 243.40)的差异。差异的直接原因在于合并二次清算增值率降低了,税率也变了。

《湖北省地方税务局关于进一步规范土地增值税征管工作的若干意见》(鄂地税发〔2013〕44 号)近日发布,第九条"关于房地产开发项目土地增值税二次清算问题"规定:

纳税人达到清算条件并进行土地增值税清算后,继续支付并取得合法、有效凭证的支出,可申请二次清算,但必须是所有成本、费用均已全部发生完毕。主管税务机关可根据实际情况重新调整扣除项目金额并调整应纳土地增值税税额,二次清算后,纳税人不得再要求进行土地增值税清算。

如果方欣房地产公司1 000万元发票可以在二次清算中扣除，那么以最简单方式概算可知能够减少土地增值税应缴税额390万元[1 000×(1+20%+10%)×30%]。

综上所述，清算时未销售房产再转让涉及的清算结果带有很大的不确定性，加上各地政策的不统一导致税务机关自由裁量权过大。因此，笔者建议，初次清算只要不是全部房产，均可界定为土地增值税预清算，最后全部清盘后可以进行二次清算，即最终清算，多退少补，保证清算项目土地增值税税额的唯一性和确定性。在这方面，不妨借鉴下湖北省地方税务局的土地增值税新政策。

第九节　税收调控向预征率与核定征收率加码

土地增值税税收调控，对于住房消费市场可谓一柄利剑，房价再涨，也逃不过土地增值税对房产收益的再分配。先有《国务院关于坚决遏制部分城市房价过快上涨的通知》(国发〔2010〕10号)，该文件规定：坚决抑制不合理住房需求，认真做好土地增值税的征收管理工作，对定价过高、涨幅过快的房地产开发项目进行重点清算和稽查。后有2010年5月25日发布的《国家税务总局关于加强土地增值税征管工作的通知》(国税发〔2010〕53号)。土地增值税可以说是当前最直接、最便利的税收调控手段了。

国税发〔2010〕53号文件中有两个关键点：

一是预征率大幅上调。该文件明确规定，为了发挥土地增值税在预征阶段的调节作用，各地须对目前的预征率进行调整。除保障性住房外，东部地区省份预征率不得低于2%，中部和东北地区省份不得低于1.5%，西部地区省份不得低于1%，各地要根据不同类型房地产确定适当的预征率(地区的划分按照国务院有关文件的规定执行)。对尚未预征或暂缓预征的地区，应切实按照税收法律法规开展预征，确保土地增值税在预征阶段及时、充分发挥调节作用。

二是核定征收率原则上不得低于5%。国家税务总局要求核定征收必须严格依照税收法律法规规定的条件进行，任何单位和个人不得擅自扩大核定征收范围，杜绝清算中"以核定为主、一核了之"、"求快图省"的做法。凡擅自将核定征收作为本地区土地增值税清算主要方式的，必须立即纠正。对确须核定征收的，要严格按照税收法律法规的要求，从严、从高确定核定征收率。为了规范核定工作，核定征收率原则上不得低于5%，各省级税务机关要结合本地实际，区分不同房地产类型制定核定征收率。

2010年5月以来，各省市地方税务机关对当地土地增值税预征率和核定征收率纷纷提高征收比率，调控目的不言而喻。

表9－19　　各地土地增值税预征率和核定征收率

序号	省市	开发产品类型	预征率	核定征收率	执行日期	文件
1	河北省	保障性住房外	2%	5%	2010年10月1日起	《河北省地方税务局关于调整房地产开发项目土地增值税预征率和核定征收率的通知》(2010年第1号公告)
2	湖南省	普通标准住宅	2%	5%	2010年7月1日起	《湖南省地方税务局关于加强土地增值税征收管理工作的通知》(湘地税发〔2010〕25号)
		非普通标准住宅(含车库等)	2%	6%		
		别墅、写字楼、营业用房等	3%			
		单纯转让土地使用权	5%	查账清算		
3	广东省广州市	普通住宅	2%	核定征收率原则上不得低于5%	2011年7月1日起	《广东省广州市地方税务局关于土地增值税预征率的公告》(广东省广州市地方税务局公告2011年第3号)
		非普通住宅	3%			
		别墅	4%			
		写字楼(办公用房)	2%			
		商业营业用房和车位	4%			
		对符合市政府“经济适用住房(含解困房)”和“限价商品住宅”规定的房地产开发项目	不实行预征土地增值税，待其符合清算条件时按规定进行清算			

续表

<table>
<tr><th>序号</th><th>省市</th><th>开发产品类型</th><th>预征率</th><th>核定征收率</th><th>执行日期</th><th>文件</th></tr>
<tr><td rowspan="3">4</td><td rowspan="3">重庆市</td><td>普通标准住宅</td><td>2%</td><td>5%</td><td rowspan="3">预征率2011年5月1日起；核定征收率2010年11月1日起</td><td rowspan="3">《重庆市地方税务局关于调整土地增值税预征率有关问题的通告》(重庆市地方税务局通告2011年第2号)、《重庆市地方税务局关于调整土地增值税核定征收率有关问题的公告》(重庆市地方税务局公告2010年第1号)</td></tr>
<tr><td>非普通标准住宅、非住宅(商业用房、车库等)</td><td>3.5%</td><td rowspan="2">6%</td></tr>
<tr><td>独栋商品住宅预征率</td><td>5%</td></tr>
<tr><td rowspan="4">5</td><td rowspan="4">江苏省南京市</td><td>普通住宅</td><td>不预征</td><td></td><td rowspan="4">2011年5月1日起</td><td rowspan="4">《江苏省南京市地方税务局关于土地增值税预征和核定征收问题的公告》(宁地税规字〔2011〕1号)</td></tr>
<tr><td>独栋商品住宅</td><td>5%</td><td>8%</td></tr>
<tr><td>商业、办公等生产经营类房地产</td><td>3%</td><td>6%</td></tr>
<tr><td>独栋商品住宅之外的住宅类等房地产</td><td>2%</td><td>5%</td></tr>
<tr><td rowspan="3">6</td><td rowspan="3">湖北省</td><td>普通标准住宅</td><td>1.5%</td><td>3%</td><td rowspan="3">2010年7月1日起</td><td rowspan="3">《湖北省地方税务局转发国家税务总局关于加强土地增值税征管工作的通知》(鄂地税发〔2010〕135号)</td></tr>
<tr><td>非普通住宅</td><td>3%</td><td>5%</td></tr>
<tr><td>非住宅类房地产</td><td>4%~5%</td><td>7%</td></tr>
</table>

续表

序号	省市	开发产品类型	预征率	核定征收率	执行日期	文件
7	广东省深圳市	普通住宅	2%	6%	预征率2010年8月1日起；核定征收率2009年9月22日起	《广东省深圳市地方税务局关于调整我市土地增值税预征率的公告》（深地税告〔2010〕6号）、《深圳市地方税务局关于土地增值税核定征收有关问题的通知》（深地税发〔2009〕460号）
		别墅	4%	对非普通标准住宅销售收入核定征收率为8%，对写字楼、商铺销售收入核定征收率为10%		
		其他类型房产	3%	7%		
8	山东省青岛市	经济适用住房、廉租住房等保障性住房	不预征土地增值税		预征率2011年2月1日起；核定征收率2010年6月30日起	《山东省青岛市地方税务局关于调整房地产开发项目土地增值税预征率的公告》（山东省青岛市地方税务局公告2011年第1号）、《山东省青岛市地方税务局关于调整土地增值税分类核定征收率的通知》（青地税发〔2010〕105号）
		政府限价商品住房	1%			
		普通住房	2%	4%～8%		
		普通住房以外的住宅公寓	3%	5%～10%		
		别墅、商业用房	3%	6%～18%		
9	福建省厦门市	普通标准住宅	2%	不低于预征率	预征率2010年6月1日起；核定征收率2010年2月1日起	《福建省厦门市地方税务局关于调整土地增值税预征率的通知》（厦地税发〔2010〕93号）、《厦门市房地产开发企业土地增值税清算管理办法》（厦地税发〔2010〕16号）
		非普通住宅	3%			
		写字楼	3%			
		商业营业用房、别墅及其他房产	7%			

续表

序号	省市	开发产品类型	预征率	核定征收率	执行日期	文件
10	广西壮族自治区	廉租住房、经济适用住房	暂不预征	不得擅自扩大核定征收范围，也不得擅自将核定征收作为本地区土地增值税清算的主要方式	2010年6月11日起	《广西壮族自治区地方税务局关于进一步加强房地产业税收征管工作的通知》(桂地税发〔2010〕65号)、《广西壮族自治区地方税务局关于调整土地增值税预征率的通知》(桂地税发〔2010〕18号)
		普通标准住宅	1%			
		非普通标准住宅	2%～3%			
		商铺和其他房产	3%～5%			
		强制拍卖转让土地使用权	5%～12%			
11	天津市	保障性住房	不预征	确需核定征收的，要严格按照税收法律法规的要求，从严、从高确定核定征收率	2011年1月1日起	《天津市地方税务局关于加强我市土地增值税征收管理的公告》(天津市地方税务局公告2011年第1号)
		商品房每平方米销售价格2万元以下(含2万元)的	2%			
		商品房每平方米销售价格2万元至3万元(含3万元)的	3%			
		商品房每平方米销售价格3万元以上的	5%			
12	海南省	海口市、三亚市、陵水县	房地产开发项目普通住宅预征率为3%；非普通住宅及非住宅类房产预征率为5%		2013年4月1日起	《海南省地方税务局关于调整土地增值税预征率的公告》(海南省地方税务局公告2013年第2号)

续表

序号	省市	开发产品类型	预征率	核定征收率	执行日期	文件
		其他市县、区	房地产开发项目普通住宅预征率为2%；非普通住宅及非住宅类房产预征率为4%			
		房地产开发项目中的保障性住房	暂不预征土地增值税			
		纳税人成片受让土地、分期分批进行开发后再分块转让土地使用权的	预征率为5%			
				销售均价未超过8 000元/平方米的，核定征收率为5%	2012年5月1日起	《海南省地方税务局关于调整房地产开发项目土地增值税核定征收办法的公告》（海南省地方税务局公告2012年第3号）
				销售均价超过8 000元/平方米、未超过10 000元/平方米的，核定征收率为6%		

续表

序号	省市	开发产品类型	预征率	核定征收率	执行日期	文件
				销售均价超过10 000元/平方米、未超过20 000元/平方米的，核定征收率为8%		
				销售均价超过20 000元/平方米、未超过30 000元/平方米的，核定征收率为11%		
				销售均价超过30 000元/平方米的，核定征收率为13%		

预征率和核定征收率提高，将直接减少呈上涨趋势的高房价带给房地产开发企业的收益回报。政策调整给房地产开发企业带来三个变化：

第一，预征率的变化。对于普通住房以及利润率偏低的开发项目，如果土地增值税预征率提高，一方面增加了企业的税金提前支出，另一方面使未来的清算退税增加了难度。

第二，核定征收率的变化。核定征收率不得低于5%，有些地区比如海南省的某些项目高达13%，对于部分无法达到扣除条件的企业来说，负担加重。

第三，对会计核算的影响。由于自身核算不规范和政策的影响，很多房地产开发企业自愿采用核定征收企业所得税方式缴纳企业所得税。而采用核定征收企业所得税方式难免会忽视会计的规范核算，加上房地产开发企业项目成本的复杂性以及会计人员的高流动性，使企业无法保证土地增值税未来清算的完整性，这无疑会增加企业税收负担。房地产开发企业面临的新课题就是，在当前税收环境下，如何规范会计核算以应对未来不被列入核定征收土地增值税清算扣除范围的问题。

尽管如此，从上述税收调控政策中可以看到，对于经济适用住房、廉租住房、政府限价房等保障性住房，政府以扶持政策为主，不预征土地增值税，由于此类住房增值额较低，基本能够满足普通住房标准，最终清算也有望免征土地增值税。所以，房地产开发企业顺应时代潮流、担负起社会责任，也可以获得税收利益方面的回报。